民法典理解与适用丛书

中华人民共和国民法典侵权责任编理解与适用

最高人民法院民法典贯彻实施工作领导小组 主编

人民法院出版社
PEOPLE'S COURT PRESS

图书在版编目（CIP）数据

中华人民共和国民法典侵权责任编理解与适用 / 最高人民法院民法典贯彻实施工作领导小组主编. -- 北京：人民法院出版社，2020.7
（民法典理解与适用丛书）
ISBN 978-7-5109-2894-9

Ⅰ.①中… Ⅱ.①最… Ⅲ.①侵权法-法律解释-中国②侵权法-法律适用-中国 Ⅳ.①D923.75

中国版本图书馆CIP数据核字(2020)第118989号

中华人民共和国民法典侵权责任编理解与适用

最高人民法院民法典贯彻实施工作领导小组　主编

责任编辑	李安尼　赵芳慧　邓　灿　巩　雪　张　怡
执行编辑	张　艺　卢乐宁
出版发行	人民法院出版社
地　　址	北京市东城区东交民巷27号（100745）
电　　话	（010）67550628（责任编辑）　67550558（发行部查询）
	65223677（读者服务部）
客服QQ	2092078039
网　　址	http://www.courtbook.com.cn
E-mail	courtpress@sohu.com
印　　刷	河北鑫兆源印刷有限公司
经　　销	新华书店
开　　本	787毫米×1092毫米　1/16
字　　数	680千字
印　　张	48.75
版　　次	2020年7月第1版　2024年10月第9次印刷
书　　号	ISBN 978-7-5109-2894-9
定　　价	158.00元

版权所有　侵权必究

最高人民法院

民法典贯彻实施工作领导小组

组　　　长	周　强
常务副组长	贺　荣
副 组 长	陶凯元　杨万明　杨临萍　贺小荣　刘贵祥
成　　　员	（按机构排序）

　　　　　　　郭竞坤　董文濮　钱晓晨　林文学　林广海
　　　　　　　王淑梅　刘竹梅　于厚森　韩维中　孔　玲
　　　　　　　何东宁　郭　锋　赵晋山　李广宇　胡仕浩
　　　　　　　祝二军　马　岩　陈宜芳　郝银钟　高晓力
　　　　　　　邰中林　孙晓勇

办 公 室

主　　　任	杨万明　刘贵祥
副 主 任	郭　锋　杨永清
成　　　员	丁广宇　周伦军　陈龙业

侵权责任编执行编委、编审

执 行 编 委	姜启波　沈　亮　王旭光　魏文超　刘　峥
编　　　审	丁广宇　李　剑　潘　杰　陈龙业　李予霞
	吴凯敏　李安尼

以习近平新时代中国特色社会主义思想为指导 充分发挥审判职能作用 确保民法典正确贯彻实施[*]

最高人民法院党组书记、院长 周 强

在以习近平同志为核心的党中央坚强领导下,《中华人民共和国民法典》经十三届全国人大三次会议审议通过并颁布实施。民法典是新中国成立以来第一部以"法典"命名的法律,是新时代我国社会主义法治建设的重大成果,具有里程碑意义。法律的生命在于实施。审判机关要以对党负责、对人民负责、对法律负责的态度,在贯彻实施民法典的过程中担当作为。

一、深入学习贯彻习近平总书记重要讲话精神,充分认识贯彻好实施好民法典的重大意义

2020年5月29日,中央政治局就"切实实施民法典"举行集体学习,习近平总书记发表重要讲话,为我们全面认识民法典颁布实施的重大意义,准确理解和掌握民法典的精神要义、基本原则、条文规范,确保民法典在司法活动中统一正确实施,维护广大人民群众合法权益,提供了强大的理论武装、思想指引、行动纲领。习近平总书记在讲话中,对人民法院贯彻实施民法典工作提出明确要求、指明了前进方向。各级人民法院要坚持以习近平新时代中国

---

* 原载《求是》2020年第12期。

特色社会主义思想为指导，切实把思想和行动统一到习近平总书记重要讲话精神上来，深刻理解和准确把握民法典颁布实施的重大意义，充分认识贯彻实施民法典的职责使命，以高度的政治自觉、饱满的工作热情，坚定不移做好民法典的学习和贯彻实施工作，努力推动中国特色社会主义法治建设。

第一，通过正确贯彻实施民法典，深入贯彻落实习近平总书记全面依法治国新理念新思想新战略。习近平总书记指出，实施好民法典，是坚持以人民为中心、保障人民权益实现和发展的必然要求，是发展社会主义市场经济、巩固社会主义基本经济制度的必然要求，是提高我们党治国理政水平的必然要求。民法典是党领导全国人民在我国革命、建设、改革各个历史时期，依法治国各方面工作长期积淀的智慧结晶，是党的意志、人民意志的立法表达。人民法院必须深入贯彻习近平总书记全面依法治国新理念新思想新战略，把增强"四个意识"、坚定"四个自信"、做到"两个维护"体现到民法典学习宣传贯彻全过程，忠实履行宪法法律赋予的职责，坚定不移走中国特色社会主义法治道路，确保党中央决策部署在人民法院得到不折不扣贯彻落实。

第二，通过正确贯彻实施民法典，主动服务新时代党和国家事业发展。习近平总书记指出，民法典是一部固根本、稳预期、利长远的基础性法律。人民法院在学习贯彻民法典的过程中，要聚焦党和国家工作大局履行审判职责，不断提高运用民法典服务大局的能力水平。要将学习贯彻工作与常态化疫情防控结合起来，充分运用民法典关于疫情防控的立法成果，准确适用现行法律和司法解释关于不可抗力、情势变更、时效中止等方面的规定，妥善处理涉疫情相关纠纷案件，助力复工复产，扎实做好"六稳"工作，全面落实"六保"任务。要将学习贯彻民法典与优化营商环境结合起来，坚决贯彻民法典规定的平等原则，加大产权保护力度，不论国企民企、内资外资、大中小微企业，一视同仁，依法保护，积极营造稳定公平透明、可预期的法治化营商环境。要将学习贯彻民法典与打好三大攻坚战结合起来,依法公正高效审理民间借贷、融资担保等金融领域纠纷案件,土地承包经营、农产品买卖等涉农纠纷案件以及环境资源领域的纠纷案件,为经济社会发展提供有力司法服务和保障。

第三,通过正确贯彻实施民法典,更好践行司法为民宗旨。习近平总书记强调,民法典实施水平和效果,是衡量各级党和国家机关履行为人民服务宗旨的重要尺度。贯彻实施好民法典,必须吃透民法典精神,正确理解民法典的核心要义和重要制度,正确适用民法典的规定,保障人民权益。民法典立足中国国情,在实现好、维护好、发展好人民权益方面有许多创新。其中,人格权独立成编,全面加强对包括自然人隐私权和个人信息在内的人格权保护,彰显了民法典的人民立场和人文关怀;物权编创设了居住权制度;合同编新增了保理合同、物业服务合同、合伙合同等典型合同;婚姻家庭编确立了夫妻共债共签原则,限缩了无效婚姻范围,对协议离婚规定了一个月的冷静期;继承编增加了打印遗嘱、录像遗嘱等新形式遗嘱类型,并取消了公证遗嘱的优先效力,等等。这些新的内容反映着新时代人民权益的特点,体现着新时代社会生活的实践和发展。要引导广大法官深入学习领会民法典的创新之处,将民法典新理念、新原则、新概念、新条款贯彻到审判执行工作的各个环节,提高运用民法典维护人民权益、化解矛盾纠纷、促进社会和谐稳定的能力和水平。

第四,通过正确贯彻实施民法典,加快推进人民法院审判体系和审判能力现代化。习近平总书记明确要求,各级司法机关要秉持公正司法,提高民事案件审判水平和效率。民法典的实施将进一步推动国家治理的制度化、规范化、程序化,是国家治理现代化的重要标志。民法典关于信息科技、生命科技发展背景下人格权保护的许多开创性规定,体现了对现代生活实际问题和时代需求的积极回应,为人民法院不断满足各类市场主体多元司法需求,提供了强有力的制度依据和规则支撑。人民法院要深入研判民法典实施对审判执行工作和自身建设带来的深远影响,将贯彻实施民法典与深化司法体制改革、加快推进智慧法院建设深度融合,在新的实践基础上推进审判体系和审判能力现代化。

第五,通过正确贯彻实施民法典,推动完善中国特色社会主义法治理论体系。习近平总书记指出,要加强对民事法律制度的理论研究,尽快构建体现我国社会主义性质,具有鲜明中国特色、实践特色、时代特色的民法理论体系和话语体系,为有效实施民法典、发展我国民事法律制度提供理论支撑。理论来源于实践。人民法院几十年来审理、裁判的大量民事案件,发布的大量司法解释、司法政策,是理论研究的丰富宝藏。全国法院广大法官要充分利用这一优势条件,加强民事司法理论研究,为构建新时代民事司法理论体系和话语体系贡献力量。要立足审判职能,在实施民法典的过程中及时制定完善司法政策,多做精品判决,多出精品案例,加强司法建议,为创新和繁荣民事司法理论研究提供新素材新经验。

二、始终坚持以人民为中心,不断提高民事审判质量和司法公信力

民法典是一部体现对生命健康、财产安全、交易便利、生活幸福、人格尊严等各方面权利平等保护的法典。实施好民法典,是坚持以人民为中心、保障人民权益实现和发展的必然要求。近年来,人民法院每年审结的一审民事案件约占全部一审案件的90%,民事审判在人民法院工作全局中居于重要地位。贯彻实施民法典,不仅要贯彻条文,更要贯彻立法精神,秉持公正司法,依法妥善审理各类民事案件,提高审判质量效率和司法公信力。

一是要依法加强权利保护,促进人的全面发展。随着经济社会发展,人民群众在公平、正义、安全、环境等方面的要求日益增

长，希望对权利的保护更加充分、更加有效。民法典以保护民事权利为出发点和落脚点，切实回应人民的法治需求。人民法院要紧密结合民法典的基本精神和内容，把增进人民福祉、促进人的全面发展摆在更加突出的位置，贯穿到审判执行工作的全过程，努力让人民群众在每一个司法案件中感受到公平正义。要更加注重对妇女儿童、老年人、残疾人和消费者权益的保护，及时充分救济受侵害的民事权益，有力维护最广大人民群众根本利益，切实增强人民群众获得感、幸福感、安全感。

二是要践行和弘扬社会主义核心价值观，维护社会公平正义。民法典将弘扬社会主义核心价值观作为立法宗旨，从基本原则到制度规范、具体规则，通篇都体现着社会主义核心价值观的要求。人民法院要坚持依法治国与以德治国相结合，用社会主义核心价值观指导司法活动，严格依照民法典条文的精神内涵，定分止争、惩恶扬善，强化规则意识，倡导契约精神，保护公民合法权益，维护社会公序良俗，用法治的力量引导人民群众向上向善。要主动回应人民关切，对社会高度关注、公众存在模糊认识的案件，加强裁判说理，厘清争点，亮明观点，明确提倡什么、反对什么、禁止什么，让庭审成为正确贯彻实施民法典、弘扬社会主义核心价值观的法治公开课。

三是要加强审判监督管理和调研，提升民事司法水平。习近平总书记强调，要加强对涉及财产权保护、人格权保护、知识产权保护、生态环境保护等重点领域的民事审判工作和监督指导工作。人民法院要进一步加大权利保护力度，继续加强民营企业产权司法保护，坚持平等、依法、全面保护原则，抓紧制定出台刑民交叉司法解释，完善程序规则，坚决防止以刑事案件名义插手民事纠纷、经济纠纷；继续推动完善知识产权侵权惩罚性赔偿制度，完善诉讼证据规则、证据披露以及证据妨碍排除规则，进一步提升我国知识产权审判水平和国际影响力；加强涉人格权案件、环境资源案件的审判指导，及时发布指导案例、典型案例或司法解释；研究制定提高民事案件审判水平和效率，提高办案质量和司法公信力的政策文件。要坚持问题导向，及时总结民事审判经验，研究解决制约民事审判工作发展的深层次问题和贯彻实施中的新情况新问题，为健全完善司法解释和司法政策提供实践依据。要进一步开展案件评查，对案件办理全过程进行体检，确保程序公正与实体公正相统一；注重发挥法官会议、审判委员会在统一裁判尺度方面的作用，确保相关法律适用统一。

四是要加强一站式多元解纷和诉讼服务体系建设，发挥多元化纠纷解决机制的作用。习近平总书记强调，要发挥多元化纠纷解决机制的作用，多方面推进民法典实施工作。人民法院要结合贯彻实施民法典，坚持和发展新时代"枫桥经验"，把非诉讼纠纷解决机制挺在前面，健全社会矛盾纠纷预防调处化解综合机制，加强一站式多元解纷和诉讼服务体系建设，深化"分调裁审"机制改革，增强人民法院多元解纷能力，促进矛盾纠纷源头预防。要加强与行政机关特别是司法行政部门的协作配合，加强法律援助和司法救助，通过社会力量和基层组织及时妥善化解矛盾纠纷，多方面推进民法典贯彻实施。要加强对诉前联调工作的培训和指导工作，以选派法官授课、邀请参加内部培训等方式，促进提高人民调解组织、行政机关调解员、人民调解员等适用民法典的能力水平，更好帮助群众实现和维护自身合法权益。

三、狠抓责任落实，全力做好民法典的贯彻实施工作

学习好、贯彻好、实施好民法典是人民法院的重要职责，也是一项涉及面广、任务量大的系统工程。各级法院在做好审判执行工作的同时，要迅速调整工作重心，切实把思想和行动统一到习近平总书记重要讲话精神上来，确保不折不扣完成人民法院在民法典贯彻实施工作中承担的职责使命。

一是要抓紧进行司法解释、非司法解释类规范性文件清理工作。2021年1月1日民法典施行之日起，婚姻法、继承法、民法通则、收养法、担保法、合同法、物权法、侵权责任法、民法总则等九部法律将被替代，以这九部法律为依据制定的大量民事司法解释需要清理，与民法典规定冲突的需要废止。同时，对刑事、行政、国家赔偿等领域的相关司法解释、司法政策也要纳入清理范围。为此，最高人民法院将在2020年年底前，完成对新中国成立以来所有现行有效的上述司法解释的全面清理工作。凡是违反社会主义核心价值观的，与民法典精神、原则、条文相冲突的，均坚决废止，确保民法典统一正确实施。同时，将最高人民法院发布的139件指导性案例也纳入清理范围。各高级人民法院要对本辖区施行的审判指导意见、会议纪要等司法政策文件进行系统清理，确保与民法典的新精神、新规定保持一致。

二是要及时制定新的司法解释。最高人民法院将坚持问题导向，按照"统一规划、分批制定，急用先行、重点推进，先易后难、确保质量"的原则，在民法典正式实施前发布有关司法解释，解决新旧法衔接适用、现有司法解释效力等问题，在民法典实施后迅速出台物权、合同、人格权、婚姻家庭、继承、侵权领域的相关司法解释，统一法律适用。在工作方式上，将司法解释起草与清理工作结合起来，加强调研论证，通过编纂、修改、新立等方式，用足用好批复、决定、解释和规定等司法解释制定的四种形式，确保司法解释起草的质量和实效。

三是要迅速在全国法院兴起学习贯彻民法典的热潮，切实提高民事司法裁判能力和水平。人民法院是贯彻实施民法典的重要部门，应当把学习贯彻民法典作为践行司法为民宗旨、提升公正司法水平的一项重要举措。最高人民法院将在做好院机关全员培训的基础上，坚持分类分级、线上线下、点面结合，指导各高级法院结合本地情况开展培训，确保2020年年底前实现全国法院干警全员轮训。要高度关注原有条款的变化和创新内容，保证培训到位、学习到位，实现见微知著、融会贯通、学以致用。要充分借助智慧法院建设成果，将信息化学习培训手段与传统学习培训手段融合互补，采取法院领导干部、审判业务专家授课与邀请专家学者授课相结合的方式，综合采用课堂、视频、网络培训相结合的形式开展培训，扩大培训覆盖面，确保培训取得实效。

四是要加大普法宣传力度，推动营造尊法学法守法用法的良好环境。习近平总书记强调，要广泛开展民法典普法工作，引导群众认识到民法典既是保护自身权益的法典，也是全体社会成员都必须遵循的规范，养成自觉守法的意识，形成遇事找法的习惯，培养解决问题靠法的意识和能力。人民法院要积极通过庭审公开、在线直播、裁判文书释法说理、发布典型案例、编写通俗读物、参与法治进校园进社区活动等群众喜闻乐见的方式，充分利用各类传统媒体和新兴媒体，加大对民法典的宣传力度，为民法典实施营造良好环境，让民法典所蕴含的契约精神、自愿原则、诚信原则等深深根植于群众内心，成为推进我国社会主义法治建设的内生力量。

凡 例

1. 本书中法律、行政法规名称中的"中华人民共和国"省略，其余一般不省略，例如《中华人民共和国民法典》简称《民法典》。

2. 本书中下列司法解释及司法指导性文件使用简称：

文件名称	发文日期	发文字号	简称
《最高人民法院关于贯彻执行〈中华人民共和国民法通则〉若干问题的意见（试行）》	1988年4月2日	法（办）发〔1988〕6号	《民法通则意见》
《最高人民法院关于确定民事侵权精神损害赔偿责任若干问题的解释》	2001年3月8日	法释〔2001〕7号	《精神损害赔偿司法解释》
《最高人民法院关于审理专利纠纷案件适用法律问题的若干规定》	2001年6月22日	法释〔2001〕21号	2001年《专利纠纷规定》
《最高人民法院关于民事诉讼证据的若干规定》	2001年12月21日	法释〔2001〕33号	2001年《民事诉讼证据规定》
《最高人民法院关于审理商品房买卖合同纠纷案件适用法律若干问题的解释》	2003年4月28日	法释〔2003〕7号	《商品房买卖合同司法解释》
《最高人民法院关于审理人身损害赔偿案件适用法律若干问题的解释》	2003年12月26日	法释〔2003〕20号	《人身损害赔偿司法解释》

续表

文件名称	发文日期	发文字号	简称
《最高人民法院关于审理买卖合同纠纷案件适用法律问题的解释》	2012年5月10日	法释〔2012〕8号	《买卖合同司法解释》
《最高人民法院关于审理道路交通事故损害赔偿案件适用法律若干问题的解释》	2012年11月27日	法释〔2012〕19号	《道路交通损害赔偿司法解释》
《最高人民法院关于审理利用信息网络侵害人身权益民事纠纷案件适用法律若干问题的规定》	2014年8月21日	法释〔2014〕11号	《信息网络规定》
《最高人民法院关于审理环境民事公益诉讼案件适用法律若干问题的解释》	2015年1月6日	法释〔2015〕1号	《环境民事公益诉讼司法解释》
《最高人民法院关于审理专利纠纷案件适用法律问题的若干规定》	2015年1月29日	法释〔2015〕4号	《专利纠纷规定》
《最高人民法院关于适用〈中华人民共和国民事诉讼法〉的解释》	2015年1月30日	法释〔2015〕5号	《民事诉讼法司法解释》
《最高人民法院关于审理环境侵权责任纠纷案件适用法律若干问题的解释》	2015年6月1日	法释〔2015〕12号	《环境侵权纠纷司法解释》
《最高人民法院关于审理医疗损害责任纠纷案件适用法律若干问题的解释》	2017年12月13日	法释〔2017〕20号	《医疗损害责任纠纷司法解释》

续表

文件名称	发文日期	发文字号	简称
《最高人民法院关于审理生态环境损害赔偿案件的若干规定（试行）》	2019年6月4日	法释〔2019〕8号	《生态环境损害赔偿规定》
《最高人民法院关于民事诉讼证据的若干规定》	2019年12月25日	法释〔2019〕19号	《民事诉讼证据规定》
《第八次全国法院民事商事审判工作会议（民事部分）纪要》	2016年11月21日	法〔2016〕399号	《八民会纪要》
《最高人民法院关于依法妥善审理高空抛物、坠物案件的意见》	2019年10月21日	法发〔2019〕25号	《高空抛物意见》
《全国法院民商事审判工作会议纪要》	2019年11月8日	法〔2019〕254号	《民商审判会议纪要》

3.特别说明：《民法典》自2021年1月1日起施行，《婚姻法》《继承法》《民法通则》《收养法》《担保法》《合同法》《物权法》《侵权责任法》《民法总则》同时废止。

总目录

绪论：《民法典》编纂概述 ………………………………… 1
第一章　一般规定 ………………………………………… 13
第二章　损害赔偿 ………………………………………… 139
第三章　责任主体的特殊规定 …………………………… 218
第四章　产品责任 ………………………………………… 308
第五章　机动车交通事故责任 …………………………… 357
第六章　医疗损害责任 …………………………………… 409
第七章　环境污染和生态破坏责任 ……………………… 500
第八章　高度危险责任 …………………………………… 577
第九章　饲养动物损害责任 ……………………………… 640
第十章　建筑物和物件损害责任 ………………………… 681

附　则 ……………………………………………………… 735

后　记 ……………………………………………………… 747

目 录
CONTENTS

绪论：《民法典》编纂概述 …………………………………… 1

第一章　一般规定

第一千一百六十四条
【条文主旨】……………………………………………… 13
本条是关于侵权责任编调整范围的规定。

第一千一百六十五条
【条文主旨】……………………………………………… 23
本条是关于过错责任和过错推定责任的规定。

第一千一百六十六条
【条文主旨】……………………………………………… 34
本条是关于无过错责任原则的规定。

第一千一百六十七条
【条文主旨】……………………………………………… 42
本条是关于预防型民事责任承担方式的规定。

第一千一百六十八条
【条文主旨】……………………………………………… 50
本条是关于共同侵权的规定。

第一千一百六十九条

【条文主旨】 58

本条是关于教唆和帮助侵权的责任承担的规定。

第一千一百七十条

【条文主旨】 69

本条是关于共同危险行为的规定。

第一千一百七十一条

【条文主旨】 77

本条是关于特定分别侵权行为承担连带责任的规定。

第一千一百七十二条

【条文主旨】 83

本条是关于分别侵权行为承担按份责任的一般规定。

第一千一百七十三条

【条文主旨】 91

本条是关于过失相抵的规定。

第一千一百七十四条

【条文主旨】 99

本条是关于受害人故意作为免责事由的规定。

第一千一百七十五条

【条文主旨】 104

本条是关于第三人行为造成损害时由该第三人承担责任的规定。

第一千一百七十六条

【条文主旨】 111

本条是关于自甘冒险的规定。

第一千一百七十七条

【条文主旨】 123

本条是关于自助行为的规定。

第一千一百七十八条

【条文主旨】 133

本条是关于减责、免责事由法律适用规则的规定。

第二章 损害赔偿

第一千一百七十九条

【条文主旨】 139

本条是关于人身损害赔偿范围的规定。

第一千一百八十条

【条文主旨】 152

本条是关于因同一侵权行为造成多人死亡时,如何确定死亡赔偿金数额的规定。

第一千一百八十一条

【条文主旨】 156

本条是关于被侵权人之外其他请求权主体的规定。

第一千一百八十二条

【条文主旨】 164

本条是关于侵害他人人身权益造成财产损失赔偿的规定。

第一千一百八十三条

【条文主旨】 173

本条是关于精神损害赔偿的规定。

第一千一百八十四条

【条文主旨】 182

本条是关于财产损失计算方式的规定。

第一千一百八十五条

【条文主旨】 191

本条是关于侵害知识产权惩罚性赔偿的规定。

第一千一百八十六条

【条文主旨】 202

本条是关于公平分担损失的规定。

第一千一百八十七条

【条文主旨】 210

本条是关于损害赔偿费用支付方式的规定。

第三章 责任主体的特殊规定

第一千一百八十八条

【条文主旨】 218

本条是关于被监护人致人损害的监护人责任的规定。

第一千一百八十九条

【条文主旨】 225

本条是关于委托监护侵权责任的规定。

第一千一百九十条

【条文主旨】 230

本条是关于完全民事行为能力人暂时丧失心智损害责任的规定。

第一千一百九十一条

【条文主旨】 235

本条是关于用人者责任的规定,包括用人单位责任和劳务派遣单位、劳务用工单位责任。

第一千一百九十二条

【条文主旨】 247

本条是关于个人之间因提供劳务发生的侵权责任的规定。

第一千一百九十三条

【条文主旨】 255

本条是关于定作人过错责任的规定。

第一千一百九十四条

【条文主旨】 261

本条是关于网络用户和网络服务提供者的直接侵权行为的规定。

第一千一百九十五条

【条文主旨】 266

本条是关于网络服务提供者承担间接侵权责任的规定。

第一千一百九十六条

【条文主旨】 274

本条是与"避风港"规则中"通知—取下"程序相配套的"反通知—恢复"程序的操作性规定。

第一千一百九十七条

【条文主旨】 277

本条是关于网络服务提供者知道或者应当知道网络用户通过其网络服务实施侵权行为时的侵权责任的规定。

第一千一百九十八条

【条文主旨】 284

本条是关于违反安全保障义务责任的规定。

第一千一百九十九条

【条文主旨】 295

本条是关于幼儿园、学校或者其他教育机构对无民事行为能力人在学习、生活期间受到人身损害时承担侵权责任的规定。

第一千二百条

【条文主旨】 301

本条是关于学校或者教育机构对限制民事行为能力人在学习、生活期间受到人身损害承担侵权责任的规定。

第一千二百零一条

【条文主旨】 303

本条是关于无民事行为能力人、限制民事行为能力人在教育机构因第三人侵权遭受人身损害，教育机构承担侵权责任的规定。

第四章 产品责任

第一千二百零二条

【条文主旨】 308

本条是关于生产者承担产品责任的规定。

第一千二百零三条

【条文主旨】 321

本条是关于产品责任中被侵权人损害赔偿请求权及生产者、销售者追偿权的规定。

第一千二百零四条

【条文主旨】.. 330

本条是关于生产者、销售者对第三人替代责任的规定。

第一千二百零五条

【条文主旨】.. 334

本条是关于生产者、销售者承担预防型民事责任的规定。

第一千二百零六条

【条文主旨】.. 338

本条是关于生产者、销售者跟踪观察义务的规定。

第一千二百零七条

【条文主旨】.. 346

本条是关于产品责任惩罚性赔偿的规定。

第五章 机动车交通事故责任

第一千二百零八条

【条文主旨】.. 357

本条是关于本章调整范围以及机动车交通事故责任法律渊源的规定。

第一千二百零九条

【条文主旨】.. 363

本条是关于机动车所有人、管理人允许他人租借使用机动车，导致所有人、管理人与使用人相分离时，发生交通事故的责任主体的规定。

第一千二百一十条

【条文主旨】.. 370

本条是关于机动车转让交付后办理登记前发生道路交通事故的责任主体的规定。

7

第一千二百一十一条

【条文主旨】 376

本条是关于机动车挂靠从事道路运输经营发生交通事故，责任主体及责任形式的规定。

第一千二百一十二条

【条文主旨】 381

本条是关于未经允许擅自驾驶他人机动车发生交通事故的责任承担的规定。

第一千二百一十三条

【条文主旨】 385

本条是关于交通事故损害赔偿顺序的一般性规定。

第一千二百一十四条

【条文主旨】 390

本条是关于拼装或报废车被转让后发生交通事故的责任主体的规定。

第一千二百一十五条

【条文主旨】 395

本条是关于盗抢机动车发生交通事故的责任主体的规定。

第一千二百一十六条

【条文主旨】 398

本条是关于驾驶人逃逸后，有关赔偿如何承担的规定。

第一千二百一十七条

【条文主旨】 402

本条是关于好意同乘发生交通事故时的赔偿责任的规定。

第六章　医疗损害责任

第一千二百一十八条
【条文主旨】......409
本条是关于诊疗过错责任的规定。

第一千二百一十九条
【条文主旨】......427
本条是关于医疗机构说明义务及相应法律后果的规定。

第一千二百二十条
【条文主旨】......438
本条是关于紧急救治的规定。

第一千二百二十一条
【条文主旨】......448
本条是关于诊疗义务判断标准的规定。

第一千二百二十二条
【条文主旨】......458
本条是关于推定医疗机构过错的规定。

第一千二百二十三条
【条文主旨】......464
本条是关于医疗产品责任的规定。

第一千二百二十四条
【条文主旨】......476
本条是关于医疗机构免责事由的规定。

第一千二百二十五条
【条文主旨】......482
本条是关于医疗机构保管病历资料义务和患者查阅、复制病历资料权利的规定。

第一千二百二十六条

【条文主旨】 489

本条是关于保护患者隐私权和个人信息的规定。

第一千二百二十七条

【条文主旨】 493

本条是关于不得实施不必要检查的规定。

第一千二百二十八条

【条文主旨】 497

本条是关于保障医疗机构和医务人员合法权益的规定。

第七章 环境污染和生态破坏责任

第一千二百二十九条

【条文主旨】 500

本条是关于环境侵权原因行为以及环境私益侵权责任的规定。

第一千二百三十条

【条文主旨】 517

本条是关于污染环境、破坏生态行为人举证责任的规定。

第一千二百三十一条

【条文主旨】 524

本条是关于数人环境侵权如何确定责任份额的规定。

第一千二百三十二条

【条文主旨】 532

本条是关于环境侵权惩罚性赔偿的规定。

目 录

第一千二百三十三条
【条文主旨】......540
本条是关于第三人过错环境侵权责任承担的规定。

第一千二百三十四条
【条文主旨】......548
本条是关于生态环境损害修复责任的规定。

第一千二百三十五条
【条文主旨】......566
本条是关于生态环境损害赔偿责任的规定。

第八章　高度危险责任

第一千二百三十六条
【条文主旨】......577
本条是关于高度危险责任一般条款的规定。

第一千二百三十七条
【条文主旨】......589
本条是关于民用核设施或者核材料发生核事故造成他人损害时责任承担规则的规定。

第一千二百三十八条
【条义主旨】......595
本条是关于民用航空器致害责任的规定。

第一千二百三十九条
【条文主旨】......604
本条是关于占有或者使用高度危险物致害侵权责任的规定。

11

第一千二百四十条

【条文主旨】 ……………………………………………… 610

本条是关于高度危险作业致人损害责任的规定。

第一千二百四十一条

【条文主旨】 ……………………………………………… 619

本条是关于遗失、抛弃高度危险物造成他人损害的侵权责任的规定。

第一千二百四十二条

【条文主旨】 ……………………………………………… 625

本条是关于非法占有高度危险物侵权责任的规定。

第一千二百四十三条

【条文主旨】 ……………………………………………… 630

本条是关于未经许可进入高度危险活动区域或者高度危险物存放区域致害责任承担的规定。

第一千二百四十四条

【条文主旨】 ……………………………………………… 634

本条是关于高度危险责任赔偿限额的规定。

第九章　饲养动物损害责任

第一千二百四十五条

【条文主旨】 ……………………………………………… 640

本条是关于饲养动物损害责任的一般规定。

第一千二百四十六条

【条文主旨】 ……………………………………………… 650

本条是关于动物饲养人或管理人违反规定未对动物采取安全措施致人损害的特别规定。

第一千二百四十七条

【条文主旨】·································· 654

本条是关于对禁止饲养的危险动物致人损害侵权责任的规定。

第一千二百四十八条

【条文主旨】·································· 660

本条是关于动物园动物致人损害侵权责任的规定。

第一千二百四十九条

【条文主旨】·································· 667

本条是关于遗弃、逃逸动物致人损害承担侵权责任的规定。

第一千二百五十条

【条文主旨】·································· 673

本条是关于第三人过错致使动物造成他人损害的侵权责任承担问题的规定。

第一千二百五十一条

【条文主旨】·································· 677

本条是关于饲养动物应当遵守的行为规范的规定。

第十章　建筑物和物件损害责任

第一千二百五十二条

【条文主旨】·································· 681

本条是关于建筑物、构筑物等倒塌、塌陷损害责任的规定。

第一千二百五十三条

【条文主旨】·································· 688

本条是关于物件脱落、坠落损害责任的规定。

13

第一千二百五十四条

【条文主旨】.. 694

本条是关于高空抛物侵权责任的规定。

第一千二百五十五条

【条文主旨】.. 707

本条是关于堆放物损害责任的规定。

第一千二百五十六条

【条文主旨】.. 713

本条是关于公共道路妨碍通行损害责任的规定。

第一千二百五十七条

【条文主旨】.. 720

本条是关于林木损害责任的规定。

第一千二百五十八条

【条文主旨】.. 727

本条是关于地面施工、地下设施损害责任的规定。

附 则

第一千二百五十九条

【条文主旨】.. 737

本条是关于法律术语含义的规定。

第一千二百六十条

【条文主旨】.. 741

本条是关于《民法典》施行时间以及相关法律废止的规定。

后　记 747

绪论：《民法典》编纂概述

一、《民法典》编纂背景与历程

《民法典》在我国法律体系中，属于仅次于宪法的重要基本法，是社会生活的百科全书，是时代精神、民族精神的立法表达。《民法典》在全面总结我国民事立法和司法实践经验的基础上，对现行有关民事单行法律进行系统编纂，形成我国民商事领域的基本行为规范和裁判规则，为民商事活动提供基本遵循，为人民法院审理和执行民商事案件提供实体法依据，为新时代坚持和完善中国特色社会主义制度、实现"两个一百年"奋斗目标、实现中华民族伟大复兴中国梦提供完备的民事法治保障。

编纂《民法典》是党的十八届四中全会确定的一项重大政治任务和立法任务，是以习近平同志为核心的党中央作出的重大法治建设部署。编纂《民法典》，是通过对我国现行的、制定于不同时期的《婚姻法》《继承法》《民法通则》《收养法》《担保法》《合同法》《物权法》《侵权责任法》《民法总则》和人格权方面的民事法律制度规范，进行系统整合、编订纂修，形成一部适应新时代中国特色社会主义发展要求，符合我国国情和实际，体例科学、结构严谨、规范合理、内容完整并协调一致的法典。

以习近平同志为核心的党中央高度重视《民法典》编纂工作，将编纂《民法典》列入党中央重要工作议程，并对编纂《民法典》工作任务作出总体部署、提出明确要求。2016年6月、2018年8月、2019年12月，习近平总书记三次主持中央政治局常委会会议，听取并原则同意全国人大常委会党组就《民法典》编纂工作所作的请示汇报，对《民法典》编纂工作作出重要指示，为《民法典》编纂工作提供了重要指导和基本遵循。

编纂《民法典》是一项系统的、重大的立法工程，不是制定全新的民事法律，也不是简单的法律汇编，而是对现行的民事法律规范进行编订纂修，对已经不适应现实情况的规定进行修改完善，对经济社会生活中出现的新情况、新问题作出有针对性的新规定。编纂《民法典》采取"两步走"的工作思路进行：第一步，制定《民法总则》，作为《民法典》的总则编。2015年3月，全国人大常委会法制工作委员会启动《民法典》编纂工作，着手《民法总则》制定，以1986年制定的《民法通则》为基础，系统梳理总结有关民事法律的实践经验，提炼民事法律制度中具有普遍适用性和引领性的规则，形成《民法总则（草案）》，2017年3月由第十二届全国人民代表大会第五次会议审议通过。第二步，编纂《民法典》各分编。以现行《物权法》《合同法》《担保法》《婚姻法》《收养法》《继承法》《侵权责任法》等为基础，结合我国经济社会发展对民事法律提出的新需求，形成了包括物权、合同、人格权、婚姻家庭、继承、侵权责任等6个分编在内的《民法典》各分编草案。三年多来，全国人大常委会对全部6个分编草案进行了二审，对各方面比较关注的人格权、婚姻家庭、侵权责任3个分编草案进行了三审。在此基础上，将《民法总则》与经过审议和修改完善的《民法典》各分编草案合并，形成《民法典（草案）》，提请2019年12月召开的第十三届全国人大常委会第十五次会议审议。经审议，全国人大常委会作出决定，将《民法典（草案）》提请第十三届全国人民代表大会第三次会议审议。2020年5月28日，审议通过《民法典》，共7编1260条，包括总则、物权、合同、人格权、婚姻家庭、继承、侵权责任，以及附则。

《民法典》编纂工作汇集了各方面力量，人民法院是重要参加单位。根据党中央的工作部署，编纂《民法典》的工作由全国人大常委会法制工作委员会牵头，最高人民法院、最高人民检察院、司法部、中国社会科学院、中国法学会为参加单位，成立了《民法典》编纂工作协调小组，并成立了《民法典》编纂工作专班。最高人民法院作为《民法典》编纂工作重要参加单位,全程参与立法机关主持的《民法典》编纂工作,各级地方法院积极为《民法典》编纂提供支持和协助,配合立法调研工作。最高人民法院成立民法典编纂工作研究小组,在研究室设立办公室,积极配合《民法典》编纂,组织全国法院结合审判实践及时提供意见建议。在编纂过程中,立法机关高度重视将人民法院在司法审判活动中积累的裁判规则、最高人民法院制定的司法解释有关内容予以吸收,上升为国家立法。法院系统提出的关于人格权单独成编,增加保理合同,确立绿色原则、征收补偿原则、自甘风险原则,处理民事纠纷可以适用习惯,建立政府兜底的监护制度,赋予农村集体组织以法人地位,确认数据和网络虚拟财产权、居住权、强制性规定法律效力,保护英烈人身权,延长诉讼时效,降低业主大会门槛,明确高空抛物的致害责任,鼓励救助等上百项重要制度,数百条修改建议,大多数获得采纳。《民法典》婚姻家庭编、继承编增加或修改完善了最有利于未成年子女原则、夫妻日常家事代理权、离婚冷静期、夫妻共债共签、亲子关系确定、隔代探望权、收养条件、口头遗嘱等内容,均是对司法实践规则的总结,直接回应了人民群众普遍关切的现实问题。

二、《民法典》既传承我国优秀法律文化,又借鉴人类法治文明成果

编纂一部真正属于中国人民的民法典,是新中国几代人的夙愿。党和国家曾于1954年、1962年、1979年和2001年先后四次启动民法制定工作,但由于条件所限没有完成。党的十八大以来,以习近平同志为核心的党中央把全面依法治国摆在突出位置,推动党和国家事业发生历史性变革、取得历史性成就,中国特色社会主义已经进入新时代。在坚持和完善中国特色社会主义制度、推进国家治理体系和治理能力现代化的新征程中,编纂《民法典》具有重大而深远的意义。

在人类法治文明进程中,先后出现三次民法编纂运动。第一次是6世纪的罗马法编纂,产生了《罗马法大全》。第二次是19世纪欧

洲大陆民法典编纂，产生了《法国民法典》《德国民法典》《瑞士民法典》等。第三次肇端于20世纪80年代，产生了1986年中国《民法通则》、1992年《新荷兰民法典》、1994年《俄罗斯联邦民法典》《蒙古国民法典》、1996年《越南民法典》《吉尔吉斯斯坦民法典》、1998年《土库曼斯坦民法典》等。据不完全统计，目前世界上至少有110个国家或地区有民法典。即使实行判例法的美国、加拿大，也有个别州制定了民法典，如《加利福尼亚民法典》《魁北克民法典》。一部成功的民法典，往往是一个国家商品经济、民主政治、产权保护、法律文化、哲学伦理高度发展的产物。

《民法典》是新中国第一部以"法典"形式命名的立法，开创了我国法典编纂立法先河。《民法典》在借鉴大陆法系、英美法系民商事法律制度和立法经验的同时，吸收了中国优秀法律文化成果。《民法典》充分体现了中国共产党带领全国人民为实现"两个一百年"奋斗目标、为实现中华民族伟大复兴中国梦而不懈努力的时代特征，特别是体现了中国改革开放40多年来所取得的伟大成就。如果说19世纪初《法国民法典》、19世纪末《德国民法典》的诞生是世界法治史上的划时代成果，那么21世纪初中国《民法典》的颁行就是人类现代法治进程中具有标志性意义的里程碑。《民法典》是新时代我国社会主义法治建设的重大成果，在中国特色社会主义法律体系中具有重要地位，是一部固根本、稳预期、利长远的基础性法律，对推进全面依法治国、加快建设社会主义法治国家，对发展社会主义市场经济、巩固社会主义基本经济制度，对坚持以人民为中心的发展思想、依法维护人民权益、推动我国人权事业发展，对推进国家治理体系和治理能力现代化，具有重大的历史意义和实践价值。

三、《民法典》编纂和颁布实施的重大意义

习近平总书记在中央政治局2020年5月29日就"切实实施民法典"举行第二十次集体学习时发表的重要讲话，为我们全面认识《民法典》颁布实施的重大意义，准确理解和掌握《民法典》的精神要义、基

本原则、条文规范，确保《民法典》在司法活动中统一正确实施，维护广大人民群众合法权益，提供了强大的理论武装、思想指引、行动纲领。

第一，《民法典》是中国特色社会主义制度建设、法治建设的重大标志性成果，具有重大时代意义。新中国成立70多年特别是改革开放40多年来，我国民事法律制度伴随着新时期改革开放和社会主义现代化建设的历史进程逐步形成并不断发展完善。《民法典》是我国现有民事法律制度规范的集大成者，是我国法律体系日臻完善的重要标志，是中国特色社会主义制度更加成熟、更加完善的重要体现，充分展现了制度建设成果和制度自信，也为人类法治文明的发展进步贡献了中国智慧和中国方案。

第二，《民法典》是推进全面依法治国、推进国家治理体系和治理能力现代化的重要法律制度。党的十八届四中全会指出，依法治国是实现国家治理体系和治理能力现代化的必然要求。党的十九届四中全会对坚持和完善中国特色社会主义制度、推进国家治理体系和治理能力现代化作出系统全面部署。建立健全完备的法律规范体系，以良法保障善治，是全面依法治国的前提和基础。民法是中国特色社会主义法律体系的重要组成部分，涉及社会和经济生活方方面面，是保证国家制度和国家治理体系正常有效运行的重要基础性法律。《民法典》的颁布实施，进一步健全和完善了中国特色社会主义法律体系，为推进国家治理体系和治理能力现代化提供了强大动力，有利于更好发挥法治固根本、稳预期、利长远的保障作用，将制度优势转化为国家治理效能。

第三，《民法典》是坚持和完善社会主义基本经济制度、推动经济高质量发展的重要法律保障。习近平总书记强调，"社会主义市场经济本质上是法治经济""法治是最好的营商环境"。《民法典》是促进和保障我国社会主义市场经济持续健康发展的重要基石。《民法典》的颁布实施，进一步健全了我国民商事领域基本制度规则，有利于明晰产权规则、保障合法权益、稳定市场预期、维护交易安全，为民商事活动提供基本遵循，促进营造稳定、公平、透明、可预期的法治化营商环境，保障各种所有制主体依法平等使用资源要素、公开公平公正参与竞争、同等受到法律保护，推动经济高质量发展。《民法典》把我国多年来社会主义市场经济体制改革的一系列重要制度成果用法典形式确定下来，比如物权编一般规定中有关社会主义基本经济制度的规定就吸纳了党的十九届四中全会的最新部署，这为发挥市场在资源配置中的决定性作用提供了充分的民法基本制度保障，对巩固全面深化改革成果、促进更高水平对外开放具有重大意义。

第四，《民法典》是坚持以人民为中心发展思想、实现人民对美好生活向往的重大立法举措。习近平总书记强调，"实施好民法典是坚持以人民为中心、保障人民权益实现和发展的必然要求"。《民法典》以法典形式巩固了从身份到契约、从单位人到平等的市场主体的深刻转变，体现了对生命健康、财产安全、交易便利、生活幸福、人格尊严等各方面权利的平等保护。经历改革开放40多年的深刻变革，实现了每个人在市场上都是平等主体的目标，这是一种深刻而伟大的变革，极大解放了生产力。《民法典》以民事权利体系为基本构架，通过一系列制度创新，健全和充实了民事权利种类，完善和细化了权利保护和救济规则，为人民群众提供全方位权益保障，是一部民事权利的宣言书，是人民权利的保障书，具有中国特色、体现时代精神、反映人民意愿。《民法典》也是人民群众社会生活的百科全书，涉及经济社会生活方方面面，明确告诉人们可以做什么、不能做什么、从事法律行为会有什么样的法律后果。《民法典》的颁布实施，有利于更好地维护人民权益，不断增强人民群众获得感、幸福感和安全感，促进人的全面发展。

第五，《民法典》是加快推进人民法院审判体系和审判能力现代化的重要制度支撑。审判体系和审判能力现代化，是司法公正高效权威的重要保障。《民法典》在我国法律体系中，属于仅次于宪法的重要基本法，是司法裁判的重要依据。《民法典》的颁布实施，将庞大的民事法律规范按照完整逻辑体系予以整合，实现了民法体系的统一，为人民法院统一裁判尺度、公正高效审理民事案件提供了全面、有力、体系化的规则依据，这对于深化民事司法领域制度机制改革，加快实现审判体系和审判能力现代化具有重要意义。

四、侵权责任编的立法完善和创新发展

侵权责任是民事主体侵害他人权益应当承担的法律后果，是民事责任的典型形式。侵权责任编的立法宗旨在于保护民事主体的合法权益，明确侵权责任，预防并制裁侵权行为，促进社会和谐稳定。概言之，侵权责任编系以侵权责任归责原则为统领，以构成要件、责任承担规则为基本制度构架，通过合理确定责任的构成和承担规则，在权利保护和行为自由方面设置合理的界限，推动实现受害人权益的救济、人民权益的保护和经济社会发展的有机平衡和统一。

大陆法系各国通常是将侵权行为作为债的发生原因予以规定。比如《日本民法典》将侵权行为与契约之债、不当得利之债和无因管理之债并列规定。但在20世纪以后，侵权法得到快速发展，具体侵权行为类型不断丰富，已成为现代社会调整利益关系、保护民事权利的重要部门法。我国自《民法通则》开始，就已经把侵权行为从债权中"独立"出来，专章规定"民事责任"，取得了积极效果，这在立法技术上也是有积极意义的创举。在理论和实践不断丰富发展的基础上，2009年《侵权责任法》的出台，更加明确了侵权责任法律制度的独立地位。在《民法典》编纂过程中，也是采用了侵权责任独立成编的做法，这对于充分发挥侵权责任法律制度的功能作用，彰显权利保护的重要性具有十分重要的意义，也为审判实践更加准确地适用侵权责任条文提供了清晰的法律遵循。总体而言，侵权责任编大部分沿用了《侵权责任法》的内容，这与《侵权责任法》出台时间相对较近，而且立法技术非常成熟密切相关。比如，关于侵权责任归责原则的规定，侵权责任编第一章保留了《侵权责任法》第6条、第7条关于过错责任、过错推定责任和无过错责任的内容；关于共同侵权行为、共同危险行为、损害赔偿的一般规则、精神损害赔偿、产品责任、诊疗过错责任、医疗产品责任、动物致人损害责任等都沿用了《侵权责任法》的有关规定。

同时，立法机关在总结实践经验的基础上，针对侵权领域出现的新情况，吸收借鉴司法解释的有关规定，对侵权责任制度作了必要的补充完善。侵权责任编共10章95条，有关重点内容如下：

（一）关于侵权责任的一般规定

侵权责任编第一章规定了侵权责任的归责原则、多数人侵权的责任承担、侵权责任的减轻或者免除等一般规则，并在《侵权责任法》的基础上作了进一步的完善：

1. 确立"自甘风险"规则，规定自愿参加具有一定风险的文体活动，因其他参加者的行为受到损害的，受害人不得请求没有故意或者重大过失的其他参加者承担侵权责任（《民法典》第1176条第1款）。

2. 规定"自助行为"制度，明确合法权益受到侵害，情况紧迫且不能及时获得国家机关保护，不立即采取措施将使其合法权益受到难以弥补的损害的，受害人可以在保护自己合法权益的必要范围内采取扣留侵权人的财物等合理措施；但是，应当立即请求有关国家机关处理。受害人采取的措施不当造成他人损害的，应当承担侵权责任（《民法典》第1177条）。

（二）关于损害赔偿的基本规则

侵权责任编第二章规定了侵害人身权益和财产权益的赔偿规则、精神损害赔偿规则等。同时，在《侵权责任法》的基础上，对有关规定作了进一步完善：

1. 完善精神损害赔偿制度，规定因故意或者重大过失侵害自然人具有人身意义的特定物造成严重精神损害的，被侵权人有权请求精神损害赔偿（《民法典》第1183条第2款）。

2. 为加强对知识产权的保护，提高侵权违法成本，《民法典》增加规定，故意侵害他人知识产权，情节严重的，被侵权人有权请求相应的惩罚性赔偿（《民法典》第1185条）。

（三）关于责任主体的特殊规定

侵权责任编第三章规定了无民事行为能力人、限制民事行为能力人及其监护人的侵权责任，用人单位的侵权责任，网络侵权责任，以及公共场所的安全保障义务等。同时，侵权责任编在《侵权责任法》的基础上作了进一步完善：

1. 增加规定委托监护的侵权责任。无民事行为能力人、限制民事行为能力人造成他人损害，监护人将监护职责委托给他人的，监护人应当承担侵权责任；受托人有过错的，承担相应的责任（《民法典》第1189条）。

2. 完善网络侵权责任制度。为了更好地保护权利人的利益，平衡好网络用户和网络服务提供者之间的利益，侵权责任编细化了网络侵权责任的具体规定，完善了权利人通知规则和网络服务提供者的转通知规则。网络用户利用网络服务实施侵权行为的，权利人有权通知网络服务提供者采取删除、屏蔽、断开链接等必要措施。通知应当包括构成侵权的初步证据及权利人的真实身份信息。网络服务提供者接到通知后，应当及时将该通知转送相关网络用户，并根据构成侵权的初步证据和服务类型采取必要措施；未及时采取必要措施的，对损害的扩大部分与该网络用户承担连带责任。权利人因错误通知造成网络用户或者网络服务提供者损害的，应当承担侵权责任（《民法典》第1195条、第1196条）。

（四）关于各种具体侵权责任

侵权责任编的其他各章分别对产品生产销售、机动车交通事故、医疗、环境污染和生态破坏、高度危险、饲养动物、建筑物和物件等领域的侵权责任规则作出了具体规定，并在《侵权责任法》的基础上，对有关内容作了进一步完善：

1. 完善生产者、销售者召回缺陷产品的责任，增加规定了依照相关规定采取召回措施的，生产者、销售者应当负担被侵权人因此支出的必要费用（《民法典》第1206条第2款）。

2. 明确交通事故损害赔偿的顺序，即机动车发生交通事故造成损害，属于该机动车一方责任的，先由承保机动车强制保险的保险人在强制保险责任限额范围内予以赔偿；不足部分，由承保机动车商业保险的保险人按照保险合同的约定予以赔偿；仍然不足或者没有投保机动车商业保险的，由侵权人赔偿（《民法典》第1213条）。

3. 进一步保障患者的知情同意权，明确医务人员相关说明义务，加强医疗机构及其医务人员对患者隐私和个人信息的保护。医务人员在诊疗活动中应当向患者说明病情和医疗措施。需要实施手术、特殊检查、特殊治疗的，医务人员应当及时向患者具体说明医疗风险、替代医疗方案等情况，并取得其明确同意；不能或者不宜向患者说明的，应当向患者的近亲属说明，并取得其明确同意。医疗机构及其医务人员应当对患者的隐私和个人信息保密。泄露患者的隐私和个人信息，或者未经患者同意公开其病历资料的，应当承担侵权责任（《民法典》第1219条、第1226条）。同时，在医疗损害责任一章，增加了药品上市许可持有人承担责任的规则，与时俱进，在加强权利保护的同时，也有力规范了药品质量（《民法典》第1223条）。

4. 贯彻落实习近平生态文明思想，增加规定生态环境损害的惩罚性赔偿制度，并明确规定了生态环境损害修复和赔偿规则，对于违反国家规定造成生态环境损害，生态环境能够修复的，国家规定的机关或者法律规定的组织有权请求侵权人在合理期限内承担修复责任。侵权人在期限内未修复的，国家规定的机关或者法律规定的组织可以自行或者委托他人进行修复，所需费用由侵权人负担（《民法典》第1232条、第1234条、第1235条）。

5. 加强生物安全管理，完善高度危险责任，明确占有或者使用高致病性危险物造成他人损害的，应当承担侵权责任（《民法典》第1239条）。

6. 完善高空抛物坠物治理规则。为保障好人民群众的生命财产安全，《民法典》对高空抛物坠物治理规则作了进一步的完善。相较《侵权责任法》第87条规定，《民法典》第1254条的重大修改主要有：一是开宗明义新增规定"禁止从建筑物中抛掷物品"，旗帜鲜明表明态度。此针对高空抛物造成人身伤亡等问题，明确提出高空抛物为法律所禁止，价值导向明确。从法律适用上讲，这也为认定高空抛物行为的违法性提供了明确的法律依据。二是明确了从建筑物中抛掷物品或者从建筑物上坠落的物品造成他人损害的情形，由侵权人依法承担侵权责任为一般规则，由可能加害的建筑物使用人给予补偿为例外的规则，而非《侵权责任法》第87条规定的由可能加害的建筑物使用人给予补偿作为一般规则的做法。三是新增了物业服务企业等建筑物管理人的责任，《民法典》第1254条第2款规定的"物业服务企业等建筑物管理人应当采取必要的安全保障措施防止前款规定情形的发生；未采取必要的安全保障措施的，应当依法承担未履行安全保障义务的侵权责任"，这对于加强物业管理服务，预防高空抛物行为具有重大意义，也有利于快速有效地救济受害人损害。四是新增了有关部门查找职责的规定，《民法典》第1254条第3款规定："发生本条第一款规定的情形的，公安等机关应当依法及时调查，查清责任人"，这对于解决实践中高空抛物侵权人查找难问题具有积极作用。

此外，侵权责任编基于整个《民法典》编纂逻辑体系协调特别是与总则编民事责任一章的衔接考虑，删除了一些条文。比如《侵权责任法》第1条关于立法宗旨的规定，《侵权责任法》第2条关于侵害的民事权益具体类型等规定在侵权责任编中予以删除，有关民事权利的内容可以统一适用《民法典》总则编民事权利一章的内容。同时就有关不可抗力、紧急避险等免责事由的规定、连带责任的承担规则、侵权责任的承担方式等，这些内容都在总则编民事责任部分作了规定，侵权责任编基于体系协调的考虑，也作了删除。这就要求在具体法律适用中，要做好侵权责任编与总则编民事责任一章的衔接，相关案件的处理要同时用到这两部分的内容。

第一章 一般规定

> **第一千一百六十四条** 本编调整因侵害民事权益产生的民事关系。

【条文主旨】

本条是关于侵权责任编调整范围的规定。

【条文理解】

本条内容较为简短，言简意赅，但涵盖内容庞大。现结合本条对于《侵权责任法》的修改情况作一解读。本编内容删除了《侵权责任法》第1条关于立法宗旨的内容，这主要是因为《民法典》编纂各编的协调，有关立法宗旨在总则编予以规定，本编对此不再重复规定。

一、侵权责任编立法沿革概述

大陆法系主要国家和地区在民法中设置侵权法的基本思路，都是把侵权责任法律制度作为债法的重要内容来规定的。比如，《德国民法典》将侵权行为有关条文放在债法第七章"各个债的关系"中，作为最后一种债的关系即侵权行为之债加以规定。《日本民法典》虽然突出了侵权行为有关条文的地位，但也是将其与契约之债、不当得利之债和无因管理之债并列规定。我国台湾地区"民法"也是将侵权行为作为债的发生根据，规定在债法中"债的发生"一节。这些做法的基本出发点在于将侵权行为所产生的权利义务认定为一种请求权，属于债法的范畴，不能通过约定产生，属于法定之债。20世纪，侵权法的发展十分迅猛，其内容不断扩张，整体不断膨胀，尤其是在具体侵权行为类型的规定上不断发展变化，成为现代社会调整利益关系、保护人的权利的极为重要的法律部门。在这样的情况下，侵权法日益试图冲破债法的局限，寻求自己在民法体系中的相对独立地位，以更好地发挥自己的作用和职能。[1]相比较而言，在英美法系中，侵权法更具有相对独立的地位，不局限于债法的限制而具有了保障自身伸展、扩充的空间。

在我国，自《民法通则》开始，就已经把侵权行为从债权中"独立"出来，专章规定"民事责任"，取得了积极效果。在理论和实践不断丰富发展的基础上，2009年《侵权责任法》的出台，更加明确了侵权责任法的相对独立地位。在此基础之上，在《民法典》编纂过程中，立法机关采用了侵权责任独立成编的思路。应该说，这种体例有利于侵权责任法律制度功能作用的发挥，有利于彰显权利保护的重要性，有利于为人民群众提供更加明确的法律指引，也有利于审判实践中更加准确地适用相关法律条文，这一成功的立法范式为其他国家编纂民法典提供了有益参考。

二、侵权责任编的功能定位

关于侵权责任编的功能定位，理论上有不同观点，概括起来主要有：单一功能说，即仅具补偿功能而不具有制裁功能；双重功能说，即具有损害补偿和预防损害的功能；多重功能说，即具有补偿功能、惩罚功能和预防功能。上述观点都有一定道理。《侵权责任法》在第1条明确规定"保护民事主体的合法权益，明确侵权责任，预防并制裁侵权行为，促进社会和谐稳定"，此即采了多重功能说的观点，目前实务上对此也普遍接受。我们认为，虽然侵权责任编并未明确规定立

---

[1] 杨立新：《侵权法论》（第五版），人民法院出版社2013年版，第6~7页。

法宗旨问题，但这并不影响我们对其功能定位要有正确认识。具体而言，侵权责任编的基本功能主要包括以下内容：

（一）补偿功能

补偿功能，即在侵权人实施侵权行为并造成受害人实际损害后，应承担损害赔偿责任，以填补受害人因侵权行为所受到的损害，恢复其未受损害之前的状态。在某些特殊侵权行为中规定了侵权人承担修复责任等责任承担方式，这在本质上都是侵权法补偿功能的体现。从这个角度言之，侵权责任编在本质上首先是救济法，通过责任的承担来填平损害以达到保护权利的目的。同时，侵权责任编的规定，特别是有关责任构成、责任承担的条款具有强行法的特点，当事人不可通过约定予以排除适用。

（二）预防功能

预防功能，即预防侵权行为的发生。侵权责任编通过规定侵权人所应负的侵权责任，有效地教育不法行为人，引导人们正确行为，预防和遏制各种损害发生，从而保持社会秩序的稳定和社会生活的和谐。其预防功能主要体现在：通过剥夺具体案件不法行为人的非法利益以及对其施加财产责任之外的不利后果，从而既可以遏制该不法行为人将来再从事不法行为，也可以有效地阻吓一般人，使其不从事不法行为。[1] 侵权责任编规定的停止侵害、排除妨碍、消除危险等责任承担方式以及在第四章产品责任部分专门规定产品召回等预防损害发生的民事责任方式等，均是侵权责任法律制度预防功能的鲜明体现。

（三）制裁功能

民事责任的承担具有强行法属性，义务的不履行意味着责任的承担，从这个角度言之，侵权责任法律制度当然具有制裁功能。值得一提的是，侵权责任编在知识产权侵权、环境侵权和产品责任中都明确规定了惩罚性赔偿制度，这种加倍承担民事责任的承担方式，更是鲜明体现了侵权责任法律制度的制裁功能。在此需要注意的是，明确侵

---

[1] 参见最高人民法院侵权责任法研究小组编著：《〈中华人民共和国侵权责任法〉条文理解与适用》，人民法院出版社2010年版，第18页。

权责任法律制度的制裁功能并不意味着其能取代前述两种功能的地位，特别是有关惩罚性赔偿的适用，必须严格依据法律规定的构成要件、赔偿标准等，不可随意加重侵权人的责任，不可改变侵权责任法律制度救济法的基本属性。

三、侵权责任编的调整范围

《侵权责任法》第2条规定："侵害民事权益，应当依照本法承担侵权责任。本法所称民事权益，包括生命权、健康权、姓名权、名誉权、荣誉权、肖像权、隐私权、婚姻自主权、监护权、所有权、用益物权、担保物权、著作权、专利权、商标专用权、发现权、股权、继承权等人身、财产权益。"侵权责任编根据民法典编纂体系考虑删除了《侵权责任法》关于民事权利的列举规定，仅规定了"本编调整因侵害民事权益产生的民事关系"。有关民事权利部分在总则编中已有专章规定，在此并未列举。同时，有关"人身、财产权益"的表述也为本条中的"民事权益"所涵盖。

民事权益包括民事权利与民事利益。通常而言，民事权利是指为了保护民事主体的某种利益而赋予的法律上的力。权利具有法定性，如生命权、健康权、肖像权、所有权等，均由民法加以规定。民事利益，则是未被法律明确规定为权利，但又要受到法律保护的利益。比如死者人格利益、商业秘密即为此典型样态，有关纯粹经济利益等也属此类。在《侵权责任法》起草过程中，曾对其调整范围是否应包括民事利益存有一定争议，但主流意见认为侵权责任法对其保护的权益范围不应在立法上作出限制，原则上权利、利益都应纳入侵权责任法的保护范围。《侵权责任法》采纳了这一观点。其实，早在《民法通则》第106条即采取了这一模式。这种模式有利于建立一个开放的侵权责任法律体系，也有利于对民事主体民事权益的保护。在《民法典》编纂过程中，对这一问题争议并不大，所以沿袭了《侵权责任法》的立法精神。对于本条的理解应注意以下几点：

（一）绝对权的保护属于侵权责任编的调整范围

依据权利效力范围之不同，民事权利可以分为绝对权和相对权。绝对权具有对世效力，即权利人之外的不特定人都负有不得妨碍该权利的义务。相对权则为对人权，仅对特定人发生效力。简言之，《民法典》总则编第五章列举的绝对权类型，比如第110条规定的自然人享有的生命权、身体权、健康权、姓名权、肖像权、名誉权、荣誉权、隐私权、婚姻自主权等权利，法人、非法人组织享有的名称权、名誉权、荣誉权等权利都属于侵权责任编所保护权利的范围。有关财产性权利，所有权、用益物权、担保物权、知识产权（包括但不限于著作权、专利权、商标专用权）、股权等也属于上述绝对权的范畴。此外，此前《侵权责任法》第2条所列举的有关监护权、发现权、继承权等在《民法典》的总则编、继承编及有关特别法都有规定，从本条规定的立法本意出发，上述权利也属于侵权责任编的保护对象。在如何保护的问题上，要依法适用相应的构成要件，明确相应的举证责任。尤其是准确认定行为人有无过错的问题，而这必然又与行为人是否知晓该权利的存在以及对其行为后果有无预期有直接关系，即该权利有无适当的公示方法将是判断该侵权责任是否成立的重要因素。

（二）关于相对权的保护

债权属于典型的相对权。债权应当受到法律保护，对此没有分歧，但在侵权法上对债权如何保护以及保护到什么程度则争议很大。债权不具有社会典型公开性，由于缺乏相应的公示方法，债权人与债务人之外的人难以得知债权的存在。如果对于债权这一相对权也给了同绝对权的保护，就会对行为人的合理的行为自由构成不当干预。[①]侵权法保护债权，是通过对第三人故意侵害债权的行为科以侵权责任的方式来救济债权人，以达到保护债权的目的。债务人作为债权关系中的特定人，其侵害债权是通过债务不履行制度来实现对债务保护的目的，不适用侵权责任条款，否则就会严重混淆违约责任和侵权责任

---

① 程啸：《侵权责任法》，法律出版社2019年版，第117~118页。

的界限。

通常认为，第三人侵害债权的构成要件为：（1）该债权合法有效存在。债权不存在或者债权违反法律、行政法规的强制性规定而无效，自然不会发生第三人侵害债权的问题。（2）行为人明知该债权存在。因为债权不具有公开性，从维护行为自由以及交易便捷和安全的角度考虑，不可就社会不特定人对其并不能知晓的权利苛以过重负担。（3）行为人实施了相应的侵害债权的行为。这一行为通常为妨碍债权实现的情形，至于其为个人单独行为还是与他人包括与债务人合谋，在所不问。（4）该行为造成了债权部分或者全部不能实现的后果。该要件既包括了损害后果的要求，也有因果关系成立的要求。

第三人侵害债权的问题较为复杂，在实务中应适当将此作为例外规则，对于能够通过债务不履行规则解决的问题，应在准确界定相应法律关系的前提下，首先适用债务不履行的规则，避免将第三人侵害债权的规则泛化，冲击正常的交易秩序乃至社会秩序。至于实践中可能存在的其他侵害债权的情形，可以在具体案件中进一步探索。需要把握的原则是，确定侵权责任编保护权利的范围涉及权利保护与行为自由维护的协调问题，需要做好自由和安全的协调，确保法律适用的可预见性。

（三）民事利益的保护

关于民事利益的保护，在《侵权责任法》起草过程中，曾有不同看法，考虑到民事权益多种多样，立法中难以穷尽，而且随着社会、经济的发展，还不断地会有新的民事权益纳入侵权责任法的保护范围，因此，侵权责任法没有将所有的民事权益都明确列举，但不代表这些民事权益就不属于侵权责任法的保护范围。[①] 有学者认为，侵权法保护的利益应当是私法上的、具有绝对性的合法利益，其特点是，这种利益必须是私法上的利益，必须具有绝对性、合法性，必须具有侵权责任法上的可救济性。具体的范围是：一是一般人格利益，二是

[①] 王胜明主编：《中华人民共和国侵权责任法释义》，法律出版社2010年版，第25~26页。

死者人格利益，三是财产利益，四是其他合法利益。① 也有学者认为，民事法益具有类似民事权利的某些属性，但又有不同于民事权利的特征，部分民事法益可能上升为民事权利，而另一部分则只能以受到法律保护的利益形态存在。死者的人格利益如姓名、肖像、名誉、隐私、遗体、遗骨等，属于受到保护的法益。债权在一定程度上也属于受到保护的财产利益，但侵权责任之构成往往以侵权人的故意为主观要件。② 上述观点皆有一定道理。民事利益，是指民事主体享有，能够给自己带来一定便利，尚未被法律认可为民事权利的私法上的利益。除了成为民事权利客体、明确受法律保护的民事利益外，民事利益可以分为：其一，法律规定应当予以保护但未上升为民事权利的民事利益，即通常说的法益；其二，不受法律保护的民事利益。法益就是侵权责任法所保护的利益。我们认为，侵权责任编以民事权益统领民事权利与民事利益，对二者并未明确区分，而是均列入保护范围，但由于民事利益的特殊性，并不能不加区分地一概予以保护。首先，凡是法律已经明文规定应当保护的合法利益，都是侵权法保护的范围，例如死者的人格利益；其次，故意违反善良风俗致人利益损害的行为，是侵权法调整的范围；最后，利益应当达到重大程度，轻微的民事利益不应当作为侵权法保护的范围，以更好地对民事主体的行为自由予以保障。③ 具体而言，在界定哪些民事利益受到侵权法保护时，可以考虑以下几个方面的因素：第一，民事利益是否被一些特别的保护性法规予以保护，例如，《证券法》第85条规定，信息披露义务人未按照规定披露信息，或者公告的证券发行文件、定期报告、临时报告及其他信息披露材料存在虚假记载、误导性陈述或者重大遗漏，致使投资者在证券交易中遭受损失的，信息披露义务人应当承担赔偿责任。这便是对投资者经济利益的保护。当然，这些法律法规不限于私法领域，也包括行政法规这样的公法规范。第二，侵权人侵犯该民事

---

① 王利明：《侵权责任法研究》（上），中国人民大学出版社2010年版，第92~98页。
② 张新宝：《侵权责任法》（第二版），中国人民大学出版社2010年版，第4~5页。
③ 杨立新：《侵权法论》（第五版），人民法院出版社2013年版，第40页。

利益时的主观状态，如果侵权人主观状态是故意的，那么被侵犯的民事利益通常可以通过侵权法予以保护。第三，行为人在实施侵害行为时，是否与受害人之间处于一种紧密关系，以至于行为人可以合理预见到他的行为将给受害人的利益带来损害或者受害人可以合理信赖行为人不会从事侵害行为，从而使得对行为人施加危险防免的义务具有合理性。第四，在界定受保护的利益范围时，要考虑行为人的行为自由；过分强调受害人利益的保护，可能会限制行为人的行为自由。

【审判实践中应注意的问题】

一、关于与《民法典》总则编民事责任一章的关系问题

从《民法典》总分逻辑体系的角度出发，应遵循分则各编优先适用，总则编补充适用的一般规则。一方面，由于侵权责任编属于专门对侵权责任的规定，就侵权责任构成、承担等问题应当遵循优先适用侵权责任编的规则。这既包括总则编民事责任一章没有规定而侵权责任编作出规定的内容，还包括侵权责任编和总则编民事责任一章存在一定重合交叉的规定，比如第179条关于民事责任的承担方式的规定，有关预防型民事责任的承担即在第1167条有明确规定，涉及此类情形的，应当优先适用后者。但是有关其他民事责任承担方式的，因侵权责任编并没有规定，则仍要适用第179条的规定。另一方面，要特别注意总则编的补充适用规则，即在侵权责任编没有规定，而总则编中有规定的，要适用总则编的内容，这时的"补充适用"实际上已经变成了"直接适用"。特别是《民法典》从体系理顺的角度考虑，将违约责任和侵权责任等有关责任条款的共通性规则抽象出来后，总则编关于民事责任的规定对于侵权责任而言大都具有直接适用的效力。比如，第177条和第178条关于按份责任和连带责任的规定，第180~184条关于免责事由包括不可抗力、正当防卫、紧急避险、见义勇为、紧急救助等的规定，第186条关于违约责任和侵权责任竞合的

规定，第187条关于民事责任优先承担的规定等，均对侵权责任纠纷具有直接适用的效力。当然，这些条文大都需要与侵权责任编有关法律条文结合在一起共同适用。有的条款需要与侵权责任编的相关条款合并适用，才能构成完备的裁判规范。比如关于共同侵权的问题，要一并适用侵权责任编中的第1168条关于共同侵权的规定和总则编中的第178条关于连带责任的规定。之所以出现这一法律适用的情形，是因为一方面这是法典化本身强调逻辑性、体系性而避免法条重复的必然要求，另一方面，在《民法典》编纂过程中，将《侵权责任法》中与上述条文对应的相关条文多作了删除。换言之，上述条文基本上都是从《侵权责任法》中移过去又作适当调整的。

二、侵权责任编所保护的对象是民事权益

根据本条规定，侵权责任编保护的是私法上的权利或利益。这既是侵权责任法律制度的性质所限，也是公法与私法功能的合理区分。换言之，非民事权益的侵害不属于侵权责任编的调整范围，非平等主体之间的法律关系所形成的纠纷也不属于民事纠纷。尤为重要的是，本条确定了侵权责任编的调整对象范围，在法律适用上本条应具有一定的一般条款功能，为有关权利保护，特别是民事利益的保护提供了基本法律依据。只是本条并未明确有关法律适用规则，属于不完全的一般条款，在处理相关民事纠纷时，应当结合本编其他有关侵权责任的规定一并适用。侵害民事权益应该承担侵权责任，把所有侵害民事权利和依法保护的利益的行为都认定为侵权行为，在适用本条的前提下，确定损害赔偿责任的侵权行为适用本法第1165条、第1166条等关于过错责任、过错推定责任和无过错责任归责原则的规定。

在此需要注意的是，本条属于重要裁判依据，在相关案件中可以作为一条重要的援引依据，特别是对于一些民事权益侵权案件，在本编及其他法律法规没有明确规定的情况下，要作为援引依据。

三、关于胎儿权益保护的问题

在《民法典》第 16 条明确规定"涉及遗产继承、接受赠与等胎儿利益保护的,胎儿视为具有民事权利能力。但是,胎儿娩出时为死体的,其民事权利能力自始不存在"的前提下,从逻辑上讲,权利能力是民事主体享有民事权利的资格,具有民事权利能力则就具有民事主体的属性,作为民事主体,当然就能享有民事权利,而且应当是享有独立的民事权利。故在符合《民法典》第 16 条规定的情况下,胎儿利益的保护应当与自然人利益保护采用一致的规则,不可一概适用民事利益的保护模式,也不宜适用其母亲身体权、健康权受到侵害的规则。这一规则较以往是一个重大改变,还需要在实践中不断积累和总结经验。

> **第一千一百六十五条** 行为人因过错侵害他人民事权益造成损害的，应当承担侵权责任。
>
> 依照法律规定推定行为人有过错，其不能证明自己没有过错的，应当承担侵权责任。

【条文主旨】

本条是关于过错责任和过错推定责任的规定。

【条文理解】

一、侵权责任归责原则概述

归责，是指行为人因其行为和物件致他人损害的事实发生以后，应依何种根据使其承担责任，此种根据体现了法律的价值判断，即法律应以行为人的过错还是应以已发生的损害结果为价值判断标准，而使行为人承担侵权责任。[1] 归责原则，是确定侵权人承担侵权损害赔偿责任的一般准则，它是在损害事实已经发生的情况下，为确定侵权人对自己的行为所造成的损害是否需要承担赔偿责任的原则。[2] "侵权法的归责原则，实际上是归责的规则，它是确定行为人的侵权民事责任的根据和标准，也是贯彻于整个侵权法之中、并对各个侵权法规范起着统帅作用的立法指导方针。"[3] 换言之，归责原则是追究侵权责任

---

[1] 王利明：《侵权行为法归责原则研究》，中国政法大学出版社1992年版，第17~18页。
[2] 杨立新：《侵权法论》（第五版），人民法院出版社2013年版，第163页。
[3] 王利明：《侵权行为法归责原则研究》，中国政法大学出版社1992年版，第18页。

的基本依据。如果没有归责的过程，侵权行为所造成的损害后果就没有人来承担。受害人的损害就没有办法得到救济，侵权行为人的民事违法行为就不能得到民法的制裁。[①]侵权法的归责原则是具体的侵权法律规范的统帅和灵魂，是侵权法律规范适用的一般准则，所有的侵权法律规范都必须接受侵权法归责原则的调整。在民法基本原则的指导下，侵权法的归责原则统一调整侵权法律规范的适用。

二、关于过错责任原则

理论界对于侵权责任的归责原则体系存有不同认识。但一般都认为，《侵权责任法》第6条第1款规定的"行为人因过错侵害他人民事权益，应当承担侵权责任"是关于过错责任的一般规定，即过错责任原则的一般条款。该条第2款规定的"根据法律规定推定行为人有过错，行为人不能证明自己没有过错的，应当承担侵权责任"则是过错推定责任的一般条款。《民法典》第1165条基本沿用上述规定，明确规定了过错责任原则和过错推定责任原则的一般条款，但在第1款规定中增加了"造成损害的"这一表述，以损害作为承担责任的必备要件之一，强调了过错责任原则必须造成损害的要求。一般认为，过错责任原则，是以过错作为价值判断标准，判断行为人对其造成的损害应否承担侵权责任的归责原则。在一般侵权行为引起的损害赔偿案件中，应当由主观上有过错的一方承担赔偿责任。主观上的过错是损害赔偿责任构成的必备要件之一，缺少这一要件，即使侵权人的行为造成了损害事实，并且侵权人的行为与损害结果之间有因果关系，也不承担赔偿责任。

过错责任原则是侵权责任中最基本、最主要的归责原则。其重大意义在于：第一，在道德观念上，确认个人就自己的过错行为所导致的损害，应负赔偿责任，乃正义的要求；反之，如果行为非出于过失，行为人已尽注意之能事，在道德上无可非难，不应负侵权责任。

[①] 最高人民法院侵权责任法研究小组编著：《〈中华人民共和国侵权责任法〉条文理解与适用》，人民法院出版社2010年版，第46页。

第二，在社会价值上，任何法律必须调和"个人自由"与"社会安全"两个基本价值，过错责任被认为最能达成此项任务，因为个人如果已尽其注意，即得免负侵权责任，则自由不受束缚，聪明才智可得发挥。人人尽其注意，一般损害亦可避免，社会安全亦足以维护。第三，过错责任体现人的尊严，肯定人的自由，承认个人抉择、区别是非的能力，个人基于自由意思决定从事某种行为而造成损害的，因其具有过失，法律予以制裁，使其负赔偿责任，最足以表现对个人尊严的尊重。①

准确把握过错责任原则的内涵，应当注意以下几点：

第一，过错责任原则要求过错作为侵权责任构成的必备要件。在侵权责任法中适用过错责任原则的场合，行为人的主观过错是必备要件之一。如果行为人在主观上没有过错，就不能构成侵权责任。

第二，过错责任原则要求以过错作为责任构成的最终要件。德国学者耶林指出："使人负损害赔偿的，不是因为有损害，而是因为有过失，其道理就如同化学上之原则，使蜡烛燃烧的，不是光，而是氧，一般的浅显明白。"② 这一关于过错要件在一般侵权责任构成中决定性地位的经典表述，广为流传。过错责任原则要求以过错作为侵权责任构成的价值判断标准，过错不仅是侵权责任构成的一般要件，更是决定侵权责任构成的最终的、决定性的要件。

三、过错侵权责任的构成要件

一般而言，依据本条第1款的规定，按照过错责任原则，侵权责任的成立，必须具备违法行为、损害事实、因果关系和主观过错四个要件，四者缺一不能构成侵权责任。

（一）关于过错认定的一般规则

现在理论界对于过错系主观过错还是客观过错存有不同认识。主

---

① 王泽鉴：《侵权行为法》（第一册），我国台湾地区三民书局1999年版，第14页。
② 王泽鉴：《民法学说与判例研究》（第二册），中国政法大学出版社1998年版，第144~145页。

观过错说认为，过错是违法行为人对自己的行为及其后果所具有的主观心理状态。① 客观过错说认为，我国对过错的判断标准应当客观化，即应采用客观过错，摒弃现行的主观过错说，认为这种客观过错指行为人未尽到一般人所能尽到的注意义务，也即违背了社会秩序要求的注意。② "过错是指判断过错不再以行为人个人的主观状态为根据，而是以一般注意义务的违反为标准。这种过错就是指对一般注意的违反。"③ 综合过错说认为，过错首先是行为人进行某种行为时的心理状态，即使是法人，也具有这种法律上的心理状态。过错虽然是一种心理状态，但它必然是通过行为人的具体行为体现出来，判定一个人有无故意或者过失，总是和一定的行为联系起来的，并以行为为其前提和条件。没有行为，不管人们具备什么样的心理状态，也谈不上过错。这种过错，实际上是对行为人在进行这种行为时所具有的心理状态以及行为的本身的社会评价和价值评价。④ 王利明教授在其《侵权责任法研究》中进一步主张过错能够代替违法行为这一客观要件，认为违法行为应包含于过错之中。⑤ 应该说，主观与客观在具体行为中既有联系又有区别。对于一个具体行为，既包括行为人主观的状态，即观念上的形态，也包括客观上的外在样态，即身体上的动静。这两种形态，既有主观与客观的表现形式不同，又是相互联系，统一在一起的。⑥ 应当看到，从判断侵权责任构成上，由于过错体现在行为之中，就应当从行为中检验、判断行为人是否有过错，即对于过错的认定，往往都需要采取客观标准，这是现代民法理论和实务发展的趋势。无论是采主观过错说的学者还是采客观过错说的学者都赞成检验过错标准的客观化。检验过错用客观标准，是指判断过错时，采用客

---

① [苏]B·格里巴诺夫等主编：《苏联民法》（下册），法律出版社1986年版，第398页。
② 杨丽等：《侵权责任要件研究》，载《政法论坛》1993年第2期。
③ 杨丽等：《侵权责任要件研究》，载《政法论坛》1993年第2期。
④ 王利明主编：《人格权法新论》，吉林人民出版社1994年版，第96~97页。
⑤ 王利明：《侵权责任法研究》（上卷），中国人民大学出版社2010年版，第301页。
⑥ 杨立新：《侵权法论》（第五版），人民法院出版社2013年版，第207页。

观的标准来衡量，违反客观标准，则应当认定为有过错。特别是，过失的归责基础就在于行为人对于损害的发生原有预见的可能，只是由于自身原因导致违反了该注意义务，而没有预见，所以判断过失的重心在于行为人对于损害的发生是否能够预见，学说上称为"预见可能性说"。判断此种预见可能性是否存在，应当考虑特定行为人的年龄、性别、健康、能力等主观因素以及其当时所处的环境、时间以及行为的类型等因素。①但还应注意的是，现代侵权法并非完全以客观标准衡量过错的有无，主观标准仍有适用的必要。在行为人故意侵权时，当其行为完全表现出其故意的心理状态时，则仍用主观标准而非客观标准判断。一般注意义务的违反并不是衡量一切过错的标准，而是衡量行为人主观上是否有过失的标准，因而，过失才是对一般注意义务的违反。如果确定故意能用主观标准判断而偏采用客观的违反注意义务的标准判断之，显然是舍本求末。②换言之，用客观标准衡量过错，并不是绝对的标准，用客观标准衡量的只是过失，以及无法用主观标准衡量的某些故意。对于故意的衡量标准，还是要用主观标准来衡量。③

按照过错责任构成的四要件论。过错，是指侵权人在实施侵权行为时对于损害后果的主观心理状态，包括故意和过失。

故意，是侵权人预见自己行为的损害结果，仍然希望这一损害后果发生或者放任这一后果发生的主观心理状态。根据侵权人心理状态的不同，故意又可以分为直接故意和间接故意两种形式。

过失，包括疏忽和懈怠。侵权人对自己行为的损害结果，应当预见或者能够预见由于疏忽大意而没有预见，为疏忽；侵权人对自己行为的损害结果虽然预见到但却由于过于自信而认为可以避免，最终没有避免损害后果的发生为懈怠。一般而言，民法上的过失，就是侵权

---

① 最高人民法院侵权责任法研究小组编著：《〈中华人民共和国侵权责任法〉条文理解与适用》，人民法院出版社2010年版，第50页。
② 杨立新：《侵权法论》（第五版），人民法院出版社2013年版，第207~208页。
③ 杨立新：《侵权法论》（第五版），人民法院出版社2013年版，第261页。

人对被侵权人应负注意义务的疏忽或懈怠。"过失者，行为人对于自己的行为，所生一定之结果，如为相当之注意，即可避免，而欠缺此注意之心理状态也。"①如上所述，关于过失的认定，通常采客观标准，即侵权人的行为违反相关法律规定与其实施该行为时有无过错有密切联系，实务上通常采用违法推定过失或者违法视为过失的做法。

（二）关于行为违法的认定

行为违法就是指行为人实施的行为在客观上违反法律规定，主要表现为违反法律规定的义务、违反保护他人的法律和故意实施违背善良风俗而造成他人损害的行为。

行为依其方式分为作为和不作为。这两种行为方式均可构成侵权行为的客观表现方式。作为是违反法律规定的不作为法定义务的行为。作为的违法行为是侵权行为的主要方式，即以积极行为侵害他人民事权益的行为。比如伤人身体、毁人财物等行为。不作为是违反法律规定的积极作为的法定义务的行为。行为样态上通常是消极地、未实施相应行为或是实施相应行为达不到积极履行法定义务的后果。确定不作为违法行为的前提是行为人负有法定的作为义务。通常而言，法定作为义务的来源有三种：一是来自法律的直接规定。法律规定的扶养义务、安全保障义务等都属此类。二是来自当事人之间的约定。如当事人通过意思自治的形式约定的各种作为义务。违反这一义务不仅会产生违约责任，也会产生侵权责任，属于二者竞合的情形。三是来自行为人的先前行为。行为人先前的行为使他人进入某种危险状态，这时行为人应当承担危险防免的作为义务。审判实践中，对于共同饮酒后其中一人发生人身伤亡的案件根据案件具体情况判决共同饮酒者或者其中的组织者承担相应的赔偿责任，其法理依据基本上都是作为义务的违反。

（三）关于损害的认定

损害作为一种事实状态，是指因一定的行为或事件使某人受侵权

---

① 刘清波：《民法概论》，我国台湾地区开明书店1979年版，第267页。

法保护的权利和利益遭受某种不利益的影响,①包括人身伤害和财产损害以及精神痛苦。损害通常可分为直接损害和间接损害,"着眼于损害之引发,谓损害事故直接引发之损害为直接损害,非直接引发而系因其他媒介因素之介入所引发之损害则为间接损害"。②而就经济利益的损失而言,大致包括直接损失、间接损失和纯粹经济损失。直接损失是已得利益之丧失,间接损失是虽受害时尚不存在,但受害人在通常情况下如果不受侵害,必然会得到的利益的丧失,③是可得利益的减少,即"该得而未得"。间接损失的是一种未来的可得利益,在侵害行为实施时,它只具有一种财产取得的可能性,还不是一种现实的利益。④纯粹经济损失是指受害人因他人的侵权行为遭受了经济上的损害,但该种损害不是由于受害人所遭受的有形的人身损害或有形的财产损害而产生的经济损失,即受害人直接遭受财产上的不利益,而非因人身或物被侵害而发生,例如餐厅、工厂等由于停电、罢工不能营业而受到的损失等。其与间接损失的根本区别在于,间接损失是对受害人自身的权利造成直接损失的基础上造成的损失,而纯粹经济损失非以造成受害人的权利损害为前提,仅为单纯的经济损失。

(四)关于因果关系的认定

因果关系是侵权责任法乃至整个民法领域最复杂的问题之一。一般而言,作为过错责任的构成要件,因果关系的判定多遵循的规则为直接原因的规则和相当因果关系的规则。对于前者,是指违法行为与损害结果之间具有直接因果关系,无须再适用其他因果关系理论判断,即可直接确认其具有因果关系。此多表现为一因一果的因果关系类型。对于后者,也称为适当条件说。这种学说认为,某一事实仅于现实情形发生某种结果,尚不能就认为有因果关系,必须在一般情形,依社会的一般观察,亦认为能发生同一结果的时候,才能认为有

---

① 王利明、杨立新:《侵权行为法》,法律出版社1996年版,第55页。
② 曾世雄:《损害赔偿法原理》,中国政法大学出版社2001年版,第137页。
③ 张新宝:《中国侵权行为法》,中国社会科学出版社1995年版,第36页。
④ 杨立新:《侵权法论》(第三版),人民法院出版社2005年版,第764页。

因果关系。适用相当因果关系规则，关键在于掌握违法行为是发生损害事实的适当条件。适当条件是发生该种损害结果的不可或缺条件，它不仅是在特定情形下偶然引起的损害，而且是一般发生同种结果的有利条件。确定行为与结果之间有无因果关系，要依行为时的一般社会经验和智识水平作为判断标准，认为该行为有引起该损害结果的可能性，而在实际上该行为又确实引起了该损害结果，则该行为与该损害结果之间有因果关系。① 目前对于侵权责任纠纷，往往需要运用相当因果关系的规则来判断，因为这一规则采取的是较为客观的判断模式，仅要求法官依法查明违法行为与损害事实之间在通常情况下存在因果关系即可。

四、关于过错推定责任

过错推定原则，是指在法律有特别规定的场合，从损害事实的本身推定加害人有过错，并据此确定造成他人损害的行为人赔偿责任的归责原则。过错推定是工业革命时代，当受害人特别是大量工人遭受侵害的事故频繁出现后，由于证明行为人主观过错难度很大，受害人往往无法得到救济的情况下，在程序法上产生的一项补救措施，即在法律有特别规定的场合，从损害事实的本身推定加害人有过错，行为人要对其没有过错承担举证责任，如不能完成举证责任，则行为人要承担侵权责任。② 举证责任倒置是过错推定的重要特征。在适用过错推定责任原则的侵权责任纠纷中，受害人在诉讼中，能够举证证明损害事实、违法行为和因果关系三个要件的情况下，如果加害人不能证明对于损害的发生自己没有过错，那么，就从损害事实的本身推定被告在致人损害的行为中有过错，并就此承担赔偿责任。③ 过错推定原则从本质上说也是过错责任原则的一种，其价值判断标准和责任构成

---

① 杨立新：《侵权法论》（第五版），人民法院出版社2013年版，第236页。
② 最高人民法院侵权责任法研究小组编著：《〈中华人民共和国侵权责任法〉条文理解与适用》，人民法院出版社2010年版，第49页。
③ 杨立新：《侵权法论》（第五版），人民法院出版社2013年版，第182页。

要件也都与一般的过错责任原则的要求是一致的。但作为一项独立的归责原则，过错推定责任与过错责任还是存在很大区别，具体如下：

第一，过错责任原则和过错推定责任原则的调整范围是完全不同的。一般的过错责任原则调整的侵权行为范围是一般侵权行为，而过错推定责任原则调整的范围不是一般侵权行为，而是一部分特殊侵权行为。

第二，过错责任原则和过错推定责任原则的举证责任不同。适用过错责任原则，举证责任由原告承担，而过错推定责任原则在证明主观过错要件上实行举证责任倒置，原告不承担举证责任，而是由被告承担举证责任。

第三，适用过错责任原则和适用过错推定原则的侵权责任形态不同。适用过错责任原则的侵权行为是一般侵权行为，其侵权责任形态是直接责任。而适用过错推定原则的侵权行为是特殊侵权行为，其责任形态是替代责任。从历史的角度观察这两个侵权归责原则也是不同的。在过错责任原则诞生之时，就分为两种不同形式，作出不同的规定，调整不同的侵权案件。[①]

本条第2款规定了过错推定责任原则。通过过错推定原则，从损害事实中推定行为人有过错，受害人免除了举证责任而处于有利的地位，行为人则应承担更重的举证责任，因而更有利于保护受害者的合法权益。同时，行为人也可以举证证明自己没有过错而免责，仍符合公平正义的民法要求。举证责任倒置是过错推定在证明责任承担上适用的特殊规则，但作为过错责任原则的一种特殊形式，在适用过错推定原则确定侵权损害赔偿时，其侵权损害赔偿的构成与适用过错责任原则没有根本的变化，仍然要具备过错、违法行为、因果关系、损害事实这四个要件，只是在过错的认定上采取推定行为人有过错而由其证明自己没有过错以免责的做法。

---

① 参见杨立新：《侵权法论》（第五版），人民法院出版社2013年版，第170页。

【审判实践中应注意的问题】

审判实践中有必要准确把握过错责任原则和过错推定原则的举证证明责任分配规则。

证据制度是现代民事诉讼制度的基石，举证证明责任是证据制度的脊梁。《民事诉讼法》第64条第1款规定："当事人对自己提出的主张，有责任提供证据。"当事人对有利于自己的主张，都应当提出证据，加以证明。当事人对自己提出的诉讼请求所依据的事实或者反驳对方诉讼请求所依据的事实有责任提供证据加以证明。没有证据或者证据不足以证明当事人的事实主张的，由负有举证责任的当事人承担不利后果。[①]《民事诉讼法司法解释》对举证证明责任问题作出了规定。其第90条第1款规定："当事人对自己提出的诉讼请求所依据的事实或者反驳对方诉讼请求所依据的事实，应当提供证据加以证明，但法律另有规定的除外。"第2款规定："在作出判决前，当事人未能提供证据或者证据不足以证明其事实主张的，由负有举证证明责任的当事人承担不利的后果。"这一规定是建立在法律要件分类说的基础上的。民事案件举证责任的分配，原则上应当以当事人主张的权利构成要件为标准，将权利构成要件事实的举证责任分配给权利主张方，对于妨碍权利成立或者消灭权利要件事实的举证责任分配给对方当事人。无论是物权纠纷、合同纠纷还是侵权纠纷案件，在举证责任分配上，除非法律另有规定，都应当遵循举证责任分配的一般规则。具体分配上，应当首先确定案件中当事人主张的法律关系之要件事实，按照该条规定区分权利成立要件和权利消灭或者妨碍要件，在当事人之间进行分配。确定系争法律关系的要件事实，应当依据民事实体法关于民事法律关系构成的要件予以判断。在侵权责任案件中，就是要确定特定侵权责任的具体构成要件和抗辩事由。在过错侵权责任情形中，责任构成要件有四个：一是侵权人实施了侵权行为，二是侵权

[①] 王胜明主编：《中华人民共和国民事诉讼法释义》，法律出版社2012年版，第149页。

人实施侵权行为有过错，三是受害人受有损害，四是侵权行为与损害之间有因果关系。这四个方面的构成要件事实均须原告方承担举证责任，在过错推定侵权责任下，责任构成要件与过错侵权责任相同，但侵权行为人无过错是责任抗辩事由，如其不能证明自己没有过错，则直接认定过错存在，责任可以成立。在此应当注意的是，过错推定责任仅是对过错的推定，并不包括对因果关系的推定。也就是说，有关因果关系的举证责任实际上并未转移。但基于此类案件原、被告双方举证能力的差异，基于分担风险以及维护公平正义促进经济社会发展进步的考虑，在因果关系认定上采用事实自证法则或者举证责任缓和的规则，适当降低对因果关系认定的标准。

第一千一百六十六条 行为人造成他人民事权益损害，不论行为人有无过错，法律规定应当承担侵权责任的，依照其规定。

【条文主旨】

本条是关于无过错责任原则的规定。

【条文理解】

一、无过错责任原则概述

无过错责任是指行为人的行为、其管理的人或者物损害了他人的民事权益，具备了法律规定的要件，不论行为人是否有过错，都要承担侵权责任的归责原则。究其实质，与严格责任是一致的。

侵权法确立无过错责任原则是基于风险控制和风险分担理论，促使从事高度危险活动者，危险物的生产者和销售者，环境污染、生态破坏中的污染者或破坏者以及动物的饲养人、管理人等行为人，对自己的工作予以高度负责，谨慎小心从事，不断改进技术安全措施，提高工作质量，尽力保障他人人身、财产合法权益。

无过错责任原则产生于被称为"机器和事故的年代"的19世纪。对于工业事故责任，在工业社会初期也实行过错责任原则，在工业事故造成的损害面前，受害人必须证明事故的责任者即工厂主在主观上有过错后才能获得赔偿。工业事故为数众多的受害人因无法证明工厂主的过错而无法得到侵权法的保护。不仅受害人无法证明工厂主造成工业事故的"过错"，工厂主也会利用过错责任原则，借口"无过失"而拒绝赔偿受害人的损失，使工厂主几乎不可能败诉。为了更好地保护工业事故中为数众多的受害人，侵权法一方面坚持实行过错责任原则，另一方面例外地就特殊损害事故承认无过错责任，在立法上出现了无过错责任的规定，即在特定的情况下，即使致人损害的一方没有过错也应承担赔偿责任。可见，无过错责任的产生其实就是为了救济工业事故的大规模侵权造成的损害。[①] 概言之，无过错责任是为弥补过错责任的不足而设立的制度，它是伴随着社会化大生产的迅速发展，尤其是大型危险性工业的兴起而产生和发展起来的。其设立宗旨在于"对不幸损害之合理分配"，即保障受害人得到及时有效的补偿，以实现公平。基于上述设立宗旨，无过错责任制度通常与保险制度联系在一起，目的是使无辜损害由国家和社会合理分担，体恤受害人的利益，具有一定的社会福利色彩的性质。[②] 适用无过错责任原则的目的，在于加重行为人的责任，使被侵权人的损害赔偿请求权更容易实现，受到损害的权利及时得到救济。

我国1986年颁布的《民法通则》即确立了无过错责任原则，其第106条第3款规定："没有过错，但法律规定应当承担民事责任的，应当承担民事责任。"同时，依据《民法通则》第123条规定，从事高空、高压、易燃、易爆、剧毒、放射性、高速运输工具等对周围环境有高度危险的作业造成他人损害的，应当承担民事责任；如果能证明损害是由受害人故意造成的，不承担民事责任。这是高度危险作业适用无过错责任原则的一般规则。从《民法通则》多年的实施效果看，无过错责任原则不但有利于受害人及时获得赔偿，缓解社会矛盾，而且对切实保护人民群众人身、财产安全，促使高度危险作业人、产品制造者、环境污染者等行为人对自己从事的活动或者管理的物品高度负责、谨慎从事，不断改进技术安全措施，提高工作质量，尽力保障他人和环境的安全发挥了积极作用。近年来，随着我国工业化、城市化进程的快速推进，工伤事故处于易发期、多发期，环境

[①] 杨立新：《侵权法论》（第五版），人民法院出版社2013年版，第414页。
[②] 最高人民法院侵权责任法研究小组编著：《〈中华人民共和国侵权责任法〉条文理解与适用》，人民法院出版社2010年版，第51~52页。

污染加剧，火车进入高速时代，民航业蓬勃发展，人们已生活在高度危险的社会环境中，可以说，现代社会就是一个"风险社会"，为增强行为人的责任意识，同时使受害人能够得到及时有效的赔偿，我国现阶段更应该突出和强调无过错责任原则，扩大无过错责任原则的适用范围。[①] 有鉴于此，侵权责任编承袭了《侵权责任法》第7条规定的"行为人损害他人民事权益，不论行为人有无过错，法律规定应当承担侵权责任的，依照其规定"，仅是将"行为人损害他人民事权益"修改为"行为人造成他人民事权益损害"，以在行文表述上更加严谨。

二、无过错责任原则的适用范围

根据本条规定，无过错责任原则的适用必须以法律有具体规定为前提，即只有法律明文规定的侵权行为类型方可适用无过错责任原则。依据侵权责任编的有关规定，主要有以下类型：

1. 产品责任。侵权责任编第四章规定，缺陷产品致人损害的侵权责任适用无过错责任原则。这里应当包括产品生产者、销售者对于被侵权人承担责任的情形，但不包括销售者及产品运输者、仓储者等第三人承担内部责任，即被追偿时的责任，这种情况下实行过错责任原则。在此需要注意的是，作为产品责任的一种具体样态，医疗产品责任当然也要适用无过错责任。

2. 环境污染和生态破坏责任。侵权责任编第七章规定的环境污染和生态破坏责任，实行无过错责任原则。

3. 高度危险责任。侵权责任编第八章规定的从事高度危险作业包括高度危险活动和高度危险物，造成他人损害的侵权责任，适用无过错责任原则。此为国际通例，其实无过错责任原则本来就是因高度危险活动责任而发展起来的，比如德国将无过错责任称为危险责任。

4. 饲养动物损害责任。侵权责任编第九章规定的饲养动物损害责任，实行无过错责任原则。在此要注意，这里既包括一般的饲养动物

[①] 王胜明主编：《中华人民共和国侵权责任法释义》，法律出版社2010年版，第47页。

致害的情形，也包括禁止饲养的烈性犬等危险动物致害的情形，但是不包括动物园动物致害的情形，依据《民法典》第1248条的规定，此实行过错推定原则。

此外，有学者认为，工伤事故责任也实行无过错责任原则。一是工伤保险责任，按照《工伤保险条例》的规定，工伤保险当然适用无过错责任原则；二是工伤事故赔偿，在没有工伤保险的情况下，用人单位对员工的工伤事故赔偿也实行无过错责任原则，无过错亦应赔偿。[1]此依据是《人身损害赔偿司法解释》第11条和第12条的规定。[2]

三、适用无过错责任原则时的侵权责任构成要件

对于适用无过错责任原则的侵权行为类型，其责任构成要件有三：一是违法行为；二是损害事实；三是违法行为与损害事实之间具有因果关系。即适用无过错责任原则时，无须以行为人主观过错为要件，只要具备以上三个要件，就应当承担侵权责任。对于这三个要件的具体内容已在上一条中作了说明，在此不再赘述。下面，就有关具体理解和适用问题作一阐述。

1. 无过错责任原则强调的是不以行为人的过错为构成要件，绝非说行为人实施该行为没有过错，也绝非强调行为人无过错也要承担侵权责任。适用无过错责任原则的目的，从诉讼角度考虑，应当是减轻受害人一方的举证责任，即免除受害人证明行为人过错的举证责任，使受害人更容易获得救济。

---

[1] 杨立新：《侵权法论》（第五版），人民法院出版社2013年版，第194页。
[2]《人身损害赔偿司法解释》第11条规定："雇员在从事雇佣活动中遭受人身损害，雇主应当承担赔偿责任。雇佣关系以外的第三人造成雇员人身损害的，赔偿权利人可以请求第三人承担赔偿责任，也可以请求雇主承担赔偿责任。雇主承担赔偿责任后，可以向第三人追偿。雇员在从事雇佣活动中因安全生产事故遭受人身损害，发包人、分包人知道或者应当知道接受发包或者分包业务的雇主没有相应资质或者安全生产条件的，应当与雇主承担连带赔偿责任。属于《工伤保险条例》调整的劳动关系和工伤保险范围的，不适用本条规定。"第12条规定："依法应当参加工伤保险统筹的用人单位的劳动者，因工伤事故遭受人身损害，劳动者或者其近亲属向人民法院起诉请求用人单位承担民事赔偿责任的，告知其按《工伤保险条例》的规定处理。因用人单位以外的第三人侵权造成劳动者人身损害，赔偿权利人请求第三人承担民事赔偿责任的，人民法院应予支持。"

2. 无过错责任并不是绝对责任，在适用无过错责任原则的案件中，行为人可以主张法定的不承担责任或者减轻责任的事由。例如，在产品责任案件中，产品制造者可以证明产品投入流通时，引起损害的缺陷尚不存在以免除自己的侵权责任；在高度危险物致损案件中，高度危险作业人可以证明受害人故意造成损害而免除自己的责任；等等。但是，法律根据行为的危险程度，对适用无过错责任原则的不同侵权类型规定了不同的不承担责任或者减轻责任的事由，例如根据《民法典》第1237条等规定，民用核设施发生核事故造成他人损害的，民用核设施经营人不承担责任的事由是战争等情形或者受害人故意。占有或者使用易燃、易爆、剧毒、放射性等高度危险物造成他人损害的，免责事由是受害人故意或者不可抗力；被侵权人对损害的发生有重大过失的，可以减轻占有人或者使用人的责任。从事高空、高压、地下挖掘活动，使用高速轨道运输工具造成他人损害的，免责事由是受害人故意或者不可抗力，同时，被侵权人对损害的发生有重大过失的，可以减轻经营者的责任。

3. 关于适用无过错责任原则时的举证责任。依据举证责任分配的一般规则，被侵权人应当举证证明违法行为、损害事实和因果关系三个要件。对此，侵权人不承担举证责任。如果侵权人即被告主张不构成侵权责任，则实行举证责任倒置，其所要证明的不是自己无过错，而是被侵权人的故意或者其他法定免责事由是导致损害的原因，被告能够证明的，即免除赔偿责任；其举证不能的，侵权责任即告成立，被告则应承担侵权责任。

从举证责任的角度看，无过错责任原则对于被侵权人的保护要比过错推定更为有利。实行过错推定，举证责任由侵权人承担，证明的内容是侵权人自己没有过错；实行无过错责任原则，举证责任仍由侵权人承担，但证明的内容是损害系由被侵权人的故意或者重大过失所引起。侵权人证明自己无过错，在实践中尚属可能；侵权人要证明损害是由被侵权人的故意或者其他免责事由所引起，则难度更大。

4. 适用无过错责任原则的，在赔偿数额上可能存在限制，这是法律政策判断和各方利益平衡考量的结果。许多适用无过错责任原则的活动本身为社会所必须，这些活动的存在本身是合法的，而且很大程度上具有公共利益的因素，如果法律对这些领域发生的事故赔偿数额没有限制，导致赔偿数额过高，毫无疑问会过分加重行为人的负担，阻碍相关领域乃至经济社会发展进步。而且，由于无过错责任原则针对的行业领域往往与责任保险相连，若赔偿额度过高，自然会导致保险人的负担过重，则可能会导致其放弃责任保险，也不利于上述行业领域的发展进步。所以，在某些适用无过错责任原则的领域，对赔偿额度予以限制。比如《民法典》第1244条规定，承担高度危险责任，法律规定赔偿限额的，依照其规定。我国的航空、海运、铁路等方面的特别法，基于特定行业的风险性和保护该行业发展的需要，往往规定了最高赔偿数额，[①] 对此，要遵循该特别法规定。

【审判实践中应注意的问题】

一、关于本条规定的裁判适用问题

本条规定本身只是为了表明在我国无过错责任原则是与过错责任

[①] 比如《民用航空法》第128条规定："国内航空运输承运人的赔偿责任限额由国务院民用航空主管部门制定，报国务院批准后公布执行。旅客或者托运人在交运托运行李或者货物时，特别声明在目的地点交付时的利益，并在必要时支付附加费，除承运人证明旅客或者托运人声明的金额高于托运行李或者货物在目的地点交付时的实际利益外，承运人应当在声明金额范围内承担责任；本法第一百二十九条的其他规定，除赔偿责任限额外，适用于国内航空运输。"第129条规定："国际航空运输承运人的赔偿责任限额按照下列规定执行：（一）对每名旅客的赔偿责任限额为16600计算单位；但是，旅客可以同承运人书面约定高于本项规定的赔偿责任限额。（二）对托运行李或者货物的赔偿责任限额，每公斤为17计算单位。旅客或者托运人在交运托运行李或者货物时，特别声明在目的地点交付时的利益，并在必要时支付附加费的，除承运人证明旅客或者托运人声明的金额高于托运行李或者货物在目的地点交付时的实际利益外，承运人应当在声明金额范围内承担责任。托运行李或者货物的一部分或者托运行李、货物中的任何物件毁灭、遗失、损坏或者延误的，用以确定承运人赔偿责任限额的重量，仅为该一包件或者数包件的总重量；但是，因托运行李或者货物的一部分或者托运行李、货物中的任何物件的毁灭、遗失、损坏或者延误，影响同一行李票或者同一份航空货运单所列其他包件的价值的，确定承运人的赔偿责任限额时，此种包件的总重量也应当考虑在内。（三）对每名旅客随身携带的物品的赔偿责任限额为332计算单位。"

原则并列的归责原则，其并不直接具有作为裁判根据的意义。要对某一案件适用无过错责任，必须是《民法典》或者单行法明确规定该类案件不以过错为承担责任的条件。在立法中，有的建议取消单行法对无过错责任的具体规定，由《民法典》规定几个适用无过错责任原则的条件和标准。但是，考虑到某一领域是否适用无过错责任原则受多种因素的影响，例如危险程度、政策选择、事故发生的可能性等，且决定不同领域是否适用无过错责任原则的条件和标准也不完全相同，由法律统一规定哪些因素作为适用无过错责任原则的条件和标准很难，也没有把握，最终并没有规定这样的条件和标准。①因此，适用无过错责任原则的案件，所适用的是《民法典》或者其他法律关于无过错责任的具体规定。《民法典》或者其他法律未明确规定适用无过错责任原则的案件，均属于过错责任原则的适用范围。由此可知，无过错责任原则的适用应当遵循责任法定原则，只有在法律有明确规定的情况下才可以适用，这里并不存在自由裁量权的行使问题。而且本条规定的"法律规定"应当遵循严格的文义解释，即只限于《立法法》明确规定的法律，并不包括行政法规，也不包括部门规章。可以说，立法机关决定哪些行业领域应当适用无过错责任原则是比较慎重权衡的结果。侵权责任编顺承《侵权责任法》的规定明确规定了几种适用无过错责任原则的特殊侵权行为，如第四章的产品责任、第八章的高度危险责任等。

在此需要注意的是，《民法典》第1236条"从事高度危险作业造成他人损害的，应当承担侵权责任"之规定实际上是对于高度危险责任适用无过错责任的一般条款。这一规定并没有明确高度危险责任的具体类型，即在高度危险责任一章中具体列举的行为类型之外，只要符合该条规定情形的，都要承担高度危险责任。从这个角度言之，高度危险责任体系具有一定的开放性和前瞻性，高度危险作业的内涵及行为类型可以随着社会的发展而扩展。这也为审判实务中准确适用该

---

① 王胜明主编：《中华人民共和国侵权责任法释义》，法律出版社2010年版，第50页。

条规定，衡平相关利益关系，促进社会发展进步预留了空间。

二、关于受害人过错的考量问题

在适用无过错责任原则的侵权行为中，只是强调不以加害人过错为要件，即不考虑行为人过错，但绝非不考虑受害人的过错。如果受害人对损害的发生也有过错，则应根据具体情况减轻，甚至免除行为人的侵权责任，比如在很多无过错责任侵权行为类型中，受害人故意就是法定免责事由。

> **第一千一百六十七条** 侵权行为危及他人人身、财产安全的,被侵权人有权请求侵权人承担停止侵害、排除妨碍、消除危险等侵权责任。

【条文主旨】

本条是关于预防型民事责任承担方式的规定。

【条文理解】

一、现代侵权法关于侵权责任承担方式的发展趋势

侵权责任的承担方式,是落实侵权责任的具体形式,没有侵权责任的承担方式,侵权责任的规定将没有任何威慑力。随着经济社会的发展进步,侵权责任承担方式也不断丰富发展。主要体现在以下几点:

（一）侵权责任承担方式不断向多元化发展

从比较法上看,大陆法系和英美法系国家都强调了损害赔偿这种责任方式的主导地位,但是,随着经济社会的不断发展,人们的需求越来越多元化,这就需要侵权责任承担方式也要适应人们多元化的需求。损害赔偿主要是在保护物权等财产权益方面发挥作用,对于人格权、知识产权等民事权益,单纯采用损害赔偿,其作用就受到了较大限制,这就需要采取多种方式对这些民事权益进行保护,包括恢复名誉、停止侵害、赔礼道歉等。例如名誉权受到侵犯的,最直接的损害后果首先是名誉受到毁损,社会评价降低,对受害人最直接的补救方式是恢复名誉。只有采取恢复名誉的方式才能消除这种损害发生的根

源，才能对受害人给予最直接、最有效的补救。恢复名誉的方式不是损害赔偿能够代替的。赔礼道歉在一些情况下也是十分有效的补救方式，在有些案件中，受害人并不需要得到多少赔偿，他只需要加害人赔礼道歉，这可能在某种程度上只是满足人格尊严的需要，也可能只是一种心理安慰，但不管怎么样，它是在侵害名誉权、隐私权等人格权时的一种很好的补救方式。此外，现代社会侵权形态的多样化，也需要侵权责任承担方式的多样化。例如，随着网络技术的发展，出现了网络侵权这种新的侵权形态。网络侵权具有快速性、广泛性等特点，为了防止损害后果进一步扩大，就必须采取停止侵害等侵害责任方式。因此，侵权责任法的一个重要发展趋势就是侵权责任方式的多元化。这既适应了侵权责任法保护范围扩大的要求，也为受害人提供了全方位的救济。[①] 应该说，我国《民法通则》对侵权责任方式的规定适应了这种发展趋势，第134条第1款规定，承担民事责任的方式主要有：（1）停止侵害；（2）排除妨碍；（3）消除危险；（4）返还财产；（5）恢复原状；（6）修理、重作、更换；（7）赔偿损失；（8）支付违约金；（9）消除影响、恢复名誉；（10）赔礼道歉。从《民法通则》多年的实施效果看，多样化的责任承担方式对保护民事主体的民事权益发挥了积极作用。《侵权责任法》第15条对侵权责任承担方式的规定基本采纳了《民法通则》的立法模式，只是将属于违约责任的两种方式，不适用于侵权案件的"支付违约金"责任和可以被"恢复原状"包含的"修理、重作、更换"删除。《民法总则》第179条在总结和继承我国二十多年的民事立法和司法经验的基础上，顺应时代发展需要对民事责任承担方式作了系统全面的规定，这些责任承担方式被《民法典》总则编沿用，其中绝大部分的内容都可以适用于侵权责任。本条对预防型民事责任的承担方式作了具体规定。

（二）向更加注重预防型侵权责任发生的方向发展

在损害时常发生的现代社会，侵权法在制度设计上明确预防损害

[①] 王胜明：《中华人民共和国侵权责任法释义》，法律出版社2010年版，第78页。

的功能并细化相应规则是十分重要的。"民事责任所具之功能,有预防之功能、复原之功能及惩罚之功能。"① 美国学者卡拉布雷西甚至认为:"事故法的首要功能就是减少事故成本与避免事故发生的成本的总和",具体来说,就是减少事故的数量和严重程度,减少事故发生的社会成本以及人们为处理事故而支出的管理成本。②

预防型民事责任,是指权利相对人违反其义务,对权利人的权利已经造成损害而且还在继续侵害时,或者虽然没有造成现实损害却存在造成侵害的危险时承担的一种民事责任。预防型民事责任在对某些权利和利益的保护方面,尤其是对绝对权的保护,有着补偿性民事责任形式所无法比拟的优点和长处。因为损害赔偿仅仅是在损害发生后的一种亡羊补牢的做法,而停止侵害则是防患于未然的做法,防患于未然胜于亡羊补牢。③ 王泽鉴先生即非常明确地指出"损害的预防胜于损害补偿"。④ 冯·巴尔教授则认为,"如果一个国家不授予其法院在'损害尚未发生的期间内'基于当事人的申请提供法律保护措施的职权,这个国家就未尽到法律保护的义务"。⑤ 因此,现代侵权法不仅要注重损害的填补和救济,更应该在具体的侵权责任制度设计时注重损害预防功能的实现。而损害预防功能的实现,不仅要依靠侵权责任的惩戒性措施的警示威慑作用来实现,更要依赖诸如消除危险、停止侵害等积极的或具有事先性的救济措施来实现。停止侵害,实际上是要求侵害人不实施某种侵害行为,即不作为。消除危险则是在行为人的行为对他人人身和财产安全造成威胁,或存在侵害他人人身和财产的可能的时候,他人有权要求行为人采取有效措施来消除此种危险。⑥ 停止侵害和消除危险的责任形式,是对民事权利积极的保护,都体现

---

① 曾世雄:《损害赔偿法原理》,中国政法大学出版社2001年版,第7页。
② [美]盖多·卡拉布雷西:《事故的成本》,北京大学出版社2008年版,第24~26页。转引自程啸:《侵权责任法》,法律出版社2019年版,第28页。
③ 丁海竣:《预防型民事责任》,载《政法论坛》2005年第4期。
④ 王泽鉴:《侵权行为法》(一),作者自版1998年版,第10页。
⑤ [德]克雷斯蒂安·冯·巴尔:《欧洲比较侵权行为法》(下卷),焦美华译,张新宝审校,法律出版社2001年版,第158页。
⑥ 王利明、杨立新编著:《侵权行为法》,法律出版社1996年版,第100~101页。

了对损害或者未来损害的预防。行为人实施的侵害行为仍在继续进行，受害人可以依法请求法院责令侵害人停止其侵害行为，这样可以及时制止侵害行为，防止扩大侵害后果。而在产品责任领域，产品停止销售与售后警告以及产品召回制度所对应的恰恰就是侵权民事责任承担方式中的停止侵害和消除危险的形态。

（三）向更加强调惩罚性赔偿责任的方向发展

近现代以来世界各国愈加重视惩罚性赔偿制度的适用。究其根源，适用惩罚性赔偿的目的不在于惩罚，而在于通过惩罚性的加重赔偿来更好地预防相关侵权纠纷的发生。一直以来，我国侵权责任法理论始终坚持侵权损害赔偿的补偿原则，坚持损害赔偿的补偿性，强调赔偿金的数额应当与实际损失相当，赔偿不能超过实际的损失范围。随着经济社会的发展，在1993年《消费者权益保护法》第49条（2013年《消费者权益保护法》第55条）规定了产品欺诈和服务欺诈的惩罚性赔偿金之后，惩罚性赔偿发挥了较好的社会效果。后来，《合同法》第113条进一步确认了惩罚性赔偿。但上述两部法律都对惩罚性赔偿的适用条件和赔偿范围作了较为严格的限制。在编纂《民法典》过程中，多数意见建议进一步发挥惩罚性赔偿制度的功能，明确规定惩罚性赔偿制度。有鉴于此，《民法典》第179条第2款明确规定了惩罚性赔偿制度，在侵权责任编中就故意侵害知识产权、环境侵害以及产品责任的内容中都明确规定了惩罚性赔偿制度。

二、关于预防型民事责任承担方式的主要类型

本条内容沿用了《侵权责任法》第21条的规定。依据该条规定，"侵权行为危及他人人身、财产安全的，被侵权人可以请求侵权人承担停止侵害、排除妨碍、消除危险等侵权责任"。本条仅是在文字上将"被侵权人可以请求"修改为"被侵权人有权请求"。本条有关"等"的表述即为不完全列举，为此类侵权责任承担方式预留开放性空间。根据本条规定，此类侵权责任承担方式主要有：

（一）停止侵害

停止侵害，是指行为人实施的违法行为仍在继续中，应当承担的立即停止侵害行为的侵权责任方式。对于任何正在实施违法行为的不法行为人都可以适用这种侵权责任方式，立即停止其侵害行为。停止侵害责任方式的主要作用是：能够及时制止侵害行为，防止扩大侵害后果。这种侵权责任方式以侵权行为或者其他违法行为正在进行或仍在延续中为适用条件，对尚未发生的或业已终止的侵权行为则不得适用。责令停止侵害，实际上是要求侵害人不实施某种侵害行为，即不作为。[1]

（二）排除妨碍

排除妨碍，是指行为人实施的行为使他人无法行使或者不能正常行使人身、财产权益的，受害人可以要求行为人排除妨碍权益实施的障碍。行为人不排除妨碍的，受害人可以请求人民法院责令其排除妨碍。例如某人在他人家门前堆放垃圾，妨碍了他人通行，同时污染了他人的居住环境，受害人有权请求行为人将垃圾清除。受害人请求排除的妨碍必须是不法的，如果行为人的妨碍行为是正当行使权利的行为，则行为人可以拒绝受害人的请求。受害人也可以自己排除妨碍，但排除妨碍的费用应由行为人承担。[2]

（三）消除危险

消除危险，是指行为人的行为或者其管领下的物件对他人的人身和财产安全造成威胁，或存在侵害他人人身或财产的可能，应当采取有效措施，将具有的危险因素予以消除的侵权责任承担方式。适用消除危险这一责任方式的前提必须是有危险状态的存在，这一危险具有造成现实损害的可能性，但是该损害又尚未实际发生。从关联性的角度看，消除危险请求权是从排除妨碍请求权中派生出来的，二者都是因为侵权人妨碍其人身权或财产权的正常行使所产生的请求权。排除妨碍的功能在于消除妨碍状态以求获得其权利的正常行使或利益的实

---

[1] 杨立新：《侵权法论》（第五版），人民法院出版社2013年版，第280~281页。
[2] 王胜明：《中华人民共和国侵权责任法释义》，法律出版社2010年版，第79页。

现，其所针对的必须是实际存在或将来必然出现的妨碍。消除危险的目的在于防止损害和妨碍的发生，因而在传统民法中被称为妨害预防请求权或妨害防止请求权。然而，当损害已经发生或者妨碍已经形成的，再适用消除危险则已于事无补。①

在此应当注意的是，被侵权人主张上述侵权责任承担方式的，并不要求侵权人具有故意或过失，即行使停止侵害、排除妨碍、消除危险等请求权并不以侵权人具有过错为要件。此时，被侵权人对于侵权人的过错无须证明，仅证明其人身或财产权利正在遭受侵权人的现实侵害或现实威胁即可。

三、本条规定与行为保全的衔接

实践中，被侵权人所受的损害应当包含权利侵害和造成损害后果两个方面，而损害与实际损失结果是不同层次的概念。当行为人的行为对他人权利构成现实危险或妨碍时，即使未造成实际损失，也有必要予以救济，以有效避免实际损失的发生或者扩大。据此，有学者主张，应当明确规定侵权行为禁令制度，即由人民法院根据当事人的申请，作出的要求侵权人停止正在实施或即将实施的侵权行为，使权利人免受侵害或现实威胁的一种强制性措施。②我们认为，上述侵权责任的承担方式在预防损害发生方面具有不可替代的作用，在实现上既可以通过非诉讼方式自力主张来实现，也可以通过此规范的行为指引作用来有效预防有关纠纷的发生，但在上述方式无法达到预防损害的目的时，则需要通过诉讼的方式解决，这时就要发挥本条规定的裁判规范作用，同时要做好与相关诉讼制度的无缝对接。这里的对接，不仅包括人民法院的裁决及执行，还包括相应的保全措施，特别是行为保全，且从最大限度发挥其功能上讲，诉前行为保全显得尤为重要，

---

① 最高人民法院侵权责任法研究小组编著：《〈中华人民共和国侵权责任法〉条文理解与适用》，人民法院出版社2010年版，第162页。

② 张民安：《雇主替代责任在我国未来侵权法中的地位》，载《中国法学》2009年第3期；蔡立东：《个体主义方法论与使用人侵权责任的重构》，载《烟台大学学报（哲学社会科学版）》2009年第3期。

因为作出裁判以及后续的执行在时间上相对较长，而保全措施相对就比较及时。2012年修改《民事诉讼法》时增加了行为保全的规定，赋予了当事人起诉和申请仲裁前可以向人民法院提出保全的权利。其第100条第1款规定："人民法院对于可能因当事人一方的行为或者其他原因，使判决难以执行或者造成当事人其他损害的案件，根据对方当事人的申请，可以裁定对其财产进行保全、责令其作出一定行为或者禁止其作出一定行为；当事人没有提出申请的，人民法院在必要时也可以裁定采取保全措施。"第101条第1款又进一步规定："利害关系人因情况紧急，不立即申请保全将会使其合法权益受到难以弥补的损害的，可以在提起诉讼或者申请仲裁前向被保全财产所在地、被申请人住所地或者对案件有管辖权的人民法院申请采取保全措施。"审判实践中有关人身保护令的运用在权利救济和损害预防方面与这一制度有异曲同工之妙。此外，在知识产权领域也都有诉前禁令的实践，依据《最高人民法院关于对诉前停止侵犯专利权行为适用法律问题的若干规定》第13条规定，"申请人不起诉或者申请错误造成被申请人损失，被申请人可以向有管辖权的人民法院起诉请求申请人赔偿，也可以在专利权人或者利害关系人提起的专利权侵权诉讼中提出损害赔偿的请求，人民法院可以一并处理"。

【审判实践中应注意的问题】

关于本条的适用，要注意有关诉讼时效是否适用的问题。对此，依据《民法典》第196条的规定，请求停止侵害、排除妨碍、消除危险的请求权不适用诉讼时效的规定。之所以有此规定，是因为从权利属性上讲，上述责任承担方式又可以构成物权或者人身权这些绝对权请求权的内容。比如就财产侵害而言，有关停止侵害、排除妨碍、消除危险的内容，总则编和侵权责任编系从责任承担方式的角度予以规定，而物权编则从物权的保护，其实是从物权请求权的角度作了规定。物权请求权的实质在于保障物权恢复其圆满状态，只要物权存在，物权请求权就应该存在，也就不能适用诉讼时效期间的规定。同样，作为物权权能一部分的停止侵害、排除妨碍、消除危险的物权请求权，也就不应当因时效届满而消灭。同理，对于其他绝对权请求权比如人身权、知识产权等中涉及停止侵害、排除妨碍、消除危险的，都不适用诉讼时效，即只要符合各自责任形式要件的，权利人就可以主张，而不受诉讼时效的限制。

> **第一千一百六十八条** 二人以上共同实施侵权行为，造成他人损害的，应当承担连带责任。

【条文主旨】

本条是关于共同侵权的规定。

【条文理解】

一、共同侵权行为概述

共同侵权，是指数人共同不法侵害他人权益造成损害的行为。对共同侵权行为，有的学者称为"共同致人损害"，有的学者称为"共同过错"，还有的学者称为"共同不法行为"。①

在大陆法系，《法国民法典》并没有对共同侵权行为作出明确规定。第一个规定共同侵权制度的是《德国民法典》，其第830条规定：数人因共同实施侵权行为造成损害的，各人对损害均负责任。后来的立法基本沿袭了这一做法。如《日本民法典》第719条第1款规定：由于多人共同的不法行为而对他人造成了损害时，各人对于该损害负有连带赔偿责任。无法得知共同行为人中的某一人是否施加了该损害时亦同样。《意大利民法典》第2055条第1款规定：如果损害行为可归责于多个人，则所有的人要承担连带赔偿的责任。《韩国民法典》第760条第1款规定：数人因共同不法行为（侵权行为）给他人造成损害时，对其损害有连带赔偿责任。《瑞士债务法》

---

① 王胜明主编：《〈中华人民共和国侵权责任法〉条文解释与立法背景》，人民法院出版社2010年版，第42页。

第50条第1款规定：如果数人共同造成损害，则不管是教唆者、主要侵权行为人或者辅助侵权行为人，均应当对受害人承担连带责任和单独责任。

从历史上看，《大清民律草案》《民国民律草案》也都是借鉴上述国家尤其是《日本民法典》的做法。《大清民律草案》第950条规定：数人因共同侵权行为加损害于他人者，共负赔偿之义务。不能知孰加损害者，亦同。教唆人及帮助人视为共同行为人。第972条又规定：侵权行为所生之损害有数人共任其责者，数人作为连带债务人而任其责。这两个条文显然是借鉴德国法的立法例。《民国民律草案》第248条规定：数人共同不法侵害他人之权利者，连带负损害赔偿责任。其不能确知孰为加害人者，亦同。教唆人及帮助人，视为共同行为人。我国台湾地区"民法"沿袭了《民国民律草案》，其第185条第1款也规定：数人共同不法侵害他人之权利者，连带负损害赔偿责任。我国现今的立法对于共同侵权的界定与上述规则在本质上也具有一致性。《民法通则》第130条规定："二人以上共同侵权造成他人损害的，应当承担连带责任。"《侵权责任法》第8条的规定即是对《民法通则》上述规定的传承，《民法典》侵权责任编则又沿用了《侵权责任法》第8条的规定。

二、关于共同侵权行为的界定

近年来，学界和实务界对于共同侵权行为的适用范围作了进一步的研究和检讨，其核心内容就在突破主观共同故意或者共同意思联络这一问题上，由此而生的是对共同侵权行为的本质的反思。概言之，主要观点有：一是意思联络说，认为共同加害人之间必须有意思联络始能构成。意思联络即共同故意，它使主体的意志统一为共同意志，使主体的行为统一为共同的行为。反之，如无主体间的意思联络，则各人的行为就无法在实质上统一起来，因而也不构成共同侵权行为。[1]

---

[1] 伍再阳：《意思联络是共同侵权行为的必备要件》，载《现代法学》1984年第2期。

二是共同过错说,认为共同侵权行为的本质特征在于数个行为人对损害结果具有共同过错,既包括共同故意,也包括共同过失。① 三是共同行为说,认为共同行为是共同加害人承担连带责任的基础,共同加害结果的发生,总是同共同加害行为紧密联系,不可分割。② 四是关联共同说,认为共同侵权行为以各个侵权行为所引起的结果,有客观的关联共同为已足,各行为人间不必有意思的联络。数人为侵权行为的时间或地点,虽无须为统一,但损害则必须不可分离,始成立关联共同。③ 如果共同侵权制度的适用范围过于宽泛,会使行为人动辄与他人承担连带责任,哪怕其本身只需要承担一小部分的份额,他也必须首先对外承担全部责任,然后再向其他行为人追偿,这不仅增加了诉讼成本,而且可能使得具有清偿能力的人承担了本不应承担的份额,反而使本应承担更多份额的行为人得以逃脱。但如果共同侵权制度的适用范围过于狭窄,将不利于充分发挥该制度迅捷救济受害人的设计初衷,受害人需要证明数个行为人的侵权行为在损害后果中所占的份额,增加了诉讼难度。也正因如此,在构建共同侵权制度时,需要在行为人与受害人之间寻找到一个合适的平衡点。④ 对此,审判实践做了有益探索,《人身损害赔偿司法解释》第3条第1款规定:"二人以上共同故意或者共同过失致人损害,或者虽无共同故意、共同过失,但其侵害行为直接结合发生同一损害后果的,构成共同侵权,应当依照民法通则第一百三十条规定承担连带责任。"这一规定在坚持共同侵权行为的共同过错的同时,还部分承认共同侵权行为的客观标准,认为数人虽无共同故意、共同过失,但其侵害行为直接结合发生同一损害后果的,构成共同侵权,应当依照《民法通则》第130条规定承担连带责任。这一条规定在实务中一般认为是坚持"时空统一

---

① 王利明、杨立新等:《民法·侵权行为法》,中国人民大学出版社1993年版,第354页。
② 邓大榜:《共同侵权行为的民事责任初探》,载《现代法学》1982年第3期。
③ 欧阳宇经:《民法债编通则实用》,我国台湾地区汉林出版社1978年版,第78页。
④ 王胜明主编:《〈中华人民共和国侵权责任法〉条文解释与立法背景》,人民法院出版社2010年版,第47~48页。

性"作为认定直接结合的依据。虽然"时空统一性"在实践中确实存在不好把握的问题，但不可否认的是，这一规则对于进一步完善共同侵权的法律适用规则体系作出了贡献，将客观关联性引入到共同侵权的制度体系中。杨立新教授进一步认为，共同侵权行为的本质特征应当从主观标准向客观标准适当过渡，以更好地保护受害人，可以借鉴我国台湾地区"民法"关于共同侵权行为的本质特征为关联共同的立场，将共同侵权行为分为主观的关联共同和客观的关联共同。[①] 我国台湾地区"民法"第185条规定共同侵权行为的理由是：查民律草案第950条理由谓数人共同为侵害行为，致加损害于他人时（意思及结果均共同），各有赔偿其损害全部之责任。至造意人及帮助人，应视为共同侵权人，始足以保护被害人之利益。其因数人之侵权行为，生共同之损害时（结果共同）亦然。其采纳的立场主要是意思联络说，但作为特殊情况，结果共同者也认为是共同侵权行为。立法采取了两个标准，在实务上也是如此，前者为意思联络，后者为关联共同，各行为人的行为既无意思联络，又无关联共同者，非共同侵权行为。其有关规定认为，民法上之共同侵权行为与刑事上之共同正犯，其构成要件并不完全相同，共同侵权人间不以有意思联络为必要，数人因过失不法侵害他人之权利，苟各行为人之过失行为均为其所生损害之共同原因，即所谓行为关联共同，亦足成立共同侵权行为。[②] 参考这一做法，可以认为，数人共同不法侵害他人权利，对于被害人所受损害所以应负连带责任，系因数人的侵权行为具有共同关联性。所谓共同关联性，即数人的行为共同构成违法行为的原因或条件，因而发生同一损害。关联性分为主观的共同关联性与客观的共同关联性。主观的共同关联性，是指数人对于违法行为有通谋或共同认识，对于各行为所致损害均应负连带责任。客观的共同关联性为数人所为违法行为致生同一损害者，纵然行为人相互间无意思联络，仍应构成共同侵权行

---

① 杨立新：《侵权法论》（第五版），人民法院出版社2013年版，第915页。
② 刘清景主编：《民法实务全览》（上），我国台湾地区学知出版事业公司2000年版，第370~372页。

为。这种类型的共同加害行为的共同关联性乃在于数人所为不法侵害他人权利的行为在客观上为被害人因此所生损害的共同原因。[①] 上述观点较有道理，值得参考。

根据本条规定，构成共同侵权行为需要满足以下几个要件：

一是侵权主体的复数性。共同侵权行为的主体必须是两个以上的主体。行为主体既可以是自然人，也可以是法人。这是共同侵权行为所应具备的基本特征。

二是共同实施侵权行为。这一要件中的"共同"主要包括三层含义：其一，共同故意实施的行为。基于共同故意侵害他人合法权益的，属于典型的共同侵权行为。其二，共同过失实施的行为。"共同过失"主要是数个行为人共同从事某种行为，基于共同的疏忽大意或者过于自信的过失，而造成他人的损害。其三，数个行为相结合而实施的行为造成他人的损害。

三是侵权行为与损害后果之间具有因果关系。在共同侵权行为中，有时各个侵权行为对造成损害后果的比例有所不同，但必须存在法律上的因果关系，如果某个行为人的行为与损害后果之间没有因果关系，不应与其他行为人构成共同侵权。[②]

四是受害人具有损害，且损害具有不可分割性。这是受害人请求共同侵权人承担连带责任的一个基本要件。无损害，则无救济；没有共同的损害结果，则没有共同侵权责任承担的基础。

三、共同侵权行为的责任承担规则

对于共同侵权行为，其责任承担要区分外部责任和内部责任。

就外部责任而言，本条明确规定共同侵权人承担连带责任。至于如何具体适用连带责任，则要适用《民法典》第178条关于连带责任

---

① 参见孙森焱：《新版民法债编总论》（上册），我国台湾地区三民书局2004年版，第276~278页。

② 王胜明主编：《〈中华人民共和国侵权责任法〉条文解释与立法背景》，人民法院出版社2010年版，第47页。

的一般规则。连带责任的特征主要表现在：(1)连带责任对于侵权人而言是一种比较严重的责任方式。连带责任对外是一个整体的责任。连带责任中的每个人都需要对被侵权人承担全部责任。被请求承担全部责任的连带责任人，不得以自己的过错程度等为理由只承担自己的责任。(2)连带责任对于被侵权人保护得更为充分。连带责任给了被侵权人更多的选择权，被侵权人可以请求一个或者数个连带责任人承担全部或者部分的赔偿责任。(3)连带责任是法定责任，连带责任人不能约定改变责任的性质，对于内部责任份额的约定对外不发生效力。①

至于内部责任，本条并未规定，也要适用《民法典》第178条的规定，这既涉及追偿权问题，也涉及其内部责任划分问题。连带责任人对外承担了赔偿责任后，需要在内部确定各自的责任，明确相应的追偿权行使规则。对此需要通过比较过错和原因力来确定。如果根据过错和原因力难以确定连带责任人责任大小的，可以视为各连带责任人的过错程度和原因力大小是相当的，在这种情况下应当在数个连带责任人之间平均分配责任份额。

【审判实践中应注意的问题】

对于本条的适用，要注意与民事诉讼中确定共同被告特别是追加被告的规则衔接问题。共同侵权的侵权责任纠纷在诉讼中涉及共同被告的确定问题，特别是在原告仅起诉其中部分侵权人时，人民法院能否依职权追加其他侵权人的问题，涉及对共同诉讼有关规则的理解和适用问题。

依据《民事诉讼法司法解释》第74条的规定，人民法院追加共同诉讼的当事人时，应当通知其他当事人。应当追加的原告，已明确表示放弃实体权利的，可不予追加；既不愿意参加诉讼，又不放弃实

---

① 王胜明主编：《〈中华人民共和国侵权责任法〉条文解释与立法背景》，人民法院出版社2010年版，第60页。

体权利的,仍应追加为共同原告,其不参加诉讼,不影响人民法院对案件的审理和依法作出判决。该条对于追加原告的情形作了规定,但对于被告申请追加被告的问题则没有规定。关于共同诉讼中被告请求追加被告的情形,审判实践中有较大争议。一种意见认为,作为共同被告参加诉讼而原告未起诉或者未申请追加的,人民法院应当行使释明权,原告明确放弃对其诉讼请求的,人民法院不予追加;对于被告申请追加的被告,原告不同意追加且明确放弃对其诉讼请求的,人民法院应当查明该被追加被告应承担的责任并分别处理。如果被追加被告应当承担按份责任,应视为原告对该部分权益的放弃;如果被追加被告应当承担连带责任或补充责任的,法院不应裁决其承担责任。另有意见认为,对于连带责任或者不真正连带责任的情形,任何一个被告均负有对原告承担全部责任的义务,这在诉讼上应为可分之诉,被告申请追加承担连带责任的被告而原告不同意或者坚持不予追加的或者明确放弃对被申请追加被告的诉讼请求的,并不影响已经参加诉讼的被告负有的对原告应当承担的全部赔偿责任,这时人民法院可以不予追加被告参加诉讼。上述两种意见都有一定道理,但《民事诉讼法司法解释》在起草过程中基于追加被告参加诉讼的情形极为复杂,争议较大且缺乏上位法的明确具体规定,最终没有规定,当然这也为审判实践中根据具体不同的案件类型进行探索留下了空间。同时,从民事诉讼程序规定来看,相较于关于某一具体类型案件法律适用问题作出规定的司法解释而言,《民事诉讼法司法解释》具有类似"一般法"的地位。那么,在《民事诉讼法司法解释》对于追加被告等情形没有作出具体规定的情况下,其他司法解释作出规定的,当然要在该司法解释的调整范围内予以适用。比如《最高人民法院关于审理食品药品纠纷案件适用法律若干问题的规定》第10条第2款规定的"消费者仅起诉挂靠者或者被挂靠者的,必要时人民法院可以追加相关当事人参加诉讼"。

在这里要特别说明一下的是,依据《民法典》第178条的规定,"二人以上依法承担连带责任的,权利人有权请求部分或者全部连带责任人承担责任"。一种观点认为，这一规定实际上对《人身损害赔偿司法解释》第5条[①]的规定作了改变。此前也有专家对该解释第5条提出了不同意见，认为该解释其实改变了连带责任的性质，造成被侵权人不起诉其他连带责任人的，人民法院应当追加；被侵权人不同意追加的，就等于放弃了对未追加的连带责任人的诉讼请求，被诉的连带责任人对于放弃的份额不再承担侵权责任。但也有意见认为，连带责任对外是一个整体责任，无论被侵权人向一个或者数个连带责任人请求承担责任，都不影响被请求的连带责任人对外承担全部责任。对内而言，一个或者数个连带责任人承担了连带责任之后，其内部责任，根据侵权人各自的过错、原因等确定。是否追加被告不影响被请求的连带责任人对全部责任的承担。[②]我们认为，《人身损害赔偿司法解释》第5条主要是从追加诉讼当事人的角度作的规定，与《民法典》第178条有关连带责任的实体规定并不冲突，而且这一规定对于依法查明案件事实，保护相关当事人诉讼权利，实现纠纷的一次性解决具有积极意义，同时也对当事人放弃相关权利的规则作了规定，在审判实践中具有积极意义。当然，这也涉及与原告主张相衔接、不能给当事人增加过重经济负担的问题，需要在实践中根据具体案件情况予以把握。

[①] 该条规定："赔偿权利人起诉部分共同侵权人的，人民法院应当追加其他共同侵权人作为共同被告。赔偿权利人在诉讼中放弃对部分共同侵权人的诉讼请求的，其他共同侵权人对被放弃诉讼请求的被告应当承担的赔偿份额不承担连带责任。责任范围难以确定的，推定各共同侵权人承担同等责任。人民法院应当将放弃诉讼请求的法律后果告知赔偿权利人，并将放弃诉讼请求的情况在法律文书中叙明。"

[②] 王胜明主编：《〈中华人民共和国侵权责任法〉条文解释与立法背景》，人民法院出版社2010年版，第61~62页。

> **第一千一百六十九条** 教唆、帮助他人实施侵权行为的，应当与行为人承担连带责任。
>
> 教唆、帮助无民事行为能力人、限制民事行为能力人实施侵权行为的，应当承担侵权责任；该无民事行为能力人、限制民事行为能力人的监护人未尽到监护职责的，应当承担相应的责任。

【条文主旨】

本条是关于教唆和帮助侵权的责任承担的规定。

【条文理解】

一、教唆和帮助侵权概述

从侵权法理论上讲，教唆和帮助侵权是多数人侵权的典型形式。通说认为，多数人侵权行为及责任的概念来源于大陆法系的多数人之债。多数人侵权行为是由数个行为人实施，造成同一个损害后果，各侵权人对同一损害后果承担不同形态的责任的侵权行为。共同侵权行为是多数人侵权行为中最为典型的类型，也是最为重要的类型。纵观有关国家和地区的相关规定，只要规定共同侵权行为的民法典，大多都对教唆和帮助侵权作出了明确规定。如《德国民法典》第830条第2款规定：教唆人和帮助人视为共同行为人。《日本民法典》第719条第2款规定：教唆行为人者及帮助行为人者看作共同行为人，适用前款规定。《瑞士债务法》第50条规定：如果数人共同造成损害，则不管是教唆者、主要侵权行为人或者辅助侵权行为人，均应当对受害人承担连带责任和单独责任。法院有权自由裁决责任人是否以及在多大程度上分担责任。教唆者的责任限于其获得的利益和由于其帮助造成的损失的范围。《韩国民法典》第760条第3款规定：教唆人或帮助人视为共同行为人。我国台湾地区"民法"第185条第2款规定：造意人及帮助人，视为共同行为人。

在我国，《民法通则》仅规定了共同侵权制度，并未对教唆、帮助侵权作出具体规定。《民法通则意见》对此作了很好的补充，其第148条规定："教唆、帮助他人实施侵权行为的人，为共同侵权人，应当承担连带民事责任。教唆、帮助无民事行为能力人实施侵权行为的人，为侵权人，应当承担民事责任。教唆、帮助限制民事行为能力人实施侵权行为的人，为共同侵权人，应当承担主要民事责任。"《侵权责任法》在此基础上，对教唆、帮助侵权行为的责任承担规则作了进一步完善，其第9条规定："教唆、帮助他人实施侵权行为的，应当与行为人承担连带责任。教唆、帮助无民事行为能力人、限制民事行为能力人实施侵权行为的，应当承担侵权责任；该无民事行为能力人、限制民事行为能力人的监护人未尽到监护责任的，应当承担相应的责任。"本条对这一内容予以了保留，只是将第2款中的"未尽到监护责任"改为"未尽到监护职责"。

（一）教唆侵权行为

所谓教唆行为，是指利用言语对他人进行开导、说服或通过刺激、利诱、怂恿等行为，最终促使被教唆人接受教唆人的意图，进而实施某种加害行为。① 离开教唆人的唆使行为，被教唆人就不会产生实施侵权行为的意图，也不会有侵权行为的发生，所以，教唆行为与被教唆人的侵权行为之间具有法律意义上的因果联系。"教唆他人实施侵权行为"的成立要件包括：

1. 教唆人实施了教唆行为，教唆行为只能以积极的作为方式构成，消极的不作为不能成立教唆行为。教唆可以通过书面、口头或其他形式进行，可以直接教唆，也可以通过别人间接教唆，可以一人教

---

① 张铁薇：《共同侵权制度研究》，法律出版社2007年版，第193页。

唆,也可以数人教唆。

2. 被教唆人实施了侵权行为,且教唆行为与侵权行为之间具有因果关系。如果不具有因果关系,则教唆人教唆行为不符合相应的侵权责任构成要件,当然也就不承担侵权责任。

3. 教唆人主观上具有教唆他人实施侵权行为的故意。这里的故意当然包括直接故意和间接故意,即教唆人明知自己的教唆行为会使被教唆人产生加害意图并实施加害行为而仍然进行教唆,且对加害行为的发生持积极推动或放任态度。在此应当注意的是,教唆人的故意是针对加害行为的发生,而不必针对损害结果,如甲引诱乙往窗外扔酒瓶,致从下面走过的丙被砸伤,甲虽不追求丙被砸伤的后果,但其对乙往外扔酒瓶的行为存在故意,所以成立"教唆他人实施侵权行为"。①

应该说,民法理论和实务中的教唆与刑法上的教唆具有很大相似性,在有关行为构成上,与刑法上的要求相对一致,故可以结合刑法上教唆的概念进行理解。当然具体层面也与刑法上的界定有很大区别,主要体现在社会危险性的大小以及对有关损害结果的要求上,如《刑法》第29条规定被教唆人未实施教唆行为的,教唆人的刑事责任仍然成立,只是"对于教唆犯,可以从轻或者减轻处罚",而在民事侵权中,如果被教唆人没有实施加害行为或其实施的行为不符合侵权责任构成要件,教唆人就不需要为其教唆行为承担侵权责任;《刑法》分则规定的有些罪名直接要求实施了教唆行为本身就构成犯罪,如煽动分裂国家罪,而民事侵权中如果没有加害行为,教唆行为本身不构成侵权。当然,出现这一差异的根本还在于行为的社会危险性不同。

(二)帮助侵权行为

所谓帮助行为,是指通过提供工具、指示目标或以言语激励等方式从物质上或精神上帮助实施加害行为的人。②在帮助行为中,被帮

---

① 最高人民法院侵权责任法研究小组编著:《〈中华人民共和国侵权责任法〉条文理解与适用》,人民法院出版社2010年版,第76页。
② 王利明:《民商法研究》,法律出版社1999年版,第168页。

助人本来已有加害他人的意图，帮助人的行为致使加害行为得以实现并导致最终损害结果的出现。与教唆行为相比，帮助行为通常不会对加害行为起决定性作用，而主要是对加害行为起到推动或者促进作用。

帮助侵权行为的构成要件包括：（1）帮助人实施了帮助行为，帮助行为通常是积极的行为，如提供工具、放哨盯梢等。但有时不作为也可以构成帮助侵权行为，但这时必须符合两个前提条件：一是不作为者具有相应的作为义务，其消极的不作为才有可能成为帮助行为。二是必须有帮助的故意，这里的故意可以不要求与行为人有意思联络，否则就直接构成上一条规定的共同侵权行为。（2）被帮助人实施了相应的侵权行为，且帮助行为与侵权行为造成的损害后果之间具有因果关系，若无此因果关系或者损害后果，此帮助侵权行为不能成立。（3）须具有主观故意。这里的故意是要求帮助人明知自己的行为是在帮助侵权人实施侵权行为而积极推动或者放任的主观状态，即使加害人不知帮助人提供了帮助，也不妨碍帮助侵权行为的成立。

二、关于本条规定的法律适用

关于教唆人和帮助人应承担的责任，是作为共同侵权行为人，还是视为共同侵权行为人，在学理上存在不同的看法。大陆法系各国家和地区民法多有"教唆人和帮助人视为共同侵权行为人"的规定，如《德国民法典》第830条第2款、《日本民法典》第719条第2款及我国台湾地区"民法"第185条第2款。按照德国法的理论，共同侵权行为有广义、狭义两种含义。狭义的共同侵权行为，也称"共同加害行为"，是指数人共同实施侵权行为的情形。广义的共同侵权行为除包括"共同加害行为"外，还包括"共同危险行为"以及"视为共同侵权行为"。之所以不将教唆、帮助他人实施侵权行为的情形列入共同加害行为，其原因在于：教唆或帮助他人实施侵权行为的人并未直接从事加害行为，原则上不应承担侵权责任，但是，如果不令这些教唆人或帮助人承担侵权责任必将大大违背社会正义观念，而且也不易遏制此等教唆行为或帮助行为之发生，因此，在侵权行为法中将这两类人视为共同侵权行为人。①也有学者认为，共同侵权的本质特征在于共同过错，正是由于共同过错的存在才使得数个人的行为结合为一个整体。尽管单独地看教唆人与帮助人并没有直接从事加害行为，但是由于共同过错的存在，使得他们的行为与直接行为人的行为一样构成了整个共同侵权行为中不可分割的一部分，从责任后果上看，他们都要承担连带责任，因此，将教唆、帮助行为作为共同侵权行为也是有一定必要的。在综合有关侵权法理论和审判实务的基础上，本条规定采取了将教唆、帮助侵权行为作为一类独立侵权行为类型予以规定的做法。特别是第1款承袭了《侵权责任法》第9条第1款的规定，删掉了《民法通则意见》关于"为共同侵权人"的表述，当然也没有采取"视为共同侵权行为人"这一立法技术，本条对此予以沿用。具体而言，本条以教唆、帮助的对象属于完全民事行为能力人或者无民事行为能力人、限制民事行为能力人而承担责任的不同，分设两款规定，即以教唆、帮助对象不同而适用不同的责任形态。

（一）教唆、帮助完全民事行为能力人情形下的侵权责任承担规则

本条第1款规定："教唆、帮助他人实施侵权行为的，应当与行为人承担连带责任。"对照第2款的规定，此处的"他人"即是指完全民事行为能力人。完全民事行为人的认定，应当按照《民法典》总则编的有关规定进行。教唆人、帮助人与行为人承担连带责任，侵权责任以自己责任为原则，连带责任为例外。也正因如此，连带责任需有法律明确规定才可适用，即"连带只能法定而不能推定"。法律确定连带责任的目的在于更有效地保护受害人的利益，满足损害填补的需求，而加重行为人各自的责任，因而必须建立在过错的基础上，才能够体现其合理性。各国法律也通常要求只有在法律作了特别规定时，才适用连带责任。教唆人、帮助人与侵权行为人可能不存在共同意思联络，但教唆、帮助行为均出于故意，可以认为教唆人、帮助人

---

① 王利明：《侵权行为法研究》（上卷），中国人民大学出版社2004年版，第710页。

对侵权行为的发生具有道德上的可谴责性,这也为连带责任的承担提供了伦理基础。教唆人、帮助人与侵权行为人承担连带责任,被侵权人可以请求教唆人、帮助人承担部分或者全部连带责任,此时被侵权人有选择权。当然,侵权行为人可以对被侵权人主张的抗辩事由,教唆人、帮助人同样可以主张,比如被侵权人对于损害的发生也有过错的,可以减轻侵权责任;损害是因受害人故意造成的,不承担责任等。此外,教唆人、帮助人与侵权行为人之间也存在内部责任分担的问题。换言之,教唆人、帮助人与侵权行为人承担连带责任,属侵权责任的外部关系,教唆人、帮助人与侵权行为人之间的责任分担,为他们之间的内部关系。在内部关系中,他们之间承担的是按份责任,适用按份责任的一般规则,适用《民法典》第178条第2款的规定,"连带责任人的责任份额根据各自责任大小确定;难以确定责任大小的,平均承担责任。实际承担责任超过自己责任份额的连带责任人,有权向其他连带责任人追偿"。确定"各自责任大小"要从过错程度、行为的原因力以及经济状况等方面予以考量。在教唆、帮助他人实施侵权行为的情形下,一般认为,在内部责任的分担上,由于帮助人的过错程度低于加害人以及教唆人的过错程度,因此,帮助人承担的应是较轻的责任。[①]

(二)教唆、帮助无民事行为能力人、限制民事行为能力人情形下的侵权责任承担规则

本条第2款规定:"教唆、帮助无民事行为能力人、限制民事行为能力人实施侵权行为的,应当承担侵权责任;该无民事行为能力人、限制民事行为能力人的监护人未尽到监护责任的,应当承担相应的责任。"这是对教唆、帮助行为中的特殊情形,即被教唆、帮助人为无民事行为能力人、限制民事行为能力人情形的规定。当被教唆、帮助人为无民事行为能力人、限制民事行为能力人时,教唆人、帮助人实际上是利用被教唆、帮助人的身体动作作为侵害他人权利的方

[①] 最高人民法院侵权责任法研究小组编著:《〈中华人民共和国侵权责任法〉条文理解与适用》,人民法院出版社2010年版,第79页。

式,来实现其非法目的,被教唆、帮助人在这里类似于他们实施侵权行为的工具。一般而言,这时被教唆、帮助的无民事行为能力人或者限制民事行为能力人由于欠缺相应的认知、判断能力,对该侵权行为的实施并无过错可言,其不能成为该侵权行为的责任主体,教唆人、帮助人应就该侵权行为承担单独的侵权责任。

本款后半段规定"该无民事行为能力人、限制民事行为能力人的监护人未尽到监护责任的,应当承担相应的责任",这是与监护制度直接对应的。如果监护人没有尽到管教和约束被监护人的责任,致使被监护人实施侵害他人人身、财产的不法行为,监护人应当承担民事责任。《民法典》第1188条对无民事行为能力人、限制民事行为能力人的监护人的责任作了规定,本条第2款规定与以上规定都是相对应的。在其理解和适用上,需要把握以下两点:

1. 关于"未尽到监护职责"的理解。依据总则编的有关规定,监护人的职责主要有以下几项:(1)保护被监护人的人身、财产及其他合法权益;(2)管理被监护人的财产;(3)代理被监护人参加各类民事活动;(4)教育和照顾被监护人;(5)在被监护人的权利受到侵害或发生争议时,代理其进行诉讼。与本条相契合的监护职责应当是教育、监督、管理方面的职责。如果监护人未尽到教育和照顾被监护人的职责,疏于履行监护责任,应当对被监护人给他人造成的损害承担侵权责任。审判实务中,有关监护人监护责任范围的大小,应根据相关的立法政策区分不同情况来认定。从监护人更多的是履行义务、承担职责而非单纯的享受权利角度讲,可以理解为,要适当考虑监护人在监护过程中所付出劳动的社会价值、其监护关系的来源、主观过错的大小来确定监护人的责任。

2. 对"相应的责任"的认定。通说认为,所谓相应的责任,就是说监护人有多少过错,就应在其过错范围内承担多大的责任。过错的范围要结合监护人未尽到监护责任的程度,加害人的行为能力,教唆人、帮助人在加害行为中起的作用等综合认定。① 存在监护人过错时，监护人承担相应的责任，有利于促使监护人履行监护职责，保护无民事行为能力人、限制民事行为能力人的合法权益。至于"相应的责任"的性质，有学者认为，本款规定的教唆、帮助无民事行为能力人或者限制民事行为能力人实施侵权行为的侵权案件中，教唆人和帮助人承担的是"侵权责任"，有过错的监护人承担的是"相应的责任"，这就是在连带责任中，有的责任人承担连带责任，有的承担按份责任，构成单向连带责任。② 这一见解颇有道理，为我们提供了有益参考。一方面，"相应的责任"是明确监护人不与教唆人、帮助人之间承担连带责任。本条第1款明文规定了"连带"，而第2款没有规定"连带"，故从立法本意出发，也显然不是连带责任。另一方面，从体系解释上讲，《侵权责任法》乃至《民法典》侵权责任编对于补充责任也都是明确予以规定的，故这里的"相应的责任"也不是补充责任。正因如此，我们认为，从监护人的角度讲，这里的"相应的责任"属于监护人自己责任的一种形态；从多数人责任的角度讲，应为一种按份责任，确定这一责任的大小，就要适用比较过错和原因力的规则。

【审判实践中应注意的问题】

一、关于是否区分教唆和帮助行为的责任大小的问题

对此，《民法通则意见》第148条第2款和第3款明确将被教唆、

---

① 最高人民法院侵权责任法研究小组编著：《〈中华人民共和国侵权责任法〉条文理解与适用》，人民法院出版社2010年版，第80页。
② 单向连带责任形态，在大陆法系侵权法中没有提及。美国侵权法连带责任中的单独责任（也叫作混合责任）就是单向连带责任。《美国侵权法重述（第三次）责任分担》第11节（单独责任的效力）规定：当依据适用法律，某人对一受害人的不可分伤害承担单独责任时，该受害人仅可以获得该负单独责任者在该受害人应得赔偿中所占的比例责任份额。并且把这种责任形态叫作混合责任。这就是在数人侵权的连带责任中，有的责任人承担连带责任，有的责任人承担单独责任（按份责任），承担单独责任的单独责任人只承担受害人应得赔偿中的自己的份额，就是按份责任，但应承担连带责任的人仍应就全部赔偿责任负责。这就是单向连带责任。参见杨立新：《侵权责任法》，法律出版社2012年版，第121页。

帮助人区分为无民事行为能力人和限制行为能力人，并分别作了规定。①《侵权责任法》在立法过程中，其第二次审议稿曾规定："教唆无民事行为能力人实施侵权行为的，承担全部责任。教唆限制民事行为能力人实施侵权行为的，承担主要责任。帮助无民事行为能力人、限制民事行为能力人实施侵权行为的，承担相应的责任"，即明确区别"教唆"与"帮助"、区别"教唆"对象之属于无民事行为能力人或者限制民事行为能力人，而规定教唆人、帮助人相应承担"全部责任""主要责任""相应的责任"。但最终《侵权责任法》没有采取这一模式，没有区分教唆、帮助对象为无民事行为能力人或限制民事行为能力人，也没有区分教唆行为和帮助行为，而一概规定为教唆人、帮助人应当"承担侵权责任"，但增加规定了该无民事行为能力人、限制行为能力人的监护人的责任。《民法典》对此问题的规定与《侵权责任法》保持一致。

我们认为，在案件处理中对无民事行为能力人和限制民事行为能力人作适当区分更有利于案件的公平妥善处理。同时，与教唆行为相比，帮助行为在加害行为实施中起辅助作用。不可否认，《民法通则意见》第148条规定有其合理性。在审判实务中，有必要根据案件实际情况，在侧重保护无民事行为能力人和限制民事行为能力人的基础上，做好与监护人承担相应责任的对接。具体而言，与无民事行为能力人相比，限制民事行为能力人应对自己的行为有一定程度的判断力和理解力，其监护人进行监护的难度相对小一些，故在限制民事行为能力人实施了加害行为的情形下，认定其监护人"未尽到监护职责"的可能性更大，认定"未尽到"的程度要更重；与教唆行为相比，帮助行为在加害行为实施中起辅助作用，对损害的发生未起到决定性的作用，而被帮助的无民事行为能力人和限制民事行为能力人的加害行为起主要作用，故在帮助无民事行为能力人和限制民事行为能力人实

---

① 《民法通则意见》第148条第2~3款规定："教唆、帮助无民事行为能力人实施侵权行为的人，为侵权人，应当承担民事责任。教唆、帮助限制民事行为能力人实施侵权行为的人，为共同侵权人，应当承担主要民事责任。"

施侵权行为的情形下，与被教唆人的监护人相比，认定被帮助人的监护人"未尽到监护职责"的可能性更大。[①]下一步，有必要加强这方面的调研，进一步总结提炼这方面的裁判规则，在遵照侵权责任编有关规定的基础上，及时加强法律适用指导。

二、关于举证责任

本条规定的责任承担规则，应当依据《民事诉讼法司法解释》第91条等规定，确定相应的举证责任，应当适用原告方就相应的侵权责任构成要件事实承担举证责任，被告方就相应的免责或者减责事由承担举证责任的一般规则。至于监护人"未尽到监护职责"的责任，如上所述，这也是过错责任的范畴，应当按照过错责任相应的侵权责任构成要件分配举证责任。作为外部责任，原告方应当承担举证责任；作为内部责任，或者在外部责任承担时，帮助者、教唆者主张监护人承担相应责任时，其应当对监护人未尽到监护职责承担举证责任。监护人基于维护自身权利的需要，当然有必要积极提供自己已经尽到监护职责的证据，但从举证责任分配的角度讲，这更侧重行为意义上的举证责任，而非结果意义上的证明责任。

三、数人教唆、数人帮助或者既有人教唆又有人帮助的情形下侵权责任承担规则

这种情形实践中可能并不典型，但也会存在。对此需要把握的是：（1）要准确判断每个教唆者之间、帮助者之间或者教唆者与帮助者之间有无意思联络，如果有意思联络，则他们之间应当承担连带责任。如果没有意思联络，但存在客观行为关联，即符合相应的时空一

[①] 参见最高人民法院侵权责任法研究小组编著：《〈中华人民共和国侵权责任法〉条文理解与适用》，人民法院出版社2010年版，第82页。

致性的标准①时,也要承担连带责任,否则他们之间就不存在连带责任之说。(2)在数人之间不成立连带责任的情况下,他们当中每个人的行为都符合教唆侵权或者帮助侵权的构成要件时,这时应当适用本条第1款关于连带责任的规定和第2款关于教唆、帮助无民事行为能力人、限制民事行为能力人的侵权责任承担规则。这时会出现教唆人甲与侵权行为人承担连带责任、教唆人乙与侵权行为人承担连带责任、帮助人丙与侵权行为人承担连带责任、帮助人丁与侵权行为人承担连带责任,但甲、乙、丙、丁之间并不承担连带责任的问题。从责任最终承担的角度讲,这时他们之间又有些类似于不真正连带责任,因为在甲或者侵权行为人承担完责任后,乙、丙、丁的责任也就消灭了,这时似乎并不存在他们之间承担按份责任的基础,因为本条已经明确规定了他们各自要与侵权行为人承担连带责任。当然这一情形非常复杂,有必要在实践中不断总结经验继续探索研究。

---

① 《人身损害赔偿司法解释》第3条规定:"二人以上共同故意或者共同过失致人损害,或者虽无共同故意、共同过失,但其侵权行为直接结合发生同一损害后果的,构成共同侵权,应当依照民法通则第一百三十条规定承担连带责任。二人以上没有共同故意或者共同过失,但其分别实施的数个行为间接结合发生同一损害后果的,应当根据过失大小或者原因力比例各自承担相应的赔偿责任。"

> **第一千一百七十条** 二人以上实施危及他人人身、财产安全的行为,其中一人或者数人的行为造成他人损害,能够确定具体侵权人的,由侵权人承担责任;不能确定具体侵权人的,行为人承担连带责任。

【条文主旨】

本条是关于共同危险行为的规定。

【条文理解】

一、共同危险行为概述

"共同危险行为"在理论上被称为"准共同侵权",属于广义的共同侵权类型之一。学理上的共同危险行为,是指数人的危险行为对他人的合法权益造成了某种危险,但对于实际造成的损害又无法查明是危险行为中的何人所为,法律为保护被侵权人的利益,数个行为人视为侵权行为人。共同危险行为制度为世界大多数国家和地区的民法所规定。对于共同危险行为制度的起源,学界有不同认识。有学者认为,共同危险行为起源于罗马法的"流出投下物诉权"制度,根据罗马法规定,在有物体从共同住宅窗户投下、坠落或有物流出,造成行人或他人受损害,而又无法查明投下物或流出物为何人所为时,应由共同住宅中全体居民(无论是自有、租赁、借住)负连带责任。有学者则认为大陆法系的共同危险行为理论实际上是在法国和德国审理的一系列"狩猎案"中逐渐确立和成熟的。但通说认为共同危险行为制度起源于德国民法,后为各国立法所确认。①

《德国民法典》第830条第1款规定:数人因共同实施侵权行为造成损害的,各人对损害均负责任。不能查明数关系人中谁的行为造成损害的,亦同。②《日本民法典》第719条第1款规定:由于多人共同的不法行为而对他人造成了损害时,各人对于该损害负有连带赔偿责任。无法得知共同行为人中的某一人是否施加了该损害时亦同样。《韩国民法典》第760条规定:数人因共同不法行为(侵权行为)给他人造成损害时,对其损害有连带赔偿责任。不构成共同侵权行为的数人行为造成了损害,却不知谁的行为造成的情况下,同前款。《魁北克民法典》第1480条规定:数人共同参与了导致损害的过错行为或分别犯有可以导致损害的过错的,在这两种情形,如不能确定损害实际上由他们中的何人或诸过错中的何过错引起,则他们就赔偿此等损害负连带责任。我国台湾地区"民法"第185条第1款规定:数人共同不法侵害他人之权利者,连带负损害赔偿责任;不能知其中孰为加害人者,亦同。

我国《民法通则》和《民法通则意见》没有对共同危险行为制度作出明确规定。2001年《民事诉讼证据规定》从证明责任负担的角度首次对共同危险行为作出规定,其第4条第1款第7项规定:"因共同危险行为致人损害的侵权诉讼,由实施危险行为的人就其行为与损害结果之间不存在因果关系承担举证责任。"《人身损害赔偿司法解释》则根据审判实践经验,对共同危险行为的构成要件和免责事由予以明确规定,其第4条规定:"二人以上共同实施危及他人人身安全的行为并造成损害后果,不能确定实际侵害行为人的,应当依照民法

---

① 王胜明主编:《中华人民共和国侵权责任法释义》,法律出版社2010年版,第63页。

② 在德国,存在两个非常典型的共同危险行为的案例:一是"猎人案件",多个猎人同时向一个方向开枪,路过的行人被射中,但无法查明究竟是哪个猎人射出的子弹击中了该行人。另一个是"摔炮案件",在一个啤酒花园中,坐在一个桌上的六个人向另外一个桌上的客人都扔出了摔炮,其中一个摔炮炸伤了受害人的眼睛,但受害人无法指认,究竟是哪个摔炮导致其眼睛遭受了损害。转引自王胜明主编:《中华人民共和国侵权责任法释义》,法律出版社2010年版,第63页。

通则第一百三十条规定承担连带责任。共同危险行为人能够证明损害后果不是由其行为造成的,不承担赔偿责任。"《侵权责任法》在总结以往理论和实践经验的基础上,在第10条首次以立法形式专设条文对共同危险行为作出规定。经过十余年的实践,整体效果较好,侵权责任编在本条完全保留了《侵权责任法》的相应规定。

二、共同危险行为的构成要件

根据本条规定,共同危险行为即为二人以上实施危及他人人身、财产安全的行为,仅有其中一人或者部分人的行为造成他人损害,但无法确定具体侵权人的侵权行为类型。具体而言,共同危险行为的构成要件如下:

(一)二人以上实施危及他人人身、财产安全的行为

行为主体是复数,这是构成共同危险行为最基本的条件。一个人实施的行为即使造成他人损害,也只是单独侵权行为,不是共同危险行为。

(二)行为主体之间没有意思联络

共同危险行为主体具有复数性,即二人以上,这与共同加害行为特征相同;但与共同加害行为的区别在于各行为主体之间对加害行为没有共同的意思联络,也缺乏共同的认识。尽管就每一行为人而言,其主观上对实施加害行为各自存在故意或者过失,但相互之间并无共同的侵害计划,而是各自独立实施了危险行为,对于损害后果没有共同的认识和意愿。[①] 有学者认为,共同危险行为人的不可分离性产生于共同危险行为人的共同过错。在共同危险行为中,把行为人联结在一起的是共同过错。这种共同过错不是共同故意,也不是单独故意,因为共同故意可以构成共同侵权行为,单独故意构成一般侵权行为,均不可能构成共同危险行为;共同危险行为的共同过错只能表现为共同过失,即共同地疏于对他人权利保护的注意义务。它表现为,共同

---

① 最高人民法院侵权责任法研究小组编著:《〈中华人民共和国侵权责任法〉条文理解与适用》,人民法院出版社2010年版,第84页。

危险行为人共同实施具有危险性行为时，应当注意避免致人损害，但却由于疏忽或懈怠，违反了这种注意义务，构成了共同过失。这种过失存在于每一个共同危险行为人的观念之中，成为造成损害的主观因素。共同危险行为人参与这种具有危险性行为的本身就证明他们具有这种疏于注意的共同过失。这种共同过失把共同危险行为人联结成为一个共同的、不可分割的整体，成为一个共同的行为主体。①立法机关在起草《侵权责任法》的过程中认为，共同危险行为制度的初衷是防止因无法指认具体加害人而使受害人的请求权落空，重要的是每个行为人都实施了危及他人人身、财产安全的行为。而且，共同危险行为不仅在一般过错责任中适用，在过错推定责任、无过错责任中也有适用余地。②上述观点皆有道理，也为审判实务提供了有益参考。我们认为，共同危险行为人对于实施该行为有无过错以及他们有无共同过错的问题并不影响这一侵权行为类型可以适用于过错推定责任乃至无过错责任的范畴，前者意在强调"过错"的有无，而后者则强调，是否以过错为要件或者是否先推定有过错再举证证明自身无过错。但无论如何，共同行为人实施相应行为时应当无意思联络，否则就构成了共同侵权。当然，这里强调的无意思联络，应该侧重于对追求或者放任损害后果的发生方面没有意思联络。

（三）数人实施危险行为

数人实施危险行为，依本条规定，是指实施了"危及他人人身、财产安全的行为"。这里的"危及"应当结合日常生活经验法则来认定，行为人的行为都应具有导致他人人身损害或者财产损害的高度可能性。这里的实施，通常被界定为"共同实施"，但此"共同"应既不是共同故意的共同，也不是行为的客观关联共同，即不属于共同侵权行为的样态。在共同危险行为制度中，"共同"的含义主要是要求数个行为人的行为必须是在同一时间、同一场所的行为，即"时空上的共同性"，如果各被告的行为在时间上、场所上发生了分离，就不

---

① 杨立新：《侵权法论》（第五版），人民法院出版社2013年版，第927页。
② 王胜明主编：《中华人民共和国侵权责任法释义》，法律出版社2010年版，第65页。

属于共同危险行为。通常而言，构成共同危险行为，应当属于积极的作为行为，即"实施"此行为，且数人之间的行为应当属于相同种类或者至少是非常类似的行为，且这些行为应当具有时空的一致性。从日常经验法则出发，时间跨度过大或者不在同一空间上的两个相同侵权行为应当按照各自独立的侵权责任构成来确定其应当承担的责任。

（四）其中一人或者部分人的行为造成他人损害

这里包含两个层次的要求：一方面要造成损害后果；另一方面明确此损害后果系其中一人或数人的行为造成，即不能是全部人的行为造成的损害后果，这涉及侵权责任编其他条文的适用。另外，这里也包括因果关系的要件，即某一或者数个行为造成了相应的损害后果。

（五）无法确定具体侵权行为人

无法确定具体侵权行为人，即学理上讲的加害人不明，如果能够确定具体的加害人，当然不能适用本条规定的规则，而应适用相应的独立的侵权责任构成来确定其责任。这里强调的是无法确定造成损害后果的具体行为人到底是谁，也可以理解为是直接的因果关系难以认定，即共同危险行为人中一人或数人的行为已实际造成损害后果，但究竟是数人中谁的行为实际造成损害结果的，该事实难以认定。各危险行为人的行为都涉及可能的因果关系，都有可能造成现实的损害结果，但不能确切、具体地证明。鉴于存在具体加害人不明这一因果关系证明上的困境，为了缓和受害人的举证困难，给受害人以充分的救济，法律要求共同危险行为人承担连带责任，从而构成所谓"法定的因果关系推定"。[①]

三、共同危险行为的免责事由

根据本条规定，适用共同危险行为制度的法律后果是，数个行为对受害人承担连带责任。从侵权人的角度，其免责事由的问题有必要予以明确。

---

① 最高人民法院侵权责任法研究小组编著：《〈中华人民共和国侵权责任法〉条文理解与适用》，人民法院出版社2010年版，第84页。

从理论上讲,侵权责任的免责事由主要是正当防卫、紧急避险、受害人的同意、第三人过错、不可抗力等。通常而言,这些免责事由对于适用过错责任原则的侵权行为类型都可以适用,对法律、行政法规没有排除这些免责事由适用的其他侵权行为类型也可以适用。也就是说,总则编和侵权责任编规定的免责事由,比如不可抗力、紧急避险、受害人故意等,对于共同危险行为而言,都可以适用。

在共同危险行为的免责问题上,争议比较大的是如何确定部分行为人免责的问题。对于部分行为人能否通过证明其不可能是加害人或者其行为与损害后果之间不存在因果关系来免除责任,学术界历来都有两种主张:一种是"因果关系排除说",即只要主张者能够证明自己根本没有危及他人可能的,或者证明自己没有实施危险行为,这时即使仍然无法确定谁是具体地造成损害后果的加害人,该主张者也应被排除在共同危险人之外,使其免除责任。另一种是"因果关系确证说",即某行为人主张自己不承担责任,就算证明自己没有实施加害行为,也不能当然地令其他人负赔偿责任,倘若其他人也采取这一方法证明自己不存在造成损害后果可能或者没有实施此加害行为的,则势必会引发全体危险行为人逃脱责任而使受害人所受损害无法获得补救的问题,这就与法律设定共同危险行为人承担连带责任以充分救济受害人的初衷相背。是故,主张者不能仅以提出可以排除自己造成损害后果的证据就可以免责,而要明确证明谁是具体造成损害后果的侵权行为人才可以免责。在《侵权责任法》起草过程中,到底采纳哪种主张,存有不同意见。肯定说认为,为了保护受害人的利益,共同危险行为制度将部分不应承担责任的行为人作为责任人,应当给予这部分人免除责任的机会,如果必须指明谁是加害人,失之过严。否定说认为,相对受害人而言,行为人容易证明谁是加害人,如果允许行为人通过证明自己不可能是加害人来免责,可能导致法官过大的自由裁量权、行为人轻易从责任中逃逸,使受害人无法得到救济。[①] 最终《侵

---

① 王胜明主编:《中华人民共和国侵权责任法释义》,法律出版社2010年版,第66页。

权责任法》采取了"不能确定具体加害人的，由行为人承担连带责任"的态度，本条对此也予以了延续。

从本条规定的文义看，侵权责任编系采取"因果关系确证说"。因为，依照"因果关系排除说"，其内容应当体现"共同危险行为人能够证明损害后果不是由其行为造成的，不承担赔偿责任"的表述，而本条规定"能够确定具体侵权人的，由侵权人承担责任；不能确定具体侵权人的，行为人承担连带责任"。依文义解释，本条显然是要求在明确证明谁是具体造成损害后果的侵权行为人时，其他人才可以免责。而且，从逻辑上讲，共同危险行为应当存在一个基于充分救济受害人考虑的构成共同危险行为时的数人连带责任规则，这应属于外部责任；而共同危险人之间如何免责的问题，则可以类似于他们之间的内部责任。从本条规定加强对受害人保护的初衷以及公平原则的考虑，"确定具体侵权人"的举证责任也不能分配给受害人一方，而只能分配给主张自己免责的实施危险行为的人。

【审判实践中应注意的问题】

一、准确把握共同危险行为与共同侵权行为的区别

通常而言，实施危及他人人身、财产安全行为的数人均有加害行为而致他人损害，如果这一损害后果是由全部行为人的行为所造成，这应属于共同侵权行为的范畴。如果这一损害后果是由其中一人或数人的行为所造成，而且能够确定具体加害人是谁，这也不是共同危险行为，而可能构成独立的侵权行为或者共同侵权行为，这时能够证明自己的行为与损害后果没有因果关系的行为人不承担侵权责任。如果能够确定损害事实是由数人的危险行为所致，但无法确定具体是哪个或者哪几个人的行为所致，这应属于共同危险行为的范畴。

二、关于共同危险行为数人中单个行为人的主观过错问题

从充分救济受害人的角度讲，由于本条规定并没有明确体现"主观过错"的表述，且本条从体系上又置于"第一章一般规定"部分，在有关具体侵权行为类型的章节没有特别规定的情况下，本条也应对后面章节的有关侵权行为具有适用的空间。也就是说，适用本条规定不能过于严苛考虑侵权行为人过错究竟是故意还是过失的样态，即采取适当从宽的做法，只要在行为上符合本条规定的相应构成要件即可。

第一千一百七十一条 二人以上分别实施侵权行为造成同一损害，每个人的侵权行为都足以造成全部损害的，行为人承担连带责任。

【条文主旨】

本条是关于特定分别侵权行为承担连带责任的规定。

【条文理解】

一、本条规定的侵权行为类型

本条规定的侵权行为类型在理论上又被称为叠加的共同侵权行为，属于无意思联络数人侵权的典型形式，通常而言，无意思联络的数人侵权，是指二人以上没有意思联络，但其行为相互结合造成他人人身或者财产损害，且每个人的侵权行为都足以造成全部损害的侵权行为类型。理论上，通常依据主体有无意思联络而将多数人侵权区分为有意思联络的数人侵权和无意思联络的数人侵权，对其构成要件和责任承担作出区分。其基本的价值判断依据在于，现代侵权法遵循理性原则，要求侵权人的责任承担应当与其理性预期相一致。因此，有无合理的理性预期就成为有无意思联络的多数人侵权在责任承担方式上的分水岭。当然，还有其他的价值判断标准决定对多数人侵权的类型区分，例如，对被侵权人的充分救济与保护行为人的行为自由两者之间应当如何平衡，涉及立法上对多数人侵权时的风险分配问题。不同的价值取向决定了立法上对多数人侵权不同的分类标准。当然，立法上划分多数人侵权时，首要遵循的是行为人的理性预期与其责任承担相一致的基本价值判断标准。因此，有无意思联络就成为侵权法划分多数人侵权的基本类型。审判实务中对多数人侵权并不过分强调主观有无意思联络，而更着重于对受害人的损害赔偿救济，同时也考虑连带责任承担方式的均衡扩张，因此将多数人侵权划分为共同侵权、准共同侵权和多因一果几种类型。① 本条规定沿用了《侵权责任法》第11条的规定，对无意思联络的数人侵权承担连带责任的特定情形作了规定。从对应关系上看，本条实际上是与第1172条构成一个无意思联络数人侵权类型下的两个分类。但第1172条又是从更大范围上与《民法典》第177条相对应，在侵权责任编又是与前面几条关于连带责任规定相对应的关于按份责任的一般条款。

在实务上，本条规定的侵权行为最大特点在于数个行为人并没有主观上的意思联络，也不存在共同过失，而是分别按照各自意思实施了侵权行为，但造成了同一个损害，且每一个行为人的行为都足以造成全部损害。比如在机动车交通事故责任纠纷当中，在前一辆机动车将行人撞成致命伤后，接着后一个肇事车辆又将受害人撞成致命伤，此行人在被送医的路上死亡。此种情况下，两个行为人的行为都足以造成被侵权人死亡的后果，这种情形就构成本条规定的数人侵权情形，各行为人承担连带责任。

在这里需要注意的是，要准确认识本条规定的侵权行为类型与共同危险行为的区别。此二者都属于无意思联络数人侵权行为的类型，但仍有明显区别：其一，因果关系类型不同。本条规定的侵权行为中，每一个侵权人的行为与损害后果之间的责任成立因果关系都是明确的。但是共同危险行为中，责任成立因果关系处于不明确的状态，即无法确定具体的侵权人。可以说，这时每一个人的行为都只是与损害之间具有潜在的因果关系。② 这就导致二者在侵权行为构成上有明显的不同，共同危险行为并不要求每一个行为有独立的侵权责任构

---

① 最高人民法院侵权责任法研究小组编著：《〈中华人民共和国侵权责任法〉条文理解与适用》，人民法院出版社2010年版，第91页。
② 程啸：《侵权责任法》，法律出版社2019年版，第380页。

成，而本条规定的侵权行为则须以每一个侵权行为都要符合独立的侵权责任构成为前提。其二，举证责任分配不同。在共同危险行为中，原告方仅需对数人实施共同危险行为承担举证责任，而不必就具体由哪一个侵权行为造成的损害后果承担举证责任，但在本条规定的侵权行为类型中，原告方需要对每一个侵权行为"足以"造成"同一损害后果"承担举证责任。

二、本条规定侵权行为的构成要件

根据本条规定，二人以上分别实施侵权行为，如果每个行为人的侵权行为都足以造成全部损害，行为人应当承担连带责任。据此，本条规定侵权行为的构成要件如下：

（一）二人以上分别实施侵权行为

行为主体的复数性仍然是最基本的条件，每个人的行为都必须符合相应的侵权责任构成，这里的侵权责任构成应当包括侵权责任编关于过错责任、过错推定责任以及无过错责任的构成要件。换言之，本条作为侵权责任编"一般规定"中的内容，应当对侵权责任编各具体侵权行为类型的各分章具有适用的效力，本条规定可以适用于与无过错责任原则有关的侵权行为。相比本编关于共同侵权的规定，本条要求数个侵权行为之间相互独立。本条中的"分别"是指实施侵权行为的数个行为人之间不具有主观上的关联性，各个侵权行为都是相互独立的。每个行为人在实施侵权行为之前以及实施侵权行为过程中，与其他行为人无意思联络，也没有认识到还有其他人也在实施类似的侵权行为。[①] 如果行为人在主观上具有意思联络，存在共同故意或者行为客观关联，则应当适用共同侵权的规定，而不能适用本条。

（二）造成同一损害后果

"同一损害"指数个侵权行为所造成的损害的性质和内容是相同的，都是同一身体伤害或者同一财产损失，如果能够区分出各自造成

[①] 王胜明主编：《中华人民共和国侵权责任法释义》，法律出版社2010年版，第67页。

的损害后果并不相同，这就不是同一损害，而是不同损害，应当按照各自过错大小承担责任。相较共同侵权行为而言，本条强调损害的同一性，而在共同侵权中，即便每个侵权行为所造成的损害后果不同，如甲的侵权行为造成了丙身体上的伤害，乙的侵权行为造成了丙的财产损失，但由于数个行为人之间主观上具有关联性，则应当构成共同侵权，行为人对受害人的全部损失承担连带责任。当然在实务操作上，损害后果的同一性，应是既不限于分别实施侵权行为的数人给受害人造成一个损害结果的情形，也不要求必须造成同一性质的损害，通常是强调损害后果与侵权行为之间的不可分性。因为不少情形下某一行为或者数个行为造成的损害可能并不是仅仅腿部或者胳膊受伤，而是造成多个器官功能的损伤，这时认定"同一损害"就不宜过于片面和机械，特别是有关人身伤害的，应遵循专门的医学专业判断。

（三）每个人的侵权行为都足以造成全部损害

判断每个侵权行为是否足以造成全部损害是适用本条的关键。本条中的"足以"并不是指每个侵权行为都实际上造成了全部损害，而是指即便没有其他侵权行为的共同作用，单个侵权行为也完全可以造成这一损害后果。如甲、乙两个人分别从不同方向向同一房屋放火，将该房屋烧毁，根据两个方向的火势判断，如果不存在另一把火，每把火都有可能将整栋房屋烧毁，但事实上两把火共同作用烧毁了该房屋，所以只能说每把火都"足以"烧毁整栋房屋。①这里的"足以"主要体现在因果关系的判断上，学者称之为叠加的因果关系。从实际情况观察，两个以上的侵权人分别实施侵权行为，已经确定其为各个独立的侵权行为，应当由侵权人各自承担侵权责任。但叠加的共同侵权行为中的每一个行为人对于损害的发生都具有全部的原因力，每个人都应当承担全部赔偿责任。②之所以要作如此严格的限制，就是因为侵权人承担的是连带责任，为了防止滥科连带责任，必须从因果关系的角度加以限制。否则，在各个侵权人没有意思联络的情况下，仅

---

① 王胜明主编：《中华人民共和国侵权责任法释义》，法律出版社2010年版，第68页。
② 杨立新：《侵权法论》（第五版），人民法院出版社2013年版，第925页。

仅是为了受害人的赔偿更有保障而使各侵权人承担连带责任，理由不充分。①在此需要注意的是，这里"足以"的表述实际上是一个关于"程度"的认定问题，而不是要求每一个侵权行为都已经造成了实际损失。比如在致人死亡的案件中，前一行为已经导致受害人死亡，就不存在后一行为再造成受害人死亡的问题。

三、阻却本条适用的事由

根据本条规定，一旦满足本条规定的构成要件，数个行为人必须对造成的损害承担连带责任。对于阻却本条适用的事由，除了一般的侵权责任抗辩事由，比如不可抗力、受害人故意、第三人原因等情况外，基于本条规定的特殊性，也有相对特殊的阻却事由，这主要是数人之间免责或者减责的事由。但是这些事由更多的是从阻却侵权行为构成要件的角度谈的，不能称为典型意义的免责事由或者抗辩事由。从实体法上，这应当就是阻却该侵权责任构成的事由，主要包括三点：一是自身行为不构成侵权，即不符合过错责任、过错推定责任、无过错责任等相应的构成要件，比如行为人没有过错、行为与损害后果没有因果关系等。二是其行为不"足以"造成该损害后果，这时应当按照《民法典》第1172条的规定承担按份责任。三是该数个行为造成的损害后果是可分的，当然这时数个行为人承担的也应当是按份责任。

从程序规则上，本条规定情形涉及相关举证责任分配问题。有关本条规定的构成要件事实，按照举证责任分配的一般规则，应当由原告方承担。当然，具体案件中要根据原告方的主张来确定相应的举证责任。如果原告方主张仅由其中一人承担全部责任，这时就会涉及追加被告以及相关被告就自己不承担连带责任或者不符合本条构成要件的事实承担相应举证责任的问题。这种情形较为复杂，需要实践中根据具体个案情形来处理。

---

① 程啸：《侵权责任法》，法律出版社2019年版，第383页。

【审判实践中应注意的问题】

对于本条的适用，需要注意的问题是数人当中一人或者部分人承担了全部责任后对其他侵权人有无追偿权的问题。对此，实践中存有一定争议，侵权责任编对此也没有规定。此前，《侵权责任法》第14条规定："连带责任人根据各自责任大小确定相应的赔偿数额；难以确定责任大小的，平均承担赔偿责任。支付超出自己赔偿数额的连带责任人，有权向其他连带责任人追偿。"此规定内容被《民法典》总则编吸收并在民事责任一章第178条作了规定。我们认为，既然法律已经明确规定了有关连带责任承担后内部责任如何划分及追偿的规则，就应当适用这一规定，不必再区分是何种原因或者何种侵权行为类型导致承担的连带责任。换言之，本条规定从外部责任上讲，当然具有充分救济受害人的价值导向和政策判断，但从内部责任上看，并不意味着其中一个或者部分侵权行为人承担了全部责任后，其他侵权行为人的责任即告消灭，他们仍应依照上述规定承担相应责任。

> **第一千一百七十二条** 二人以上分别实施侵权行为造成同一损害，能够确定责任大小的，各自承担相应的责任；难以确定责任大小的，平均承担责任。

【条文主旨】

本条是关于分别侵权行为承担按份责任的一般规定。

【条文理解】

一、分别侵权行为概述

分别侵权行为，学者也称为无意思联络的数人侵权，是指数个行为人事先没有共同故意、也没有共同过失，只是由于他们各自的行为与损害后果之间客观上的联系，造成了同一个损害结果的侵权行为类型。其他国家和地区的大多数民法中没有类似本条的规定，但《魁北克民法典》第1478条规定：数人引起的损害，依他们各自过错的严重程度的比例分担责任。受害人自己的过错部分地导致了损害的，也要分担责任。充分代表美国学术界观点的《美国侵权法重述（第三次）责任分担》第17条规定：如有两人或多人的独立侵权行为构成某一不可分损害的法律原因，将由该案司法管辖区的法律确定这些侵权人应否承担连带责任、单独责任或连带责任与单独责任的某种混合责任形态。该示范法在第17条以下规定了五种解决路径，分别是连带和分别责任、分别责任、结合再分配的连带和分别责任、基于比较责任份额界限的混合责任、基于赔偿种类的混合责任。① 我国《民法通则》没有对分别侵权作出规定，《人身损害赔偿司法解释》第3条第2款规定："二人以上没有共同故意或者共同过失，但其分别实施的数个行为间接结合发生同一损害后果的，应当根据过失大小或者原因力比例各自承担相应的赔偿责任。"《侵权责任法》在总结有关审判实践经验的基础上，在第12条规定："二人以上分别实施侵权行为造成同一损害，能够确定责任大小的，各自承担相应的责任；难以确定责任大小的，平均承担赔偿责任。"本条基本沿用了《侵权责任法》的这一规定内容，只是将其"平均承担赔偿责任"修改为了"平均承担责任"，即删除了"赔偿"二字。由于损害赔偿虽然是侵权责任承担的主要方式，但也只是其中一种方式，删除"赔偿"二字，实际上就是用侵权责任取代了赔偿责任，这样一来所涵盖的侵权责任类型似更加广阔，当然依照其性质不能按份的侵权责任方式自然不能"一刀切"适用本条规定。这也是为了与《民法典》总则编中的第177条规定的按份责任一般规则的表述保持一致。

从规则体系上讲，本条规定与第1171条规定的承担连带责任的情形、第1170条关于共同危险行为的规定之间应属于无意思联络数人侵权行为类型中的一般与特殊的关系。也就是说，侵权责任编关于特定分别侵权行为承担连带责任的规定、关于共同危险行为的规定应属于分别侵权行为的特殊情形，只是在符合法定构成要件的情况下才承担连带责任，否则，都应属于本条规定的承担按份责任的情形。当然，在行为样态上，本条规定与上一条规定更为接近，但也存在明显区别，即本条强调的是该数个行为造成同一损害的，不存在每一个行为"足以"造成该损害后果的因果关系要求。

二、分别侵权行为的构成要件

适用本条规定应当符合下列构成要件：

---

① 王胜明主编：《中华人民共和国侵权责任法释义》，法律出版社2010年版，第69页。

（一）二人以上分别实施侵权行为

如上所述，这一要件与《民法典》第1171条中"二人以上分别实施侵权行为"的含义相同，要求数个侵权行为相互之间是独立的，不存在侵权责任编关于共同侵权行为的情形。

（二）造成同一损害后果

这一要件的判断标准也应当与《侵权责任法》第12条中"造成同一损害"是一致的，如果数个侵权行为造成的损害后果不同，可以明显区分，则应当属于各自独立的侵权责任构成，即属于数个侵权行为，应当各自按照过错责任、过错推定责任或者无过错责任原则的规定确定各自的责任。这里的能够区分应当主要体现在损害后果方面，即造成了不同的损害后果。

（三）每个侵权行为都符合独立的侵权责任构成要件事实

这应当也是本条适用的前提条件。如果其中一个侵权行为不符合法定的构成要件，当然无须承担侵权责任。同时，这数个侵权行为虽然都要满足独立的侵权责任构成，但在损害后果上他们之间必须具有与此损害后果的关联，即造成"同一损害"，而且每个侵权行为都不足以造成全部损害后果。

三、按份责任的承担

根据本条规定，数个行为人应当承担按份责任。我国《民法通则》并未规定按份责任，仅是在第五章民事权利"债权"一节中规定了按份债权和按份债务，其第86条规定："债权人为二人以上的，按照确定的份额分享权利。债务人为二人以上的，按照确定的份额分担义务。"对于数人承担责任的情形，基于责任人之间承担外部责任的多少及责任人之间内部份额的不同，民事责任可以分为按份责任与连带责任，这是民事责任中最基本的分类形式之一。由于按份责任与连带责任的承担不仅在侵权责任中大量存在，在违约责任以及其他法律行为中义务的违反都可能存在连带责任或者按份责任的承担，《民法总则》将《侵权责任法》第12条有关按份责任承担的内容规定提到了民事责任一章中规定（第177条）。《民法典》对按份责任的规定与《民法总则》保持一致。当然，本条仍然保留了有关分别侵权行为按份责任的规定。

在此应当注意的是，对于分别侵权行为的民事责任，《人身损害赔偿司法解释》第3条第2款规定："二人以上没有共同故意或者共同过失，但其分别实施的数个行为间接结合发生同一损害后果的，应当根据过失大小或者原因力比例各自承担相应的赔偿责任。"这一规定可以理解为是对分别侵权行为责任的细化规定，与本条规定并不冲突。从目前审判实务看，分别侵权行为责任是典型的法定按份责任承担类型，对此适用上应注意首先要比较过错和原因力来确定按份责任人各自责任的大小，在依据这一标准不能确定责任大小的情况下，才能要求数个按份责任人平均承担责任。

四、侵权责任法上的原因力规则

损害赔偿债务份额的确定，有两个基本的考虑因素：首要的考虑因素是过错，因为过错乃是确定损害赔偿责任的法理依据，已如前述。对造成同一损害，应当斟酌数行为人的过错大小，按照比例过错原则确定各行为人的损害赔偿债务份额。其次需考虑的是原因力的大小。损害的发生，须加害行为对于被害的客体（人身、财产等）发生原因力，通过斟酌原因力的比例，并结合各侵权行为人的主观过错比例，确定各应承担的损害赔偿债务份额。此系就一般侵权行为而言。对于采取无过错责任原则的特殊侵权行为，因对加害人是否具有主观过错在所不问，因此，原因力比例的斟酌就成为确定侵权行为人损害赔偿债务份额的必要因素。[1] 原因力的问题对于解决分别侵权行为的责任承担问题，发挥着重要作用，故在这里有必要专门探讨一下原因力规则。

原因力，是指违法行为或其他因素对于损害结果发生或扩大所发

---

[1] 最高人民法院侵权责任法研究小组编著：《〈中华人民共和国侵权责任法〉条文理解与适用》，人民法院出版社2010年版，第98页。

挥的作用力。在现代社会中，侵权行为呈现出一因多果、多因一果，甚至多因多果的因果关系形态，受害人的损害常是掺杂了多人的行为甚至介入了各种外来因素造成的，原因力的判断则较为困难。在数种原因造成同一损害的复合因果关系形态中，原因力的判断与比较，最为复杂。

对于复合因果形态下侵权责任的确定和分担，我国学界基本上不再主张单一的过错程度决定说或法律原因力决定说，改采综合说，但对于究竟是以过错程度比较为主还是以法律原因力比较为主，存在分歧。一种观点认为，应当以法律原因力比较为主，以过错程度比较为辅。因为侵权法的主要功能在于填补损害，而非惩罚；原因力是客观的，而过错是主观心态，原因力理论更能客观地确定当事人的责任份额。[1]另一种观点认为，应当以过错程度比较为主，法律原因力比较为辅。史尚宽先生认为，"第一应比较双方过失之重轻（危险大者所要求之注意力亦大，故衡量过失之重轻，应置于其所需注意之程度），是以故意重于过失，重大过失重于轻过失。其过失相同者，除有发生所谓因果关系中断之情事外，比较其原因力之强弱以定之"。[2]

我们赞成第二种观点，理由在于：第一，侵权法的目的和功能是多重的。侵权法既有填补受害人损害的功能，又具抑制侵权行为发生的作用。[3]损害的预防胜于损害补偿，[4]而侵权法的预防抑制功能又是主要借助过错责任原则实现的。作为决定责任的最终条件，过错在很大程度上决定了责任范围以及责任的分担。第二，过错的类型化和客观化使得法官对过错的判断和比较更具可操作性。法律总是通过外在的行为来判断行为人的主观过错，并通过将过错划分为故意、重大过失、一般过失和轻微过失来明确行为人的责任范围。过错客观化的趋势，诸如合理人的标准、事实本身证明规则、违法视为过失等，使得

---

[1] 参见［美］H.L.A.哈特、托尼·奥诺尔：《法律中的因果关系》（第二版），张绍谦、孙战国译，中国政法大学出版社2005年版，前言第29页。
[2] 史尚宽：《债法总论》，中国政法大学出版社2000年版，第680页。
[3] 于敏：《日本侵权行为法》，法律出版社1998年版，第34页。
[4] 王泽鉴：《侵权行为法》（第一册），中国政法大学出版社2001年版，第10页。

这种判断不再停留在纯粹主观的层面上，从而更便于操作。第三，在一些情况下，原因力的判断、比较极为模糊，过错程度比较明显，这时运用过错比较来确定责任范围非常必要。例如，在精神损害赔偿案件中，由于精神性人格权的损害事实具有无形性的特点，原因力的确认困难，这时应考虑过错程度来酌定行为人的责任范围。又如，在共同侵权中教唆人、帮助人的责任范围的确定也是主要依据其过错程度。①

在侵权责任法的理论和实务中，对于数人侵权的责任份额划分问题，一般也要适用比较过错和比较原因力的做法。对于原因力规则既可以在有多个加害行为时使用，比如，《人身损害赔偿司法解释》第3条第2款规定："二人以上没有共同故意或者共同过失，但其分别实施的数个行为间接结合发生同一损害后果的，应当根据过失大小或者原因力比例各自承担相应的赔偿责任"；也可以在确定共同侵害或者其他承担连带责任情形下的内部责任使用。

对于比较过错和比较原因力的具体做法，目前较为普遍的是以过错程度比较为主，原因力比较为辅的方法。在数种原因造成损害结果的侵权行为中，确定各个主体的赔偿份额的主要因素，是过错程度的轻重；而原因力的大小尽管也影响各自的赔偿责任份额，但要受过错程度因素的约束和制约，原因力对于赔偿份额的确定具有相对性。②在过错责任中更多地根据过错程度来决定责任范围，在过错推定或者无过错责任这样无法进行过错比较的情况下，主要采用原因力的比较。以过错程度比较为主的做法，就是通过将过错划分为故意、重大过失、一般过失和轻微过失来明确行为人的责任范围。我们认为，以过错程度比较为主，原因力比较为辅对于解决适用过错责任原则的侵权行为类型具有合理性，但考虑到某些侵权行为类型的复杂性，可能也不能涵盖所有的过错侵权类型，本编第六章规定的医疗损害责任就是其中需要更多考虑适用原因力规则的典型类型，尤其是在患者一方

---

① 参见杨立新：《侵权法论》（第五版），人民法院出版社2013年版，第247~254页。
② 杨立新：《侵权损害赔偿》（第五版），法律出版社2010年版，第107页。

并没有过错而不能适用过失相抵规则的情况下，原因力规则的适用对于公平合理确定医疗机构责任大小，妥善解决医疗损害责任纠纷具有十分重要的作用。

【审判实践中应注意的问题】

一、关于承担按份责任的责任人的诉讼主体资格问题

我们认为，在按份责任的案件中，原告方可以单独起诉其中的某一责任主体，也可以将他们作为共同被告起诉。依据《民事诉讼法司法解释》第73条的规定，必须共同进行诉讼的当事人没有参加诉讼的，人民法院应当依照《民事诉讼法》第132条的规定，通知其参加；当事人也可以向人民法院申请追加。人民法院对当事人提出的申请，应当进行审查，申请理由不成立的，裁定驳回；申请理由成立的，书面通知被追加的当事人参加诉讼。对于承担按份责任的数个责任人之间是否属于必要共同诉讼的问题，理论和实务中存有很大争议。我们认为，对于按份责任是否构成必要共同诉讼，不能仅从数个责任人在实体上承担的责任具有相对独立性来判断，而仍应回归程序法上关于必要共同诉讼的要求来认定，如果属于诉讼标的同一，当事人具有共同权利义务的情形，则应属于必要共同诉讼。退而言之，即使不属于必要共同诉讼情形的，原告方主张将未被诉的按份责任人追加为共同被告来承担责任的，也未尝不可。此外，如果原告方的诉讼请求并未针对未被诉的按份责任人，基于查明案件事实需要，比如在法定按份责任情形下，为查明各自责任份额的大小，这时可以追加该未被诉的按份责任人为第三人参加诉讼。

二、关于本条与客观共同侵权行为衔接适用问题

整体而言，侵权责任编在连带责任的适用范围问题上采取了较为谨慎的态度，以防止连带责任的过度适用。其实，司法解释对扩大连

带责任的适用范围也是持审慎态度的。其重要特征就是将无意思联络的数人侵权按照原因力是否可分区分为"行为竞合"和"原因竞合"的不同类型，前者适用连带责任，后者适用按份责任。[①]按照本条规定，均非单一原因的行为竞合，不能构成客观共同侵权行为，应当分别按照责任大小承担按份责任。《人身损害赔偿司法解释》第 3 条规定的行为直接结合承担连带责任的规则与本条规定的数个行为"难以确定责任大小"在理解上会存在交叉或者冲突。对此，为确保法律适用相统一，可以考虑将共同危险行为中"不能确定具体侵权人"的情形解释为包括"加害人不明"及"加害范围不明"；而将本条规定的"二人以上分别实施侵权行为造成同一损害"的情形，明确限定为因原因力大小不能确定而最终不能确定责任份额。对于数个行为在同一时空下直接结合、密不可分导致损害后果的发生，这时虽然也会存在难以确定责任份额的问题，但仍应按照客观共同侵权的规则处理，这也更符合审判实践的做法。

[①] 最高人民法院侵权责任法研究小组编著：《〈中华人民共和国侵权责任法〉条文理解与适用》，人民法院出版社 2010 年版，第 99 页。

> **第一千一百七十三条** 被侵权人对同一损害的发生或者扩大有过错的，可以减轻侵权人的责任。

【条文主旨】

本条是关于过失相抵的规定。

【条文理解】

一、过失相抵概述

在侵权损害赔偿案件中，如果受害人对于损害的发生或者扩大也具有故意或者过失，此时仍令侵权人承担全部损害赔偿责任，有悖法理和公平原则。因此，各国家或地区侵权法都允许在一定程度上减轻或者免除侵权人的赔偿责任。此种制度，我国台湾地区称之为"过失相抵"，德国理论上称之为"与有过失"。从大陆法系有代表性的国家或地区的立法来看，多数将与有过失（过失相抵）制度规定在债法总则，将这一制度既适用于侵权责任，也适用于违约责任。例如《德国民法典》第254条规定：损害的发生被害人与有过失者，损害赔偿的义务与赔偿的范围，视当时的情况特别是损害的原因主要在何方而决定之。即使被害人的过失仅限于对债务人既不知也不可知的，有造成异常严重损害的危险怠于防止或者减少损害时，也同样适用前款规定。于此准用第278条的规定。该条即规定在《德国民法典》第二编"债的关系法"当中。我国台湾地区"民法"也是如此。但是也有国家在侵权责任部分将"与有过失（过失相抵）"作了规定。例如《日本民法典》第722条第2款规定：受害人有过失时，法院可以斟酌其情事，确定损害赔偿额。该条即规定在《日本民法典》第五章"不法行为"之中。

在《侵权责任法》立法过程中，对过失相抵是否应当规定为不承担责任和减轻责任的情形之一，曾有不同意见。① 最终《侵权责任法》还是将过失相抵作为不承担或者减轻责任的事由予以规定，其第26条规定："被侵权人对损害的发生也有过错的，可以减轻侵权人的责任。"侵权责任编没有采取《侵权责任法》专章规定不承担或者减轻责任情形的做法，而是将这些情形统一规定在第一章"一般规定"当中。就过失相抵而言，本条规定相较《侵权责任法》第26条的规定有三个方面的主要修改：一是将"损害"修改为"同一损害"，即对损害后果作一限定，以更加严谨；二是增加了"被侵权人对同一损害的扩大有过错"的情形，从而使得本条规定覆盖范围更广，也更加科学合理；三是将"也有过错"的"也"字删除，我们理解这不仅是简单的文字修改，而是更加科学严谨且适用更加准确的表述，因为从行为主体上讲，"也有过错"就意味着侵权人首先有过错，这样的话在侵权责任类型上似乎就仅限于适用过错责任原则的情形，而不能包括无过错责任原则的情形，删除"也"字，尤其是从法条位置看，本条

---

① 在《侵权责任法》起草过程中，有同志建议将"过失相抵"规定在损害赔偿部分，即第二章。理由是："与有过失（过失相抵）"不应作为不承担责任和减轻责任的情形，即使侵权人没有对被侵权人的过错进行抗辩，法院在审理案件过程中发现被侵权人对于损害的发生也有过错的，法院也可以减少侵权人的损害赔偿数额。例如我国台湾地区"民法"第217条规定：损害之发生或扩大，被害人与有过失者，法院得减轻赔偿金额，或免除之。重大之损害原因，为债务人所不及知，而被害人不预促其注意或怠于避免或减少损害者，为与有过失。前二项规定，于被害人之代理人或使用人与有过失者，准用之。也有些同志建议将"与有过失（过失相抵）"规定为不承担责任和减轻责任的情形之一。理由是：（1）被侵权人对于损害的发生也有过错，当然可以作为侵权人的抗辩事由。侵权人可以据此要求减少自己的损害赔偿数额。（2）侵权人即是债务人，其对债权人所享有的抗辩权需要法律予以明示。侵权人进行抗辩并提供证据后，法院应当考虑侵权人的主张，在有证据证明被侵权人也存在过错的情况下，应当减少侵权人的损害赔偿额。（3）从理论上讲，抗辩事由不仅包括免除责任的情形，也包括减轻责任的情形。而被侵权人对于损害发生的过错，属于减轻侵权人责任的情形。（4）将被侵权人的过错作为侵权人的抗辩事由，并不妨碍在侵权人没有据此抗辩的情况下，法院在确定损害赔偿额时可以主动考虑被侵权人过错的情形，即法院可以斟酌被侵权人的过错程度，确定减少损害赔偿的数额。参见王胜明主编：《中华人民共和国侵权责任法释义》，法律出版社2010年版，第136~137页。

又处在"一般规定"当中,从其文义和逻辑上讲,就意味着本条规定对于无过错责任原则的侵权行为类型也可以适用。

过失相抵的立法本意在于公平分担责任,不得将因自己的过失所产生之损害转嫁于他人。①其基本特征就是受害人对自己遭受损害的发生与扩大有过失。过失相抵的基本规则就是比较侵权人与被侵权人的过错大小。对此通常采取的标准是:(1)根据行为危险性大小及危险回避能力的优劣来决定过失的轻重,优越者的行为的危险性更大,危险回避能力更强,因而过失更重。反之,过失较轻。(2)根据注意义务的内容和注意标准来决定过失行为的轻重。通常把双方的行为与一个合理的、谨慎的人的行为进行比较,以决定双方的过失和过失程度。如果行为与一个合理的、谨慎的人的标准相距较远,则过失较重。反之,则过失较轻。(3)采用不同的标准衡量各方的行为以决定过失的轻重。对受害人应采取低标准或主观标准衡量其过失轻重。对加害人应采取重标准或客观标准衡量其过失轻重,以使受害人能有更多的机会获得赔偿。②对此在审判实践中如何具体适用,应当根据具体情况分析。其一般规则是,如果受害人的过错是损害发生的唯一原因,构成免除责任的抗辩事由。如果对于损害的发生受害人具有故意或者重大过失,而加害人只具有轻微过失,亦构成免除责任的抗辩事由。如果受害人有故意、过失,加害人亦有过错,则构成与有过失,只可以减轻加害人的责任,而不能作为免除责任的理由。③按照《人身损害赔偿司法解释》第2条的规定,受害人对同一损害的发生或者扩大有故意、过失的,依照《民法通则》第131条的规定,可以减轻或者免除赔偿义务人的赔偿责任。但侵权人因故意或者重大过失致人损害,受害人只有一般过失的,不减轻赔偿义务人的赔偿责任。我们认为,这一规定与本条规定并不冲突,其在司法实务中有很好的实践意义。

---

① 陈现杰主编:《中华人民共和国侵权责任法条文精义与案例解析》,中国法制出版社2010年版,第85页。

② 最高人民法院侵权责任法研究小组编著:《〈中华人民共和国侵权责任法〉条文理解与适用》,人民法院出版社2010年版,第206~207页。

③ 杨立新:《侵权行为法专论》,高等教育出版社2005年版,第145页。

二、过失相抵的适用范围

在理论和实践中,有关过失相抵的适用范围曾有一定争议。但从既往立法以及审判实务的做法,特别是上面介绍的本条对于被侵权人过错的表述上可以得出的结论是过失相抵原则不仅可以适用于过错责任原则的侵权行为类型,也可以适用于无过错责任原则的侵权行为类型。从国外的立法来看,《俄罗斯民法典》第1083条第3款规定:受害人有重大过失而致害人无过错,且其责任不以过错为必要时,应减少致害人赔偿的数额或者免除其赔偿损害,但法律另有规定的除外。对公民生命或健康造成的损害,不得免除赔偿损害。具体到本条的适用范围,需要注意以下几个问题:

(一)过失相抵原则对于适用过错责任原则的侵权行为类型普遍适用

受害人本人对于同一损害的发生或者扩大有过失的,应当适用过失相抵,可以减轻侵权人的赔偿责任。在此需要注意的是,对于与受害人有特定关系的第三人对于损害的发生或者扩大有过失时,能否适用过失相抵,本条并未规定。就本条规定而言,从文字解释出发,本条规定确实限定为被侵权人本身对于损害的发生及扩大有过失时,才能减轻侵权人的赔偿责任。"就原则言,此种限制甚为合理。盖各人自为权利义务之主体,对自己之故意或过失行为虽应负责,但他人之故意过失,在被害人言,不过为一种事变,对之实无何责任可言。第三人与被害人无任何关系时,固无论矣,纵被害人为该第三人之近亲至友,亦无当然承担其过失之理。惟如贯彻此思想,在实际上难免有失公平之处,因此,于若干特殊情形,宜权衡当事人之利益状态,使被害人对当事人之与有过失负责。显然的,此时在被害人与该当事人之间必须有某种关系存在,此种归责,始属合理。"[①] 应该说,从法理上讲,在第三人与有过失的情形下,仍然可能存在过失相抵的适用。只是此时的第三人须具备特定的情形,使过失"得视为被害人自己过

[①] 王泽鉴:《民法学说与判例研究》(第一册),中国政法大学出版社1998年版,第72页。

失"。①受害人基于与第三人的特定关系而对第三人的过失承担责任，依过失相抵减轻加害人赔偿责任。具体而言，须注意以下几点：

1. 监护人有过失的情形。监护人对于无民事行为能力人或者限制民事行为能力人具有法定的监督、保护和照顾的义务。监护人疏于履行监护职责，致使被监护人受到损害的，基于监护人与受害人的监护关系，应当适用过失相抵原则，减轻加害人的赔偿责任。"法定代理人与有过失，赔偿义务人得为主张过失相抵，良以监督人疏忽、实难辞其咎。如仍认赔偿义务人负完全之损害赔偿责任，显失公平，故与其牺牲加害人利益，毋宁以监督义务人之过失而牺牲被害人之利益较为妥当。且监督义务人举其所有过失责任，归加害人负担，而己逍遥法外，亦非法之所许。此场合，采用过失相抵规则反有督促监督义务人妥善保护被害人的功能。"②

2. 工作人员有过失的情形。依法理，雇员在执行职务时，其主观意志及行为均受雇主支配，雇员在执行职务过程中因他人的侵权行为造成雇主财产损失的，如果雇员对损害的发生或者扩大存在过失，其过失视为雇主的过失，可以适用过失相抵，减轻侵权人的赔偿责任。"受害人将自己法益，委托他人照顾，则对该人之过失，应与自己之过失同视再者，受害人利用他人而扩大其活动，其责任范围亦应随之扩大。其使用人之过失倘不予斟酌，则加害人事实上不能向该使用人求偿时，势必承担其过失，其不合情理，甚为显然。"③

（二）过失相抵原则在适用无过错责任原则侵权行为类型中的适用

就立法层面而言，我国《道路交通安全法》第一次在立法上承认无过错责任领域过失相抵原则的适用。该法第76条规定："机动车发生交通事故造成人身伤亡、财产损失的，由保险公司在机动车第三者责任强制保险责任限额范围内予以赔偿；不足的部分，按照下列规

---

① 梅仲协：《民法要义》，中国政法大学出版社2000年版，第164页。
② 程啸：《论侵权行为法上的过失相抵制度》，载《清华法学》2005年第2期。
③ 王泽鉴：《民法学说与判例研究》（第一册），中国政法大学出版社1998年版，第75~76页。转引自最高人民法院侵权责任法研究小组编著：《〈中华人民共和国侵权责任法〉条文理解与适用》，人民法院出版社2010年版，第203~204页。

定承担赔偿责任:(一)机动车之间发生交通事故的,由有过错的一方承担赔偿责任;双方都有过错的,按照各自过错的比例分担责任。(二)机动车与非机动车驾驶人、行人之间发生交通事故,非机动车驾驶人、行人没有过错的,由机动车一方承担赔偿责任;有证据证明非机动车驾驶人、行人有过错的,根据过错程度适当减轻机动车一方的赔偿责任;机动车一方没有过错的,承担不超过百分之十的赔偿责任。交通事故的损失是由非机动车驾驶人、行人故意碰撞机动车造成的,机动车一方不承担赔偿责任。"

本条规定延续了原有立法的思路并肯定了审判实践经验,适用过错责任的一般侵权行为和适用无过错责任的特殊侵权行为均可依据本条规定适用过失相抵。有时对于特殊侵权行为类型,法律会专门规定受害人过失可以作为免责事由,比如按照《民用航空法》第157条和第161条的规定,飞行中的民用航空器或者从飞行中的民用航空器落下的人或者物,造成地面上的人身伤亡或者财产损害的,民用航空器的经营人能够证明损害是部分由于受害人的过错造成的,相应减轻其赔偿责任。但有些法律规定在减责或者免责事由方面排除了过失相抵的适用规定。比如,依照《民法典》第1237条的规定,民用核设施的营运单位在发生核事故的情况下造成他人损害的,只有能够证明损害是因战争等情形或者受害人故意造成的前提下,才能免除责任。如果损害是由受害人的过失,即使是重大过失造成的,也不能减轻民用核设施经营人的责任。此外,还有一种情况是法律明确规定了只能以受害人的重大过失作为减轻责任的理由。承担无过错责任的主体只有在能够证明受害人对于损害的发生有重大过失的前提下,才能对受害人进行抗辩,即要求减轻自己的责任。比如,按照《民法典》第1239条规定,占有或者使用易燃、易爆、剧毒、放射性等高度危险物的占有人、使用人造成他人损害的,只有能够证明被侵权人对损害的发生有重大过失的,才可以减轻占有人或者使用人的责任。再比如按照《水污染防治法》第96条第3款规定,水污染损害是由受害人重大过失造成的,可以减轻排污方的赔偿责任。

三、过失相抵的适用规则

过失相抵在本质上就是由于受害人对于损害的发生或者扩大也有过错,基于该过错行为与损害后果之间原因力的大小来适当减轻侵权人的责任。也就是说,适用过失相抵规则要与原因力规则密切结合。在过失相抵的场合由于受害人的过失也都是通过其行为来体现,而其行为与损害后果之间又会存在因果关系,那么在这种情况下,确定侵权人与受害人过错程度和比重,从某种程度上讲,与对因果关系的程度的衡量就存在一定程度的重合。而且,过错一般又是作为与损害有着因果关系的过错,这就使得过错比重与原因力大小的标准不可能截然分开。可以说,损害结果的同一与原因力竞合,是过失相抵客观方面必须同时具备的必要条件。[1]

作为减责规则的原因力规则,是在对于受害人的损害结果,若是由侵权人和受害人双方的行为共同造成的,即侵权人的行为和受害人的行为对损害事实都具有原因力的情形下运用的。在此应当注意,对于适用过错责任的场合,比较原因力的大小,对于侵权人责任承担的多少不能具有绝对的决定作用,这时确定责任范围的主要标准,仍是双方当事人过错程度的轻重,双方行为的原因力大小,要受双方过错程度的约束。具体而言,在过错责任的场合运用原因力规则,应当把握以下几个方面:第一,在当事人双方的过错程度无法确定时,应以各自行为的原因力大小,确定各自责任的比例。难以确定双方当事人过错程度比例时,也可依双方行为原因力大小的比例,确定责任范围。第二,在当事人双方的过错程度相等时,各自行为的原因力大小对赔偿责任起"微调"作用。双方原因力相等或相差不悬殊的,双方仍承担同等责任;双方原因力相差悬殊的,应当适当调整责任范围,赔偿责任可以在同等责任的基础上适当增加或减少,成为不同等的责任,但幅度不应过大。第三,当加害人依其过错应承担主要责任或次

---

[1] 参见最高人民法院侵权责任法研究小组编著:《〈中华人民共和国侵权责任法〉条文理解与适用》,人民法院出版社 2010 年版,第 207~209 页。

要责任时,双方当事人行为的原因力起"微调"作用。原因力相等的,依过错比例确定赔偿责任;原因力不等的,依原因力的大小相应调整主要责任或次要责任的责任比例,确定赔偿责任。①

【审判实践中应注意的问题】

对于本条的适用,要注意以下问题:

在适用过失相抵原则时,要注意与因果关系中断的区别。因果关系中断,是指在因果关系进行过程中,因为介入一定的自然事实或者第三人行为,而使得原有的因果关系链发生中断。发生因果关系中断的情况,其一,表现为一方从事不法行为,在损害没有发生之前因为有其他因素的介入,从而使本不应发生的损害发生;其二,还包括行为人实施了侵权行为之后,由于第三人的行为或事件的介入,损害结果未按照原来的因果关系历程发生,而是导致了一种新的损害的发生。比如,保管人拒不交付保管物,寄存人一怒之下,将保管物烧毁。从损害结果分析,保管人拒不交付保管物,所受损害为对方迟延履行导致的违约损害,寄存人大怒而将保管物烧毁,表面上是因对方过失与自己过失相结合造成损失扩大,实际上后一损害为物的毁损灭失,与前一损害并非同一。此种情形属于损害结果不具有同一性,不能构成过失相抵,而属于因果关系中断。②过失相抵原则的适用则是针对多因一果的侵权行为,其中受害人的过错是损害发生的一个原因,即受害人的过错行为(既可以是作为,也可以是不作为)与侵权行为人的行为,也可能还有其他原因共同作用发生同一损害时才适用过失相抵的规则。只有在损害结果同一且原因力竞合这两个条件同时具备时,才符合过失相抵的客观构成要件。仅符合其中一个条件的,不能构成过失相抵,而很可能属于因果关系中断的情形。

---

① 杨立新:《侵权法论》(第五版),人民法院出版社 2013 年版,第 257 页。
② 最高人民法院侵权责任法研究小组编著:《〈中华人民共和国侵权责任法〉条文理解与适用》,人民法院出版社 2010 年版,第 210 页。

> **第一千一百七十四条** 损害是因受害人故意造成的，行为人不承担责任。

【条文主旨】

本条是关于受害人故意作为免责事由的规定。

【条文理解】

一、免责事由概述

免责事由作为阻却侵权责任构成或者承担的事由，是侵权责任体系中的重要内容。通常而言，免责事由可以分为一般免责事由和特殊免责事由。一般免责事由是指损害确系被告的行为所致，但其行为是正当的、合法的。这种事由与阻却违法行为相同，例如正当防卫、紧急避险、职务授权行为、自助行为等。特别免责事由是指损害并不是由于被告的行为造成的，而是由一个外在于其行为的原因独立造成的，如意外事件、不可抗力、受害人过错和第三人过错等。这两种免责事由的主要区别在于，基于一般免责事由而致人损害，被告已经实施某种行为，但其行为是正当的、合法的，排除了行为人行为的违法性，因而表明行为人是没有过错的。据此，行为人应予免责。在特别免责事由存在的情况下，被告根本没有实施某种致人损害的行为，或者外来原因作用于行为人，使行为人不可避免地造成了损害，由此行为人不应当承担侵权责任。各种一般免责事由和特别免责事由能否运用于具体案件，则应当根据具体案件和法律的具体规定来确定，不能一概而论。①

我们认为，有关免责事由的适用，在遵循特别法优先适用、一般法补充适用的规则时要注意的是：首先，如果相应特殊侵权行为类型对于有关免责事由没有规定的，应当适用"一般规定"中的免责事由，但如果特殊侵权行为类型中实际上已经规定了相应的免责事由，当然就要直接适用该规定的免责事由来确定免责与否的问题，通常理解这时候就已经排除了"一般规定"中有关免责事由的规定。除非通过法理解释后认为"一般规定"中有些特定免责事由仍然适用才更加公平合理，这时才可以例外地适用该免责事由。其次，对于某类特殊侵权行为的免责事由的认识也要遵循体系解释的思路，有可能某一条文或者作为该类型侵权行为一般条款的规定并没有相关免责事由的规定，但在该章下面具体条文中有免责事由的规定，对此就要一体理解。比如侵权责任编第八章关于高度危险责任的规定中，其开篇的第1236条仅规定："从事高度危险作业造成他人损害的，应当承担侵权责任。"该条对于有关免责事由并没有规定，但第八章后续有关具体侵权行为类型的规定中都有相应的免责事由的规定，应该遵循该规定确定免责事由。至于这些具体规定无法涵盖的高度危险行为的情形，即只能适用高度危险责任一般条款的规定的情形，是否一概可以适用"一般规定"中的免责事由，似乎也不可一概而论，也有必要遵循体系解释或者类推适用的方法来进行法律解释或者漏洞补充来确定有关免责事由的适用。最后，这里的作为一般法中的免责事由应当包括侵权责任编"一般规定"中的免责事由，也包括总则编民事责任一章中的免责事由，比如不可抗力、正当防卫、紧急避险、紧急救助等。

二、受害人故意是法定免责事由

《侵权责任法》第27条规定："损害是因受害人故意造成的，行为人不承担责任。"本条沿用了这一规定，对于受害人故意作为免责

---

① 杨立新：《侵权法论》（第五版），人民法院出版社2013年版，第349页。

事由作了明确规定。具体而言，受害人故意，是指受害人明知自己的行为会发生损害自己的后果，而希望或放任此种结果发生的主观心理状态。受害人对损害的发生或者扩大的主观故意，说明受害人的这一故意行为是损害发生或者扩大的唯一原因，从而应使加害人对该损害或者扩大的损害免责。故法律将受害人故意作为一项法定免责事由。

受害人故意分为直接故意和间接故意。直接故意是指受害人从主观上追求损害自己的结果发生，如受害人摸高压线自杀；间接故意是指受害人已经预见到自己的行为可能发生损害自己的结果，但也不停止该行为，而是放任损害结果的发生，如受害人盗割高压线，导致自己伤亡。

本条规定对行为人免责，是指损害完全是因为受害人的故意造成的，即受害人故意的行为是其损害发生的唯一原因。《民法典》第1237条规定："民用核设施或者运入运出核设施的核材料发生核事故造成他人损害的，民用核设施的营运单位应当承担侵权责任；但是，能够证明损害是因战争、武装冲突、暴乱等情形或者受害人故意造成的，不承担责任。"第1238条规定："民用航空器造成他人损害的，民用航空器的经营者应当承担侵权责任；但是，能够证明损害是因受害人故意造成的，不承担责任。"据此，受害人故意的情形也应属于适用无过错责任原则的侵权行为类型的法定免责事由，而不仅是过错责任侵权行为类型的免责事由。此外，《道路交通安全法》第76条第2款规定，交通事故的损失是由非机动车驾驶人、行人故意碰撞机动车造成的，机动车一方不承担赔偿责任。《水污染防治法》第96条第3款规定，水污染损害是由受害人故意造成的，排污方不承担赔偿责任。

在此要注意的是，对于无过错责任原则的侵权行为类型适用受害人故意这一免责事由也要遵循法律有特别规定的适用该规定的规则。比如《民法典》第1246条规定："违反管理规定，未对动物采取安全措施造成他人损害的，动物饲养人或者管理人应当承担侵权责任；但是，能够证明损害是因被侵权人故意造成的，可以减轻责任。"这里的受害人故意就仅是减轻责任的事由。

此外,侵权责任编第四章关于产品责任的规定中并未规定有关免责事由,但是《产品质量法》第41条规定了生产者的三项免责情形:一是未将产品投入流通的;二是产品投入流通时,引起损害的缺陷尚不存在的;三是将产品投入流通时的科学技术水平尚不能发现缺陷的存在的。从法理上讲,这应属于产品责任领域有关免责事由的特殊规定,应当优先适用。但该条并未规定"受害人故意造成损害"的免责情形。但从一般逻辑推论,如果生产者能够证明自己的产品没有缺陷,并且能够证明损害是因受害人故意造成的,当然应当免除生产者的责任。例如,照相机生产商在其产品使用说明书中警示:照相机电池不能用火烧烤,如果使用者故意违反产品使用说明书中的警示,拿照相机电池在火上烤,电池爆炸造成其损害,生产者无须承担责任。[①]

三、关于"明知"的界定

目前民法理论与刑法理论对于"过错""故意""过失"的认识有着本质上的共通性。一般认为,故意就其本质而言是一种内在的追求或者放任自己行为造成损害后果的意图。[②]据此,故意可以分为直接故意和间接故意,直接故意的界定标准为明知某一行为会发生某种损害后果,而积极追求该损害后果发生的主观心理状态;间接故意的界定标准则是明知该行为会发生某种损害后果,而放任该损害后果发生的主观心理状态。可见,无论直接故意还是间接故意,都要有"明知"这一要素。"明知"是故意构成中的认识因素,是故意的重要表现形式。故意层面的"明知"是指对违法的、危害社会结果的认识,[③]也就是行为人认识到其行为会造成一定的危害后果。司法实践中,对于明知的证明,也往往需要通过举证有关的客观行为表现来实现。

[①] 王胜明主编:《中华人民共和国侵权责任法释义》,法律出版社2010年版,第142页。

[②] 张新宝:《侵权责任构成要件研究》,法律出版社2007年版,第479页。

[③] 舒洪水:《生产、销售有毒、有害食品罪中"明知"的认定》,载《法学》2013年第8期。

【审判实践中应注意的问题】

对于本条的适用,要注意的是与上一条关于过失相抵规则的区别问题。本条规定适用的前提条件是如果损害完全是由于受害人故意造成的,且该损害发生的唯一原因是受害人的故意,这时才能完全免除行为人的责任。本条作为免除监护人赔偿责任的事由,要求受害人须具备故意的主观心理状态。由于现代侵权法上过失相抵原则的确立,是基于公平观念和责任自负原则,从法律的衡平观念和诚信原则出发进行利益衡量的产物。受害人故意致损害发生或者扩大,意味着损害为受害人主观追求的目标。这种情况下,受害人不能将损害结果转嫁于行为人,否则即违背公平理念和社会正义。因此,法律规定在这种情形下免除行为人赔偿责任是正当的。[①] 但如果受害人对于损害的发生存在故意,而侵权人对于损害的发生也有故意或者重大过失的,则属于适当减轻侵权人责任的问题,应当适用第 1173 条的规定。比如甲在高速公路上自杀,乙驾驶的机动车已经超速,发现甲后也没有采取任何避让或者制动措施,反而加速冲向甲,造成甲的死亡。如果有其他证据证明乙的行为是故意的,则乙构成杀人罪,并且应当承担相应的赔偿责任;如果有证据证明乙的行为属于重大过失,例如醉酒驾车,乙也应当承担相应的赔偿责任。[②]

[①] 最高人民法院侵权责任法研究小组编著:《〈中华人民共和国侵权责任法〉条文理解与适用》,人民法院出版社 2010 年版,第 210 页。

[②] 王胜明主编:《中华人民共和国侵权责任法释义》,法律出版社 2010 年版,第 141 页。

> **第一千一百七十五条** 损害是因第三人造成的,第三人应当承担侵权责任。

【条文主旨】

本条是关于第三人行为造成损害时由该第三人承担责任的规定。

【条文理解】

一、侵权法上的第三人过错行为概述

自己责任原则是近现代侵权法的基本原则。依据自己责任原则,除了法律有特别规定之外,行为人应当对自己的过错行为承担相应的不利后果。受害人在提起民事诉讼时,所列的被告的行为可能并不具有可归责性,被告的行为并非损害发生的真正原因。在这种情况下,被告只是名义上的侵权人,其不应当对原告的损害承担侵权责任,而应当由真正造成损害的第三人承担责任。例如,某甲驾车缓慢通过行人较多的路口,某乙驾车高速驶来,刹车不及,撞上某甲车辆,导致某甲车辆突然向前冲出,撞伤前面正常穿越马路的行人某丙。这种情况下,虽然某丙所受伤害是某甲的车辆直接造成的,但在整个事件中,某甲只是某乙侵权行为的媒介,某丙所遭受损害的真正原因是某乙实施的侵权行为。因此,应当由某乙对某丙的损害承担侵权赔偿责任。[1]

---

[1] 最高人民法院侵权责任法研究小组编著:《〈中华人民共和国侵权责任法〉条文理解与适用》,人民法院出版社2010年版,第213页。

关于第三人过错,《侵权责任法》第28条规定:"损害是因第三人造成的,第三人应当承担侵权责任。"本条沿用了这一规定。第三人行为造成,即该第三人的行为对于损害后果有全部的原因力,可以构成行为人的免责事由。这是针对一般的侵权行为类型而言的。第三人的过错包括故意和过失。并且第三人与被告不存在任何隶属关系,比如用人单位的工作人员在工作过程中造成他人损害的,用人单位不能以其工作人员作为第三人,提出"第三人过错"的抗辩。用人单位应当对工作人员造成的损害,承担替代责任。[①]一般而言,这里的第三人过错具有以下法律特征:

其一,责任主体是一般侵权关系的侵权人和被侵权人之外的人。第三人是过错的主体,造成损害的过错不属于加害人和受害人的任何一方。狭义上的第三人过错,是指第三人的过错是损害发生的唯一原因;广义上的第三人过错,则是指第三人的过错行为仅是损害发生的部分原因。该第三人不限于自然人,还可以是法人或者其他组织。

其二,该第三人的过错行为与侵权人的侵权行为不构成共同侵权。一般而言,该第三人与侵权人之间没有意思联络,也没有与侵权人的行为直接结合造成损害后果的发生。如果第三人与侵权人之间基于共同的意思联络(如第三人为侵权人的帮助人)而致被侵权人损害,将作为共同侵权行为人而对受害人承担连带责任。

其三,第三人过错引起的侵权责任属于自己责任的范畴。一般的侵权责任属于自己责任,自己责任是近代大陆法系民法两项基本原则之一。被侵权人所受损害是由第三人造成的,根据自己责任原则,应由第三人承担责任,此时如果第三人无力承担侵权责任或者无法找到第三人时,被侵权人的权益将得不到保障,显然自己责任原则在面对复杂的侵权行为活动时,将无法有效地发挥侵权责任法的作用,因此,《侵权责任法》中关于第三人介入时根据具体的侵权类型,规定了不同的责任承担方式,如补充责任、替代责任、不真正连带责任

[①] 王胜明主编:《〈中华人民共和国侵权责任法〉条文解释与立法背景》,人民法院出版社2010年版,第114页。

等,从而实际保障了被侵权人的权益。①

其四,在责任后果上是免除或者减轻加害人责任的依据。第三人过错是免除或者减轻加害人责任的依据。第三人过错作为免责事由,其后果并非都是免责,如果第三人过错与行为人的行为相结合而致损害,则后果为减轻责任。

上述情形是针对第三人过错行为一般情形而言的。在过错责任原则和过错推定原则适用的场合,谁有过错,谁就要承担侵权责任。行为人对于损害的发生没有过错,而第三人对损害的发生具有全部过错,当然就要由第三人承担侵权责任。同样,在过错推定原则适用的场合,尽管首先推定实际加害人具有过错,但加害人能够证明损害是由第三人的过错造成的,自己没有过错,就构成第三人侵权行为,免除实际加害人的责任。但是在适用无过错责任原则的情形下,第三人侵权行为具有特别的要求。原因是,在适用无过错责任原则的行为类型中,法律将有些第三人侵权规定为不真正连带责任。② 比如《民法典》第1233条规定的环境侵权责任中的第三人侵权责任即是如此。

二、第三人过错的判断标准

在第三人侵权责任中,对于第三人过错的认定,应当遵循客观标准为主、主观标准为辅的做法。即对于第三人过失的情形,应当按照客观标准的做法处理,但对于第三人故意的情形,则仍应当坚持主观标准来判断。比如在一件环境侵权案例中,甲船在河道上正常行驶,乙船因驾驶失误撞上甲船,致甲船所载油料流入河中,污染丙的鱼塘,造成丙经济损失。③ 这里关于乙船驾驶失误的认定就应当按照客观标准予以判断。再比如,在另一个环境污染案件中,刘某斌、时某

---

① 参见张新宝:《侵权责任法》,中国人民大学出版社2006年版,第112~120页。转引自朱瑜:《环境侵权第三人责任问题研究》,华中科技大学2013年硕士学位论文。
② 参见杨立新:《侵权法论》(第五版),人民法院出版社2013年版,第1015页。
③ 王胜明主编:《〈中华人民共和国侵权责任法〉条文解释与立法背景》,人民法院出版社2010年版,第274页。

勇及王某江等人多次对某油田位于山东渤海湾的海底输油管道进行打孔盗油。某油田发现其559输油管道的打孔处发生原油外泄。为此，某油田仅因管道抢修费用一项就花费达到近5000万元，同时，也因为溢油污染给该段海域的生态环境带来了严重破坏，东营海域人工养殖水产品直接经济损失便达13亿多元。上述刘某斌等对海底输油管道进行打孔盗油的行为显然就属于故意的范畴。

三、第三人行为造成损害的责任承担

第三人过错造成损害时有关责任承担规则实际上较为复杂。区分不同情形予以适用，也是正确理解和适用本条规定的关键。对此应当注意以下几点：

（一）本条在过错责任原则和过错推定责任原则的侵权行为类型中的适用

在过错责任和过错推定责任适用范围内，被告能够证明损害完全是由于第三人的过错行为造成的，而且第三人的侵权行为是原告所遭受损害的全部原因，即第三人行为与损害之间存在百分之百的原因力，这时的被告根本不符合相应的侵权责任构成要件，当然不承担侵权责任。在过错责任适用范围内，例如，甲在骑车下班途中，碰巧乙和丙在路边斗殴，乙突然把丙推向非机动车道，甲躲闪不及，将丙撞伤。在本案中，甲对丙突然被推向他的车前是不可预见的，因此甲没有任何过错，丙的损害应由乙承担赔偿责任。[①] 在过错推定责任范围也遵照这一规则。从另一个角度言之，在这种情况下，被告实际上不能称为真正意义的实际侵权行为人。

（二）本条在无过错责任的侵权行为类型中的适用

此种侵权行为类型是指被告方实施的侵权行为属于法律规定应当适用无过错责任原则的侵权行为类型，此时第三人存在故意行为导致损害发生的情形。在这种情况下，应当遵循有法律、行政法规明

---

① 王胜明主编：《中华人民共和国侵权责任法释义》，法律出版社2010年版，第143页。

确规定的，要适用相应规定的做法。比如，在环境侵权案件中，依照《民法典》第1233条的规定，因第三人的过错导致污染造成损害的，被侵权人可以向侵权人请求赔偿，也可以向第三人请求赔偿。如果被侵权人向侵权人请求赔偿的，侵权人赔偿后，有权向第三人追偿。① 在动物致害案件中，依照《民法典》第1250条的规定，因第三人的过错致使动物造成他人损害的，被侵权人可以向动物饲养人或者管理人请求赔偿，也可以向第三人请求赔偿。动物饲养人或者管理人赔偿后，可以向第三人追偿。当然，在大多数情况下，如果损害完全是由第三人的过错行为造成的，这时应当由该第三人承担侵权责任，此与适用过错责任原则的侵权行为类型并无本质区别。比如《电力法》第60条第3款规定："因用户或者第三人的过错给电力企业或者其他用户造成损害的，该用户或者第三人应当依法承担赔偿责任。"但上述情形都要以法律、行政法规有明确规定为前提。

【审判实践中应注意的问题】

一、关于第三人的范围问题

首先，这里的第三人应当与行为人不存在任何隶属关系，比如用人单位的工作人员在工作过程中造成他人损害的，用人单位不能以其工作人员作为第三人，而提出本条规定的抗辩，这时用人单位应当依法承担替代责任。在监护人责任中，依据目前法律规定，在被监护人

---

① 在此应当注意的是，《水污染防治法》第96条第4款规定："水污染损害是由第三人造成的，排污方承担赔偿责任后，有权向第三人追偿。"这一规定与侵权责任编的该条规定并不一致。我们倾向于认为，对此不宜适用一般法与特别法的关系，优先适用《水污染防治法》的这一规定，而应遵循后法优于先法的规定，《民法典》侵权责任编作为生效时间在后的一般法，对于相同的事项予以调整的规定，应优先于生效时间在先的特别法规定。而且从法理上讲，这时赋予被侵权人以选择权，特别是在第三人的赔偿能力比污染者强的情况下，更有利于对被侵权人的救济。

实施了侵权行为之后，也不能将监护人未尽到监护职责作为第三人过错行为的一种，而主张减免相应责任。其次，第三人和行为人之间不存在构成共同侵权的情形。如果第三人与行为人构成共同侵权，则第三人与行为人应当共同承担连带责任。最后，此第三人要与程序法上第三人严格区分。此第三人也并非民事诉讼法上的第三人，一旦受害人起诉要求有过错的第三人承担侵权责任，则该第三人属于被告或者共同被告的地位，并非民事诉讼中的有独立请求权的第三人或者无独立请求权的第三人。

二、关于"第三人过错"的范围问题

这一问题争议较大。有观点认为，"因第三人过错"是指"完全因第三人过错"。另有意见认为，这里的"第三人过错"包括全部过错与部分过错两种情形。我们倾向于第二种意见。在法律适用层面，应当注意有些案件中可能仅是第三人的部分过错，这时该第三人只能就其过错责任范围内的损害承担相应的赔偿责任，而对于非因其过错造成的损害，则不属于该第三人承担责任的范畴，这也是该第三人责任适用过错责任原则的基本要求。就举证责任而言，受害人依法主张第三人承担侵权责任的，应当对该第三人的过错承担举证责任，同样如果侵权人主张是第三人行为造成损害的，也应依法对此抗辩事由承担举证责任，主张追偿权则更是如此。

三、关于本条规定的"第三人过错"与有关共同侵权、共同危险行为、无意思联络数人侵权行为之间的区别问题

对此，我们认为，首先应当严格把握本编规定的各自相应的侵权责任构成，第三人如果存在与行为人主观共同故意或者共同过失，以及客观上行为密不可分，符合"时空统一性"要求的，则要依法承担共同侵权的责任，即连带责任，这时他应属于共同侵权人，而非"第三人"。同样，在符合"共同危险行为"的构成要件时，也应依法承担连带责任，而非"第三人"的独立责任或者"侵权人"的免责、减

责事由。但在该第三人与行为人没有共同故意、共同过失时，其分别实施的侵权行为间接结合造成同一损害，能够确定责任大小的，他们之间对受害人承担按份责任。

> **第一千一百七十六条** 自愿参加具有一定风险的文体活动，因其他参加者的行为受到损害的，受害人不得请求其他参加者承担侵权责任；但是，其他参加者对损害的发生有故意或者重大过失的除外。
>
> 活动组织者的责任适用本法第一千一百九十八条至第一千二百零一条的规定。

【条文主旨】

本条是关于自甘冒险的规定。

【条文理解】

一、自甘冒险概述

所谓自甘冒险，又称甘冒风险（assumption of risk），是指"被害人原可以预见损害之发生而又自愿冒损害发生之危险，而损害结果真不幸发生"[①]的情形。换言之，即受害人事先了解为某项行为可能伴随着风险、损失或事故，但仍自愿为此行为，并同意自行承担可能的后果。在现代民法上，自甘冒险作为一项抗辩事由，通常也会产生减轻或免除加害人赔偿责任的后果。[②] 法谚有云："自甘冒险者自食其果。"一些国家的法律将自甘冒险和受害人同意等同对待，受害人的行为表明其自愿接受了损害的发生。

[①] 曾世雄：《损害赔偿法原理》，中国政法大学出版社2001年版，第261页。
[②] 最高人民法院侵权责任法研究小组编著：《〈中华人民共和国侵权责任法〉条文理解与适用》，人民法院出版社2010年版，第211页。

此前,《民法通则》和相关司法解释中没有自甘冒险的规定。在《侵权责任法》制定过程中,曾有建议将自甘冒险作为减轻或者免除责任的情形作出单独规定,最终未被采纳。《侵权责任法》没有专门规定自甘冒险制度,但在第76条规定:"未经许可进入高度危险活动区域或者高度危险物存放区域受到损害,管理人已经采取安全措施并尽到警示义务的,可以减轻或者不承担责任。"一般认为这是在高度危险责任领域确立了自甘冒险的规则。这一方面是借鉴比较法的经验的结果。许多国家都承认自甘冒险可以作为减轻或免除责任的事由。例如,在法国和比利时等国的法律中,当受害人自甘冒险时,通常依过失相抵制度对加害人的赔偿责任进行相应的减轻。《欧洲侵权法原则》第7:101条第4款规定,受害人同意承担受损害的风险,可导致行为人被免责。另一方面,法律实际上对高度危险活动采适当鼓励的立场,通过设立自甘冒险规则,可以在一定程度上减轻高度危险行为人的责任。法律上规定自甘冒险,既合理分配了责任,也可以实现损害的预防。[①] 在此应当注意的是,《侵权责任法》仅是在第76条规定从事合法的高度危险活动适用自甘冒险规则,即属于一特别规定,在此背景下,不可扩张适用于其他侵权行为类型。

在审判实践中,适用自甘冒险的情形多有出现,具有丰富的经验。最为典型的是体育比赛中发生人身伤害,即应当适用自甘冒险规则,减轻或者免除加害人的责任。当然,加害人故意或者重大过失的,属于除外情形。又如,明知他人醉酒,仍然搭乘其驾驶的车辆,发生翻车等事故时,受害人的行为即属自甘冒险行为,应当减轻或者免除加害人的赔偿责任。在梁某等二人诉覃某夺等五人侵权责任案中,乘车人韦某周明知驾驶人覃某夺饮酒驾车而乘坐,如何确定驾驶人覃某夺对于乘车人韦某周因交通事故受到损害的赔偿责任问题上,法院判决认为,《道路交通安全法》第22条规定:"饮酒、服用国家管制的精神药品或者麻醉药品,或者患有妨碍安全驾驶机动车的疾

[①] 王利明:《侵权责任法研究》(第二版)(下卷),中国人民大学出版社2010年版,第858页。

病，或者过度疲劳影响安全驾驶的，不得驾驶机动车。"受害人在明知他人酒后驾驶，仍搭乘其车辆的情况下，受害人的行为构成自甘冒险，应由其对酒后驾驶行为引发的损害后果适当承担责任，减轻赔偿义务人的责任。①

在《民法典》起草过程中，是否在侵权责任编中规定自甘冒险的规则是侵权责任编起草过程中的一个重要问题，最高人民法院作为重要参与单位，就这一问题积极展开论证，在总结审判经验的基础上提出了规定自甘冒险的主张，立法机关在综合各方意见的基础上，在二次审议稿中第954条之一明确规定了自甘冒险的规则，"自愿参加具有危险性的活动受到损害的，受害人不得请求他人承担侵权责任，但是他人对损害的发生有故意或者重大过失的除外。活动组织者的责任适用本法第九百七十三条②的规定"。此后又在不断调研的基础上，将本条作了进一步完善，即"自愿参加具有一定风险的文体活动，因其他参加者的行为受到损害的，受害人不得请求其他参加者承担侵权责任；但是，其他参加者对损害的发生有故意或者重大过失的除外。活动组织者的责任适用本法第一千一百九十八条至第一千二百零一条的规定"。相较前面的规定，本条明确限定了自甘冒险的适用范围为"自愿参加具有一定风险的文体活动"，而非一切社会活动；活动组织者承担的责任不仅限于安全保障义务人的责任，还包括学校、幼儿园及其他教育机构承担的未尽到教育、管理职责的侵权责任。

我们认为，侵权责任编规定自甘冒险制度意义重大。一方面，实践中自甘冒险的情形很多，且在比较法上也被广泛确认，尤其是在体育比赛中非常典型。体育运动中的游戏规则不宜完全由司法介入，例

---

① 参见广西壮族自治区柳州市柳江县人民法院（2011）江民初字第1301号判决书。
② 二审稿第973条系沿用了《侵权责任法》第37条的规定，系关于安全保障义务的规定。该条规定：宾馆、商场、银行、车站、娱乐场所等经营场所、公共场所的经营者、管理者或者群众性活动的组织者，未尽到安全保障义务，造成他人损害的，应当承担侵权责任。因第三人的行为造成他人损害的，由第三人承担侵权责任；经营者、管理者或者组织者未尽到安全保障义务的，承担相应的补充责任。经营者、管理者或者组织者承担补充责任后，可以向第三人追偿。

如合理冲撞的情形应当免责。另一方面，规定自甘冒险对于促进一些文体活动，特别是有一定风险性的体育活动，增强人民体质，促进人民健康，尤其是提高广大青少年的身体素质具有重要意义。当然本条规定的"具有一定风险的文体活动"，较为抽象，且范围比较广，在实务裁判中有进一步结合案例予以细化的必要；而且，规定活动组织者承担责任的规则适用安全保障义务及有关学校等教育机构责任的规则也有进一步细化研究的必要。但毫无疑问，规定这一制度本身就是立法上的一大贡献。

二、审判实践中有关自甘冒险规则的适用

如上所述，近年来的审判实践对于适用自甘冒险的规则积累了较为丰富的经验，这无论在裁判规范还是行为导向上都具有积极意义。在参加体育运动或其他带有风险性的活动过程中的损害，如行为人不存在因故意和过失导致严重违反规则的情形，则不承担或者减轻损害赔偿责任。比如在一个案例中，原告和被告系某中学同学，某日他们利用午休时间与其他数名同学在学校操场上踢足球。原告作守门员，被告射门，足球经过原告的手挡之后，打在原告左眼，造成伤害。经医院诊断为左外伤性视网膜脱离，经行左网膜复位术，网膜复位，黄斑区前膜增殖，鉴定为十级伤残，原告以被告和所在学校为共同被告起诉，请求人身损害赔偿。法院认定，足球运动具有群体性、对抗性及人身危险性，出现人身伤害事件属于正常现象，应在意料之中，参与者无一例外地处于潜在的危险之中，既是危险的潜在制造者，又是危险的潜在承担者。足球运动中出现的正当危险后果是被允许的，参与者有可能成为危险后果的实际承担者，而正当危险的制造者不应为此付出代价。被告的行为不违反运动规则，不存在过失，不属侵权行为，此外，学校对原告的伤害发生没有过错。最后法院依法驳回了原告的诉讼请求。

在其他领域中，比如户外活动中，特别是一些类似于探险的活动中，也有适用自甘冒险的判例。在这里需要专门说一下近来发生的一

起典型案例——吴某近亲属诉广州市花都区某村违反安全保障义务责任纠纷案,即"擅自上树摘杨梅坠亡案"。在本案中,广州市花都区某村是国家 AAA 级旅游景区,村委会在河道旁种植了杨梅树。2017年 5 月 19 日,该村村民吴某私自上树采摘杨梅,不慎跌落受伤,经抢救无效死亡。其近亲属以村委会未采取安全风险防范措施、未及时救助为由,将村委会诉至花都区人民法院。一审、二审认为吴某与村委会均有过错,酌定村委会承担 5% 的赔偿责任,判令向吴某的亲属赔偿 4.5 万余元。广州中院经审查,依法裁定对该案进行再审。再审认为,村委会作为该村景区的管理人,虽负有保障游客免遭损害的义务,但义务的确定应限于景区管理人的管理和控制能力范围之内。村委会并未向村民或游客提供免费采摘杨梅的活动,杨梅树本身并无安全隐患,不能要求村委会对景区内的所有树木加以围蔽、设置警示标志。吴某作为具有完全民事行为能力的成年人,应当充分预见攀爬杨梅树采摘杨梅的危险性。该村村规民约明文规定,村民要自觉维护村集体的各项财产利益,包括公共设施和绿化树木等,吴某私自上树采摘杨梅的行为,违反了村规民约,损害了集体利益,导致了损害后果的发生。吴某跌落受伤后,村委会主任及时拨打了急救电话,另有村民在救护车抵达前已将吴某送往医院救治,村委会不存在过错。再审法院认为,吴某因私自爬树采摘杨梅跌落坠亡,后果令人痛惜,但行为有违村规民约和公序良俗,且村委会并未违反安全保障义务,不应承担赔偿责任。原审判决认定事实清楚,但适用法律错误,处理结果不当,应予以撤销。2020 年 1 月 20 日,广州中院对该案再审宣判,撤销原审判决,驳回吴某近亲属要求村委会承担赔偿责任的请求。

从上述案例中可以看出,审判实践中对于自甘冒险制度在体育活动、户外探险以及其他有一定危险性的活动中都有适用。在这里要注意的是,自甘冒险的适用,确实更多的在体育活动当中存在。换言之,"具有一定风险的文体活动"在实践中有其典型适用的领域,但也有进一步具体解释甚至扩大适用的空间,这里面需要有相关价值判断和利益衡量的考虑，比如在最后一个案件中，就体现了法律应是公序良俗的"兜底条款"，司法绝不允许守法者为"小恶"买单，法律和司法维护社会道德、守护社会底线的立场。这是一种基于维护公序良俗，倡导法治精神，弘扬社会主义核心价值观的法政策判断而得出的结论。

三、本条规定的具体法律适用

本条规定分为两款，第1款规定的就是自甘冒险免责或者减责的情形，第2款则是对有关活动组织者、学校及幼儿园等承担相应责任的规定。现分述如下：

（一）自甘冒险适用的条件

依学理解释，自甘冒险的构成一般具备基础关系要件和冒险行为要件。所谓基础关系要件，是指自甘冒险行为人与相对人之间存在某种法律关系，使得行为人得以从事自甘冒险的危险行为。这种基础法律关系可以表现为合同关系也可以是单方法律行为。而行为人与相对人也都遵守这种法律关系所衍生的义务。[1]如体育比赛，运动员根据规则即处于身体碰撞的危险之中。所谓冒险行为要件，则包括：（1）所从事的行为具有不确定的危险，即从事的行为具有导致冒险行为人遭受损害的可能性。（2）冒险行为人对于危险和可能的损害有预见或认知。这种认知既包括对于其行为的性质、条件的认知，也包括对其行为所面临的危险和可能发生的损害的认知。这种危险应当是一种具体的现实的危险，而损害则是一种非必然发生的、可以避免的损害。（3）行为人默示同意，即行为人对于可能发生但不确定发生之损害，表示有意一赌其不发生，并于损害不幸发生时，愿意承受其不利益。（4）行为人自甘冒险行为，并非出于尽法律或者道德上的义务。（5）行为人自甘冒险是为了获得如无偿、重赏或特殊期待等非常

---

[1] 最高人民法院侵权责任法研究小组编著：《〈中华人民共和国侵权责任法〉条文理解与适用》，人民法院出版社2010年版，第211页。

规利益。① 在这里要注意的是，自甘冒险的适用范围应当限定在活动的参与者当中，这时也要依相应的社会日常生活经验法则来判断，如在体育活动中，发生在运动员、裁判员等参加者之间的损害可以不承担侵权责任，但对观众造成的损害不宜包括在内。同参加者相比，观众的目的是娱乐，观众一般都远离比赛场地，也就是说不能认为观众观看比赛具有危险性，也不能认定他们已经预见到风险并愿意承担此风险。

与过失相抵原则类似，自甘冒险的抗辩事由也适用于过错责任原则的一般侵权领域和无过错责任的特殊侵权领域。但对于加害人故意或者重大过失侵权的，侵权人同样不能适用自甘冒险进行抗辩。

从法理上讲，权利人有权处分自己的权利。只要不违反法律和公序良俗，权利人就有权自行处置自己的权利。在受害人同意与自愿承担风险时，加害人的行为不具有违法性，无论其是否具有过错，均不承担侵权责任。当然，若加害行为超出受害人同意范围，或受害人同意的内容违反法律规定或公序良俗，则不发生免责效果。鉴于实践中，情形复杂，在受害人自愿或者自甘风险的情况下，不能一律认定构成自甘冒险就不承担责任，故本条在适用中需要将此作为免除或减轻责任的情形来对待。对此，要注意与本款但书内容"其他参加者对损害的发生有故意或者重大过失的除外"的衔接。

首先，这一内容无疑是有关其他参加者承担责任的规定，也就是其他参加者以对损害的发生有"故意"或者"重大过失"为限，方可承担责任。从文义上讲，其他参加者的责任仅限于此，不包括一般的过错行为造成损害发生的情形。其次，这里的因重大过失或者故意而承担责任的人仅限于活动的参加者，而不包括组织者、管理者。组织者、管理者承担责任应当适用本条第2款的规定，也就是说不能限定在他们只有故意或者重大过失时才承担侵权责任，其具有一般过错时也要承担侵权责任，而且这仅是限于直接责任而言，至于承担补充

---

① 曾世雄：《损害赔偿法原理》，中国政法大学出版社2001年版，第90~91页。

责任的情形，则不再强调其是否有过错的问题。再次，这里的受害人"自愿参加"在主观过错上应当属于"明知"而为的故意情形，如果此时在主观过错上为过失，则不能适用本款规定。最后，从解释论上讲，其他参加者对损害的扩大有"故意"或者"重大过失"的也要承担责任。但是其他参加者对于损害的扩大仅有一般过错时是否承担责任，则存有争议，我们认为结合本条规定的文义以及体系上《民法典》第1173条对于《侵权责任法》第26条的修改（专门增加了被侵权人对损害的扩大有过错这一情形），考虑到侵权法作为救济法的本质属性，从依法救济受害人，倡导救死扶伤的角度，在损害发生之后作为共同的活动参与者，这时应当有相应的救助义务，其如果对损害的扩大有过错，也应当承担相应的侵权责任。此不可与"损害的发生"同日而语。

在此需要强调的是，受害人明知某具体危险状态的存在，如明知他人无驾照或无法确保车辆安全而搭乘其车，而甘愿冒险为之，可视为其属自甘冒险行为，自甘冒险应通过过失相抵制度对赔偿义务人的赔偿责任进行相应的减轻甚至免除，自甘冒险界定为受害人的一种过错行为。比如在一个案例中，原告周某邀被告曹某出去游玩，并乘坐被告曹某驾驶的两轮摩托车，原告周某应当核实被告曹某的驾驶资格及车辆情况，原告周某未尽到谨慎注意义务而搭乘其车，属自甘冒险行为，系对自身安全的放任，应通过过失相抵制度对赔偿义务人的赔偿责任进行相应减轻，原告周某应自负次要责任。被告曹某许可原告周某乘坐其车辆，就负有承担保障原告在乘车过程中生命、财产安全的义务。被告曹某驾驶与准驾车型不符且未登记车辆，未能尽到安全行驶义务，致使原告的身体健康受到损害，应负担主要责任。

（二）关于本条第2款的适用

本条第2款系指引性规定，语言简练，但是内涵丰富。曾有意见认为本款实际上是规定了安全保障义务人和学校、幼儿园等承担补充责任的规定，实际上不尽然，因为依据《民法典》第1198~1201条[①]的规定，这里既有上述有关主体的直接责任的内容，也有符合相应条件时承担补充责任的规定。

至于《民法典》第1198~1201条的具体适用问题，在这里不作过多论述，符合相应情形的，直接适用上述规定即可。在这里专门强调三点：

1. 关于直接责任的适用。从法理上讲，活动组织者、管理者承担责任的规则适用安全保障义务及学校责任的规则也有必要再作细化研究。理由在于，自甘冒险应属于免责事由，如果扩大活动组织者依照有关安全保障义务、学校责任的条款来承担的相应责任，一者与自甘冒险作为免责事由不符，二者也不利于鼓励这些活动组织者积极开展体育运动。从条文规范上看，安全保障义务人以及有关学校、幼儿园及其他教育机构这类主体承担责任都与他们是否尽到安全保障义务或者教育、管理职责直接相关，而这实际上就是关于客观过错的表述形式。换言之，在活动组织者没有这些客观过错的情况下就不承担责任。在具体判断时，就要结合案件具体情况来判断，尤其是其管理、保护措施是否符合相应的法律、法规规定或者行业自律要求等，如果符合相应要求，即使出现受害人遭受损害的情形，活动组织者也不应承担责任。实务中有必要采取适当从严认定上述主体责任构成的态度，从法律适用的角度要切忌"和稀泥"，以利于推动上述主体积极组织相应活动，这也符合自甘冒险制度的初衷。当然，如果组织者、管理者从事的是营利性活动，其

[①] 《民法典》第1198条规定："宾馆、商场、银行、车站、机场、体育场馆、娱乐场所等经营场所、公共场所的经营者、管理者或者群众性活动的组织者，未尽到安全保障义务，造成他人损害的，应当承担侵权责任。因第三人的行为造成他人损害的，由第三人承担侵权责任；经营者、管理者或者组织者未尽到安全保障义务的，承担相应的补充责任。经营者、管理者或者组织者承担补充责任后，可以向第三人追偿。"第1199条规定："无民事行为能力人在幼儿园、学校或者其他教育机构学习、生活期间受到人身损害的，幼儿园、学校或者其他教育机构应当承担侵权责任；但是，能够证明尽到教育、管理职责的，不承担侵权责任。"第1200条规定："限制民事行为能力人在学校或者其他教育机构学习、生活期间受到人身损害，学校或者其他教育机构未尽到教育、管理职责的，应当承担侵权责任。"第1201条规定："无民事行为能力人或者限制民事行为能力人在幼儿园、学校或者其他教育机构学习、生活期间，受到幼儿园、学校或者其他教育机构以外的第三人人身损害的，由第三人承担侵权责任；幼儿园、学校或者其他教育机构未尽到管理职责的，承担相应的补充责任。幼儿园、学校或者其他教育机构承担补充责任后，可以向第三人追偿。"

要尽到的保护、管理等义务原则上要高于非营利性的组织活动。

2.关于补充责任的适用问题。自甘冒险导致的损害后果是第三人原因造成的,这种情况虽然实践中不多见,但也存在,这时有关学校、幼儿园及其他教育机构要承担补充责任。若无第三人的情形,则不存在适用补充责任的可能。而且这里补充责任的适用仅限于活动组织者、管理者、经营者以及有关学校、幼儿园及其他教育机构这类主体。这里涉及第三人的范围问题,我们认为,这也要结合具体案件来分析。原则上,该第三人应当属于活动参与者以外的人,如果是活动参与者当中的人,则存有一定争议。我们认为,在符合本条第1款规定的情形下,即在其他参加者对损害的发生有故意或者重大过失符合侵权责任构成的情况下,其行为构成侵权行为,这时活动组织者、管理者有过错的,也应当承担补充责任。如果某参加者对于损害的发生仅有一般过错,这时其行为不构成侵权,即其并非侵权行为人,这时应不存在活动组织者、管理者代其承担"补充责任"的可能。这种情况下活动组织者、管理者是否承担责任,应当从其自身是否尽到相应的安全保障义务或者是否尽到教育、管理职责来判断,即仍应回到其自身是否有过错来判断是否应当承担直接责任的问题。

3.有关举证责任问题。本款规定,也包括上一款规定的责任减免或者责任承担的规则,应当遵循举证责任分配的一般规则,即《民事诉讼法司法解释》第91条的规定。通常而言,应遵循"谁主张、谁举证"的规则,比如受害人一方主张活动组织者、管理者承担相应责任,则要对他们未尽到安全保障义务承担举证责任;主张其他参加者承担相应责任,则要对其存在故意或者重大过失承担举证责任。

【审判实践中应注意的问题】

一、自甘冒险与受害人同意的区别

所谓受害人同意,是指受害人通过明示或默示的方式,对某种特定的损害作出同意，而在自甘冒险的情形下，受害人只是对某种风险的同意，此种风险是不确定的，它可能产生财产损害，也可能产生人身损害。自甘冒险与受害人同意最明显的区别在于：在自甘冒险的情形下，受害人并没有明确地同意承受因危险而产生的损害，该损害的发生与受害人的意愿是相违背的，但是，在受害人同意的情况下，损害的发生是符合受害人的意愿的。显然，自甘冒险不是一种明示的同意。但问题在于，受害人自甘冒险是否当然构成默示同意。有人认为，自甘冒险等同于默示同意。如果一个人自愿参加某种特殊的或者典型的危险活动，如足球、拳击、射击或者观看摩托车大赛，就应认为此人默示地免除了相对方的责任。在英美法系国家，有时将受害人自甘冒险认定为存在一种"默示契约"，从而使行为人被免责。在德国法上，早期认为自甘冒险是默示合意免除责任，以后解释认为是被害者的允诺，具阻却违法性，最近则强调这属于与有过失的问题。从各国判例学说发展的趋势来看，自甘冒险逐渐朝着比较过失的角度发展，并没有将其等同于受害人默示同意。受害人对危险的认识本身并不足以构成受害人同意承受危险。我们认为，自甘冒险行为不完全等同于默示同意，尽管受害人参与一些危险活动有可能表明受害人自愿承担危险活动造成的后果，但也并不意味着受害人就默示同意其他参与者可以对其实施伤害行为。例如受害人从事踢球等活动，而某个踢球者违反规则故意伤害受害人，也不能完全免除行为人的责任。再如组织从事某种危险活动的人在组织过程中存在过错，也应当分担受害人所遭受的损失。将自甘冒险等同于默示同意使得加害人完全免责，也不利于强化对受害人的保护。[①]

二、注意自甘冒险与过失相抵规则的区别

自甘冒险与过失相抵虽然十分相似，但二者作为减轻或者免除加害人责任的不同抗辩事由，仍然是有区别的。其一，对于受害人的注

[①] 王利明：《侵权责任法研究》（第二版）（上卷），中国人民大学出版社2010年版，第419页。

意义务和程度要求不同。自甘冒险中受害人对于他所愿意去承担的危险有清楚、明确的认知，这种认知不仅要求受害人意识到潜在风险的存在，更应当包括潜在危险的性质、程度、范围以及可能后果和责任的认知。而过失相抵对于受害人的注意程度并非出于注意义务角度考虑，受害人单纯的不注意也可能构成过失相抵的适用。其二，自甘冒险体现为受害人以基础法律关系中的同意表现出自愿承担危险意思，而过失相抵中不存在基础法律关系，受害人即使出于故意，也并非通过民事行为表示主动去承担风险的意思。①比如，《道路交通损害赔偿司法解释》第9条第2款规定："依法不得进入高速公路的车辆、行人，进入高速公路发生交通事故造成自身损害，当事人请求高速公路管理者承担赔偿责任的，适用侵权责任法第七十六条的规定。"即未经许可进入高度危险活动区域或者高度危险物存放区域受到损害，管理人已经采取安全措施并尽到警示义务的，可以减轻或者不承担责任。就高速公路管理者而言，其减轻或者不承担责任的前提是当事人非法擅自进入高速公路，受害人对于遭受的损害有过错。但是如果拖拉机、轮式专用机械车、铰接式客车、全挂拖斗车以及其他设计最高时速低于70公里的机动车，得到高速公路管理者许可进入高速公路，则不属于擅自进入，由此发生交通事故导致其自身损害，高速公路管理者不能以受害人自甘冒险为由免除其自身责任。违法进入高速公路的车辆以平常的方式进入高速公路，往往意味着高速公路管理者或者未尽警示义务，或者采取的安全措施不够充分，尽管可以减轻高速公路管理者的责任，但不能免除其责任。②

---

① 最高人民法院侵权责任法研究小组编著：《〈中华人民共和国侵权责任法〉条文理解与适用》，人民法院出版社2010年版，第212页。
② 最高人民法院民事审判第一庭编著：《最高人民法院关于道路交通损害赔偿司法解释理解与适用》，人民法院出版社2015年版，第125页。

> **第一千一百七十七条** 合法权益受到侵害，情况紧迫且不能及时获得国家机关保护，不立即采取措施将使其合法权益受到难以弥补的损害的，受害人可以在保护自己合法权益的必要范围内采取扣留侵权人的财物等合理措施；但是，应当立即请求有关国家机关处理。
>
> 受害人采取的措施不当造成他人损害的，应当承担侵权责任。

【条文主旨】

本条是关于自助行为的规定。

【条文理解】

一、自助行为概述

自助行为，是指权利人为保护自己的权利，在情事紧迫而又不能及时请求国家机关予以救助的情形下，对他人的财产或人身施加扣押、约束或其他措施，而为法律或社会公德所认可的行为。[1] 自助行为的性质，属于私力救济的范畴。从近现代法治发展的轨迹看，应该是越来越重视公力救济，私力救济处于例外状态，即能够通过公力救济解决的，就不宜适用私力救济的方式，只有在符合特定条件下才可以例外的适用私力救济，这应该是适用私力救济的一般规则。

不可否认，私力救济的存在具有合理性，对于防止损害扩大，及

---

[1] 王利明、杨立新编著：《侵权行为法》，法律出版社1996年版，第85页。

时救济权利，以及弥补公力救济的不足，乃至促进社会发展具有积极作用。不少国家的法律和判例承认自助行为，如德国、法国、日本、英国等。从我国现行立法来看，《民法通则》《合同法》总则中均未将自助行为作为一类免责或减轻责任的法定事由，但也未见（原则上）禁止自助行为之规定，在某些分则条款中，立法还对自助行为持肯定态度，如《合同法》第264条规定："定作人未向承揽人支付报酬或者材料费等价款的，承揽人对完成的工作成果享有留置权，但当事人另有约定的除外。"在《侵权责任法》起草过程中，曾规定了自助行为，"在自己的合法权益受到不法侵害，来不及请求有关部门介入的情况下，如果不采取措施以后就难以维护自己的合法权益的，权利人可以采取合理的自助措施，对侵权人的人身进行必要的限制或者对侵权人的财产进行扣留，但应当及时通知有关部门。错误实施自助行为或者采取自助措施不当造成损害的，应当承担侵权责任"。但最终考虑到自助行为是一把双刃剑，会存在以暴力制暴力的争议，如果超过必要限度，甚至会成为新的侵犯公民合法权益的行为。最终《侵权责任法》对此没有规定。

在司法实践中，对于自助行为的情形则多有涉及。特别是在法律没有明确规定如何行使自助行为的情况下，法院在司法裁判中做了一些探索。比如在邓某诉曹某房屋损害赔偿纠纷案中，法院认为"被告推倒原告未经批准所建造的墙体的行为符合民事自助行为的构成要件，应当属于免责事由，可以不承担责任或者减轻责任"。在本案中，邓某与曹某系邻居，邓某将其房屋南墙、西墙加高，与其新建东墙及北侧房屋墙体四面相连，并在南墙、西墙上方预留窗口。这就造成所建东墙距曹某家房屋西墙仅9厘米，将曹某房屋门窗堵死的局面，此后曹某将邓某所建东墙上半部分和南墙东端一角墙体推倒。曹某采取自力救济的方式，将邓某在紧邻其家房屋处所建部分墙体推倒，并未超过必要限度，且邓某所建墙体因系违法建设被政府有关部门依法拆除，其客观上已不存在修复曹某所拆墙体的可能性，法院依法驳回了邓某要求曹某赔偿其拆墙损失的诉讼请求。本案支持了自助行为的适用，也在一定程度上明确了自助行为适用的条件，但对于自助行为的必要限度，以及实施自助行为如何采取后续措施等没有涉及。在陈某裕因种在被告自留山上的果树被砍诉陈某金等赔偿损失案中，审理法院认为，自助行为属于自力救济行为的一种，是指为了保护自己的权利，而对于他人的自由或财产施以拘束或毁损的行为。自助行为依法不负赔偿责任。自助行为的要件有：一是须为保护自己的权利；二是须为情况紧急且来不及请求公力救济；三是须不超过必要的限度；四是须及时请求国家机关予以处置。本案原告在被告的自留山上种植果树，是一种侵权行为。但该行为的发生尚不构成自助行为要件中的"须为情况紧急且来不及请求公力救济"，被告完全可以通过林业主管部门与原告进行协商处理，或通过直接向人民法院起诉等途径来解决纠纷。因此，被告的行为不属于自力救济中的自助行为。本案裁判即在明确自助行为构成要件的前提下，以构成自助行为"须为情况紧急且来不及请求公力救济"而判定被告的行为不属于自力救济中的自助行为。特别是，在陈某容等诉陈某、吴某平、李某国等生命权纠纷案中，陈某与陈某容之夫的债权债务关系已经由生效判决确认，陈某向人民法院申请执行后，债务人陈某容之夫一直未履行法定义务。时隔几年后，陈某与陈某容之夫偶然相遇，为保障债权实现，预防其再次隐匿，债权人陈某扭住陈某容之夫，同时拨打电话寻求帮助，同行的周某勇则拨打报警电话。吴某平和李某国在派出所期间时刻关注陈某容之夫，在其上卫生间过程中，予以跟随和在卫生间外面守候，但均未与之发生过肢体冲突。且所有行为的目的是让多年未履行还款义务又难觅踪影的债务人履行还款义务，并没有侵害其合法权益的目的和动机。从陈某容之夫在派出所等候期间发给陈某容的短信可以看出，其确已与陈某等人达成了等到天亮后去法院解决纠纷的共识。并且派出所及旁边的某医院均一直有人值班，若陈某容之夫认为自己的人身自由受到限制或身体、精神受到伤害或威胁，完全可以第一时间寻求保护和帮助。本案中没有证据表明其有寻求保护和帮助的行为，也没有证据证明其遭受到吴某平、李某国的侵害。故法院认为被告方在本案中并不存在超出法律规范的、直接侵犯他人身体的、导致本案后果发生的加害行为。在整个事件过程中，陈某等人的行为并不存在过错，既无故意也无过失。陈某一方的目的是明确的，为实现其合法债权，一方面，拨打报警电话、致电执行法官、一起到派出所说明情况，另一方面，在派出所等候期间，密切关注陈某容之夫的动向，甚至连其上卫生间也予以跟随、守候，以确保天亮后一同去法院解决案件执行问题。陈某容之夫最终从卫生间跳窗的事实表明了前述行为确有必要。在整个过程中，被告方均无侵害其生命权的故意或过失，亦无法预料到陈某容之夫跳窗死亡的后果。因此，法院认为，在债务人多年未履行法定义务，债权一直无法得以实现的情况下，陈某一方采取了避免债务人再次隐匿的措施，属于保护自身合法权益的正当行为，并未超出法定的限度，并无过错，也与被害人的死亡结果无因果关系。作为一名成年人，对跳窗可能带来的损害后果应有足够的认知，而且，正如前面分析所言，就算是其人身安全真的受到威胁，完全可以寻求正当保护，其对自己人身安全可能受到的威胁所致的损害与跳窗可能带来的损害之间亦应有所比较和判断。故被告方的前述行为并不必然导致被害人跳窗死亡，其死亡结果与被告方的行为之间并不存在因果关系。对于本案的案情，法院对于每一个细节都做了认真核查，对于自助行为的构成要件，特别是有关"不超过必要限度"和做好与公力救济衔接方面作了深刻阐述，对于区别暴力讨债和合法自助行为之间的关系具有积极意义。

  立法机关在综合各方意见的基础上，注重总结和吸收审判实践经验，最终在《民法典》起草过程中明确规定了自助行为，在《民法典侵权责任编（草案第二次审议稿）》第952条之二明确规定："合法权益受到侵害，情况紧迫且不能及时获得国家机关保护的，受害人可以在必要范围内采取扣留侵权人的财物等合理措施。受害人实施前款行为后，应当立即请求有关国家机关处理。受害人采取的措施不当造成他人损害的，应当承担侵权责任。"此后，立法机关对此进一步研究论证，对该条内容作了进一步完善，形成了本条规定，即"合法权益受到侵害，情况紧迫且不能及时获得国家机关保护，不立即采取措施将使其合法权益受到难以弥补的损害的，受害人可以在保护自己合法权益的必要范围内采取扣留侵权人的财物等合理措施；但是，应当立即请求有关国家机关处理。受害人采取的措施不当造成他人损害的，应当承担侵权责任"。二者相较，一是本条规定增加了"不立即采取措施将使其合法权益受到难以弥补的损害的"这一限定条件，更加科学合理。二是本条将原来第2款规定的"受害人实施前款行为后，应当立即请求有关国家机关处理"修改为"但是，应当立即请求有关国家机关处理"，并合并到第1款，这样不仅在衔接上更为顺畅，最为重要的是，对于"立即请求有关国家机关处理"的时间作了进一步限缩，更加严格了自助行为的适用条件。此外，在第二次审议稿之后，立法机关曾将该条中的"扣留侵权人的财物"修改为了"扣留财物"，此后又采纳了我们的建议恢复为原来第二次审议稿中的"扣留侵权人的财物"，这一表述较为严谨，且有利于避免自助行为可能的滥用。从侵权责任编规定自助行为以及本条规定的修改变化看，规定自助行为并不意味着完全倡导甚至不限制自助行为的适用。民法典规定自助行为，一方面是承认其存在必要性的立意，另一方面也是为了进一步规范自助行为，特别是针对实践中实施自助行为没有明确标准，容易对他人造成不测妨害或者现实侵害的情况，来严格限定自助行为的适用条件。

二、自助行为的适用条件

依据本条规定，构成自助行为须具备以下几个条件：

1.须有不法侵害状态存在。侵害，是指对某种权利的侵袭和损害，或者说是对某种权利的攻击。没有侵害，无须进行救济行为。只有在侵害发生后，才有可能实施自助行为。侵害包括合法侵害和不法侵害。对于合法侵害、违法阻却事由等，不能实施自助行为。"不法侵害"，指侵害行为是为法律禁止的行为，包括为刑事法律、民事法律和其他法律规范所禁止的一切行为，如盗窃、诈骗等行为，民法上侵犯财产所有权、债权的行为等。[1]

2. 须为保护自己的合法权利。自助行为旨在保护自己的权利，而非他人权利，这也是自助行为与正当防卫、紧急避险的一个显著区别。这里的权利首先必须合法，其次原则上限于请求权的范畴，最后可以实施自助行为的权利主体原则上限于权利人本人，但其他可以类似于权利人本人行使权利的人，如法定代理人、失踪人的财产管理人、遗产管理人、破产管理人、遗嘱执行人等，也可以依法实施自助行为。

3. 须情况紧迫而来不及请求有关国家机关的援助。这是指权利人在客观上来不及请求有关国家机关的保护，如果不实施自助行为，请求权就无法实现，或者实现的难度显著增加。本条规定的"不立即采取措施将使其合法权益受到难以弥补的损害的"，即为明确要求，也体现了比例原则的理念。

4. 不得超过必要限度。所谓必要的自助行为，是为了保全其请求权而需要的行为。在德国和我国台湾地区，自助行为的具体形态是法律明确列举的，限于拘束他人人身自由或扣留、毁损他人财产的行为。而在瑞士，法律并没有限定自助行为的具体形态。另外，只要是以自助为目的而实施的、客观上具备自助要件的行为，就可以认定为自助，不需要自助人具有行为能力或责任能力。[2] 在此需要注意的是，这里"必要限度"的要件，也要包括采取的措施必须合理，且原则上应当限定在对侵权人财物予以扣留等的范畴，在解释上应当严格依据本条规定进行，不可随意扩大。

5. 须为法律或公序良俗所许可。这一方面要求实施自助行为不得违反法律的强制性规定，另一方面也要求不能违反社会公序良俗。比如雇佣他人以暴力方法讨债、将债务人囚禁于笼子里来讨债等形式皆为法律或者公序良俗所禁止。

---

[1] 陈兴良主编：《刑法总论精释》（第三版）（上），人民法院出版社2016年版，第303页。

[2] 周友军：《侵权法学》，中国人民大学出版社2011年版，第161页。

符合上述条件的自助行为属于合法行为，许多国家都作出了肯定性的规定。如《德国民法典》第229条规定，处于自助的目的而扣押、毁灭或损坏他人财物者，或处于自助的目的而扣留有逃亡嫌疑的债务人，或制止债务人对有义务容忍的行为进行抵抗者，如来不及请求官署援助，而且若非及时处理则请求权有无法行使或其行使显然有困难时，其行为不认为违法。但自助行为即使具备合法性，也不能持续存在，权利人必须"立即请求有关国家机关处理"，否则也要依法承担相应的侵权责任。至于对"立即"的认定，应当结合社会日常生活经验法则认定。

三、自助行为与正当防卫的区别

整体而言，自助行为与紧急避险、正当防卫作为免责事由或者违法阻却事由具有相似点，但也有很大的不同。实践中较容易混淆的是自助行为与正当防卫的区别问题。

自助行为与正当防卫两者之间具有类似性，都属于合法行为，从行为样态上看主要有三点：其一，两者都是情势紧迫之下的防止合法权益受到侵害的行为。自助行为是情势紧迫之下对侵权人财产施加扣押等的合理行为。正当防卫是情势紧迫下对不法侵害的防卫与制止的行为。其二，从行为方式上看，两者都是以作为的形式进行，或者说属于积极性的甚至是具有攻击性的行为。其三，两者都是以不法行为的存在为前提，即针对不法行为而实施。

作为保护民事权利的两种私力救济方法，正当防卫与自助行为也有明显区别，有学者认为，此二者的区别在于，自助行为保护的是自己的权利，而正当防卫包括保护他人的权利；自助行为在实施前，通常在当事人之间已经存在一种债的关系，而正当防卫在尚未实施之前没有这种关系。[①]我们认为，二者的区别主要有：首先，正当防卫针对的是正在进行的侵害，而自助行为针对的是已经发生的侵害行为，

---

① 杨立新：《侵权法论》（第五版），人民法院出版社2013年版，第361页。

具有一定的事后性。权利正在受到侵害时所实施的保护权利的行为是正当防卫而不是自助行为。如果权利将来受到侵害，公民可以采取加强防卫措施、寻求国家机关保护等手段保护权利，却不能采取措施回复被侵害的权利。只有在侵害发生后，才有可能实施自助行为。[1]其次，正当防卫可以是为了保护自己、他人的合法权益以及公共利益，而自助行为只能是为了保护自己的权利。再次，自助行为限于情事紧迫而又不能及时请求国家机关予以救助的情形，而正当防卫则不以此为要件。在司法实践中曾有个别认识错误情形，例如，张某没有经过申请建窑烧砖，李某因张某烧砖伤害到其种植的荔枝树而将冷水泼入正在烧砖的砖窑中。法院认为张某未经申请而建窑烧砖的经营行为违反了有关行政法规，应当由有关行政机关给予相应处罚；李某在其种植的荔枝树受到张某烧砖行为的侵害时可以找到有关组织或提起诉讼来解决问题，不存在迫不得已而无其他方法可以防止侵害的问题。因此认定李某的行为不属于正当防卫，应当赔偿张某的损失。这无疑是混淆了正当防卫与自助行为的界限。[2]最后，正当防卫采取的措施在本质上要求是制止侵权行为，在紧迫性上更加紧急，而自助行为则是以救济自身损害为要求，紧迫性上要缓于正当防卫，且在程序上要求必须是及时请求有关国家机关处理。

【审判实践中应注意的问题】

关于本条的适用，要注意以下几点：

一是自助行为所要救济的权利在性质上必须属于可以回复或者可以被强制执行的权益类型。如果权利被侵害后，所侵害的权利已完全消灭或按其性质不可能使之得到回复，如非法拘禁的行为发生后，被

---

[1] 陈兴良主编：《刑法总论精释》（第三版）（上），人民法院出版社2016年版，第303页。

[2] 最高人民法院侵权责任法研究小组编著：《〈中华人民共和国侵权责任法〉条文理解与适用》，人民法院出版社2010年版，第226页。

害人的人身自由权利已经受到侵害，无法以任何手段使之回复，在这种情况下，便不允许实施自助行为。自助行为所保护的合法权利主要是请求权，包括债的请求权和基于物权、人身权等被侵害而产生的请求权。如果此请求权已不具备强制执行的可能，则不能实施自助行为。

二是自助行为在法律适用上应当采取审慎从严的态度。一方面，要求严格按照本条规定的适用条件来适用，不可随意扩大适用范围。另一方面，在解释上也要采取从严的态度，避免自助行为的滥用，避免以损害人身权为前提的自助行为，也要避免以堵人店门、泼洒脏物、人格侮辱等形式进行的所谓自力救济。在适用自助行为制度时要考虑价值导向与利益衡量的问题，也要考虑其必须实施的现实紧迫性或者不可替代性问题，如果此行为可以通过其他合法的公权力救济方式替代，则就不宜再适用自助行为。比如，在上海某服饰有限公司与魏某远租赁合同纠纷案中，法院就明确了"承租人违约将房屋给他人使用，出租人强行收回租赁物并造成承租人损失，该自助行为不是自力救济"的规则。在本案中，租赁合同一方违约后，守约方应依法或依约行使权利救济手段。从现行法律规定来看，在承租人存在违约情形下，法律并未赋予出租人强行收回租赁物的权利。如双方合同已解除，则上海某公司对涉案店铺无使用权，如拒不腾空，则魏某远作为出租人可将店铺内的衣服采取证据保全后异地放置；但在合同未解除时，虽然魏某远系租赁物产权人，但其因租赁合同事实已将店铺使用权在租赁期限内处分给了承租人上海某公司，而杭州某公司系得到了上海某公司的同意才使用案涉租赁店铺的，在此情形下，魏某远无权将该店铺内的衣服进行异地放置。也就是说，即便上海某公司未经魏某远许可将涉案店铺给他人使用构成违约，魏某远以本案属于自力救济行为为由强行收回租赁房屋，也缺乏法律依据。[1]

三是关于在审判实践中有关自助行为不当实施的责任承担问题。

---

[1] 参见（2011）浙杭民再字第11号民事判决书。

如果符合自助的要件，自助人所实施的行为就阻却违法，其不必承担侵权责任。但如果自助行为不符合相应条件要求，则要承担侵权责任，主要有两种类型：一是自助过当。自助人采取的自助措施超出保全其请求权的必要，此时类似于防卫过当和避险过当的规则，要求自助人承担适当的责任。二是迟延请求有关国家机关处理。未"立即请求有关国家机关处理"造成他人损害的，应当承担侵权责任。有学者认为，自助人因过错而迟延请求法院处理，因此导致的损害，自助人也要承担与自助过当类似的责任。如果自助人申请法院处理，而因法律上原因被驳回，自助人要对其过错承担责任。在此情形下都要承担侵权责任。[1] 这一见解有一定道理，但是实施自助行为的同时或者紧接着的是要向有关国家机关报告，请求处理，这里的国家机关并不限于法院，而且从时间紧迫性上看，可能更多的情况是自助人向有权对财物进行处置或者对人身自由进行一定控制的行政机关请求处理，而不是向法院请求处理，因为起诉需要的周期相对较长，当然依法申请诉前财产保全或者证据保全可以属于此情形。

---

[1] 周友军：《侵权法学》，中国人民大学出版社2011年版，第161页。

> **第一千一百七十八条** 本法和其他法律对不承担责任或者减轻责任的情形另有规定的，依照其规定。

【条文主旨】

本条是关于减责、免责事由法律适用规则的规定。

【条文理解】

一、本条规定的法律适用一般规则

侵权责任法律规则的适用规则在《侵权责任法》中有规定，其第5条规定："其他法律对侵权责任另有特别规定的，依照其规定。"《民法典》侵权责任编没有保留这一规定，而是在此基础上明确了免责或者减责事由有关法律适用规则。本条强调的内容不仅是特别法优先适用的规则，还包括"本法"即《民法典》相关部分规定的免责和减责事由对于有关侵权责任纠纷也同样适用的问题，这里主要包括总则编和人格权编的有关规定。

特别法优先适用、一般法补充适用系法律适用的基本规则，有关侵权责任法律规定的适用要遵循这一规则，同样对于侵权责任的违法阻却事由的规定也要适用这一规则。在这里需要注意的问题有二：其一，《民法典》侵权责任编作为侵权责任法律适用的一般法，在其他法律有特别规定时，要适用其他法律的规定，这时其他法律就是特别法。但相较于民事责任而言，侵权责任又属于具体的民事责任，即相较于总则编的民事责任的规定，本编侵权责任的规定又属于具体规范。对于侵权责任编没有规定的情形，则要适用总则编的规定。其二，要注意在后的一般法如果修改了在先的特别法规定，则应当坚持在后的一般法优先适用的规则，这实际上是适用了后法优于先法的规则。比如前述的《水污染防治法》第 96 条规定："因水污染受到损害的当事人，有权要求排污方排除危害和赔偿损失。……水污染损害是由第三人造成的，排污方承担赔偿责任后，有权向第三人追偿。"而《民法典》第 1233 条改变了这一规则，该条规定："因第三人的过错污染环境、破坏生态的，被侵权人可以向侵权人请求赔偿，也可以向第三人请求赔偿。侵权人赔偿后，有权向第三人追偿。"

基于以上论述，有关侵权责任免责、减责事由的法律适用需要考虑在侵权责任编之外的规定的适用问题，比如总则编关于正当防卫、紧急避险等的规定，在遇到相应侵权责任纠纷类型时就要考虑适用。

二、民法典有关免责或者减责事由的规定

除了侵权责任编之外，《民法典》中有关免责或者减责事由的规定主要体现在总则编和人格权编中。

（一）总则编关于免责或者减责事由的规定

总则编在民事责任部分也系统规定了免责事由，这些内容对于侵权责任同样适用。具体如下：

1. 不可抗力。总则编中的第 180 条规定："因不可抗力不能履行民事义务的，不承担民事责任。法律另有规定的，依照其规定。不可抗力是不能预见、不能避免且不能克服的客观情况。"

2. 正当防卫。总则编中的第 181 条规定："因正当防卫造成损害的，不承担民事责任。正当防卫超过必要的限度，造成不应有的损害的，正当防卫人应当承担适当的民事责任。"

3. 紧急避险。总则编中的第 182 条规定："因紧急避险造成损害的，由引起险情发生的人承担民事责任。危险由自然原因引起的，紧急避险人不承担民事责任，可以给予适当补偿。紧急避险采取措施不当或者超过必要的限度，造成不应有的损害的，紧急避险人应当承担适当的民事责任。"

4. 见义勇为。总则编中的第 183 条规定："因保护他人民事权益使自己受到损害的，由侵权人承担民事责任，受益人可以给予适当补偿。没有侵权人、侵权人逃逸或者无力承担民事责任，受害人请求补偿的，受益人应当给予适当补偿。"

5. 紧急救治。总则编中的第 184 条规定："因自愿实施紧急救助行为造成受助人损害的，救助人不承担民事责任。"

（二）人格权编关于减责或者免责事由的规定

人格权编规定的免责或者减责事由主要集中在某些特定的人格权范畴，在处理相关纠纷时要予以适用。在此简要列举如下：

1. 关于"合理使用"的规定。人格权编中的第 999 条规定："为公共利益实施新闻报道、舆论监督等行为的，可以合理使用民事主体的姓名、名称、肖像、个人信息等；使用不合理侵害民事主体人格权的，应当依法承担民事责任。"第 1020 条规定："合理实施下列行为的，可以不经肖像权人同意：（一）为个人学习、艺术欣赏、课堂教学或者科学研究，在必要范围内使用肖像权人已经公开的肖像；（二）为实施新闻报道，不可避免地制作、使用、公开肖像权人的肖像；（三）为依法履行职责，国家机关在必要范围内制作、使用、公开肖像权人的肖像；（四）为展示特定公共环境，不可避免地制作、使用、公开肖像权人的肖像；（五）为维护公共利益或者肖像权人合法权益，制作、使用、公开肖像权人的肖像的其他行为。"

2. 关于受害人同意免责的规定。从法理上讲，受害人同意属于免责事由，这要以受害人同意建立在不受欺诈、胁迫的前提下，且不违反公序良俗。侵权责任编没有将受害人同意作为一般的免责事由予以规定，在人格权编中对此有体现，比如第 1033 条、第 1035 条均有关于自然人或者其监护人对其他人收集使用其个人信息的同意规则。

三、其他法律规定的免责或者减责事由

（一）关于其他"法律"的界定

这里的其他"法律"，应仅指全国人民代表大会及其常务委员会

通过的法律，而不包括行政法规等其他规范性文件。对此没有扩大适用或者解释的空间。《立法法》第 8 条第 8 项规定，"民事基本制度"只能是制定法律的事项。第 9 条规定："本法第八条规定的事项尚未制定法律的，全国人民代表大会及其常务委员会有权作出决定，授权国务院可以根据实际需要，对其中的部分事项先制定行政法规，但是有关犯罪和刑罚、对公民政治权利的剥夺和限制人身自由的强制措施和处罚、司法制度等事项除外。"由此涉及民事基本制度，除了因全国人民代表大会及其常务委员会的授权可由国务院制定行政法规外，均应当由全国人民代表大会及其常务委员会制定法律来规范。而诸如合同、物权、婚姻、侵权等都应当属于民事基本制度，此前的《合同法》《物权法》《婚姻法》作为民事基本法均由全国人民代表大会及其常务委员会制定。有关侵权责任的规范，包括关于侵权责任的构成要件、归责原则、赔偿项目和计算标准、免责事由、特殊侵权责任的类型以及承担侵权责任的方式等事项，需要由全国人民代表大会及其常务委员会制定法律加以规定。[①] 当然，这里的其他法律即指《民法典》之外的有关侵权责任的某些特殊问题由全国人民代表大会常务委员会在单行法律、特别法律中作出规定。比如，《产品质量法》《环境保护法》中的相关规定。

（二）关于其他法律规定的免责或者减责事由

这一情形在实践中比较常见，在不少单行法中也有体现。需要把握的原则就是特别法优先适用和后法优先适用的规则，特别是涉及同一事项，在后的一般法对于在先的特别法有不同规定的，要适用在后的一般法规定。在此要注意的是，在后的一般法的规定仍然是原则性规定，特别法的规定仍然是前述一般法所涵盖的具体内容，该具体内容如果在一般法所调整对象适用的法律规则中并未涉及，这时不应认为在后的一般法规定改变了在先的特别法规定，而仍应适用特别法优先适用的规则。有关单行法中规定的免责或者减责事由的情形较多，

[①] 最高人民法院侵权责任法研究小组编著：《〈中华人民共和国侵权责任法〉条文理解与适用》，人民法院出版社 2010 年版，第 41 页。

简要列举如下。

1.根据《邮政法》第48条规定,"因下列原因之一造成的给据邮件损失,邮政企业不承担赔偿责任:(一)不可抗力,但因不可抗力造成的保价的给据邮件的损失除外……"给据邮件是指,挂号信件、邮包、保价邮件等由邮政企业以其分支机构在收寄时出具收据,投递时要求收件人签收的邮件。据此,汇款和保价邮件即使由于不可抗力受到了损害,邮政企业也要对收件人承担赔偿责任。

2.《民用航空法》第126条规定:"旅客、行李或者货物在航空运输中因延误造成的损失,承运人应当承担责任;但是,承运人证明本人或者其受雇人、代理人为了避免损失的发生,已经采取一切必要措施或者不可能采取此种措施的,不承担责任。"第161条第1款规定:"依照本章规定应当承担责任的人证明损害是完全由于受害人或者其受雇人、代理人的过错造成的,免除其赔偿责任;应当承担责任的人证明损害是部分由于受害人或者其受雇人、代理人的过错造成的,相应减轻其赔偿责任。但是,损害是由于受害人的受雇人、代理人的过错造成时,受害人证明其受雇人、代理人的行为超出其所授权的范围的,不免除或者不减轻应当承担责任的人的赔偿责任。"

【审判实践中应注意的问题】

关于免责或者减责事由的情形,学理上仍有其他类型,比较典型的就是"意外事件"。由于意外事件在内涵外延的界定上存有争议,《民法通则》《侵权责任法》以及《民法典》侵权责任编均没有将其作为法定免责事由。但是实践中,意外事件作为违法阻却事由,其既可以阻却因果关系的成立,也可以否定行为人的过错,其实已经构成了客观存在的一个免责或者减责事由。

意外事件,是指非因当事人的故意或过失,由于当事人意志以外的原因而偶然发生的事故。意外事件不是因当事人的故意和过失而发生,而是偶然发生的事故,是外在于当事人的意志和行为的事件,它表明当事人没有过错,因而应使当事人免责。罗马法法谚认为"不幸事件只能由被击中者承担",被告当然不承担民事责任。作为免责事由的意外事件应具备如下条件:(1)意外事件是不可预见的。确定意外事件的不可预见性适用主观标准,即应以当事人为标准,也就是当事人在当时的环境下,是否通过合理的注意能够预见。(2)意外事件是归因于行为人自身以外的原因。意外事件是归因于行为人自身以外的原因的要求,是说行为人已经尽到了他在当时应当尽到和能够尽到的注意,或者行为人采取合理措施仍不能避免事故的发生,从而表明损害是由意外事故而不是当事人的行为所致。(3)意外事件是偶然事件。意外事件是偶然发生的事件,不包括第三人的行为。因此,意外事件的发生概率是很低的,当事人尽到通常的注意是不可预防的。[①]比如在一个案件中,原告之父在晚上回家跨过被告家旧墙时,因连日暴雨,旧墙忽然倒塌将其砸成重伤,于当日死亡。原告遂向法院起诉,要求被告赔偿一切经济损失。法院审理后认为:原告之父因连日暴雨而遇上旧墙倒塌,是意外天灾事故致死,也是当时周围群众均未预见到的,不属于被告故意或过失的违法行为造成的,因此,被告不应负赔偿责任。[②]

[①] 杨立新:《侵权法论》(第五版),人民法院出版社 2013 年版,第 362 页。
[②] 王利明、杨立新编著:《侵权行为法》,法律出版社 1996 年版,第 95 页。

第二章 损害赔偿

> **第一千一百七十九条** 侵害他人造成人身损害的,应当赔偿医疗费、护理费、交通费、营养费、住院伙食补助费等为治疗和康复支出的合理费用,以及因误工减少的收入。造成残疾的,还应当赔偿辅助器具费和残疾赔偿金;造成死亡的,还应当赔偿丧葬费和死亡赔偿金。

【条文主旨】

本条是关于人身损害赔偿范围的规定。

【条文理解】

一、人身损害赔偿概述

人身损害赔偿,是指行为人侵犯他人的生命健康权益造成致伤、致残、致死等后果,承担金钱赔偿责任的一种民事法律救济制度。[①]在我国的立法中,早在《民法通则》第119条中就规定了人身损害赔偿制度的基本内容,根据该规定,侵害公民身体造成伤害的,应当赔偿医疗费、因误工减少的收入、残废者生活补助费等费用;造成死亡的,并应当支付丧葬费、死者生前扶养的人必要的生活费等费用。

---

① 王胜明主编:《〈中华人民共和国侵权责任法〉条文解释与立法背景》,人民法院出版社2010年版,第75页。

《消费者权益保护法》《产品质量法》等法律以及最高人民法院的司法解释在《民法通则》的基础上对人身损害赔偿制度作了补充和完善。《侵权责任法》第16条在《民法通则》等法律规定的基础上，总结近20多年来的司法实践经验，对人身损害赔偿的范围作了系统的规定。这一规定在实践中整体运用效果较好，侵权责任编在本条保留了这一规定内容，并在"等为治疗和康复支出的合理费用"之前增加了"营养费、住院伙食补助费"，更加明确了人身损害的赔偿范围。依据本条规定，人身损害赔偿的范围包括以下内容：

（一）造成他人人身损害的一般赔偿范围

依据本条规定，侵害他人造成人身损害的，应当赔偿医疗费、护理费、交通费、营养费、住院伙食补助费等为治疗和康复支出的合理费用，以及因误工减少的收入。这些损失通常被称为具体损失，是受害人实际支出的费用或者实际减少的收入等可以用交换价值计算的损失。在此需要注意的是，本条所列举的一般赔偿范围内的赔偿项目仅是几种比较典型的费用支出，实践中并不仅限于这些赔偿项目，只要是因为治疗和康复所支出的所有合理费用，都可以纳入一般赔偿的范围，如营养费、住院费等费用。比如，《人身损害赔偿司法解释》第17条第1款规定："受害人遭受人身损害，因就医治疗支出的各项费用以及因误工减少的收入，包括医疗费、误工费、护理费、交通费、住宿费、住院伙食补助费、必要的营养费，赔偿义务人应当予以赔偿。"在此需要说明的是，《人身损害赔偿司法解释》有关人身损害赔偿范围、赔偿标准的规定属于对人身损害赔偿的细化规定，与本条内容不冲突的，在审判实践中可以继续适用。

依据本条及《人身损害赔偿司法解释》的相关规定，上述赔偿项目的具体计算标准是：

1.关于医疗费的计算问题。医疗费根据医疗机构出具的医药费、住院费等收款凭证，结合病历和诊断证明等相关证据确定。赔偿义务人对治疗的必要性和合理性有异议的，应当承担相应的举证责任。医疗费的赔偿数额，按照一审法庭辩论终结前实际发生的数额确定。器官功能恢复训练所必要的康复费、适当的整容费以及其他后续治疗费，赔偿权利人可以待实际发生后另行起诉。但根据医疗证明或者鉴定意见确定必然发生的费用，可以与已经发生的医疗费一并予以赔偿。

2.关于误工费的计算问题。误工费根据受害人的误工时间和收入状况确定。误工时间根据受害人接受治疗的医疗机构出具的证明确定。受害人因伤致残持续误工的，误工时间可以计算至定残日前一天。受害人有固定收入的，误工费按照实际减少的收入计算。受害人无固定收入的，按照其最近3年的平均收入计算；受害人不能举证证明其最近3年的平均收入状况的，可以参照受诉法院所在地相同或者相近行业上一年度职工的平均工资计算。

3.关于护理费的计算问题。护理费根据护理人员的收入状况和护理人数、护理期限确定。护理人员有收入的，参照误工费的规定计算；护理人员没有收入或者雇佣护工的，参照当地护工从事同等级别护理的劳务报酬标准计算。护理人员原则上为一人，但医疗机构或者鉴定机构有明确意见的，可以参照确定护理人员人数。护理期限应计算至受害人恢复生活自理能力时止。受害人因残疾不能恢复生活自理能力的，可以根据其年龄、健康状况等因素确定合理的护理期限，但最长不超过20年。受害人定残后的护理，应当根据其护理依赖程度并结合配制残疾辅助器具的情况确定护理级别。

4.关于交通费的计算问题。交通费根据受害人及其必要的陪护人员因就医或者转院治疗实际发生的费用计算。交通费应当以正式票据为凭；有关凭据应当与就医地点、时间、人数、次数相符合。

5.关于其他费用的计算问题。住院伙食补助费可以参照当地国家机关一般工作人员的出差伙食补助标准予以确定。受害人确有必要到外地治疗，因客观原因不能住院，受害人本人及其陪护人员实际发生的住宿费和伙食费，其合理部分应予赔偿。营养费根据受害人伤残情况参照医疗机构的意见确定。

（二）造成残疾的赔偿范围

对于残疾的赔偿范围，我国的立法有一个不断发展演进的过程。根据《民法通则》第 119 条的规定，侵害公民身体造成伤害的，应当赔偿医疗费、因误工减少的收入、残废者生活补助费等费用，对于是否赔偿被扶养人生活费和残疾赔偿金没有明确规定。《产品质量法》第 44 条、《消费者权益保护法》第 49 条则明确规定，造成受害人残疾的，除应当赔偿医疗费、治疗期间的护理费、因误工减少的收入等费用外，还应当支付残疾者生活自助具费、生活补助费、残疾赔偿金以及由其扶养的人所必需的生活费等费用。但是没有明确生活补助费、残疾赔偿金以及由其扶养的人所必需的生活费三者之间的关系。《人身损害赔偿司法解释》第 17 条第 2 款规定："受害人因伤致残的，其因增加生活上需要所支出的必要费用以及因丧失劳动能力导致的收入损失，包括残疾赔偿金、残疾辅助器具费、被扶养人生活费，以及因康复护理、继续治疗实际发生的必要的康复费、护理费、后续治疗费，赔偿义务人也应当予以赔偿。"《侵权责任法》在总结以往审判实践经验的基础上，明确规定了造成受害人残疾的，除应赔偿上述医疗费等合理费用，以及因误工减少的收入外，还应当赔偿残疾生活辅助具费和残疾赔偿金。本条对此予以了保留。

"残疾生活辅助具费"，是指受害人因残疾而造成身体功能全部或者部分丧失后需要配制补偿功能的残疾辅助器具比如假肢、助听器等的费用。依据《人身损害赔偿司法解释》第 26 条的规定，残疾辅助器具费按照普通适用器具的合理费用标准计算。伤情有特殊需要的，可以参照辅助器具配制机构的意见确定相应的合理费用标准。辅助器具的更换周期和赔偿期限参照配制机构的意见确定。

造成他人残疾的，主要的赔偿项目是残疾赔偿金，对此我们将在下面作专题论述。

（三）造成死亡的赔偿范围

对死亡赔偿的范围，《民法通则》第 119 条规定，除应当赔偿医疗费、因误工减少的收入等费用外，还应当支付丧葬费、死者生前扶养的人必要的生活费等费用。《消费者权益保护法》第49条、《产品质量法》第44条和《国家赔偿法》第34条规定，因侵权行为造成他人死亡的，除赔偿医疗费、护理费等费用外，还应当支付丧葬费、人身损害死亡赔偿金以及由死者生前扶养的人所必需的生活费等费用。上述法律规定均采取了在丧葬费和被扶养人生活费以外，同时给付死亡赔偿金的做法。依据《人身损害赔偿司法解释》第17条第3款的规定，受害人死亡的，赔偿义务人除应当根据个案的治疗情况赔偿医疗费、护理费、营养费等相关合理费用外，还应当赔偿丧葬费、被扶养人生活费、死亡补偿费以及受害人亲属办理丧葬事宜支出的交通费、住宿费和误工损失等合理费用。《侵权责任法》在立法和司法实践经验基础上，规定了侵害他人造成死亡的，除应赔偿上述医疗费等合理费用之外，还应当赔偿丧葬费和死亡赔偿金。本条对此予以沿用。

二、关于死亡赔偿金的性质认识问题

死亡赔偿金和残疾赔偿金问题是《侵权责任法》中的热点、难点和争点问题，这些年理论界和实务界对此也多有探索，其中核心问题是此二者的性质问题以及城乡二元化赔偿计算标准问题，而这突出反映在对死亡赔偿金的认识上。

对死亡赔偿金的争论主要集中在如何确定死亡赔偿对象、赔偿范围和赔偿标准。赔偿对象解决死亡赔偿金赔给谁。有的认为，侵权人致被侵权人死亡，造成了死者损害，侵害了死者权益，死亡赔偿金是对死者的赔偿，死者近亲属只是继承了死亡赔偿金；也有的认为，被侵权人死亡后已经不具有民事主体资格，因此，侵害的只能是死者近亲属权益，死亡赔偿金是对死者近亲属的赔偿。赔偿范围和赔偿对象有一定关联性，死亡赔偿金的范围解决哪些损害应当得到赔偿。[①]

在死亡赔偿金问题上，比较法上多认为死亡赔偿金绝非对死者的

[①] 王胜明主编：《〈中华人民共和国侵权责任法〉条文解释与立法背景》，人民法院出版社2010年版，第73~74页。

财产损害的赔偿，而是对于受害死者有关亲属的赔偿。在立法例上有两种学说，即"扶养丧失说"与"继承丧失说"。"扶养丧失说"认为，由于受害人死亡导致其生前依法定扶养义务供给生活费的被扶养人丧失了生活费的供给来源，受有财产损害，对此损害加害人应当予以赔偿。在这种立法例下，赔偿义务人赔偿的范围，就是被扶养人在受害人生前从其收入中获得的或者有权获得的自己的扶养费份额。至于因受害人的死亡而导致对受害人享有法定继承权的那些人从受害人处将来所继承财产减少的损失，不属于赔偿之列。另外在赔偿时，如果受害人没有受其供养的被扶养人，不存在损害，赔偿义务人就不承担该项赔偿责任。"继承丧失说"认为，侵害他人生命致人死亡，不仅受害人的生命利益本身受侵害，而且造成受害人余命年岁内的收入"逸失"，使得这些原本可以作为受害人的财产为其法定继承人所继承的未来可取得收入，因加害人的侵害行为所丧失，对于这种损害应当予以赔偿。实际上，在这种立法例下，赔偿义务人应当赔偿的范围为受害人因死亡而丧失的未来可得利益。

在我国，《民法通则》第119条没有规定死亡赔偿金。原来的《道路交通事故处理办法》第37条第一次出现死亡补偿费的概念，《消费者权益保护法》第49条、《国家赔偿法》第34条、《产品质量法》第44条对死亡赔偿金作了规定，其基本性质属于精神损害赔偿金。除《国家赔偿法》的规定外，其他规范所采纳的是"扶养丧失说"。在《最高人民法院关于审理涉外海上人身伤亡案件损害赔偿的具体规定（试行）》第4条规定的"死亡赔偿范围和计算公式"中，收入损失是指根据死者生前的综合收入水平计算的收入损失。计算公式是：收入损失＝（年收入－年个人生活费）×死亡时起至退休的年数＋退休收入×10，死者年个人生活费占年收入的25%~30%，采取的是"继承丧失说"。《精神损害赔偿司法解释》所规定的死亡赔偿金明确认为是精神损害抚慰金，采取了"扶养丧失说"。

但是以"扶养丧失说"作为我国死亡赔偿金制度的理论基础存在不足，在司法实务中也出现了困境。为此，《人身损害赔偿司法解释》

放弃过去的立场，以"继承丧失说"解释我国有关法律规定中的死亡赔偿金制度。按照这一新的解释立场，死亡赔偿金的内容是对收入损失的赔偿，其性质是财产损害赔偿，而不是精神损害赔偿。这一改变是有道理的，对保护受害人的合法权益有益，应当肯定。① 应该说，死亡赔偿金不是命价，因为一个人的生命是非常宝贵的，是无价的。按照继承丧失说，一个被侵权人，他可能没有被扶养人，但是他通过自己的劳动，会积累财富，这些财富在他死亡后作为遗产由自己的近亲属继承。但是，现在被侵权人死亡了，不可能再劳动，自然就没有财产积累了。这种情况下，要用死亡赔偿金来填补这一损失。②

《人身损害赔偿司法解释》将"死亡赔偿金"的性质确定为对收入损失的赔偿，而非"精神损害抚慰金"。具体的赔偿数额，按照"人均可支配收入"的客观标准以20年固定赔偿年限计算，即采取定型化赔偿模式。该解释第29条规定："死亡赔偿金按照受诉法院所在地上一年度城镇居民人均可支配收入或者农村居民人均纯收入标准，按二十年计算。但六十周岁以上的，年龄每增加一岁减少一年；七十五周岁以上的，按五年计算。"该计算方法既与过去的法律法规相衔接，又不致因主观计算导致贫富悬殊、两极分化。《侵权责任法》对于死亡赔偿金的计算标准并没有规定。在《侵权责任法》起草过程中，有意见提出，死亡赔偿金的标准原则上应统一，同时适当考虑个人年龄、收入、精神损害程度、文化程度等差异。但统一标准不宜以城乡划界，也不宜以地区划界，而是应确立人不分城乡、地不分东西的全国统一标准。个人差异，有时可以考虑，有时可不考虑，如交通肇事、矿山事故等发生人数较多伤亡时，可不考虑个人差异，采用一揽子赔偿方案，按相同数额确定死亡赔偿金。为解决法官在审判实践中难以操作、人身损害赔偿案件的裁判尺度难以统一等问题，《侵权责任法》曾试图对死亡赔偿金的赔偿标准作明确规定。但是，最终考

---

① 杨立新：《侵权法论》（第五版），人民法院出版社2013年版，第1092~1093页。
② 杜万华：《杜万华大法官民事商事审判实务演讲录》，人民法院出版社2016年版，第167页。

虑到实践中的人身损害死亡赔偿案件千差万别，我国各地的经济情况差异较大，个体之间的实际情况也不完全相同，情况非常复杂，法律规定的任何赔偿标准都有可能无法照顾到这些差异，都有可能引起较大争议。从国外的经验看，多数国家都没有在法律中对人身损害死亡赔偿金的赔偿标准作明确规定，主要由法官在司法实践中根据具体案情自由裁量。因此，目前由法律对死亡赔偿金的标准作统一、具体的规定较为困难，《侵权责任法》暂不规定为好，宜由法官在司法实践中，根据案件的具体情况，在综合考虑各种因素后，确定死亡赔偿金的数额。[①]我们认为，正是由于《侵权责任法》本身没有规定死亡赔偿金的性质和计算标准问题，《人身损害赔偿司法解释》的上述规定本身在与《侵权责任法》乃至《民法典》侵权责任编的相关规定并不冲突的前提下，应该继续适用。

目前对于死亡赔偿金的认识，尽管存在各种不同观点，但对于其本质已基本形成共识：死亡赔偿金并非对生命权本身的救济，或对生命价值的赔偿，死亡赔偿金不是用来与人的生命进行交换或者对生命权的丧失进行填补的，而是对因侵害生命权所引起的近亲属的各种现实利益损失的赔偿。近亲属与死者之间具有经济上的牵连和情感上的依赖，亲人的死亡给他们带来了一系列损害：为受害亲人支出救治费用和丧葬费用，为照顾亲人产生误工等"纯粹经济损失"；因亲人离世导致扶养费的丧失或物质生活水平的降低；因亲人不幸罹难而产生精神痛苦。相应地，侵权死亡赔偿也应包括相关财产损失赔偿、死亡赔偿金、精神损害赔偿三部分。死亡赔偿金作为侵权死亡赔偿的一部分，是对近亲属因亲人离世导致扶养费的丧失或物质生活水平降低这一损害（逸失利益）的赔偿。[②]对于一般侵权案件，死亡赔偿金标准的确定，不考虑死者生前的收入状况，不考虑近亲属未来的生活环

[①] 王胜明主编：《〈中华人民共和国侵权责任法〉条文解释与立法背景》，人民法院出版社 2010 年版，第 74~75 页。

[②] 张新宝：《〈侵权责任法〉死亡赔偿制度解读》，载《中国法学》2010 年第 3 期。

境，判决赔偿同等数额的死亡赔偿金，得出的结果可能会更不公平。[①]不可否认，对于所谓"同命不同价"的争论，有较为深刻的经济社会背景原因，但其根本出发点在于对死亡赔偿金的认识不同，在明确了死亡赔偿金本身并非对命价的赔偿之后，这一争论的逻辑基础也就不存在了。但是，为了便于解决纠纷，使受害人及时有效地获得赔偿，避免不必要争议，《侵权责任法》第17条还是作了进一步规定，即因同一侵权行为造成多人死亡的，可以以相同数额确定死亡赔偿金。这一标准原则上当然要按照就高不就低的原则确定。我们认为，从根本上消灭有关死亡赔偿金认识上的争议，需要经济社会的不断进步，需要按照党中央的要求不断加快城镇化进程，更需要彻底消除城乡二元化发展不平衡的问题。在城乡二元化问题在一定时期还将存在的背景下，为尽量避免死亡赔偿金法律适用上的不必要争议，尽量对处于弱势法律地位的受害人予以充分救济，尽量尊重社会大众的朴素法感情，最高人民法院也在死亡赔偿金的计算问题上作了较大的努力。在大量调研的基础上，最高人民法院民一庭作出了《关于经常居住地在城镇的农村居民因交通事故伤亡如何计算赔偿费用的复函》（〔2005〕民一他字第25号）。针对《云南省高级人民法院关于罗金会等五人与云南昭通交通运输集团公司旅客运输合同纠纷一案所涉法律理解及适用问题的请示》，该复函指出："人身损害赔偿案件中，残疾赔偿金、死亡赔偿金和被扶养人生活费的计算，应当根据案件的实际情况，结合受害人住所地、经常居住地等因素，确定适用城镇居民人均可支配收入（人均消费性支出）或者农村居民人均纯收入（人均年生活消费支出）的标准。本案中，受害人唐顺亮虽然农村户口，但在城市经商、居住，其经常居住地和主要收入来源地均为城市，有关损害赔偿费用应当根据当地城镇居民的相关标准计算。"有关人身损害赔偿案件也都是按照这一规则确立死亡赔偿金的计算标准的，这在实质上也是贯彻赔偿标准"就高不就低"的精神。

[①] 张新宝：《侵权死亡赔偿三论》，载《法制日报》2007年12月9日，第16版。

三、关于残疾赔偿金的定性和计算标准

（一）残疾赔偿金的定性问题

残疾赔偿金是受害人因伤致残后所特有的赔偿项目。对残疾赔偿金的性质和计算标准，存在与死亡赔偿金大致相似的争议。有的认为，残疾赔偿金是精神损害抚慰金，因此，其不应有明确的赔偿标准，应由法官根据具体案情，考虑若干因素决定赔偿数额。有的认为，残疾赔偿金是对受害人未来预期收入损失的赔偿，并明确规定了赔偿标准。还有的认为，残疾赔偿金既是对受害人未来预期收入损失的赔偿，也是对其因残疾丧失的一些精神生活的赔偿。从比较法上看，一些国家和地区将残疾赔偿金视为对受害人未来财产损失的赔偿，只是在确定赔偿标准时有不同做法，有的采用了"收入所得丧失说"，即在计算残疾赔偿金时，是以受害人受到伤害之前的收入与受到伤害之后的收入之间的差额作为赔偿额。根据"收入所得丧失说"，受害人虽然因残疾丧失或者减少劳动能力，但其残疾前与残疾后的收入并没有差距的，受害人不得请求残疾赔偿金。有的采用了"生活来源丧失说"，即受害人残疾必然会导致其生活来源丧失或者减少，行为人应当赔偿受害人的生活费，使其生活来源能够重新恢复。还有的国家和地区采用了"劳动能力丧失说"，即受害人因残疾导致部分或者全部劳动能力丧失本身就是一种损害，无论受害人残疾后其实际收入是否减少，行为人都应对劳动能力的丧失进行赔偿。①《人身损害赔偿司法解释》关于残疾赔偿采取"劳动能力丧失说"。"劳动能力丧失说"是根据残疾等级抽象评定劳动能力丧失程度，并以此作为评价受害人利益损失的学说。"劳动能力丧失说"与"收入丧失说"相对而言，依据"收入丧失说"，只有实际取得收入的受害人才会有收入损失；也只有实际减少收入的人才存在收入损失。未成年人、待业人员都不存在收入损失，因此不能获得赔偿。受害人虽然因伤致残，但

---

① 王胜明主编：《〈中华人民共和国侵权责任法〉条文解释与立法背景》，人民法院出版社 2010 年版，第 72 页。

实际收入没有减少的,也不应获得赔偿。这显然不合理。因此,通常都是以"收入丧失说"结合"劳动能力丧失说"作为评价残疾赔偿的理论依据。《人身损害赔偿司法解释》以"劳动能力丧失说"为原则,同时也综合考虑收入丧失与否的实际情况,以平衡当事人双方的利益。

(二)残疾赔偿金的计算标准问题

由于《侵权责任法》对于残疾赔偿金的计算标准并没有规定,应当继续适用《人身损害赔偿司法解释》第25条的规定。依据该条规定,"残疾赔偿金根据受害人丧失劳动能力程度或者伤残等级,按照受诉法院所在地上一年度城镇居民人均可支配收入或者农村居民人均纯收入标准,自定残之日起按二十年计算。但六十周岁以上的,年龄每增加一岁减少一年;七十五周岁以上的,按五年计算。受害人因伤致残但实际收入没有减少,或者伤残等级较轻但造成职业妨害严重影响其劳动就业的,可以对残疾赔偿金作相应调整"。

在此需要注意的是,相较《人身损害赔偿司法解释》的规定,本条在赔偿项目上没有再列"被扶养人生活费"这一项,即没有规定被扶养人的生活费请求权。这导致在实践中出现了在人身损害赔偿案件中还是否需要赔偿被扶养人生活费的问题。为充分救济受害人,依据《最高人民法院关于适用〈中华人民共和国侵权责任法〉若干问题的通知》的规定,人民法院适用《侵权责任法》审理民事纠纷案件,如受害人有被扶养人的,应当依据《人身损害赔偿司法解释》第28条的规定,将被扶养人生活费计入残疾赔偿金或死亡赔偿金。即在此类案件中,仍然要赔偿被扶养人生活费,依据《人身损害赔偿司法解释》第28条第1款的规定,"被扶养人生活费根据扶养人丧失劳动能力程度,按照受诉法院所在地上一年度城镇居民人均消费性支出和农村居民人均年生活消费支出标准计算。被扶养人为未成年人的,计算至十八周岁;被扶养人无劳动能力又无其他生活来源的,计算二十年。但六十周岁以上的,年龄每增加一岁减少一年;七十五周岁以上的,按五年计算"。在按照这一标准计算出被扶养人生活费的数额后,再与按照死亡赔偿金、残疾赔偿金的计算标准计算出的数额相加，即为最终应当赔偿的死亡赔偿金、残疾赔偿金的数额。

【审判实践中应注意的问题】

对于本条的适用，需要注意的是，授权开展人身损害赔偿标准城乡统一试点地区两金赔偿标准问题。如上所述，两金赔偿标准的城乡差异主要是由经济发展不平衡所致，在当前城乡一体化发展越来越强的趋势下，城乡赔偿标准统一也是大势所趋。特别是党的十九大作出了建立健全城乡融合发展体制机制和政策体系的重大决策部署。2019年4月15日，《中共中央、国务院关于建立健全城乡融合发展体制机制和政策体系的意见》明确提出："以协调推进乡村振兴战略和新型城镇化战略为抓手，以缩小城乡发展差距和居民生活水平差距为目标，以完善产权制度和要素市场化配置为重点，坚决破除体制机制弊端，促进城乡要素自由流动、平等交换和公共资源合理配置，加快形成工农互促、城乡互补、全面融合、共同繁荣的新型工农城乡关系，加快推进农业农村现代化。"同时还进一步要求："改革人身损害赔偿制度，统一城乡居民赔偿标准。"为贯彻中央精神，2019年9月2日，最高人民法院下发《关于授权开展人身损害赔偿标准城乡统一试点的通知》（法明传〔2019〕513号），授权相关省市开展人身损害赔偿标准城乡统一的试点工作。在授权的相关省市中有关人身损害赔偿案件采取统一的赔偿标准。依照这一要求，各授权省市均就统一赔偿标准问题作了进一步明确，比如《上海市高级人民法院关于开展人身损害赔偿标准城乡统一试点工作的实施意见》规定："一、本意见适用于全市法院受理的各类人身损害赔偿纠纷案件，包括民事案件、刑事附带民事案件、海事案件。二、上述案件中残疾赔偿金、死亡赔偿金按照政府统计部门公布的上一年度上海市居民人均可支配收入计算。被扶养人生活费按照政府统计部门公布的上一年度上海市居民人均消费支出计算，并计入残疾赔偿金或死亡赔偿金。三、本意见自2020年

1月1日起施行。本意见施行之日起发生的侵权行为引发的人身损害赔偿纠纷案件，适用本意见。当事人超过残疾赔偿金给付年限后，依据《最高人民法院关于审理人身损害赔偿案件适用法律若干问题的解释》第三十二条之规定，另行起诉请求继续给付残疾赔偿金的，适用本意见。"《广东省高级人民法院关于在全省法院民事诉讼中开展人身损害赔偿标准城乡统一试点工作的通知》明确要求："对2020年1月1日以后发生的人身损害，在民事诉讼中统一按照有关法律和司法解释规定的城镇居民标准计算残疾赔偿金、死亡赔偿金、被扶养人生活费，其他人身损害赔偿项目计算标准保持不变。"《河南省高级人民法院关于开展人身损害赔偿案件统一城乡标准试点工作的意见（试行）》则要求："一、全省法院机动车交通事故责任纠纷案件、医疗损害赔偿责任纠纷案件、产品质量责任纠纷案件，不再区分受害人住所地或经常居住地、收入来源等因素，其残疾赔偿金、死亡赔偿金统一按照河南省上一年度城镇居民人均可支配收入标准计算。二、全省法院机动车交通事故责任纠纷案件、医疗损害赔偿责任纠纷案件、产品质量责任纠纷案件，被扶养人生活费统一按照河南省上一年度城镇居民人均消费性支出标准计算。三、全省法院审理机动车交通事故责任纠纷案件，根据当事人自愿的原则，在事实清楚的基础上，分清是非，对当事人赔付能力不足的案件优先调解，化解矛盾纠纷。调解未达成协议或者调解书送达前一方反悔的，应当及时判决。四、本意见施行后未审结的一审、二审案件，适用本意见；本意见施行前已经终审的案件，以及适用审判监督程序的再审的案件，不适用本意见。五、本意见自2019年12月20日起施行。"这些试点做法都是为统一城乡赔偿标准做的有益探索，也是贯彻党中央有关政策精神的鲜明体现，在具体审判实践中应当遵循。只是上述省市在适用的案件类型的表述上有个别差异，需要注意其中的不同。

第一千一百八十条 因同一侵权行为造成多人死亡的，可以以相同数额确定死亡赔偿金。

【条文主旨】

本条是关于因同一侵权行为造成多人死亡时，如何确定死亡赔偿金数额的规定。

【条文理解】

本条规定是推动统一死亡赔偿金赔偿标准的积极举措。在《侵权责任法》起草过程中，有的人大常委会委员、有关部门和专家提出，在许多情况下，根据死者年龄、收入状况等情形，确定的死亡赔偿数额有所不同，但在因同一事故造成多人死亡时，为便于解决纠纷，实践中，不少采用相同数额予以赔偿，例如有的地方，对药物损害事故中的多个死者统一赔偿每人 20 万元，这样的做法起到了良好的社会效果，《侵权责任法》应当吸收实践中的这些有益做法，增加相关规定。[①]起初《侵权责任法（草案）》中该条的表述为，因交通事故、矿山事故等侵权行为造成死亡人数较多的，可以不考虑年龄、收入状况等因素，以同一数额确定死亡赔偿金。[②]最后，《侵权责任法》第 17 条规定："因同一侵权行为造成多人死亡的，可以以相同数额确定死亡赔偿金。"从《侵权责任法》的修改稿中可以看出该条的重点在于：因为众多被害人在同一事故中死亡，故可以不考虑受害人年龄、收

[①] 王胜明主编：《中华人民共和国侵权责任法释义》，法律出版社 2010 年版，第 91 页。
[②] 最高人民法院侵权责任法研究小组编著：《〈中华人民共和国侵权责任法〉条文理解与适用》，人民法院出版社 2010 年版，第 142 页。

入、居住或者户籍在城镇还是乡村等个体差异因素，适用同一标准确定死亡赔偿金数额。这一规定实施十年来，效果较好，故此次侵权责任编保留了这一规定。

　　从比较法上看，也有的国家采用了类似做法，比如日本自二十世纪七八十年代以来，在药害责任、环境污染、交通事故等多人死亡的侵权案件中，通常采用将受害人受到的所有社会、经济、精神损害作为一个损害，不区分财产损害与非财产损害，也不将财产损害细化为若干项目，而是赋予受害人统一的赔偿请求权，以"概括的一揽子赔偿方式"解决死亡赔偿问题。在我国有关实践中也不乏就同一事故采用一揽子赔偿标准的做法，比如2011年的"7·23"甬温线特别重大铁路交通事故，一揽子就死亡赔偿金、精神抚慰金、丧葬费，加上一次性救助金（含被扶养人生活费），最后最高采用整数91.5万元的标准进行赔偿。在审判实务中，人民法院在处理"三鹿奶粉"事件和众多的诸如沉船、矿难、空难、火灾等侵权损害赔偿案件时，均按照同一标准确定受害人死亡赔偿金数额，实践证明社会效果是好的，当事人反响也是好的。这些处理方案体现了权利平等、以人为本的理念。[①]在《侵权责任法》施行之前，在具体案件中有的法院对此也已作出了有益探索。比如陶某家属诉大货车所属单位、车辆承包人交通事故损害赔偿纠纷案。本案系在同一交通事故中造成多人死亡，北京市第二中级人民法院认为，陶某依法办理了暂住登记。根据暂住证可以认定陶某的经常居住地和主要收入来源地皆为北京。因此，家属要求按照北京市城镇居民的相关标准计算死亡赔偿金，理由正当，应予支持，遂依法改判。在《侵权责任法》实施以后，人民法院也都依据《侵权责任法》第17条的规定，对有关案件作出裁判。比如在吐某诉某财产保险股份有限公司阿克苏地区分公司机动车交通事故责任纠纷案中，法院就判断在同一交通事故中死者吐某虽系农业户口，但在该交通事故中一起死亡的艾某系非农业户口，因此死亡赔偿金应按照上一

---

　　① 最高人民法院侵权责任法研究小组编著：《〈中华人民共和国侵权责任法〉条文理解与适用》，人民法院出版社2010年版，第142页。

年度城镇居民人均收入计算。

随着我国城镇化发展步伐的加快,外出务工、经商的农村居民越来越多。由于在死亡赔偿金赔偿金额上农村居民与城镇居民存在较大的差距,此类侵权纠纷引起了司法界和实务界的一定争议以及媒体和社会公众的高度关注。在因同一侵权行为造成多人死亡的案件中,以相同数额确定死亡赔偿金主要有以下好处:一是在因同一侵权行为造成多人死亡引发的众多诉讼中,对众多的损害项目和考虑因素逐一举证比较烦琐,而且有时证明较为困难。以相同数额确定死亡赔偿金可以避免原告的举证困难,并防止因此而导致的诉讼迟延,让其可以及时有效地获得赔偿。二是考虑每个死者的具体情况分别计算死亡赔偿金,不但未必能计算到损害的全部内容,而且让法院面临较为沉重的负担,不利于节省司法资源。以相同数额确定死亡赔偿金不但可将受害人及其亲属受到的肉体、社会生活、精神生活等损害覆盖其中,有效避免挂一漏万,更好地保护受害人利益,还可以减轻法院负担,节约司法资源。三是以相同数额确定死亡赔偿金可以维护众多原告之间的团结。在处理导致多人死亡的侵权案件时,以同一数额确定死亡赔偿金,既迅速救济了原告,也防止了原告之间相互攀比,避免同一事故中的众多原告之间赔偿数额差距过大引发社会争论。① 此外,从法理上讲,本条规定的同一侵权行为是造成多个被害人死亡的共同原因,有关侵权责任的构成要件整体上是相同的,即侵权人主观过错(适用无过错责任原则的特殊侵权行为类型则无此要求)、侵害事实、损害后果、因果关系的要件都相同,这也构成了同一事故造成多人死亡采用数额相同死亡赔偿金的基础。

【审判实践中应注意的问题】

对于本条的适用,要注意以下问题:

---

① 王胜明主编:《中华人民共和国侵权责任法释义》,法律出版社2010年版,第92页。

根据本法的规定，以相同数额确定死亡赔偿金原则上仅适用于因同一侵权行为造成多人死亡的案件。对因同一侵权行为造成多人死亡的，只是"可以"以相同数额确定死亡赔偿金，而不是任何因同一侵权行为造成多人死亡的案件都"必须"或者"应当"以相同数额确定死亡赔偿金。至于什么情况下可以，什么情况下不可以，法院可以根据具体案情，综合考虑各种因素后决定。实践中，原告的态度也是一个重要的考虑因素，多数原告主动请求以相同数额确定死亡赔偿金的，当然可以；原告没有主动请求，但多数原告对法院所提以相同数额确定的死亡赔偿金方案没有异议的，也可以适用这种方式。[①] 我们认为，在审判实务中，对于本条的适用可以采取适当从宽的态度，一方面，本条规定可以以相同数额确定死亡赔偿金。"可以"在此应当作原则理解，即没有特殊情况的，均应当适用数额相同的赔偿标准。另一方面，在加快推动城镇化的进程中，特别是在党中央提出建立健全城乡融合发展体制机制和政策体系的大背景下，统一城乡死亡赔偿金、残疾赔偿金的标准是大势所趋。结合中央有关政策精神和当前经济社会实际情况，对于同一侵权行为造成多人残疾的，残疾赔偿金也可以参照本条规定按照同一标准进行赔偿。但对于医疗费、护理费等合理费用支出，以及丧葬费支出，其在性质上属于实际已经造成的损失部分，应根据实际损失情况具体计算，支出多少，赔偿多少。

[①] 王胜明主编：《中华人民共和国侵权责任法释义》，法律出版社2010年版，第93页。

第一千一百八十一条 被侵权人死亡的,其近亲属有权请求侵权人承担侵权责任。被侵权人为组织,该组织分立、合并的,承继权利的组织有权请求侵权人承担侵权责任。

被侵权人死亡的,支付被侵权人医疗费、丧葬费等合理费用的人有权请求侵权人赔偿费用,但是侵权人已经支付该费用的除外。

【条文主旨】

本条是关于被侵权人之外其他请求权主体的规定。

【条文理解】

被侵权人死亡的,哪些主体可以请求侵权人承担侵权责任呢?《民法通则》对此并没有明确的规定。《国家赔偿法》规定,受害的公民死亡,其继承人和其他有扶养关系的亲属有权要求赔偿。受害的法人或者其他组织终止,承受其权利的法人或者其他组织有权要求赔偿。一些司法解释也作了规定,例如《人身损害赔偿司法解释》规定,赔偿权利人是指因侵权行为或者其他致害原因直接遭受人身损害的受害人、依法由受害人承担扶养义务的被扶养人以及死亡受害人的近亲属。

大陆法系国家和我国台湾地区将被侵权人死亡情况下的请求权人分为两种:一是经济损失的请求权人,在被侵权人死亡的情况下,请求权人为死者近亲属、受扶养人和丧葬费支付人,对被扶养人的范围规定不尽相同,比如我国台湾地区规定被扶养人的范围限定为被侵权人对其负有法定扶养义务的人,而依《德国民法典》第844条的规定,被扶养人包括两类,一种是受害人被侵害前负有法定扶养义务的人,另一种是在侵害时尚未出生的胎儿。俄罗斯等国家的被扶养人范围较广,既包括法定被扶养人,也包括实际被扶养人。二是精神损害的请求权人。大多数国家和我国台湾地区规定,受害人死亡导致其近亲属精神损害的,该近亲属可以为请求权人,这里的近亲属一般包括父母、子女及配偶。比如我国台湾地区"民法"规定,不法侵害他人致死者,被害人之父母、子女及配偶,虽非财产上之损害,亦得请求赔偿相当之金额。在英美法系,对受害人死亡的损害赔偿请求权人的范围,美国大多数州有两种法律作出规定:第一,"幸存法"。该法规定,受害人死后,因侵权行为所受损害,如身体和精神上的伤痛、经济上的损失等仍然可以得到赔偿,这些赔偿由他的近亲属以死者名义提起诉讼而获得。第二,"非正常死亡法"。该法主要赋予死者近亲属提起因亲人死亡导致自己所受损害的诉讼权利和索赔权利。死者近亲属一般包括死者的配偶、子女;如果没有配偶或子女,则为死者的父母。在有些州,法律不允许养子和私生子提起"非正常死亡"诉讼。死者近亲属要求赔偿的损失,除了自己的经济损失(如扶养费)外,还包括失去伴侣、失去夫妻生活的快乐和精神痛苦等损失。①

在参考其他国家或者地区做法、总结我国实践经验的基础上,《侵权责任法》第18条规定:"被侵权人死亡的,其近亲属有权请求侵权人承担侵权责任。被侵权人为单位,该单位分立、合并的,承继权利的单位有权请求侵权人承担侵权责任。被侵权人死亡的,支付被侵权人医疗费、丧葬费等合理费用的人有权请求侵权人赔偿费用,但侵权人已支付该费用的除外。"本条基本沿用了这一规定,主要是在上述被侵权人为"单位"的情形中,将"单位"修改为"组织",以涵盖更广范围,表述更加严谨,更可以与自然人相对应,解释上应当包括法人和非法人组织。概言之,可以主张侵权责任的请求权主体主要包括:

---

① 王胜明主编:《中华人民共和国侵权责任法释义》,法律出版社2010年版,第95页。

1. 一般请求权主体。《民法典》总则编中的第120条规定："民事权益受到侵害的，被侵权人有权请求侵权人承担侵权责任。"此前，《侵权责任法》第3条规定，"被侵权人有权请求侵权人承担侵权责任"，即原则上以被侵权人本人即侵权行为损害后果的直接承受者为请求权人。被侵权人请求他人为或者不为一定行为的请求权的资格在于其具有民事权利能力，而不在于其是否具有民事行为能力，一般而言，有完全民事行为能力的被侵权人可以自己行使请求权，无民事行为能力或者限制民事行为能力的被侵权人，应当由其法定代理人代其行使请求权。上述是关于被侵权人作为请求权主体的一般规定。

2. 被侵权人死亡时的请求权主体。被侵权人死亡后，权利能力消灭、法律主体资格不复存在，死者不能以权利主体资格请求侵权人承担侵权责任，只能由被侵权人以外的主体行使请求权。关于哪些是适格主体，本条第1款规定："被侵权人死亡的，其近亲属有权请求侵权人承担侵权责任。"本条规定将请求权主体资格赋予死者的近亲属。《人身损害赔偿司法解释》第1条第2款规定："本条所称'赔偿权利人'，是指因侵权行为或者其他致害原因直接遭受人身损害的受害人、依法由受害人承担扶养义务的被扶养人以及死亡受害人的近亲属。"《精神损害赔偿司法解释》第7条规定：自然人因侵权行为致死，或者自然人死亡后其人格或者遗体遭受侵害，死者的配偶、父母和子女向人民法院起诉请求赔偿精神损害的，列其配偶、父母和子女为原告；没有配偶、父母和子女的，可以由其他近亲属提起诉讼，列其他近亲属为原告。

《民法典》侵权责任编并未规定"近亲属"的范围，总则编也未列明此范围，但在婚姻家庭编有明确具体列举。① 原则上应是与受害人共同生活的家庭成员或者与受害人有紧密联系的近亲属，或者依靠

---

① 但在《民法典》婚姻家庭编第三章关于家庭关系的规定中，其第一节规定的是"夫妻关系"，第二节规定的是"父母子女关系和其他近亲属关系"，故从解释论上看，本章规定的有关主体之间的关系即为近亲属之间的关系，这些主体即构成法律意义上的近亲属。从其具体规定内容看，有关近亲属范围与《民法通则意见》第12条规定并无二致。

受害人生活的其他近亲属，如受害人生前扶养的子女、父母等，应属于近亲属的范围。根据《民法通则意见》第12条规定，近亲属的范围包括配偶、父母、子女、兄弟姐妹、祖父母、外祖父母、孙子女、外孙子女。我们认为，基于中国大家庭的社会现实，参照《民法典》第1127条（《继承法》第10条）的规定，遗产按照下列顺序继承：第一顺序为配偶、子女、父母。第二顺序为兄弟姐妹、祖父母、外祖父母。《精神损害赔偿司法解释》第7条规定，原则上，配偶、父母、子女应为第一顺位，其他的为第二顺位。有第一顺位亲属的时候，第二顺位亲属不能请求直接主张。

至于被扶养人能否主张损害赔偿，我们认为对此宜作扩大解释，依靠受害人扶养的人也应当享有赔偿请求权。当然，对此问题，在侵权责任相关司法解释制定过程中也有争议，包括"依靠受害人扶养"的标准认定、"依靠受害人扶养"的人与其他近亲属之间的关系（行使赔偿请求权的顺序或不分顺序）、取得死亡赔偿金及其他赔偿费用的分配原则（包括比例和顺序），有待通过制定司法解释予以明确。

3.作为被侵权人的组织分立、合并后承继其权利的组织。这是本条第1款后段的规定。分立是指将原来的组织一分为二或者一分为多，合并则是指几个组织合为一个组织，这其中最典型的就是法人的分立和合并。作为被侵权人的组织分立、合并的，都涉及分立、合并前的该组织所享有的侵权请求权在分立、合并后由谁行使的问题。本条明确了在这一情形下由承继其权利的组织作为请求权主体来主张权利。在此要注意的是，作为被侵权人的组织解散或者被撤销后权利如何行使，本条并未规定。比如法人解散的情形，依据《民法典》第70条的规定，这时清算义务人应当及时组成清算组进行清算，但依据第72条的规定，清算期间法人存续，也就是说这时原来的法人并未消灭，其仍然具备民事主体的地位，仍应是主张有关侵权责任的请求权主体。至于非法人组织，也应参照这一规则进行。但法人或者非法人组织被撤销则属于民事主体资格灭失的情形，由于历史原因及经济社会发展客观情况，有关组织被撤销的情形在实践中比较复杂，不能一概而论，有待通过立法或司法解释予以细化完善。

4. 支付相关费用的人。依据本条第 2 款的规定，被侵权人死亡的，支付被侵权人医疗费、丧葬费等合理费用的人有权请求侵权人赔偿费用，但侵权人已支付该费用的除外。也就是说，在被侵权人死亡情形下，如果支付被侵权人医疗费、丧葬费等侵权赔偿费用的人不是侵权人，而是其他人（可能是具有其他负有支付该笔费用的义务），其在支付上述费用后即与侵权人之间形成了债权债务关系，形成了对侵权人的债权，有权向侵权人主张偿还。医疗费，是指因侵权行为造成被侵权人人身损害，被侵权人就医诊疗而支出的费用，根据医疗机构出具的医药费、住院费等收款凭证，结合病历和诊断证明等相关证据确定；丧葬费，是指安葬死者而支出的费用。司法实践中，支付被侵权患者死亡前因医疗侵害而发生的二次医疗费等合理费用的，不一定是被侵害患者本人，而是其近亲属、朋友或者其他人，对于丧葬费，由于被侵害患者已经死亡，只能由其近亲属、朋友或其他人支付。若支付这些费用的为被侵害患者的近亲属，则其可依据本条规定，请求侵权医疗机构赔偿这些费用，若支付这些费用的并非近亲属，实际支付费用主体也可以作为独立请求权人请求侵权人赔偿这些费用。

《八民会纪要》指出，有关机关或者单位虽无权代替无名死者主张死亡赔偿金，但其为死者垫付的医疗费、丧葬费等实际发生的费用可以向侵权人主张。与此类似的，还有《道路交通损害赔偿司法解释》第 26 条第 3 款的规定，被侵权人因道路交通事故死亡，无近亲属或者近亲属不明，支付被侵权人医疗费、丧葬费等合理费用的单位或者个人，请求保险公司在交强险责任限额范围内予以赔偿的，人民法院应予支持。

在此需要注意的是，适用本条规定的前提条件是侵权人对被侵权人实施的行为符合相应的侵权责任构成要件。在诉讼中有关举证责任也都要按照相关举证责任分配规则确定。

【审判实践中应注意的问题】

对于本条的适用，实践中争议比较大的是无近亲属或者近亲属不明的被侵权人即俗称"无名死者"请求权主体问题。此类案件以道路交通事故居多，在医疗损害纠纷及其他侵权纠纷中也偶有发生。有观点认为，为制裁侵权行为、维系社会关系稳定，保护潜在无名死者近亲属权益，可以由有关机关、法人或其他组织以原告身份提起诉讼主张死亡赔偿金。另有观点进一步认为，在此情况下可以认可的原告身份主要包括民政部门、道路交通事故社会救助基金管理机构、检察机关、村民委员会或居民委员会等。我们认为，在被侵权人死亡后，无近亲属或近亲属不明时，未经法律授权的机关或者组织无权向人民法院起诉主张死亡赔偿金。理由如下：

第一，死亡赔偿金性质决定了请求权的主体范围。关于死亡赔偿金的性质，理论界与实务界主要存在两种观点，一是"扶养丧失说"，受害人死亡后，其被扶养人丧失生活来源，侵权人应予赔偿，死亡赔偿金范围是被扶养人生活费，对受害人死亡导致的预期收入减少，不予赔偿；二是以受害人死亡导致预期收入减少为依据的"继承丧失说"，即侵权人向死者近亲属赔偿死者余命年限内（主要以一个国家的平均寿命减去死者死亡时的年龄）将获得的除去生活费等正常开支的剩余收入。[①] 我国立法及司法解释均采纳"继承丧失说"，即受害人因人身损害死亡，家庭可以预期的其未来收入因此减少或丧失，使家庭成员在财产上蒙受消极损失。这种未来收入的构成，既包括受害人用于个人的消费支出，也包括其扶养人因此丧失的扶养费的损失。《侵权责任法》实施后，最高人民法院下发通知，明确死亡赔偿金根据《人身损害赔偿司法解释》中规定的被扶养人生活费和死亡赔偿金之和计算。

从侵权法理论看，损害赔偿的请求权主体即赔偿权利人为其权益

---

① 全国人大常委会法制工作委员会民法室编：《中华人民共和国侵权责任法条文说明、立法理由及相关规定》，北京大学出版社 2010 年版，第 62 页。

受到侵害之人，包括直接受害人和间接受害人。直接受害人主要指因侵权行为导致其人身、财产权益受损害之人，也是侵权行为所直接指向的对象。而间接受害人是指侵权行为直接指向对象以外因法律关系或者社会关系的媒介作用受到损害的人。间接受害人所受"损害"，是一种以计算上的差额为主要表现形式的单纯的经济利益损失和反射性精神损害。在侵权行为导致受害人死亡的情况下，间接受害人包括受害人的近亲属及被扶养人，该损害赔偿是对受害人近亲属或者被扶养人因受害人死亡导致的生活资源减少和丧失的赔偿。这种观点，既为《侵权责任法》实施前的司法解释所确定，也被《侵权责任法》所承认。①

第二，有关机关或单位代替无名死者主张死亡赔偿金缺乏法律依据。行政法基本原则之一为职权法定原则，行政机关以及其他行政公务组织的行政职权必须由法律予以规定或授予，"法无明文规定不可为"。目前相关法律、行政法规并未规定或授权有关机关或单位可代替无名死者主张死亡赔偿金。《城市生活无着的流浪乞讨人员救助管理办法》没有规定民政部门对流浪、乞讨人员的救助职责包括代表或者代替其提起民事诉讼。

第三，程序法关于公益诉讼的范围并未涵盖该种类型案件。《民事诉讼法》第55条采取列举加概括式规定，对污染环境、侵害众多消费者合法权益等损害社会公共利益的行为，法律规定的机关和有关组织可以向人民法院提起诉讼。2015年6月，全国人大常委会授权最高人民检察院在部分地区开展公益诉讼改革试点工作，授权检察机关可以就履行职责中发现的污染环境、食品药品安全领域侵害众多消费者合法权益等损害社会公共利益的行为向人民法院提起民事公益诉讼。可以看出，公益诉讼的核心是基于社会公共利益。公共利益是一个历史的范畴，与特定的社会形态相联系，社会的不断发展，导致社

---

① 姜强：《侵权行为导致身份不明的受害人死亡，民政部门等行政部门或其他机构是否有权提起民事诉讼？》，载最高人民法院民事审判第一庭编：《民事审判指导与参考》（总第46辑），人民法院出版社2011年版，第115页。

会主体利益诉求的不断变化，但公共利益的基本属性应当包括利益内容的不确定性和受益对象的不确定性、不可分性与非排他性、价值选择性、历史性、层次性等，[①] 故依照公益诉讼制度安排的价值考量，社会公共利益受损当然为提起公益诉讼的必要条件。"无名死者"的死亡赔偿问题似不宜划入"社会公共利益"的范畴。对此，《八民会纪要》明确：鉴于《侵权责任法》第18条明确规定被侵权人死亡，其近亲属有权请求侵权人承担侵权责任，并没有赋予有关机关或者单位提起请求的权利，当侵权行为造成身份不明人死亡时，如果没有赔偿权利人或者赔偿权利人不明，有关机关或者单位无权提起民事诉讼主张死亡赔偿金。《道路交通损害赔偿司法解释》第26条也有类似规定："被侵权人因道路交通事故死亡，无近亲属或者近亲属不明，未经法律授权的机关或者有关组织向人民法院起诉主张死亡赔偿金的，人民法院不予受理。侵权人以已向未经法律授权的机关或者有关组织支付死亡赔偿金为理由，请求保险公司在交强险责任限额范围内予以赔偿的，人民法院不予支持。"

[①] 刘学在：《民事公益诉讼制度研究——以团体诉讼制度的构建为中心》，中国政法大学出版社2015年版，第48~54页。

> **第一千一百八十二条** 侵害他人人身权益造成财产损失的，按照被侵权人因此受到的损失或者侵权人因此获得的利益赔偿；被侵权人因此受到的损失以及侵权人因此获得的利益难以确定，被侵权人和侵权人就赔偿数额协商不一致，向人民法院提起诉讼的，由人民法院根据实际情况确定赔偿数额。

【条文主旨】

本条是关于侵害他人人身权益造成财产损失赔偿的规定。

【条文理解】

一、损害形态概说

"损害作为一种事实状态，是指因一定的行为或事件使某人受侵权法保护的权利和利益遭受某种不利益的影响。"① 无论是财产上或人身上的不利益，无论是现实的或将来的不利益，只要是确定发生的不利益，均应属于损害的范畴。换言之，所有为法律所保护的权利和法益所遭受的不利益，均属于损害。而所谓"法益者，乃法律上主体得享有经法律消极承认之特定生活资源"。② 随着社会经济的发展以及伦理道德观念的变迁，各国侵权法保护的权益的范围也在不断扩大，从权利的保护发展为"法益"的保护。传统的侵权法主要以物权为保护对象，现代侵权法不仅扩大到对人身权、知识产权等绝对权的保护，还在特定条件下保护债权等相对权；不仅保护私权利，还在一定条件

---

① 王利明、杨立新编著：《侵权行为法》，法律出版社1996年版，第55页。
② 曾世雄：《民法总则之现在与未来》，中国政法大学出版社2001年版，第62页。

下保护利益。①"基于合法权益的不可侵害性,只要受害的为合法权益,无论其损害程度如何,均具有应补救性,均应称之为损害。"②损害通常可分为直接损害和间接损害,"着眼于损害之引发,谓损害事故直接引发之损害为直接损害,非直接引发而系因其他媒介因素之介入所引发之损害则为间接损害"。③

依学界通说,损害应当包括损失,这主要是因为:其一,损失仅指财产上或财产性的不利益;损害则既包括财产上的不利益,又包括人身或非财产上的不利益。④其二,损失即所谓"在手而逸去为失",其主要是指经济利益的减损;损害则是指受害人蒙受的一切人身或财产上的不利益。其既包括具体的损失,也包括抽象的损害和名义上的损害。⑤其三,损害不仅包括已然的损失,而且包括未来必然的不利益状态;损失则仅指已然的财产上的不利益状态。⑥而损失大致可以分为直接损失、间接损失和纯粹经济损失。直接损失是已得利益之丧失,间接损失是虽受害时尚不存在,但受害人在通常情况下如果不受侵害,必然会得到的利益的丧失,⑦是可得利益的减少,即"该得而未得"。间接损失,损失的是一种未来的可得利益,在侵害行为实施时,它只具有一种财产取得的可能性,还不是一种现实的利益。⑧侵权法理论多将间接损失限定在财产损害的范围。此前《民法通则》第117条第3款亦规定:"受害人因此遭受其他重大损失的,侵害人并应当赔偿损失。"我们认为,在现代市场经济条件下,将间接损失严格限定在财产损害的范畴已经过于狭窄。侵权法的基本目的,在于转移或分散社会上的各种损害,但是,"损害之发生与赔偿深受社会组织、

---

① 龙著华:《论侵权法保护的利益》,载《法商研究》2007年第4期。
② 宁金成、田土城:《民法上之损害研究》,载《中国法学》2002年第2期。
③ 曾世雄:《损害赔偿法原理》,中国政法大学出版社2001年版,第137页。
④ 王利明:《侵权行为法归责原则研究》,中国政法大学出版社1992年版,第361~362页。
⑤ 马俊驹、余延满:《民法原论》,法律出版社1998年版,第1028~1029页。
⑥ 宁金成、田土城:《民法上之损害研究》,载《中国法学》2002年第2期。
⑦ 张新宝:《中国侵权行为法》,中国社会科学出版社1995年版,第36页。
⑧ 杨立新:《侵权法论》(第三版),人民法院出版社2005年版,第764页。

经济发展及伦理道德观念的影响……损害赔偿法，在特别程度上，乃是某一特定文化时代中，伦理信念、社会生活与经济关系之产品和沉淀物"。①在当今社会，人格权越来越具有浓厚的财产价值，名誉权、隐私权、肖像权以及形象权等，尤其是知名人物的上述人格权日益具有更大的商业价值。②这些人格权，比如隐私权受到损害后，可能导致公民招聘、晋级、提薪受到影响，甚至导致其社会信誉的降低，从而使其经济利益受到损失，而这种经济损失不是直接损失，应属于间接损失的范畴。

纯粹经济损失，是指受害人因他人的侵权行为遭受了经济上的损害，但该种损害不是由于受害人所遭受的有形的人身损害或有形的财产损害而产生的经济损失，即受害人直接遭受财产上的不利益，而非因人身或物被侵害而发生，如餐厅、工厂等由于停电、罢工不能营业而受到的损失等。其与间接损失的根本区别在于，间接损失是在对受害人自身的权利造成直接损失的基础上造成的损失，而纯粹经济损失非以造成受害人的权利损害为前提，仅为单纯的经济损失。

二、确立侵害人身权益造成财产损失赔偿的基本考虑

伴随着人格权的商品化趋势，名誉权、肖像权、隐私权等人格权，尤其是知名人物的人格权日益具有更大的商业价值，而对这些权利的侵害，会给当事人造成财产损失。在此情形下，如何确定具体赔偿规则，就成为其中最为重要的问题。

在近现代民法中，赔偿损失已经成为一项最为重要和被广泛采纳的侵权责任承担方式。它不仅适用于财产侵害，也适用于人身侵害，不仅适用于对有形财产的侵害，也适用于对无形财产的侵害，不仅包括直接损害，也包括间接损害。③损害赔偿的基本规则是全面赔偿原

---

① 王泽鉴：《民法学说与判例研究》（第二册），中国政法大学出版社1997年版，第142页。

② 杨立新：《人身权法论》（第三版），人民法院出版社2006年版，第584页。

③ 覃有土、晏宇桥：《论侵权的间接损失认定》，载《现代法学》2004年第4期。

则。杨立新教授主持拟定的《中国侵权责任法草案学者建议稿》第147条第1款规定:"确定侵权损害赔偿责任,应当以侵权行为所造成的实际财产损失为准,予以全部赔偿。"① 全部赔偿应该包括直接损失和间接损失,但只能是合理的损失,不合理的损失不应予以赔偿。

众所周知,侵权法在本质上不仅是权利保护法,同时也是合理划定人们行为自由界限的法律。侵权法是一把双刃剑,扩张侵权法的保护对象固然有利于保护民事主体的权益,但却会损害行为自由;反之,则会不利于保护受害人,不利于彰显社会公平与正义。② 若对加害人苛以过重的责任,会在限制人的行为自由的基础上,压抑人的创造力进而阻碍社会经济的发展进步。由于间接损失的本质特点在于其为未来的损失(Prospective Damages),为平衡受害人的损害救济和行为人的行为自由,对间接损失的赔偿应当予以必要的限制。诚如 Lord Wright 所言:"法律不能对一个错误行为所产生的所有后果都加以考虑,一些后继的因素应当在选择的范围之外,因为判断原因产生的原因或者结果导致的结果将是无穷无尽的。"③ 对于间接损失的赔偿,应采取可预见性标准予以限制。

如果涉及对有关人格利益造成损害的,就会涉及纯粹经济损失的赔偿问题。基于上述的分析,有关纯粹经济损失的赔偿更要适用可预见性规则来限定责任范围甚至限定责任构成。可预见性规则虽然产生并广泛适用于合同履行、违约责任承担的领域,但我们认为,"行为人是否可以预见以及预见的程度"属于判断行为人主观过错及过错大小的重要因素,可以适用于侵权法领域。就损害赔偿而言,适用"可预见性规则"对于公平合理确定有关赔偿范围具有重要意义。在具体适用本条规定的侵害人身权造成财产损失的赔偿规则时,有必要将对"可预见性"规则的运用融入其中。

---

① 杨立新主编:《中华人民共和国侵权责任法草案建议稿及说明》,法律出版社2007年版,第37页。
② 龙著华:《论侵权法保护的利益》,载《法商研究》2007年第4期。
③ 转引自 D.L.A, Barher Law, New Edition, 1988, p.203。

三、本条关于侵害人身权益造成财产损失的赔偿标准的确立及适用

本条系对《侵权责任法》第20条规定予以修改完善作出的规定。《侵权责任法》第20条规定："侵害他人人身权益造成财产损失的，按照被侵权人因此受到的损失赔偿；被侵权人的损失难以确定，侵权人因此获得利益的，按照其获得的利益赔偿；侵权人因此获得的利益难以确定，被侵权人和侵权人就赔偿数额协商不一致，向人民法院提起诉讼的，由人民法院根据实际情况确定赔偿数额。"相较《侵权责任法》的这一规定，本条规定不再强调先以所受损害来赔偿，后再以侵权人获得利益的标准进行赔偿的规则，而是把这两个赔偿标准修正为并列关系，这更符合实际情况，也更有利于惩治和预防有关侵权行为。

人身权益包括的内容比较广泛，主要指人的生命权、健康权、身体权、姓名权、荣誉权、肖像权、名誉权、隐私权、监护权和人身自由，及其他与人身直接有关的权益。侵害他人人身权益应当依法承担侵权责任。概言之，侵害他人人身权益造成的财产损害既可能是直接损失，也可能是间接损失，也会涉及纯粹经济损失。比如，侵害他人生命权、健康权、身体权等人身权益造成的财产损失。侵害他人生命、健康、身体等权益造成的财产损失的赔偿范围，一般包括积极的财产损失（直接损失）和可得利益的损失（间接损失）。对此，《民法典》第1179条已经作了规定，侵害他人造成人身损害的，应当赔偿医疗费、护理费、交通费等为治疗和康复支出的合理费用，以及因误工减少的收入。造成残疾的，还应当赔偿残疾生活辅助器具费和残疾赔偿金。造成死亡的，还应当赔偿丧葬费和死亡赔偿金。

实践中有争议的主要是侵害他人名誉权、荣誉权、姓名权、肖像权和隐私权等人身权益造成的财产损失，如何赔偿的问题。对此，学界存在不同认识，有人认为，侵害他人非物质性人身权益没有财产损害，只能进行精神损害赔偿。《精神损害赔偿司法解释》将精神损害

赔偿作为侵害非物质性人身权的主要救济方式。也有人认为，侵害他人非物质性人身权有时也会产生财产损害，应当按照其实际损害赔偿。例如，某些名人的姓名权、肖像权具有一定的商业价值，如果用于广告等商业目的，取得使用的同意一般需要付给相应的对价，未经同意擅自使用其姓名或者肖像，直接影响了其应当获得的财产利益，这种财产损失是可计算的，因此属于侵害他人人身权益造成财产损害的情形。具体来说，有的明星已经与企业签订了肖像权独家使用的合同，一旦其肖像被另外的企业使用，明星对于签约企业形成违约，其违约损失就是财产损失。有的因个人隐私被披露导致生病看病的费用，也是直接的财产损失。① 对于人格权造成的损失到底是什么，是多少，尤其是有关间接损失的问题，在实践中往往难以认定。比如侵犯某运动员肖像权，到底对该运动员造成多少可得利益的损失，其实是难以认定的，这时就要考虑采用其他合理的赔偿标准。《精神损害赔偿司法解释》第 10 条规定的关于精神损害的赔偿数额的确定因素中，将"侵权人的获利情况"作为重要参数之一，由此，在侵害他人人身权益的情况下，可将侵权人的获利情况作为司法实践中确定赔偿数额的重要因素。

其实，有关以所获利益标准进行赔偿的做法在知识产权领域早有实践，比如 2000 年《专利法》第 60 条规定："侵犯专利权的赔偿数额，按照权利人因被侵权所受到的损失或者侵权人因侵权所获得的利益确定；被侵权人的损失或者侵权人获得的利益难以确定的，参照该专利许可使用费的倍数合理确定。"2008 年修正的《专利法》在第 65 条进一步规定："侵犯专利权的赔偿数额按照权利人因被侵权所受到的实际损失确定；实际损失难以确定的，可以按照侵权人因侵权所获得的利益确定。权利人的损失或者侵权人获得的利益难以确定的，参照该专利许可使用费的倍数合理确定。赔偿数额还应当包括权利人为制止侵权行为所支付的合理开支。权利人的损失、侵权人获得的利益和专利许可使用费均难以确定的，人民法院可以根据专利权的类型、

---

① 王胜明主编：《中华人民共和国侵权责任法释义》，法律出版社 2010 年版，第 102 页。

侵权行为的性质和情节等因素，确定给予一万元以上一百万元以下的赔偿。"《专利纠纷规定》对此作了进一步细化，第20条规定："专利法第六十五条规定的权利人因被侵权所受到的实际损失可以根据专利权人的专利产品因侵权所造成销售量减少的总数乘以每件专利产品的合理利润所得之积计算。权利人销售量减少的总数难以确定的，侵权产品在市场上销售的总数乘以每件专利产品的合理利润所得之积可以视为权利人因被侵权所受到的实际损失。专利法第六十五条规定的侵权人因侵权所获得的利益可以根据该侵权产品在市场上销售的总数乘以每件侵权产品的合理利润所得之积计算。侵权人因侵权所获得的利益一般按照侵权人的营业利润计算，对于完全以侵权为业的侵权人，可以按照销售利润计算。"[①] 在此背景下，《侵权责任法》在总结有关经验的基础上明确了以侵权人获利为标准的赔偿方式。在此后的审判实践中，《信息网络规定》第18条又对有关可得利益的赔偿问题在网络侵害人身权益领域作了细化，该条前两款规定："被侵权人为制止侵权行为所支付的合理开支，可以认定为侵权责任法第二十条规定的财产损失。合理开支包括被侵权人或者委托代理人对侵权行为进行调查、取证的合理费用。人民法院根据当事人的请求和具体案情，可以将符合国家有关部门规定的律师费用计算在赔偿范围内。被侵权人因人身权益受侵害造成的财产损失或者侵权人因此获得的利益无法确定的，人民法院可以根据具体案情在50万元以下的范围内确定赔偿数额。"本条在总结以往实践、综合有关方面意见的基础上将"所获利益标准"提升到与所受损失并列的高度。

[①] 其实在2001年《专利纠纷规定》中对此就已有规定，其第20条规定："人民法院依照专利法第五十七条第一款的规定追究侵权人的赔偿责任时，可以根据权利人的请求，按照权利人因被侵权所受到的损失或者侵权人因侵权所获得的利益确定赔偿数额。权利人因被侵权所受到的损失可以根据专利权人的专利产品因侵权所造成销售量减少的总数乘以每件专利产品的合理利润所得之积计算。权利人销售量减少的总数难以确定的，侵权产品在市场上销售的总数乘以每件专利产品的合理利润所得之积可以视为权利人因被侵权所受到的损失。侵权人因侵权所获得的利益可以根据该侵权产品在市场上销售的总数乘以每件侵权产品的合理利润所得之积计算。侵权人因侵权所获得的利益一般按照侵权人的营业利润计算，对于完全以侵权为业的侵权人，可以按照销售利润计算。"

至于本条规定的协商不成时人民法院根据实际情况确定的规则与《侵权责任法》第20条的基本精神是一致的。对此要注意的是，一方面，这一规则适用的前提条件包括被侵权人所受损失或者侵权人所获利益无法确定和双方当事人对此协商不成两个条件，尤其是第一个条件，如果被侵权人所受损失或者侵权人所获利益其一可以确定，则应当适用前面的标准，这里的可以确定不仅包括事实上的可以确定，还包括依据有关法律或者司法解释规定的标准或者方法能够取得相应的损失或者确定所得利益的多少的情况。另一方面，人民法院根据案件实际情况确定赔偿数额的适用，也不是可以随意进行的，这不仅要求要说理有据，还要求要遵循有关司法解释的规定，不可抛开既有规定来确定赔偿数额。《专利纠纷规定》第21条又规定："权利人的损失或者侵权人获得的利益难以确定，有专利许可使用费可以参照的，人民法院可以根据专利权的类型、侵权行为的性质和情节、专利许可的性质、范围、时间等因素，参照该专利许可使用费的倍数合理确定赔偿数额；没有专利许可使用费可以参照或者专利许可使用费明显不合理的，人民法院可以根据专利权的类型、侵权行为的性质和情节等因素，依照专利法第六十五条第二款的规定确定赔偿数额。"

【审判实践中应注意的问题】

对于本条的适用，还涉及一个争议较大的问题，就是"机会丧失的可赔性"问题。由本条规定可以看出，无论是损失形态还是有关赔偿标准的规定，应当是确定了对于已经发生或必然得到而没有获得的收益的损失进行赔偿的规则，并没有涵盖获得某种机会的可能性丧失的损失，而依照欧美各国的侵权法理论和实践，这种机会丧失（loss of opportunity）①的损失也被纳入可以赔偿的范围。机会丧失即当事人因侵权行为丧失了某种能获得利益或避免损害发生的机会而蒙受了一定的经济损失。本着有损害即有救济的原则，应对侵权导致的机会损失给予民法上的救济。②

所谓机会丧失理论，依美国学者 Joseph King 的解释，是指受害人原本可能获得一个较为理想的结果（获得某种利益或避免某种损害），而加害人的加害行为使得这种机会丧失或减少，这种机会的丧失就应由加害人予以赔偿的学说。③其法律特征为：第一，损害赔偿的客体系指"机会丧失"本身，而非受害人遭受的最终损害；第二，受害人无须证明加害行为与最终损害之间的因果关系，而只需证明加害行为与机会丧失之间的因果关系；第三，赔偿金的计算需权衡受害人丧失的机会的价值。④结合欧美各国的实践，机会丧失理论在侵权法领域主要适用于以下情形：一是获得特定经济收入机会的丧失（主要指因人身伤害，致从事某一特定职业或职务晋升的机会丧失的情形）；二是治愈机会或存活机会的丧失（医生过失误诊的情形）；三是胜诉机会或和解机会的丧失（律师执业过失的情形）；四是商业机会的丧失（因加害行为丧失避免经济损失或获得利润的机会的情形）。⑤"机会丧失"的可赔性问题在理论上已经多有研究，从公平救济受害人以及维护行为人行为自由的角度讲，在实务上有必要对于这一问题作进一步探索，具体可以围绕机会利益是否属于法益的范畴，该机会利益的丧失是否具有确定性、是否属于行为人可预见范围并结合日常生活经验法则等进行。

---

① 机会丧失理论过去一直被称为 Loss of Chance，Levin 法官认为 chance 系代表不能预测、了解或控制的机会，而 opportunity 则可包括为达到目的之有利情况，故 Loss of Opportunity 为佳。参见潘维大：《英美侵权行为法案例解析》（上），我国台湾地区瑞兴图书股份有限公司 2002 年版，第 259 页。

② 刘彬：《论机会利益的侵权法保护》，载《法制与社会》2007 年第 1 期。

③ See Joseph King, Causation, Valuation, and Chance in Personal Injury Torts Involving Preexisting Conditions and Future Consequences, Y.L.T.90, 1981, p.138.

④ 田韶华、樊鸿雁：《论机会丧失的损害赔偿》，载《法商研究》2005 年第 4 期。

⑤ 田韶华、樊鸿雁：《论机会丧失的损害赔偿》，载《法商研究》2005 年第 4 期。

> **第一千一百八十三条** 侵害自然人人身权益造成严重精神损害的,被侵权人有权请求精神损害赔偿。
>
> 因故意或者重大过失侵害自然人具有人身意义的特定物造成严重精神损害的,被侵权人有权请求精神损害赔偿。

【条文主旨】

本条是关于精神损害赔偿的规定。

【条文理解】

一、比较法上关于精神损害赔偿的做法

从比较法上看,大陆法系国家和我国台湾地区规定,生命权、健康权或者名誉权、隐私权等人格权受到侵害的,可以请求精神损害赔偿。根据《日本民法典》第710条的规定和法院的判例,在三种情况下可以请求精神损害赔偿:一是侵害他人身体、自由、名誉导致精神损害的。司法实践中,对侵害其他人身权益导致精神损害的,如隐私权、肖像权、信用权、家庭关系等,法官也允许受害人请求精神损害赔偿。二是侵害财产权导致精神损害的。例如侵害他人祖上传下来的财产,或者他人喜爱的宠物导致精神损害的,法院曾判决精神损害赔偿。三是侵害他人生命权导致死者的父母、配偶及子女受到精神损害的。但近几年,日本最高法院也判决,即使受害人未死亡,其近亲属受到与受害人死亡时相同的精神痛苦时,该近亲属也可以请求精神损害赔偿。从总体上讲,日本精神损害赔偿的适用范围越来越宽,请求权人越来越多。日本没有法律明确规定如何确定精神损害赔偿额,对

法官裁量时应斟酌的事项也没有限制，主要由法官根据个案综合考虑各种因素进行自由裁量。①此外，其他国家和地区也都对精神损害赔偿作了规定。比如《俄罗斯民法典》第1100条规定，在以下情况，无论致害人有无过错，均应补偿精神损害：高度危险来源造成公民生命或者健康损害；非法追究刑事责任、非法采用羁押和具结不离境的强制手段、以拘留或劳动履行的方式非法处以行政处罚而给公民造成损害；诋毁名誉、侵害人格尊严和商誉造成损害；法律规定的其他情况。我国台湾地区"民法"第195条第1款规定，不法侵害他人之身体、健康、名誉、自由、信用、隐私、贞操，或不法侵害他人人格权而情节重大者，被害人虽非财产上之损害，亦得请求赔偿相当之金额。其名誉被侵害者，并得请求为恢复名誉之适当处分。

在英美法系国家，比如美国，其在早期的实践中，精神损害赔偿请求权依附于身体伤害，只有因身体伤害导致的精神损害才可以主张精神损害赔偿。发展到现在，精神损害赔偿已经是美国一项独立的、不可或缺的侵权责任承担形式。在美国的司法实践中，可以主张精神损害赔偿的情况一般包括：一是因身体伤害导致精神损害的。二是因性骚扰、不合理解雇雇员以及性别歧视导致精神损害的。三是"旁观者"因目睹侵权人殴打第三人而受到精神损害，且第三人是"旁观者"近亲属的。例如原告目睹他的亲人遭受被告的殴打、羞辱和强暴，以致心脏病突发或出现精神方面疾病的，法官一般会判原告受到了精神损害。四是侵犯名誉、隐私导致其受到精神损害，对于这种精神损害，原告只须证明自己名誉、隐私受到侵犯，但这种赔偿一般是象征性的，数额较低。法官决定是否给予精神损害赔偿一般考虑侵权人的主观恶意（故意或者实施极端骇人的、不可忍受的行为）和受害人是否受到精神损害，一时不高兴不能算作精神损害。②值得注意的

---

① 王胜明主编：《中华人民共和国侵权责任法释义》，法律出版社2010年版，第109页。

② 王胜明主编：《中华人民共和国侵权责任法释义》，法律出版社2010年版，第111页。

是，以往美国各州对精神损害赔偿的最高数额没有任何限制，完全由法官进行裁量。现在为了防止精神损害赔偿的滥用，美国已有不少州对精神损害赔偿设置了最高上限，比如有的州规定，这类赔偿最高不得超过35万美元。

二、我国关于精神损害赔偿的实践及本条规定的主要内容

精神损害赔偿制度是在实务中特别是审判实践中不断探索发展进而确立的。早在《民法通则意见》中就予以了规定，第150条规定："公民的姓名权、肖像权、名誉权、荣誉权和法人的名称权、名誉权、荣誉权受到侵害，公民或者法人要求赔偿损失的，人民法院可以根据侵权人的过错程度、侵权行为的具体情节、后果和影响确定其赔偿责任。"《最高人民法院关于审理名誉权案件若干问题的解答》第10条第4款规定："公民、法人因名誉权受到侵害要求赔偿的，侵权人应赔偿侵权行为造成的经济损失；公民并提出精神损害赔偿要求的，人民法院可根据侵权人的过错程度、侵权行为的具体情节、给受害人造成精神损害的后果等情况酌定。"这两条关于确定精神损害赔偿范围的司法解释，既体现了实事求是的原则要求，也符合公平、等价的民法原则；既保护了受害人的合法权益，救济其损害，又保障了加害人不负担由其侵权行为以外的原因所造成的受害人的损失，不使其合法权益受到侵害。《精神损害赔偿司法解释》规定精神损害赔偿的范围是：侵害生命权、健康权、身体权，姓名权、肖像权、名誉权、荣誉权，人格尊严权、人身自由权；违反社会公共利益、社会公德侵害他人隐私或者其他人格利益；非法使被监护人脱离监护，导致亲子关系或者近亲属间的亲属关系遭受严重损害；自然人死亡后其近亲属因以侮辱、诽谤、贬损、丑化或者违反社会公共利益、社会公德的其他方式，侵害死者姓名、肖像、名誉、荣誉，非法披露、利用死者隐私，或者以违反社会公共利益、社会公德的其他方式侵害死者隐私，非法利用、损害遗体、遗骨，或者以违反社会公共利益、社会公德的其他方式侵害遗体、遗骨；具有人格象征意义的特定纪念物品因侵权行为

而永久灭失或者毁损。在理论上，规定精神损害赔偿没有多大争议，司法实践也普遍认可，大多数国家作了规定。在制定《侵权责任法》的过程中，对于是否扩大精神损害赔偿的适用范围，若扩大，扩大到什么范围；是否规定精神损害赔偿额，若规定，如何规定等问题存在不同意见。有的学者提出，为防止法官滥用自由裁量权，应规定具体的精神损害赔偿限额。有的学者认为，精神损害赔偿制度在我国还处于起步和摸索阶段，规定具体的精神损害赔偿限额不切合实际，也不科学。现阶段宜规定精神损害赔偿的基本原则，由法院依据该原则根据具体案情确定赔偿数额。[1] 在广泛听取各方面意见的基础上，经反复研究，为加强对受害人利益的保护，同时也为了防止精神损害赔偿被滥用，《侵权责任法》第22条最终规定："侵害他人人身权益，造成他人严重精神损害的，被侵权人可以请求精神损害赔偿。"这一规定也得到了实践的认可。

但学理和实务中，对于法人及非法人组织能否主张精神损害赔偿一直存有争议。有观点认为，法人、其他组织的名誉权、名称权、荣誉权等是法人的人格组成部分，如果上述权利被侵害，事实上就是法人的"精神"受到损害。它表现为法人的资信、商誉等遭受损失，也会间接影响到其内部成员精神情绪低落，以至于会给法人、其他组织的生产、经营的活动造成不良影响。对此，法人、其他组织作为权利主体，有权请求精神损害赔偿。而更多的观点认为，精神损害就是指精神痛苦和肉体痛苦，所以，法人没有精神损害。从我国以往规定来看，《精神损害赔偿司法解释》采否定说，该解释第5条规定："法人或者其他组织以人格权利遭受侵害为由，向人民法院起诉请求赔偿精神损害的，人民法院不予受理。"虽然《侵权责任法》第22条没有明确"他人"是否包括法人、其他组织，但我们认为，不宜将法人和其他组织归入该条"他人"范畴。这是因为，法人、其他组织的自身特性决定其不可能有精神损害。前文已述，精神损害一般是指精神、肉

---

[1] 王胜明主编：《〈中华人民共和国侵权责任法〉条文解释与立法背景》，人民法院出版社2010年版，第92页。

体的痛苦。而法人、其他组织的本质，不管采拟制说或实在说，都无法等同于自然人，不具有精神感受力，并无心理或肉体痛苦存在。因此，其人身权益遭受侵害时，不会产生侵权法意义上的精神损害。法人人身权益实质上是一种无形财产权。法人人格遭受损害，赔礼道歉即足以恢复其名誉，无须给予金钱赔偿。鉴于精神损害赔偿制度着重于对人权和对人格尊严的保护，故不宜规定法人、其他组织亦有精神损害，以免泛化精神损害赔偿，并引发大量恶意诉讼，造成司法资源的无谓消耗。[①] 在《民法典》侵权责任编编纂过程中，立法者采纳了这一观点，将上述的"他人"改为"自然人"，即明确了只有自然人才可以作为有权主张精神损害赔偿的主体。

此外，在本编编纂过程中，也充分吸收了司法实践经验，参照《精神损害赔偿司法解释》第4条规定的"具有人格象征意义的特定纪念物品，因侵权行为而永久性灭失或者毁损，物品所有人以侵权为由，向人民法院起诉请求赔偿精神损害的，人民法院应当依法予以受理"，对于侵害自然人具有人格意义特别物的精神损害赔偿规则作了规定，在草案第二次审议稿中增加了1款，作为本条第2款，规定了"因故意或者重大过失侵害自然人具有人身意义的特定物造成严重精神损害的，被侵权人有权请求精神损害赔偿"的内容，最终对此予以了保留。

三、被侵权人请求精神损害赔偿的基本条件

依据本条第1款的规定，主张精神损害赔偿须满足以下条件：

（一）侵害他人人身权益可以请求精神损害赔偿

根据第1款的规定，精神损害赔偿的范围是侵害自然人人身权益，侵害财产权益原则上不在精神损害赔偿的范围之内，上述《精神损害赔偿司法解释》第3条关于"非法利用、损害遗体、遗骨，或者以违反社会公共利益、社会公德的其他方式侵害遗体、遗骨"的规

[①] 最高人民法院侵权责任法研究小组编著：《〈中华人民共和国侵权责任法〉条文理解与适用》，人民法院出版社2010年版，第168~169页。

定，与本规定不冲突，应当作为死者人格利益保护的规则予以继续适用；至于"具有人格象征意义的特定纪念物品，因侵权行为而永久性灭失或者毁坏"的情形因本条第 2 款对此作了修正，则应当适用本条的规定，对有关特别物品的损害适用精神损害赔偿。依据《民法典》总则编有关民事权利一章的规定，人身权益包括生命权、健康权、姓名权、名誉权、肖像权、隐私权、监护权等权利及相应利益。

（二）须造成被侵权人严重精神损害

换言之，并非只要侵害他人人身权益被侵权人就可以主张精神损害赔偿，而只有"造成严重精神损害"才可以。一般而言，对于"严重"的认定，应当结合精神损害自身特性和现行司法解释进行理解。精神损害是否达到严重程度，应视人格权益性质不同而有所区别。对于侵害身体权、健康权的情形，在目前尚无新的针对性规定出台的情形下，仍可考虑借鉴当前司法实践中的主要做法，以达到伤残标准作为构成严重精神损害的主要依据。原则上，只有达到伤残等级标准，才能提起精神损害赔偿。至于没有达到伤残等级标准的，精神损害是否构成后果严重，则应视情况而定，从严把握。相比身体、健康被侵害导致伤残的情形，生命被侵害造成的恶劣影响更为显著，更有必要以精神损害赔偿方式抚慰相关人员因此遭受的精神痛苦。而关于精神性人格权益被侵害的情形，鉴于该类人格权益很难外化且存在个体差异性，因此，在确定是否达到严重标准时，应综合考虑侵权人的主观状态、侵害手段、场合、行为方式和被侵权人的精神状态等具体情节加以判断。[①]

（三）侵害行为与精神损害后果有因果关系

对此，有观点倾向于采用必然因果关系说。所谓必然因果关系，是指侵害行为与损害结果之间具有内在的、本质的、必然的联系。如果侵害行为与损害结果之间只有外在的、偶然的联系，就不能认定二者之间具有因果关系。这种学说强调，为了正确地确定责任，应当区

---

① 最高人民法院侵权责任法研究小组编著：《〈中华人民共和国侵权责任法〉条文理解与适用》，人民法院出版社 2010 年版，第 171 页。

别原因和条件，原因是必然引起结果发生的因素，而条件只为结果的发生提供了可能性。也即，只有在侵害行为造成了精神损害时，才能适用本条请求精神损害赔偿。此理由在于：（1）精神损害本身的无形性、内在性决定了其发生与否很难确认。事实上，司法实践中出现的精神损害赔偿纠纷往往是多种条件综合作用的结果。如果仅以侵害行为可能导致精神损害为由，简单认定侵害人承担精神损害赔偿责任，则可能对侵害人有失公允。（2）规定只有侵害行为与精神损害之间有必然因果关系才可主张精神损害赔偿，可以严格限制本条适用的范围，减少滥诉行为并降低司法成本。目前司法实务中，侵权纠纷中主张精神损害赔偿的情形越来越多。这其中有不少属于侵害行为与所主张的精神损害没有必然联系的情况。如果允许被侵权人仅以侵害行为与精神损害后果之间存在可能的联系为由主张精神损害赔偿，将诱导更多的被侵害人为谋取不法利益，随意提起诉讼主张精神损害赔偿。这势必会导致司法资源的无谓消耗。（3）规定侵害行为与精神损害后果之间存在必然因果关系可以减少法官自由裁量权的滥用。[①] 这一观点较有道理，基于精神损害本身的不可判断性和当前司法实践的现状，为防止精神损害赔偿可能的滥用，影响正常的行为自由和社会秩序，对于侵害行为与精神损害的后果之间的因果关系，在认定上应持谨慎从严的态度，依法准确判断侵害行为与精神损害后果之间是否存在因果关系。

（四）精神损害赔偿的适用要符合其他有关侵权责任构成的相应要件

被侵权人主张精神损害赔偿，除了具备上述有关精神赔偿的适用条件外，还要根据具体侵权行为类型，适用过错责任的情形要以侵权人有过错为要件，适用无过错责任原则的情形则不再强调侵权人的过错。但在适用本条第2款规定的侵害特定物品的精神损害赔偿时，要以侵权人有"故意和重大过失"为限，侵权人仅有"一般过错"则不

[①] 最高人民法院侵权责任法研究小组编著：《〈中华人民共和国侵权责任法〉条文理解与适用》，人民法院出版社2010年版，第170页。

能承担精神损害赔偿的责任，但在符合相应侵权行为构成要件的情况下要依法承担其他的侵权责任，比如物质损害赔偿责任等。此外，被侵权人主张侵权人承担精神损害赔偿责任的，应按照相应的举证责任分配规则承担相应的举证责任，就本条第 2 款的规定而言，其应当就此物品属于具有人身意义的特定物和侵权人有故意和重大过失等要件承担举证责任。

【审判实践中应注意的问题】

一、关于请求精神损害赔偿的范围

一般来说，请求精神损害赔偿的主体应当是直接遭受人身权益侵害的本人。受到他人侵害致残，或者名誉等人身权益受到他人侵害造成严重的精神损害的，可以请求精神损害赔偿。同时根据《民法典》第 1181 条的规定，"被侵权人死亡的，其近亲属有权请求侵权人承担侵权责任"。这里并没有否定精神损害赔偿。因此，在被侵权人死亡的情况下，其近亲属有权主张精神损害赔偿。依据《精神损害赔偿司法解释》第 5 条的规定，法人或者其他组织以人格权利遭受侵害为由，向人民法院起诉请求赔偿精神损害的，人民法院不予受理。

二、要正确认识精神损害赔偿与物质损害赔偿特别是死亡赔偿金、残疾赔偿金之间的关系

相比较于人身损害赔偿和财产损害赔偿的客观性，精神损害赔偿因其自身的抽象性、主观性而很难精确量化。对精神损害赔偿的具体理解，可以结合相关学理、现有司法解释和司法实践经验等进行。

1.侵权责任编分别规定了人身损害赔偿、财产损失赔偿和精神损害赔偿，三者之间为并列关系，所以精神损害赔偿独立于人身损害赔偿。死亡赔偿金和残疾赔偿金均为人身损害赔偿项下的具体项目，精神损害赔偿系独立于死亡赔偿金和残疾赔偿金而存在。认为精神损害

赔偿已被死亡赔偿金和残疾赔偿金吸收的观点不符合法律规定。

2.根据本条第1款的规定，可以请求精神损害赔偿的条件是"人身权益受到侵害"且"造成严重精神损害"。所谓"人身权益"，是指与财产权益相对的概念，包括生命权、健康权等人格权以及婚姻自主权、监护权等身份权等；"造成严重精神损害"是对损害程度的一个限制，是否严重，主要取决于身体、健康等被损害的程度。

3.如果认为可以支持精神损害赔偿的请求，具体赔偿数额应综合多种因素考量。《精神损害赔偿司法解释》第10条规定："精神损害的赔偿数额根据以下因素确定：（一）侵权人的过错程度，法律另有规定的除外；（二）侵害的手段、场合、行为方式等具体情节；（三）侵权行为所造成的后果；（四）侵权人的获利情况；（五）侵权人承担责任的经济能力；（六）受诉法院所在地平均生活水平。法律、行政法规对残疾赔偿金、死亡赔偿金等有明确规定的，适用法律、行政法规的规定。"司法实践中，人民法院在考量上述因素基础上确定精神损害赔偿数额的做法已经取得了明显效果。其中，第六个参考因素"受诉法院所在地平均生活水平"与《人身损害赔偿司法解释》中关于残疾赔偿金、死亡赔偿金按照"受诉法院所在地"相关收入标准计算的规定有相似的考虑。故若出现上述情形，在计算精神损害赔偿数额时，也可参照适用《人身损害赔偿司法解释》第30条第1款规定的"赔偿权利人举证证明其住所地或者经常居住地城镇居民人均可支配收入或者农村居民人均纯收入高于受诉法院所在地标准的，残疾赔偿金或者死亡赔偿金可以按照其住所地或者经常居住地的相关标准计算"，来确定具体的精神损害赔偿数额。

> **第一千一百八十四条** 侵害他人财产的，财产损失按照损失发生时的市场价格或者其他合理方式计算。

【条文主旨】

本条是关于财产损失计算方式的规定。

【条文理解】

一、财产损失计算方式概述

财产损害赔偿范围应当以全部赔偿为原则，但涉及具体损害赔偿的多少问题时，就需要确立相应的计算标准或者方式。关于财产损失的计算方法，《民法通则》本身未作出规定。《侵权责任法》第19条规定："侵害他人财产的，财产损失按照损失发生时的市场价格或者其他方式计算。"本条在此基础上作了适当修改，将"其他方式"修改为"其他合理方式"。

财产损害无论表现为何种形式，都可以分为直接损失和间接损失。计算财产损害，就是计算财产的直接损失和间接损失，然后实行全部赔偿。[1] 特别是在侵害他人物权这一侵害他人财产的最主要，也是最基本的表现形态中，如房屋被撞坏、车辆被损坏、树木被折断等。这里都涉及直接损失和间接损失的赔偿问题。损害的计算方法，向来有客观计算和主观计算的分别。所谓客观计算，是指参酌一般市场价格等客观因素确定损害赔偿额的方法。所谓主观计算，是指参酌

---

[1] 杨立新：《侵权法论》（第五版），人民法院出版社2013年版，第1128页。

被侵权人的特别情事等主观因素来确定损害赔偿额的方法。本条所提及的"按照损失发生时的市场价格"计算,显然是一种客观计算。由于损失通常体现为侵害发生后被侵权人财产的市场价格的减少,因此,此处的按照"市场价格"计算应为根据财产的市场价值的减少来计算。这是最常用的财产损失的计算方法,尤其适用于有体物的损害赔偿计算。不过,并非所有财产损失都适合价值差额这种计算方法。①比如祖传的古董字画,实际上是没有客观的市场价格来确定,就难以适用价值差额计算法,可能就要按照有关部门的评估价格计算。

二、差额计算法的运用

本条所称"按照损失发生时的市场价格"计算的方法,也被称为差额计算法。侵害他人物权的情形,往往会由于物的毁损,导致其市场价值减少,实践中对该损失通常运用差额计算法来确定赔偿数额。

通常而言,差额计算法的计算公式为:损失=原物价值-残存价值。对此需要把握以下三点:一是原物价值的确定,二是计算时间点的确定,三是残存价值的确定。

(一)关于原物价值

具体来讲,关于物的价格确定有三种观点:一是通常价格,即一般交易上的市场价格,这是一种客观价格。二是特别价格,即依照被侵权人的特别事由而定的价格,例如甲将其市值5万元的旧车以7万元的价格卖给乙,其特别价格即为7万元。三是感情价格,即依照被侵权人的感情而定的价格,例如甲有家传古画一张,市值为1000万元,但其非2000万元不愿转让,该画的感情价格即为2000万元。本

---

① 最高人民法院侵权责任法研究小组编著:《〈中华人民共和国侵权责任法〉条文理解与适用》,人民法院出版社2010年版,第148页。

条明确强调市场价格,即选择了第一种标准。①

(二)关于计算"市场价格"的时间

价格以一定的时间为条件。计算损失时,应以何时的价格为准,根据损害发生乃至赔偿损失的时间点不同,有不同的时间节点标准。第一种是以损失发生时为准。这一标准相对容易掌握,也具有较高的确定性,但不足之处在于被侵权人获得的赔偿往往是事后的,因时间延迟可能客观上导致其得不偿失,尤其是更多情形下物价的变化多为上涨,依照这一标准对于被侵权人而言难言公平。第二种是以被侵权人请求或者起诉时为准。这种方法有利于对权利的救济,体现了对权利人的尊重和保护,但又对侵权人不公,特别是在价格上涨的情况下,尤其是这一标准会导致被侵权人拖延主张权利的时间,客观上会造成不诚信的情形,有一定的道德风险。第三种是以裁判时为准。这种方法的优点是容易确定相应的市场价格,避免过多的查询,但其缺点也很明显,一方面有可能引发原告方拖延主张权利或者拖延诉讼,另一方面裁判时的标准实际上并不确定,无论确定选择一审判决时,还是二审判决时,甚至再审判决时,由于一些原因,都会导致在相应时间节点上的不确定性,引发单方甚至双方当事人的不满。第四种是以侵权人实际支付时为准。这种方法更具有不确定性,更容易引发争议。本条传承了《侵权责任法》的做法,当然也是实务中常用的做法,即以损失发生时的价格为准计算,这一标准更符合填平损害的损害赔偿基本原理,也符合当事人的可预见性或者可归责性的法理,较为公平合理。按照这一标准计算,规则也较为清晰,对于有关价格上涨或者下跌作为合理市场风险由某一方当事人承担。换言之,即使起诉时或者裁判时该物的市场价格上涨,被侵权人也不能以价格上涨后的物的价值要求赔偿损失;反之,如果起诉时或者裁判时该物的市场价格下跌,侵权人也无权以价格下跌要

---

① 最高人民法院侵权责任法研究小组编著:《〈中华人民共和国侵权责任法〉条文理解与适用》,人民法院出版社2010年版,第148~149页。

求减少赔偿数额。

（三）关于残存价值的确定

残存价值的确定在没有其他合适方法的情况下，一般要通过鉴定或评估的方式进行确定。在诉讼中就要根据《民事诉讼法》第76条的规定通过依法启动鉴定或者评估程序进行。在此要注意的是，并非所有的物的价值减损都要通过鉴定或者评估程序进行。通常情况下，对于一些日常物品、饲养动物等，可以运用日常经验法则来确定，或者按照公平原则来确定，尤其是在启动鉴定或者评估程序费用过高，或者鉴定、评估费用与被损害物品价值明显不对等的情况下，更应该考虑这一方法。特别是对于标的物已经灭失的情况，这时被损害物品的残存价值为零，应当认定原物的价格即为损失数额。原物价格能够通过上述损害发生时的市场价格予以认定的，不得启动无实物鉴定程序，避免给当事人造成过重的诉讼负担。

三、关于间接损失的计算问题

本条规定的文义和上述的有关计算方法，主要系针对有关财产损失的直接损失部分计算而言的。实践中存在大量侵权纠纷涉及间接损失的赔偿，这往往也是实务中的难点问题。

间接损失具有的特点如下：一是损失是未来的可得利益，而非现实利益；二是这种丧失的未来利益，遵循常理如果没有发生此侵权行为就是可以实现的，而非不能实现的。由于财产损害造成间接损失的情况比较复杂，如何赔偿，无论是在理论界还是在司法实务中都存有一定的争议。有学者认为，不能因为保护受害人的利益而加重侵权人的赔偿负担，《侵权责任法》不仅是权利保护法，同时也是合理划定人们行为自由界限的法律，如果对侵权人要求过重，则会影响其行为自由，有违利益平衡的原则，阻碍社会的发展，对间接损失应当采取可预见性标准予以限制。[1] 经过多年的理论研究和实务

---

[1] 王胜明主编：《中华人民共和国侵权责任法释义》，法律出版社2010年版，第98页。

探索，实践中对于间接损失的计算有了较为可行的做法，以下方法可资借鉴。

计算间接损失价值的公式是：间接损失价值＝单位时间增值效益×影响效益发挥的时间。在这一公式中，"单位时间增值效益"是一个关键的内容，确定这一数值通常有三种方法：一是收益平均法。即计算出受害人在受害之前一定时间里的单位时间平均收益值。例如，某甲从事出租车运营，汽车被损坏后，15天没能营运。对此，可以用前一个月的总收益除以该月的天数，即得出该汽车一天营运的收益额。在使用这种计算方法时，要注意季节等条件因素对经营的影响，应取同等条件或相似条件的季节作为参照来计算。二是同类比照法，即确定条件相同或基本相同的同类生产、经营者，以其为对象，计算该人在同等条件下的平均收益值，作为受害人损失的单位时间增值效益的数额，按此数额确定受害人的单位时间增值效益。使用这种计算方法要注意同等条件，如同等时间、同等属性、同等生产经营等因素。三是综合法，即将以上两种方法综合使用，使计算的结果更趋于客观准确。关于"影响效益发挥的时间"这个量的计算，因财产的损坏和财产的侵占、灭失而不同。财产的一般损坏，其影响效益发挥的时间，是从损坏发生之时到经维修为正常使用之时。财产的侵占、灭失，则从侵害发生之时，到返还、正常购买的财产正常使用之时。[①] 在确定了这两个基本量后，就可以按照上述计算公式计算出相应的间接损失。

在此要注意两个问题：一是关于间接损失的计算，财产的损害本身（"商品自伤"）不属于间接损失，这应是直接损失，不能将财产损害本身计入间接损失当中；二是在侵害的财产是生产、经营资料，受害人因财产被侵害而无法进行生产、经营的时候，不能在计算财产损害的间接损失即可得利益的减少的同时，再将受害人停产停业的误工工资以及支付工资等情况计算在内，这两者属于同一性质的损失，不

[①] 杨立新：《侵权法论》（第五版），人民法院出版社2013年版，第1133页。

能重复计算。

四、"其他合理方式"的运用

本条规定的"其他合理方式"计算财产损害,通常是在被侵害的财产本身没有市场价格可以作为计算标准时作为补充方式来运用的。"其他合理方式"的范围本条并未作明确规定,需要通过其他立法或者司法实践根据不同行业领域及不同损害等来逐步加以明确和解决。当然,在其他法律对于特定侵权行为的损害赔偿额的计算方式有特别规定时,就应当根据其规定的方式计算。比如根据《专利法》《著作权法》和《商标法》等规定,知识产权侵权损害赔偿数额的计算方法通常包括以下几种:(1)根据权利人因被侵权所受到的损失计算;(2)根据侵权人因侵权所获得的利益计算;(3)参照可以同比计算的许可使用费的合理倍数计算;(4)法定赔偿,即根据知识产权的类型、侵权行为的性质和情节等因素,由人民法院在法定的数额幅度内酌情确定赔偿数额。特别是在所受损失或者所得利益都难以确定的情况下,基于侵权人不应比合法状态下处境更优的原则,以该知识产权在正常许可状态下可以同比计算的许可费为基础,以该许可费的一倍以上作为被侵权人的损失;即使有上述三种方法,损失仍难以计算的,法定赔偿就成为一种解决此种难题的最后一招,人民法院可以根据侵权人的侵权行为的性质、主观过错等酌情确定适当的赔偿额。[①]其实这也为其他领域侵权纠纷的损害赔偿提供了有益参考。我们认为,在没有任何法律规定的方式可以采用的情况下,就需要考虑被侵害的财产的种类、侵权行为的性质、持续时间、范围、后果、侵权人的主观状态等各种因素,确定合适的计算方式。通常情况下,涉及专门性问题的,就要通过评估、鉴定程序来解决。当然,有关鉴定程序的启动也不宜泛化,以防给当事人增加过重负担。

[①] 最高人民法院侵权责任法研究小组编著:《〈中华人民共和国侵权责任法〉条文理解与适用》,人民法院出版社2010年版,第151页。

【审判实践中应注意的问题】

一、关于确定市场价格的计算地点问题

通常而言，计算损失时，有侵权行为实施地和损害结果发生地两种选择。因财产损失是被侵权人的实际损失，因此以损失发生地的价格为准，可能更加公平，更能客观反映被侵权人所受损失。故本条虽然未对财产损失计算地点作出规定，但适用上应遵循上述解释，即以财产损害发生地作为标准计算。

二、关于纯粹经济损失的计算问题

立法中有的学者还提出了对于纯粹经济损失应当给予赔偿的建议，认为纯粹经济损失毕竟是实际损失的一种，根据全面赔偿的原则，为了充分弥补被侵权人的损失，应当列入赔偿范围。也有意见认为，纯粹经济损失与间接损失有时会产生重叠或交叉，间接损失是纯粹经济损失的最主要表现。我们认为，纯粹经济损失指被侵权人因他人的侵权行为遭受的经济上的损害，但该种损害不是由于受害人所遭受的法定财产权利损害而产生的经济损失。纯粹经济损失是否应当赔偿，在各国的立法和学说中莫衷一是，一般认为原则上不应予以赔偿，但在例外情况下，可以给予赔偿。认为不应赔偿的理由：一是纯粹经济损失与造成损害的原因之间的因果关系过于遥远，如果对纯粹经济损失予以赔偿，将导致诉讼的泛滥；二是如果对纯粹经济损失予以赔偿，也会妨碍人们的行为自由，因为行为人对于损害结果的发生不具有可预见性；三是如果对于过失造成的纯粹经济损失予以赔偿将导致行为人的责任过重。有的国家的立法对纯粹经济损失规定赔偿，认为：如果对纯粹经济损失完全不予赔偿，对受害人来说也不尽合理，因为损害毕竟是侵权人的行为造成的，但为了防止无限扩大赔偿范围而加以限定，其限制主要为加害人的故意，以及未来利益的可预

见性，赔偿范围不得超过加害人在实施侵权行为时应当预见的损失范围。《欧洲侵权法基本原则》第 2∶102 条（4）规定，对纯粹经济损失和合同利益的保护范围相对受限。在此情况下，应适当考虑行为人与受害方的接近程度，或考虑行为人明知其行为将造成损失的事实（尽管其利益的价值被认为低于受害方的利益）。同条（6）规定，决定利益保护范围时，应考虑行为人的利益，尤其该行为人行动与行使权利的自由，以及公共利益。[①] 这一规则值得我们在实务中参考，按照全面赔偿原则，纯粹经济损失应属于可赔损失的范畴，但应有严格的构成要件限制和赔偿范围限制，这是利益平衡的基本要求，对于纯粹经济损失的赔偿，在因果关系和主观过错等方面要采取更高的标准，尤其要遵循日常生活经验法则的判断并受可预见性规则的限制。

三、关于损害赔偿的数额当事人能否约定的问题

我们认为，按照意思自治原则的要求，当事人对于财产损失的赔偿数额是可以约定的，这也是当事人和解或者协议解决纠纷的重要方式。在此要注意的是：其一，这一财产损害赔偿的协议，必须具有事后性，在造成财产损害之前就达成此协议，有悖公序良俗，不应予以认可。其二，这一协议内容应体现公平性和自愿性，以胁迫或者欺诈方式达成的协议，应依法不具有相应的效力。其三，关于当事人协议或者共同同意的赔偿数额能否作为裁判依据的问题。对这一问题有一定争议，有观点认为此可以通过调解方式结案。但实践中情况往往比较复杂，特别是在当事人对部分损害的赔偿数额达成一致意见，但对其他部分损害的赔偿达不成一致意见，且当事人也同意人民法院依据其协议的数额裁判相应损失时，我们认为，对此法律虽然没有明确规定，但在尊重当事人处分权原则的情况下，可以允许采取这一做法。至于当事人撤诉后又达成和解协议的

---

① 王胜明主编：《中华人民共和国侵权责任法释义》，法律出版社 2010 年版，第 99 页。

问题，这属于诉讼程序的范畴，应从司法裁判权威性出发，结合案件进行的不同阶段来审查，通常在诉讼阶段不应具有强制执行的效力。①

---

① 执行过程中的和解协议则相对灵活一些。《最高人民法院关于执行和解若干问题的规定》第2条规定："和解协议达成后，有下列情形之一的，人民法院可以裁定中止执行：（一）各方当事人共同向人民法院提交书面和解协议的；（二）一方当事人向人民法院提交书面和解协议，其他当事人予以认可的；（三）当事人达成口头和解协议，执行人员将和解协议内容记入笔录，由各方当事人签名或者盖章的。"第9条规定："被执行人一方不履行执行和解协议的，申请执行人可以申请恢复执行原生效法律文书，也可以就履行执行和解协议向执行法院提起诉讼。"

> **第一千一百八十五条** 故意侵害他人知识产权，情节严重的，被侵权人有权请求相应的惩罚性赔偿。

【条文主旨】

本条是关于侵害知识产权惩罚性赔偿的规定。

【条文理解】

一、惩罚性赔偿概述

一般而言，惩罚性赔偿是指侵权人所要承担的损害赔偿数额超过其造成被侵权人实际损害数额，在填平被侵权人损害的基础上提高赔偿数额，以彰显对侵权人侵权行为进行惩罚的制度。与补偿性赔偿相比较，惩罚性赔偿是由赔偿和惩罚所组成的。其主要针对那些具有不法性和道德上应受谴责的行为，即要对故意的、恶意的不法行为实施惩罚，从而达到预防和遏制此类行为发生的效果。

侵权责任法上的惩罚性赔偿具有多重功能：首先，惩罚性赔偿具有损害填补的功能，这里的填补功能相对于填补性的损害赔偿是"二次"的，或者说是查漏补缺的。所谓填补性的损害赔偿，其赔偿范围是有限的，受害人遭受的损害并不能"完全"被填补，如名誉的丧失，生活享受的减少及信赖关系的破灭，为诉讼支付的巨额费用等，往往得不到充分的补偿，通过惩罚性赔偿，对那些恶意的、粗暴的行为人进行一定的"惩罚"来减少当事人的痛楚。其次，惩罚性赔偿还具有类似刑事责任的吓阻或阻却功能。通过判处高额的惩罚性赔偿，吓阻被告与第三人从事相同不法行为。最后，惩罚性赔偿还具有惩罚的功能，对于行为人基于主观恶性从事的损害行为，仅仅靠填补性的损害赔偿很难达到赔偿的目的，应当通过惩罚性赔偿，反映法律对其主观恶性的关注与惩罚。①

二、比较法上关于惩罚性赔偿的态度

从域外法上看，关于惩罚性赔偿的适用主要来源于英美法系的实践。在大陆法系，无论是侵权损害赔偿还是违约损害赔偿，都是奉行单纯的补偿性民事法律责任制度，这种补偿既不能小于损失数额，因为赔偿小于损失数额，就使损害得不到完全的救济；也不能超过损失数额，因为赔偿数额超过损失数额，就会给受害人以不当利益。因此，损害赔偿的最高指导原则在于赔偿被害人所受之损害，俾于赔偿之结果，有如损害事故未曾发生者然。而惩罚性赔偿责任的性质实际上是一种私人罚款，是对民事违法行为的惩罚，与私法的补偿性质不相容，如果允许在私法领域中对民事违法行为进行惩罚，必然混淆公法与私法的界限。因而惩罚性赔偿金是不可理解、不可取的。基于这样的理念，大陆法系国家对于有关知识产权侵权行为也是不承认惩罚性赔偿的。德国法认为损害赔偿的目的在于恢复原状，坚持完全赔偿原则，而不承认惩罚性赔偿，德国联邦法院甚至认为，在物质性赔偿与非物质性赔偿之外适用惩罚性赔偿的做法违反了公序良俗原则，因此，德国国内原则上不承认和执行美国有关惩罚性赔偿的判决。②在英美法系，尽管英国和美国产生惩罚性赔偿的时间和具体适用条件有所不同，但其基本理念与大陆法系的态度完全相反，法律认为惩罚性赔偿金是合理的、科学的，因而在法律上确认这种制度。《美国侵权法重述（第二次）》第908条第1款规定，惩罚性赔偿为损害赔偿及名义上之赔偿以外之赔偿；系为惩罚极端无理行为之人而作之赔偿，且亦为阻遏该人及其他人于未来从事类似之行为而作之赔偿。在英美

---

① 陈聪富：《侵权归责原则与损害赔偿》，北京大学出版社2005年版，第203页。
② 王利明：《论我国民法典中侵害知识产权惩罚性赔偿的规则》，载《政治与法律》2019年第8期。

法系看来,当被告对原告的加害行为具有严重的暴力、压制、恶意或者欺诈性质,或者属于任意的、轻率的、恶劣的行为时,法院可以判决给原告超过实际财产损失的赔偿金。惩罚性赔偿得因被告之恶性动机、鲁莽弃置他人权利于不顾之极端无理行为而给予。于评估惩罚性赔偿之金额,事实之审理者得适当考虑被告行为之性质、被告行为所致或者图致原告所受伤害之本质及程度、被告之财富。① 特别是在20世纪之后,惩罚性赔偿的适用范围进一步扩展:一方面,认可惩罚性赔偿的州越来越多,除路易斯安那、马萨诸塞和内布拉斯加以外的各州普通法普遍承认惩罚性赔偿,即使上述三州,也认可制定法作出特别规定;另一方面,认可惩罚性赔偿的部门法越来越多,几乎遍及各个部门法,如契约法、侵权法、财产法、海事法、雇佣法、家庭法、保险法、破产法等法律部门,而在侵权法内部,惩罚性赔偿也基本上覆盖了除普通过失侵权外的所有侵权类型。② 就美国的知识产权保护领域,惩罚性赔偿最初在一些案例中采用,而后被成文立法所正式采纳。美国侵害知识产权的惩罚性赔偿制度对其他普通法系国家如英国、加拿大等国的立法和判例也产生了重大影响。③

就美国法的做法看,其关于惩罚性赔偿的适用有严格的条件限制。惩罚性赔偿通常适用于故意或者恶意侵权的情形,原告如果证明被告在实施侵权行为时具有实际的、明显的、事实上的恶意(actual, express or malice in fact),或被告具有恶劣的动机(bad motive),或被告完全不顾及原告的财产或人身安全,就可以考虑适用惩罚性赔偿。美国有14个州甚至明确规定,被告必须具有恶意才能够适用惩罚性赔偿,例如,加利福尼亚州的法律规定,只有在不法行为人胁迫、欺诈和具有恶意的情况下,才能适用惩罚性赔偿。《美国保护商业秘密法案》规定,对于侵害商业秘密行为适用惩罚性赔偿的前提是侵权人

---

① 杨立新:《侵权法论》(第五版),人民法院出版社2013年版,第1190页。
② 最高人民法院侵权责任法研究小组编著:《〈中华人民共和国侵权责任法〉条文理解与适用》,人民法院出版社2010年版,第338页。
③ 王利明:《论我国民法典中侵害知识产权惩罚性赔偿的规则》,载《政治与法律》2019年第8期。

存在故意及恶意。加拿大、澳大利亚等国家，均将侵权人明知其行为构成侵权，或者具有侵权的故意甚至恶意作为适用惩罚性赔偿的条件。①

三、惩罚性赔偿在我国的适用

我国的惩罚性赔偿制度起初主要规定在消费者权益保护领域，比如 1993 年《消费者权益保护法》第 49 条（2013 年《消费者权益保护法》第 55 条）明确规定了商品或者服务欺诈的双倍赔偿规则，此后《食品安全法》也在第 148 条②规定了惩罚性赔偿。在司法实践中，《商品房买卖合同司法解释》第 8 条和第 9 条又规定了新的惩罚性赔偿金的适用范围。③在知识产权领域，起初的立法和实务并未采用惩罚性赔偿制度。在考虑到知识产权损害数额难以确定以及加强知识产权保护的需要等因素，立法上首先从损害赔偿计算标准上引入法定赔偿标准的内容，即已蕴含着适用惩罚性赔偿的元素。比如《专利法》第 65 条第 2 款规定："权利人的损失、侵权人获得的利益和专利许可使用费均难以确定的，人民法院可以根据专利权的类型、侵权行为的性质和情节等因素，确定给予一万元以上一百万元以下的赔偿。"这里

---

① 王利明：《论我国民法典中侵害知识产权惩罚性赔偿的规则》，载《政治与法律》2019 年第 8 期。

② 《食品安全法》第 148 条规定："消费者因不符合食品安全标准的食品受到损害的，可以向经营者要求赔偿损失，也可以向生产者要求赔偿损失。接到消费者赔偿要求的生产经营者，应当实行首负责任制，先行赔付，不得推诿；属于生产者责任的，经营者赔偿后有权向生产者追偿；属于经营者责任的，生产者赔偿后有权向经营者追偿。生产不符合食品安全标准的食品或者经营明知是不符合食品安全标准的食品，消费者除要求赔偿损失外，还可以向生产者或者经营者要求支付价款十倍或者损失三倍的赔偿金；增加赔偿的金额不足一千元的，为一千元。但是，食品的标签、说明书存在不影响食品安全且不会对消费者造成误导的瑕疵的除外。"

③ 《商品房买卖合同司法解释》第 8 条规定："具有下列情形之一，导致商品房买卖合同目的不能实现的，无法取得房屋的买受人可以请求解除合同、返还已付购房款及利息、赔偿损失，并可以请求出卖人承担不超过已付购房款一倍的赔偿责任：（一）商品房买卖合同订立后，出卖人未告知买受人又将该房屋抵押给第三人；（二）商品房买卖合同订立后，出卖人又将该房屋出卖给第三人。"第 9 条规定："出卖人订立商品房买卖合同时，具有下列情形之一，导致合同无效或者被撤销、解除的，买受人可以请求返还已付购房款及利息、赔偿损失，并可以请求出卖人承担不超过已付购房款一倍的赔偿责任：（一）故意隐瞒没有取得商品房预售许可证明的事实或者提供虚假商品房预售许可证明；（二）故意隐瞒所售房屋已经抵押的事实；（三）故意隐瞒所售房屋已经出卖给第三人或者为拆迁补偿安置房屋的事实。"

的"一万元以上一百万元以下的赔偿"即在损害赔偿数额无法具体确定时采取的人民法院依法酌定的数额，一定程度上体现了对该侵权行为的惩罚性要求。为了强化对知识产权的保护，有关知识产权惩罚性赔偿的立法探索一直在进行，比如国务院法制办 2014 年 6 月公布的《著作权法（修订草案送审稿）》第 76 条第 2 款规定："对于两次以上故意侵犯著作权或者相关权的，人民法院可以根据前款计算的赔偿数额的二至三倍确定赔偿数额。"①2019 年 1 月 4 日，全国人大常委会公布的《专利法修正案（草案）》（征求意见稿）第 72 条第 1 款规定："侵犯专利权的赔偿数额按照权利人因被侵权所受到的实际损失确定；实际损失难以确定的，可以按照侵权人因侵权所获得的利益确定。权利人的损失或者侵权人获得的利益难以确定的，参照该专利许可使用费的倍数合理确定。赔偿数额还应当包括权利人为制止侵权行为所支付的合理开支。对故意侵犯专利权，情节严重的，可以在按照上述方法确定数额的一倍以上五倍以下确定赔偿数额。"该条尝试在专利侵权领域引入惩罚性赔偿制度。就知识产权惩罚性赔偿而言，具有里程碑意义的是，2013 年 8 月 30 日，我国《商标法》（第三次修正）获得通过，该法第 63 条第 1 款规定："侵犯商标专用权的赔偿数额，按照权利人因被侵权所受到的实际损失确定；实际损失难以确定的，可以按照侵权人因侵权所获得的利益确定；权利人的损失或者侵权人获得的利益难以确定的，参照该商标许可使用费的倍数合理确定。对恶意侵犯商标专用权，情节严重的，可以在按照上述方法确定数额的一倍以上三倍以下确定赔偿数额。赔偿数额应当包括权利人为制止侵权行为所支付的合理开支。"依据该条规定，在行为人恶意侵害商标权且情节严重的情形下，受害人有权请求行为人承担惩罚性赔偿责任。这是立法上首次明确规定了侵害商标权的惩罚性赔偿制度。此后，2019 年再次修正的《商标法》将本条规定的惩罚性赔偿数额调整为"可以

---

① 袁秀挺：《知识产权惩罚性赔偿制度的司法适用》，载《知识产权》2015 年第 7 期。

在按照上述方法确定数额的一倍以上五倍以下确定赔偿数额"。① 在司法实践中，2015年修正的《专利纠纷规定》第21条规定："权利人的损失或者侵权人获得的利益难以确定，有专利许可使用费可以参照的，人民法院可以根据专利权的类型、侵权行为的性质和情节、专利许可的性质、范围、时间等因素，参照该专利许可使用费的倍数合理确定赔偿数额；没有专利许可使用费可以参照或者专利许可使用费明显不合理的，人民法院可以根据专利权的类型、侵权行为的性质和情节等因素，依照专利法第六十五条第二款的规定确定赔偿数额。"我国《商标法》的上述规定和司法解释的实践，以及审判实务中的裁判案例为我国《民法典》确立侵害知识产权惩罚性赔偿的一般规则提供了有益的、可复制的经验。

  我们认为，在《民法典》中确立知识产权惩罚赔偿制度对于加强知识产权保护具有重要意义。一段时期以来，我国存在着知识产权"违法成本低，维权成本高"的问题，这不利于对知识产权的保护，不利于促进创新驱动发展，不利于我国综合国力的提高。2018年11月5日，习近平主席在首届中国国际进口博览会开幕式上明确提出，要"引入惩罚性赔偿制度，显著提高违法成本"，这彰显了我国对于知识产权保护的高度重视。经过研究论证，总结审判实践经验，并征求各方面意见，《民法典侵权责任编（草案二次审议稿）》规定了知识产权惩罚性赔偿制度，其第961条之一规定："故意侵害知识

---

① 《商标法》第63条规定："侵犯商标专用权的赔偿数额，按照权利人因被侵权所受到的实际损失确定；实际损失难以确定的，可以按照侵权人因侵权所获得的利益确定；权利人的损失或者侵权人获得的利益难以确定的，参照该商标许可使用费的倍数合理确定。对恶意侵犯商标专用权，情节严重的，可以在按照上述方法确定数额的一倍以上五倍以下确定赔偿数额。赔偿数额应当包括权利人为制止侵权行为所支付的合理开支。人民法院为确定赔偿数额，在权利人已经尽力举证，而与侵权行为相关的账簿、资料主要由侵权人掌握的情况下，可以责令侵权人提供与侵权行为相关的账簿、资料；侵权人不提供或者提供虚假的账簿、资料的，人民法院可以参考权利人的主张和提供的证据判定赔偿数额。权利人因被侵权所受到的实际损失、侵权人因侵权所获得的利益、注册商标许可使用费难以确定的，由人民法院根据侵权行为的情节判决给予五百万元以下的赔偿。人民法院审理商标纠纷案件，应权利人请求，对属于假冒注册商标的商品，除特殊情况外，责令销毁；对主要用于制造假冒注册商标的商品的材料、工具，责令销毁，且不予补偿；或者在特殊情况下，责令禁止前述材料、工具进入商业渠道，且不予补偿。假冒注册商标的商品不得在仅去除假冒注册商标后进入商业渠道。"

产权，情节严重的，被侵权人有权请求相应的惩罚性赔偿。"本条在此基础上作了文字修改，正式确立了知识产权惩罚性赔偿制度。应该说，《民法典》在本条确立侵害知识产权惩罚性赔偿的一般规则，从规则设计上，既体现了与国际接轨的思路，也符合知识产权客体无形性、损害赔偿难以具体确定等实际情况；从功能价值上，可以使知识产权侵权人负担超出其所造成的实际损害的赔偿责任，加大对其惩罚力度，从而有效预防故意或恶意侵害知识产权的行为发生。尤其是在《民法典》这一民事基本法律中对知识产权的惩罚性赔偿予以规定，为各知识产权部门法继续细化规定惩罚性赔偿制度提供了很好的一般规则和上位法支撑，为未来在各个知识产权领域中探索适用惩罚性赔偿提供了坚实基础，也为各个知识产权部门法统一协调规定相关知识产权惩罚性赔偿的构成要件，避免条文冲突提供了基本遵循。

四、惩罚性赔偿的适用条件

依据本条规定，在知识产权侵权责任中适用惩罚性赔偿，须符合以下条件：

（一）必须是故意侵害他人知识产权

在主观过错上，行为人应当以故意实施侵害知识产权的行为为限。"过失"侵权行为不能适用本条的惩罚性赔偿规定。故意，是指行为人明知自己的行为侵害了他人的知识产权却仍然希望或者放任损害后果发生的心理状态。只有对故意状态的侵权行为适用惩罚性赔偿，才能实现构建惩罚性赔偿制度的根本目的，即遏制、预防侵权行为的发生。过失情形则无此必要，故对过失情形不得适用惩罚性赔偿。在实务中，关于"明知"，特别是"应知"的认定标准是法律实践的难点，与著作权、商标权有所不同，专利保护范围确定和专利侵权认定具有更强的复杂性，因而直接推定侵犯专利权的行为就是故意侵权显得不甚合理。因此，权利人必须提供清楚的、有说服力的证据，证明程度应达到让理性人认可侵权人系故意侵害有效知识产权的程度。对权利人发现侵权行为存在并向侵权人发出警告函等情形，应当综合警告函内容和侵权人收到警告函后的行为认定是否构成故意侵害。①此外，还有争议的是，"重大过失"是否视为"故意"，适用本条规定的问题。我们认为，惩罚性赔偿本身已是加重赔偿，即超出了自己责任中的填平要求，应该恪守严格的构成要件要求，既然本条规定以"故意"为要件，就不可作过多的扩大解释，否则就会过多地限制其他人的行为自由，也不利于社会正常交往。

（二）须情节严重

在侵权责任编起草过程中，曾有观点认为，在恶意侵权之外附加情节严重的要件，明显画蛇添足，将会大大降低惩罚性赔偿责任在司法实践中的可操作性。从司法实践来看，我国《商标法》自 2013 年修改以来，有的法院在适用侵害商标权的惩罚性赔偿规则时，并没有提及情节严重的问题，而直接以主观恶意明显为由，适用惩罚性赔偿。②也有观点认为，主观故意与情节严重共同作为惩罚性赔偿的要件，两者之间并不矛盾，主观故意针对行为人的主观状态，表明其行为的可责难性；情节严重则是从行为人的外在手段方式及其造成的后果等客观方面进行的考察，一般不涉及行为人的主观状态，法律设置惩罚性赔偿的重要目的之一，是对情节严重的行为进行制裁，而不仅仅是制裁故意侵权行为。③最终侵权责任编采纳了后一种观点，明确了情节严重这一构成要件。我们认为，适用惩罚性赔偿增加情节严重这一要件，有利于防止惩罚性赔偿的惩罚过度或者制度滥用，而且这也与《商标法》第 63 条规定的情形吻合，同时也为审判实务或者司法解释中根据案件情况细化惩罚性赔偿的规则提供了依据，预留了空间。实务中，关于情节严重的认定，具体可以参考有关法律或者司法解释的规定来确定，比如上述《专利法》第 65 条第 2 款规定的"人民法院可以根据专利权的类型、侵权行为的性质和情节等因素"。《最

---

① 张鹏：《知识产权惩罚性赔偿制度的正当性及基本建构》，载《知识产权》2016 年第 4 期。

② 参见山东省青岛市中级人民法院（2015）青知民初字第 9 号民事判决书。

③ 王利明：《论我国民法典中侵害知识产权惩罚性赔偿的规则》，载《政治与法律》2019 年第 8 期。

高人民法院关于审理著作权民事纠纷案件适用法律若干问题的解释》第 25 条第 2 款规定："人民法院在确定赔偿数额时，应当考虑作品类型、合理使用费、侵权行为性质、后果等情节综合确定。"《最高人民法院关于审理商标民事纠纷案件适用法律若干问题的解释》第 16 条第 2 款规定："人民法院在确定赔偿数额时，应当考虑侵权行为的性质、期间、后果，商标的声誉，商标使用许可费的数额，商标使用许可的种类、时间、范围及制止侵权行为的合理开支等因素综合确定。"这些细化的项目都可以作为认定有关情节的参考因素，但是这些细化项目都未涉及"严重"的问题，有必要在上述内容中再增加有关"严重"的认定标准，一般而言，这需要结合日常生活经验法则和侵害知识产权案件的具体情况确定。侵权手段恶劣、侵权时间长、多次侵权或经行政处罚或法院判决后仍然侵权甚至以侵权为业的情形；从结果上侵权人从事的侵害行为对权利人产生了巨大的损害与消极影响，也可以作为认定因素。例如，被告的侵权产品粗制滥造，严重降低他人知识产权的市场价值，应当认定构成情节严重。在"约翰迪尔（北京）农业机械有限公司、约翰迪尔（丹东）石油化工有限公司、兰西佳联迪尔油脂化工有限公司（上诉人、原审被告）与迪尔公司、约翰迪尔（中国）投资有限公司（被上诉人、原审原告）侵害商标权及不正当竞争纠纷案"中，法院裁判认为，侵权人从事的侵害行为对权利人产生了巨大的损害与消极影响，因此应当适用惩罚性赔偿。[①]

除了上述两个构成要件之外，适用知识产权惩罚性赔偿还应符合知识产权侵权的一般要件。通常而言，侵害他人知识产权的行为适用过错责任原则，这时就还要符合违法行为、损害后果等要件。有关举证责任的分配，要遵循"谁主张、谁举证"的一般规则，但有关法律、司法解释另有规定的除外。比如《商标法》第 63 条第 2 款规定："人民法院为确定赔偿数额，在权利人已经尽力举证，而与侵权行为相关的账簿、资料主要由侵权人掌握的情况下，可以责令侵权人提供

---

① 参见北京市高级人民法院（2017）京民终 413 号民事判决书。转引自王利明：《论我国民法典中侵害知识产权惩罚性赔偿的规则》，载《政治与法律》2019 年第 8 期。

与侵权行为相关的账簿、资料；侵权人不提供或者提供虚假的账簿、资料的，人民法院可以参考权利人的主张和提供的证据判定赔偿数额。"这在司法实践中要予以遵循。

【审判实践中应注意的问题】

关于本条的适用，要注意其他法律与本条规定的衔接适用问题。一方面，在《商标法》对于商标侵权行为的惩罚性赔偿已有明确规定的情况下，作为特别法，在法律适用上应当优先适用《商标法》的规定，但是如果《民法典》关于惩罚性赔偿的规定与《商标法》规定不一致，由于就同一事项作出的规定，《民法典》的规定属于后法，这时应当适用《民法典》的规定。另一方面，就有关惩罚性赔偿的构成要件而言，《商标法》第63条用的是"恶意"的表述。从语义上讲，"恶意"的贬义程度要甚于"故意"，"恶意侵权"的严重程度应重于"故意侵权"。有观点认为，如果立法上采用"恶意侵权"概念，容易导致司法适用上对"恶意侵权"的认定和适用产生分歧，从而导致司法标准不统一。[1]从我国《商标法》第63条来看，其实际上规定了两种情形下侵害知识产权的赔偿责任：一是通常情形下的赔偿责任，此种责任应当是侵害知识产权财产损害赔偿责任的一般原则，即不论是按照实际损失赔偿、获利赔偿还是拟制的许可使用费合理倍数赔偿，实际上贯彻的都是损失填补原则，即造成多少损害，承担多少赔偿责任。二是行为人故意侵权，且情节严重的情形。此种情形属于侵害知识产权财产损害赔偿责任的例外情形，其适用应当受到严格限制，即在前一种情形无法适用的情形下才可适用。[2]我们认为，《商标法》关于"恶意侵犯商标专用权"的表述，其实质内容与本条规定是一致的，这也是关于"故意侵权"的适用条件要求，同时后面也都有"情

---

[1] 朱丹：《知识产权惩罚性赔偿制度研究》，华东政法大学2013年博士学位论文。
[2] 王利明：《论我国民法典中侵害知识产权惩罚性赔偿的规则》，载《政治与法律》2019年第8期。

节严重"这一限制条件。有关"恶意"和"故意"的区分，在理论探讨上有其重要意义，但在实务上，二者均是指明知行为严重侵权而故意为之的情形，都属于明知故犯的范畴，因此从法律规则上讲，上述两条规定具有一致性，在法律适用上应当遵循特别法优于一般法的规则，即适用《商标法》第63条的规定来确定侵犯商标权的惩罚性赔偿问题。

第一千一百八十六条 受害人和行为人对损害的发生都没有过错的，依照法律的规定由双方分担损失。

【条文主旨】

本条是关于公平分担损失的规定。

【条文理解】

一、公平责任概述

本条是关于公平分担损失的规定，学理上通常将此称为公平责任。按照立法机关的解读，有关公平分担的规则产生于未成年人和精神病人的赔偿案件。19世纪以来，由于过错责任的勃兴，许多国家认为未成年人或者精神病人不具备意思能力，不能被确定有过错，因此对其造成的损害不负责任。但由于完全免责的做法对于受害人而言有些显失公平，一些国家和地区从规则上对此作了矫正，采用了公平分担损失的做法。比如《德国民法典》第829条规定，未成年人致人损害，受害人在不能向有监督义务的第三人取得赔偿时，仍应当赔偿损害，根据情况特别是根据当事人之间的法律关系，依公平原则要求作出某种赔偿时，在赔偿不妨害加害人保持与自己地位相当的生计和履行其法定抚养义务所需资金限度内，加害人仍应负损害赔偿义务。《埃塞俄比亚民法典》第2099条规定，如果导致责任的过错行为是由处于不知其行为的过错性质状态的人实施的，在有衡平需要时，法院可减少授予的赔偿额。在这一问题上，必须考虑当事人各自的财务状况和过错行为人的赔偿损害责任的后果。我国台湾地区"民法"第

218条规定，损害非因故意或者重大过失所致者，如其赔偿致赔偿义务人之生计有重大影响时，法院得减轻其赔偿金额。我国早在《民法通则》中就对公平原则作了规定，其第132条规定："当事人对造成损害都没有过错的，可以根据实际情况，由当事人分担民事责任。"《民法通则意见》第157条规定："当事人对造成损害均无过错，但一方是在为对方的利益或者共同的利益进行活动的过程中受到损害的，可以责令对方或者受益人给予一定的经济补偿。"《侵权责任法》在此基础上对于公平分担损失的规则作了重申，其第24条规定："受害人和行为人对损害的发生都没有过错的，可以根据实际情况，由双方分担损失。"同时该条将《民法通则》规定的"分担民事责任"修改为"分担损失"。该修改主要基于理论和实践两方面考虑：从理论层面看，无过错即无责任是承担侵权责任的基本原则，既然双方当事人对损害的发生都没有过错，那么行为人就不应承担责任，而只能是分担损失。从实践层面看，让无过错的当事人承担责任，他们比较难以接受。比如高空抛物造成他人损害的案件，一些建筑物的使用人认为，自己并不是行为人，出于道义可以拿出钱来对受害人提供帮助，但说自己有"责任"，感情上接受不了。[①]《民法典》编纂过程中，立法机关在综合各方意见的基础上，对此作了一定的修正，规定："受害人和行为人对损害的发生都没有过错的，依照法律的规定由双方分担损失。"本条将《侵权责任法》规定的"可以根据实际情况"修改为"依照法律的规定"。从文义和沿革变化上看，无疑前者更加强调根据实际情况来适用公平原则分担损失，特别是给予法官更大的裁量空间，而本条规定的态度则在于改变此前的做法，旨在限制裁量空间，要求依照法律的规定来适用公平责任，这一修改无疑在很大程度上压缩了公平责任的适用空间。

我们认为，从法理逻辑上讲，立法上应该未将公平原则作为一项独立的归责原则适用，而仅是将其作为补充适用的规则。一方面，从

[①] 王胜明主编：《中华人民共和国侵权责任法释义》，法律出版社2010年版，第119页。

体系上看，《民法典》侵权责任编承袭了《侵权责任法》的规定，在第1165条、第1166条专门规定了过错责任原则和无过错责任原则。本条规定并未与上述两条规定在一起，不宜同比将本条规定称为归责原则。而且上述两个条件实际上形成了归责原则的闭环，能够涵盖所有的侵权行为类型，特别是在有第1165条第1款关于过错责任的一般条款作为兜底条款适用的情况下，这两条关于归责原则的规定是周延的。另一方面，本条规定的公平责任只适用于少数行为导致损害的情况，不具有普遍性，尤其是本条规定将公平责任的适用空间限缩在狭小的"法律规定"的情形下，导致本条适用范围更加限缩，这显然不符合归责原则所要求具有一定的普遍适用性的特征。而且公平责任旨在分担损失，故其只适用于损害赔偿的侵权责任承担方式，对赔礼道歉、恢复名誉等侵权责任承担方式并不适用。

二、公平责任的适用条件

依据本条规定，公平责任的适用条件有严格的限制，具体条件如下：

（一）本条已明确适用本条的前提是"受害人和行为人对损害的发生都没有过错"

这里的"没有过错"强调的是在导致损害发生这一关键问题上，受害人和行为人双方的主观心理状态均是既没有故意也没有过失，均不具有任何可归责性。之所以要双方在无过错情形下分担损失，主要基于利益平衡的公平考量。在此要注意的是，公平责任的适用属于后位补充适用，即在能够适用过错责任原则（包括过错推定责任原则）和符合法律规定适用无过错责任原则的情况下，就不能适用公平责任。在法律适用上，要坚持如果一行为属于法律规定适用无过错责任或者过错推定责任情形下的侵权行为类型，要首先适用这两个归责原则再确定责任构成，参见本编第四章产品责任、第七章环境污染和生态破坏责任、第八章高度危险责任中关于无过错责任的规定。在并非法律规定适用无过错责任原则的情况下，则要从行为人加害行为的外在表现判断行为人对其行为是否存在故意或过失的心理状态,即应依据过错责任的规定要求该行为人承担侵权责任,而无适用本条的可能。

(二)必须是法律规定的适用公平责任的情形

如上所述,本条规定对于适用公平责任的范围作了明确限制。相关规定主要包括:(1)《民法典》第1190条第1款规定:"完全民事行为能力人对自己的行为暂时没有意识或者失去控制造成他人损害有过错的,应当承担侵权责任;没有过错的,根据行为人的经济状况对受害人适当补偿。"(2)《民法典》第1254条第1款规定:"禁止从建筑物中抛掷物品。从建筑物中抛掷物品或者从建筑物上坠落的物品造成他人损害的,由侵权人依法承担侵权责任;经调查难以确定具体侵权人的,除能够证明自己不是侵权人的外,由可能加害的建筑物使用人给予补偿。可能加害的建筑物使用人补偿后,有权向侵权人追偿。"(3)《民法典》第182条第2款、第3款规定:"危险由自然原因引起的,紧急避险人不承担民事责任,可以给予适当补偿。紧急避险采取措施不当或者超过必要的限度,造成不应有的损害的,紧急避险人应当承担适当的民事责任。"(4)《民法典》第183条规定:"因保护他人民事权益使自己受到损害的,由侵权人承担民事责任,受益人可以给予适当补偿。没有侵权人、侵权人逃逸或者无力承担民事责任,受害人请求补偿的,受益人应当给予适当补偿。"此外,《民法典》第1188条规定:"无民事行为能力人、限制民事行为能力人造成他人损害的,由监护人承担侵权责任。监护人尽到监护职责的,可以减轻其侵权责任。有财产的无民事行为能力人、限制民事行为能力人造成他人损害的,从本人财产中支付赔偿费用;不足部分,由监护人赔偿。"通说认为该条也蕴含着在特别情形适用公平责任的精神,即在该条规定情形下,监护人即使尽到监护职责也不是免除责任,而要分担部分损失,同时有财产的无民事行为能力人、限制民事行为能力人要先从其财产中支付赔偿费用。在符合上述规定情形下就应当适用公平原则。此外,其他法律对于适用公平原则分担损失有规定的也要适用其规定。

(三)双方当事人的行为需与损害后果的发生具有一定的因果关系

尽管本条规定行为人没有过错也应承担责任,但也并不是不考虑行为人的行为与受害人的损害之间的关系,损害与双方当事人的行为具有一定因果关系应该是他们分担损失的重要条件。司法实践中,可能会出现损害的发生是由有过错的第三人引起,但却不能找到有过错的第三人从而无法追究其侵权责任的情形。此时,行为人虽无过错,但其行为与受害人的损害之间却存在一定的事实上的联系,从衡平双方当事人利益角度出发,让其分担损失具有合理性。[1]

三、公平责任与过错责任原则、无过错责任原则的区别

(一)与过错责任原则的区别

根据本编关于过错责任原则的规定,公平责任与过错责任原则有明显区别:第一,是否将过错作为确定损失承担的依据不同。在过错责任范畴内,过错本身即为侵权责任构成的关键要件。行为人过错的轻重程度、行为人与第三人是否存在共同过错或行为人与受害人是否存在混合过错,都是衡量行为人责任范围的重要因素。而本条的适用条件是行为人没有任何过错,若有过错则应适用过错责任的规定。第二,损失承担主体不同。在一般侵权纠纷中,是由加害人承担侵权责任。而公平责任强调的是即便双方当事人均能证明自己没有过错,也要分担损失。第三,就行为人而言,公平责任的适用结果重在损失的补偿,而过错责任原则的适用结果是损害赔偿。第四,公平责任的适用要以有相应的法律规定为条件,即属于特殊适用的情形,而过错责任作为一般条款,具有一般适用和兜底适用的效力,其涵盖范围无疑要比公平责任适用范围广得多。

(二)与无过错责任原则的区别

无过错责任强调无论行为人有无过错,法律规定行为人应承担责

---

[1] 最高人民法院侵权责任法研究小组编著:《〈中华人民共和国侵权责任法〉条文理解与适用》,人民法院出版社2010年版,第186页。

任的，行为人即应对其行为造成的损害承担责任。这里的行为人即使无过错也应承担侵权责任，有两点限制：一是限于法律明确规定行为人有无过错都不是此类侵权责任的构成要件；二是无过错责任适用的情形下责任承担的主体也是只限定于侵权行为人一方。无过错责任的适用强调的是不以行为人有无过错为要件，而非客观上行为人实施该行为时过错的有无。也就是说，只要符合法律规定的此类侵权行为构成要件，不再考虑行为人有无过错，其就要承担相应责任。公平责任的适用与无过错责任原则也是有明显区别的：第一，两者的理论基础不同。一般认为，无过错责任的理论基础主要有三：（1）危险开启理论。该理论认为，行为人从事具有高度危险性的行为或持有具有高度危险性物品的行为本身即已开启对他人合法权益造成损害的危险源，故行为人应承担高度的注意义务并在没有过错的情况下对损害承担责任。（2）危险控制理论。从事具有高度危险性的行为或持有具有高度危险性物品的行为人相比他人更容易了解并控制危险的实际情况，因此，责任人的责任仅仅是取决于，在造成损害的事件中由责任人掌控的危险是否变成了现实。①如有危险结果发生，即便其无过错也应承担责任。（3）报偿理论。其主旨是从事具有高度危险性的行为或持有具有高度危险性物品的行为人从这一活动中获取了利益，基于利益享有者承担风险的原则，其应承担责任。由此可知，无过错责任的核心功能就是合理补偿因行为人的危险行为或危险物件造成的损害。而本条的理论依据在于社会公平观念，此与行为本身是否存在高度危险，行为人是否更容易控制风险等均无关联。第二，两者调整范围不同。无过错责任原则的适用，只限于法律对此有明确规定时。而本条的适用范围则是指特定情形下，双方对损害的发生均无过错，且法律对此没有明确规定为适用无过错责任原则时。换言之，本条适用的范围与无过错责任并无交集。第三，两者的损失承担主体不同。无过错责任原则仍是由行为人单方承担责任，而本条规定的则为"由双方分担损

---

① ［德］马克西米利安·福克斯：《侵权行为法》，齐晓琨译，法律出版社2006年版，第256页。

失"。由表述中的"分担"一词可知，适用本条的结果是损失由双方当事人负担，而非由一方当事人全部承担。①

【审判实践中应注意的问题】

关于本条的适用，在审判实践中，应注意以下问题：

第一，本条虽然删除了《侵权责任法》原有的"可以根据实际情况"的规定，人民法院是否仍然可以根据实际情况适用公平原则的问题。我们认为，对此要作两方面的理解：一方面，要充分认识本条规定限缩适用公平责任，防止本条被滥用的背景。即在法律有明确规定的情况下，可以直接适用公平责任，不可随意扩大解释和适用。另一方面，社会生活本身具有复杂性，个案有时千差万别，人民法院根据实际情况适用公平原则裁量案件，作为一种例外的情形也有存在的客观必要。从法理上讲，本条虽然删除了"可以根据实际情况"适用公平责任的规定，但《民法典》第6条对公平原则仍有明确规定，这对于侵权责任编调整的有关事项当然具有一般适用和补充适用的效力。以公平原则为指引和遵循，人民法院在法律没有规定适用无过错责任原则和过错推定责任原则的情形下，双方当事人均没有过错，但如果不分担损失会显失公平的案件中，人民法院就可以根据案件实际情况适用本条规定。比如在因意外事件造成损害的案件中就有必要根据案件实际情况分担损失。因为意外事件造成损害的情形中行为人一方是没有过错的，而受害人一方往往也没有过错，这时完全由行为人或者受害人一方承担损害都会显失公平。

第二，"可以根据实际情况"应考虑当事人的经济条件。这里的经济条件包括当事人的实际经济收入、必要的经济支出及应对家庭和社会承担的经济负担等。在考虑当事人的经济条件时，应全面考虑双方当事人的经济条件。这是因为，行为人的经济情况只有与特定受害

---

① 最高人民法院侵权责任法研究小组编著：《〈中华人民共和国侵权责任法〉条文理解与适用》，人民法院出版社2010年版，第183页。

人的经济情况相比较,而不是和一般人比较,才能确定损失分担的根据。反过来,受害人的经济条件与其损害程度也是紧密联系的。因此,如果行为人的经济条件优于受害人的经济条件或与受害人大致相同,那么,在确定双方分担损失的比例时,应由行为人承担更大比例的损失。如果行为人的经济条件明显不如受害人的财产状况,则可考虑让受害人分担更大比例的损失。[①]

[①] 最高人民法院侵权责任法研究小组编著:《〈中华人民共和国侵权责任法〉条文理解与适用》,人民法院出版社2010年版,第185页。

> **第一千一百八十七条** 损害发生后，当事人可以协商赔偿费用的支付方式。协商不一致的，赔偿费用应当一次性支付；一次性支付确有困难的，可以分期支付，但是被侵权人有权请求提供相应的担保。

【条文主旨】

本条是关于损害赔偿费用支付方式的规定。

【条文理解】

一、侵权损害赔偿费用的支付方式概述

关于侵权损害赔偿费用的支付方式，世界各国或地区采取的主要有以下几种模式：一是绝对的一次性支付。采此做法的主要是英国、美国、丹麦、西班牙。比如英国法院基于"一了百了"的原则，通常都要求赔偿义务人将赔偿费用一次性支付给受害人，但如果受害人能够证明其在未来的某个时间内将出现某种严重疾病或者生理、心理状况的恶化，受害人可以要求法院判决临时性给付。[1] 二是以定期金支付为原则，以一次性给付为例外。采此做法的主要是德国、俄罗斯。比如《德国民法典》第843条规定，因侵害他人身体或者健康致受害人丧失或者减少劳动能力，或者增加生活上的需要，应以支付金钱定期金对受害人赔偿损失。如果存在有重大原因，受害人可以不要求定期金而要求一次给付赔偿总额。《俄罗斯民法典》第1092条规定，

---

[1] 王胜明主编：《中华人民共和国侵权责任法释义》，法律出版社2010年版，第120页。

因受害人劳动能力降低或者因受害人死亡引起的损害赔偿,按月支付。有正当理由时,法院考虑致害人支付的可能性,可依有损害赔偿权的公民的请求,判决向其一次性给付,但对三年以上的赔偿不适用一次给付。三是以一次支付为原则,以定期金给付为例外。采此做法的比如我国台湾地区,其"民法"第193条规定,不法侵害他人之身体或健康者,对于被害人因此丧失或减少劳动能力或增加生活上之需要时,应负损害赔偿责任。前项损害赔偿,法院得因当事人申请,定为支付定期金,但需加害人提出担保。四是赔偿费用的支付方式由法官自由裁量。采此做法的主要是荷兰、埃塞俄比亚。比如《荷兰民法典》第105条规定,法官可以命令债务人一次性支付或分期支付赔偿费用,并附随或不附随担保义务。此命令可以附带法官确定的条件。《埃塞俄比亚民法典》第2154条规定,如果采取定期金的支付方式与损害的性质或案情相适应从而被证明是合适的,则法院可命令以定期金方式赔偿损害。在此等情形,债务人得就偿付定期金提供担保。综合上述几种方式,目前世界各国或地区大多都是采取了一次性支付和定期金支付相结合的做法。采用一次性支付的方式有利于救济的一次性解决,避免次生矛盾;采用定期金支付的方式则有利于更加持续有效地救济受害人,避免个别受害人获得一次性赔偿款后因经营不善、市场变化甚至挥霍等陷入贫困状态,也有利于减轻侵权人一次性支付巨额赔偿款的压力,避免其陷入赤贫状态。但定期金赔偿也有其不足,就是持续时间较长,容易产生后期支付不能的风险,容易引发次生纠纷。

我国《民法通则》和有关司法解释对赔偿费用的支付方式也有明确规定。《人身损害赔偿司法解释》第33条规定:"赔偿义务人请求以定期金方式给付残疾赔偿金、被扶养人生活费、残疾辅助器具费的,应当提供相应的担保。人民法院可以根据赔偿义务人的给付能力和提供担保的情况,确定以定期金方式给付相关费用。但一审法庭辩论终结前已经发生的费用、死亡赔偿金以及精神损害抚慰金,应当一次性给付。"第34条规定:"人民法院应当在法律文书中明确定期金的给付时间、方式以及每期给付标准。执行期间有关统计数据发生变化的,给付金额应当适时进行相应调整。定期金按照赔偿权利人的实际生存年限给付,不受本解释有关赔偿期限的限制。"

《侵权责任法》借鉴有关国家和地区的立法经验,综合中国法律已有规定和司法实践的做法,对损害赔偿费用的支付方式作了明确规定,其第25条规定:"损害发生后,当事人可以协商赔偿费用的支付方式。协商不一致的,赔偿费用应当一次性支付;一次性支付确有困难的,可以分期支付,但应当提供相应的担保。"本条基本沿用了这一规定,只是将"但应当提供相应的担保"修改为"但是被侵权人有权请求提供相应的担保"。[①] 这一修改更加符合尊重当事人意思自治和民事诉讼当事人处分权原则的要求,表述更加严谨。根据本条的规定,有关侵权损害赔偿费用的支付方式应当遵循的规则是:首先,优先适用协商一致的支付方式;其次,适用一次性支付方式;最后,适用分期支付方式。下面就此予以着重探讨。

二、关于当事人双方协商一致的支付方式

侵权损害赔偿费用的支付方式首先应尊重当事人双方协商一致的结果。在《侵权责任法》起草过程中,其第一次审议稿第18条曾规定:"损害赔偿金应当一次性支付。一次性支付确有困难的,可以定期支付。"这一做法实际上是明确了损害赔偿费用以一次性支付为原则,以定期支付为例外的支付方式,也就是排除了适用当事人双方一致同意的赔偿费用支付方式的可能。我们认为,这与赔偿费用的特性不符,也与民事法律关系遵循的意思自治原则不符。侵权损害赔偿费用一般是指当事人一方因侵权行为给对方造成损害时为补偿对方损失而向其支付的金额,属于私法调整范畴,应遵循意思自治原则。而且,侵权赔偿费用的支付方式也直接关系到被侵权人合法权益能否得到及时、周全的保护,也与被侵权人利益直接相关,因此有必要首先

---

① 在侵权责任编第一次审议稿中即已作出此修改。

交由他们自己作出最佳利益判断，并作出妥协的合意处理，这也是当事人意思自治原则的体现。因此，《侵权责任法》在最终定稿时，将上述条文修改为"当事人可以协商赔偿费用的支付方式"。鉴于赔偿费用在不同性质的侵权纠纷中，具体表现形态有异，故这里的协商一致应作宽泛解释：只要双方当事人就特定赔偿项目的支付方式达成一致，即应按双方约定的方式支付该项赔偿费用。例如，在人身损害赔偿案件中，赔偿费用主要由医疗费、护理费、交通费、误工费、残疾生活辅助具费、残疾赔偿金、丧葬费和死亡赔偿金等项目组成。只要双方当事人就上述项目中某一项目款项的支付方式达成一致，即可按该约定支付方式给付，而不必要求所有项目均达成协商一致。如果双方当事人已就某项赔偿费用支付方式达成意思一致，则自动排除了就该项目适用一次性支付和分期支付的可能。[①]

三、关于一次性支付的方式

按照本条的规定，当双方当事人就赔偿费用的支付方式不能协商一致时，原则上应当采用一次性支付的方式。一次性支付的方式的优点在于，使这一损害赔偿法律关系因一次性赔偿完毕而即时消灭，这也是我国通行的人身损害赔偿方式。对于财产损害、精神损害的赔偿，原则上也要遵循此规则。一次性支付作为协商不成时的赔偿费用的首选支付方式，在我国立法中早有类似规定。例如，《医疗事故处理条例》第52条规定："医疗事故赔偿费用，实行一次性结算，由承担医疗事故责任的医疗机构支付。"此外，《人身损害赔偿司法解释》第31条也规定了："人民法院应当按照民法通则第一百三十一条以及本解释第二条的规定，确定第十九条至第二十九条各项财产损失的实际赔偿金额。前款确定的物质损害赔偿金与按照第十八条第一款规定确定的精神损害抚慰金，原则上应当一次性给付。"目前，人民法院在审判实践中对赔偿费用的支付较为普遍采取的也是一次性支付的方

---

① 最高人民法院侵权责任法研究小组编著：《〈中华人民共和国侵权责任法〉条文理解与适用》，人民法院出版社2010年版，第189页。

式。如上所述，一次性支付的方式可以彻底了结纠纷，避免侵权人未来可能存在的不能按照约定支付的风险，也避免此后可能引发的其他纠纷。

四、关于定期金支付的适用

依据本条规定，如果赔偿义务人一次性支付确有困难的，可以分期支付，即采取定期金支付的方式。定期金支付是指赔偿义务人在赔偿义务确定后未来的一段确定的时间（如法律或司法解释确定的赔偿期限）或不确定的时间（如受害人的生存期间），分次按年或按月预先确定的数额，或按照预先确定的计算标准支付人身赔偿费用额的一种损害赔偿方式。[①]

在现实生活中确实存在行为人一次性支付确有困难的情况，比如，有的侵权人生活困难，别说是一次性支付，分期支付都难以实现；有的侵权人虽可竭尽全力一次性支付，但支付后不能保证自己的基本生活需要，或者造成企业停业甚至破产，带来新的社会问题。侵权责任法虽然要填补受害人损失，但也要兼顾侵权人的合法权益。[②]而且，虽然一次性支付在及时填补赔偿权利人损失、消除未来纠纷方面作用明显，但其也有一定弊端：从上述赔偿费用的具体项目可以看出，医疗费、护理费、交通费、误工费等费用属于被侵权人的现实财产损害，而残疾赔偿金、死亡赔偿金等则是被侵权人将来所失利益的汇总。现实财产损害的计算相对比较客观明确，容易计算，一次性支付问题不大。而残疾赔偿金是对被侵权人因劳动能力降低或丧失而导致的未来收入减少的补偿。同理，死亡赔偿金按继承丧失说的观点，实质也是受害人因死亡导致未来收入的减少影响到其法定继承人在将来的财产继承数额。鉴于被侵权人未来收入本身的不确定性以及通货膨胀等不可预期因素的影响，对残疾赔偿金、死亡赔偿金等未来费用

[①] 张新宝：《侵权责任法原理》，中国人民大学出版社2005年版，第516页。
[②] 王胜明主编：《中华人民共和国侵权责任法释义》，法律出版社2010年版，第121页。

采取一次性支付的方式不必然对赔偿权利人有利。①为解决这一问题，《侵权责任法》第25条规定了"一次性支付确有困难的，可以分期支付，但应当提供相应的担保"。本条基本沿用这一规定，只是表述更加严谨，更加尊重当事人的意思自治。

通常而言，判断侵权人是否"一次性支付确有困难"的问题属于法官自由裁量权的范畴，可以参考的因素主要是侵权人是否存在经济上的现实困难。一般而言，侵权人如果自身经济条件不好，清偿能力较弱，甚至如果一次性支付将导致其破产或生活陷入窘迫时，可以认定其确有困难，这是适用定期金支付的基本因素。赔偿数额的大小、受害人需要赔偿款项的现实紧迫性等因素也可作为法院裁量的重要参数。此外，被侵权人的状况将来可能发生重大变化，比如，有证据证明被侵权人可能因被侵害导致健康状况将来出现恶化，这时可以考虑适用定期金支付的方式；或者为保护受损害的无民事行为能力人或限制民事行为能力人的合法权益，防止其应得的赔偿费用被其监护人挪用甚至挥霍，在这些情况下也都可以不实行一次性支付，适用分期支付。

在此需要注意的是，侵权赔偿费用采用分期支付方式的，被侵权人有权请求提供相应的担保。域外法上，《荷兰民法典》第105条第1款规定：法官可以判决债务人一次性支付赔偿金额，或者判决债务人附履行担保或不附履行担保分期支付赔偿金额。《人身损害赔偿司法解释》第33条也作了类似规定。所谓担保，依据物权编、合同编的有关规定，主要包括人保和物保的方式，结合本条规定，能够适用于本条规定情形的担保方式主要有保证、抵押、质押、定金及其他担保方式。当然，关于具体提供担保的要求，一方面要符合《民法典》其他部分关于担保的规定，同时要受到本条规定的"相应"的限制。这里的"相应"应当理解为确定担保数额时，侵权人提供担保的数额能够与分期给付数额相对应，保持大致公平，或者尊重当事人的意思自治。

---

① 最高人民法院侵权责任法研究小组编著：《〈中华人民共和国侵权责任法〉条文理解与适用》，人民法院出版社2010年版，第190页。

【审判实践中应注意的问题】

审判实践中适用本条时，应重点注意本条规定与《人身损害赔偿司法解释》等司法解释规定的衔接适用问题。就这一问题，有关本条规定的实质内容，比如一次性支付的范围、定期金的适用等均有涉及。

一、关于一次性支付的范围问题

本条与《人身损害赔偿司法解释》的区别在于，本条规定的侵权赔偿费用的支付并未明确依据赔偿项目的不同而确定是否采取一次性支付方式。也就是说，原则上所有赔偿费用的支付均可适用一次性支付方式。而《人身损害赔偿司法解释》第31条、第33条中规定一次性支付的对象为物质赔偿费用与精神损害抚慰金，原则上应当一次性给付。而且特别指出一审法庭辩论终结前已经发生的费用、死亡赔偿金以及精神损害抚慰金，应当一次性给付。针对同一事项，司法解释的规定与法律规定不冲突的，即使该司法解释规定在先，也可以继续适用，但如果该司法解释规定与在后的法律规定存在冲突，则应当适用法律的规定。对此有必要作相应的细化甄别，比如本条规定沿用《侵权责任法》的规定，确立的当事人协商一致的赔偿方式优先的做法，就应当优先于司法解释的规定予以适用。在当事人不能协商一致的情况下，这时涉及的司法解释中关于一次性支付范围的规定，可以作为本条规定"一次性支付"的细化规则，但在具体适用时也要与本条规定是否存在"一次性支付确有困难"的情形相衔接，若存在确有困难的情形，则应适用后面的分期支付的方式。

二、关于定期金支付方式的适用

《人身损害赔偿司法解释》第34条第2款规定："定期金按照赔偿权利人的实际生存年限给付，不受本解释有关赔偿期限的限制。"该条规定的定期金的给付期限是按赔偿权利人的实际生存年限给付，事先没有固定总的给付期限。而本条所言的分期支付则既可包括按赔偿权利人的实际生存年限给付，也可包括根据损害实际情况事先固定一个总的期限进行给付。我们认为，这两者并不冲突，前者可以理解为是本条规定在人身损害赔偿领域的细化规定，可以继续适用。同样，对于采用定期金支付的损害赔偿费用数额的调整，也可参照适用《人身损害赔偿司法解释》第34条的规定[①]综合确定。另外，如果分期给付是采用事先固定总的给付期限方式，那么当固定的总给付期限到期后，赔偿权利人仍有继续护理、配制辅助器具的需要，或者没有劳动能力和生活来源的，赔偿权利人仍可就上述费用继续起诉而不受之前分期支付的限制。对此，《人身损害赔偿司法解释》第32条[②]有相应规定。这些规定与本条规定并不冲突，可以继续适用。

[①] 《人身损害赔偿司法解释》第34条规定："人民法院应当在法律文书中明确定期金的给付时间、方式以及每期给付标准。执行期间有关统计数据发生变化的，给付金额应当适时进行相应调整。定期金按照赔偿权利人的实际生存年限给付，不受本解释有关赔偿期限的限制。"

[②] 《人身损害赔偿司法解释》第32条规定："超过确定的护理期限、辅助器具费给付年限或者残疾赔偿金给付年限，赔偿权利人向人民法院起诉请求继续给付护理费、辅助器具费或者残疾赔偿金的，人民法院应予受理。赔偿权利人确需继续护理、配制辅助器具，或者没有劳动能力和生活来源的，人民法院应当判令赔偿义务人继续给付相关费用五至十年。"

第三章 责任主体的特殊规定

> **第一千一百八十八条** 无民事行为能力人、限制民事行为能力人造成他人损害的,由监护人承担侵权责任。监护人尽到监护职责的,可以减轻其侵权责任。
>
> 有财产的无民事行为能力人、限制民事行为能力人造成他人损害的,从本人财产中支付赔偿费用;不足部分,由监护人赔偿。

【条文主旨】

本条是关于被监护人致人损害的监护人责任的规定。

【条文理解】

侵权责任编第三章关于"责任主体的特殊规定",是侵权责任中的特殊责任形态,主要规定的是对人的替代责任,监护人责任就是替代责任的具体类型。监护人的侵权责任,是指在无民事行为能力人和限制民事行为能力人造成他人损害时,由监护人承担的侵权民事责任。我国关于监护人责任的规定,最早由《民法通则》第133条作出规定,《侵权责任法》第32条基本沿用了该规则,本条规定的内容除将"职责"改为"责任"外,与《侵权责任法》第32条基本相同,但因《民法总则》在监护制度中增加规定了成年人监护制度,故本条规定的实施加害行为的被监护人,不再限于未成年人和精神病人,丧失民事行为能力的老年人、植物人等成年人致人损害的,监护人也应承担监护责任。因此,本条规定的监护人责任的内涵与外延较《侵权责任法》第32条更为丰富。

一、监护人责任的归责原则

被监护人致人损害时监护人责任的归责原则,各国或地区的法律制度不尽相同,主要存在以下几种类型:

(一)过错责任

典型的是《奥地利民法典》,根据《奥地利民法典》的规定,只有受害人证明了监护人在履行监督义务时存在过错的情况下,监护人才承担责任。[①]

(二)过错推定责任

例如,《德国民法典》第828条规定,依照法律规定对因未成年或因精神、肉体上的状况而需要监督者负有实施监督义务的人,就需要监督的人所不法加给第三人的损害,负赔偿义务。监督义务人已尽其监督义务,或在适当地实施监督的情况下损害也会发生的,不负赔偿义务。《日本民法典》第712条规定,未成年人给他人造成损害,如果是因为不具备足以辨识自己的行为责任的智能,则不对其行为负赔偿责任。第714条规定,在前两条规定无责任能力人不负责任的情况下,对于无责任能力人给第三人造成的损害,由对于无责任能力人负有法定监督义务的人负赔偿责任。但监督义务人并没有怠于履行其义务,或者即便不怠于履行其义务损害仍不免要发生时,则不在此限。我国台湾地区"民法"第187条规定,无民事行为能力人或限制行为能力人不法侵害他人之权利者,行为时无识别能力的,由其法定代理人负损害赔偿责任。前项情形,法定代理人如其监督并未疏懈,或纵加以相当之监督,而仍不免发生损害者,不负赔偿责任。这就说明,在德国、日本和我国台湾地区,监护人的责任是以其过错为前提

[①] [德]克雷斯蒂安·冯·巴尔:《欧洲比较侵权行为法》(上卷),张新宝译,法律出版社2004年版,第189页。

的，但是通过举证责任倒置的方法使该证明责任由监护人承担，因此为过错推定责任。①

（三）混合归责原则

最典型的是《荷兰民法典》。《荷兰民法典》根据年龄区分作为监护人的父母亲的责任，如前所述，父母亲对14岁以下的孩子之举动给他人造成的损害承担严格责任，14岁至16岁孩子的父母亲仅对推定的过错承担责任，如果他们能够证明任何人都不能指责他们没有防止该孩子的行为则不承担责任。对于16岁和17岁的孩子的行为，父母亲有过错的才承担责任。②

我国立法上被监护人致人损害时监护人责任的归责原则，有人认为是一种特殊的过错推定责任，"其特殊性体现在即使监护人能够证明自己尽到了监护义务，也仅能减轻责任，而不能免责"。我们认为，从我国《民法通则》到《侵权责任法》再到《民法典》侵权责任编的本条规定来看，我国立法对监护人责任采取的是无过错责任原则。与大多数国家的规定不同，监护人未尽监护义务并非监护人责任的成立要件，而只是减轻责任的要件。即使监护人没有疏于、怠于履行监护责任，或者即使尽到监护责任仍然不能避免损害的发生，监护人仍然应当承担民事责任，只是责任程度可以根据具体情况适当减轻，也就是说，监护人尽到监护责任仅是监护人责任的减责事由。

之所以将监护人责任规定为无过错责任，其原因在于：首先，从行为人的认知能力来看，无民事行为能力人和限制民事行为能力人缺乏相应的认识和判断行为的法律后果的能力；其次，从对受害人赔偿的角度来看，无民事行为能力人和限制民事行为能力人往往无相应的赔偿能力，如由其承担责任往往使受害人难以得到赔偿；最后，从与无民事行为能力人和限制民事行为能力人的关系上来看，监护人对无

---

① 王泽鉴：《侵权责任法特殊侵权行为》（第二册），我国台湾地区2006年自版，第74页。
② ［德］克雷斯蒂安·冯·巴尔：《欧洲比较侵权行为法》（上卷），张新宝译，法律出版社2004年版，第182页。

民事行为能力人和限制民事行为能力人负有法定的监督、教育等义务，监护人和被监护人之间存在最密切的联系，只有监护人才最有可能通过日常教育和采取具体措施避免或减少对第三人的侵害。①

二、监护人责任的特点

（一）监护人责任是对人的替代责任

无民事行为能力人或者限制民事行为能力人实施具体的侵权行为，造成了被侵权人的人身、财产损害，但承担侵权责任的不是造成损害的行为人，而是行为人的监护人，即由监护人替代行为人承担侵权责任，故我国规定的监护人责任是典型的替代责任，即为他人的侵权行为负责的责任。

（二）监护责任是无过错责任，但以公平原则作为补充

无民事行为能力人或者限制民事行为能力人实施侵权行为，造成了他人的人身、财产损害，无论监护人是否尽到监护责任，监护人都应承担侵权责任。但是，对于实施加害行为的无民事行为能力人或者限制民事行为能力人，可以减轻他的民事责任，这是公平原则的适用，是考虑平衡双方当事人的经济利益而采取的措施。德国的冯巴尔教授指出：（1）儿童不同于动物，不是可有可无的，而是人类生存和发展所必须的。监护人对孩子造成的损害之责任不应等同于饲养动物的占有人对该动物致人损害所应承担的责任。（2）儿童不是"危险物品"，他不能被放在高度安全的仓库里。他需要参加不同层次和形式的社会活动，经风雨、见世面才能成长。作为监护人的父母亲抚养孩子，诚然能够从中享受一些人伦亲情的天伦之乐，但更多的是需要付出时间、精力和金钱，这种"人的再生产"过程，既是家庭的也是社会的。家庭对未成年人致人损害的后果需要承担一定的责任，社会对此也应作出相应的分担，这才是正确的思路。如果过分强调监护关系的绝对性，强调监护人在监护关系中的精神利益以及对被监护人的

---

① 张新宝：《侵权责任法原理》，中国人民大学出版社2005年版，第309页。

控制能力，就会趋向于对监护人科以较为严格的责任；相反，注重未成年人成长构成的社会性，理解父母在抚养孩子的过程中所付出的劳动、艰辛的社会价值，就会倾向于适当减轻监护人的责任，更多考虑过错要素对责任构成和责任承担的作用。因此，在规定监护人应当对无民事行为能力人和限制民事行为能力人致人损害的行为承担侵权责任的同时，都规定监护人尽到监护责任的可以减轻其侵权责任。

（三）监护人责任范围的确定

监护人责任不以行为人的年龄、认知能力和责任能力加以区分，但责任范围的确定受行为人财产状况的制约。在各国侵权法中，对于监护人的责任都是依据行为人的责任能力而确定，即没有民事责任能力的未成年人或者心智丧失之人，不承担侵权责任，而由他们的监护人承担责任。我国立法没有采纳责任能力的概念，而是以民事行为能力代替责任能力，无论致人损害的行为人有无民事行为能力，均不影响受害人的赔偿请求权的成立。但是，监护人责任的承担，受无民事行为能力或者限制民事行为能力的行为人有无财产的制约。行为人自己有财产的，应当先从他自己的财产中支付赔偿金，监护人仅对不足的部分承担责任，该责任为补充责任。至于行为人的财产，可以是受赠的财产、继承的财产，以及其他合法所得财产。需要指出的是，本条的"有财产"，并非指被监护人有少量的零用钱或价值不大的日常生活用品，而是指被监护人拥有价值较大的动产（如存款、贵重物品）和不动产（如房产）。从被监护人的财产中支付赔偿费用，必须保证被监护人正常生活和接受教育的开支，不得超过这一限度支付赔偿费用。如《普鲁士民法典》就规定，在监护人或者其父母没有能力或者不能赔偿损害的情形，儿童的财产可以用于赔偿直接损失，并且该赔偿不以剥夺其日常生活或有益于其社会地位的教育为限。《德国民法典》对其进行了一定的修正，若受害人不能从监护人处得到赔偿，应当根据当事人的状况，在不剥夺未成年人维持适当的生计以及履行法定扶养义务所需金钱的限度内，仍必须赔偿损害，该赔偿范围不限于直接损害。

【审判实践中应注意的问题】

审判实践中适用本条规定，应注意以下几点：

第一，在审判实践中，如果受害人仅起诉致人损害的被监护人或者仅起诉监护人，人民法院应当依照《民事诉讼法》的有关规定，依职权追加监护人或者致人损害的被监护人为共同被告，以便查明侵权行为是否成立以及如何承担侵权责任的问题。

第二，本条规定的实施加害行为的被监护人，不再限于未成年人和精神病人。因《民法总则》增加了成年人监护制度，故非精神病的成年人，如果其实施加害行为时属于无民事行为能力人或者限制民事行为能力人，其监护人都应承担民事责任。监护人在这种情况下的民事责任，是由法律直接规定的，而不考虑监护人对被监护人平时教育、管教是否尽责，也不考虑无民事行为能力人、限制民事行为能力人本人的年龄、智力及其判断能力。

第三，在无民事行为能力人、限制民事行为能力人的监护人不明确的情况下，应由顺序在前的有监护能力的人承担民事责任。这里监护人不明确是指有监护资格的人对监护人的确定有争议，无法达成协议而又尚未经有关机关指定监护人的情形。

第四，侵权行为发生时行为人不满18周岁，在诉讼时已满18周岁并有经济能力的，应当承担侵权责任；行为人没有经济能力的，应当由原监护人承担侵权责任。

第五，关于夫妻离婚后的监护问题。在夫妻离婚后，双方仍然都是未成年人的法定监护人，只是抚养子女的方式发生了变化，一方直接抚养、照顾子女，另一方承担抚养费并享有探望子女的权利。当未成年子女侵害他人权益时，同该子女共同生活的一方首先应当承担民事责任，因为未与子女共同生活的一方客观上很难履行监护职责，等于把监护职责委托给直接抚养子女的一方行使。与子女共同生活一方的监护职责与另一方相比，更为直接和具体，其管教和保护未成年子女的义务也更重。如果直接抚养子女的一方独立承担民事责任确有困难的，未与子女共同生活的一方（毕竟还是法定的监护人）应共同承担民事责任。

第六，单位担任监护人的，是否承担监护责任的问题。《民法通则》第133条第2款规定："有财产的无民事行为能力人、限制民事行为能力人造成他人损害的，从本人财产中支付赔偿费用。不足部分，由监护人适当赔偿，但单位担任监护人的除外。"如何理解《民法通则》规定的"单位担任监护人的除外"的含义，在司法实践中有两种截然不同的观点：一种观点认为，单位应当承担全部赔偿责任；另一种观点认为，单位不承担赔偿责任。《侵权责任法》第32条和本条规定均删除了《民法通则》第133条第2款中"但单位担任监护人的除外"的规定。根据全国人大法工委民法室所作的条文释义，之所以这样修改，是为了促使单位监护人尽职履行监护职责，防止其怠于行使监护职责，放任被监护人侵权行为的产生，保证被侵权人受到的损害得到赔偿，明确单位监护人应当承担与非单位监护人同样的责任。[①]

第七，《民法典》增加规定了第1189条关于委托监护的侵权责任的规定。在被监护人处于他人照管场合，如果被监护人造成了他人的损害，适用第1189条的规定确定侵权责任。

---

① 参见王胜明主编：《〈中华人民共和国侵权责任法〉条文解释与立法背景》，人民法院出版社2010年版，第131页。

第一千一百八十九条 无民事行为能力人、限制民事行为能力人造成他人损害，监护人将监护职责委托给他人的，监护人应当承担侵权责任；受托人有过错的，承担相应的责任。

【条文主旨】

本条是关于委托监护侵权责任的规定。

【条文理解】

随着经济社会快速发展，我国大量剩余劳动力流入城市，留守儿童数量呈逐年递增趋势。这些留守儿童多由父母委托他人代为照顾。同时，由于工作繁忙或监护能力有限等因素，城市里也出现了大量的监护人将未成年人或者年老多病、丧失劳动能力、生活不能自理的老人交由他人代为照管的现象。这种将监护职责部分或全部委托他人履行的情况，即称为委托监护。司法实践中，委托监护下未成年人致人损害的案件数量有逐渐攀升趋势，受托监护人是否需要对损害承担侵权责任，如何承担侵权责任等，都是亟待解决的问题。

在民法典编纂之前，我国关于受托监护人对被监护人致人损害的民事责任的规定体现在《民法通则意见》第22条的规定中，该条规定："监护人可以将监护职责部分或者全部委托给他人。因被监护人的侵权行为需要承担民事责任的，应当由监护人承担，但另有约定的除外；被委托人确有过错的，负连带责任。"《民法典》侵权责任编吸收借鉴了《民法通则意见》第22条的规定，在本条中规定了委托监护的侵权责任问题，但对受托监护人的责任作出了调整，按照本条规定，受托监护人对被监护人造成的损害有过错的，不再承担连带责任，而是承担相应的责任。理解该条，应注意把握以下几个方面：

一、委托监护的性质与特征

委托监护是监护人难以履行监护职责的产物，其实质是一种以监护人和受托监护人为主体，以监护职责的代为行使为主要内容的委托合同。因此，委托监护法律关系是建立在监护法律关系上的委托关系。委托监护并非与《民法总则》规定的法定监护、指定监护并列的一项监护制度，因为监护权作为一种身份权，只有法律规定的特定主体才享有，基于身份权的专属性，监护权不得让渡，故受托人并不因委托监护而享有监护权。委托监护的成立前提是既存的监护关系，只是监护人发生监护障碍时，在监护人地位不发生变更的情况下，受托人依双方约定代为履行监护职责。受托人代监护人照管被监护人，但监护权并不因委托监护的发生而转移，只是监护人履行监护职责方式的变更。委托监护的成立并不成为新监护关系开始的原因。委托监护具有以下特征：

1.委托监护的成立应以监护人与受托人之间达成明示或默示的代为履行监护职责的合意为基础。因监护职责的履行直接关系到被监护人人身、财产和其他合法权益，故法律对监护人资格作了明确规定。监护职责原则上应由监护人亲自履行，但监护障碍的出现，使委托监护成为帮助监护人履行监护职责的辅助手段，受托监护人也因此承担了代监护人履行部分或全部监护职责的义务。民法上，义务的产生或基于法律规定，或基于当事人约定。相对于监护人承担监护职责的法定性，受托监护人的代为履行只能以监护人与受托人之间的约定为基础。这种约定，可以采取书面或者口头合同的明示方式设立委托监护关系，如家长与婴幼儿托管机构签订托管合同，在工作日将未成年子女交付托管机构托管；也可以采用默示的方式设立，即由监护人的委托行为与受托人的照管行为推断监护合意的存在，如父母进城务工，将未成年子女交付农村的爷爷奶奶照看。无论何种方式，委托监护的成立均应以监护人与受托人达成代为履行监护职责的合意为前提。

2.委托监护的内容是监护职责的代为行使,即受托人为监护人处理监护事务。监护人与受托人之间往往具有一定的信任关系。因委托监护义务的履行关系到未成年人的人身、财产利益,受托人的选定体现了监护人对受托人代为履行监护职责的能力和水平的认可,监护人对受托人的信任不言自明;受托人接受委托事务,也表达了其对监护人和监护职责的了解而承担责任的意愿。由于监护职责的特殊性,使得委托监护一旦成立,除受托人无法履职等特殊情况,受托人即要亲自完成监护义务和对第三人权益的注意义务。

3.委托监护不仅使监护人与受托人之间形成委托合同关系,受托监护人与被监护人之间也形成了一种特殊关系,这种特殊关系使受托监护人获得了对被监护人的行为一定程度上的控制能力,承担了对被监护人的监督义务。

4.委托监护可为有偿,也可为无偿。因监护人和受托人间的信任关系,委托监护有偿与否,主要取决于当事人的约定。实践中,有偿与无偿的委托监护都大量存在。

二、委托监护中被监护人致人损害的侵权责任

(一)监护人的责任

监护权作为一种身份权,以义务为中心,而不是以权利为中心。在监护人将监护职责委托给他人的场合,如果被监护人造成了他人的损害,由于受托人只是协助监护人履行监护职责,并不改变原监护人的地位,监护权并未因委托监护而发生转移,监护义务仍属于监护人,故仍应由监护人对被监护人造成的损害承担侵权责任。对于监护人对被监护人的侵权行为承担侵权责任的法理依据,存在监护理论说、控制理论说、危险理论说等多种学说,我国立法采大陆法系的监护理论说。因为监护职责的存在,监护人应对被监护人采取合理措施,监督被监护人的行为,防止其对他人利益造成损害。当监护人未尽到监护职责所要求的监督义务,致使被监护人侵害他人人身财产权益的,监护人应当就其监督过失承担赔偿责任。监护人承担的这种赔

偿责任，其性质是完全责任、替代责任，责任的范围、赔偿费用的支付仍适用《民法典》第1188条关于监护人责任的规定。

（二）受托人的责任

被监护人致人损害时，受托监护人应否承担侵权责任、如何承担侵权责任，是本条重点规范的内容。本条的规定有别于《民法通则意见》第22条的规定，受托人对被监护人造成的损害有过错的，不再承担连带责任，而是承担相应的责任。

委托监护产生的根本原因在于监护障碍的出现，对于代为履行监护义务的受托监护人，合同义务的全面履行要求其代监护人对未成年人进行较为细致、全面的照管，受托监护人因代为履行监护职责而在一定程度上获得了对被监护人行为的控制能力，承担了对被监护人的监督义务和对第三人权益的注意义务。如果受托监护人在被监护人实施侵害行为时，具有对被监护人的控制能力却疏于监督，并由此导致被监护人的行为造成他人损害，应认定受托监护人对被监护人致人损害结果的发生具有过错。受托监护人怠于监护的消极行为与被监护人的行为叠加，造成了第三人的损害，故损害结果的发生与受托监护人的过错行为之间具有法律上的因果关系。据此，受托监护人应为其疏于履行监护责任的消极行为造成损害后果的发生承担过错侵权责任。受托监护人所承担的侵权责任，性质上属于自己责任、过错责任。由于受托监护人所承担的侵权责任是过错责任、自己责任，则承担责任的范围应根据受托监护人的过错大小、过错与损害结果之间的原因力予以认定。因此，本条中关于"受托人有过错的，承担相应的责任"的规定，应理解为与受托人的过错及原因力相适应的按份责任。受托监护人与监护人之间仅具有委托合同关系，并不具有法律上承担连带责任的特定法律关系，《民法通则意见》第22条规定受托监护人与监护人承担连带责任，加重了受托监护人的责任，不利于委托监护制度的功能发挥。

【审判实践中应注意的问题】

受托监护人的过错，应以疏于履行监督义务为标准。对于疏于履行监督义务的判断，应坚持"个案判断"原则和"利益衡量"原则。史尚宽先生认为，监督义务的判断"不独已尽一般的所要求之监督义务，而且就该加害行为特别情事，亦应已为必要之监督，始可免除疏懈之责。……又监督之疏懈与否，应以加害行为之时为准。即于此时法定代理人是否以善良管理人之注意，尽其监督之责任"。[1] 由于被监护人"加害行为之时"的具体情况千差万别，很难对受托监护人的监督义务作出一般性规定，而只能根据个案的情况，综合受害人的人身财产权益、被监护人的自身特点（年龄、性格、过往表现）、健康自由发展空间、教育义务的履行情况、受托监护人的履行成本等因素，予以综合判断。同时，在考虑受托人的责任时，还应依据委托合同的有偿和无偿等因素，决定受托人的责任范围。

---

[1] 史尚宽：《债法总论》，中国政法大学出版社2000年版，第184~185页。

> **第一千一百九十条** 完全民事行为能力人对自己的行为暂时没有意识或者失去控制造成他人损害有过错的，应当承担侵权责任；没有过错的，根据行为人的经济状况对受害人适当补偿。
>
> 完全民事行为能力人因醉酒、滥用麻醉药品或者精神药品对自己的行为暂时没有意识或者失去控制造成他人损害的，应当承担侵权责任。

【条文主旨】

本条是关于完全民事行为能力人暂时丧失心智损害责任的规定。

【条文理解】

完全民事行为能力人造成他人损害应当承担侵权责任，一般是以行为人有过错为要件，行为人丧失意识后致人损害，则难谓有过错，行为人是否承担民事责任，在《侵权责任法》实施之前我国法律及司法解释中都没有作出规定，但司法实践中存在这样的案例，特别是因醉酒导致的交通事故更是频发。完全民事行为能力人暂时丧失意识或者失去控制造成他人损害的责任，德国、日本和我国台湾地区"民法"都作了规定。如根据《日本民法典》第713条规定，在心神丧失期间给他人造成损害者不负损害赔偿责任，但因故意或过失招致一时的心神丧失时，行为人仍应承担侵权责任。《侵权责任法》第33条规定了这种特殊侵权责任类型，《民法典》侵权责任编予以保留。

导致完全民事行为能力人丧失意识的情况比较复杂，本条根据不同情形，规定了完全民事行为能力人的责任：

第一种情况，完全民事行为能力人对自己的行为暂时没有意识或者失去控制存在过错，应承担侵权责任。这里的"过错"，是指明知某种行为（比如服用兴奋剂或某种药物）会导致对自己的行为暂时没有意识或者失去控制，仍然追求或者放任自己的行为，结果在自己不能控制的情况下造成他人损害，由于其对导致自己暂时没有意识或者失去控制具有主观上的过错，故应承担侵权责任。这种侵权责任仍贯彻了过错原则，属于过错侵权责任。

第二种情况，完全民事行为能力人对自己的行为暂时没有意识或者失去控制没有过错（比如驾车途中突发心脏病），但造成了他人损害，从公平的角度考虑，应根据行为人的经济状况对受害人予以适当补偿。在这种情况下，完全民事行为能力人承担的是"补偿责任"，而不是"赔偿责任"。《民法典》第1186条规定："受害人和行为人对损害的发生都没有过错的，依照法律的规定由双方分担损失。"该条是关于公平原则的规定。在当事人对于损害的发生都不应承担侵权责任时（如损害由不可抗力、意外事件造成），法官应当以公平作为衡量的价值标准，根据实际情况，由当事人双方公平地分担损失，当事人的负担能力也是适用公平原则所要考虑的必要因素。

依据该规定，由于行为人对自己的行为丧失意识或者失去控制没有过错，行为人不应承担侵权赔偿责任，但可以基于公平原则承担"补偿责任"，补偿范围可以根据行为人的经济状况来确定：行为人的经济状况较好的，可以多补偿一些受害人的损失；行为人的经济状况不好的，可以对受害人少补偿一些。

第三种情况，完全民事行为能力人因醉酒、滥用麻醉药品或者精神药品对自己的行为暂时没有意识或者失去控制造成他人损害，这种情况是对本条第1款行为人有过错的情形进行的比较具体的表述，实际是一个层面的问题。根据我国《刑法》的规定，醉酒的人应当承担刑事责任。根据《治安管理处罚法》规定，醉酒的人违反治安管理的，应当给予处罚。麻醉药品是具有一定依赖性潜力的药品，连续使用、滥用或者不合理使用，易产生身体依赖性和精神依赖性，能形成瘾癖。精神药品是直接作用于中枢神经系统，使之极度兴奋或抑制的药品。我国对于精神药品一直实行严格管理并严禁滥用。作为完全民事行为能力人，应当预见到醉酒或者滥用麻醉药品、精神药品后会难以控制自己的行为，可能会危害公共安全和他人的生命健康，但行为人放任结果的发生，仍然驾车或者采取其他方式造成他人人身权和财产权的损害，其行为本身具有违法性，应当对此发生的侵权行为承担侵权责任。例如，某人在北京醉酒驾车与一辆重型厢式货车左后部接触，造成其当场死亡，两车损坏。事故发生后，经交警进行调查，其酒精检测结果属于醉酒驾车并超速行驶，对该起事故承担主要责任。

【审判实践中应注意的问题】

一、行为人"暂时没有意识或者失去控制"的举证责任和事实认定

行为人"暂时没有意识或者失去控制"的事实，应由实施加害行为的完全民事行为能力人承担，因为行为人通常会利用该事实对受害人的责任主张进行抗辩，故依据"谁主张、谁举证"的举证责任分配原则，应由行为人举证证明其实施加害行为时暂时没有意识或者失去控制。审判实践中，对认定行为人"暂时没有意识或者失去控制"这个事实，可能存在举证比较困难、法院认定也比较困难的情况，处理不当可能导致侵权行为人利用本条规定规避其应当承担的侵权责任。故人民法院在审理此类纠纷时，遇到有关专业问题，应征询医学专家的意见，正确把握认定行为人"暂时没有意识或者失去控制"的尺度。

二、行为人过错的举证责任分配及反社会人格障碍者致人损害的认定

行为人的过错应当由受害人举证证明，这是一般举证责任规则的

要求。行为人抗辩自己无过错的，应当对此举证证明。在现实生活中，有一些人属于反社会人格障碍者，因为他们不讲道德，易于扰乱社会治安并造成危害他人的后果，故又称为违纪型人格障碍。反社会人格不属于精神病，但其心理过程等方面，特别是情感和行为受累的程度远远超过精神正常的人，他们的现实检验能力、是非判断能力和行为能力较一般人差，亦即他们居于精神病和正常人之间。尽管如此，这类反社会人格障碍者在大多数情况下仍然保留辨认自己行为的能力，对他人造成损害时仍应承担侵权赔偿责任。

三、行为人没有过错时，其对受害人的适当补偿应当由法院作出判定，法院考虑的因素是行为人的经济状况

"经济状况"不应机械地理解为行为人个人的经济状况，而应当是其家庭经济状况，因为此时需要尽量填补受害人的损失，行为人家庭的整体经济状况一般强于个人，这样的考虑有助于保护受害人。而且，在考虑行为人经济状况时应对比行为人与受害人间的经济状况，即使行为人经济状况也不好，但如果受害人的经济状况更差，那么行为人也应当给予适当的补偿。

四、本条第2款在适用中需注意的问题

（一）如何理解"醉酒"

醉酒在法律上有生理性醉酒和病理性醉酒之分，前者是指饮酒超过一定量后导致的醉酒状态，后者是指少量饮酒即导致醉酒状态。两者的法律意义是不同的，对本可控制的生理性醉酒造成损害的，行为人具有过错，应当承担侵权责任。对属于精神病态的病理性醉酒，行为人无法控制，即使造成损害行为人有时也没有过错，不应一概要求其承担侵权责任。对于第2款中的醉酒，无疑应当包括生理性醉酒，而病理性醉酒则需要分别探讨。我们认为，对于明知自己会病理性醉酒，仍然少量饮酒的人来讲，其少量饮酒致人损害的行为也构成过错，按照第1款的规定应当承担侵权责任，所以不妨将其纳入第2款

中"醉酒"范畴。而对于初次饮酒或不知道自己会病理性醉酒的人，如果发生病理性醉酒，即使在醉酒后失控造成损害，其不存在过错，对醉酒也不承担侵权责任，行为人按照本条第 1 款后段的规定对受害人的损害适当补偿。另外，在判断生理性醉酒时，法律并没有给出明确的标准，而且因各人的酒量不同而导致是否醉酒无法统一规定，实践中应当从行为人有无识别能力来判断，如果行为人已没有意识或失去控制，应当认为其醉酒。在机动车致人损害场合，我国交通法规从 2011 年开始禁止酒驾，故无论是生理性醉酒还是病理性醉酒后驾车致人损害的，都应承担侵权责任。

（二）如何理解"滥用麻醉药品或者精神药品"

根据国务院《麻醉药品和精神药品管理条例》第 3 条规定，麻醉药品和精神药品是指列入麻醉药品目录、精神药品目录的药品和其他物质。"滥用"包括两方面的内容：其一，本不应使用而予以使用。比如在缓解轻微疼痛中本不应使用海洛因，而行为人吸食海洛因，导致其暂时失去意识。其二，过量使用。过量与否应当以该药品的正常使用量作为标准。过量使用导致行为人失去识别能力时，应当认定为滥用。

> **第一千一百九十一条** 用人单位的工作人员因执行工作任务造成他人损害的，由用人单位承担侵权责任。用人单位承担侵权责任后，可以向有故意或者重大过失的工作人员追偿。
>
> 劳务派遣期间，被派遣的工作人员因执行工作任务造成他人损害的，由接受劳务派遣的用工单位承担侵权责任；劳务派遣单位有过错的，承担相应的责任。

【条文主旨】

本条是关于用人者责任的规定，包括用人单位责任和劳务派遣单位、劳务用工单位责任。

【条文理解】

本条在《侵权责任法》第34条的基础上，作了两处修改：一是增加规定了用人单位与工作人员内部之间的责任承担，明确了用人单位对工作人员执行工作任务的侵权行为承担责任后，可以向具有故意或者重大过失的工作人员进行追偿。二是对于劳务派遣单位的责任规定，由《侵权责任法》第34条第2款规定的"相应的补充责任"，修改为"相应的责任"。

一、本条的适用范围

本条与《民法典》第1192条个人劳务责任，都是关于用人者的特殊侵权责任规定，在比较法上和我国学理上称之为雇主责任、使用人责任。《民法典》侵权责任编承继了《侵权责任法》的立法模式，根据用工主体性质的不同，将用人者责任分为《民法典》第1191条和第1192条两条规定，但具体所指基本相同。本条分两款，分别规定了用人单位责任和劳务派遣单位、劳务用工单位责任。

本条规定所称的用人单位，是从《劳动法》和《劳动合同法》中借鉴而来，但其内涵和外延更广，除个人、家庭、农村承包经营户等外，《民法典》总则编所规定的营利法人、非营利法人（事业单位、社会团体、基金会、社会服务机构、宗教活动场所等捐助法人）、特别法人（机关法人、农村集体经济组织法人、城镇农村的合作经济组织法人、基层群众性自治组织法人）以及不具有法人资格的非法人组织，统称用人单位，而不区分其与劳动者之间是否存在劳动关系。

本条所规定的用人单位的工作人员，应当包括但不限于劳动者，还当然地包括公务员、参照公务员进行管理的其他工作人员、事业单位实行聘任制的人员等；该工作人员不仅包括一般工作人员，还包括用人单位的法定代表人、负责人、公司董事、监事、经理、清算人等；不仅包括正式在编人员，也包括临时雇佣人员。

由于《国家赔偿法》对国家行政机关、司法机关违法行使公职权引起的赔偿责任作了规定，国家机关和国家机关工作人员因履行公职权造成他人损害，如果属于《国家赔偿法》规定的赔偿事由的，应该依照《国家赔偿法》的规定处理，不适用本条规定的用人单位责任。同时，基于个人之间形成劳务关系而产生的用人者责任，由《民法典》第1192条予以调整。因此，本条主要调整个人劳务关系以外、《国家赔偿法》规定之外的用人单位的责任。

二、用人单位的责任构成与特点

（一）用人单位责任是无过错责任

用人单位的工作人员因执行工作任务造成他人损害的，由用人单位承担侵权责任，这种责任属于替代责任，即由非行为人对行为人的侵权行为承担责任。关于用人单位责任的归责原则，存在两种观点：一种观点认为，用人单位责任属于无过错责任。对工作人员因执行工作任务致人损害的，用人单位本身虽无任何过失，仍应负赔偿责任，用人单位不得主张尽到选任、用人的相当注意义务而免责。另一种观点认为，用人单位责任属于过错推定责任。在用人者责任中实际存在两个行为，一个是造成损害的工作人员的行为，另一个是用人单位监督管理不力、管理不当的行为。过错推定责任的适用，能够从工作人员致他人损害的事实中，推定用人单位疏于选任、监督之责的过错，实行举证责任倒置，由用人单位举证证明自己已尽相当的注意，无须被侵权人举证证明而直接推定用人单位的过失，就使被侵权人处于有利地位，使其合法权益能够得到很好的保护。[①]这两种观点都能合理解释用人单位责任的归责原则。根据对立法机关立意的解读，本条规定的用人单位责任属于无过错责任，其目的是适用无过错责任原则，有利于减少或避免用人单位侵权行为的发生，促进用人单位提高技术及管理水平，最终促进社会生产力的发展；有利于切实保护受害人的合法权益，使受害人的损害赔偿请求权更容易实现，受到损害的权利能及时得到救济。

（二）用人单位责任以工作人员执行职务的行为构成侵权为前提

用人单位承担侵权责任有两个前提：一是侵权行为必须是工作人员执行工作任务的行为。只有在执行工作任务过程中造成损害的，才是职务侵权行为，用人单位才有必要为其造成的损害负责。法定代表人、负责人及其他工作人员虽造成他人损害，但该损害行为不是执行职务的行为，则用人单位不承担侵权责任，应由行为人自己承担责任。二是工作人员执行职务的行为构成侵权。工作人员在执行工作任务时造成他人损害的，只有该行为构成侵权行为，用人单位才承担侵权责任。比如，在一般侵权场合，工作人员执行职务的行为需同时满足行为的违法性、过错、因果关系和损害后果四个要件，才成立侵权法律关系，此时用人单位才需承担侵权责任，若工作人员执行职务致人损害是出于紧急避险等原因所致而不成立侵权责任，则用人单位无须承担侵权责任。

[①] 杨立新：《〈中华人民共和国侵权责任法〉条文释解与司法适用》，人民法院出版社2010年版，第197~200页。

（三）用人单位责任是单独责任

在比较法上，雇主责任存在着单独责任和连带责任两种立法例。本条规定区分了受害人与侵权人的外部求偿关系，与用人单位和工作人员的内部追偿关系。在外部求偿关系中，用人单位的工作人员因工作对他人实施侵权行为，仅以用人单位为唯一的侵权责任主体，未将行为人作为侵权责任主体，即用人单位责任是单独责任，其理论依据在于只要用人单位的法定代表人或工作人员在经营活动范围内的一切行为，都应视为用人单位实施的行为，而不是他们个人的行为，因此产生的责任也应当由作为雇主的用人单位承担，而不是他们个人负担。即在行为人与其所属单位或组织之间，从第三人的角度观察，行为人的人格已经为单位或组织等使用人的人格所吸收，其独立性不复存在，不再是独立的主体，进而执行使用人职务之际，该行为并不具有独立的意思，无论是法律行为、事实行为或侵权行为，逻辑上均为使用人的行为，行为人当然也就不能享有权利、负担义务、承担责任。[①]但在用人单位和工作人员的内部关系中，本条新增规定用人单位承担侵权责任后，可以向有故意或者重大过失的工作人员追偿。

（四）用人单位承担侵权责任后享有追偿权

用人单位承担侵权责任后能否向工作人员追偿，《侵权责任法》第34条没有作出规定，本次编纂《民法典》侵权责任编，增加了用人单位追偿权的规定，即用人单位承担侵权责任后，可以向有故意或者重大过失的工作人员追偿。一是虽然《侵权责任法》第34条没有规定用人单位的追偿权，但立法机关认为这不影响用人单位依照法律规定，或者根据双方约定来行使追偿权，如果用人单位和工作人员对能否追偿、追偿多少有争议的，可以向人民法院提起诉讼，由人民法院根据具体情况公平解决。[②]本条增加规定用人单位的追偿权，使这

[①] 蔡立东：《个体主义方法论与使用人侵权责任的重构》，载《烟台大学学报（哲学社会科学版）》2009年第3期。

[②] 王胜明主编：《〈中华人民共和国侵权责任法〉条文解释与立法背景》，人民法院出版社2010年版，第136~137页。

一问题得以明确,避免争议。二是用人单位只能向因故意或者重大过失造成损害的工作人员追偿,这体现了内部求偿关系中的过错原则,如果工作人员对损害的发生不存在故意或者重大过失,仅是一般或轻微过失,或者没有过错,即便工作人员致人损害的行为成立侵权行为,用人单位承担责任后也不能向轻微过失或者无过失的工作人员追偿。对用人单位追偿权作出此种限制,是为了达到保障劳动者权益与兼顾公平的平衡。三是追偿权作为一种权利,用人单位既可以行使,也可以放弃。

三、"执行工作任务"的理解

"因执行工作任务对他人造成损害",是用人单位承担替代责任的前提条件和核心要素,如何理解"因执行工作任务"也就成为正确理解和适用本条的关键。有学者认为,判断工作人员的行为是否是执行工作任务,应依据下列条件来予以认定:(1)必须是用人单位的工作人员所为的行为。(2)必须是工作人员在执行职务的时间内所为的行为。(3)必须是工作人员在执行职务的地点所为的行为。(4)必须是工作人员在执行职务的时间和地点所为的执行职务的行为致人损害,用人单位才负责任。[1]另有学者认为,执行职务的范围,应理解为不仅限于直接与用人单位目的有关的行为,此外还包括间接与目的实现有关的行为,以及在一般客观上得视为用人单位目的范围内的行为。判断是否执行职务的标准是:(1)是否以用人单位名义;(2)是否在外观上须足以被认为属于执行职务;(3)是否依社会共同经验足以认为与用人单位职务有相当关联。[2]结合上述观点及司法实践,我们认为,在判断工作人员的侵权行为是否属于执行工作任务的范围时,除一般原则外,还必须考虑其他特殊因素,如行为的内容、时间、地点、场合、行为之名义(以用人单位名义或以个人名义)、行为的受益人(为用人单位受益或个人受益),以及是否与用人单位意志有关

---

[1] 刘士国:《现代侵权损害赔偿研究》,法律出版社1998年版,第302~303页。
[2] 马俊驹、余延满:《民法原论》(上),法律出版社1998年版,第163页。

联等。例如，工作人员在执行职务中，以执行职务的方法，故意致害他人，以达到个人不法目的，虽然其内在动机是出于个人的目的，但其行为与职务有着内在联系，因此也应认为是执行职务的行为，属于用人单位侵权行为，应由用人单位承担侵权责任。

实践中还有以下两个问题值得研究：

1. 工作人员超越职权范围以用人单位名义实施的行为致人损害的，用人单位是否承担责任？一种观点认为，工作人员只有在职权范围内为用人单位的利益活动时致人损害的，才构成用人单位的行为，由用人单位承担责任；另一种观点认为，工作人员的行为即使超出职权范围，但只要从行为的客观形式上不能使受害人认识，仍构成用人单位的行为，用人单位应当承担责任。我们认为，从保护受害人利益的角度，并结合表见代理、表见代表制度考虑，第二种观点值得肯定。例如，某公司的采购员奉命去甲商场采购，途中听说乙商场的价格更便宜，遂驾车改道去乙商场，途中致伤他人。用人单位明确指示去甲商场，而采购员却去了乙商场，与用人单位的指示不一致，超越了职权范围，但从去乙商场的行为在外观上来看，仍然是去执行用人单位职务，所以其侵权行为仍应视为用人单位的侵权行为，由用人单位承担责任。

2. 工作人员以用人单位名义实施的行为超出用人单位经营范围致人损害的，用人单位是否承担责任？严格来说，用人单位只能在有关部门行政许可的经营范围内从事经营活动，超出该范围的经营活动，已不属于用人单位的合法活动。但是，这是从用人单位的行为是否合法来分析问题的，即只有在用人单位经营范围内从事的活动，才能为合法的行为，超出用人单位经营范围的活动，就不是合法行为，而侵权行为本身就是一种违法行为，不能以经营范围划定。因此，工作人员在以用人单位名义实施的经营范围外的活动时致人损害的，同样可构成用人单位的侵权行为，由用人单位承担侵权责任。

四、劳务派遣期间责任主体的特殊规定

（一）关于劳务派遣的理解

劳务派遣关系中的劳务派遣单位、劳务用工单位责任，是用人单位侵权责任的特殊形式，本条第2款对此加以特别规定。

劳务派遣是指劳务派遣机构受特定企业委托招聘员工，并与之签订劳动合同，将员工派遣到企业工作，其劳动过程由企业管理，其工资、福利、社会保险费等由企业提供给派遣机构，再由派遣机构支付给员工，并为员工办理社会保险登记和缴费等各项事务的一种特殊用工形式。[①]劳务派遣的这种用工方式明显有别于传统的用工模式，因为传统的用工方式只涉及双方主体，即用人单位和劳动者，而劳务派遣却存在三方主体，包括劳务派遣单位即用人单位、实际用工单位和被派遣劳动者；存在两个合同关系，即劳务派遣单位与工作人员之间的劳动合同关系，以及劳务派遣单位与用工单位之间的劳务派遣合同关系。可见，在劳务派遣关系中的"用人"与"用工"发生了分离，被派遣的工作人员不与用工单位签订劳动合同，不建立劳动关系，而是与劳务派遣单位存在劳动关系，但却被派遣至用工单位劳动，如此便产生了"有关系没劳动，有劳动没关系"的局面，这不仅是劳务派遣法律关系的显著特征，也在一定程度上增加了劳务派遣关系的复杂性。

（二）劳务派遣单位与劳务用工单位的侵权责任

劳务派遣在我国最早由《劳动合同法》作出专门性规定。[②]《劳动合同法》从保护被派遣劳动者的合法权益角度，规定了无论是劳务派遣单位还是实际用工单位对被派遣劳动者造成损害的，均应当承担连带赔偿责任，但是对于被派遣劳动者在工作中给他人造成损害的，劳

[①] 王全兴、侯玲玲：《劳动关系双层运行的法律思考——以我国的劳动派遣实践为例》，载《中国劳动》2004年第4期。

[②] 详见《劳动合同法》第五章第57~67条规定；《劳动合同法实施条例》第四章第28~32条规定。

务派遣单位和实际用工单位如何承担侵权责任，因其不属于《劳动合同法》的调整范围，故未予规定。对于被派遣劳动者在工作中给他人造成损害的侵权责任，《侵权责任法》第34条第2款并未沿用《劳动合同法》关于劳务派遣单位和实际用工单位承担连带责任的立法思路，而是根据侵权责任法原理并结合劳务派遣的特点，规定劳务派遣单位和用工单位分别承担不同的责任。根据《侵权责任法》第34条第2款规定，被派遣的工作人员因工作造成他人损害的，由用工单位承担侵权责任；劳务派遣单位有过错的，由劳务派遣单位承担补充责任。《民法典》侵权责任编基本沿用了《侵权责任法》第34条第2款的立法思路，但将劳务派遣单位的责任修改为"相应的责任"，而不再是"补充责任"。

本法本条款主要包含以下几层意思：

1.从归责原则上看，劳务用工单位承担的是无过错责任，而劳务派遣单位承担的则是过错责任。立法规定由劳务用工单位承担无过错责任主要是基于以下考虑：劳务派遣单位将劳动者派至用工单位后，劳动过程是在用工单位的管理安排下进行，被派遣劳动者要根据用工单位的指挥监督从事生产工作，并要遵守用工单位的工作规则、规章制度，即用工单位对其工作人员的工作进行实际指挥控制。而实际指挥控制是各种用工形式中的稳定因素和共同的核心内容，也是判断侵权责任承担者的主要依据。劳务派遣单位将劳动者派至用工单位后，就不再对劳动者的具体活动进行指挥和监督，被派遣劳动者在用工单位的指挥监督下从事劳动，劳动者与用工单位之间的关系实质正是实际指挥控制与监督的关系。因此，用工单位应当承担被派遣劳动者职务活动中致人损害的无过错责任。

劳务派遣单位在归责原则上承担的是过错责任。劳务派遣单位的过错主要是指选任方面的过错。因劳务派遣"用人"和"用工"分离的先天属性，导致劳务派遣单位对被派遣劳动者失去了实际指挥控制和监督权，但劳务派遣单位如同用工单位的人事部门，负有对被派遣劳动者的选任责任，即在招聘、录用被派遣劳动者时，应当对该劳动者的健康状况、能力、资格以及对用工单位所任职务能否胜任进行详尽的考察。因此,劳务派遣单位对劳动者因执行工作任务致人损害承担的责任,是因劳务派遣单位对选任不当承担的相应的过错责任。

2.在责任形态上,劳务用工单位责任与劳务派遣单位责任属于共同责任。需要注意的是,《侵权责任法》第34条第2款规定的劳务派遣单位责任是"相应的补充责任",而本条规定的是"相应的责任",删去了"补充"二字。在《民法典》侵权责任编编纂时,对劳务派遣中工作人员致人损害时劳务派遣单位与劳务用工单位的责任形态问题,曾存在较大争议:一种观点认为应坚持补充责任这种不真正连带关系,另一种观点认为劳务派遣单位与劳务用工单位之间应承担连带责任。我们认为,本条中"相应的责任"在文义上并没有清晰地表达这一责任的性质是什么,但从条文内容的前后变化来看,不宜再将劳务派遣单位的侵权责任理解为补充责任,理解为按份责任可能更为妥当,即劳务派遣单位根据其过错大小,承担与过错相应的按份责任。既然是按份责任,劳务派遣单位就不再是第二顺位的责任,而是第一顺位责任,但只是在劳务派遣单位存在过错的情况下才承担责任,如果其没有过错,则应由劳务用工单位承担全部侵权责任。

【审判实践中应注意的问题】

一、关于用人单位对工作人员行使追偿权的问题

审判实践中要防止两种错误倾向:一是用人单位将经营风险转嫁给其有过错的工作人员;二是在用人单位有监督管理之过失情况下,让有过错的工作人员承担大部分责任。应根据具体行为人对损害发生的过错程度和行为性质来判断该工作人员应承担的责任。只有在工作人员有故意或者重大过失,该行为超出了法律赋予的职权或单位的授权范围,造成侵权时,用人单位才享有向该工作人员追偿的权利。

二、关于工作人员因执行工作任务遭受第三人侵害的处理

《民法典》侵权责任编对此仍没有作出规定。这实际上涉及长期困扰司法实践的第三人侵权与工伤事故竞合时的责任承担问题。而该问题在劳动争议司法解释和人身损害赔偿司法解释的制定过程中虽均被提及，[1]但仍未明确规定如何进行法律适用，只是在《人身损害赔偿司法解释》第12条第2款规定："因用人单位以外的第三人侵权造成劳动者人身损害，赔偿权利人请求第三人承担民事赔偿责任的，人民法院应予支持。"司法实践对此适用较为混乱。由于该问题涉及劳动法（工伤保险）和侵权法两大领域，对于如何协调解决须慎重，需要将来通过立法或制定司法解释来解决。现阶段，因第三人侵权所致的损害，原则上应由第三人承担民事赔偿责任，但劳动者的伤害是因执行工作任务而发生并构成工伤的，用人单位亦应按无过错责任的归责原则承担工伤赔付责任。

但同时，应赋予保险机构和用人单位对因第三人侵权引起工伤的侵害人享有代位求偿权。用人单位和工伤保险经办机构不能要求工伤职工必须先向侵害人索赔后才能申请工伤保险待遇，也不能从工伤职工应享有的保险待遇中扣减其从侵害人处获得赔偿款项。但对于相同赔付项目是否要扣减，仍需要进一步调研。至于公务员、事业单位工作人员等不请求工伤保险和公务员抚恤待遇而直接向本单位请求人身损害赔偿，单位或医保部门报销后对因第三人侵权引起工伤的侵害人享有代位求偿权。

三、关于工作人员因执行工作任务而自己受到伤害的处理

《民法典》侵权责任编对此没有作出规定，实践中亦经常发生。有观点认为，用人单位应当依法为其工作人员缴纳社会保险（含工伤

---

[1] 参见胡仕浩：《〈关于审理劳动争议案件适用法律若干问题的解释（二）〉的理解与适用》，载《人民司法》2006年第10期；最高人民法院民事审判第一庭编著：《最高人民法院人身损害赔偿司法解释的理解与适用》，人民法院出版社2004年版，第187~201页。

保险),当其工作人员在因执行工作任务而受到伤害时,该工作人员应当被认定为工伤,从而享受工伤保险待遇。因此受到伤害的该工作人员不能对用人单位提起民事损害赔偿诉讼,应当依照《工伤保险条例》的规定,向工伤保险机构请求工伤保险赔偿。[1] 我们认为,该观点仍有值得商榷的地方,应根据具体案情具体分析。在工作人员因工作而自己受到损害的场合,存在两种情况,法律适用各不相同。一种情况是用人单位无过错,工作人员发生工伤事故是其自身劳动保护意识不强或本身违反操作规程导致的,如劳动纪律松弛、安全意识淡薄、违法操作规程等,此时,劳动者只能按工伤保险待遇标准获得赔偿。按照《工伤保险条例》的规定,用人单位须对劳动者设立工伤保险,对用人单位而言,虽然这种保险是强制性社会保险,但其直接目的是为用人单位设立的责任保险,因此,工伤职工可以责任保险的受益人身份获得工伤保险赔付。用人单位虽在工伤事故中不存在过错,但工伤赔偿因遵循无过错归责原则,故工伤职工仍享有工伤赔偿的请求权。另一种情况是用人单位对工伤事故的造成存在重大过错,如管理不善、强迫加班等,此时,劳动者不仅构成工伤,而且用人单位对劳动者也构成一般民事侵权。这种情况下,劳动者既有获得工伤保险待遇的权利,也有获得民事赔偿的权利。当劳动者享受了工伤保险待遇后,用人单位不能因为保险赔付而免责,仍需承担民事损害赔偿责任。需要注意的是,因工伤赔偿与民事侵权系同一主体(用人单位),此种情况下应当贯彻工伤保险赔偿优先的原则,即劳动者应当优先请求工伤保险赔偿,然后再向用人单位主张工伤保险与民事赔偿差额部分的赔偿及要求给予精神损害赔偿等民事侵权责任。[2] 应当注意,劳

---

[1] 最高人民法院民事审判第一庭编著:《最高人民法院人身损害赔偿司法解释的理解与适用》,人民法院出版社2004年版,第173页。

[2] 具体的立法例,如:《安全生产法》第53条规定:"因生产安全事故受到损害的从业人员,除依法享有工伤保险外,依照有关民事法律尚有获得赔偿的权利的,有权向本单位提出赔偿要求。"《职业病防治法》第58条规定:"职业病病人除依法享有工伤保险外,依照有关民事法律,尚有获得赔偿的权利的,有权向用人单位提出赔偿要求。"从这两部法律中,可以看出受到损害的工作人员同时享有工伤保险请求权和民事赔偿请求权,二者存在先后顺序且互不排斥。

动者不享有选择权,即劳动者不能先向用人单位主张民事侵权责任,然后再主张工伤保险赔偿。

四、关于用工单位和劳务派遣单位就其工作人员侵权行为的责任分配进行了约定的效力认定

审判实践中经常遇到劳务派遣单位与用工单位就工作人员侵权的责任承担进行了约定,对于该约定的效力如何认定需要明确。我们认为,劳务派遣单位与用工单位在劳务派遣协议中约定由一方单独承担或者由双方按比例对外承担侵权责任,该约定应当得到尊重,其效力应当得到认可,不能因约定内容与本条规定不同而随意反悔。因劳务派遣单位与用工单位之间基于劳务派遣协议所产生的是民事合同关系,根据民法意思自治原则,双方的约定只要不违反法律、行政法规的强制性规定,该约定当然有效。从现实角度而言,由于双方就其工作人员造成的外部侵权责任进行了约定,该约定能够更准确地反映某一具体劳务派遣关系中的实际情况,更能为双方当事人所接受,也更有利于纠纷的解决。当然,该约定的效力应当仅及于劳务派遣单位与用工单位之间,不得对抗受害人。实践中还应注意一点,除劳务派遣单位与用工单位事先在劳务派遣协议中就侵权责任分担进行约定外,在实际侵权行为发生后,如果劳务派遣单位与用工单位就侵权责任分担能够达成协议,对该协议的效力仍应予以确认。毕竟,对受害人而言,只要其损害能够获得相应赔偿,其并不关心具体赔偿人及赔偿比例。

> **第一千一百九十二条** 个人之间形成劳务关系,提供劳务一方因劳务造成他人损害的,由接受劳务一方承担侵权责任。接受劳务一方承担侵权责任后,可以向有故意或者重大过失的提供劳务一方追偿。提供劳务一方因劳务受到损害的,根据双方各自的过错承担相应的责任。
>
> 提供劳务期间,因第三人的行为造成提供劳务一方损害的,提供劳务一方有权请求第三人承担侵权责任,也有权请求接受劳务一方给予补偿。接受劳务一方补偿后,可以向第三人追偿。

【条文主旨】

本条是关于个人之间因提供劳务发生的侵权责任的规定。

【条文理解】

本条规定包括提供劳务一方因提供劳务造成他人损害、自己损害和提供劳务一方在劳务期间遭受第三人侵害三种情形,在《侵权责任法》第35条的基础上作了两处修改:一是增加规定因提供劳务造成他人损害的,接受劳务一方承担侵权责任后享有追偿权;二是增加规定提供劳务一方遭受第三人侵害的责任承担。本条与《民法典》第1191条本质上都是关于雇主侵权责任的规定。考虑到我国当前特殊的社会经济状况和劳动法律制度,立法机关对用人单位侵权责任和个人劳务侵权责任作了区分规定。

劳务关系不同于劳动关系,主要表现在:(1)企业、个体经济组织与形成劳动关系的劳动者之间的劳动关系,由劳动法规范和调整;劳务关系由民法规范和调整。(2)劳动关系的一方应是符合法定条件的用人单位，另一方必须是符合劳动年龄条件，且具有与履行劳动合同义务相适应的能力的自然人；劳务关系的主体可以是两个自然人或者自然人与单位之间，但本条仅调整个人之间形成的劳务关系，比如家庭雇佣保姆、小时工、家庭教师等。（3）劳动关系中的用人单位与员工之间存在隶属关系；劳务关系中，提供劳务一方不是接受劳务一方的职工，双方之间不存在隶属关系。（4）劳动关系中的用人单位必须按照相关规定为职工购买社会保险；劳务关系中，接受劳务一方可以不承担提供劳务一方的社会保险。（5）劳动关系中，用人单位对职员违反劳动纪律和规章制度的行为，有权依法处理；劳务关系中，接受劳务一方有权中断劳务关系，但没有对接受劳务一方的处分权。（6）劳动关系中，用人单位对职工有工资、奖金等方面的分配权利，用人单位向员工支付的工资应遵循按劳分配、同工同酬的原则，并遵守当地有关最低工资标准的规定；劳务关系中，报酬完全由双方当事人协商确定。

本条中"提供劳务一方"仅指自然人，包括家庭和农村承包经营户；但个体工商户、合伙的雇员因工作发生的纠纷，按照《民法典》第1191条关于用人单位责任的规定处理。本条不包括因承揽关系产生的侵权责任纠纷，因承揽关系产生的侵权责任问题，由《民法典》第1193条予以规范和调整。

一、因提供劳务造成他人损害的侵权责任

本条第1款前半段是关于提供劳务一方因提供劳务造成他人损害的侵权责任的规定。提供劳务一方因劳务造成他人损害的，由接受劳务一方承担侵权责任，此种责任为无过错责任、替代责任。只要提供劳务一方因劳务造成他人损害的行为构成侵权，接受劳务一方就应承担侵权责任，而不问接受劳务一方是否存在过错。雇员是雇主手臂的延伸，雇员的行为是雇主权利的扩张，雇员的行为自然可被看作雇主自己的行为。基于报偿责任原理，雇员所从事的雇佣活动是为雇主的利益，因此，按照现代民法利益、风险、责任一致的原则，雇佣活动

中所产生的风险应由雇主承担，而不是由雇员承担。

本条增加规定了接受劳务一方承担侵权责任后，可以向有故意或者重大过失的提供劳务一方追偿，解决了接受劳务一方与提供劳务一方的内部求偿问题。但在外部关系中，对受害人而言，侵权责任主体仍是唯一的接受劳务一方。这与《民法典》第1191条规定相类似，在理解上也是相似，在此不再赘述。但应注意的是，个人劳务关系中，接受劳务一方行使追偿权的条件可以比用人单位行使追偿权的条件略宽。①

还应注意的是，本条规定与《人身损害赔偿司法解释》第9条关于雇主责任的规定有所不同。《人身损害赔偿司法解释》第9条第1款规定："雇员在从事雇佣活动中致人损害的，雇主应当承担赔偿责任；雇员因故意或者重大过失致人损害的，应当与雇主承担连带赔偿责任。雇主承担连带赔偿责任的，可以向雇员追偿。"可见，在雇员因故意或者重大过失致人损害的场合，《人身损害赔偿司法解释》第9条规定的是雇主与接受劳务一方承担连带赔偿责任，而本条规定的是接受劳务一方的单独责任。《人身损害赔偿司法解释》虽尚未被废止，但与《民法典》侵权责任编不一致的规定，不再适用。

二、提供劳务一方因劳务致使自己受到损害的侵权责任

本条第1款后半段是关于提供劳务一方因劳务致使自己受到损害的侵权责任的规定。提供劳务一方因劳务致使自己受到损害的，根据提供劳务一方和接受劳务一方各自的过错承担相应的责任，故雇员因劳务自身遭受损害的侵权责任属于过错责任。这一规定和工作人员在用人单位遭受损害的规定有所不同。国务院颁布的《工伤保险条例》规定，中华人民共和国境内的企业、事业单位、社会团体、民办非企业单位、基金会、律师事务所、会计师事务所等组织和有雇工的个体工商户应当依照本条例规定参加工伤保险，为本单位全部职工或者雇

---

① 参见王胜明主编：《〈中华人民共和国侵权责任法〉条文解释与立法背景》，人民法院出版社2010年版，第141页。

工缴纳工伤保险费。从《劳动合同法》的规定来看，工作人员在工作过程中受到工伤损害的，用人单位原则上承担无过错责任。只要工作人员是因工作遭受事故伤害或者患职业病的，职工就可以依照相关规定获得医疗救治和经济补偿。由于本条仅调整"个人之间形成的劳务关系"，不属于依法应当参加工伤保险统筹的情形，提供劳务一方因劳务受到损害的，不能适用《工伤保险条例》，所以，提供劳务一方因劳务受到损害的，不宜采取无过错责任原则要求接受劳务一方无条件承担赔偿责任。实践中因劳务受到损害的情况比较复杂，应当区分情况，根据双方的过错来处理比较合理。因此，本条规定双方根据各自的过错承担责任，比较公平，也符合现实的做法。

在理解本条时，应注意区别本条规定与《人身损害赔偿司法解释》第11条规定的不同。《人身损害赔偿司法解释》第11条规定："雇员在从事雇佣活动中遭受人身损害，雇主应当承担赔偿责任。"可见，《人身损害赔偿司法解释》对此采用的归责原则是无过错责任，即只要雇员在从事雇佣活动中遭受人身损害，雇主应当承担赔偿责任，而无须问雇主是否存在过错。实际上，本条已经取代了《人身损害赔偿司法解释》第11条规定的内容，在今后的审判实践中如遇到此类问题，应依据本条规定处理。

三、提供劳务一方在劳务期间遭受第三人侵害的责任承担

第三人的侵权行为致雇员伤害的赔偿问题，在《侵权责任法》第35条中未作规定，本条第2款增加规定了第三人侵权致雇员伤害的赔偿责任，其基本内容吸收了《人身损害赔偿司法解释》第11条的规定，只是表述上有所区别。根据《人身损害赔偿司法解释》第11条规定，雇佣关系以外的第三人造成雇员人身损害的，赔偿权利人可以请求第三人承担赔偿责任，也可以请求雇主承担赔偿责任。雇主承担赔偿责任后，可以向第三人追偿。本条第2款规定承继了《人身损害赔偿司法解释》第11条的精神，赋予遭受第三人侵害的提供劳务一方以选择请求权，其既可以请求实施侵权行为的第三人承担赔偿责

任，也可以请求接受劳务一方承担赔偿责任，接受劳务一方承担侵权责任后，可以向第三人追偿。实施侵权行为的第三人与接受劳务一方的关系为不真正连带债务。

所谓不真正连带债务，是指数个债务人基于不同的发生原因而对于同一债权人负有以同一给付为标的的数个债务，因一个债务人的履行而使全体债务均归于消灭。不真正连带责任与连带责任既有相似性，又有显著区别。二者的相似性体现在：（1）债务人均为多数；（2）给付为同一；（3）各债务人均负有全部给付的义务；（4）因一人的全部给付而使全部债务归于消灭。

二者又存在以下显著区别：（1）债务发生原因不同。不真正连带债务的数个债务的发生原因各不相同，一般是由相关的法律关系竞合产生；而连带债务的各债务的发生，通常是基于同一原因，如基于同一合同约定，或基于共同侵权行为。（2）主观目的不同。不真正连带债务并非法律或当事人为担保债权实现而有意设立，其发生纯属偶然，各债务的产生主观上并无共同关系，产生后尽管一人的履行可使全部债务消灭，但这只不过是为维护公平及不使债权人因其他人履行债务而额外受益，才作出这样的认定；而连带债务各债务人之间须有主观的共同目的，相互之间发生主观的联系。多数债务人为满足债权人的债权及为其债权提供担保而连为一体，各债务均为达此目的的手段。连带债务人中任何一人履行给付就使设定连带债务的目的实现。（3）法律效力不同。不真正连带债务各债务人相互间无主观联系，故除债权人债权满足的事项外，原则上其他事由只发生相对效力，其效力不及于其他债务人；而在连带债务各债务人之间因具有主观的联系，债权人免除部分债务人所生之事项，其效力一般均及于其他债务人。（4）债务人的责任分担不同。不真正连带债务各债务人相互之间没有主观的共同目的，故就债务的承担并无分担关系，从而也不发生内部求偿，即使有内部求偿，也只是基于终局的责任承担；而连带债务各债务人相互之间有主观的共同联系，有责任分担关系，从而相互之间存在内部求偿权。

从以上分析可以看出，第三人行为造成提供劳务一方损害的，接受劳务一方与实施侵权行为的第三人之间属于不真正连带债务，从终局责任承担的角度考虑，接受劳务一方承担赔偿责任后，可以向第三人追偿，这种追偿是代位清偿的追偿权。

四、"因劳务"行为的理解与判断

同《民法典》第1191条一样，接受劳务一方并非对提供劳务一方的所有侵权行为都承担赔偿责任，而是仅对提供劳务一方的职务行为造成的侵权承担赔偿责任。因此，如何正确判断提供劳务一方的行为是职务行为，是理解并正确适用本条的关键和核心要素，而本条并未对提供劳务一方的职务行为作出认定，只是精炼地表述为"因劳务"。《人身损害赔偿司法解释》在总结审判实践的基础上对雇员职务行为作出了明确界定，该司法解释第9条第2款规定："前款所称'从事雇佣活动'，是指从事雇主授权或者指示范围内的生产经营活动或者其他劳务活动。雇员的行为超出授权范围，但其表现形式是履行职务或者与履行职务有内在联系的，应当认定为'从事雇佣活动'。"可以看出，《人身损害赔偿司法解释》在是否是雇员职务行为的判断上，一方面，从主观上要求雇员的行为是以雇主的授权或指示为基础，并在其范围内从事的劳动行为。雇主享有对雇员的行为在雇佣工作期间加以控制的权利，雇员主观上也是为雇员的利益而从事工作。另一方面，从客观上又要求即使行为超出授权范围，但其表现形式是履行职务或与履行职务有内在联系的也应作为"执行职务"看待。作出此规定的重要意义在于，第一，可要求雇主对雇员在执行职务中滥用其权利，对第三人造成损害的行为负责。进一步要求雇主对雇员的行为进行及时和必要的管理与监督，包括在对雇员选任上的注意与谨慎义务。第二，更有利于保护受损害第三人，避免对执行职务范围进行人为的限制。①我们认为，此规定既考虑雇员主观意思，又对其客

---

① 张博：《浅谈雇主责任替代制度》，载《湖南公安高等专科学校学报》2009年第2期。

观行为加以判断，构成一个主观和客观相结合的标准，既合理地划分了雇佣关系的范围，又能顾及对受害者利益的维护，在实践中颇具典型性和可操作性，在理解本条时应注意借鉴《人身损害赔偿司法解释》的上述规定。

【审判实践中应注意的问题】

一、本条不适用于因承揽关系产生的侵权责任纠纷

因承揽关系产生的侵权责任问题，适用《民法典》第1193条的规定予以处理。个人之间提供劳务的关系属于雇佣关系是适用本条的前提。在实践中，对个人之间提供劳务的关系是雇佣关系还是承揽关系可以结合以下因素进行综合判断：（1）受雇时间是长期的，还是临时的；（2）工作性质是日常的，还是应急的；（3）该工作人员是否有自己的工资和业务；（4）是谁提供工作工具和设备；（5）是根据接受劳务一方的指示在特定地点工作，还是自己决定工作地点；（6）领取工资的方式是固定的还是一次性的；（7）双方事前如何确定各自的身份以及合同如何规定等。

二、关于帮工关系中的侵权责任问题

侵权责任编没有规定帮工人责任，由于帮工与个人之间的劳务关系在性质上有所区别，故不能认为本条适用于帮工人责任。《人身损害赔偿司法解释》第13条规定："为他人无偿提供劳务的帮工人，在从事帮工活动中致人损害的，被帮工人应当承担赔偿责任。被帮工人明确拒绝帮工的，不承担赔偿责任。帮工人存在故意或者重大过失，赔偿权利人请求帮工人和被帮工人承担连带责任的，人民法院应予支持。"《人身损害赔偿司法解释》第14条规定："帮工人因帮工活动遭受人身损害的，被帮工人应当承担赔偿责任。被帮工人明确拒绝帮工的，不承担赔偿责任；但可以在受益范围内予以适当补偿。帮工人

因第三人侵权遭受人身损害的,由第三人承担赔偿责任。第三人不能确定或者没有赔偿能力的,可以由被帮工人予以适当补偿。"在《人身损害赔偿司法解释》尚未废止前,审判实践中遇到帮工人责任的案件,仍可适用《人身损害赔偿司法解释》的上述规定予以处理。

> **第一千一百九十三条** 承揽人在完成工作过程中造成第三人损害或者自己损害的，定作人不承担侵权责任。但是，定作人对定作、指示或者选任有过错的，应当承担相应的责任。

【条文主旨】

本条是关于定作人过错责任的规定。

【条文理解】

关于承揽人在完成承揽事项中致人损害的侵权责任，在《民法典》颁布之前的我国法律中未作规定，审判实践中一般适用《人身损害赔偿司法解释》第10条来处理涉及承揽人侵权的案件。该解释第10条规定："承揽人在完成工作过程中对第三人造成损害或者造成自身损害的，定作人不承担赔偿责任。但定作人对定作、指示或者选任有过失的，应当承担相应的赔偿责任。"本条规定吸收和借鉴《人身损害赔偿司法解释》第10条的内容和精神，仅作了文字调整。

承揽人在完成承揽事项中致人损害的侵权责任问题，来源于英美等普通法系国家的判例。美国法通过判决确定了定作人在一些例外情形下应当对承揽人完成承揽事项致人损害的行为承担相应的侵权责任。比如，定作人要求承揽人完成的事项为不法事项（如要求他们驾驶铲车铲除别人的建筑、违法要求他人私自制作危险的武器弹药），或者干涉承揽人的工作，作出明显错误的指令，等等。对这些情况，因定作人具有明显过错或者是加重了承揽人的责任，定作人应当负替代责任。《日本民法典》和我国台湾地区"民法"吸收了英美法中的相关判理，规定了定作人的责任。比如根据《日本民法典》第716条规定，定作人对于承揽人就其工作加害于他人的损害，不负赔偿责任。但是，定作人对定作或指示有过失的，不在此限。民法理论基于英美法中有关定作人责任的相关判理抽象出"独立契约人"的概念，以区别于雇佣关系。"独立契约人"是指并不属于合同对方的固定雇员，在执行合同规定的工作时，雇用人对其不具有很强的控制力，基本上是依靠自己的技巧和判断来完成本人工作的人。属于"独立契约人"范围的主要有承揽人、建设工程的承包人、运输承运人、委托、行纪、居间合同中的受托人，以及现在日常生活中常见的钟点工服务人等。在我国民法理论界，对于独立契约关系的探讨，多以承揽关系为切入点。由于我国承揽人因履行承揽合同的行为造成他人损害的事件并不鲜见，实践中受害人因此请求定作人承担责任的情况也较多，但定作人的法律责任的性质和范围究竟是什么，有必要予以明确。《人身损害赔偿司法解释》第10条虽对此问题作出了规定，但《侵权责任法》并未将该条规定吸收到法律条文中，导致定作人责任问题一直缺乏立法规定。本次《民法典》编纂注意到了这一问题，将定作人责任单独成条规定，无疑是一大进步。

一、承揽与雇佣的区别

关于承揽合同的定义，《民法典》第770条保留了《合同法》第251条的内容，规定承揽合同是承揽人按照定作人的要求完成工作，交付工作成果，定作人支付报酬的合同。应完成工作并交付成果的一方为承揽人，应接受承揽人的工作成果并给付报酬的一方为定作人。承揽人所完成的工作成果为定作物。承揽合同的主体，不限于自然人，也适用于自然人与法人之间以及法人与法人之间。承揽合同的内容，包括加工、定作、修理、复制、测试、检验等工作。除此之外，建房合同（《民法典》合同编第十八章规定的建设工程合同除外）、房屋修缮合同、印刷合同、设计合同、翻译合同、打印合同、画品装裱合同等，都是生活中常见的承揽合同。因完成工程勘察、设计、施工为内容的建设工程合同而发生的承揽关系与传统的承揽合同有明显区别,故无论是《合同法》,还是《民法典》合同编,均将承揽合同和建设工程合同分为两章分别加以规定,但不能因此否定建设工程合同具有承揽合同的基本属性。

关于承揽与雇佣的区别,法学理论中一般将其论述为:(1)承揽合同中的当事人具有独立性,承揽人基本是依靠自己的独立判断来进行工作,不受合同相对人的支配;而雇佣关系中雇员在一定程度上要接受雇主的支配,在完成工作中须听从雇主的安排、指挥。(2)承揽合同是以完成工作成果为目的,提供劳务仅是完成工作成果的手段;而雇佣关系是以直接提供劳务为目的。(3)承揽合同履行中所生风险由完成工作成果的承揽人承担,定作人对定作、指示或者选任有过错的,承担相应的责任;而雇佣合同履行中所生风险,一般由雇主承担。

审判实践中,当事人双方就承揽与雇佣的性质发生争议时,人民法院可以综合分析下列因素,结合案件具体情况予以认定:(1)当事人之间是否存在控制、支配和从属关系;(2)是否有一方指定工作场所、提供劳动工具或设备,限定工作时间;(3)是定期给付劳动报酬还是一次性结算劳动报酬;(4)是继续性提供劳务,还是一次性提供工作成果;(5)当事人一方所提供的劳动是其独立的业务或者经营活动,还是构成合同相对方的业务或者经营活动的组成部分。如当事人之间存在控制、支配和从属关系,由一方指定工作场所、提供劳动工具或设备,限定工作时间,定期给付劳动报酬,所提供的劳动是接受劳务一方生产经营活动的组成部分的,可以认定为雇佣。反之,则应认定为承揽。

二、定作人责任的归责原则和责任构成

本条规定的是定作人对定作、指示或者选任有过错的侵权责任,即定作人对承揽人在完成工作过程中造成第三人损害或者自己损害的,原则上定作人不承担侵权责任,仅限于定作人对定作、指示或者选任有过错的,才承担与过错相适应的侵权责任。因此,定作人责任

的归责原则是过错责任原则。定作人的过错责任虽然也是对他人的替代责任，属于特殊的侵权责任，即行为人与责任分离的情况，但定作人的替代责任与雇主（用人单位和接受劳务一方）的替代责任的归责原则有较大区别。用人单位和接受劳务一方的替代责任实行的是严格责任或无过错责任，而定作人的替代责任实行的是过错责任。因此，因承揽人完成承揽事项而致人损害的场合，受害人必须举证证明定作人具有过错，才能主张定作人承担责任，向其行使求偿权，否则只能向承揽人求偿。同时，定作人若能举证证明自己没有过错，亦能免除自己的责任。

定作人的过错，包括对定作、指示或者选任的过错。所谓对定作的过错，是指定作人委托加工、制作的定作物本身具有高度的危险性或不法性，比如吸毒者委托医生从药品中提取毒品，居民委托他人建造违章建筑。所谓对定作指示的过错，是指定作人在定作物的制作方法上所作出的指示有明显的过错，如指使承揽人用危险的方法制作或强迫承揽人违反法律蛮干。所谓选任有过错，是指定作人对承揽人的选任具有明显过错，如明知承揽人没有从业资格而选任。

定作人对承揽人完成承揽事项致人侵权的行为承担过错侵权责任，须满足以下责任构成要件：（1）定作人与承揽人之间存在特定的承揽合同关系。承揽人依照合同的约定或者定作人的指示完成加工承揽事项，这种合同关系只要事实上存在即可，不一定必须具备书面的合同形式。（2）侵权行为是承揽人在执行承揽合同、完成承揽事项过程中发生的。如果超出执行承揽事项的范围，不存在定作人的责任。（3）承揽人造成第三人损害的，承揽人的行为须成立侵权行为。（4）定作人对定作、指示或者选任有过错，且这种过错与损害后果的发生具有因果关系。

定作人承担过错侵权责任的情形，可以分为以下几种：一是损害完全是由定作人在定作、指示、选任中的过错所致，承揽人自身没有过错的，则应由定作人承担完全的替代赔偿责任，定作人承担责任后不享有对承揽人的追偿权。二是损害是由承揽人完成承揽事项的行为引起，定作人不存在过错的，则应由承揽人单独承担责任，定作人不承担责任。三是定作人与承揽人构成共同侵权的，则不属于本条的适用范围，应依据共同侵权的处理原则，判令定作人和承揽人承担连带赔偿责任。

【审判实践中应注意的问题】

一、定作人过错侵权责任与承揽合同责任的区别

定作人的过错侵权责任与承揽合同责任具有以下不同：（1）定作人过错侵权责任是特殊侵权责任，其发生依据是侵权行为，而承揽合同责任是违约责任，发生依据是不履行或不适当履行合同。（2）定作人过错侵权责任的受偿主体是合同以外的第三人或承揽人自身，承揽合同责任的受偿主体是承揽合同的当事人一方。（3）定作人侵权责任的主要承担方式是赔偿损失，而违反承揽合同的补救方式有继续履行、修理重作、赔偿损失等多种方式。

二、定作人过错侵权责任与承揽人个人侵权责任的区别

定作人过错侵权责任与承揽人个人侵权责任有联系，二者都是与执行承揽合同的承揽事项有关，也都是侵害了第三人的人身、财产权利。但二者的根本区别在于，承揽人个人侵权责任是由于承揽人自身过错导致第三人损害，故是一般侵权责任，责任由承揽人个人承担，定作人不承担责任。而定作人的过错责任则是定作人对定作、指示或者选任存在过错，导致承揽人在执行承揽事项中致人损害，定作人的过错与损害结果之间存在因果关系，故定作人承担与过错相应的侵权责任，它是一种替代责任，是特殊的侵权责任。

三、定作人过错责任与定作人和承揽人共同侵权的区别

本条规定的定作人过错责任是定作人的单方过错责任，该责任虽

属于替代责任，但定作人不享有对承揽人的追偿权。在外部关系中，受害人可以同时向定作人和承揽人主张赔偿，但只有在定作人对定作、指示或者选任存在过错的情况下，才可以判令定作人承担与其过错相应的侵权责任，否则应由承揽人承担侵权责任。但应注意的是，如果第三人的损害是由定作人和承揽人共同侵权导致的，则应按照共同侵权的处理原则，由定作人和承揽人对外承担连带侵权责任，在内部关系中，可以区分各侵权人的过错程度，以划分不同的责任比例。

> **第一千一百九十四条** 网络用户、网络服务提供者利用网络侵害他人民事权益的，应当承担侵权责任。法律另有规定的，依照其规定。

【条文主旨】

本条是关于网络用户和网络服务提供者的直接侵权行为的规定。

【条文理解】

网络侵权，是指发生在互联网上的各种侵害他人民事权益的行为，它不是指侵害某种特定权利（利益）的具体侵权行为，也不属于在构成要件方面具有某种特殊性的特殊侵权行为，而是指发生于互联网空间的侵权行为，包括网络用户侵权责任和网络服务提供者侵权责任。在《侵权责任法》的起草过程中，有意见提出，对于网络用户、网络服务提供者利用网络侵害他人民事权益的行为，尽管可以通过一般侵权以及《著作权法》等规定予以解决，但针对网络侵权行为日益增多这一突出问题，加之网络侵权也有其特殊性，作出专条规定很有必要。正是基于此种考虑，《侵权责任法》第36条专门规定了网络侵权。《民法典》侵权责任编不仅保留了网络侵权的规定，还将其予以细化。本条与《民法典》第1195条、第1196条、第1197条都是关于网络侵权的规定，是将《侵权责任法》第36条的3款规定分别独立成条，并加以修改而来。本条规定完全保留了《侵权责任法》第36条第1款的内容，新增了"法律另有规定的，依照其规定"的除外条款。本条是对网络用户和网络服务提供者侵犯他人民事权益应当承担侵权责任的原则性规定，对于网络用户、网络服务提供者的行为是否构成侵权行为，是否应当承担侵权责任，还须根据《民法典》第1194条以及《著作权法》等有关规定来判断。

一、网络用户的范围及其利用网络侵害他人民事权益的情形

网络用户包括自然人用户和法人用户。自然人用户通常被称为"网民"。在网络过程中，自然人用户指的是接受网络服务的当事人。网络用户也包括法人用户，任何法人组织只要同时具备网上交易的能力和网上支付工具，能以法人的名义为自己的交易承担相应的法律责任，就可以参与网络活动。

网络用户利用网络侵害他人民事权益，大体可以分为以下几种类型：一是侵害人格权。主要表现为：（1）盗用或者假冒他人姓名，侵害姓名权。（2）未经许可使用他人肖像，侵害肖像权。（3）发表攻击、诽谤他人的文章，侵害名誉权。（4）非法侵入他人电脑，非法截取他人传播的信息，擅自披露他人个人信息、大量发送垃圾邮件，侵害隐私权。二是侵害财产权益。基于网络活动的便捷性和商务性，通过网络侵害财产利益的情形较为常见，如窃取他人网络银行账户中的资金，而最典型的是侵害网络虚拟财产，如窃取他人网络游戏装备、虚拟货币等。三是侵害知识产权。主要表现为侵犯他人著作权与商标权。侵权著作权的情形，如擅自将他人作品进行数字化传输、规避技术措施、侵犯数据库等。侵犯商标权的情形，如在网站上使用他人商标，故意使消费者误以为该网站为商标权人的网站，恶意抢注与他人商标相同或相类似的域名等。

二、网络服务提供者的范围及其直接侵害他人民事权益的情形

"网络服务提供者"一词实际上并不是IT业中的一个专业词语，其更多的是一个法律上的概念。目前，在我国法律、行政法规和司法解释中，对于"网络服务提供者"并无十分明确的定义，且在不同法

律、法规中，也出现了同义但不同名的表述。除"网络服务提供者"外，还有"提供内容服务的网络服务提供者""内容服务提供者""互联网接入服务提供者""互联网信息服务提供者""网站经营者"等。在《信息网络传播权保护条例》中，按照提供服务的种类，对网络服务提供者进行了分类，主要包括：（1）提供信息存储空间或提供搜索、链接服务的网络服务提供者（第14条）。（2）根据服务对象的指令提供网络自动接入服务，或者对服务对象提供的作品、表演、录音录像制品提供自动传输服务的网络服务提供者（第20条）。（3）为提高网络传输效率，自动存储从其他网络服务者获得的作品、表演、录音录像制品，并根据技术安排自动向服务对象提供的网络服务提供者（第21条）。（4）为服务对象提供信息存储空间，供服务对象通过信息网络向公众提供作品、表演、录音录像制品的网络服务提供者（第22条）。在国家版权局和原信息产业部联合发布的《互联网著作权行政保护办法》中，将"网络服务提供者"表述为互联网信息服务提供者。在该办法中，互联网信息服务提供者，是指根据互联网内容提供者的指令，通过互联网自动提供作品、录音录像制品等内容的上载、存储、链接或搜索等功能，且对存储或传输的内容不进行任何编辑、修改或选择的自然人、法人或非法人组织。

从立法者的解释来看，本条所称"网络服务提供者"的内涵较广，应包括网络技术服务提供者和网络内容服务提供者。所谓技术服务提供者，主要指提供接入、缓存、信息存储空间、搜索以及链接等服务类型的网络主体，其不直接向网络用户提供信息。所谓内容服务提供者，是指主动向网络用户提供内容的网络主体，其法律地位与出版社相同，应当对所上传内容的真实性与合法性负责。这两类网络服务提供者有着本质的区别。对于网络技术服务提供者，其只是提供通道或者平台，本身并不对传输或存储的信息进行主动编辑、组织或者修改，全部内容都是由网络用户提供。而对于网络内容服务提供者，其自身直接向网络用户提供内容或者产品服务，其提供的内容和产品是该网络服务提供者自己主动编辑、组织、修改或提供的。据此，立法对这两种行为规定了不同的规制模式。对于那些提供内容和产品服务的网络服务提供者而言，由于其网站的信息内容都是该网络服务提供者自己主动编辑、组织和提供的，当然应由该网络服务提供者自己负责，造成侵害他人权益的，如捏造虚假事实诽谤他人、发布侵犯著作权的影视作品等，应该承担直接侵权责任。对于那些提供网络接入或者平台服务的网络服务提供者，除符合《民法典》第1195条、第1196条、第1197条的规定外，技术服务提供者一般无须对网络用户提供的信息侵犯他人民事权益承担责任，但技术服务提供者如果主动实施侵权行为，如破坏他人技术保护措施、利用技术手段攻击他人网络、窃取他人个人信息等，也要依据本条承担侵权责任。

需要说明的是，这里的网络是指能够使不同计算机等具有信息处理能力的装置之间以电子方式进行信息交换的通信系统，包括互联网和局域网。

【审判实践中应注意的问题】

一、应注意区分本条与《民法典》第1195条、第1196条、第1197条的适用范围

本条是关于网络侵权的原则性规定，规范的是网络用户、网络服务提供者的直接侵权行为，对于网络用户、网络服务提供者的行为是否构成侵权行为、是否应承担侵权责任，还应依据《民法典》第1194条以及《著作权法》等有关规定来判断。而《民法典》第1195条、第1196条、第1197条规范的是网络用户利用网络实施侵权行为时，网络服务提供者在何种情况下需要与网络用户承担连带责任，网络服务提供者承担的连带责任是中间责任。

二、应注意区分网络服务提供者的具体类型，来确定其承担侵权责任的请求权基础

目前，很多网络主体提供的服务具有多样性，既提供技术服务，又主动提供相关内容，如搜狐、新浪等综合性门户网站既是技术服务提供者，又是内容服务提供者。在确认其承担侵权责任的请求权基础时，应当根据具体情形作出必要的区分，不同类型网络服务提供者成立侵权责任的要件、承担责任的方式以及免责事由都是有区别的。

> **第一千一百九十五条** 网络用户利用网络服务实施侵权行为的，权利人有权通知网络服务提供者采取删除、屏蔽、断开链接等必要措施。通知应当包括构成侵权的初步证据及权利人的真实身份信息。
>
> 网络服务提供者接到通知后，应当及时将该通知转送相关网络用户，并根据构成侵权的初步证据和服务类型采取必要措施；未及时采取必要措施的，对损害的扩大部分与该网络用户承担连带责任。
>
> 权利人因错误通知造成网络用户或者网络服务提供者损害的，应当承担侵权责任。法律另有规定的，依照其规定。

【条文主旨】

本条是关于网络服务提供者承担间接侵权责任的规定。

【条文理解】

本条为网络服务提供者确立了"避风港"和责任限制，并规定了网络用户错误通知的侵权责任，在沿袭《侵权责任法》第36条第2款规定的基础上，吸收了《信息网络规定》第5条、第6条、第7条、第8条以及《信息网络传播权保护条例》第14条的相关内容。

本条在沿袭《侵权责任法》第36条第2款规定的基础上，作了以下修改：一是将被侵权人修改为权利人；二是在"通知—取下"程序中增加规定权利人通知所包含的必要信息；三是增加规定网络服务提供者接到通知后的及时转送义务；四是增加规定权利人错误通知的侵权责任。

一、本条的适用范围

本条是关于网络服务提供者未及时采取必要措施,就扩大的损失与网络用户承担连带责任的规定,实际上为网络服务提供者设立了"避风港"和责任限制。权利人亦即被侵权人如果发现网络用户利用网络服务侵害其合法权益,有权向网络服务提供者发出通知,要求其采取必要措施。如果网络服务提供者及时采取了必要措施,则不承担侵权责任,这一规则被学界形象地称之为"避风港规则"。如果网络服务提供者在收到被侵权人的通知之后未及时采取必要措施,或者采取的措施不合理,造成损害结果扩大的,网络服务提供者只对因此造成的损害的扩大部分与直接侵权的网络用户承担连带责任,这体现了立法对网络服务提供者的侵权责任作出的限制。

这里的网络服务提供者是指那些提供信息平台或者信息通道服务,例如信息存储、搜索、链接服务的网络服务提供者。对于提供内容或者产品服务的网络服务提供者则不适用本条规定的避风港和责任限制,而应适用《民法典》第1194条关于网络服务提供者直接侵权的规定。需要注意的是,如果某个网络服务提供者可能既实施了提供网络内容服务的行为,又实施了提供信息通道或者信息平台服务的行为,则需要区分不同的行为类型分别适用不同规定。

《侵权责任法》第36条第2款创造性地将原先仅适用于数字版权领域的"避风港"规则扩张适用到包括网络人格权在内的所有民事权益领域,这在世界立法例上尚属首创。[①]《民法典》侵权责任编沿袭了《侵权责任法》第36条第2款确立的这一规则。因此,本条的适用范围是民事权益,不仅包括著作权,还包括名誉权、肖像权、隐私权等人身权益以及财产权益。没有如美国和我国台湾地区那样,将"避风港"规则仅适用于著作权,但与欧盟和日本的做法类似。之所以这样规定,主要考虑到网络具有即时性的特征,侵权信息被上传至网络

---

① 参见王利明主编:《中国民法典学者建议稿及立法理由(侵权行为编)》,法律出版社2005年版,第90~94页。

后，可能在几分钟之内就传播到全世界的各个角落，一旦在网络上发生侵犯他人名誉权、隐私权等人格权的行为，如果不赋予被侵权人及时救济的权利，会使损害后果无限扩大，连侵权人也无法控制，可能导致被侵权人无法获得充分救济。

二、"避风港"规则中的"通知—取下"程序

本条对"避风港"规则中的"通知—取下"程序作了原则性规定，并增加规定了权利人通知的必要内容、网络服务提供者的及时转送通知和采取必要措施义务。

（一）通知涉及的主体

1.通知人。通知人是被侵权人、权利人，即网络用户利用网络服务实施侵权行为的被侵权人，被侵权人认为自己受到网络侵权行为侵害时，有权通知网络服务提供者采取必要措施。

2.接收通知人，即网络服务提供者，指依照服务类别有能力采取删除、屏蔽、断开链接等必要措施的网络服务提供者。

3.侵权人，即网络用户。侵权人以利用网络实施网络侵权行为为必要条件，但网络侵权行为的特点是侵权人不明确，侵权行为的损害后果有时难以估计，举证也十分困难。

（二）"通知"的形式和内容

在形式方面，本条并未对被侵权人向网络服务提供者发出的通知规定任何形式要求。国务院《信息网络传播权保护条例》第14条要求通知应采取书面形式；《信息网络规定》第5条规定，被侵权人发出通知应以书面形式或者网络服务提供者公示的方式。

在内容方面，为了达到促使网络服务提供者采取必要措施的目的，本条增加规定了通知包含的必要事项，即通知应当包括构成侵权的初步证据及权利人的真实身份信息。由于这一规定非常原则，对于通知应当包括的内容和程序，可以适用有关司法解释和其他法规的规定。国务院《信息网络传播权保护条例》第14条规定通知书应当包含下列内容："（一）权利人的姓名（名称）、联系方式和地址；

(二)要求删除或者断开链接的侵权作品、表演、录音录像制品的名称和网络地址;(三)构成侵权的初步证明材料。"《信息网络规定》第5条规定的有效通知应包含下列内容:"(一)通知人的姓名(名称)和联系方式;(二)要求采取必要措施的网络地址或者足以准确定位侵权内容的相关信息;(三)通知人要求删除相关信息的理由。"该司法解释与《信息网络传播权保护条例》第14条规定不同,未使用"构成侵权的初步证据"的表述,而是要求通知中包含"删除相关信息的理由",主要考虑:一是在侵害著作权的情况下,需要证明通知人即著作权人,因而初步证明材料就有必要。但在侵害名誉权、商誉权、隐私权等情形下,是否构成侵权难以判断,相应的证明材料也较为困难,多数情况下,侵权信息本身就是构成侵权的初步证明材料。二是是否构成网络侵权应由人民法院经审理后予以认定,而不能由通知人自行认定。对此,我们认为,《信息网络规定》第5条第1款第3项的规定,与本条构成侵权的初步证据的规定并不矛盾,参照《民事诉讼法》第119条起诉受理条件的规定,原告起诉应当有具体的诉讼请求和事实、理由,这里也是使用的"理由"而非证据,"理由"和证据实质是同一问题的不同表述。

(三)网络服务提供者及时转送通知和采取必要措施的义务

1.网络服务提供者及时转送通知的义务。关于网络服务提供者及时向网络用户转送通知的规定,是在《侵权责任法》第36条第2款规定的基础上新增加的规定。之所以要规定网络服务提供者及时向网络用户转送通知,是因为网络侵权行为的特点是侵权人不明确,在很多情况下,被侵权人和公众无法知晓谁是侵权人。在网络世界,大量的信息被高速复制,侵权行为的损害后果有时难以估计,举证也十分困难。因而,通过网络服务提供者将侵权通知转送相关网络用户,被侵权人可以有效地确定侵权人。

2.对"必要措施"的理解。必要措施,是指足以防止侵权行为的继续和侵害后果的扩大并且不会给网络服务提供者造成不成比例的损害的措施,包括删除、屏蔽、断开链接、暂时中止对该网络用户提供服务等。

3. 对"及时"的理解。网络服务提供者采取删除、屏蔽、断开等必要措施是否及时，是其能否援引"避风港"规则进行免责抗辩的关键。也就是说，网络服务提供者在接到被侵权人通知后虽然采取了删除、屏蔽、断开链接等必要措施，但采取措施不及时，其仍然应当就扩大的损失与网络用户承担连带侵权责任，而不能仅因采取了必要措施而被免责。本条对网络服务提供者采取必要措施作出"及时"的时间限定，其目的是平衡好网络服务提供者与被侵权人的利益，若为网络服务提供者设定的免责条件门槛太低，则易导致网络服务提供者消极履行义务，利用免责条款轻易免责而损害被侵权人的利益。可以说，对"及时"的合理认定成为"避风港"规则能否正确适用的关键因素。

《信息网络规定》第6条对网络服务提供者采取必要措施是否"及时"的认定标准作出了规定。依据该条规定，认定网络服务提供者采取的删除、屏蔽、断开链接等必要措施是否及时，应当根据网络服务的性质、有效通知的形式和准确程度、网络信息侵权权益的类型和程度等因素综合判断。在该条起草过程中，对"及时"的认定标准是规定具体的时间段还是仅规定抽象标准，产生了争议。经反复讨论和征求意见，司法解释最终采取以抽象标准的方式规定"及时"的认定标准。

三、网络服务提供者的责任限制和责任形态

网络服务提供者的责任限制体现在，如果网络服务提供者在收到权利人的通知之后未及时采取必要措施，或者采取的措施不合理，造成损害结果的扩大的，网络服务提供者只对因此造成的损害的扩大部分与实施直接侵权行为的网络用户承担连带责任。这是因为，经过权利人的通知，网络服务提供者对网络用户的侵权行为已经明知，其接到该通知后未及时采取必要措施的，属于对网络用户侵权行为的放任，具有间接故意，视同共同侵权行为，应当与侵权的网络用户就损

害扩大的部分,与网络用户承担连带责任。网络服务提供者所承担的这种连带责任是间接侵权责任、中间责任,网络服务提供者在承担责任后可以向网络用户进行追偿。

之所以作出这种责任限制,主要考虑:网络服务提供者的主要作用在于为信息交流提供技术支撑,提供的是一种平台或者通道服务,它对于信息的传送、信息的内容以及信息的接收通常并不进行主动组织、筛选和审查;此外,对于网络上海量的信息而言,筛选和审查也超出了网络服务提供者的能力范围。为了保障网络服务提供者能够正常开展平台或者通道服务,免遭莫名其妙的纠纷困扰和不可预见的责任风险,保障网络整体的顺利运营,为其设置"避风港"和责任限制是必要的。

何谓"损害的扩大部分"?应以网络服务提供者被通知之后确定,凡是被通知之后造成的损害,就是损害的扩大部分。网络用户侵权行为实施之后被侵权人通知网络服务提供者的,当然是被通知之后的损害为扩大的损害。如果网络用户实施侵权行为之时,或者之前,网络服务提供者就明知侵权行为的,则应适用《民法典》第1197条规定,由网络服务提供者与网络用户就被侵权人的全部损害承担连带责任。

四、错误通知的侵权责任

依据本条第3款规定,因错误通知造成网络用户或者网络服务提供者损害的,应当承担侵权责任。该款规定系吸收借鉴《信息网络规定》第8条所作的立法规定。增加本款规定的目的在于,明确通知人错误通知的法律后果。

(一)错误通知的理解

网络用户在网络上通过播放视频、发表文章、发送照片图像等形式,正常行使自己的宣传、说明、提示、意见、建议、批评等法律没有禁止性规定的权利,由于通知人对上述网络用户发出的各类信息发生认知错误,以致错误地向网络服务提供者发出通知,要求其采取删除等措施。简言之,就是通知人将不构成侵权的网络信息误认为构成侵权，向网络服务提供者发出的错误删除通知。这种错误通知是通知人承担侵权责任的先决条件，如果是网络用户起诉主张发出通知一方的通知错误的，则只有在通知一方举证证明网络信息构成侵权的前提下才能证明通知正确。[1]

（二）因错误通知侵害的权益类型

由于错误通知导致网络用户发布的信息被错误删除，侵害了网络用户的何种权益？错误通知的通知人侵犯了网络用户在网上发表信息、言论的自由。《侵权责任法》所规定的民事权益包括法律明确规定的权利和法律没有明确规定的法益。权利的类型相对比较明确，而法益的保护相对复杂。从现行法的规定来看，网络用户在网络上发表信息、表达言论的自由尚不能归属于某种具体的人格权，但这并不妨碍其成为保护对象。对于这种权利的属性，可参考我国司法实践。《精神损害赔偿司法解释》第1条第1款规定："自然人因下列人格权利遭受非法侵害，向人民法院起诉请求赔偿精神损害的，人民法院应当依法予以受理：（一）生命权、健康权、身体权；（二）姓名权、肖像权、名誉权、荣誉权；（三）人格尊严权、人身自由权。"第2款规定："违反社会公共利益、社会公德侵害他人隐私或者其他人格利益，受害人以侵权为由向人民法院起诉请求赔偿精神损害的，人民法院应当依法予以受理。"我们认为，错误通知导致错误删除，妨碍了网络用户的表达自由，在现行法框架下，可将此种权益归属于《民法典》第四编所规定的人格权。

因错误通知导致网络服务提供者何种损害？由于网络用户与网络服务提供者存在服务合同关系，网络服务提供者可能因错误删除而向网络用户承担违约责任，由此产生的损害应由错误通知的通知人承担。

---

[1] 参见最高人民法院民事审判第一庭编著：《最高人民法院利用网络侵害人身权益司法解释理解与适用》，人民法院出版社2014年版，第130页。

【审判实践中应注意的问题】

第一,"及时采取必要措施"属于免责抗辩事由,应由网络服务提供者承担举证责任。

第二,"及时采取措施"义务由网络技术服务提供者承担,网络内容服务提供者不适用"通知—及时取下"规则而免责,应注意区分本条规定与《民法典》第1194条的适用范围。

第三,对于未经"通知"即"知道"侵权事实的网络服务提供者,不适用本条第1款规定而免责,应注意区分本条第1款与《民法典》第1197条的适用范围。本条与第1197条之间是并列关系,并非递进关系,更非包含关系。如果被侵权人能够举证证明网络服务提供者对侵权行为"知道",可以不发出侵权通知,直接要求网络服务提供者承担《民法典》第1197条规定的侵权责任;如果被侵权人认为其无法举证证明网络服务提供者具有过错,可以根据本条发出侵权通知,网络服务提供者只有证明自己"及时"采取了必要措施,才能免责。

> **第一千一百九十六条** 网络用户接到转送的通知后，可以向网络服务提供者提交不存在侵权行为的声明。声明应当包括不存在侵权行为的初步证据及网络用户的真实身份信息。
>
> 网络服务提供者接到声明后，应当将该声明转送发出通知的权利人，并告知其可以向有关部门投诉或者向人民法院提起诉讼。网络服务提供者在转送声明到达权利人后的合理期限内，未收到权利人已经投诉或者提起诉讼通知的，应当及时终止所采取的措施。

【条文主旨】

本条是与"避风港"规则中"通知—取下"程序相配套的"反通知—恢复"程序的操作性规定。

【条文理解】

《侵权责任法》第36条第2款关于网络服务提供者"避风港"规则的具体程序规定，仅规定了"通知—取下"程序，未规定网络用户的反通知和网络服务提供者的恢复程序，《民法典》侵权责任编吸收借鉴《信息网络传播权保护条例》第16条、第17条的规定，增加规定了网络用户的反通知和网络服务提供者的恢复程序。

2006年，我国在借鉴《美国千禧年数字版权法案》和《欧盟电子商务指令》的基础上制定了《信息网络传播权保护条例》（后于2013年修订），在该条例第20条至第23条最早引入了"避风港"规则，创立了我国在自动接入传输、系统缓存、信息存储、搜索链接领域的四项"避风港"，还规定了与之相配套的"通知—删除—通知转送—

反通知—恢复"的处理程序。该条例除在第15条规定了网络服务提供者接通知而及时删除侵权信息外，还在第16条规定了网络用户的反通知权利，在第17条规定了网络服务提供者的恢复义务。该条例第16条规定："服务对象接到网络服务提供者转送的通知书后，认为其提供的作品、表演、录音录像制品未侵犯他人权利的，可以向网络服务提供者提交书面说明，要求恢复被删除的作品、表演、录音录像制品，或者恢复与被断开的作品、表演、录音录像制品的链接。书面说明应当包含下列内容：（一）服务对象的姓名（名称）、联系方式和地址；（二）要求恢复的作品、表演、录音录像制品的名称和网络地址；（三）不构成侵权的初步证明材料。服务对象应当对书面说明的真实性负责。"第17条规定："网络服务提供者接到服务对象的书面说明后，应当立即恢复被删除的作品、表演、录音录像制品，或者可以恢复与被断开的作品、表演、录音录像制品的链接，同时将服务对象的书面说明转送权利人。权利人不得再通知网络服务提供者删除该作品、表演、录音录像制品，或者断开与该作品、表演、录音录像制品的链接。"

本条第1款规定的网络用户不存在侵权行为的声明，即相当于《信息网络传播权保护条例》第16条规定中的反通知。增加规定网络用户提交不存在侵权行为的声明，其目的是赋予网络用户以抗辩权，权利人经网络服务提供者送达网络用户侵权的通知，则基于权利平等原则，网络用户也应享有不构成侵权的抗辩权。抗辩意味着对侵权主张的反驳，网络用户应提供相应的反驳证据，故本条规定网络用户提交的不构成侵权的声明，应当包括不存在侵权行为的初步证据。应注意的是，在接到网络服务提供者转来的侵权通知后，网络用户可以提交不构成侵权的声明，也可以不提交，此为网络用户的权利而非义务，但如果提交不构成侵权的声明，声明就应当包括不存在侵权行为的初步证据，否则该声明无效。

本条第2款规定了网络服务提供者转送声明的义务和恢复义务。网络用户向网络服务提供者作出不构成侵权的声明后，网络服务提供者作为网络用户的合同相对方,有义务将该声明转送发出通知的权利人,以使发出通知的权利人知晓网络用户的抗辩主张,同时,网络服务提供者也有义务告知发出通知的权利人可以向有关部门投诉或者向人民法院提起诉讼。若发出通知的权利人在接到网络用户的声明后及时提起了诉讼或者向有关部门投诉,则表明其不认可网络用户不构成侵权的声明,此时网络服务提供者无须恢复其基于侵权通知而采取的删除信息、断开链接等"取下"措施;但若发出通知的权利人接到网络用户不构成侵权的声明后,在合理期限内未向有关部门投诉或者向人民法院起诉,则为保障网络用户的合法权益,网络服务提供者应当及时终止所采取的措施,立即恢复被删除的网络信息,或者可以恢复被断开的链接,否则其可能构成对网络用户的违约。

如何理解本条第2款规定的"合理期限"?这个问题立法者没有作出明确规定,如果按照3年诉讼时效期间来认定,可能太长,具体应该限定为多长时间,还有待通过司法实践来予以确定。

【审判实践中应注意的问题】

网络用户接到转送的通知后,其是否向网络服务提供者提交不存在侵权行为的声明,都不影响网络服务提供者根据权利人发出的有效侵权通知,及时采取必要措施。

> **第一千一百九十七条** 网络服务提供者知道或者应当知道网络用户利用其网络服务侵害他人民事权益，未采取必要措施的，与该网络用户承担连带责任。

【条文主旨】

本条是关于网络服务提供者知道或者应当知道网络用户通过其网络服务实施侵权行为时的侵权责任的规定。

【条文理解】

本条与《民法典》第1195条都是关于提供技术服务的网络服务提供者承担间接侵权责任的规定，本条是在《侵权责任法》第36条第3款规定的基础上修改而来。

根据本条规定，提供技术服务的网络服务提供者承担的侵权责任是过错责任，其过错体现在网络服务提供者知道或者应当知道网络用户利用其网络服务侵害他人民事权益，未采取必要措施，条文内容在《侵权责任法》第36条第3款规定的基础上增加了"应当知道"的规定。关于网络服务提供者承担间接侵权责任的归责原则，在立法起草过程中曾存在两个方面的争议：一是过错责任和无过错责任的争议。有意见提出，此类网络服务提供者的地位有如出版者，应承担无过错责任，只要其网络服务中存在侵权信息，就应当承担侵权责任。立法机关经研究认为，在网络发展初期，有些国家的法院曾经以无过错责任判决此类网络服务提供者承担侵权责任，但随着对网络问题的研究越来越深入，研究者逐渐认识到，提供技术服务的网络服务提供者并不直接向公众提供信息，只是为网络用户发布或者检索信息提供平台，每天面对海量的信息，在技术上无法逐一审核，与传统著作权领域中出版者的地位不尽相同，令此类网络服务提供者承担无过错责任可能使其承担过重的义务，远超出其能够承受的范围，不仅危及网络行业的正常发展，最终将损害社会公共利益。[①] 据此，立法机关将网络服务提供者的间接侵权责任确定为过错责任，《侵权责任法》第36条第3款以"知道"作为网络服务提供者承担间接侵权责任的主观要件。二是是否赋予网络服务提供者一般注意义务的争议。《侵权责任法》一次审议稿和二次审议稿都曾规定，网络服务提供者明知网络用户利用其网络服务实施侵权行为，未采取必要措施的，与该网络用户承担连带责任，这一规定实际上排除了网络服务提供者对网络用户行为的注意义务。起草过程中，有建议认为，根据《信息网络传播权保护条例》第22条的规定，网络服务提供者只有在"不知道也没有合理的理由应当知道服务对象提供的作品、表演、录音录像制品侵权"的情况下，才能免除赔偿责任；根据该条例第23条的规定，网络服务提供者为服务对象提供搜索或者链接服务，明知或者应知所链接的作品、表演、录音录像制品侵权的，应当承担共同侵权责任。可见，当网络服务提供者应知网络用户利用其网络实施侵权行为而未采取必要措施时，也应承担相应的侵权责任，故"明知"似应改为"明知或应知"。《侵权责任法》（二次审议稿）后来曾将"明知"改为"知道"。在《侵权责任法》（三次审议稿）中，"知道"又被修改为"知道或者应当知道"。在全国人民代表大会常务委员会最后审议时，又被改回"知道"，可谓一波三折。此次《民法典》编纂，在第1197条的条文表述中增加了"应当知道"的表述，吸收了《信息网络传播权保护条例》第22条的规定，在立法上确定了网络服务提供者的一般注意义务。

[①] 参见王胜明主编：《〈中华人民共和国侵权责任法〉条文解释与立法背景》，人民法院出版社2010年版，第154页。

一、如何理解"知道或者应当知道"

"知道",是指一个正常的、理性的人认识到某一事实的存在的主观状态。网络服务提供者认识到网络用户利用其网络服务侵害他人民事权益,则负有及时采取必要措施、制止侵权行为的保护义务,未采取必要措施,实际上是放任了侵害结果的发生,因此应与实施直接侵权的网络用户承担连带责任。"知道"是一种主观认知状态,它必须通过客观化的方式才能得到证明。证明网络服务提供者知道网络用户利用其网络服务侵害他人民事权益的直接证据包括网络服务提供者的工作人员明确承认、有关文件中有明确记载等。但是,这类直接证据通常难以为外人获得。在司法实践中,除了有明确的证据表明网络服务提供者确实已经知道之外,还可以通过间接证据推定其有极大的可能已经知道,这种证明方法也被称为"推定知道"或者"有理由知道"。在这种方法下,如果行为人拥有某种信息,一个正常的、理性的人根据该信息,运用日常生活经验将会推出有关事实的存在,或者将会根据该事实存在的假设来控制其自身的行为。[①] 这类间接证据包括有关机构或者个人已经向网络服务提供者发出警告或者提醒等。

"推定知道"与"应当知道"并非同一概念。"应当知道",是指一个正常的、理性的人在负有某种注意义务而且具有注意能力的情况下,将能够认识到某一事实的存在。注意义务,是指"行为人采取合理的注意而避免给他人的人身或财产造成损害的义务"。[②] 可见,"应当知道"是以行为人负有某种注意义务为前提的,而"知道"则表明行为人并不负有此种注意义务。

《信息网络规定》第9条对网络服务提供者"知道"网络用户利用其网络服务实施侵权行为的判断标准作出了指引性规定。依据该条

[①] 参见[美]肯尼斯·S·亚伯拉罕、阿尔伯特·C·泰特选编:《侵权法重述——纲要》,许传玺、石宏等译,法律出版社2006年版。

[②] William P.Statsky, Tort: Personal Injury Litigation, West Publishing Company, 1990, p.245.

规定,"人民法院依据侵权责任法第三十六条第三款认定网络服务提供者是否'知道',应当综合考虑下列因素:(一)网络服务提供者是否以人工或者自动方式对侵权网络信息以推荐、排名、选择、编辑、整理、修改等方式作出处理;(二)网络服务提供者应当具备的管理信息的能力,以及所提供服务的性质、方式及其引发侵权的可能性大小;(三)该网络信息侵害人身权益的类型及明显程度;(四)该网络信息的社会影响程度或者一定时间内的浏览量;(五)网络服务提供者采取预防侵权措施的技术可能性及其是否采取了相应的合理措施;(六)网络服务提供者是否针对同一网络用户的重复侵权行为或者同一侵权信息采取了相应的合理措施;(七)与本案相关的其他因素"。该条归纳了认定网络服务提供者"知道"的7种判断因素,包括网络服务提供者是否对侵权网络信息作出处理,应当具备的管理信息的能力,所提供服务的性质、方式及其引发侵权的可能性大小,采取预防侵权措施的技术可能性及其是否采取了相应的合理措施,该网络信息侵害民事权益的类型及明显程度,网络信息的社会影响程度或者一定时间内的浏览量等方面的因素。具体而言:

1.网络服务提供者是否以人工或者自动方式对侵权网络信息以推荐、排名、选择、编辑、整理、修改等方式作出处理。网络服务提供者已经对侵权信息采取一定手段进行处理,无论此种处理是自动方式还是人工方式,都应当认定为网络服务提供者已经明确知道。例如,网络用户将明星不雅视频上传网络,如果视频网站在用户上传的内容中有选择地进行挑选,起着编辑部的作用,则应认定该网站明确知道侵权事实,应当由该网站承担侵权责任。

2.网络服务提供者应当具备的管理信息的能力,所提供服务的性质、方式及其引发侵权的可能性大小。这属于网络服务提供者的自身因素。网络服务提供者不同的服务类型、经营模式和管理能力会影响对过错的判定。相比提供其他技术服务的网络服务提供者,提供接入、缓存服务的网络服务提供者"知道"的标准应当更加严格。接入服务连接着网站和网络用户,所有网络信息包括侵权信息都需要通过接入服务才能得以传输,但这种传输是即时的,信息量十分庞大,该类型网络服务提供者无法一一核实,如果认定标准过于宽泛,可能会使得接入服务提供者承担过重的责任,影响普遍接入服务。对于搜索引擎、信息存储空间、P2P文件传输服务提供者提供的信息收集、整理、分类服务,如果是纯客观的分类,不能推定网站知道或者应当知道侵权内容;如果按照主观分类,可以推定网站知道或者应当知道,容易判断其是否有过错。如果上传的侵权内容显示在提供存储空间服务网站的首页,则任何网络服务提供者的管理能力均足以达到发现侵权信息的程度,法院可以认定其有过错。对于电子商务交易平台,如淘宝网上有几千万商家,其中一个商家在其自家网页广告宣传中侮辱、诋毁其他同类商家的商品,法院不能推定淘宝网知道或者应当知道。

3. 网络信息侵害民事权益的类型及明显程度。涉嫌诋毁他人名誉、不当使用他人肖像、违法公布他人个人信息等行为,不经法院审理,有时难以准确判断是否是侵权行为,网络服务提供者并非司法机关,不应要求其具有专业法律素养,更不能要求其对用户发布的信息一一核实。但是,对于家庭地址等信息被公布,这种侵害隐私权的判断就比较容易。

4. 网络信息的社会影响程度或者一定时间内的浏览量。网络信息的社会影响程度与其一定时间内的浏览量相匹配,浏览量大,证明社会影响大,网服务提供者知道侵权事实的可能性就大。

5. 网络服务提供者采取预防侵权措施的技术可能性及其是否采取了相应的合理措施。目前,自动抓取等技术已经普及,如果网络服务提供者采用预防措施的成本较低,则其"知道"义务的范围就越广。当然,与著作权等权利不同的是,由于侵害人格权的类型多种多样,目前网络服务提供者在预防侵犯人格权信息方面的措施和技术仍然较少,但本条规定具有一定的前瞻性,即随着技术的发展,采取预防措施的能力可能会大大提高、预防措施的成本会大大降低,在此情形下,该判断因素即具有适用性。

6. 网络服务提供者是否针对同一网络用户的重复侵权行为或者同一侵权信息采取了相应的合理措施。虽然侵权人多次发布侵权信息多数并不能单独作为判断网络服务提供者知道的判断标准，但是作为一个综合考虑因素，仍有在个案中发挥作用的空间。

7. 就其他相关因素而言，需要结合个案加以判断。

需要注意的是，《信息网络规定》第9条规定的考虑因素是根据审判实践所总结归纳的指引性标准。在根据该条规定认定网络服务提供者是否应知其网络用户侵害人格权益时，司法解释中规定的考虑因素并不需要机械地一一全部进行考虑，人民法院应当根据个案的具体情况进行认定。在某些情况下，司法解释规定的考虑因素一个或几个的满足即可以认定网络服务提供者应知其网络用户侵害信息网络传播权。

同时，《最高人民法院关于审理著作权民事纠纷案件适用法律若干问题的解释》第9条对人民法院认定网络服务提供者是否构成应知也作出了指引性规定，审判实践中在认定网络服务提供者对网络用户侵害信息网络传播权的行为是否应知时，可依据该条规定进行认定。

二、责任承担形式

依据本条规定，网络服务提供者与网络用户承担连带责任。如果网络服务提供者明知网络用户利用其网络服务实施侵权行为，却不采取必要措施，可以认定为构成帮助侵权，应当对全部损害与网络用户承担连带责任。如果网络服务提供者实际上并不知道网络用户利用其网络服务实施侵权行为，而是疏于管理，没有意识到这种侵权行为的存在，则只应对应当知道而没有知道侵权行为之时起的损害与网络用户承担连带侵权责任，之前的损害应当由网络用户独立承担责任。①

---

① 参见王胜明主编：《〈中华人民共和国侵权责任法〉条文解释与立法背景》，人民法院出版社2010年版，第155~156页。

【审判实践中应注意的问题】

应注意把握本条与《民法典》第1195条的关系。本条与《民法典》第1195条都涉及网络服务提供者"知道"侵权的过错侵权责任。其中，第1195条规定的是网络服务提供者经"通知"后未及时采取措施造成损害扩大的侵权责任；而本条规定的是"知道或者应当知道"侵权事实而未采取措施的侵权责任。《民法典》第1195条规定的"通知规则"与本条规定的"知道规则"在适用上既非递进关系，也非包含关系，而是"并列关系"。如果被侵权人能够举证证明网络服务提供者对侵权行为"知道"，可以不发出侵权通知，直接要求网络服务提供者承担本条即《民法典》第1197条规定的侵权责任；如果被侵权人认为其无法举证证明网络服务提供者具有过错，可以根据《民法典》第1195条发出侵权通知。

> **第一千一百九十八条** 宾馆、商场、银行、车站、机场、体育场馆、娱乐场所等经营场所、公共场所的经营者、管理者或者群众性活动的组织者,未尽到安全保障义务,造成他人损害的,应当承担侵权责任。
>
> 因第三人的行为造成他人损害的,由第三人承担侵权责任;经营者、管理者或者组织者未尽到安全保障义务的,承担相应的补充责任。经营者、管理者或者组织者承担补充责任后,可以向第三人追偿。

【条文主旨】

本条是关于违反安全保障义务责任的规定。

【条文理解】

本条规定了住宿、餐饮娱乐、银行、交通运输等公共场所的经营者、管理者或者群众性活动组织者的安全保障义务以及违反安全保障义务应承担的责任。本条规定对《侵权责任法》第37条进行了修改,修改的内容主要体现在两方面:一是对第1款的修改,在列举式中增加了机场、体育场馆这两类典型的公共场所,另外将安全保障义务主体表述由原来的"公共场所的管理人"调整为"经营场所、公共场所的经营者、管理者"。二是第2款增加规定了安全保障义务主体在承担相应的补充责任后,有权向实施了直接侵权行为的第三人追偿。

一、安全保障义务的概念和性质

安全保障义务来源于德国法上的一般社会安全注意义务理论,一般社会安全注意义务理论并非德国成文法的规定,而是基于诚信原则从判例中发展出来的一般规则。德国一般社会安全注意义务要求创设或者持续特定危险源者,为保护他人免受损害,应当采取必要的安全措施。①通常认为,只有在法律明确规定、合同约定或者存在先前行为的情况下,安全保障义务才得以启动。这是因为,认定责任人是否应当履行安全保障义务,必须严格把握条件,否则将使人动辄得咎,社会将陷入不安定状态。

依据本条规定,安全保障义务主要是指宾馆、商场、银行、车站、机场、体育场馆、娱乐场所等经营场所、公共场所的经营者、管理者或者群众性活动的组织者等安全保障义务主体,应尽的合理限度范围内的使他人免受人身及财产损害的义务。在我国,尽管目前还没有关于安全保障义务的一般性规定,但在一些法律、行政法规以及行政规章中早已存在一些相关规定,比如,《物业管理条例》第46条第1款规定:"物业服务企业应当协助做好物业管理区域内的安全防范工作。发生安全事故时,物业服务企业在采取应急措施的同时,应当及时向有关行政管理部门报告,协助做好救助工作。"《互联网上网服务营业场所管理条例》第24条规定:"互联网上网服务营业场所经营单位应当依法履行信息网络安全、治安和消防安全职责,并遵守下列规定:(一)禁止明火照明和吸烟并悬挂禁止吸烟标志;(二)禁止带入和存放易燃、易爆物品;(三)不得安装固定的封闭门窗栅栏;(四)营业期间禁止封堵或者锁闭门窗、安全疏散通道和安全出口;(五)不得擅自停止实施安全技术措施。"这些规范性文件中的相关规定可以视为安全保障义务的具体化。②需要注意的是,关于安全保障义务主体的范围,我国立法、司法解释制定过程中经历了一个变化的过程。在2003年《人身损害赔偿司法解释》中,安全保障义务

---

① 参见最高人民法院民事审判第一庭编著:《最高人民法院人身损害赔偿司法解释的理解与适用》,人民法院出版社2015年版,第93页。

② 参见最高人民法院民事审判第一庭编著:《最高人民法院人身损害赔偿司法解释的理解与适用》,人民法院出版社2015年版,第93页。

主体范围的表述是"从事住宿、餐饮、娱乐等经营活动或者其他社会活动的自然人、法人、其他组织",其主体范围主要是经营者和从事其他社会活动的自然人、法人和其他组织。《侵权责任法》规定的安全保障义务主体的范围是"宾馆、商场、银行、车站、娱乐场所等公共场所的管理人或者群众性活动的组织者"。从字面来看,《侵权责任法》与《人身损害赔偿司法解释》相比,一是将"从事住宿、餐饮、娱乐等经营活动的自然人、法人、其他组织"改为"宾馆、商场、银行、车站、娱乐场所等公共场所的管理人",二是将"其他社会活动的自然人、法人、其他组织"改为"群众性活动的组织者"。对此,立法者认为,合理确定安全保障义务主体的范围,既要以人为本,对社会生活中可能发生危险的场所或者活动,要求行为人履行必要的防范损害发生的义务,充分保护广大人民群众的人身和财产安全;又要考虑我国国情,从促进社会和谐稳定的目的出发,不能盲目地扩大安全保障义务主体的范围。因此,《侵权责任法》第37条第1款规定的公共场所包括以公众为对象进行商业性经营的场所,也包括对公众提供服务的场所。除了已经列举的宾馆、商场、银行、车站、娱乐场所等,还包括机场、码头、公园、餐厅等。此外,"其他社会活动"表述过于模糊,在司法实践中容易引起歧义和争议,因此规定为"群众性活动的组织者",即面向社会公众举办的参加人数较多的活动的法人或者其他组织。① 由此可见,《侵权责任法》第37条关于安全保障义务中的公共场所,包括营利公共场所,也包括了非营利的为公众提供服务的公共场所。但是,《侵权责任法》出台后,围绕着"公共场所"的争论并未停息,对于公共服务性场所是否属于"公共场所"范畴,即公共场所管理人这种称谓,是否等同于"经营者",抑或限定于"管理者",仍然存在争议。② 有的学者对此表示担忧,认为这种表述,可能使得部分经营人逃脱对他人进入自己经营场所的安全保障义

---

① 参见王胜明主编:《〈中华人民共和国侵权责任法〉条文解释与立法背景》,人民法院出版社2010年版,第158页。
② 参见刘小璇:《论公共场所管理人的安全保障义务》,载《法学杂志》2019年第8期。

务的约束。[①]可见,《侵权责任法》第37条第1款关于"公共场所的管理人"这一表述,在实践中确实造成了一定困惑。为此,《民法典》进行了进一步的修改明确,将安全保障义务主体的范围规定为"宾馆、商场、银行、车站、机场、体育场馆、娱乐场所等经营场所、公共场所的经营者、管理者或者群众性活动的组织者"。在列举式中规定的"机场、体育场馆"显然属于公共服务性场所,而对于"经营场所、公共场所的经营者"这一表述,也明确表明相关场所的经营者是安全保障义务主体。应当说,本规定对于《侵权责任法》第37条关于安全保障义务主体范围的规定并未进行实质性修改,本条规定修改后与《侵权责任法》第37条的立法精神并不相悖,只是此种调整相较于原规定的表述更加科学、准确。

关于安全保障义务的性质,民法学界存在不同的认识。一是附随义务说。此种观点认为,安全保障义务属于附随义务,安全保障义务主体因与受害人订有契约,其所负有的安全保障义务依契约产生。二是法定义务说。此种观点认为,从我国立法实践来看,法律、行政法规大量地规定了各种情况下应承担安全保障义务的具体情形,而《合同法》却没有对此作出明确的列举性规定。此种义务应当被视为一种法定的义务。三是竞合说。此种观点认为安全保障义务的基本性质有两种,一为法定义务,二为合同义务。事实上,这两种义务是竞合的。

尽管在实践中,大量的安全保障义务既存在于侵权责任中,也存在于合同责任中,但《人身损害赔偿司法解释》以来的立法和司法解释已经将违反安全保障义务的责任明确纳入侵权责任救济的范围。据此,我们认为,将安全保障义务认为是一种侵权责任法层面的法定义务,较为妥当。

[①] 参见杨立新:《民法分则侵权责任编修订的主要问题及对策》,载《现代法学》2017年第1期。

二、违反安全保障义务责任的特点

安全保障义务主体违反安全保障义务造成损害,即应承担相应侵权责任。根据致损行为来源不同,安全保障义务主体承担的责任可能不同。具体来说,如果因安全保障义务主体未尽安全保障义务,直接导致损害的发生,安全保障义务主体是直接侵权人,承担直接责任;如果损害系因第三人行为导致,而安全保障义务主体疏于履行安全保障义务也是损害发生的原因,安全保障义务主体是间接侵权人,其承担的责任是补充责任。安全保障义务责任具有如下特点:

(一)关于责任主体

一般的侵权责任中,责任人与行为人相一致,责任人就是直接侵权人。违反安全保障义务责任中,直接责任人有可能是安全保障义务主体本人,也有可能是第三人。也就是说,安全保障义务主体在未履行安全保障义务造成损害的情况下,既有可能承担直接侵权责任,也有可能承担间接侵权责任,因此产生不同的侵权责任形态。这与典型侵权责任相比,具有复杂性和特殊性。

(二)关于责任性质

根据本条的规定,无论是安全保障义务主体的直接责任还是补充责任,都以其未尽到安全保障义务为前提条件。这就意味着,如果安全保障义务主体尽到了安全保障义务,就可以免除责任。因此,本条规定的违反安全保障义务的侵权责任是一种过错责任。有观点认为,安全保障义务主体的责任是一种过错推定责任,安全保障义务主体应当对自己尽到了相应的安全保障义务承担证明责任。但从本条文义来看,立法并未将未尽到安全保障义务的证明责任明确确定由安全保障义务主体承担,因此,认为本条规定确定的责任性质为过错推定责任的观点理由似并不充分,被侵权人对安全保障义务主体未尽安全保障义务仍然承担相应举证证明责任。

判断安全保障义务主体是否履行了安全保障义务,可以从以下四个方面加以把握:第一,法定标准。如果法律、法规对于安全保障的内容有直接规定的，应当以法律、法规的规定内容作为判断的标准和依据。第二，行业标准。在法律、法规没有明确规定的情况下，安全保障义务应当达到同行业所应当达到的通常注意义务。由于安全保障义务主体一般是某一行业的经营者、管理者，其往往具备行业要求的相关专业资质、管理能力，其对安全保障注意义务的履行应当高于对普通人的标准，即要达到与其专业管理能力相匹配的程度。比如物业管理公司对于物业周边消防安全隐患的清除，游乐场经营者对于游乐设施、特殊器材的专业维护等。第三，合同标准。尽管安全保障义务是侵权责任法层面的法定义务，但不能否认的是，如果合同约定一方负有对另一方的安全保障的义务，则安全保障义务也来源于合同的约定。因此，合同约定的标准也是判断安全保障义务人是否尽到相应义务的一种依据。如果合同仅对安全保障义务作出泛泛的约定，此时，应当以能够实现订立合同目的即以保障当事人人身、财产安全的合理标准进行解释。第四，善良管理人的标准。如果法律没有规定确定的标准，是否履行了安全保障义务，可以按照善良管理人的标准确定。在比较法上，美国侵权行为法中，对于受邀请而进入土地利益范围的人，土地所有人或者占有人应当承担的安全保障义务是要保证受邀请人的合理性安全。在法国，有判例认为，在欠缺法定的作为义务的情况下，行为人是否对他人负有积极作为的义务，应根据善良家长的判断标准加以确定。这种标准与德国法上的"交易上必要之注意"相当，都是要以交易上的一般观念，认为具有相当知识经验的人，对于一定事件的所用注意作为标准，客观地加以认定。行为人有无尽此注意义务的知识和经验，以及其向来对于事务所用的注意程度，均不过问。第五，特别标准。根据保障权利的特点和目的，在一些场合，对安全保障义务的要求应采取特殊标准。比如对于未成年人的安全保障义务，因未成年人心智发育不健全，认知和自我保护能力较弱，因此应当采用较成年人权益保护更高的标准。

（三）关于责任类型

以过错责任为归责原则的侵权责任中，具体又分为作为侵权责任和不作为侵权责任。尽管对于作为和不作为的界限不那么明确，但学界已经作出多种分类标准，比如：从违法的含义角度来区分，作为违反了法律的禁令，不作为则违反了法律的命令；从因果链的角度来区分，作为是指侵权人在受害人的法益上制造了危险，不作为则是指未排除威胁到受害人的危险；从行为的外部表现来区分，作为是指不应有所为而为，不作为是应有所为而不为；从加害人的行为是否已经对受害人的利益发生不利影响来区分作为与不作为等。[①] 尽管存在多种划分标准，但作为与不作为的区别是显而易见的。本条规定的违反安全保障义务责任是不作为责任。具体来说，在场所责任中，特定场所处于经营者、管理人控制之下，经营者、管理人对该场所内的不特定的人因此负有安全保障义务，这是场所责任的义务来源。对于组织者责任而言，一是组织者组织了群众性活动，并开启了危险源；二是组织者对于组织的活动具有一定的控制力，即组织者应当在活动中负监督、管理等义务。因此，这是一种因先前行为而引发的责任。由此可见，在上述两种情况下，安全保障义务主体即负有相应的安全保障义务，如其怠于履行安全保障义务造成损害，其承担的责任属于典型的不作为责任。

三、违反安全保障义务责任的构成要件

本条规定了安全保障义务主体的两种责任类型：义务人因违反安全保障义务而直接致使他人遭受损害应承担的直接责任；义务人未尽安全保障义务而使被保护人遭受第三人的侵害时应承担相应的补充责任。

（一）直接责任

本条第1款规定了安全保障义务主体的直接责任。在没有第三人行为介入的情况下，义务人因违反安全保障义务导致被保护人遭受侵害，义务人承担的是直接责任。这种责任的构成要件是：安全保障义

[①] 参见周友军：《侵权法学》，中国人民大学出版社2011年版，第107页。

务主体未采取能够预防或消除危险的必要措施，因而违反了安全保障义务；被侵权人因为安全保障义务主体未履行义务而受到了损害；不存在第三人行为的介入，即义务人违反安全保障义务是造成损害的直接原因。安全保障义务主体就其未尽安全保障义务造成的损失承担赔偿责任。

（二）补充责任

本条第2款规定了安全保障义务主体的补充责任。因第三人的加害行为而产生损害，安全保障义务主体未尽安全保障义务所应承担的责任即为补充责任。之所以在这里规定补充责任而不是连带责任，主要考虑是在第三人介入实施加害行为的情形下，安全保障义务主体虽有过错但其与该第三人没有任何形式的共同意思联络，即不具有共同的主观过错，且一种积极的加害行为与一种消极的不作为行为并非直接结合对受害人产生损害，故两者不能承担共同侵权的连带责任。

补充责任的构成要件是：第一，第三人的加害行为是损害结果发生的直接原因；第二，安全保障义务主体未采取防范或者制止第三人的加害行为或者防止损害后果进一步扩大的必要措施，因而未尽到安全保障义务；第三，安全保障义务主体未尽安全保障义务，客观上为损害的发生或扩大提供了便利和条件，因而在未尽安全保障义务与损害结果的发生之间建立起了间接的因果关系。

本款规定的补充责任应作如下理解：第一，它是对直接责任人的补充。在安全保障义务主体的补充责任中，直接实施加害行为的第三人才是受害人所受损害的直接原因和终极原因，因此第三人应当对其行为所造成的损害承担全部责任。安全保障义务主体未尽安全保障义务的行为只是损害发生的间接原因。法律规定由安全保障义务主体承担责任，为受害人获得充分赔偿提供了另一种途径和保障，因而是一种对直接责任人的补充。第二，第三人的直接侵权责任和安全保障义务主体的补充责任有先后顺序。先由第三人承担侵权责任，在无法找到第三人或者第三人没有能力全部承担赔偿责任时，才由安全保障义务主体承担侵权责任。如果第三人已经全部承担侵权责任，则安全保障义务主体不再承担侵权责任。第三，本款规定的补充责任有"相应的"这一限定词。相应的补充责任是指对于第三人没有承担的侵权责任，安全保障义务主体并非完全承担，而是在与其安全保障能力和过错程度范围内承担相匹配的补充赔偿责任。

需要注意的是，关于安全保障义务主体承担补充赔偿责任后能否向第三人追偿的问题，《民法典》对《侵权责任法》第37条第2款作出修改。关于这一问题，立法及司法解释先后经历了几次变化。根据《人身损害赔偿司法解释》第6条第2款规定，安全保障义务主体因第三人致害而承担补充赔偿责任后，可以向第三人追偿。该司法解释赋予安全保障义务违反人在承担了补充赔偿责任后对第三人享有追偿权的理由在于，实施积极加害行为的第三人理应对受害人的损害结果承担赔偿责任，这种责任不应因安全保障义务违反人承担补充责任而全部或者部分免除。比较两者的过错程度，第三人的过错明显重于安全保障义务违反人。不赋予安全保障义务违反人追偿权不符合过错责任原则尤其是比较过错责任原则的要求。对安全保障义务违反人疏于安全保障义务的过错以及不作为行为与损害结果的相当因果关系的归责性体现在其补充责任承担本身。[1]《侵权责任法》起草的过程中，有关单位曾提出采纳《人身损害赔偿司法解释》的规定，在安全保障义务主体承担责任后，赋予其向第三人追偿的权利，但该意见未被采纳。有观点认为，这体现了立法的进步，要求安全保障义务主体在有过错的情况下承担相应的补充责任，能激发管理人或组织者积极关注注意义务。[2] 也有观点认为，《侵权责任法》否认安全保障义务主体对第三人或者直接侵害人的追偿权，预示了直接侵权人对其侵权行为在实际上不需要承担责任，违反了法律应有的指引、评价、教育功能。[3]

---

[1] 参见最高人民法院民事审判第一庭编著：《最高人民法院人身损害赔偿司法解释的理解与适用》，人民法院出版社2015年版，第102页。

[2] 参见刘智慧主编：《中国侵权责任法释解与应用》，人民法院出版社2010年版，第102页。

[3] 参见童彬：《第三人介入侵权责任的理论反思与重构》，载《中国社会科学院研究生学报》2015年第5期。

关于安全保障义务主体有无追偿权的问题，一直存在着支持论与反对论两种观点。支持论从最佳预防效果、利益平衡原则、补充责任制度设计目的等角度证成其观点。反对论则认为，违反安全保障义务与损害后果之间存在因果关系，安全保障义务主体因自己过错承担责任理所应当，况且立法对补充责任的责任承担范围和比例进行了限定，已经考虑了与安全保障义务主体过错程度保持平衡，符合比例原则，故无必要再赋予其追偿权。《民法典》侵权责任编采纳支持论的立场，明确规定了安全保障义务主体承担相应的补充责任后，可以向第三人追偿。

【审判实践中应注意的问题】

第一，在第三人直接实施了侵权行为的场合，如赔偿权利人仅起诉安全保障义务主体，人民法院应当将实施侵权行为的第三人追加为共同被告，但第三人不能确定的除外。如赔偿权利人仅起诉直接侵权人的，人民法院可以根据案件具体情况决定是否追加安全保障义务主体作为第三人参加诉讼。

第二，物业公司违反安全保障义务责任的认定是审判实践中的热点问题。具体来说，涉及两个问题：一是物业管理范围的认定。物业服务合同对物业管理范围有明确的约定则从约定，当物业服务合同对物业管理范围没有约定或者约定不明，而物业管理区域与市政公共区域又无明显物理区分时，应综合物业性质、建筑特点、建设规划，以能够实现订立物业服务合同目的即以保障业主人身、财产安全的合理区域范围为准。二是安全保障义务的范围。物业公司毕竟为民事主体，不具强制执行的权力，对治安、消防等安全事故的控制能力有限，并非只要出现安全事故物业公司就应当然地承担侵权责任。考虑到权责匹配的问题，物业公司的安全保障义务应主要体现为协助性和防范性特征。即，对消防、治安等安全事故，物业公司并非首要和第一责任人，物业公司有义务协助有关单位进行安全隐患排查、采取应急措施、配合损失救助等，以防范安全事故的发生或损失的扩大。对物业公司是否尽到安全保障义务的认定，应结合合同约定的物业服务标准、事故的急难险重程度、与物业公司资质相匹配的专业管理能力等因素综合考量。

> **第一千一百九十九条** 无民事行为能力人在幼儿园、学校或者其他教育机构学习、生活期间受到人身损害的，幼儿园、学校或者其他教育机构应当承担侵权责任；但是，能够证明尽到教育、管理职责的，不承担侵权责任。

【条文主旨】

本条是关于幼儿园、学校或者其他教育机构对无民事行为能力人在学习、生活期间受到人身损害时承担侵权责任的规定。

【条文理解】

无民事行为能力人与限制民事行为能力人心智发育不成熟，自我保护能力较弱，其在幼儿园、学校或者其他教育机构学习、生活期间，暂时脱离了监护人的管理和保护，因此，对脱离监护人管理和保护范围的无民事行为能力人和限制民事行为能力人设立特别保护机制，具有现实需求。在规范性法律文件方面，根据我国《未成年人保护法》的规定，学校对于未成年人的身心健康及合法权益具有法定的保护义务，但《未成年人保护法》的规定较为笼统、原则。此外，教育部、部分省市地区也制定了相应的中小学生人身伤害事故处理条例、办法，但这些规范性法律文件效力较低，且在侵权责任的确定、免责事由、赔偿标准等问题上规定不一，一定程度上造成实践操作的混乱。根据实践需要，最高人民法院先后在《民法通则意见》(第160条)以及《人身损害赔偿司法解释》(第7条)等司法文件或司法解释中，规定了教育机构对于无民事行为能力人和限制民事行为能力人在校学习、生活期间遭受人身损害的，应承担侵权责任。上述司法解释对统一此类纠纷裁判尺度起到了积极的意义。其后,《侵权责任法》制定过程中,结合上述司法解释的规定和审判实践中积累的经验,立法机关对《人身损害赔偿司法解释》第7条进行修改完善。相较于《人身损害赔偿司法解释》,《侵权责任法》主要的变化有：一是将保护范围从未成年人扩展至无民事行为能力人和限制民事行为能力人。二是根据无民事行为能力人、限制民事行为能力人区分对教育机构承担直接侵权责任规定了不同的归责原则,分列为两条。三是对教育机构以外的第三人侵权的场合,规定教育机构承担补充责任,单独列为一条。据此形成《侵权责任法》第38条至第40条,构成了对无民事行为能力人、限制民事行为能力人在教育机构期间人身权益的保护体系。

本条规定承袭《侵权责任法》第38条规定的精神,是关于无民事行为能力人在幼儿园、学校或者其他教育机构学习、生活期间受到人身损害的,幼儿园、学校或者其他教育机构承担侵权责任的规定,本条规定对《侵权责任法》第38条进行了文字修改,将幼儿园、学校或者其他教育机构未尽教育、管理职责导致无民事行为能力人受到人身损害时承担的责任,明确为侵权责任。

一、"无民事行为能力人"的范围

无民事行为能力人,是指不满8周岁的未成年人、8周岁以上不能辨认自己行为的未成年人或者成年人。我国民法对无民事行为能力人的划分,采取年龄、辨识能力双重标准,年龄低于8周岁的未成年人,以及年龄虽然超过8周岁,但因智力、疾病等原因对事物缺乏基本认识和判断能力的自然人,都属于无民事行为能力人。我国民法对于无民事行为能力人设立了监护制度以弥补其行为能力的欠缺,对于脱离了监护人管理、保护范围的无民事行为能力人在学习、生活期间的管理和保护,理应由相应的教育机构承担。该条规定的无民事行为能力人,大多数情况是幼儿园、小学的在校儿童,但也不能排除8周岁以上智力存在缺陷的未成年人和成年人接受特殊教育的情况,比如,《残疾人保障法》第26条第2款、第3款规定:"初级中等以下特殊教育机构和普通教育机构附设的特殊教育班,对不具有接受普通教育能力的残疾儿童、少年实施义务教育。高级中等以上特殊教育机构、普通教育机构附设的特殊教育班和残疾人职业教育机构,对符合条件的残疾人实施高级中等以上文化教育、职业教育。"《民法典》总则编中的第20条、第21条进一步明确规定,"无民事行为能力人"包括不满8周岁的未成年人、8周岁以上不能辨认自己行为的未成年人以及不能辨认自己行为的成年人。

二、关于侵权责任主体范围

本法规定的"幼儿园",包括政府、集体、社会组织和个人依法设立的幼儿园。"学校"包括政府、企事业单位、社会组织和个人依法开办的普通教育学校和特殊教育学校。"其他教育机构",是指幼儿园、学校以外的传授文化知识和技能的教育单位。比如,技能培训班、课外补习班、兴趣班等。

三、关于归责原则

在教育机构对无民事行为能力人或者限制民事行为能力人人身损害承担侵权责任的制度设计中,争议最大的问题是如何确定归责原则。从比较法上看,存在两种立法例。一种是采过错推定原则,具有代表性的有德国、意大利、日本等国家。另一种是采过错责任原则,如法国、美国、加拿大等国家。我国立法中关于上述问题的规定,也经历了先后变化的过程。《人身损害赔偿司法解释》中,教育机构承担侵权责任采用的是过错责任原则。《侵权责任法》采取区分原则,根据未成年人的民事行为能力的不同,规定过错原则或者过错推定责任原则,本法沿袭了《侵权责任法》的上述精神,即本条关于无民事行为能力人在幼儿园、学校或者其他教育机构学习、生活期间受到人身损害的,采用过错推定原则。同时,根据《民法典》第1200条规定,限制民事行为能力人在学校或者其他教育机构学习、生活期间受到人身损害,学校或者其他教育机构承担的侵权责任采用过错责任原则。

本条规定采用过错推定原则主要的考虑是:一方面,无民事行为能力人智力发育不成熟,对事物的认知和判断存在明显欠缺,其不能辨认或者不能充分理解自己行为的后果,对他们的保护必须强调最高的注意义务,所以,幼儿园、学校、教育机构等对无民事行为能力人的注意义务和责任比限制民事行为能力人要更重。另一方面,无民事行为能力人在幼儿园、学校或者其他教育机构学习、生活期间,超越了监护人的管理范围,而他们自身认知能力欠缺,此时要让无民事行为能力人或者其监护人来证明学校的过错,对受害一方过于苛责。本条采用过错推定原则,学校通过举证证明已经尽到了相当的注意并且实施了合理的行为就可以免责,符合公平原则。

四、关于本条规定教育机构承担侵权责任的构成要件

(一)损害后果

本条规定的"人身损害",是指无民事行为能力人生命、健康、身体受到不法侵害造成人身伤亡,不包括无民事行为能力人遭受的财产损害。本条规定的损害不包括财产损害的主要考虑是,我国法律、行政法规、部门规章等规范性法律文件对教育机构的教育、管理职责主要强调的是对学生、未成年人等的人身权益的保护,如果要求学校对财产损失亦应同人身损害一般承担责任,对教育机构课以的责任太重。至于学生在教育机构学习、生活期间财产遭受损害的问题,很少见也并不复杂,可以通过一般侵权责任的规定予以救济,无须特别规范。①

(二)未尽到教育、管理职责

幼儿园、学校及其他教育机构应当证明其已经尽到教育、管理职责,否则就应承担侵权责任。所谓教育职责,是指依法保护无民事行

---

① 参见程啸:《侵权责任法研究》,中国人民大学出版社2017年版,第215页。

为能力人或者限制民事行为能力人以及避免其侵害他人的所应尽的职责，主要强调在安全防范、事故防范以及不损害他人等方面的教育。所谓管理职责，是指教育机构对与无民事行为能力人或者限制民事行为能力人的人身安全有关的事务依法应尽到的妥善管理的职责。包括建立安保制度、提供各种安全的场所设施，以及在组织的活动中尽到安全保护的义务。如何确定教育机构是否尽到教育、管理职责，第一，应当以规范性法律文件的规定为标准比对判断。比如，《义务教育法》《未成年人保护法》对幼儿园、学校的教育、管理和保护义务进行了原则性的规定，此外还有《幼儿园管理条例》《中小学幼儿园安全管理办法》《学生伤害事故处理办法》等法规规章详尽规定了教育机构应当尽到的义务以及依法承担相应责任的具体情形。如果教育机构违反这类规范性法律文件的规定，应当认为其未尽到教育、管理职责。第二，在有关法律法规未必详细周全规定的情况下，应当结合具体情况考虑其是否尽到了善良管理人必要的注意义务。例如，学校组织学生外出活动，对于活动时间、地点的选择，是否存在安全风险等。此外，如果出现不可抗力、意外事件等，还要判断教育机构是否尽到必要的保护救助义务，防范损害的扩大。比如，学生在校期间突发疾病，学校没有及时呼叫120急救，因救助不及时导致学生出现人身伤亡的，学校应承担相应的侵权责任。

（三）因果关系

受害人必须是在教育机构学习、生活期间因教育机构未尽到教育、管理职责而遭受人身损害。学习、生活期间，是指教育机构正常教学期间以及组织课外、校外活动期间。总之，只要无民事行为能力人处在教育机构管理之中，教育机构就要承担教育、管理职责。受害人在学习、生活期间受到的损害与教育机构的过错之间应当具有因果关系。

【审判实践中应注意的问题】

无民事行为能力人或者限制民事行为能力人在教育机构学习、生活期间造成其他无民事行为能力人或者限制民事行为能力人人身损害的,只要教育机构未尽到教育、管理义务,致使其他未成年人身体受到伤害,即应承担民事赔偿责任,加害人的监护人也应承担相应的民事责任。如果受害人向加害人的监护人及教育机构同时提起诉讼,加害人的监护人与教育机构按份承担责任。

第一千二百条 限制民事行为能力人在学校或者其他教育机构学习、生活期间受到人身损害，学校或者其他教育机构未尽到教育、管理职责的，应当承担侵权责任。

【条文主旨】

本条是关于学校或者教育机构对限制民事行为能力人在学习、生活期间受到人身损害承担侵权责任的规定。

【条文理解】

本条与《民法典》第1199条规定的基本精神一致，但有两个问题需要注意：

一、"限制民事行为能力人"的范围

限制民事行为能力人，是指8周岁以上，不满18周岁的未成年人以及不能完全辨认自己行为的成年人。但是，16周岁以上的未成年人，以自己的劳动收入为主要生活来源的，视为完全民事行为能力人，而非限制民事行为能力人。

二、归责原则

与无民事行为能力人相比，限制民事行为能力人在意思能力、辨别能力方面发展得更加成熟，对于危险事物也有一定的预防和控制能力。对于此类纠纷，如果仍然适用过错推定原则，对于教育机构而言责任太重，不利于平衡保护未成年人合法权益和维护教育机构的正常教学秩序和管理秩序。据此，本条规定教育机构承担侵权责任的归责原则为过错责任。也就是说,在适用本条时,学校和其他教育机构未尽到教育、管理职责的举证责任由受到伤害的限制民事行为能力人及其监护人承担,不实行举证责任倒置。如果限制民事行为能力人及其监护人不能举证证明学校和其他教育机构都未尽到教育、管理职责,则学校和其他教育机构不承担侵权责任。

【审判实践中应注意的问题】

在学校学习生活的限制民事行为能力人或者无民事行为能力人致完全民事行为能力人人身损害,该完全民事行为能力人主张学校承担相应的责任时,无法适用《民法典》第1199条、第1200条的规定,但可以援引违反安全保障义务责任的一般规定。

第一千二百零一条 无民事行为能力人或者限制民事行为能力人在幼儿园、学校或者其他教育机构学习、生活期间，受到幼儿园、学校或者其他教育机构以外的第三人人身损害的，由第三人承担侵权责任；幼儿园、学校或者其他教育机构未尽到管理职责的，承担相应的补充责任。幼儿园、学校或者其他教育机构承担补充责任后，可以向第三人追偿。

【条文主旨】

本条是关于无民事行为能力人、限制民事行为能力人在教育机构因第三人侵权遭受人身损害，教育机构承担侵权责任的规定。

【条文理解】

本条在《侵权责任法》第40条的基础上进行了修改，修改的主要内容是：一是将教育机构以外实施了直接侵权行为的主体统一定义为第三人，较原规定中"人员""侵权人"这样的表述更为精准。二是增加"幼儿园、学校或者其他教育机构承担补充责任后，可以向第三人追偿"的规定。在本条规定的第三人侵权的场合，幼儿园、学校或者其他教育机构未尽到管理职责承担的侵权责任是一种间接侵权责任，责任形态属于补充责任。本条规定幼儿园、学校或者其他教育机构在承担补充责任后享有追偿权，在体系上与《民法典》第1198条安全保障义务主体承担补充责任的规定保持一致。

一、教育机构对第三人侵权承担责任的法理依据

对于教育机构就第三人侵害无民事行为能力人、限制民事行为能力人人身权益承担侵权责任的法理依据，存在三种理解。第一种观点认为，教育机构承担的责任来源于监护责任。此种观点认为，无民事行为能力人、限制民事行为能力人在教育机构学习、生活期间，脱离了监护人的监护，教育机构应当承担监护责任。第二种观点认为，教育机构承担的责任是合同责任。此种观点认为，教育机构与学生或者监护人之间，是一种契约关系，至于契约关系的性质，有的认为是学生的监护人与学校之间存在一种委托监护的合同关系，有的认为是教育服务合同关系，无论是何种性质的合同关系，教育机构依据契约对学生在校期间人身安全负有保护义务。第三种观点认为，教育机构承担的是违反安全保障义务责任。此种观点认为，教育机构对学生负有约定或者法定的安全保障义务，承担法定的教育、管理和保护职责。[①]

我们认为，教育机构对第三人侵权承担责任的法理基础应理解为违反安全保障义务责任较为妥当。这是因为，根据我国相关法律、行政法规和部门规章的规定，教育机构对在其场所接受学习教育的无民事行为能力人、限制民事行为能力人负有法定的管理职责，这种管理职责本质上是一种安全保障义务。教育机构的安全保障义务同《民法典》第1198条一般安全保障义务相比属于特别规定。具体的区别体现在：第一，安全保障的对象不同。教育机构安全保障义务并非针对所有类型的民事主体，而是专门针对在教育机构学习、生活的无民事行为能力人或者限制民事行为能力人。第二，保护的权益范围不同。本条保护的权益范围限于人身权益，而《民法典》第1198条保护的权益范围包括人身权益和财产权益。第三，安全保障义务的内容不同。一般认为，安全保障义务主要体现了对他人的注意义务。教育机构所负有的义务虽然也是安全保障义务，但其主要体现为教育机构

[①] 参见曾大鹏：《第三人侵害学生事故中的学校责任》，载《法学》2012年第7期。

所负有的管理职责。因此,本条规定对侵权行为发生的时间具有特定性要求,只有在教育机构学习、生活期间发生侵害,才适用本条规定,而《民法典》第1198条规定的侵权责任在时间上并没有特别的限定。[①] 鉴于本条规定属于安全保障义务的特别规定,根据特别法优于一般法的法律适用原则,当无民事行为能力人、限制民事行为能力人在教育机构因第三人侵权遭受人身损害时,应当适用本规定。

二、教育机构因第三人侵权承担责任的构成要件

（一）教育机构以外的第三人实施直接侵权行为

教育机构以外的第三人不包括在教育机构学习、生活的无民事行为能力人或限制民事行为能力人,也不包括教育机构教职员工。除了与学校等教育机构存在雇佣关系、劳务关系或者教育、管理和保护关系的人之外的人,是本条规定的第三人。第三人对在教育机构学习、生活的无民事行为能力人、限制民事行为能力人实施侵权行为,是损害发生的直接原因,该第三人是直接侵权人。

（二）无民事行为能力人、限制民事行为能力人在教育机构学习、生活期间人身权益受到损害

损害必须是在教育机构学习和生活期间所遭受的人身损害。其一,遭受损害的受害人必须是在该教育机构接受学习教育的无民事行为能力人或者限制民事行为能力人。其二,受害人必须是在该教育机构学习、生活期间遭受损害。其三,本法规定的损害即只限于无民事行为能力人、限制民事行为能力人的人身损害,不包括财产损失。

（三）教育机构未尽到管理职责

教育机构对因第三人的原因引起侵权行为没有尽到管理职责,主要表现为教育机构不作为。对于学校等教育机构而言,作为的义务来源主要有两个：一是当事人的约定,例如私立幼儿园或者全日制幼儿园与入托儿童家长之间的特别约定；二是法律的规定,如前所述,根

---

① 参见王利明：《侵权责任法研究》（下卷）,中国人民大学出版社2011年版,第218页。

据法律、行政法规、部门规章的相关规定，教育机构对无民事行为能力人、限制民事行为能力人应当承担相应的教育、管理职责，这些职责有的时候表现为对无民事行为能力人、限制民事行为能力人的保护义务。需要说明的是，关于教育机构未尽管理职责的举证责任的问题，是否统一适用过错原则还是采取区分原则。《民法典》第1199条、第1200条所规定的学校等教育机构的举证责任，对无民事行为能力人和限制民事行为能力人作出了区别对待。在第三人侵权时，学校等教育机构是否尽到管理职责的举证责任需考虑的因素与前述条款并无二致，如果认为本条规定意在将学校等教育机构未尽管理职责的举证责任一律分配给原告，显然与前述条款规定不相一致。从法律体系一致性的角度看，我们认为，本条适用的归责原则也应与前两条规定保持一致，即在无民事行为能力人被第三人侵害场合，学校等教育机构未尽管理职责的证明责任应当由教育机构承担。在限制民事行为能力人受第三人侵害的场合，教育机构未尽管理职责的证明责任应当由原告承担。

（四）学校等教育机构的行为与损害后果之间存在因果关系

应当看到，在学校等教育机构承担责任的情形中，第三人实施了直接侵害行为，而学校等教育机构实施的是间接侵害行为，间接侵害行为是直接侵害行为造成损害后果的条件。因此，在因果关系上，应当着眼于学校等教育机构尽到了应尽的管理职责、实施了其应当实施的作为义务是否可以避免或者减轻损害后果的角度作出判断。这就需要综合损害发生的时间、地点，学校等教育机构采取避免损害发生措施的充分性、必要性等因素综合考虑。

三、补充责任的实现顺序

根据《民法典》规定，因第三人的行为造成无民事行为能力人或限制民事行为能力人人身损害，首先应当由实施了直接侵权行为的第三人承担责任。如果教育机构没有尽到管理职责，应承担相应的补充责任。

教育机构承担相应的补充责任，意味着应当先由实施了直接侵权行为的第三人承担责任，如果无法查明第三人或者第三人没有足够的赔偿能力的，教育机构应当在第二顺位承担补充责任。此外，"相应的"意味着教育机构补充责任比例应根据其过错程度确定，在该比例范围内，最终确定补充责任的范围。

【审判实践中应注意的问题】

完全民事行为能力人在校学习、生活期间受到人身损害，其主张教育机构未尽到教育、管理职责，请求教育机构承担侵权责任的，应当依照《民法典》第1198条的规定，由受害者就教育机构未尽相应的安全保障义务承担举证责任，人民法院应结合当事人的举证情况，并根据损害发生原因认定教育机构应否承担侵权责任以及承担何种形态的侵权责任。

第四章 产品责任

> **第一千二百零二条** 因产品存在缺陷造成他人损害的,生产者应当承担侵权责任。

【条文主旨】

本条是关于生产者承担产品责任的规定。

【条文理解】

一、产品责任概述

产品责任是近现代以来重要的侵权责任领域。两大法系国家的法律多对生产者的产品责任作了规定,例如根据《美国侵权法重述(第三次)产品责任》第1条规定,凡从事产品销售或分销经营活动,销售或者分销缺陷产品,应对该缺陷所造成的人身或者财产损害承担责任。根据《英国消费者保护法》第2条规定,生产者对因产品缺陷造成的部分或全部损害承担责任。根据该法第7条规定,任何合同条款或其他方面都不能限制或排除这种责任。这一规定只适用于人身伤害和财产损害赔偿,当事人承担责任时不考虑其是否有合同关系。①

大陆法系国家或者地区也都对生产者的产品责任作了规定,例如

---

① 王胜明主编:《中华人民共和国侵权责任法释义》,法律出版社2010年版,第219页。

根据《法国民法典》第1386-1条规定,产品的生产者应对因其产品缺陷造成的损害承担责任,不论其与受害人是否有合同联系。日本于1994年制定的《日本制造物责任法》规定,制造业者当其物品交付后侵害他人的人身或财产的应负赔偿责任。1985年通过的《欧共体产品责任指令》第1条规定,商品制造人对于其产品瑕疵所致损害应负赔偿责任,不论其是否明知或可知瑕疵的存在。到了1989年,英国、希腊、意大利、卢森堡、丹麦、葡萄牙和德国已把这一指令纳入本国立法。荷兰于1990年,比利时、爱尔兰于1991年分别依据指令制定了国内的产品责任法。欧共体制定的《关于人身伤亡产品责任公约》第3条也规定,制造者应承担其产品的缺陷造成的死亡或者人身伤害的赔偿责任。

根据我国台湾地区"民法"第191条之一(商品制造人之责任)规定,商品制造人因其商品之通常使用或消费所致他人之损害,负赔偿责任。但其对于商品之生产、制造或加工、设计并无欠缺或其损害非因该项欠缺所致或于防止损害之发生,已尽相当之注意者,不在此限。前项所称商品制造人,谓商品之生产、制造、加工业者。其在商品上附加标章或其他文字、符号,足以表彰系其自己所生产、制造、加工者,视为商品制造人。商品之生产、制造或加工、设计,与其说明书或广告内容不符者,视为有欠缺。商品输入业者,应与商品制造人负同一之责任。其"消费者保护法"对产品责任又作了进一步细化规定,第7条(企业经营者就其商品或服务所应负之责任)规定,从事设计、生产、制造商品或提供服务之企业经营者,于提供商品流通进入市场或提供服务时,应确保该商品或服务,符合当时科技或专业水平可合理期待之安全性。商品或服务具有危害消费者生命、身体、健康、财产之可能者,应于明显处为警告标示及紧急处理危险之方法。企业经营者违反前二项规定,致生损害于消费者或第三人时,应负连带赔偿责任。但企业经营者能证明其无过失者,法院得减轻其赔偿责任。第8条(企业经营者就其商品或服务所负之除外责任)又进一步规定,从事经销之企业经营者,就商品或服务所生之损害，与设计、生产、制造商品或提供服务之企业经营者连带负赔偿责任。但其对于损害之防免已尽相当之注意，或纵加以相当之注意而仍不免发生损害者，不在此限。前项之企业经营者，改装、分装商品或变更服务内容者，视为前条之企业经营者。第10条（企业经营者对于危险商品或服务之处理行为）规定，企业经营者于有事实足认定其提供之商品或服务有危害消费者安全与健康之虞时，应即回收该批商品或停止其服务。但企业经营者所为必要之处理，足以除去其危害者，不在此限。商品或服务有危害消费者生命、身体、健康或财产之虞，而未于明显处为警告标示，并附载危险之紧急处理方法者，准用前项规定。

我国台湾地区"消费者保护法"规定的产品责任仅适用于消费者因为消费关系而受有之损害。而其"民法"所规定的产品责任，并没有"消费者保护法"第51条所规定的惩罚性损害赔偿的规定。进而言之，在我国台湾地区，产品责任的"法律适用体系"为：在企业经营者提供之商品而产生之损害赔偿责任为典型意义的产品责任，此时由消费者使用，构成消费关系则应该适用"消费者保护法"之产品责任的规定。如果非由消费者使用，则应该属于"民法"所规定的产品责任，适用其"民法"第191条之一的规定。对于非由企业经营者提供的产品，则不能构成产品责任，为一般侵权责任，若符合第191条之三的规定则可以适用此关于危险活动或危险物责任，否则要适用第184条所规定的一般条款。

我国有关产品责任的法律规范此前在《民法通则》《消费者权益保护法》《产品质量法》等法律中均有规定。1986年的《民法通则》第122条规定："因产品质量不合格造成他人财产、人身损害的，产品制造者、销售者应当依法承担民事责任。运输者、仓储者对此负有责任的，产品制造者、销售者有权要求赔偿损失。"1986年由国务院发布了《工业产品责任条例》，其后部分省市和经济特区制定了一些地方性的产品责任（或产品质量）条例。在总结上述立法及其实践经验的基础上，1993年施行的《产品质量法》在第四章"损害赔偿"等部分对产品责任作了明确规定。其第41条第1款规定:"因产品存在缺陷造成人身、缺陷产品以外的其他财产(以下简称他人财产)损害的,生产者应当承担赔偿责任。"2001年《民事诉讼证据规定》第4条对产品责任的举证责任作了规定,该条第1款第1项规定:"因新产品制造方法发明专利引起的专利侵权诉讼,由制造同样产品的单位或者个人对其产品制造方法不同于专利方法承担举证责任。"《侵权责任法》在总结以往经验做法的基础上专章规定了产品责任,其中第41条明确规定:"因产品存在缺陷造成他人损害的,生产者应当承担侵权责任。"本条保留了这一规定,明确规定了生产者关于产品责任承担的规则。

二、产品责任的责任构成

产品责任,又称为产品侵权责任,是指产品制造商、销售者因生产、销售缺陷产品致使他人遭受人身伤害、财产损失或有致使他人遭受人身、财产损害之虞而应当承担的赔偿损失、消除危险、停止侵害等责任。[1]要解决产品责任的法律问题,首先要对产品在法律上作出准确界定。

(一)产品的界定

1.产品的内涵。我国《产品质量法》第2条第2款第一次对"产品"作了概括性的界定,产品侵权责任中的"产品"概念,是指"经过加工、制作,用于销售的产品"。

(1)关于"加工、制作",我国法律法规以及司法解释对于"加工、制作"以及"用于销售"缺乏明确的界定,实践中对其理解存在争议。我们认为,仅将"加工、制作"理解为"机械化的、工业生产的加工、制作"不利于消费者权益的保护,有悖于产品责任法的立法宗旨。[2]应将"加工、制作"界定为包括机械化的,也包括手工业的加工、制作,乃至任何对产品质量实施影响和控制的行为都属于加

---

[1] 杨立新:《类型侵权行为法研究》,人民法院出版社2006年版,第732页。
[2] 季义流:《论产品的范围》,载《当代法学》2002年第11期。

工、制作。凡是改变原材料、毛坯或半成品的形状、性质或者表面形态，使之达到规定要求的各类工作都构成加工、制作。①生产者、销售者通过上述行为对产品质量实施了实际影响或控制，就应该是这类产品导致侵权责任的承担者。

（2）对于"用于销售"，有学者很早就主张，使用"销售"不如使用"流通"更为准确。②我们认为，于现今法律框架下，我们应当将赠送、试用买卖等行为视为销售行为，并可以进一步考虑通过法律解释的方法将产品出租等行为准用"销售"的规定，来达到充分保护消费者的目的。

2.产品的外延。从《产品质量法》第2条的规定中可以看出，我国是将产品的范围限定在动产之上的，不动产不适用产品责任，但就其中的具体类型或特殊形态并没有明确的列举，这会给实务操作带来很大不便。我们认为，产品的外延有必要进一步明确，对于完全符合产品属性的物品，应该明确纳入产品的范畴。比如，电已经被大多数国家的法律列入产品的范畴，对于其他无形工业产品，比如利用管道输送的油品、天然气、热能等，其属性与电力相同，当然也应该属于产品的范畴。此外，随着科技进步与经济的繁荣，一系列新类型的产品相继出现，适当扩大产品责任中的产品范围对真正实现我国企业、消费者与外国企业、消费者的"内外平等"，切实维护我国消费者以及企业的合法权益，乃至有效推动我国产品责任保险业的发展，形成经济发展与权益保护的良性互动，非常有必要。

在现代社会，服务已经日益与产品并驾成为企业经营活动的主要内容，但各国的产品责任法一般都是将服务排除在外的，认为产品制造商应当承担严格责任，而服务提供者承担过错责任。③我们认为，考虑到服务涉及面较广，服务缺陷的准确界定也存有难度，服务致损

---

① 周新军：《关于中外产品责任法中农产品问题的思考》，载《国际贸易探索》2007年第8期。
② 朱克鹏、田卫红：《论我国产品责任的构成要件及其完善》，载《法学评论》1994年第6期。
③ 李胜利：《论产品责任法中的产品》，载《法商研究》2000年第6期。

责任与产品责任在责任承担上除了损害赔偿方面有相似点外，产品责任中的召回责任对于服务责任难以适用。进而言之，若对服务致损案件课以严格责任，甚至辅以相应的惩罚性损害赔偿，对于诸如医疗等公益服务行业的发展是非常不利的，这很容易会反过来害及受害人的利益和整个社会的发展进步。

(二)产品责任的归责原则

在现代社会，各国经济得以长足发展，在科技进步、工商业繁荣、人们充分享受现代社会文明成果的同时，各种产品致害案件日渐增多和严重。消费者与经营者的经济实力、信息控制方面的差距也越来越悬殊。伴随着民法从注重抽象平等的形式正义向追求具体平等的实质正义的渐进，以严格责任为归责原则的富有现代气息的产品责任的时代随之而来。各国立法在产品责任的归责原则上也多是确立了严格责任。在我国，产品责任实行的也是严格责任。即产品责任之构成不必考察过错因素，无论其有没有过错，在所不论，只要产品存在缺陷，即可构成侵权责任。

(三)产品责任的构成要件

在产品责任法律制度中，最重要的是确定承担责任的主体问题，而这第一位的责任主体就是生产者。通常而言，产品责任的构成，必须具备以下三个要件：

1.产品具有缺陷，通常包括制造缺陷、设计缺陷和跟踪观察缺陷。鉴于产品缺陷在产品侵权责任构成中处于极为重要的地位，下面我们会对产品缺陷进行专门论述。

2.缺陷产品造成了受害人的损害，即产品的使用人或者第三人的人身损害或者财产损害、精神损害。其中，人身损害包括致人死亡和致人伤残等；财产损失，不是指缺陷产品本身的损失，而是指缺陷产品外的其他财产的损失，其范围包括直接损失和间接损失；精神损害，是指缺陷产品致人损害，给受害人所造成的精神痛苦和感情创伤。受害人应对损失之存在及其范围负举证责任。

3.缺陷产品与造成的损害事实之间具有因果关系。即产品缺陷与受害人的损害事实之间存在引起与被引起的关系。产品责任中的因果关系具有特殊性，表现在它是产品缺陷与损害后果之间的相互关系，而不是某种具体行为与损害后果之间的关系。

简言之，产品缺陷导致他人损害，生产者应当承担相应的侵权责任，至于产品的生产者是否具有主观过错，在所不问。在上述三个构成要件中，产品缺陷是认定产品侵权责任的最关键要素，产品存在缺陷是消费者或用户向生产者主张任何权利的基础。

三、产品缺陷及其具体类型

产品缺陷对于产品责任构成具有决定性意义，即所谓"无缺陷，无责任"。以产品缺陷作为归责的核心，使得产品责任诉讼不再关注生产者、销售者的行为，而仅关注产品自身，这样可以在很大程度上减轻消费者的举证责任负担，增加其获得救济的可能性，有利于实现对消费者利益的保护。

（一）产品缺陷的内涵

本条规定并没有对产品缺陷本身作出界定，其主要理由在于《产品质量法》对此已经作出明确规定。因此，对产品缺陷的具体把握，要以《产品质量法》为依据。对此，依照《产品质量法》第46条的规定，产品缺陷是指产品存在危及人身、他人财产安全的不合理的危险或产品不符合产品本身之保障人体健康和人身、财产安全的国家标准、行业标准。但现在学界通常认为，产品缺陷之实质要件即为产品存在危及人身、他人财产安全的不合理的危险，即使该产品符合相应的"国家标准、行业标准"，但如果可以通过证明该标准不能保证产品不存在缺陷，则仍要承担产品责任。换言之，产品符合"保障人体健康和人身、财产安全的国家标准、行业标准"并非产品缺陷的实质要件。[①]据此，缺陷的具体含义是：

1.缺陷是一种不合理的危险，合理的危险不构成缺陷。"一定程

[①] 杨立新主编：《中华人民共和国侵权责任法草案建议稿及说明》，法律出版社2007年版，第226页。

度上讲，产品缺陷是指产品缺乏安全，但并非缺乏安全的产品都具有缺陷。许多产品自身具有不安全性，或属于危险品，例如炸药，或虽不属于危险品，但在使用不当时也会具有危险，比如刀具。因此这些具有众所周知的危险性的产品并不必然是缺陷产品。"①

2. 这种危险是危及人身和产品之外其他财产的安全。这也是产品缺陷与产品瑕疵区别的关键点所在。产品瑕疵，是指"标的物不具备该种物通常的价值、效用或契约预定效用或出卖人所有保证的品质"。② 产品存在瑕疵仅意味着标的物本身存在有物质性的欠缺，原则上仅会造成其价值的贬损。但缺陷则意味着产品缺乏通常所应具备的安全性，可能对人身、其他财产造成侵害。产品缺陷所导致的责任是产品责任，属于特殊侵权责任；产品瑕疵所导致的责任是违约责任。产品缺陷责任的主体为生产者和销售者，权利主体除了产品的买受者外，还有其他因为使用产品而受到损害的人；产品瑕疵的责任主体仅是产品的销售者，权利主体也仅限于产品的买受者。

（二）产品缺陷的判断标准

1.《产品质量法》所规定的标准。依据《产品质量法》的规定，判断某一产品是否存在缺陷的标准分为"不合理危险"标准和"国家标准、行业标准"。具体而言，对于有保障人体健康，人身、财产安全的国家标准、行业标准的产品类型，产品不符合上述标准即为有缺陷。反之，如果产品符合上述保障人体健康，人身、财产安全的国家标准、行业标准，即产品合格就认定为产品无缺陷。依照这种方法，原告可以直接通过证明产品不符合标准来确定产品缺陷；法官可以借助产品标准判断产品缺陷，为其审判提供客观清楚的依据，增加其可操作性；并可促使制造商严格依照标准制造产品，增加可预防性。③ 我们认为，"国家标准、行业标准"可作为认定产品缺陷的"充分"

---

① 杨立新主编：《类型侵权行为法研究》，人民法院出版社2006年版，第739页。
② 参见桂鞠平：《论出卖人瑕疵担保责任、积极侵害债权及产品责任之关系》，载梁慧星主编：《民商法论丛》（第2卷），法律出版社1994年版，第398页。
③ 刘伟：《"强制性标准"与"缺陷"的若干法律思考》，载《财经政法资讯》2006年第2期。

条件，但不能作为充分必要条件。由于产品缺陷的本质在于产品存在危及人身和财产安全的不合理危险，而产品符合相应的国家标准、行业标准与产品是否存在不合理危险并非完全一致。产品符合相应的国家标准或行业标准未必就说明该产品不存在不合理危险。该产品符合相应的"国家标准、行业标准"，但如果可以证明该标准不能保证产品不存在缺陷，则生产者或销售者仍要承担侵权责任。

2. 消费者合理期待标准。在以严格责任为归责原则的产品责任体系中，产品缺陷的认定通常要采取消费者合理期待标准。"只要在正常的商业行为中，包括产品的制造、销售，出租或授权制造，因使用瑕疵所生损害，对使用人或消费者系属不相当且非可期待之危险，不问有无过失，均须负责。"① 这里有关产品缺陷的判断标准采取的是一般消费者期待标准，即以一个正常的理性消费者的合理期待作为判断产品是否存在缺陷的依据。适用该标准，产品使用人必须证明：第一，商品生产者所生产的产品，未符合一般消费者期待的标准；第二，产品缺陷确系由商品制造者所制造；第三，产品缺陷与损害结果之间有因果关系；第四，其使用产品系采取该商品之正常的使用方法。适用消费者合理期待标准，使得对产品缺陷认定的关注点转移到了产品本身。其缺陷构成判断的基本逻辑是：只要产品不符合消费者的合理期待，该产品就存在缺陷，而产品存在缺陷，产品的制造商就要承担责任。

此外，在美国侵权法上还存在风险效益分析法则的标准，适用这一标准，必须考虑以下七项因素：第一，产品使用的利益与优点是否大于缺陷所造成的损害结果；第二，产品的安全性，即其危险所产生之损害的严重程度；第三，对不安全的产品，是否有可能替代的物品；第四，制造商是否能够在不减少产品用途或不大量增加成本的情况下，减少产品的危险性；第五，使用者是否在可能注意的情况下，可避免因使用而造成的损害；第六，使用者对损害是否有预见；第

---

① 黄立:《论产品责任》，载《政大法学评论》第43期。

七，将赔偿列入成本或由保险公司承担之可行性。在符合上述七点要求的情况下，制造商就应该承担相应的赔偿责任，而不能以其产品技术已经达到当时科技之最高水准，而规避产品缺陷所造成的损害赔偿责任。①

（三）产品缺陷的具体类型

本条规定并未对产品缺陷进行类型化处理，通常在学理上产品缺陷包括四种类型：

1. 设计缺陷，是指产品因为设计方面的原因使得产品在结构、配方等方面存在不合理的危险。比如，在一个案例中，原告张某之夫黎某在被告处定作了一只多功能炉灶，在支付完价款后，将该多功能炉灶提走。此后，黎某在其开设的服装翻新店内使用该炉灶洗染衣服时炉灶发生爆炸，致使正在旁边为炉灶生火的原告张某眼睛、面部与颈部受伤。原告因此多次去医院治疗，花费医疗费用12000余元。经法医鉴定其伤残等级为八级。后查实被告制作的多功能炉灶属小型锅炉，根据国家质量技术监督局制定的《小型和常压热水锅炉安全监察规定》，生产小型锅炉的单位必须取得省级以上质量技术监督行政部门颁发的E2级以上（含E2级）《锅炉制造许可证》，且小型锅炉产品的设计文件（图样、强度计算书等）应当经省级质量技术监督行政部门锅炉压力容器安全监察机构审查批准；还规定任何单位或者个人不得安装、销售和使用未取得《锅炉制造许可证》的单位制造的小型锅炉。在本案中，被告未取得《锅炉制造许可证》，其制作的小型锅炉产品的设计文件（图样、强度计算书等）未经有权部门审查批准，在此情况下擅自制作、销售并安装小型锅炉的行为，违反了国家质量技术监督局《小型和常压热水锅炉安全监察规定》，即不符合该小型锅炉的"国家标准"，该小型锅炉存在缺陷，因此对此锅炉爆炸致伤原告的损害，被告应负赔偿责任。

2. 制造缺陷，是指产品在制造过程中产生的不合理危险，它可以

---

① 潘维大：《英美侵权行为法案例解析》（中），我国台湾地区瑞兴图书股份有限公司2002年版，第292~293页。

发生在从原材料、零部件的选择到产品的制造、加工和装配工序等各个环节。制造缺陷的情形在实践中最为常见。

3. 警示缺陷，是指因产品提供者未对产品的危险性和正确使用做出必要的说明与警告所造成的不合理的危险。在司法实务中，对于产品警示缺陷判断的通常标准是，当一个产品存在致害的危险，存在合理说明或者警示的必要性时，就必须进行充分的警示和说明。警示、说明是否充分的标准，应当根据产品的具体情况进行确定。一般而言要具备：正确说明产品存在的危险，以及正确使用该产品、避免发生产品存在的危险，达到使用的合理安全。

4. 跟踪观察缺陷，是指产品因为在投放市场以后未被及时跟踪观察而产生的不合理危险。这属于随着经济科技的发展应当确定的新的产品缺陷类型。产品制造商对于投放市场的新产品没有尽到跟踪观察义务，应当发现而没有发现新产品存在的缺陷，或者已经发现新产品的缺陷而没有及时召回，致使消费者受到侵害的，应当认定构成跟踪观察缺陷。

四、产品责任的抗辩事由

本条并没有规定产品责任的抗辩事由。因此，有关产品责任的抗辩事由则要适用侵权责任的一般抗辩事由和《产品质量法》所规定的特殊抗辩事由。

对于前者，主要包括不可抗力、受害人自身原因或第三人过错行为等。至于不可抗力，自然不必多言，而受害人自身原因则是指受害人在使用产品的时候，没有按照产品所标示的使用说明加以使用，因而造成自己的人身或者财产损害。第三人过错行为则是指如果产品造成的使用者或者第三人的损害，是由于第三人的原因而引起的，则应当由该第三人承担责任，不能由产品的生产者或者销售者承担责任。对于由受害人的自身原因或第三人过错引起的损害，产品的销售者或者生产者不承担损害赔偿责任。

对于后者，则主要是指《产品质量法》第41条第2款的规定。

据此,产品生产者能够证明有下列情形之一的,不承担赔偿责任:其一,未将产品投入流通的;其二,产品投入流通时,引起损害的缺陷尚不存在的;其三,将产品投入流通时的科学技术水平尚不能发现缺陷的存在的。凡是具有这些情形之一的,提供产品的一方能够证明属实的,都可以免除责任。

【审判实践中应注意的问题】

一、关于产品责任的举证责任问题

产品责任实行严格责任,即不论生产者、销售者是否有过错,只要符合产品责任的构成要件,其就应该向受害人承担侵权责任。而且在产品责任中,通常采取举证责任倒置的方法,由生产者、销售者承担更重的举证责任,产品缺陷是否存在的证明,要由生产者、销售者来承担举证责任,其要证明产品没有缺陷,否则就要承担相应的责任。

但这并不意味着受害人就免于承担任何举证责任。具体而言,受害人还要对下列事实承担举证责任:第一,要证明缺陷在产品销售当时即已存在。对此,受害人可以通过三种方式予以证明:使用直接证据,如残缺零件;使用间接证据,如专家证言;使用排除法来排除其他原因。第二,要证明缺陷产品曾经被使用或消费,通常为其本人使用,但也不限于此。第三,要证明自己遭受损害。也就是说,受害人要对自己遭受的损失的具体范围,比如误工费、医疗费、财产损失、精神痛苦承担举证责任。

二、关于产品责任的诉讼时效问题

这一问题涉及《产品质量法》的有关规定与《民法典》总则编关于诉讼时效规定的衔接适用问题。《产品质量法》第45条规定:"因产品存在缺陷造成损害要求赔偿的诉讼时效期间为二年,自当事人知道或者应当知道其权益受到损害时起计算。因产品存在缺陷造成损害要求赔偿的请求权,在造成损害的缺陷产品交付最初消费者满十年丧失;但是,尚未超过明示的安全使用期的除外。"但是,《民法总则》施行时已将一般诉讼时效统一修改为3年,其第188条第1款规定:"向人民法院请求保护民事权利的诉讼时效期间为三年。"虽然该条还进一步规定了"法律另有规定的,依照其规定",但从立法上讲将诉讼时效从2年改为3年,此修改旨在延长有关民事请求权适用的诉讼时效期间,这里的"法律另有规定的除外"应是指其他法律关于诉讼时效的规定长于3年的,可以继续适用,至于《民法总则》之前有关法律规定的2年的诉讼时效期间,都已与《民法总则》第188条第1款将一般诉讼时效期间统一延长规定为"三年"的初衷不符。这时应该遵循后法优于先法的规则,统一适用该条规定。当然,我们也注意到,在2018年修正《产品质量法》时这一诉讼时效期间的规则仍未改变,但由于《民法典》总则编的施行时间仍在《产品质量法》之后,因此,我们倾向于认为,此诉讼时效期间仍有必要统一适用"三年"的规则。

关于诉讼时效的起算点,即该条第2款规定的"诉讼时效期间自权利人知道或者应当知道权利受到损害以及义务人之日起计算"。在此还要注意的是,上述《产品质量法》第45条规定的10年最长诉讼时效期间也与《民法典》第188条第2款规定的"自权利受到损害之日起超过二十年的,人民法院不予保护"不一致,从加强权利保护的角度考虑,有关最长诉讼时效的规定,也应当适用《民法典》总则编的这一规定。

第一千二百零三条 因产品存在缺陷造成他人损害的,被侵权人可以向产品的生产者请求赔偿,也可以向产品的销售者请求赔偿。

产品缺陷由生产者造成的,销售者赔偿后,有权向生产者追偿。因销售者的过错使产品存在缺陷的,生产者赔偿后,有权向销售者追偿。

【条文主旨】

本条是关于产品责任中被侵权人损害赔偿请求权及生产者、销售者追偿权的规定。

【条文理解】

关于产品责任中被侵权人损害赔偿请求权及生产者、销售者追偿权的问题,也就是产品责任主体对外承担责任的规则以及内部追偿权的问题,依照各国通例,通常是由受到缺陷产品损害的受害人的主张确定。受害人可以向生产者主张权利,也可以向销售者主张权利。无论销售者和生产者是不是产品缺陷的造成之人,只要产品使用人使用产品确实存在缺陷,即符合《民法典》第1202条所规定的构成要件时,那么被主张权利的生产者或销售者就应当承担相应的侵权民事责任。产品侵权赔偿责任的最终承担者,应当是产品缺陷的造成者,是谁造成的缺陷,就由谁最终承担责任。

在我国以往的法律中,《产品质量法》第43条规定:"因产品存在缺陷造成人身、他人财产损害的,受害人可以向产品的生产者要求赔偿,也可以向产品的销售者要求赔偿。属于产品的生产者的责任,产品的销售者赔偿的,产品的销售者有权向产品的生产者追偿。属于产品的销售者的责任,产品的生产者赔偿的,产品的生产者有权向产品的销售者追偿。"《消费者权益保护法》第40条规定:"消费者在购买、使用商品时,其合法权益受到损害的,可以向销售者要求赔偿。销售者赔偿后,属于生产者的责任或者属于向销售者提供商品的其他销售者的责任的,销售者有权向生产者或者其他销售者追偿。消费者或者其他受害人因商品缺陷造成人身、财产损害的,可以向销售者要求赔偿,也可以向生产者要求赔偿。属于生产者责任的,销售者赔偿后,有权向生产者追偿。属于销售者责任的,生产者赔偿后,有权向销售者追偿。消费者在接受服务时,其合法权益受到损害的,可以向服务者要求赔偿。"《侵权责任法》是在《产品质量法》第43条规定的基础上,对生产者与销售者之间的外部责任以及内部责任承担作了更为明确的规定,即"因产品存在缺陷造成他人损害的,被侵权人可以向产品的生产者请求赔偿,也可以向产品的销售者请求赔偿。产品缺陷由生产者造成的,销售者赔偿后,有权向生产者追偿。因销售者的过错使产品存在缺陷的,生产者赔偿后,有权向销售者追偿"。本条基本承袭了《侵权责任法》第43条的规定,除了将因产品存在缺陷"造成损害"具体到"造成他人损害",还将原来的3款合并为2款,由第2款统一规定追偿权问题。

一、生产者与销售者外部责任的承担

基于对因产品缺陷导致损害的被侵权人利益保护的需要,各国产品责任法大都确立了生产者与销售者对外承担全部责任的规则。而具体由谁承担责任,根据受害人的主张来确定。流通过程中所有的产品提供者,包括销售者都要对缺陷产品导致损害的被侵权人承担责任。虽然有时产品缺陷不是经营者造成的,而且他们也并不处于能够阻止缺陷发生的位置,但经营者仍应承担责任。对于销售者承担何种责任,存在争议。我们认为,此时销售者承担的责任和生产者承担的责任一样,都是严格责任。"在他们和缺陷产品的无辜受害者之间,产

品的销售者作为商业机构比个人使用者和消费者更有能力针对此类损害采取保险措施。在大多数情形下，批发商和零售商能够将产品责任的所有损失追及产品派售链的源头——制造商。当参与侵权诉讼的制造商对于原告来说存在法律程序方面的诉讼困难时，本地零售商可以先将损害赔偿金支付给受害人，然后从制造商那里获得补偿。最后，让零售商和批发商承担严格责任，能够激励他们仅和有商业声望的、财务状况良好的制造和分销商打交道，从而有利于保护产品的使用者和消费者。"①相比之下，基于过错责任制度，从实际操作的角度看，销售者可能会逃脱其应负的责任，而要求其承担严格责任，同时又赋予其在对产品缺陷之形成没有过错时对生产者的追偿权，既能够充分保护受害人利益，也比较符合公平原则。

因此，在满足产品责任构成要件的前提下，只要产品在离开经销链之时存在缺陷，受害人选择要求销售者承担责任，该销售者就要承担全部责任；若选择主张生产者承担责任时，生产者也要承担全部责任。

二、生产者与销售者内部责任的划分

生产者与销售者内部责任关系的确定规则是产品缺陷的造成者应为产品侵权赔偿责任的最终承担者，这也是确定销售者与生产者之间追偿权的依据。

产品缺陷形成的原因，尤其是销售者的过错及其对产品缺陷形成的原因力即为划定销售者与生产者之间有关责任范围的基本依据。至于销售者与生产者之间的追偿权法律关系，包括以下两种情形：其一，销售者向生产者追偿。这时必须满足的条件是：（1）销售者已经向被侵权人承担赔偿责任；（2）该产品缺陷之形成原因在于生产者，而非因销售者自己过错行为所致。在举证责任分配上，我们认为，考虑到"谁主张、谁举证"这一举证责任的基本规则和生产者对产品制

---

① ［美］肯尼斯·S·亚伯拉罕、阿尔伯特·C·泰特选编：《侵权法重述——纲要》，许传玺、石宏等译，法律出版社2006年版，第285页。

造、设计等的实质控制,有关产品缺陷形成原因的举证责任,生产者和销售者应该予以分担。比如生产者可以通过举证证明该缺陷是由销售者过错造成来免除自己的责任,对于其生产流程、产品设计方案等内容承担举证责任;销售者也要对该缺陷之形成是由于生产者的原因造成承担一定的举证责任。而且这时产品缺陷形成的原因通常已经在销售者向产品缺陷受害人承担赔偿责任的诉讼中确认,从某种意义上讲,并不会加重销售者的举证责任负担。其二,生产者向销售者追偿。这时必须满足的条件是:(1)生产者已经向被侵权人承担赔偿责任;(2)该产品缺陷之形成是由于销售者的过错行为所致。如上所述,在这种情况下,基于销售者与生产者之间的经济实力并不会存在过大差距,而且往往生产者更会处于优势地位,因此,这时销售者的责任应该是过错责任,即由生产者对销售者的过错以及因果关系的成立承担举证责任。对于销售者之间,比如批发商与零售商之间的追偿关系,也要遵循上述规则,在举证责任上采用"谁主张、谁举证"的规则,由主张追偿权的销售者承担举证责任。

三、生产者之间的市场份额责任

在现实生活中,往往会发生同类产品造成侵权后果,但是生产这种产品的不止一个生产者,且并不能确定具体是由哪个生产者生产的产品造成的损害。这就会涉及生产者之间责任如何承担的问题,本法对此并没有作出明确规定,而对此最为科学有效的解决方案就是著名的市场份额责任理论。该理论是美国加利福尼亚州上诉法院在辛德尔诉阿尔伯特制药厂一案[1]中确定的。其具体案情为:原告辛德尔的母亲在怀孕期间曾服用了 DES(乙烯雌酚),后生下了患乳腺癌的原告。至 20 世纪 70 年代初期人们发现乳腺癌的发病与 DES 有联系,于是,原告根据被告是在原告出生前几年中制造该药的八家药品制造商之一,就在加利福尼亚州法院起诉要求被告赔偿。加利福尼亚州上诉法

---

[1] Sindell v. Abbott Laboratories, p.607, 2d, 924 (1980).

院确认：法院在决定每一个被告所应承担的责任时，根据一定时期内各个被告作为个别制造者投入市场的某种产品的数量与同种产品的市场总量之比例，就可以确定被告应负的责任。我们认为，数人生产的同类产品因缺陷造成损害，不能确定致害产品生产者的情形可以成立共同危险行为。一般而言，共同危险行为导致损害的责任承担规则是由共同危险行为人承担连带责任，但这一规则不宜适用于这种生产产品导致损害而不能确定具体生产者的情况，而是应按照市场份额的规则进行处理，即按照其产品在市场份额中的比例承担民事责任。按照这一规定，应当首先确定各个生产者在生产当时产品所占市场的具体份额，再根据这一份额确定自己应当分担的责任。如果某生产者能够证明自己的产品同被侵权人的损害之间没有因果关系，那么该生产者就推翻了产品责任构成要件中的因果关系要件，其也就不必承担相应的责任。

【审判实践中应注意的问题】

一、关于销售者责任承担的问题

侵权责任编删除了《侵权责任法》第42条关于销售者责任承担的规定。①删除这一规定可以有效避免条文上与本条的重复，也可以避免对于销售者承担外部责任构成要件的争议。彻底删除《侵权责任法》第42条规定，在产品责任一章中就缺乏明确的销售者承担责任的构成要件的规定，但是《产品质量法》第42条仍有关于销售者责任承担的规定，该条规定："由于销售者的过错使产品存在缺陷，造成人身、他人财产损害的，销售者应当承担赔偿责任。销售者不能指明缺陷产品的生产者也不能指明缺陷产品的供货者的，销售者应当承

---

① 《侵权责任法》第42条规定："因销售者的过错使产品存在缺陷，造成他人损害的，销售者应当承担侵权责任。销售者不能指明缺陷产品的生产者也不能指明缺陷产品的供货者的，销售者应当承担侵权责任。"

担赔偿责任。"这一规定涉及销售者责任构成的内容,本章删除《侵权责任法》第42条规定后意味着对这一内容已没有规定,《产品质量法》第42条的规定自然就成了认定销售者责任构成的具体规定,按照特别法优先适用的规则,有必要适用该条规定确定销售者的责任。有关销售者承担责任的构成要件问题,涉及销售者承担终局责任大小的问题,有必要在此予以详细探讨。

(一)销售者的界定

所谓销售者,就是指实施了产品销售行为包括代销行为的人,即产品生产者以外的产品供应商。《产品质量法》第42条对销售者(经营者)的产品责任主体地位作了规定,但未明确销售者的实质要件和范围。我们认为,销售者的构成应满足以下条件:第一,以经营该产品为业的人,通常要以取得相应的营业执照为基本要求。第二,此种经营具有长期性,不能是临时或偶尔的交易,但对于某种产品的营销是否为其主营业,则在所不问。

至于销售者的范围,应该包括产品营销链条上的各个主体。根据产品提供或经营方式划分,主要包括:第一,批发商。即向生产企业购进产品,然后转售给零售商、产业用户或各种非营利组织,不直接服务于个人消费者的商业机构。第二,零售商。即将商品直接销售给最终消费者的中间商,是相对于生产者和批发商而言的,处于商品流通的最终阶段。面对个人消费者市场,零售商是分销渠道系统的终端,直接连接消费者,完成产品最终实现价值的任务。第三,出租人。如上所述,为充分保护消费者利益,通过法律解释的方法将产品出租的行为准用"销售"的规定后,产品的出租者也就应该成为产品责任的承担主体。

(二)销售者责任的构成要件

产品进入经销环节后,也可能因为某种原因导致产品缺陷的发生。在经销环节中,销售者可以通过实施某种行为对产品质量实施实际影响或控制,销售者的行为可能会增加产品的附加值,但同时也有可能会因行为不当,而导致产品缺陷的出现。通常而言,因为产品经销过程中的某种原因导致的产品缺陷往往是个别性的存在于某产品之上的。但在某些情况下，也会存在导致大批量的缺陷产品出现的情形。例如，在对产品进行市场营销之前，如果需要销售者对产品承担合理检测的责任，销售商若没有进行这样的检测，或者在检测方式上存在不足，因而造成了产品的缺陷，那么销售者就应对该缺陷所造成的损害承担责任。

依据《产品质量法》第42条第2款的规定，销售者不能指明缺陷产品的生产者也不能指明缺陷产品的供货者的，应对缺陷产品导致的损害承担全部责任。这也是从现代民法实质正义的理念出发，基于对产品使用人（通常是消费者）利益进行充分保护的需要所进行的制度设计。在这种情况下，销售者有无过错在所不问，其承担的责任已经属于严格责任的范畴。具体而言，只要产品存在缺陷，该缺陷产品导致他人损害，销售者不能指明缺陷产品的生产者也不能指明供货者，则销售者就要承担相应的侵权责任。在此应当注意，《产品质量法》第42条规定仅是确定了销售者对产品使用人在其不能指明缺陷产品的生产者也不能指明供货者时的责任承担，即仅是针对销售者与产品使用人之间的法律关系，并不涉及销售者与其他销售者，尤其是生产者之间的法律关系，这并不影响其在以后能够确定产品生产者或供货者的前提下，若该产品缺陷非因其过错行为导致，向生产者或其他有过错的销售者追偿的权利。

当然，《产品质量法》第42条也可以作为确定销售者最终责任承担的依据。确定销售者的过错可以作为解决销售者与生产者之间有关责任范围划分问题的有效工具。在发生产品缺陷致损案件时，受害人可以要求销售者或生产者承担全部责任。确定销售者与生产者之间责任大小，或生产者能否向销售者行使追偿权，要看销售者对产品缺陷的造成是否有过错和销售者的过错行为与产品缺陷有无因果关系及原因力的大小。在这种情况下，基于销售者与生产者之间的经济实力并不会存在过大差距，而且往往生产者更会处于优势地位。因此，这时销售者的责任应该是过错责任，即由生产者对销售者的过错以及因果关系的成立承担举证责任。对于销售者之间，比如批发商与零售商之间的追偿关系，也要依上述规则确定。

二、被侵权人能否向生产者和销售者一并主张权利的问题

依据本条规定，被侵权人享有对销售者与生产者主张权利的选择权。实务中，比较有疑问的是被侵权人能否既向销售者主张权利又向生产者主张权利呢？对此，本条内容并未作出明确规定。在侵权责任编起草过程中，我们曾建议将生产者和销售者的责任明确规定为连带责任。理由在于，不真正连带责任也非法律明文规定的概念，其外部责任上，应当与连带责任一致，从连带责任与不真正连带责任规则设计的初衷看，二者都是为了充分保护被侵权人的合法权益。在本条款规定框架下，如果不允许被侵权人一并向生产者、销售者同时主张权利，不仅会加重其选择负担，而且还会由于其选择不当而失去获得填平损害的机会，这就与本条充分保护其权益的立法目的不符。我们认为，为了充分救济被侵权人利益，使其获得足额赔偿，又防止其获得重复赔偿，应该认定生产者与销售者在外部关系上承担连带责任。被侵权人有权以销售者与生产者为共同被告起诉。如果被侵权人分别起诉生产者和销售者，则应当采用诉的合并的方式进行处理，即使是在不同地方起诉，也应当尽量通过移送管辖等方式进行合并审理。如果被侵权人先后起诉了生产者和销售者，则在生产者或销售者某一主体承担责任或不构成产品责任的判决作出后，另一主体即可以依此判决进行抗辩而不再向被侵权人承担责任。这种做法在客观上不但不会给生产者或销售者产生讼累，还可以节约司法资源。因为结合本条第2款的规定，生产者与销售者之间通常也要发生追偿关系，他们之间也会发生诉讼。三者的关系能够在一案中一并处理对各方来说都是较为便利的做法。

此外，在被侵权人只起诉销售者或生产者其中一个主体时，法院是否可以依职权追加另一主体为共同被告呢？我们认为，从本条所规定的内容看，如果仅生产者或销售者承担赔偿责任，被侵权人的损害

即已经获得填平,其就丧失对另一主体主张损害赔偿的权利。因此,起诉生产者还是销售者是被侵权人自行选择的结果,依照民事诉讼的当事人处分权原则,法院不应依职权追加另一主体为共同被告。

> **第一千二百零四条** 因运输者、仓储者等第三人的过错使产品存在缺陷，造成他人损害的，产品的生产者、销售者赔偿后，有权向第三人追偿。

【条文主旨】

本条是关于生产者、销售者对第三人替代责任的规定。

【条文理解】

关于产品运输者、仓储者等第三人承担责任的规则，《民法通则》第122条规定："因产品质量不合格造成他人财产、人身损害的，产品制造者、销售者应当依法承担民事责任。运输者、仓储者对此负有责任的，产品制造者、销售者有权要求赔偿损失。"《侵权责任法》在此基础上进行了细化，在第44条规定："因运输者、仓储者等第三人的过错使产品存在缺陷，造成他人损害的，产品的生产者、销售者赔偿后，有权向第三人追偿。"本条保留了这一规定。

产品的运输和仓储等行为通常会增加产品的附加值，但如果运输或仓储等行为不当，也会造成产品缺陷。通常而言，因为运输和仓储等行为都发生在产品营销的环节，这也是在增加产品价值，可以认为是制造过程的延伸，而且运输或仓储等行为所导致的产品缺陷往往也是个别性的存在于产品之上，因此可将其划入制造缺陷的范畴。根据自己责任原则，行为人必须对自己的过错行为造成的损害负责，因此，因运输者和仓储者等第三人的行为导致的产品缺陷致使他人人身、财产受损的，该损害赔偿的责任最终就应该由运输者或者仓储者自己承担。

在此需要注意的是，本条规定解决的仍然是生产者、销售者及运输者、仓储者等第三人之间的内部责任承担问题，或者说是承担产品责任的生产者、销售者向第三人行使追偿权的问题，这并不影响生产者及销售者向被侵权人承担侵权责任。也就是说，被侵权人在此时仍然可以起诉生产者或销售者，生产者、销售者承担赔偿责任后，才可以再向有过错的运输者、仓储者行使追偿权。

具体而言，生产者、销售者向第三人主张相应的责任，需要满足下列条件：

第一，生产者或销售者在满足产品责任构成要件的前提下，已经向被侵权人承担了赔偿责任。生产者或销售者并未承担赔偿责任，自然就不存在其行使追偿权的前提。具体而言，本条适用的条件是产品责任纠纷发生后，被侵权人通过双方协商、调解、诉讼等方式解决争议，并且在生产者、销售者已经向被侵权人履行了赔偿义务后，生产者、销售者才可以向有过错的运输者、仓储者等第三人行使追偿权。被侵权人仅是与生产者、销售者达成了赔偿协议，由于仍未履行赔偿义务，产品生产者、销售者也不能行使追偿权。

第二，运输者或仓储者等第三人的行为导致产品缺陷的产生。该第三人的行为可以是使本来没有缺陷的产品产生缺陷，也可以是使本来既已存在的缺陷加剧。换言之，第三人的行为必须与某种产品缺陷的形成具有因果关系。经过运输、仓储、保管环节并且基于运输者或者仓储者的过错，形成了产品缺陷，该缺陷产品实际上已经造成他人人身、财产损害，即损害事实已经发生，才有可能产生运输者、仓储者的损害赔偿责任。需要指出的是，如果产品缺陷的产生虽然基于运输者、仓储者的过错，但并没有造成他人人身、财产损害发生的，运输者、仓储者有可能要承担运输不当或保管不善的合同责任，而不是生产者、销售者行使追偿权的赔偿责任。[1]

第三，运输者或仓储者等第三人具有过错。该第三人的过错通常

---

[1] 最高人民法院侵权责任法研究小组编著：《〈中华人民共和国侵权责任法〉条文理解与适用》，人民法院出版社2010年版，第320页。

为过失，但也不排除有故意的形态。比如产品在仓储环节，保管人（仓储者）应当履行妥善保管仓储物的义务。保管人（仓储者）因故意或者过失行为，保管不善造成仓储物毁损、灭失的，保管人（仓储者）应当承担损害赔偿责任。

在此需要注意的是，运输者、仓储者等第三人承担的是过错责任。此责任构成的举证责任应当采用"谁主张、谁举证"的规则，即由主张追偿权的生产者或销售者对运输者、仓储者等第三人过错以及因果关系的成立承担举证责任。如果主张追偿权的生产者或销售者不能举证证明第三人过错的存在或不能证明该第三人的过错行为导致某种产品缺陷的产生，其对该第三人主张的追偿权就不能成立。

【审判实践中应注意的问题】

关于本条的适用，在审判实践中，要注意"第三人"范围的限定问题。我们认为，本条规定的第三人应该包括产品从设计、制造到营销环节中与产品价值的形成具有密切联系或具有辅助作用的人。该第三人的范围应该与产品使用人相对应，而与产品生产者或销售者联系较为密切的人。与上述产品的运输者及仓储者相似，产品的原材料或者零部件的提供者也属于此类。

在实践中，有时候产品的缺陷也会由原材料或者零部件的提供者的行为造成。在这种情况下，基于最终承担侵权责任的人应当是导致缺陷发生的人，还是要由最终造成产品缺陷的原材料或者零部件的提供者承担责任。因此，依据本条所确定的规则，向生产者提供有缺陷的原材料、零部件，生产者用该原材料、零部件制造的产品存在缺陷致人损害的，被侵权人可以选择要求生产者或销售者承担民事责任。在生产者或销售者承担责任后，其有权向缺陷原辅材料、零部件的提供者追偿。此时原辅材料、零部件的提供者所承担的责任仍然是过错责任，生产者或销售者要按照"谁主张、谁举证"的规则，对原辅材料、零部件的提供者的过错及因果关系成立承担举证责任。

本条规定采用"第三人"的说法来进行概括性的兜底规定，使之更具有立法前瞻性和开放性，在符合上述"第三人"的实质条件时，只要因其过错行为导致产品缺陷的，生产者或销售者在承担责任后，都可以向其行使追偿权。但在此应当注意的是，与产品价值形成具有密切联系的产品使用人以外的人，并不属于本条规定的"第三人"范畴。如果因为此类产品使用人以外的人导致产品使用人损害的，则不能适用本条规定的法律规则，在上述情况下，受害人的损害不是由于产品缺陷所致，二者之间没有因果关系。相反，该产品使用人以外的人的行为和受害人所受的损害之间却有因果关系，本着对自己行为负责的基本原则，由于该产品使用人以外的人的过错导致产品存在缺陷，造成人身、财产损害的，应该由此人承担赔偿责任。生产者、销售者无须对产品使用人承担侵权责任，当然也不会发生生产者、销售者向其追偿的可能。换言之，这里的产品使用人以外的人的过错导致产品存在缺陷，就成了生产者、销售者承担产品责任的免责事由。

> **第一千二百零五条** 因产品缺陷危及他人人身、财产安全的，被侵权人有权请求生产者、销售者承担停止侵害、排除妨碍、消除危险等侵权责任。

【条文主旨】

本条是关于生产者、销售者承担预防型民事责任的规定。

【条文理解】

一、产品责任中民事责任方式概述

关于侵权责任的承担方式，早在《民法通则》第117条（财产损失的赔偿）、第134条（民事责任的承担方式）中有一般性规定。《产品质量法》第44条规定了产品责任的损害赔偿的责任承担方式。在传统民事救济方式中，损害赔偿居于最为重要的地位，在产品责任中也不例外。具体而言，在产品责任中所涉及的损害赔偿有以下几种类型：（1）人身损害赔偿。即对身体、健康乃至生命所致损害的赔偿。在具体案件中，对损害赔偿具体数额，除了依据《民法典》侵权责任编的有关规定之外，在新司法解释出台之前，《人身损害赔偿司法解释》与《民法典》相关规定不冲突的，可以继续适用。（2）财产损失赔偿。通常而言，此种损害赔偿并不包括对受损产品本身的赔偿。产品自身的损害属纯经济上的损失，不包括在损害赔偿范围之内。因此，产品缺陷所导致的财产损失是指产品之外固有财产的直接损失和可得利益的丧失。（3）精神损害赔偿。此可依据侵权责任编的有关规定，并可适用《精神损害赔偿司法解释》与《民法典》规定不冲突的内容。

损害赔偿这一民事责任承担方式能够很好地填平受害人的损失，但现代侵权法不仅要注重损害的填补和救济，更应该在具体的侵权责任制度设计时注重损害预防功能的实现。"损害的预防胜于损害补偿"，损害赔偿仅仅是在损害发生后的一种亡羊补牢的做法，而损害的预防则是防患于未然的做法。侵权法预防功能的实现，不仅要依靠侵权责任的惩戒性措施的警示威慑作用，更要依赖诸如消除危险、停止侵害等积极的或具有事先预防性的救济措施。在总结以往经验做法的基础上，《侵权责任法》第45条规定了预防型民事责任的承担规则，该条规定："因产品缺陷危及他人人身、财产安全的，被侵权人有权请求生产者、销售者承担排除妨碍、消除危险等侵权责任。"本条规定基本沿用了这一规定，只是在具体责任承担方式上增加了"停止侵害"这一类型。

停止侵害，实际上是要求侵害人不实施某种侵害行为，即不作为，行为人实施的侵害行为仍在继续进行，受害人可以依法请求法院责令侵害人停止其侵害行为，这样可以及时制止侵害行为，防止扩大侵害后果。消除危险，则是在行为人的行为对他人人身和财产安全造成威胁，或存在侵害他人人身和财产的可能的时候，他人有权要求行为人采取有效措施来消除此种危险。[①] 排除妨碍，则是指权利人行使其权利受到不法阻碍或妨害时，加害人负有排除该阻碍以保障权利正常行使的责任形式。停止侵害和消除危险、排除妨碍的责任形式，都是对民事权利积极的保护，都体现了对损害或者未来损害的预防。

随着经济科技的进步，现代工业社会也同样充斥着风险，环境污染、责任事故、产品致害诸如"三鹿奶粉"事件等所造成的损害越来越触目惊心，发挥侵权法的预防功能就显得愈加重要。由此自然就要求在产品责任的具体制度设计上体现侵权法的预防功能，《侵权责任法》第45条规定正是回应这一需求，明确规定消除危险、排除妨碍等预防型民事责任的承担方式，同时在该法第46条又明确规定了缺

---

① 王利明、杨立新：《侵权行为法》，法律出版社1996年版，第100~101页。

陷产品售后警告以及产品召回制度，对停止侵害和消除危险等预防型民事责任方式进一步具体化。

二、预防型民事责任的承担

（一）生产者、销售者承担预防型民事责任须满足的条件

1. 产品缺陷已经客观存在，这是生产者、销售者承担预防型民事责任的前提条件。也就是说，产品本身必须已经存在危及人身、财产的不合理危险，至于该缺陷为制造缺陷、设计缺陷还是警示缺陷，在所不问。

2. 产品缺陷会危及他人人身、财产安全。这包括两种情形：其一，产品缺陷并未导致实际损害，但具有危及他人人身、财产安全的高度盖然性；其二，产品缺陷已经导致实际损害的发生，且其有进一步加大他人人身、财产损害的高度盖然性。

3. 被产品缺陷危及人身、财产安全的人是权利主体，其可选择要求生产者承担预防型责任，也可以选择销售者为责任主体，还可以同时要求生产者和销售者来承担责任。

（二）生产者或销售者承担的责任形式

1. 消除危险、排除妨碍。生产者、销售者在产品投入流通后，对于存在不合理危险的产品应当及时采用警示危险、告知方法、维护修理、改进设计等方式来防止实际损害的发生。此外，尤其是生产者还应当系统地搜集产品投入实际使用后的性能、安全性等方面的具体信息，完备产品质量回访机制，在提取有效信息的基础上，对产品的设计、制造以及警示说明方面进行相应的改进，从而达到防患于未然的目的。

2. 停止生产或销售。停止生产或销售实质上是停止侵害在产品责任承担方式中的具体表现。生产者、销售者在产品投入流通后，存在危及他人人身、财产安全的不合理危险时，被产品缺陷危及人身、财产安全的人有权要求其停止生产或销售。如《食品安全法》第63条有关于"食品生产者发现其生产的食品不符合食品安全标准或者有证

据证明可能危害人体健康的,应当立即停止生产"的明确规定。本条规定在《侵权责任法》第45条的基础上增加了"停止侵害"这一责任承担方式,更加符合实践发展的需要。

3. 产品召回。产品出售后,发现存在缺陷会致人严重损害的,生产者、经营者应当根据主管部门的指令或主动地及时采取有效措施将该缺陷产品召回。对此,《民法典》第1206条有进一步的明确规定,我们将在下面详细介绍。

4. 其他预防型民事责任。本条规定并没有严格限定生产者、销售者应该承担的预防型民事责任的类型,而是采用列举和概括相结合的立法技术进行规定,既规定了典型的责任承担方式,也保持了该预防型民事责任体系的开放性。

在此需要注意的是,由于产品缺陷致人损害往往不只会产生个别性的损害,产品责任多涉及公益,生产者、销售者应承担预防型民事责任,具有较强的社会公益色彩,属于其应该承担的社会责任,具有浓厚的公法责任属性。因此,有关部门(比如质量技术管理部门或消费者协会)也可以责令生产者、销售者承担停止侵害、消除危险、排除妨碍等预防型民事责任,以更为全面、有效地防止产品缺陷导致损害的发生或扩大。

【审判实践中应注意的问题】

关于本条的适用,要准确把握有关举证责任问题。在举证责任分配上,被侵权人要对该产品缺陷危及其人身、财产安全承担举证责任,而对于产品是否存在缺陷则应该由生产者或销售者承担,即采取举证责任倒置的做法,其不能举证证明产品不存在缺陷,就认定产品存在缺陷。

> **第一千二百零六条** 产品投入流通后发现存在缺陷的,生产者、销售者应当及时采取停止销售、警示、召回等补救措施;未及时采取补救措施或者补救措施不力造成损害扩大的,对扩大的损害也应当承担侵权责任。
>
> 依据前款规定采取召回措施的,生产者、销售者应当负担被侵权人因此支出的必要费用。

【条文主旨】

本条是关于生产者、销售者跟踪观察义务的规定。

【条文理解】

一、产品跟踪观察义务的确立

现代侵权法不仅注重损害的救济,更重视损害的预防,以防患于未然。售后警示、跟踪监视、产品召回在消费者保护法上的法理基础是生产者、销售者的安全保障义务。但是我国《民法通则》以及《产品质量法》对于上述制度等都没有规定。《上海市消费者权益保护条例》第一次将产品召回制度列入了地方性法规,在第33条规定:"经营者发现其提供的商品或者服务存在严重缺陷,即使正确使用商品或者接受服务仍然可能对消费者人身、财产安全造成危害的,应当立即中止、停止出售该商品或者提供该项服务;商品已售出的,应当采取紧急措施告知消费者,并召回该商品进行修理、更换或者销毁,同时应当向有关行政管理部门和行业协会报告。经营者提供的商品或者服务存在前款所列严重缺陷,且经营者未采取前款规定的措施的,有关行政管理部门应当依法要求经营者立即中止、停止出售该商品或者提供服务,对已售出的商品采取召回措施。市消费者协会发现商品或者服务存在严重缺陷的,可以向有关行政管理部门提出相应的建议。"《缺陷汽车产品召回管理规定》则第一次在真正意义上确立了缺陷汽车召回制度。之后,2007年8月31日国家质检总局公布并正式实施《儿童玩具召回管理规定》和《食品召回管理规定》,在儿童玩具和食品领域又正式确立了缺陷产品召回制度。2007年9月21日,国家食品、药品监督管理局就药品及医疗器械的召回出台了《药品召回管理办法》,但由于它们仅适用于部分产品,或只是一个部门规章或仅是地方性法规,都存在效力层次太低的问题。2009年2月28日通过的《食品安全法》第一次以法律的形式规定了缺陷食品的召回制度,其第53条规定:"国家建立食品召回制度。食品生产者发现其生产的食品不符合食品安全标准,应当立即停止生产,召回已经上市销售的食品,通知相关生产经营者和消费者,并记录召回和通知情况。食品经营者发现其经营的食品不符合食品安全标准,应当立即停止经营,通知相关生产经营者和消费者,并记录停止经营和通知情况。食品生产者认为应当召回的,应当立即召回。食品生产者应当对召回的食品采取补救、无害化处理、销毁等措施,并将食品召回和处理情况向县级以上质量监督部门报告。食品生产经营者未依照本规定召回或者停止经营不符合食品安全标准的食品的,县级以上质量监督、工商行政管理、食品药品监督管理部门可以责令其召回或者停止经营。"该条明确规定了食品经营者对缺陷食品的跟踪观察义务,但其范围仅限于食品,不免有些狭窄,其他缺陷产品的召回欠缺规定。而且上述规定并没有将产品召回确定为制造商对消费者负有的私法义务,更没有涉及该项义务的违反即可构成产品跟踪观察缺陷的问题。正因如此,《侵权责任法》才正式确立了生产者、销售者对缺陷产品采取售后警示、召回等补救措施即跟踪观察义务这一私法义务,以在产品责任领域充分发挥侵权责任预防损害的功能。《侵权责任法》第46条规定:"产品投入流通后发现存在缺陷的,生产者、销售者应当及时采取警示、召回等补救措施。未及时采取补救措施或者补救措施不力造成损害的，应当承担侵权责任。"此后，2013年修正的《消费者权益保护法》第19条明确规定了经营者对存在缺陷的产品和服务及时采取措施的义务，该条规定："经营者发现其提供的商品或者服务存在缺陷，有危及人身、财产安全危险的，应当立即向有关行政部门报告和告知消费者，并采取停止销售、警示、召回、无害化处理、销毁、停止生产或者服务等措施。采取召回措施的，经营者应当承担消费者因商品被召回支出的必要费用。"其第33条第2款又进一步规定："有关行政部门发现并认定经营者提供的商品或者服务存在缺陷，有危及人身、财产安全危险的，应当立即责令经营者采取停止销售、警示、召回、无害化处理、销毁、停止生产或者服务等措施。"《民法典》侵权责任编在总结以往立法经验的基础上，在本条对产品跟踪观察义务作了明确规定，相较于《侵权责任法》第46条的规定，本条在第1款增加了"停止销售"这一补救措施，将原来的"造成损害"修改为"造成损害扩大"，另在文字上"应当承担侵权责任"之前增加了"对扩大的损失也"。尤其是新增第2款内容，明确规定了"依据前款规定采取召回措施的，生产者、销售者应当负担被侵权人因此支出的必要费用"。

二、跟踪观察义务的内容

本条规定明确了产品使用人要求生产者、销售者对缺陷产品采取停止销售、警示和召回等补救措施的请求权基础。产品投入流通后发现存在的"缺陷"，包括依照科技水平进步原来不能认为是缺陷现在构成缺陷的情形和依照当时科学水平就能认定为缺陷而由于过错没有发现的缺陷。本条规定在充分救济产品使用人的同时，也充分发挥了现代侵权法的预防功能（防止实际损害的扩大）。生产者对缺陷产品采取停止销售、警示和召回等补救措施的义务，即为产品跟踪观察义务。此时生产者、销售者要承担的赔偿责任并不是产品制造缺陷或设计缺陷所导致的损害，而是他们没有尽到相应的售后警示和召回等义务所导致的损失。跟踪观察义务的确立，通过对售出产品的跟踪观察、记录、及时警示以及召回可以在很大程度上避免因为产品存在制造缺陷、设计缺陷或警示缺陷以及发展风险所可能招致的实际损失的发生。

跟踪观察的义务主体是生产者，销售者包括批发商、分销商等对制造商负有协助的义务，但对外部而言，生产者和销售者在违反跟踪观察义务时，应该对消费者承担连带责任。生产者与销售者承担跟踪观察义务所对应的权利主体自然就是消费者，不仅包括直接购买产品的人，还应包括其他使用产品的第三人。具体而言，跟踪观察义务的内容包括停止销售、售后警示、产品召回及其他补救措施（如跟踪监视）等。

（一）停止销售

生产者、销售者对投入流通的产品负有跟踪监视的义务：于消极方面，生产者有必要建立完备的客户投诉和信息反馈机制，明确消费者投诉渠道，保存并报告消费者所反映的产品质量问题；于积极方面，生产者应该完备产品质量回访机制，在提取有效信息的基础上，对产品的设计、制造以及警示说明方面进行相应的改进。在发现产品存在缺陷时，生产者、销售者要承担对产品存在缺陷的如实报告义务。一旦经营者提供的商品存在缺陷，可能对消费者人身、财产安全造成危害，应当停止对该产品的销售。应该说，"停止销售"属于产品跟踪观察义务的重要内容，也是防止损害扩大的有力措施。本条规定在《消费者权益保护法》上述规定的基础上，将停止销售作为一项独立的补救措施类型予以规定是科学的。此外，生产者、销售者还应当将该产品存在缺陷的信息及时公告消费者，并立即向有关部门（比如质检部门、消费者协会）报告，以便及时采取有效的损害防控措施。

（二）售后警示

产品的售后警示义务，是指产品售出后发现存在致人损害的危险，生产者有义务以合理方式发出警示、避免损害。售后警示义务的成立要求具备以下四个要件：第一，生产者知道或应当知道该产品有对人身或财产造成损害的危险；第二，生产者能够认识到应当予以警示的对象，并可以合理地推断他们不知晓该损害危险；第三，警示应当能够有效到达应予以警示的人并且他们能够采取有效行动降低风险；第四，实际损害造成的损失大大超过实施售后警示的费用。产品售后警示义务是产品责任体系的一个重要内容。违反产品售后警示义务，造成产品使用人损害的，生产者应当承担损害赔偿责任。至于销售者的责任，销售者对于产品的售后警示应当负有协助的义务。其责任承担方面，受害人可以向产品的生产者要求赔偿，也可以向产品的销售者要求赔偿。至于销售者与生产者之间的追偿法律关系，应该适用第1203条所确定的规则。

（三）产品召回

产品召回制度是现代民法中的一项新制度，具有预防和消除缺陷产品对公民人身和财产危害的独特功能。从法律性质上讲，产品召回是生产者或者销售者的法律义务，而不是法律责任。[①] 在此要注意的是，在《民法典》中确立产品召回制度最重要的意义就是要明确产品召回义务不仅是一项公法上的义务，更是生产者等在私法上应当承担的义务，违反该项义务即可构成产品跟踪观察缺陷。

产品召回义务，是指因投放市场的产品存在缺陷，可能或已经对消费者的生命、健康造成严重损害，生产者依特定程序收回、退换缺陷产品并承担与此相关费用的义务。产品召回义务的特点主要表现在以下几个方面：第一，已经投放市场的产品存在缺陷，可能或已经导致人身重大损害是召回义务的成立要件；第二，生产者是召回义务的主体，中间经销商是召回义务的履行辅助人；第三，产品召回义务履行程序包括指令召回和自主召回，有严格的法定步骤和效果评估机

[①] 王利明：《关于完善我国缺陷产品召回制度的若干问题》，载《法学家》2008年第2期。

制;① 第四，义务履行方式包括缺陷产品的回收、更换、退货以及相应的损害赔偿。

依据上述有关法律规定，2013年施行的《缺陷汽车产品召回管理条例》对于缺陷汽车的召回作了系统规定，比如其第18条规定："生产者实施召回，应当以便于公众知晓的方式发布信息，告知车主汽车产品存在的缺陷、避免损害发生的应急处置方法和生产者消除缺陷的措施等事项。国务院产品质量监督部门应当及时向社会公布已经确认的缺陷汽车产品信息以及生产者实施召回的相关信息。车主应当配合生产者实施召回。"第19条规定："对实施召回的缺陷汽车产品，生产者应当及时采取修正或者补充标识、修理、更换、退货等措施消除缺陷。生产者应当承担消除缺陷的费用和必要的运送缺陷汽车产品的费用。"此后，国家质量监督检验检疫总局发布的《缺陷汽车产品召回管理条例实施办法》又作了细化规定。在其他领域，比如国家食品药品监督管理总局2017年发布了《医疗器械召回管理办法》、交通运输部于2018年修正了《铁路专用设备缺陷产品召回管理办法》，国家市场监督管理总局2019年发布了《消费品召回管理暂行规定》(2020年1月1日施行)，我国已经建立起了较为完备的产品召回制度。

此外，本条第2款新增了有关采取补救措施费用承担的规则，即由生产者、销售者承担的规则，这符合国际通例，既体现了对消费者权益的保护，也属于公平合理的做法。当然，这里的费用承担要以"必要"为限。依照常理，费用如果超出必要限度的，则由被侵权人一方承担。

三、跟踪观察缺陷责任的归责原则与构成要件

（一）归责原则

如上所述，产品推向市场时的科学技术水平不能发现该产品是否存在缺陷的，生产者负有跟踪观察义务，发现缺陷应当及时召回，应

---

① 参见杨立新、陈璐：《药品召回义务的性质及其在药品责任体系中的地位》，载《法学》2007年第3期。

当发现而没有发现或者已经发现没有及时召回，即构成跟踪观察缺陷。①关于产品跟踪缺陷致害的归责原则，鉴于产品跟踪缺陷责任是由于违反跟踪观察这一注意义务导致的，应属于过失认定的范畴。其归责的基础应当是当事人的过错，即要以应当尽到相应的注意而没有尽到，具备道德上可责难性为基础。但考虑到消费者和生产者之间的实力对比，以及生产者在跟踪观察义务履行中的积极地位，应该实行过错推定责任，先推定其存在过错，而且可以由其相关行为表征直接认定其有过错，然后由其反证自己没有过错。

（二）构成要件

1.不法行为。违反产品跟踪观察义务的不法行为包括不履行跟踪观察义务的侵权行为和不当履行跟踪观察义务的侵权行为。以产品召回义务为例，产品存在致人重大损害的危险或该损害已实际发生时，应当召回，没有召回的，即为法定义务的违反，从而构成行为不法。不当召回，是指生产者实施召回，但行为违反该行业比如医药行业等在相关情形下的通常标准。不当召回行为的具体表现包括召回不及时、召回措施不当、召回方式不当等。

2.损害。违反跟踪观察义务所致损害主要是对生命、健康权的损害，以及由此而生的财产损失和精神痛苦。产品跟踪观察缺陷造成的损害与产品制造缺陷、设计缺陷以及警示缺陷造成的损害既有联系，也有明显的差异。如果产品存有制造、设计或警示缺陷，但并没有造成实际的损害，而生产者由于违反产品跟踪观察义务，最终导致损害的发生，这时的损害在性质与范围上与其他产品缺陷类型造成的损害并无不同。产品因为制造、设计或警示方面的缺陷，造成了实际损害，而且生产者并未依法对上述产品实施跟踪观察，这时违反跟踪观察义务造成的损害实则是上述损害的扩大损害，即为本应可以通过跟踪观察避免的扩大损害。

3.因果关系。关于违反产品跟踪观察义务的不法行为与损害之间

---

① 杨立新：《侵权损害赔偿》，法律出版社2008年版，第227页。

因果关系的判断，有观点认为可以适用推定因果关系的规则，即受害人只要证明生产者违反了产品跟踪观察义务、自身因使用产品受到损害即可，无须承担举证证明因果关系要件的责任。而被告需要证明自己的行为与损害发生之间没有因果关系，否则即告因果关系成立。对此，需要在实务中继续进行探索和研究。

4.主观过错。生产者、销售者违反产品跟踪观察义务的过错包括故意和过失，通常为过失。有关过失的判断标准，从充分保护受害人利益，同时又不至于对企业一方要求过苛而阻碍工商业的发展与科技进步的角度出发，可以采取"理性人"的过失分析方法，同时适用消费者合理期待的标准。具体而言，以理性人的标准要求企业在履行产品跟踪观察义务时，未善尽交易上的注意，背离一般消费者的通常安全期待，即可认定为有过失，当然这种义务的要求不能绝对化，而应当进行个案分析。

【审判实践中应注意的问题】

关于本条的适用，需要注意把握有关举证责任的问题。我们认为，生产者、销售者也要对本条规定的已经采取补救措施的情形承担举证责任。当然，原告方也要就产品责任的其他要件事实承担举证责任，同时基于维护自身权利的需要，也要提供生产者、销售者未采取补救措施或者补救措施不力的相应证据。

> **第一千二百零七条** 明知产品存在缺陷仍然生产、销售，或者没有依据前条规定采取有效补救措施，造成他人死亡或者健康严重损害的，被侵权人有权请求相应的惩罚性赔偿。

【条文主旨】

本条是关于产品责任惩罚性赔偿的规定。

【条文理解】

一、惩罚性赔偿概述

惩罚性赔偿，是指法院作出决定的赔偿数额超出实际损害数额的赔偿。[①] 通常赔偿是为了弥补受害者的损害，不具有惩罚性，其数额不能超出受害者的实际损失。各国对应否支持惩罚性赔偿存在较大差异，但是惩罚性赔偿制度所特有的功能逐渐获得重视和认可。惩罚性赔偿不局限于补偿功能，具有惩罚、震慑、激励等功能。惩罚性赔偿的功能主要有：

（一）惩罚和震慑不法行为人

惩罚性赔偿是与补偿性赔偿相对而言的。补偿性赔偿仅弥补受害人的实际损失，受司法制度、受害人的诉讼能力、诉讼意愿等多方面的限制，实践中，不法行为人并不会对所有受害人以及受害人的所有损失承担赔偿责任，违法成本较低。在产品责任领域，不利于促使不法行为人尽足够注意义务，防止缺陷产品进入流通市场。惩罚性赔偿

[①] 王利明：《侵权责任法研究》（下卷），中国人民大学出版社2016年版，第276页。

则使不法行为人承担更重的责任，一方面惩罚不法行为，另一方面通过提高违法成本，产生示范效应，震慑其他潜在的不法行为人。惩罚着眼于事后补救，震慑着眼于事前预防。①

（二）抚慰受害人并促进受害人提起诉讼

在补偿性赔偿制度下，受害人会因诉讼耗费精力、金钱而不提起诉讼，姑息不法行为。给予受害人惩罚性赔偿，不仅使受害人心理获得安抚，弥补法院通常不予支持的律师费等支出，使其获得完全赔偿，还能获得超出实际损失的赔偿。能够激励受害人维护自己合法权益，制止违法行为，有益于维护社会整体利益。

（三）弥补国家机关执法能力之不足

制裁不法行为属于政府职责，但是政府部门囿于编制、经费，不能及时掌控违法信息和证据，惩治不法行为。惩罚性赔偿利用私人力量，使责任人的行为受到惩罚，起到协助公权力的作用，有效弥补了公权力执法不足。②

我国的惩罚性赔偿主要适用于消费者权益保护和产品责任领域。我国早期的惩罚性赔偿均未以受害者的实际损失为计算基数，也未将损害后果作为适用条件。例如，1993年《消费者权益保护法》第49条规定：经营者提供商品或者服务有欺诈行为的，应当按照消费者的要求增加赔偿其受到的损失，增加赔偿的金额为消费者购买商品的价款或者接受服务的费用的一倍。2009年《食品安全法》第96条第2款规定：生产不符合食品安全标准的食品或者销售明知是不符合食品安全标准的食品，消费者除要求赔偿损失外，还可以向生产者或者销售者要求支付价款十倍的赔偿金。《侵权责任法》第47条则对产品责任中的故意行为，规定了惩罚性赔偿，使我国的惩罚性赔偿制度更为完善。该条规定："明知产品存在缺陷仍然生产、销售，造成他人死亡或者健康严重损害的，被侵权人有权请求相应的惩罚性赔偿。"本

---

① 陈年冰：《中国惩罚性赔偿制度研究》，北京大学出版社2016年版，第28页。
② 张晓梅：《中国惩罚性赔偿制度的反思与重构》，上海交通大学出版社2015年版，第128页。

条在这一规定的基础上对惩罚性赔偿的适用情形作了进一步细化,增加了"没有依据前条规定采取有效补救措施"的情形。

二、惩罚性赔偿的适用条件

惩罚性赔偿与补偿性赔偿相比,适用条件更为严格,对责任人的主观状态及其行为所造成的严重后果均有要求。具体要件如下:

（一）产品存在缺陷

依据《产品质量法》第46条规定,缺陷,是指产品存在危及人身、他人财产安全的不合理的危险;产品有保障人体健康和人身、财产安全的国家标准、行业标准的,是指不符合该标准。产品如果不符合国家标准或者行业标准,应认定存在缺陷。缺陷的基本特征是存在危及人身、他人财产安全的不合理的危险。例如,药品所含物质的毒副作用已经超出了其治疗效果,植入人体内的医疗器械零件脱落等。缺陷的种类包括设计、制造及指示（警示）缺陷。具体来讲,医疗产品的设计缺陷如治疗仪不具有治疗功能;制造缺陷如钢板质量不合格,容易断裂;指示缺陷如药品说明书未标明药品对特定人群有副作用。此外,依据第1207条的规定,生产者、销售者没有采取相应的补救措施的情况下,在符合其他构成要件时,也要承担惩罚性赔偿责任。

（二）主观要件是故意

惩罚性赔偿对生产者、销售者的主观要件有严格要求。产品责任是严格责任,被侵权人无须证明生产者、销售者是否存在故意还是过失,即可请求其承担补偿性赔偿（先行赔偿人有追偿权）。但是被侵权人要求生产者、销售者承担惩罚性赔偿责任,则应证明生产者、销售者存在故意。比如,就医疗产品惩罚性赔偿责任而言,受害人应证明"医疗产品的生产者、销售者明知医疗产品存在缺陷仍然生产、销售"。明知,是指意识到某种事物,是一种意志活动。故意,是指意识到某种事物，还积极去做。①故意，包括生产者、销售者有侵害被侵权人的利益的意图，还包括明知产品存在缺陷，但是无视受害人的人身或者财产利益仍然生产、销售。前者是直接故意，后者是间接故意。受害人能够证明生产者、销售者存在间接故意即可，即使生产者、销售者并不希望损害发生，但是由于其对损害持放任的态度，其行为应受惩罚。

比如，《药品管理法》第32条规定：药品必须符合国家药品标准。根据其第48条规定，禁止生产（包括配制，下同）、销售假药。有下列情形之一的，为假药：（1）药品所含成份与国家药品标准规定的成份不符的；（2）以非药品冒充药品或者以他种药品冒充此种药品的。《医疗器械监督管理条例》第6条规定：医疗器械产品应当符合医疗器械强制性国家标准；尚无强制性国家标准的，应当符合医疗器械强制性行业标准。如果生产、销售企业违反法律规定，生产、销售假药、劣药，不符合国家标准、行业标准的医疗器械，应视为其明知产品存在缺陷，仍然生产、销售，存在主观故意。在一个案例中，某药品生产企业违反规定，将"二甘醇"冒充辅料"丙二醇"用于"亮菌甲素注射液"的生产，而"二甘醇"在病人体内氧化成草酸，导致肾功能急性衰竭。即属于生产者明知生产的是不合格产品，仍然生产、销售。如果生产者明知自己没有生产某种产品的资格，仍然生产；销售者明知生产者不具备有生产资格、产品没有合格证而销售，均可认定为存在故意。另外，生产者、销售者收到产品存在相关质量问题的反馈意见后，而不采取任何措施，仍然继续生产和销售，亦可认定存在故意。有学者建议生产者、销售者存在重大过失时，亦应承担惩罚性赔偿，②如药品生产企业对原材料检验发生重大疏漏，导致生产的药品不符合国家标准，存在缺陷。生产者虽不明知药品存在缺陷，但是存在重大过失，其行为亦应受谴责。但本条仅是将生产者、

---

① 朱广新：《惩罚性赔偿制度的演进与适用》，载《中国社会科学》2014年第3期。
② 张晓梅：《中国惩罚性赔偿制度的反思与重构》，上海交通大学出版社2015年版，第114页。

销售者承担惩罚性赔偿的主观要件规定为故意。

（三）后果上须造成受害人死亡、健康严重损害

惩罚性赔偿的适用排除了被侵权人仅遭受财产损害后果的情况。死亡的结果容易判断，但是如何认定健康严重损害，民事法律规范对此未进行界定，可以参考相关刑事规范。《最高人民法院、最高人民检察院关于办理生产、销售假药、劣药刑事案件具体应用法律若干问题的解释》第2条第1款规定："生产、销售的假药、劣药被使用后，造成轻伤以上伤害，或者轻度残疾、中度残疾，或者器官组织损伤导致一般功能障碍或者严重功能障碍，或者有其他严重危害人体健康情形的，应当认定为刑法第一百四十一条规定的'对人体健康造成严重危害'。"可见，健康受到严重损害并不仅指重伤或者残疾，也可能是轻伤以及器官功能障碍。

根据本条规定，损害应该是实际发生的，而非具有危险性。比如，如果药品含有超出国家标准的有毒有害物质，在患者未大量服用时，可能尚未造成功能障碍，则无法依据本条请求惩罚性赔偿。这与《食品安全法》和《消费者权益保护法》规定的惩罚性赔偿有所区别。《食品安全法》规定的惩罚性赔偿并未要求造成健康严重损害的后果，其第148第2款规定，"生产不符合食品安全标准的食品或者经营明知是不符合食品安全标准的食品，消费者除要求赔偿损失外，还可以向生产者或者经营者要求支付价款十倍或者损失三倍的赔偿金；增加赔偿的金额不足一千元的，为一千元。但是，食品的标签、说明书存在不影响食品安全且不会对消费者造成误导的瑕疵的除外"。生产不符合食品安全标准的食品或者经营明知是不符合食品安全标准的食品的，消费者即使未受到严重损害，亦可请求支付价款的10倍，或者损失3倍的惩罚性赔偿金，这体现了国家对违反食品安全行为的严厉制裁。

在受害人未受到严重损害的情况下，如果经营者生产、销售产品

的行为构成欺诈,可依据《消费者权益保护法》第55条第1款①规定,请求惩罚性赔偿。此外,生产者、销售者应承担行政责任,情节严重的承担刑事责任,并不能逃脱法律的制裁。

(四)产品缺陷与损害后果具有因果关系

因果关系是损害赔偿的归责要件之一。如果生产者、销售者虽然明知产品存在缺陷,但是产品缺陷并非受害人遭受损害的原因,被侵权人亦不能主张惩罚性赔偿。

【审判实践中应注意的问题】

一、生产者、销售者承担责任的方式

《侵权责任法》及《消费者权益保护法》②均规定产品责任的受害人可以向产品的生产者请求赔偿,也可以向产品的销售者请求赔偿。关于该责任是否为连带责任有不同的观点,主流观点是连带责任应由法律规定或者当事人约定,法律并未规定生产者和销售者承担连带责任,受害人可选择生产者或者销售者承担责任。③该规定便于被侵权人提起诉讼,其可选取经济能力强或者诉讼方便的侵权人。先行赔偿人有追偿权,对产品缺陷负有责任的生产者或者销售者应承担最终责任。《食品安全法》规定生产者、销售者应承担首负责任。《食品安全法》第148条第1款规定:消费者因不符合食品安全标准的食品受到损害的,可以向经营者要求赔偿损失,也可以向生产者要求赔偿损

---

① 《消费者权益保护法》第55条第1款规定:"经营者提供商品或者服务有欺诈行为的,应当按照消费者的要求增加赔偿其受到的损失,增加赔偿的金额为消费者购买商品的价款或者接受服务的费用的三倍;增加赔偿的金额不足五百元的,为五百元。法律另有规定的,依照其规定。"

② 《侵权责任法》第43条第1款规定:因产品存在缺陷造成损害的,被侵权人可以向产品的生产者请求赔偿,也可以向产品的销售者请求赔偿。《消费者权益保护法》第40条有类似规定。

③ 最高人民法院侵权责任法研究小组编著:《〈中华人民共和国侵权责任法〉条文理解与适用》,人民法院出版社2010年版,第314页。

失。接到消费者赔偿要求的生产经营者，应当实行首负责任制，先行赔付，不得推诿；属于生产者责任的，经营者赔偿后有权向生产者追偿；属于经营者责任的，生产者赔偿后有权向经营者追偿。上述生产者和销售者承担的补偿性赔偿责任，虽然不属于连带责任，但是能较好地保护受害人利益，生产者或者销售者不能以非自身原因造成产品缺陷向受害人请求免责，而应在承担责任后向最终责任人追偿。

惩罚性赔偿需审查生产者或者销售者的主观状态，是否明知缺陷存在而生产、销售。生产者或者销售者应根据各自的过错承担责任。生产者或者销售者均存在故意的，均应承担惩罚性赔偿责任，不存在互相追偿的问题。如果销售者不存在主观故意，被侵权人不能要求其承担惩罚性赔偿后再向生产者追偿。

二、惩罚性赔偿数额的确定

（一）法律对惩罚性赔偿数额限制的原因

惩罚性赔偿的数额问题是惩罚性赔偿制度的核心问题，也是司法实践的难点。在惩罚性赔偿制度发展较为充分的美国，滥用惩罚性赔偿，给予原告过高赔偿问题也引发诸多争论。美国最高法院曾经审理过一个案件，该案补偿性赔偿只有100万美元，但是犹他州法院确定的惩罚性赔偿高达1.45亿美元。美国最高法院认为该案中确定的惩罚性赔偿违反了美国宪法第14修正案正当程序规则（未经正当程序不得剥夺财产），惩罚性赔偿通常不应超过补偿性赔偿的10倍，故撤销了犹他州法院的判决。在该案中，美国最高法院重申了其在1994年审理的宝马公司案中确立的规则，判断惩罚性赔偿金额是否过高，应考虑如下因素：被告侵权行为的恶劣程度；惩罚性赔偿金额与原告实际及可能遭受的损害的差额；陪审团决定的惩罚性赔偿金额与其他类似案件确定的赔偿差额。犹他州法院重新审理后认为，被告的行为极其恶劣，判令其承担900万元的惩罚性赔偿，系补偿性赔偿金额的9

倍。①域外法的经验表明，如果不对惩罚性赔偿的数额予以规范，会导致数额畸轻畸重，不利于法律适用的统一。

在我国《消费者权益保护法》修法过程中，惩罚性赔偿金额如何确定曾存在争论，有学者建议不设上限，但是最低不少于补偿性赔偿的2倍。法律委员会最终研究认为，在补偿性赔偿（人身、财产、精神损害赔偿）的基础上，再明确2倍以下的惩罚性赔偿。其考虑是惩罚性赔偿金额应符合我国经济发展实际，从我国目前经济发展水平看，这个赔偿额是适当的。如果确定的比例过高，经营者会因为忌惮责任而不敢研发新产品，不利于增强产品竞争力及经济发展；如果确定的比例过低则不能起到遏制违法行为的作用。②从修法过程看，我国对惩罚性赔偿金额的态度比较克制，不会出现给予天价赔偿金额的情况。审判实践中应领会上述立法本意，根据案件情况确定适合的惩罚性赔偿数额。

（二）惩罚性赔偿数额的计算基数

本条并没有规定惩罚性赔偿的具体数额，一定程度上影响了本条的具体适用。本条仅提供了有关惩罚性赔偿的一般性规则，具体适用惩罚性赔偿的规则需要依据有关具体法律或者司法解释的规定进行。通常而言，惩罚性赔偿数额需参考补偿性赔偿数额。例如《医疗损害责任纠纷司法解释》第23条就参照《消费者权益保护法》第55条第2款的规定"经营者明知商品或者服务存在缺陷，仍然向消费者提供，造成消费者或者其他受害人死亡或者健康严重损害的，受害人有权要求经营者依照本法第四十九条、第五十一条等法律规定赔偿损失，并有权要求所受损失二倍以下的惩罚性赔偿"确定了以下规定："医疗产品的生产者、销售者明知医疗产品存在缺陷仍然生产、销售，造成患者死亡或者健康严重损害，被侵权人请求生产者、销售者赔偿损失

---

① Marc A. Franklin, Robert L. Rabin, Michael D. Green: Tort Law and Alternatives cases and materials, 8th edition, Foundation Press, p.749-759. 案例索引: State farm mutual insurance Co.v.Campbell.538 u.s.408.

② 贾东明主编：《中华人民共和国消费者权益保护法解读》，中国法制出版社2013年版，第284~285页。

及二倍以下惩罚性赔偿的，人民法院应予支持。"

《消费者权益保护法》第49条规定的是人身损害赔偿范围，"经营者提供商品或者服务，造成消费者或者其他受害人人身伤害的，应当赔偿医疗费、护理费、交通费等为治疗和康复支出的合理费用，以及因误工减少的收入。造成残疾的，还应当赔偿残疾生活辅助具费和残疾赔偿金。造成死亡的，还应当赔偿丧葬费和死亡赔偿金"。第51条规定的是精神损害赔偿，"经营者有侮辱诽谤、搜查身体、侵犯人身自由等侵害消费者或者其他受害人人身权益的行为，造成严重精神损害的，受害人可以要求精神损害赔偿"。精神损害赔偿与惩罚性赔偿均有抚慰受害人的功能。实践中，精神损害赔偿应否计入惩罚性赔偿的计算基数，认识上有分歧。根据上述法律规定，精神损害赔偿是被侵权人实际受到的损害，属于补偿性赔偿。因此被侵权人可请求的惩罚性赔偿的计算基数包括精神损害赔偿。

人身损害赔偿的标准及精神损害赔偿数额的确定，法律有较为明确的规定，司法实践也有成熟的经验。确定受害人的实际损失后，法院在此基础上确定惩罚性赔偿的数额。

（三）确定惩罚性赔偿的数额应考量的因素

确定惩罚性赔偿的数额，应考虑以下因素：侵权人的主观过错程度；侵权行为的具体细节；所造成的后果；侵权人的获利情况；侵权人承担责任的经济能力；不法行为发生后的态度；原告或者潜在原告的数量；侵权人因其行为已经承担和将要承担的其他财产性责任。[①] 确定医疗产品的惩罚性赔偿数额，应与生产者、销售者的行为及主观状态相适应。司法实践中应审查生产者、销售者是否存在主观故意，不法行为的方式、持续时间，发现被侵权人有损害后，是隐瞒还是积极补救，从上述事实推断生产者、销售者对损害后果是否积极追求或者放任。如果生产者、销售者的主观恶性大，不法行为持续时间长，已经知道产品缺陷造成实际损害仍然生产销售，采取各种措施隐瞒产

[①] 张晓梅：《中国惩罚性赔偿制度的反思与重构》，上海交通大学出版社2015年版，第128页。

品的缺陷，其应承担较重的惩罚性赔偿。

惩罚性赔偿的数额也应与生产者、销售者的承受能力相适应，否则不能充分发挥惩罚性赔偿的功能。故应考量生产者、销售者是否有获利及本身的经济能力。惩罚性赔偿的目的是震慑不法行为，故生产者、销售者在获利多、经济实力雄厚的情况下，应承担较重的责任。

产品缺陷致人损害，生产者、销售者还可能承担行政责任、刑事责任。《产品质量法》第49条规定："生产、销售不符合保障人体健康和人身、财产安全的国家标准、行业标准的产品的，责令停止生产、销售，没收违法生产、销售的产品，并处违法生产、销售产品（包括已售出和未售出的产品，下同）货值金额等值以上三倍以下的罚款；有违法所得的，并处没收违法所得；情节严重的，吊销营业执照；构成犯罪的，依法追究刑事责任。"《刑法》中规定了生产、销售假药罪，生产、销售劣药罪，生产、销售不符合标准的医疗器材罪。因惩罚性赔偿与行政责任、刑事责任的功能有相似性，均有惩罚、威慑功能，如果生产者、销售者承担了行政责任、刑事责任，则应减少惩罚性赔偿的金额，避免对生产者、销售者进行双重惩罚。

惩罚性赔偿的数额应考量原告的情况，原告所受损害的程度，受缺陷产品影响的原告数量等。原告死亡、重伤、残疾的，使众多受害人遭受损失的，惩罚性赔偿的数额应增多。但是在有多个原告就同一不法行为起诉或者存在多个潜在原告时，应考虑被告对所有原告承担的惩罚性赔偿总额是否会超出其承受范围，以确定被告对每个原告应承担的惩罚性赔偿数额。

三、举证责任与提交证据义务

《民事诉讼法司法解释》第91条规定：主张法律关系存在的当事人，应当对产生该法律关系的基本事实承担举证责任。就惩罚性赔偿的举证责任而言，需要将惩罚性赔偿责任和产品责任中的补偿性赔偿责任予以区分，医疗产品惩罚性赔偿责任本身是一种独立的责任，在责任形态上属于自己责任的范畴，此作为责任的加重，已经不属于充分救济受害人的填平责任的范畴，故有关严格责任的法理对于惩罚性赔偿部分不能适用，但惩罚性赔偿又要以构成产品责任为一般要件。因此，我们认为有关产品责任的惩罚性赔偿的举证责任问题，应当分为一般的产品责任的构成要件和惩罚性赔偿部分的构成要件，对于前者，应当适用产品责任举证责任的一般规则，对于后者，由于其已不存在对弱势一方进行充分救济的法理基础，也就不存在举证责任倒置的基础，且构成要件为故意，这时应该适用"谁主张、谁举证"的一般举证规则，即由原告方对于被告方的主观故意承担举证责任。

第五章　机动车交通事故责任

> **第一千二百零八条**　机动车发生交通事故造成损害的，依照道路交通安全法律和本法的有关规定承担赔偿责任。

【条文主旨】

本条是关于本章调整范围以及机动车交通事故责任法律渊源的规定。

【条文理解】

本条明确了本章的调整范围，并进一步明确道路交通安全法律及民法典都是道路交通损害赔偿的法律渊源。

一、关于本章的调整范围

截至2020年4月，我国机动车保有量已达3.54亿辆，交通事故损害赔偿纠纷快速增长，成为人民法院受案数量最多的民事案件类型之一。本章对此作出了具体规范。

本条明确，本章调整机动车交通事故责任，非机动车交通事故责任不属于本章调整的范围。所谓机动车交通事故责任，是指机动车发生交通事故造成人身伤亡、财产损失，有关民事主体所应承担的侵权责任。1991年《道路交通事故处理办法》①第2条规定："本办法所称道路交通事故（以下简称交通事故），是指车辆驾驶人员、行人、乘车人以及其他在道路上进行与交通有关活动的人员，因违反《中华人民共和国道路交通管理条例》和其他道路交通管理法规、规章的行为（以下简称违章行为），过失造成人身伤亡或者财产损失的事故。"该条不但规定了道路交通事故的主体、地点，同时涉及归责原则。然而实践中，由于机动车交通事故主体复杂、过错情况不同，该条对主体的限定、对过错责任的单一化逐渐暴露出一些问题。2003年制定、2004年实施，并于2007年及2011年两次修订的《道路交通安全法》第76条及第119条对此作出了进一步修改与完善。根据《道路交通安全法》第119条之规定，交通事故是指车辆在道路上因过错或者意外造成的人身伤亡或者财产损失的事件。第119条的定义，不但在表述上更加简洁，也更凸显机动车交通事故责任的两个基本特征。

第一，机动车交通事故的责任主体为机动车一方。所谓机动车，是指以动力装置驱动或者牵引，上道路行驶的供人员乘用或者用于运送物品以及进行工程专项作业的轮式车辆。既包括通常的轿车、客车等日常车辆，也包括如挖掘机、铲车等工程车辆。只要一方为机动车，即可以认定为构成机动车道路交通事故。除发生交通事故的责任一方为机动车之外，还有观点认为，机动车交通事故发生的场合应限定在道路。我们认为，根据《道路交通安全法》第77条规定，道路以外通行时发生的事故，参照《道路交通安全法》有关规定。《道路交通损害赔偿司法解释》第28条也作出了同样规定。涉及机动车第三者责任强制保险（以下简称交强险）的《机动车交通事故责任强制保险条例》第43条亦相同。因此，即便机动车在非道路上行驶发生交通事故，也应参照适用道路交通安全法律和本法的有关规定承担赔偿责任。

需要注意的是，《道路交通安全法》和本章不包含非机动车交通事故的损害赔偿责任，并不意味着非机动车交通事故责任不适用本法

---

① 后被2004年发布的《道路交通安全法实施条例》所废止。

的有关规定。只不过其作为一般侵权责任，无特殊规定之必要，仍适用侵权责任编第一至三章的有关规定。同理，机动车交通事故也并非仅适用本章之规定。比如，发生交通事故的机动车使用人是用人单位的工作人员且系执行工作任务时造成他人损害，则需适用替代责任的规定。再比如，提供车辆套牌情况下的共同侵权责任则需要适用侵权责任编第一章的有关规定。

第二，在机动车与非机动车、行人发生交通事故时，机动车交通事故损害赔偿责任并非过错责任。过错固然是构成交通事故的重要因素，但实际中仍然大量存在各方当事人均无过错却发生事故的情形，这正是由于车辆尤其是机动车自身具有的危险性所导致的。因此，《道路交通安全法》第119条采用"因过错或者意外"的表述，以此与相应的归责原则相互呼应。

二、关于机动车交通事故责任的法律渊源

本条还进一步明确了机动车交通事故责任的法律渊源。在《侵权责任法》中，考虑到《道路交通安全法》已经就机动车交通事故责任的归责原则、构成要件及免责事由作出了规定，《侵权责任法》仅就机动车交通事故的侵权责任主体作出了"拾遗补缺"型的规定。[①]《民法典》本章延续前述《侵权责任法》对道交纠纷部分的规定范围。因此，《道路交通安全法》作为特别法，是机动车交通事故损害赔偿的主要法律渊源。

（一）《道路交通安全法》关于机动车交通事故责任的归责原则

《道路交通安全法》第76条分两款分别规定了机动车交通事故损害赔偿的归责原则及免责事由。该条第1款规定：发生交通事故首先由承保交强险的保险公司在交强险责任限额范围内对第三人承担赔偿责任。对此如何理解，存在两种观点。一种观点认为，交强险限额范围内适用无过错责任原则。理由在于，交强险与商业保险不同，是

[①] 程啸：《民法典侵权责任编中机动车交通事故责任的完善》，载《法学杂志》2019年第1期。具体规定详见《侵权责任法》第49~52条。

一种政策性保险，目的在于使受害人能依法得到赔偿，促进道路交通安全。从特点上看，其具有强制性。主体上，所有的机动车都强制订立，不能选择。内容上，合同条款及最低投保金额固定，不得由当事人变更。其还具有公益性，不以营利为目的。《机动车交通事故责任强制保险条例》第6条明确规定：国务院保险监督管理机构按照机动车交通事故责任强制保险业务总体上不盈利不亏损的原则审批保险费率。正因为交强险的性质，只要发生机动车交通事故，无论机动车一方是否有过错，交强险均应予以赔偿。这意味着，发生交通事故后，无须先行确定双方的过错和责任。① 比如我国台湾地区"强制汽车责任保险法"第7条就采取此观点。另一种观点认为，《机动车交通事故责任强制保险条例》第23条第1款规定："机动车交通事故责任强制保险在全国范围内实行统一的责任限额。责任限额分为死亡伤残赔偿限额、医疗费用赔偿限额、财产损失赔偿限额以及被保险人在道路交通事故中无责任的赔偿限额。"因此，发生交通事故后，应先区分责任，然后再由保险公司依据被保险人有无责任，相应支付赔偿金。

在交强险不足以赔偿的部分，区分机动车之间以及机动车与行人、非机动车之间发生交通事故两种情形。该两种情形分别适用不同的归责原则。机动车之间发生交通事故适用过错原则，由过错一方承担赔偿责任，都有过错的按照比例原则分担责任。机动车与行人、非机动车之间发生交通事故则适用无过错原则，由机动车一方承担责任。虽然，机动车与行人、非机动车之间发生交通事故适用无过错原则，但如果行人、非机动车有过错的，应减轻机动车一方责任。行人、非机动车的过错应根据《道路交通安全法》规定的安全注意义务结合行为人的行为能力予以认定。此外，如果机动车一方能够证明没有任何过错，则承担不超过百分之十的责任。也有观点认为，机动车与行人、非机动车之间发生交通事故的归责原则，是一种过错推定责任而非无过错责任，因为机动车一方可以通过证明自己无责而减轻自己的责任。但总的来看，由于

---

① 郎胜主编：《中华人民共和国道路交通安全法释义》，法律出版社2003年版，第171页。

《道路交通安全法》将机动车行驶视为危险活动，而机动车一方无过错并不能免责、只能减轻责任，因此机动车与非机动车、行人之间发生交通事故的归责原则更符合无过错责任原则的特点。

《道路交通安全法》第76条第2款还规定了机动车交通事故的免责事由，即如果损失是非机动车驾驶人、行人故意碰撞机动车造成的，则机动车一方不承担赔偿责任。这是因为，该种情况下机动车的危险性并非造成损失的原因，通过特殊侵权责任的规定也不具有可避免性，故无课以责任的基础。需要注意的是，该免责事由仅限于故意一种形态，若非机动车驾驶人和行人存在重大过失，也只能减轻机动车一方责任而不能免除其责任。还需注意的是，非机动车和行人的故意通常指受害人自杀、自残或"碰瓷"等使自己造成人身伤害的故意，而非违反《道路交通安全法》安全注意义务的故意。比如故意闯红灯的行为，虽然存在违反《道路交通安全法》义务的故意，但并无造成自身人身伤害的故意，此时若发生机动车交通事故，造成闯红灯的非机动车、行人损失，只能减轻而不能免除机动车一方责任。

(二)《侵权责任法》及相关司法解释对《道路交通安全法》的补充完善

《道路交通安全法》实施后，由于《道路交通安全法》第76条仅解决了机动车一方何时承担责任以及相应的归责原则问题，不少理论研究及司法实践进一步指出，机动车一方承担责任时，机动车的所有人不一定是登记的所有人，机动车所有人也不一定是驾驶人，损害赔偿责任的主体应当根据不同情况进一步细化。2009年通过、2010年实施的《侵权责任法》在制定过程中吸收了这些意见和建议。该法第六章"机动车交通事故责任"除第48条进一步明确归责原则的法律渊源外，用5条分别规定了不同情况下的损害赔偿责任主体。

随着机动车拥有数量不断增多，交通事故引发的纠纷不断增加。机动车保有量和驾驶人数量的飞速增长导致因交通事故引发的案件数量也大幅增加。《侵权责任法》虽然明确了部分情况下的责任主体，但司法实践中仍有许多领域、许多情形缺乏规定，观点不一，需要进一步统一法律适用。此外，交强险制度的建立和第三者责任商业保险（以下简称商业三者险）的逐步普及，致使此类案件在法律关系上具有复杂性，针对不同的法律关系适用相应的法律规范，需要及时明确裁判依据。

针对上述问题，最高人民法院在《侵权责任法》实施后，根据《侵权责任法》的立法精神及审判实践的要求，制定了《道路交通损害赔偿司法解释》。《道路交通损害赔偿司法解释》共29条，分为五部分，对责任主体、赔偿范围、赔偿顺序、诉讼程序及解释的适用范围作出了规定。解决了所有人、管理人的过错认定，以及挂靠、多次转让、试乘与机动车培训等常见的赔偿责任主体的认定问题。

（三）本法对机动车交通事故责任体系的完善

本次《民法典》制定，机动车交通事故损害赔偿作为民事法律关系的重要部分，仍然在侵权责任编中单设一章，共计10条。在《侵权责任法》的基础上，进一步丰富和明确了特殊形态下的赔偿责任主体。其中，显著的变化体现在两个方面：一是吸收和增加了司法解释中有关挂靠及私自使用机动车的责任主体，二是修改和增加了盗窃、抢劫或抢夺时的责任主体。

《民法典》本章还在《侵权责任法》有关责任主体的基础上，吸收司法解释及司法实践关于交强险、商业保险及侵权责任主体赔偿顺序的有关规则，增加了机动车交通事故责任的赔偿顺序。新增和明确了好意同乘即无偿搭乘时的减责和免责事由。这一增加，丰富了机动车交通事故侵权责任的责任体系。因此，《民法典》机动车交通事故责任的规定与道路交通安全法律共同形成了包含责任主体、归责原则、构成要件、免责事由、赔偿顺序在内的机动车交通事故责任的完整结构和鲜明特点，二者都是机动车交通事故责任的法律渊源。

> **第一千二百零九条** 因租赁、借用等情形机动车所有人、管理人与使用人不是同一人时，发生交通事故造成损害，属于该机动车一方责任的，由机动车使用人承担赔偿责任；机动车所有人、管理人对损害的发生有过错的，承担相应的赔偿责任。

【条文主旨】

本条是关于机动车所有人、管理人允许他人租借使用机动车，导致所有人、管理人与使用人相分离时，发生交通事故的责任主体的规定。

【条文理解】

与《侵权责任法》相比，本条主要在《侵权责任法》第49条的基础上，借鉴吸收了《道路交通损害赔偿司法解释》第1条的规定，增加了管理人的概念和责任。此外，在体系上，如前所述，由于本章已整体规定了交强险的第一赔偿顺序，本条不再规定交强险责任。

实践中，机动车所有人、管理人与使用人分离的情况比较常见，发生交通事故，由哪个主体承担责任，必须确定一个基本原则。从分离的原因分析，可以大致区分为基于所有人、管理人意思的分离以及违背其意思发生的分离。前者包含本条所列举的租赁、出借，基于合同或合意行为发生。本章在其他条还确定了其他分离的形式，比如盗窃、抢夺。合意分离与违背意思的分离，原因不同，过错不同，注意义务不同，后果不同，损害赔偿责任的主体亦不相同。本条虽只列举了租赁、借用，实际确立了所有人、管理人主动允许他人使用，以至使用人与所有人、管理人分离时，认定机动车交通事故损害赔偿责任主体的一般原则。

一、确定责任主体的理论依据

《道路交通安全法》第76条仅解决了机动车一方何时承担责任以及相应的归责原则问题。机动车一方承担责任时，由哪些具体主体承担赔偿责任需要进一步予以明确。在这个问题上，有两种立法理论。第一，根据风险控制理论，机动车作为高速运输工具，其行驶对行人、非机动车驾驶人的生命财产安全具有危险性，是道路交通事故风险发生的来源。[①] 根据分配正义的理念，要从整体上控制这一风险，保护相对人的生命财产安全，需要对开启或控制这一风险源的人附加法定的义务，其应当是首要的赔偿责任主体。由此，才可能有效防止或减少损害的发生。第二，还有理论指出，利益之所属即责任之所归，机动车交通事故损害赔偿责任的法理依据在于运行利益的归属。从机动车行驶中受益的人应当承担风险，对事故损害赔偿承担责任。比如使用人与所有人分离时，使用人不仅是最有效控制机动车危险的主体，也是直接享受机动车运行利益的主体。

从比较法的角度，各国大都根据实际控制风险的主体，将责任主体划分为两大类：保有人与驾驶人。所谓保有人，通常根据危险责任的法理予以界定。奥地利将其定义为，对机动车有支配力并以自担风险的方式使用受益的人。希腊则将保有人定义为，事故发生时的所有权人或基于合同以自己名义占有机动车的人，或者其他独立控制并自由使用机动车的人。由此可见，各国法律对保有人的定义虽然略有不同，但内涵相似，都指对车辆拥有处分权和自由使用收益的人。

采取保有人而非所有人的定义，原因在于，对车辆拥有处分权和自由使用收益的人，并不限于所有人。"保有人"这一概念客观体现了机动车作为日常交通工具的特殊性。机动车作为日常交通工具，所有人未必亲自进行占有管理，家人、朋友以及合同关系的相对人都有

---

① 郎胜主编：《中华人民共和国道路交通安全法释义》，法律出版社2003年版，第313页。

可能是实际占有管理的人。比如机动车所有人将车辆委托、租赁、借用给他人，该人再次出租、借用给第三人使用的，显然亦符合关于保有人处分、收益的定义。再比如合法的保管、仓储，也会发生实际占有、支配的人与所有人并非同一人的情形。在实际保有人与所有人不一致时，就不应一概由所有人承担责任。因此有必要在所有人之外，另行规定和增加机动车管理人的概念及责任。《道路交通损害赔偿司法解释》第1条，在解释《侵权责任法》第49条所规定的所有人的过错时，将所有人与管理人并列，对责任主体作出了补充性规定。本条吸收司法解释的规定，增加了管理人这一责任主体，完善了机动车交通事故责任的主体。上述基于合意，在先占有使用机动车的租赁人、借用人、保管人等，即为本条定义的管理人。所有人和管理人共同构成比较法上的保有人。

关于保有人与驾驶人的责任划分和责任形式，各国规定则大相径庭。其中，德国规定保有人对交通事故承担严格责任，驾驶人承担过错推定责任。法国规定保有人和驾驶人承担连带责任。

我国并没有机动车保有人的概念。针对机动车所有人、使用人分离的情形，司法实践中，《最高人民法院关于被盗机动车肇事后由谁承担损害赔偿责任问题的批复》（法释〔1999〕13号）、《最高人民法院关于购买人使用分期付款购买的车辆从事运输因交通事故造成他人财产损失保留车辆所有权的出卖方不应承担民事责任的批复》（法释〔2000〕38号）、《最高人民法院关于连环购车未办理过户手续，原车主是否对机动车发生交通事故致人损害承担责任的请示的批复》（〔2001〕民一他字第32号）对责任的承担主体采取了营运支配和营运利益两个标准进行判断。实际上支配管理机动车的营运，就是营运支配。而营运利益，是指能够从机动车营运中获得收益。上述司法实践认为，某人是否是机动车损害赔偿责任的主体，以该人与机动车之间是否有营运支配和营运利益的关联性加以确定。[①]

二、经同意的使用人承担责任的前提和原则

《侵权责任法》最初制定时,经历了所有人与使用人承担连带责任至使用人承担责任、所有人承担过错责任的转变。主要考虑的理由在于三个方面:一是如前所述的风险控制理论,机动车本身并不会产生风险,机动车的驾驶行为是危险的来源,因此控制和开启危险的驾驶人即使用人应当承担责任。二是在所有人并不直接占有机动车时,控制风险并具有防范风险义务的人,只能是机动车的驾驶人。对所有人课以义务,无助防范风险。三是就营运利益而言,驾驶人所享有的利益更为直接。基于上述理由,《侵权责任法》规定了使用人为机动车损害赔偿的责任主体。本条延续该规定,并无变化。

使用人固然是机动车交通事故的赔偿责任主体,但由于《道路交通安全法》第76条割裂了机动车责任主体与赔偿责任主体,进而也适用不同的归责原则。前者由《道路交通安全法》第76条确定,区分两种情形适用不同的归责原则;后者依据本条确定,适用无过错责任原则。

第一,在确定赔偿责任主体时,首先需要确定是否由机动车一方承担责任。机动车发生交通事故,使用人承担责任,应以侵权责任属于该机动车一方的责任为前提。这意味着,机动车发生交通事故,必须按照《民法典》第1208条确定的法律渊源,即根据道路交通安全法律和《民法典》关于归责原则的规定,先行确定机动车与各方的责任。《道路交通安全法》第76条对机动车交通事故的归责原则区分两种情形分别作出了规定。首先,机动车之间发生交通事故,适用过错原则确定侵权责任。"主要是考虑到机动车驾驶人之间属于平等主体,不存在强弱的区别,并负有相同的义务。也符合世界各国处理这

[①] 杨永清:《解读〈关于连环购车未办理过户手续原车主是否对机动车发生交通事故致人损害承担责任的复函〉》,载《解读最高人民法院请示与答复》编选组编:《解读最高人民法院请示与答复》,人民法院出版社2004年版,第119页。

类事故的惯例和我国目前处理交通事故的实践。"[①] 其次，机动车和非机动车及行人之间发生交通事故，按照通说，应根据无过错责任确定侵权责任，由机动车一方承担侵权责任。根据上述两种不同情形，在机动车之间发生交通事故时，哪一方承担责任需要根据过错责任予以确定。而机动车与非机动车及行人发生交通事故，则可以直接确定由机动车一方承担责任，除非非机动车、行人故意造成损害。只不过，若机动车无过错，应当减轻其责任。此时，需要注意的是，机动车一方的过错与使用人的过错存在交叉，但并不一致。机动车一方的过错需要考虑使用人的过错，但同时包含车辆本身的瑕疵、保有人的过错等。

第二，机动车一方的责任和责任比例确定后，产生两个后果。一是交强险和商业三者险的适用。二是使用人的直接赔偿责任。对于使用人而言，其承担责任的归责原则为无过错责任，即其对交通事故的发生是否存在过错已在所不问。就这一角度可以说，使用人对机动车造成的损害承担的是无过错责任。

三、所有人、管理人的归责原则和过错认定

机动车所有人或管理人本身就是使用人时，适用无过错责任自不待言。在两者因合法原因而分离时，本条明确规定，所有人或管理人承担的是过错责任。这是因为在租赁、借用等基于合同原因，所有人、管理人与使用人分离的情形下，虽然此时所有人、管理人并非使用人，无法管控《道路交通安全法》规定的驾驶风险，无法控制驾驶人的注意义务，但作为所有人或管理人，其对发生交通事故仍可能存在过错。该过错主要体现在机动车适于道路行驶的管理义务及使用人选任的注意义务。关于所有人、管理人管理方面及选任方面的过错，《道路交通损害赔偿司法解释》第1条作出了列举性规定。

[①] 郎胜主编：《中华人民共和国道路交通安全法释义》，法律出版社2003年版，第171页。

（一）关于所有人、管理人管理义务方面的过错

该方面的过错主要表现为知道或应当知道机动车存在缺陷，但疏于管理，放任机动车行驶，以至于该缺陷是交通事故发生或损害扩大的原因之一。比如，所有人或管理人知道汽车轮胎已经出现问题，未及时维修，若因该问题发生交通事故或扩大了交通事故的损害，其应根据原因力承担相应的责任。就这一方面，一种观点认为，即便机动车缺陷是造成交通事故的原因，但由于机动车所有人或管理人并非专业人士，不应过分苛求其对该缺陷的过错责任。特别是，机动车所有人或管理人不同于机动车生产者或销售者。该观点具有一定合理性。《道路交通损害赔偿司法解释》规定的"缺陷"这一概念，来源于《产品质量法》。该法第46条规定，缺陷是指"产品存在危及人身、他人财产安全的不合理的危险；产品有保障人体健康和人身、财产安全的国家标准、行业标准的，是指不符合该标准"。当机动车所有人或管理人非生产者或销售者时，其对缺陷的了解并不具有专业知识，因此通常应以一般人的注意义务为判断其"知道或应当知道"的标准。在个案中，应当区分主体，除非有证据证明该所有人或管理人具备专业技能，应推定适用一般注意义务。当然，有些已经被披露的缺陷，应推定已经为一般人所知晓。比如，汽车存在被召回的安全缺陷，并已经公开发布。还有一种观点认为，只要对缺陷采取了预防措施或者就该缺陷告知了使用人，所有人或管理人不具有侵权的故意或过失，就可以免责。我们认为，该观点错误地将管理义务转移予使用人。作为负有管理义务的所有人、管理人，其应当确保机动车适合行驶。如果其未能及时维修，使该缺陷造成损害，明显具有过错，应当承担相应的赔偿责任。

（二）关于所有人、管理人选任方面的过错

该方面的过错包括知道或应当知道驾驶人无驾驶资格、未取得相应驾驶资格或者驾驶人有不能驾驶机动车的情形，比如饮酒、服用管制药品、患有妨碍安全驾驶的疾病等，仍同意驾驶人使用车辆的过错。首先，驾驶资格系《道路交通安全法》所明确规定的得以驾驶相

应机动车的资格。缺乏该资格、资格被吊销、资格超过有效期或者不具备相应车型、特种车辆的驾驶资格，不得驾驶相应车辆，否则本身具有违法性，且可能给自身或社会公众造成危险。所有人、管理人知悉该情况，依然租赁、出借给该人使用机动车的，主观上具有放任风险发生的过错，客观上也增加了危害性，因此应承担相应责任。其次，《道路交通安全法》明确禁止"饮酒、服用国家管制的精神药品或者麻醉药品，或者患有妨碍安全驾驶机动车的疾病，或者过度疲劳影响安全驾驶"的人驾驶机动车。所有人、管理人知悉驾驶人存在上述影响安全驾驶行为的身体方面的原因，依然允许该人驾驶的，应当承担过错责任。

【审判实践中应注意的问题】

应当注意本条以"租赁、借用等情形"作了不完全列举性的规定，并不仅限于租赁和借用两种情形。比如《民法典》第1212条关于未经允许驾驶他人机动车发生交通事故的责任主体的有关规定，其规范结构和表述也与本条完全一致。再比如，大量存在的机动车试驾。消费者在购买机动车时往往进行试驾，此时车辆的管理人与使用人相互分离，本章对此种情形并无特殊规定，司法解释对此也无特殊规定，发生交通事故时，则适用本条之一般性规定。

第一千二百一十条 当事人之间已经以买卖或者其他方式转让并交付机动车但是未办理登记,发生交通事故造成损害,属于该机动车一方责任的,由受让人承担赔偿责任。

【条文主旨】

本条是关于机动车转让交付后办理登记前发生道路交通事故的责任主体的规定。

【条文理解】

本条是对《侵权责任法》第50条的吸收,明确了受让人承担责任的原则,同时移除了有关交强险的规定,使得体例和规范目的更加科学合理。

根据《道路交通安全法》第12条规定,机动车所有权发生转移的,应当到机动车登记部门办理所有权变更登记。现实中,机动车虽已买卖或赠与,转让人与受让人之间因各种考虑或法律障碍未办理过户的情形也不鲜见。其中既有友情因素,也有规避手续费的可能,有的还可能是因为机动车限购。法律对此需要予以明确。

一、机动车物权的变动生效原则

关于机动车登记的属性和法律效果,经历过类不动产、特殊动产的观点变化。根据物权公示原则,不动产采取登记生效主义,登记是所有权转移生效的要件,也是所有权的公示手段。动产则不同,占有是动产所有权的公示手段,交付是动产物权转移的要件。当然,考虑到动产物权变动的便捷性和多样性,除了现实交付,还存在观念交付等特殊交付。

机动车所有权变动要件的观念变化，与时代的发展、物质的丰富、生活质量的提高，息息相关。改革开放之初，汽车价值很高，拥有者不多。将汽车作为类不动产，把登记作为物权变动要件，符合当时的时代特点。然而，随着社会进步，生活富足，生产制造成本不断下降，汽车早已"飞入寻常百姓家"，成为家庭日常生活基本配置。汽车的动产属性更加突出，在物权上加以特殊保护缺乏必要性。

对于机动车的所有权变动，《买卖合同司法解释》第10条规定了机动车等特殊动产多重买卖优先保护顺序的解释规则。根据该规定，多重买卖时，先行受领交付的买受人优先；均未受领交付的，先行办理所有权转移登记手续的买受人优先；均未受领交付、均未办理过户登记的，合同成立在先的买受人优先；交付给买受人之一后，又登记过户给别的买受人的，受领交付的买受人优先。该条明确了机动车所有权变动的基本规则应当适用《物权法》第23条动产物权的交付规则。同时，根据《物权法》第24条的规定，机动车的转让，未经登记，不得对抗善意第三人。《民法典》第225条延续了《物权法》第24条的规定。因此，机动车的登记并非权属要件，采取的不是登记生效主义而是登记对抗主义，机动车的所有权移转交付即生效。

二、机动车转让情形下的损害赔偿主体

机动车转让后，可能并未交付，也可能已经交付转移占有但未办理登记过户，对此情形下的损害赔偿主体存在多种观点。

第一种观点认为，受让人和登记所有人应承担连带责任。理由主要在于，机动车登记具有公示作用，发生交通事故造成被侵权人损害的，最直接且准确查明义务人的方式就是查询机动车登记的车主。如果规定仅仅由受让人承担责任，车主可以通过转让给无赔偿能力的人逃避责任。实践中，辨别真假转让，证明难度较大。况且，车主转让机动车不进行变更登记，本身存在过错，从行政管理的角度，也应督促机动车车主及时进行变更登记。

第二种观点认为，应当由受让人承担责任。理由主要在于，转让人虽然没有办理变更登记，但也未实施侵权，其违反的仅为管理性规范，予以行政处罚已足够，没有令其承担侵权责任的基础。受让人作为实际控制机动车的占有人，对风险能够控制，享有运行利益，应当是承担责任的主体。

第三种观点认为，机动车登记所有人不能充分举证证明车辆已经转让交付的，或者受让人下落不明的，机动车所有人应当承担连带赔偿责任。理由在于，机动车是否转让以及是否交付，只有机动车转让人和受让人清楚，第三人很难举证证明，因此应给机动车所有人分配更多更严格的举证责任。实践中，已经出现恶意规避责任的情况，为了充分维护被侵权人利益，有必要增加连带责任的规定。

上述三种观点，视角不同。其中后两种观点，区分了民事责任和行政责任，都主张实际控制车辆的受让人承担责任。后两种观点的区别在于，机动车登记所有人是否应当承担连带责任。

我们认为，机动车交通事故损害赔偿责任主体，自出租、借用条款开始，就确定了机动车所有权和使用权分离时的确定责任主体的基本原则，即危险责任控制原则。在发生转让、已交付而未办理过户登记的情况下，机动车登记所有权人并非真正的所有权人，对机动车的维护脱离控制，对机动车的使用无法管理，并非危险源的控制主体。仅仅因为未办理过户登记，就使其承担责任，不符合风险控制的责任自负原则。即便发生受让人逃逸，也并非转让人所能控制，通过施加责任，也难以防范受让人逃逸的情况发生。即便为充分保护被侵权人利益，在受让人逃逸时，对转让的事实，也完全可以通过举证责任分配，由出让人承担举证责任予以查明。若出让人不能证明转让交付的事实，应根据登记对抗主义，推定为未转让交付，进而由其承担责任。这样既不会片面增加登记所有人责任，也便于及时保护被侵权人合法利益。

若机动车已经交付并过户，受让人应当承担机动车所有权人的责任并无疑问。从本条的规范目的出发，旨在补充未登记过户的责任主体认定。因此，对本条的理解，应着重把握两个基本要件。

第一，出让人与受让人已经达成转让的合意。根据《民法典》合同编规定，该种合意并不以书面合同为要件。但若双方的转让并非真实意思，仅为串通逃避责任，或在于为他人增信，则应当根据恶意串通损害他人的规则，以及虚伪意思表示的规则对转让行为的法律效力进行准确认定。

第二，机动车已经交付。动产交付，分为现实交付与观念交付。观念交付，又可分为简易交付、指示交付及占有改定。简易交付，是指动产早就为受让人占有，出让人与受让人确认已交付即可。指示交付，是指动产正被第三人合法占有，出让人与受让人可以约定，由第三人直接将动产交付受让人或由第三人继续为受让人占有。占有改定，是指动产转让双方约定，该动产所有权移转给受让人，但由出让人继续占有该动产。本条仅规定交付，未规定交付的类型。有观点指出，从本条的规范意图出发，本条不应包括占有改定这种观念交付。我们认为，占有改定的情况下，转让人继续占有车辆是基于占有媒介关系，实际上处于使用人的地位，此时受让人处于管理人的地位，一旦发生事故，转让人作为使用人应当承担责任，受让人承担的是过错责任，因此，应将占有改定排除在外。

【审判实践中应注意的问题】

机动车不同于一般动产，其不仅是交通事故的风险源，同时又具有较高价值，经常成为融资性标的，也具有较强的流动性。因此，对融资法律关系和多次买卖造成的责任划分，实践中应有所注意。

一、融资法律关系中的机动车转让问题

实践中，由于汽车消费金融的存在，分期付款情形也较为常见。这种分期付款中，多数约定，在分期付款全额付清前，机动车所有权仍由出卖人保留。这种情况，符合真实转让的意思，具备交付的形

式。特别是，机动车的实际支配和风险控制由实际受让人所享有，与本条的规范意图并无冲突。《最高人民法院关于购买人使用分期付款购买的车辆从事运输因交通事故造成他人财产损失保留车辆所有权的出卖方不应承担民事责任的批复》（法释〔2000〕38号）规定，采取分期付款方式购车，出卖方在购买方付清全部车款前保留车辆所有权的，购买方以自己名义与他人订立货物运输合同并使用该车运输时，因交通事故造成他人财产损失的，出卖方不承担民事责任。

需要注意的是，有两种情况在实践中与分期付款买卖较为相似，但法律效果未必相同。一是所有权的让与担保。由于机动车本身相对于其他动产具有较高价值，债务人为进行融资，有时将机动车名义上出让给债权人为自己的债务进行担保。让与担保的问题，《最高人民法院关于审理民间借贷案件适用法律若干问题的规定》第24条以及《民商审判会议纪要》已经作出规范。根据《民商审判会议纪要》第71条，约定将财产形式上转让至债权人名下，债务人到期清偿债务，债权人将该财产返还给债务人或第三人，债务人到期没有清偿债务，债权人可以对财产拍卖、变卖、折价偿还债权。合同如果约定债务人到期没有清偿债务，财产归债权人所有的，该部分约定无效，但不影响合同其他部分的效力。当事人根据上述合同约定，已经完成财产权利变动的公示方式转让至债权人名下，债务人到期没有清偿债务，债权人请求确认财产归其所有的，人民法院不予支持，但债权人请求参照法律关于担保物权的规定对财产拍卖、变卖、折价优先偿还其债权的，人民法院依法予以支持。与机动车交通事故损害赔偿相关的是，有时机动车的让与担保并不转移占有或不进行交付，根据实际控制原则，发生交通事故造成损害的，仍应由实际占有的原所有权人承担赔偿责任。二是售后回租，此种情况与让与担保并不相同，当事人之间虽有所有权转让的合意，但同时约定有最终的结算和财产评估，并未像流质那样直接约定所有权归出借人。对这种实践中常见、国际通行的融资性合同，应依法确认其效力。但若机动车并不转移占有，不符合本条规定的要件，实际占有使用的所有权人仍应承担赔偿责任。

二、多次买卖机动车的问题

本条虽然未规定多次买卖机动车的问题，但《道路交通损害赔偿司法解释》第4条关于多次转让的规则与本条并无冲突，仍应继续适用。该条规定，被多次转让但未办理转移登记的机动车发生交通事故造成损害，属于该机动车一方责任，当事人请求由最后一次转让并交付的受让人承担赔偿责任的，人民法院应予支持。实践中，需要注意，多次转让时，登记所有权人可能并非最后的转让人，其与最后一次的受让人可能并无联系。为充分保护被侵权人利益，应当允许被侵权人对机动车所有权人提起诉讼。通过诉讼和举证责任分配准确查明多次转让的事实。

三、虚假买卖的问题

现实中存在机动车交通事故造成损害后，为规避赔偿责任，签订虚假机动车买卖合同，转移责任给无赔偿能力的虚假受让人的情形，以至于被侵权人的合法权益遭受损害。此种情况，属于恶意串通损害第三人利益的情形，人民法院应当在查明案件基本事实的基础上，依法适用《民法典》第154条规定，确认无效，及时救济被侵权人利益。

> **第一千二百一十一条** 以挂靠形式从事道路运输经营活动的机动车，发生交通事故造成损害，属于该机动车一方责任的，由挂靠人和被挂靠人承担连带责任。

【条文主旨】

本条是关于机动车挂靠从事道路运输经营发生交通事故，责任主体及责任形式的规定。

【条文理解】

与《侵权责任法》及《道路交通安全法》相比，本条属于新增内容，对机动车挂靠运营发生交通事故的责任主体及连带责任形式作出了规定。本条来源于《道路交通损害赔偿司法解释》，属于审判实践经验的立法转化。

一、本条仅适用于挂靠运营

挂靠在实践中较为普遍，因挂靠形成的纠纷也并不少见。有观点认为，挂靠是我国社会经济发展特定历史阶段的产物。也有观点指出，挂靠是商业实践的需要，与法律或政策限制无必然联系，它只不过是由挂靠方使用被挂靠企业的经营资格和凭证等进行经营活动，并向被挂靠企业缴纳挂靠费用的一种经营形式，并非必须对其进行否定性评价。在此意义上，将挂靠定义为名义出借更为妥当，即将商号或名义使用权部分或全部让与他人的行为。从比较法的角度看，多数国家的法律承认名义出借的合法性，并在法律上明确规定了名义出借的法律效力和法律责任。在《日本民法典》的修订过程中，有学者也专门提出增加名义出借的相关规范。可见，挂靠问题并非我国的独特现象。

机动车挂靠，其原因和性质亦多种多样，本条仅限于从事道路运输经营的机动车挂靠行为。这是因为，机动车挂靠在实践中的表现较为复杂，并非都为运输经营。比如，在大多数城市实施购买机动车摇号政策的情况下，不少个人和单位借用他人名义购买机动车。这种挂靠行为，与挂靠运输经营的风险明显不同。一些观点认为，借用他人名义购买机动车，如果发生交通事故，出借名义或身份的人存在过错，应当与实际所有人共同承担连带责任。基于连带责任的法定性和约定性，以及出借名义之人的非控制性和非行驶收益性，我们倾向于认为，本条不适用于该种情况。该种情况应参照适用出借、租赁机动车的规定。

所谓机动车挂靠运营，一般指没有运输经营权的个人或单位为了运输经营，将机动车挂靠于具有运输经营权的公司，从而以该公司名义对外进行运输经营。这种情况下，实际的车主经运输企业同意，以运输企业名义从事道路运输经营活动，其中车主就是挂靠人，运输企业为被挂靠人。虽然实践中，有观点主张，应区分有偿和无偿挂靠。我们认为，本条对此未作例外性规定，有偿或无偿挂靠不影响本条的适用。区分运营与非运营，在实践中意义重大。规范挂靠运营，对于防范交通事故，保障人民群众合法权益，具有重要作用。

二、挂靠人和被挂靠人承担连带责任的理论依据

《民法典》第178条对连带责任作出了规定，其中第3款规定"连带责任，由法律规定或者当事人约定"。挂靠运输经营承担连带责任的理论依据，有多个角度的阐释。

（一）共同侵权责任

挂靠运输经营承担连带责任的理论依据，一种角度是共同侵权。机动车交通事故责任属于侵权责任。侵权责任编延续《侵权责任法》的规定，规定了共同侵权的连带责任。所谓共同侵权，是指二人或二

人以上实施侵权行为导致同一损害后果,包括共同故意或共同过失的主观共同侵权,以教唆、帮助为特征的拟制共同侵权,以及共同危险行为等。

运输行业具有高度危险性,需要行政许可。国务院《道路运输条例》明确规定,从事客运或货运经营,应具备一定条件并申请取得道路运输经营许可。该条例第33条还规定,车辆营运证不得转让、出租。道路运输企业允许他人挂靠,是一种变相转让、出租的行为。对此,交通运输部门多次明确"坚决清理和取缔运输车辆挂靠经营"及"禁止挂靠经营"。[①]司法实践中,挂靠行为违反了强制性行政法规,应当否定其效力。

允许挂靠运输经营的行为不仅违反了强制性行政法规,具有不法性,被挂靠人允许挂靠人使用其名义,造成危险的扩大,放任风险的发生,主观上对风险发生亦存在明显的过错。而挂靠人明知自己不具有运营资质,挂靠他人名义运营,对风险的发生主观上同样具备明显过错。并且,其作为机动车使用人,对事故的发生是当然的责任主体。虽然在造成损害的过错上,挂靠人与被挂靠人可能并不相同。但二者之间相互明知,共同实施非法行为,两者的过错相互结合造成事故发生,符合共同侵权的要件。故被挂靠人应当与挂靠人承担连带责任。

(二)雇主替代责任

挂靠运输经营连带责任的另一角度是雇主替代责任。本编在侵权责任主体部分专门规定了雇主替代责任。根据该规定,用人单位的工作人员因执行工作任务造成他人损害的,由用人单位承担侵权责任。在机动车挂靠运营发生交通事故时,存在两个法律关系,对内是挂靠关系,对外是侵权关系。在外部关系中,机动车交通事故的被侵权人是第三人。对第三人而言,从法律外观上,被挂靠人是运营车辆的所

---

① 参见原交通部《道路运输业发展规划纲要(2001-2010年)》第3条"主要措施"第3项"完善法律体系,改善和加强行业管理"第2点,以及《道路旅客运输及客运站管理规定》第5条。

有权人，从事道路运输经营的具体使用人只是其工作人员，因此承担责任的主体应当是该运输企业即被挂靠人。在非挂靠运营时，运输企业尚且要承担责任，若该运输企业因允许他人挂靠而免除责任，显然有悖公平原则。因此，对被侵权人，无论是否存在挂靠，该运输企业都应承担责任。同时，挂靠运营毕竟不同于日常的出借、租赁，使用人挂靠的目的在于以他人名义从事道路运输运营，并非被挂靠人的工作人员，根据机动车使用人承担责任的一般原则，作为风险控制和利益享有的主体，其也应对外承担责任。

（三）社会利益衡量

机动车道路运输经营不同于一般的机动车出行，使用频率、事故率、损害后果都相对较高。以保障公共安全为目的，必须从源头上予以管控，实施严格的准入制度，保证运营人的风险管理能力，保证第三人的权利可以得到及时救济。为了实现这一公法目的，私法也应通过利益衡量，保障行政管制的有效运行。

【审判实践中应注意的问题】

一、关于诉讼主体

由于被挂靠人与挂靠人对外系承担连带责任，实体权利和程序权利上，受害人既可以要求被挂靠人承担责任，也可以要求挂靠人承担责任。但实践中，挂靠关系并非公之于众，受害人难以知悉挂靠的存在与否。受害人仅起诉被挂靠人承担责任的，受害人无须证明被挂靠人和挂靠人之间的内部关系。作为名义运营人，被挂靠人当然承担赔偿责任。若被挂靠人提出挂靠关系予以抗辩，请求追加挂靠人为共同被告的，原则上应征求原告即受害人的意见，受害人不同意追加为被告的，从有利于查明事实及挂靠人与被挂靠人之间纠纷一并解决的角度，可以追加挂靠人为第三人。也有观点认为，根据《人身损害赔偿司法解释》第5条的规定，即便当事人不申请追加或者拒绝追加的，也应依职权追加为共同被告。这种观点的理论依据在于，共同侵权诉讼为必要的共同诉讼。我们认为，《民法典》第178条明确规定，二人以上依法承担连带责任的，权利人有权请求部分或者全部连带责任人承担责任。共同侵权责任并非必要共同诉讼，而是学者所主张的类似共同诉讼，即如果当事人选择一同起诉或被诉的，法律关系对全体共同诉讼人必须合一确定，不得为不同的判决。此外，从诉讼法上的基本原则出发，我们也应当尊重当事人的诉讼权利及意思自治，因此追加为第三人更为合适。

二、关于内部追偿

根据《民法典》第178条的规定，连带责任人对外承担责任之后，相互之间可以追偿。本条对相互之间的追偿未作规定，并非意味着承担对外责任的挂靠人和被挂靠人之间不得追偿。不予规定的原因，更主要的在于《民法典》第178条已经对追偿问题作出了规定，无特殊规定的，应适用该条之规定。也有观点认为，内部追偿的情况较为复杂，特别是当事人可能有特殊约定。我们认为，挂靠运营的情形下，由于道路运输经营禁止挂靠行为，挂靠协议因违反法律强制性规定，当属无效。挂靠协议之间关于对外承担责任的约定也应无效。否则，挂靠人和被挂靠人仍可以借由挂靠协议实现规避法律的效果。

> **第一千二百一十二条** 未经允许驾驶他人机动车,发生交通事故造成损害,属于该机动车一方责任的,由机动车使用人承担赔偿责任;机动车所有人、管理人对损害的发生有过错的,承担相应的赔偿责任,但是本章另有规定的除外。

【条文主旨】

本条是关于未经允许擅自驾驶他人机动车发生交通事故的责任承担的规定。

【条文理解】

与《侵权责任法》及《道路交通安全法》相比,本条属于新增内容,对未经允许擅自驾驶他人机动车发生交通事故的责任承担作出了规定。本条来源于《道路交通损害赔偿司法解释》,属于审判实践经验的立法转化。

一、关于本条的适用范围

所有人、管理人与驾驶人不一致时的责任主体,《侵权责任法》有多条予以了规范。例如出借、出租,交付但尚未办理过户,以及盗抢等。除这些情形,仍存在其他所有权和使用权分离的情形。

本条针对的是未经允许驾驶的行为,即擅自驾驶。本条虽然用擅自驾驶对规范目的作出限定,但擅自驾驶包含的情形仍然较多。为此,对于已经有所规定的特殊情形,本条明确予以了排除,即"本章另有规定的除外"。比如,盗抢后擅自驾驶由于已经单独规定,就在排除之列。

实践中，有的擅自驾驶情形与其他情形难以区别。比如偷开有时难以与盗窃相区别。对此，通常应从主观与客观两个方面予以区分。主观上，擅自驾驶并不以占有机动车为目的，而盗窃则在于非法占有。客观上，盗窃不会归还，而擅自驾驶在驾驶完毕后一般会归还。当然，偷开性质的擅自驾驶，在事后也存在丢弃的情况。对此，《最高人民法院关于审理盗窃案件具体应用法律若干问题的解释》第12条作出了规定。根据该条规定，为练习开车、游乐等目的，多次偷开，并将机动车丢失的，以盗窃罪定罪处罚。

二、关于擅自驾驶使用人的责任

擅自驾驶当属机动车所有人、管理人与使用人分离。本条延续使用人承担责任的一般规则，仍规定由机动车使用人承担责任。理由除自己责任、营运支配和营运利益之外，根据举轻以明重的规则，在出租、出借等基于所有人的意思而使用他人机动车时，使用人尚且需要承担赔偿责任，未经所有人同意的擅自驾驶，使用人更应承担赔偿责任。

三、关于机动车所有人、管理人的责任

擅自驾驶符合机动车所有人、管理人与使用人分离，但又与租赁、出借造成的分离明显不同。这一不同主要体现在分离的原因及所有人、管理人对分离使用的主观态度上。根据擅自驾驶人与机动车所有人、管理人的关系，可以将擅自驾驶分为三种形态。一是特定关系下的擅自驾驶，比如亲戚、朋友；二是基于合同或授权占有但未经允许的擅自驾驶，比如维修人员；三是缺乏直接联系的完全陌生的人的擅自驾驶。这三种情况下，特定关系人的擅自驾驶可能并不违背当事人意思，或使用行为的合法性可以获得追认，但后两者，违背所有者、管理人的意思，在发生交通事故的情况下难以获得追认。

根据上述造成分离的不同原因结合所有人、管理人的主观意愿，在擅自驾驶时，评价机动车所有人、管理人的责任和过错，应当依序

把握以下几个原则：

1.擅自驾驶情形下，机动车所有人、管理人的责任为按份责任。本条规定的相应赔偿责任，针对的是机动车所有人、管理人对于造成擅自驾驶及事故发生的过错，这一过错并不具有共同侵权的特征，机动车所有人、管理人仅在原因力的程度上承担一定的按份责任。

2.擅自驾驶情形下，机动车所有人、管理人的过错主要表现为对妥善管理义务的违反。在出租、出借机动车的情形下，所有人、管理人基于自己的意思交付机动车给第三人，对危险的发生具有预见性，对使用人的驾驶能力负有审查的义务，对出借机动车的性能负有维护的义务。违反这些义务，构成出租、出借人的过错。但擅自驾驶时，所有人、管理人无从了解擅自驾驶人的情况，不具有甄选的条件。擅自驾驶人在什么条件、什么情况下使用机动车，机动车所有人、管理人也无法预见，要求其确保机动车适于驾驶也缺乏合理性。当然，若机动车处于日常使用过程中，本身就因维护不当而存在缺陷，而事故发生又系机动车缺陷造成时，机动车所有人、管理人仍应对此承担相应责任。

3.擅自驾驶情形下，机动车所有人、管理人对特定关系人负有更严格的注意义务。当擅自驾驶人是机动车所有人、管理人的家庭成员、朋友、同事等特定关系人时，所有人、管理人随意弃置车辆和车钥匙的，应当认为其在保管车辆上存在过错。发生事故时，应当比陌生人擅自驾驶承担更多的责任。

【审判实践中应注意的问题】

实践中可能出现雇员或工作人员的擅自驾驶行为，涉及雇主替代责任与本条的关系。有观点认为，如果雇员或工作人员的擅自驾驶与工作任务无关，则应适用本条的规定，由使用人承担责任。所有人、管理人的过错在于未能进行有效管理和妥善保管车辆。我们认为，在区分工作任务时，仍应坚持司法实践中的客观主义标准，即便擅自驾驶未经授权，但如果客观上表现为履行职务或与履行职务有内在联系，应认定为与工作任务有关，应当适用替代责任。此外，还应当根据工作性质、工作岗位，考虑擅自驾驶是否属于单位能够预见并可以避免的风险。比如擅自驾驶人本身就是用人单位司机，其未经许可擅自驾驶单位车辆，即便其用途为私人目的而非为单位利益，但该风险属于可以预见、可以避免的风险，且外观上受害人也无从判断其是否为执行工作任务，此种情况下根据客观主义标准，应适用替代责任。

实践中，还有未成年人擅自驾驶的情形，若该未成年人为限制民事行为能力人或者无民事行为能力人，根据监护责任的规定，行为人不再是责任主体，监护人应当承担监护责任。

> **第一千二百一十三条** 机动车发生交通事故造成损害,属于该机动车一方责任的,先由承保机动车强制保险的保险人在强制保险责任限额范围内予以赔偿;不足部分,由承保机动车商业保险的保险人按照保险合同的约定予以赔偿;仍然不足或者没有投保机动车商业保险的,由侵权人赔偿。

【条文主旨】

本条是关于交通事故损害赔偿顺序的一般性规定。

【条文理解】

本条吸收和完善了《道路交通损害赔偿司法解释》第16条的规定,明确了交强险、商业三者险与侵权人赔偿责任之间的顺序与关系,确立了道路交通事故赔偿顺序的基本原则,有利于更快速解决纠纷、更及时救济被侵权人。

本条是统揽道路交通损害赔偿责任顺序的基本规则。即在发生交通事故后,应当首先由交强险在其责任限额范围内(包括分项限额)予以赔偿。其次区分商业三者险与交强险的不同功能,强调商业三者险对被保险人风险分散的功能,明确规定在交强险赔偿之后,由商业三者险保险公司根据保险合同的约定承担赔偿责任。最后仍然不足或者未投保商业三者险的,由相应的责任主体承担剩余的侵权责任。

一、关于交强险的优先赔付原则

在一般的责任保险中,保险人与投保人间的保险合同关系,以及被保险人与被侵权人之间的责任关系，相互独立。责任保险合同强调合同的相对性。被侵权人无权直接请求支付保险金。

交强险与一般的责任保险不同。从世界范围来看，交强险的功能定位与侵权责任的关系，大致可以分为两种模式。第一种模式以侵权责任为基础，强调交强险的责任保险属性。理念上，强调交强险分担被保险人损失的功能。此种模式下，需要先按照当事人的过错判定责任大小，保险公司再据此对被侵权人的损失进行赔偿。不过，由于机动车的普遍性、道路交通事故的频发性及后果的严重性，立法逐渐将机动车交通事故责任确定为无过错责任。从而在结果上，使得保险人的保险金给付责任不再有任何前提条件，保险公司在限额内几乎总是承担责任。

第二种模式可以称之为基本保障模式或"脱钩模式"。理念上更加重视受害人的损失填补、强调交强险的基本社会保障功能。此种模式下，交强险限额内的保险赔付责任与侵权责任相互分离。只要道路交通事故造成损害，保险人即需向被侵权人承担责任。

交强险采取何种功能定位取决于一国的现实情况。从交强险的发展史来看，交强险的功能定位与一国交强险的费率水平、赔偿范围、赔偿限额以及道路交通状况、机动车事故率以及其他的因素紧密联系。交强险采取哪种模式根本上并不受制于法律尤其是保险法的逻辑，而取决于现实需要，取决于立法者赋予交强险承担的功能和欲实现的目的。在道路交通纠纷高发的情况下，我国交强险更强调其基本保障功能，更重视交强险对被侵权人的损失填补，采取的是在一定范围内与侵权责任脱钩的模式。

2004年5月1日实施的《道路交通安全法》首次提出，"国家实行机动车第三者责任强制保险制度，设立道路交通事故社会救助基金"。《机动车交通事故责任强制保险条例》第1条明确将"保障机动车道路交通事故受害人依法得到赔偿"这一政策目的转化为立法目的纳入条文中。《道路交通安全法》第76条对赔偿责任明确规定，保险公司在交强险限额范围内对被侵权人予以赔偿。立法未设定赔偿的前提。从《机动车交通事故责任强制保险条例》以及交强险保单的内容来看,无论是否为机动车一方责任,交强险都需要先行赔付。只不过,在机动车一方无责的情况下,保险责任限额不同。由上,基于交强险在我国的功能定位,以及相关的法律定位,交强险负有先行赔付的义务。

需要注意的是,关于分项限额的问题,一直存在争议。一些观点主张,突破《机动车交通事故责任强制保险条例》的分项限额,在发生交通事故后,只要不超出总的限额即 12.2 万元,都应当由保险公司给予赔付。我们认为,分项限额的标准是保监会根据不盈不亏的保险费率标准事先予以确定,不允许保险公司自主调整。在费率水平确定的情况下,采取基本保障模式的交强险的赔偿范围取决于事故率等因素。《机动车交通事故责任强制保险条例》将责任限额区分为有责限额、无责限额及各自限额下的细分限额,考虑了多个综合因素。各项限额是否合理,需要对全国范围内的道路交通事故率、赔偿率等进行评估,需要就费率的变化与民众接受度进行评估,这些都是政策和立法需要解决的问题。因此,司法实践中不宜突破相关规定。

二、关于商业三者险的直接赔偿请求权

为了给当事人选择商业保险公司赔偿或者侵权人赔偿留下足够空间,《道路交通损害赔偿司法解释》增加了前提性规定,即"当事人同时起诉侵权人和保险公司的"。若当事人不同时起诉,则无法直接要求商业保险公司赔偿。做这种折中的原因,涉及如何认识和理解当事人是否对保险公司享有直接的请求权。

被侵权人对商业三者险的直接赔付请求权,曾经有强烈的反对观点。该观点认为,《道路交通安全法》第 76 条仅仅涉及交强险,并未规定商业三者险。如果允许被侵权人向商业保险公司直接请求,实际上等同于规定了商业三者险负有跟交强险类似的先行赔付义务。而车辆是否投保商业三者险具有不确定性,保险的内容也千差万别,会明显在结果上体现为类似的被侵权人无法得到类似的赔偿。此外,若

规定对商业三者险的直接请求权,容易出现劫富济贫的心理。由于实践中商业三者险审核较为严格,理赔有时存在迟滞,但诉讼又追求效率,会导致司法判决倾向于保险公司全面埋单、快速结案的现象。

《保险法》第65条规定,保险人对责任保险的被保险人给第三者造成的损害,可以依照法律的规定或者合同的约定,直接向该第三者赔偿保险金。责任保险的被保险人给第三者造成损害,被保险人对第三者应负的赔偿责任确定的,根据被保险人的请求,保险人应当直接向该第三者赔偿保险金。被保险人怠于请求的,第三者有权就其应获赔偿部分直接向保险人请求赔偿保险金。《保险法》本身虽然并未突破合同相对性原则,但预留了怠于行使以及法律予以规定直接赔偿第三者的空间。司法解释从法律适用的角度,着眼于怠于行使,以当事人同时起诉请求作为判断标准,有利于及时保护被侵权人。

由于保险公司通常不存在执行难题,从司法实践的效果看,鲜有被侵权人不选择保险公司赔付的情况。随着相关案件的增多,保险公司的赔付标准逐渐统一,保险公司的直接赔付也逐渐为保险公司所接受。特别是,2017年最高人民法院联合公安部、司法部共同发起道路交通损害赔偿一体化纠纷解决机制,实现了保险公司在线理赔、直接赔付。

《民法典》在本章通过立法的形式,总结司法实践经验,进一步确认了交强险、商业三者险和侵权人的赔偿顺序,使该顺序成为法定顺序,无须被侵权人再行选择。被侵权人向承保商业三者险的保险公司直接请求给付具有了法律的直接依据。

向商业三者险的承保保险公司直接请求赔偿的权利,是受限制的请求权,并非充分的请求权。该赔偿请求权必须先行向承保交强险的保险公司主张,未获清偿部分,才能依据保险合同予以直接主张。

三、关于诉讼主体

如果当事人未起诉保险公司的,如何处理,是追加为第三人还是共同被告呢?我们倾向于认为,实践中应当追加承保交强险和商业三者险的保险公司作为共同被告。主要理由如下：

依照大陆法系民事诉讼理论，我国道路交通事故中机动车交强险及商业三者险的保险公司、侵权人与被侵权人之间的诉讼关系不足以构成必要共同诉讼，尤其是难以成立固有必要共同诉讼。但是，对必要共同诉讼的解释应当在实定法的规定之下展开。根据我国民事诉讼法和实体法的规定，在保护私权、保障程序权利的前提下，应当尽可能地为当事人提供富有效率的一次性解决纠纷的机制，这是诉讼程序的基本价值追求。以此理念为指导，交强险保险公司以及商业三者险保险公司应当作为必须追加的共同被告参加诉讼。此外，道路交通事故损害赔偿案件中，并存两种法律关系，即被侵权人与保险公司之间的保险金请求关系、被侵权人基于侵权责任与侵权人之间的损害赔偿关系。虽然从实体法律关系的角度看，被侵权人对保险公司或侵权人的请求权可分别行使，但是在进入诉讼这一特定的场景之下，将会有诸多不便。首先，道交事故造成的损害通常比较严重，往往伴有医疗救助，急需得到及时救济。发生道交事故后，当事人不像其他诉讼的当事人有充分时间寻找律师，也缺乏充分时间确定和提供被告的信息。在法律已经明确规定赔偿顺序的情况下，尽管当事人的诉权应当得到尊重，也应将各方主体纳入诉讼程序后再行征求其意愿。其次，机动车是交通事故发生的参与方或原因之一，这一要件事实既是保险公司承担赔偿责任的要件事实，也是侵权人承担侵权责任的要件事实。人民法院就该要件事实的认定，存在合一确定的必要。再次，根据赔偿顺序，侵权责任在交强险及商业三者险赔偿之后才确定，不追加有关保险公司作为共同被告，侵权人侵权责任赔偿的范围无法准确认定。最后，侵权人的侵权责任被保险公司所分担，诉讼引发的抵触情绪、因赔偿数额较大的畏难情绪会在一定程度上降低，有利于诉讼的推进。

> **第一千二百一十四条** 以买卖或者其他方式转让拼装或者已经达到报废标准的机动车,发生交通事故造成损害的,由转让人和受让人承担连带责任。

【条文主旨】

本条是关于拼装或报废车被转让后发生交通事故的责任主体的规定。

【条文理解】

本条是对《侵权责任法》第51条的吸收,明确了拼装车或报废车转让人与受让人之间对交通事故损害赔偿的连带责任。

转让拼装车或者报废车而发生交通事故,是指通过买卖、赠与、交换等方式转让拼装车或者报废车,受让人驾驶该车辆发生道路交通事故造成他人损害的情形。拼装车或者报废车由于零部件损耗等因素,机动车性能大为降低,安全保障缺失,交通事故频发,给交通安全和人民群众人身财产安全造成严重危害,属于法律禁止转让的机动车。《道路交通安全法》第14条、第16条以及《报废机动车回收管理办法》都对报废车、拼装车的相关问题作出了规定。然而,现实中由于报废车、拼装车成本较低,转让价格便宜,一旦发生交通事故造成损害,实际使用人往往会弃车逃逸,导致难以找寻实际使用人,以至于无法及时救济被侵权人。基于实践需要,本条承继《侵权责任法》第51条,对报废车、拼装车转让后造成损害赔偿的责任主体作出了特殊规定。理解本条需要注意以下几个问题。

一、关于拼装车和报废车的含义

拼装车较为复杂,根据《报废机动车回收管理办法》以及原国家工商局、公安部等七部门联合颁布的《关于禁止非法拼(组)装汽车、摩托车的通告》的规定,拼装车至少包括三类:一是利用报废汽车零件组装的机动车;二是利用进口汽车零部件组装成的机动车;三是未经国家批准,私自组装的机动车。拼装车在实践中还有其他表现形式,比如"山寨版"汽车、仿造的汽车(由没有生产机动车资格的企业违法生产的汽车)等。针对这一问题,有学者指出,"拼装车"应作广义理解,即凡是没有生产机动车的资质、等级而生产的机动车,均可纳入"拼装车"的范畴。[①]

报废车,是指达到国家报废标准,或虽未达到报废标准,但发动机或者底盘严重损坏,经检验不符合国家机动车运行安全技术条件或者国家机动车污染物排放标准的机动车。考虑到部分达到报废年限的机动车,性能仍足以保障安全运行,《汽车报废标准》规定了可延缓报废,对此类机动车规定了每年应增加年检次数。如果连续3次检验都不符合国家规定的安全行驶条件,公安交通管理部门应收回行驶证和号牌并通知办理注销。有观点认为,根据《汽车报废标准》,经修理和调整或采用排污控制技术后,排污仍超过汽车排放标准的,也符合本条规定的报废机动车。该观点理由在于,本条并未区分报废原因,也未规定报废与侵权责任之间存在因果关系。且此种情形下,让转让人继续承担连带责任,可以减少尾气排放,有利于保护环境。我们认为,本条虽然使用的是"已达到报废标准"的表述,但道路交通事故的发生与不符合环保标准报废之间没有关联性,转让人的转让行为不存在侵权法上的过错。此种情况,不应适用本条的规定。

由上,由于拼装车和报废车不符合道路安全行驶条件,这类机动车道路行驶违反法律规定,具有极大危险性,为法律上禁止流通的机

---

① 王利明:《侵权责任法研究》(第二版)(下卷),中国人民大学出版社2016年版,第334页。

动车。转让人对其进行转让，具有违法的故意，故应与受让人承担连带责任。

需要注意的是，本条虽然未采取拼装及报废"等"机动车的表述，但其规范意图非常清晰。因此，符合本条规范目的、不符合国家机动车运行安全技术条件的依法禁止行驶的其他机动车也是受本条规范的机动车类型。比如非法改装的机动车，无法达到安全运行标准，其与拼装车一样会对道路安全造成严重威胁。《道路交通损害赔偿司法解释》第6条，在此意义上，对依法禁止行驶的机动车作出了补充性规定。

二、关于连带责任主体的范围

基于转让拼装机动车和报废机动车的主观过错及危害性，本条规定转让人与受让人应承担连带责任。转让包括买卖合同的方式，也包括赠与、交换等方式。在一次转让的法律关系中，转让人与受让人不难区分。若存在多次转让，连带责任主体的范围，本条未作规定。

有观点认为，实践中存在无法查找所有转让人的现实，因此应完全由受让人承担责任。还有观点认为，在多次转让的法律关系中，实际控制车辆的是最后一次的受让人，享有该车的利益，控制车辆的风险。根据风险控制理论，承担责任的人应该是该买受人。既然买受人已经确定，承担连带责任的应当是最后一次的转让人。我们认为，本条对《侵权责任法》第51条除了将"买卖等方式"修改为"买卖或者其他方式"外，并未作出改变，仍应根据《道路交通损害赔偿司法解释》第6条的规定予以确定多次转让关系中的连带责任主体。多个转让人都存在同一性质的违法行为，对该类行为的法律评价应当保持一致性。如果只让最后一手的转让人承担责任，无法阻却相关的违法行为。此外，尽管多个转让人确实不易查明，但并不影响连带责任的确立。发现转让人的，被侵权人仍可以对其主张承担连带责任。

【审判实践中应注意的问题】

出于对拼装车、报废车转让行为的违法性，依法禁止行驶机动车的高度危险性和保护受害人合法权益等因素的考量，只要转让拼装车、已达到报废标准的机动车，或者基于道路行驶目的转让依法禁止行驶的其他机动车，无论经过几次转让，所有转让人与受让人均应承担连带责任。本条并未规定免责事由，相关连带责任是否可以免责有不同观点。

一种观点认为，如果转让人或受让人并不知道或不应知道该机动车属于拼装车或报废车，不具有过错性，不应承担责任。该观点还认为，日常生活中，不少民众缺乏相关法律知识和专业知识，很多人并不能识别拼装车和报废车，也可能基于其他原因未进行机动车转让的所有权变更登记。这种情况在广大农村地区尤为突出。另一种观点则认为，从为被侵权人提供充分救济出发，应理解为本条是无过错责任的规定，不能因为无过错而免责。

我们认为，《民法典》第1209条作为使用人与所有人分离的责任主体基本规则，已经确定了使用人承担责任的责任原则，并确定了所有人过错责任。拼装车与报废车等禁止行驶的机动车发生交通事故造成损害，该机动车显然是造成损害的主要原因之一。作为受让人，若为使用人，应当承担责任。该责任并不以其是否知悉车辆为拼装车或报废车为前提。就转让人而言，作为拼装车或报废车的所有人，应当知道车辆的基本情况。虽然当事人经常以"不知道或不应知道该机动车属于拼装车或报废车"作为抗辩事由，但多为当事人陈述，很少能对此加以充分举证。此外，不以不知道作为免责事由有其法律依据和现实意义。本条规定连带责任的立法本意之一是预防并制裁转让、驾驶拼装的或者已达到报废标准的机动车的行为，让转让人承担连带责任可以更好地防止上述机动车重新上路行驶，增加道路风险，损害社会公共利益。因此，不知道拼装或报废车的主观认识，不应成为本条的免责事由。

对于本条，还有一种观点认为，本条是严格责任，不存在任何免责事由。我们认为，本条的理解仍需要结合《道路交通安全法》第76条的规定，受到一般规定的限制。转让的拼装车、报废车发生交通事故，都应当适用本条，但并非不考虑引发交通事故的原因。在举证责任方面，被侵权人只需要证明肇事车辆是拼装车或报废车即可。但如果损害并非因机动车属于拼装或报废车造成，而是因为非机动车驾驶人、行人故意碰撞机动车造成或者第三人的原因造成，此时，车辆属于拼装、报废的缺陷与损害发生并没有因果关系，则不能机械适用本条。

连带责任还区分为对外效力与对内效力。对外效力上，转让人与受让人承担连带责任，意味着被侵权人可以向部分转让人或受让人请求赔偿部分或者全部损失，被请求的责任人不得以超出自己的责任份额为由对抗被侵权人的请求。而内部效力上，本编已经规定，连带责任人根据各自责任大小确定相应的赔偿数额，难以确定责任大小的，平均承担责任。支付超出自己赔偿数额的连带责任人，有权向其他连带责任人追偿。确定转让人和受让人各自的责任大小，需要综合各自的过错程度及客观行为与损害后果之间的原因力。比如，若机动车具有牌照、年检合格证明，受让人在过户登记前难以从外观上判断是否为拼装车或报废车，并无主观上的过错，应认定转让人承担主要责任。再比如，交通事故的发生完全是因受让人作为驾驶人醉酒驾驶，此时应让受让人承担主要责任。转让人和受让人的过错程度及原因力均不能确定时，则应平均承担责任。

> **第一千二百一十五条** 盗窃、抢劫或者抢夺的机动车发生交通事故造成损害的，由盗窃人、抢劫人或者抢夺人承担赔偿责任。盗窃人、抢劫人或者抢夺人与机动车使用人不是同一人，发生交通事故造成损害，属于该机动车一方责任的，由盗窃人、抢劫人或者抢夺人与机动车使用人承担连带责任。
>
> 保险人在机动车强制保险责任限额范围内垫付抢救费用的，有权向交通事故责任人追偿。

【条文主旨】

本条是关于盗抢机动车发生交通事故的责任主体的规定。

【条文理解】

本条在《侵权责任法》第52条的基础上，进一步对盗抢人与使用人分离时的责任主体和责任形式作出了补充。

一、机动车所有人、管理人责任的免除

机动车被盗抢，也将发生所有、管理与使用分离的情形。但该分离，并非基于机动车所有人、管理人的过错或意愿而发生。诚如此前已经阐释的风险控制理论，机动车被盗抢，机动车所有人、管理人非因自己意愿、也非自己过错脱离了对机动车的控制，对此后的交通事故既无法预见也无法预防，对交通事故的发生不存在过错。自然不应承担责任。因此《最高人民法院关于被盗机动车辆肇事后由谁承担损害赔偿责任问题的批复》以及《侵权责任法》都明确规定了机动车被盗抢发生交通事故，机动车所有人、管理人不承担赔偿责任。

实践中，机动车发生交通事故，所有人、管理人主张盗抢免责的，应注意严格审查相关证据，确认盗抢的相关事实。已经进入刑事程序的，应根据先刑后民原则，通过刑事程序中对证据的认定与固定，查明肇事机动车是否属于盗抢物。

二、盗抢人与使用人的责任

《侵权责任法》第52条规定，盗抢机动车造成交通事故的，由盗抢人承担赔偿责任。这是因为，一般而言，盗抢机动车具有即时性、紧迫性，盗抢人即为驾驶人。盗抢人对机动车的行驶与风险具有控制力，对损害后果应承担责任。

然而，在盗抢人与使用人不一致的情况下，应当由谁承担责任，《侵权责任法》并未明确规定。根据机动车使用人承担责任的一般原则，在盗抢人与驾驶人不一致的情况下，驾驶、使用盗抢车辆的人，对发生交通事故造成的损害应当承担责任。但若仅由使用人承担责任，不法盗抢机动车的人反而不承担责任，既不符合公平原则，也不符合风险控制理论。此外，盗抢人以触犯刑法之行为，非法控制他人机动车，并允许他人驾驶车辆，是造成风险和事故的直接原因。况且，一般而言，盗抢人与驾驶人对车辆为被盗抢皆为明知，驾驶被盗抢车辆也通常为了继续进行不法行为。因此，本条在《侵权责任法》的基础上规定，由盗抢人与使用人共同承担连带责任，既符合使用人承担责任的一般原则，也能更好地惩戒盗抢行为人。

三、保险人的追偿权及赔付范围

本章延续《道路交通损害赔偿司法解释》第16条的规定，对交强险先行赔付作出了规定。在机动车被盗抢期间肇事发生交通事故，为保障受害人的权利，保险公司仍需要在交强险限额内垫付抢救费用。当然，对保险人究竟是否仅负担垫付抢救费用，还是仍应在交强险限额内对他人的人身伤亡和财产损失先行赔付，存在争议。

一种观点认为，本条第2款的规定与《机动车交通事故责任强制保险条例》第22条相一致，而第22条明确规定，盗抢期间肇事的，保险公司对受害人的财产损失不承担赔偿责任。根据《最高人民法院关于对安徽省高级人民法院如何理解和适用〈机动车交通事故责任强制保险条例〉第二十二条的请示的复函》(〔2009〕民立他字第42号)，《机动车交通事故责任强制保险条例》第22条的免赔范围包括人身伤亡产生的各项经济损失，如伤残赔偿金、死亡赔偿金等。此外，本条及《机动车交通事故责任强制保险条例》第22条都规定的是垫付抢救费用而非支付抢救费用，说明保险公司承担的并非终局性赔偿责任。这不同于交强险的先行赔付。

另一种观点认为，盗抢发生肇事的情形下，保险公司在交强险限额内仍应赔偿受害人的人身伤亡。因为本条第2款的要旨在于明确，保险公司垫付费用后，有向责任人即盗抢人和使用人追偿的权利。不宜依据该款，判断保险公司的赔偿范围。特别是，《道路交通损害赔偿司法解释》第18条，针对无驾驶资格和醉酒驾驶，明确规定交强险应予以赔付。

我们倾向于认为，盗抢后造成交通事故的，交强险不应仅限于垫付抢救费用。理由在于以下几个方面。第一，交强险的目的在于公益而非商业盈利，应当优先保障受害人权利。第二，交强险免责的唯一事由是受害人故意，无论机动车的过错和责任大小，只要并非受害人故意造成自身伤亡和财产损失，交强险应当赔付。第三，在未发生盗抢的情况下，交强险尚且需要赔付受害人的损失，若因盗抢而免除其赔付责任，对无辜的受害人缺乏公平性，有违交强险的目的和价值。

> **第一千二百一十六条** 机动车驾驶人发生交通事故后逃逸，该机动车参加强制保险的，由保险人在机动车强制保险责任限额范围内予以赔偿；机动车不明、该机动车未参加强制保险或者抢救费用超过机动车强制保险责任限额，需要支付被侵权人人身伤亡的抢救、丧葬等费用的，由道路交通事故社会救助基金垫付。道路交通事故社会救助基金垫付后，其管理机构有权向交通事故责任人追偿。

【条文主旨】

本条是关于驾驶人逃逸后，有关赔偿如何承担的规定。

【条文理解】

《侵权责任法》第 53 条虽然规定了逃逸的赔偿问题，但在驾驶人逃逸，能够查明交强险的情况下，若交强险限额仍然不足以支付抢救费用、丧葬费用的如何处理，该条未作出规定。本条在《侵权责任法》第 53 条的基础上，增加了关于超过交强险限额部分如何赔偿的规定。

根据《道路交通安全法》第 70 条的规定，发生交通事故，车辆驾驶人应立即停车，保护现场，抢救受伤人员，并迅速报告交通警察或者公安机关交通管理部门。因抢救受伤人员变动现场的，应当标明位置。但实践中，有机动车驾驶人为逃避责任，可能出现逃逸的情况，造成短时间内难以查明肇事的具体机动车，使对被侵权人的救济陷入困境。为达到抢救伤者，保障非机动车、行人人身安全的目的，本条针对此种情况作出了规定。

一、关于立法的变化情况

交通肇事后的抢救对受害人生命安全至关重要。对于机动车肇事抢救费用如何支付，《道路交通安全法》第75条作出了规定。该规定是机动车交通事故发生后，抢救费支付的一般原则。根据该条，医疗机构对交通事故中的受伤人员应当及时抢救，不得因抢救费用未及时支付而拖延救治。对于抢救需要支付的费用，肇事车辆参加交强险的，由保险公司在责任限额范围内支付抢救费用。如果抢救费用超过责任限额的，或者机动车未参加交强险，或者机动车肇事后逃逸，由道路交通事故社会救助基金先行垫付部分或者全部抢救费用，道路交通事故社会救助基金管理机构有权向交通事故责任人追偿。此处的抢救费用一般指医疗机构按照《道路交通事故受伤人员临床诊疗指南》，对生命体征不平稳和虽然生命体征平稳但如果不采取处理措施会产生生命危险，或者导致残疾、器官功能障碍，或者导致病程明显延长的受伤人员，采取必要的处理措施所发生的医疗费用。[1]

机动车肇事后逃逸，与一般性的机动车肇事造成的损害后果有所差异。根据机动车能否查明以及参保交强险的情况，肇事后逃逸的后果，大致可以分为三类：一是机动车驾驶人驾车逃逸，难以查明具体肇事的机动车辆；二是肇事机动车没有参保机动车交强险；三是抢救费用超过机动车交强险限额。《侵权责任法》第53条在《道路交通安全法》的基础上，着重对前两种情况，即机动车驾驶人驾车逃逸，导致机动车不明以及肇事的机动车没有参加机动车强制保险的情形，规定了需要支付被侵权人人身伤亡的抢救、丧葬等费用的，由道路交通事故社会救助基金先行垫付全部费用。该条并未对超过强制保险限额如何处理作出规定。虽然，对该条的理解，应当结合《道路交通安全法》第75条的一般性规定进行解读。但由于该条专门规范逃逸后的赔偿问题，实践中，难免出现不同的观点。对此，本条进一步明确，

---

[1] 王胜明主编：《中华人民共和国侵权责任法释义》（第2版），法律出版社2013年版，第301~303页。

肇事逃逸的机动车参加了强制保险的，强制保险先行赔付后仍不足以支付被侵权人人身伤亡的抢救、丧葬费用的，由道路交通事故社会救助基金先行垫付全部费用。

二、关于追偿的问题

道路交通事故社会救助基金垫付抢救和丧葬等费用后，其管理机构有权向交通事故责任人追偿。能够查明机动车，但因超出交强险责任限额进行垫付的，在机动车所有人、管理人和使用人明确的情况下，救助基金管理机构可以按照本章关于责任主体的规定追偿。

若虽查明机动车，但机动车投保人未投保交强险，从而发生道路交通事故社会救助基金垫付的，其管理人可向哪些责任人追偿？我们认为，此时的责任人不应限定于侵权人，而应指所有的赔偿责任主体。首先，按照本章规定承担侵权责任的所有人、管理人或使用人当然是可以被追偿的主体。其次，未履行法定投保交强险义务的投保义务人也应是被追偿的责任主体。

《道路交通安全法》第17条明确规定，国家实行交强险制度。第98条规定，机动车所有人、管理人未按照国家规定投保交强险的，由公安机关交通管理部门扣留车辆至依照规定投保后，并处依照规定投保最低责任限额应缴纳的保险费的2倍罚款。上述规定，为机动车所有人、管理人设定了投保交强险的法定义务。未投保交强险，具有不法性，也侵害了他人民事权益。交强险制度与侵权责任并未直接挂钩，目的在于实现广泛的社会保障功能。一般认为，发生交通事故后，在交强险范围内不区分机动车是否存在过错，实行交强险先行赔付原则。当然，按照目前的交强险制度，交强险限额划分为无责限额和有责限额，在机动车无责时，在无责限额内先行赔付。机动车有责任的，不再区分责任大小，由交强险在有责限额范围内全额赔付。投保人未投保交强险，实际上剥夺了被侵权人获得先行赔付的权利。在我国保险制度中，工伤保险与交强险设计较为类似，都具有重要的社会保障属性。《工伤保险条例》第62条针对未投保的责任规定，未参加工伤保险的职工发生工伤的,由该用人单位按照工伤保险待遇项目和标准支付费用。秉持相同的理念,《道路交通损害赔偿司法解释》第19条规定,未依法投保交强险的机动车发生交通事故造成损害,当事人请求投保义务人在交强险责任限额范围内予以赔偿的,人民法院应予支持。因此,未履行法定投保义务的投保义务人属于本条规定的责任人。

还需注意的是,在未投保交强险发生垫付时,并非只有投保义务人系可以被追偿的责任人。侵权赔偿主体在交强险范围内是连带责任人,超出交强险范围的部分,由侵权赔偿主体作为责任人。侵权赔偿责任主体承担连带责任的依据为《道路交通损害赔偿司法解释》第19条第2款。其理由在于,被侵权人不能获得交强险赔付系由投保义务人和侵权行为人共同造成。侵权行为人未能注意机动车是否投保交强险或者明知未投保交强险而进行驾驶行为,对损失的造成与投保义务人具有共同过错。

> **第一千二百一十七条** 非营运机动车发生交通事故造成无偿搭乘人损害，属于该机动车一方责任的，应当减轻其赔偿责任，但是机动车使用人有故意或者重大过失的除外。

【条文主旨】

本条是关于好意同乘发生交通事故时的赔偿责任的规定。

【条文理解】

本条是新增条款，对好意同乘的归责原则和免责事由作出了专门规定。好意同乘交通事故的损害赔偿责任，在《侵权责任法》制定过程中未能形成一致意见，故未作规定。实践中，搭乘现象大量存在，交通事故造成损害，采取何种归责原则，无偿性的友情行为是否可以成为减轻损害的事由，需要予以明确。本条总结了司法实践经验，对此作出了规定。

不同学者对好意同乘有不同的定义。根据好意同乘的共识性基本特征，好意同乘是指驾驶人基于善意互助或友情帮助而允许他人无偿搭乘的行为。比如顺路捎带朋友、同事，应陌生人请求搭载陌生人等。无偿性、利他性、非拘束性是好意同乘的重要特征。

一、关于好意同乘的性质

学说上，好意同乘的性质存在利他合同、无因管理及情谊行为三种观点。继而，大的范畴上，好意同乘交通事故损害赔偿的观点可以分为债（包括合同之债和无因管理之债）及情谊行为两大阵营。

所谓无因管理，是指没有法定的或者约定的义务，为避免他人利益受损失而进行管理的行为。由于无因管理是为他人利益而进行，为平衡不干涉他人事务与鼓励社会互助之间的关系，鼓励善行，提倡义举，弘扬社会道德风尚，传统民法形成了无因管理制度，并将无因管理行为作为债的发生依据。《民法典》第121条也对无因管理作出了规定，赋予管理人请求受益人偿还因管理行为而支出的必要费用的权利。

所谓利他性合同，是指单纯为他人设定利益的合同。按照《法国民法典》第1105条规定，"契约之一方当事人纯属无代价给予另一方利益时，此种契约为恩惠契约"。利他性的合同多为无偿合同。不过，无偿合同并非绝对无偿，主要是指当事人一方享有合同规定的权益无须向对方支付一定的对价，或虽作出给付，但与其享有的权益相比，该给付不具有对价意义的合同。赠与合同、无偿保管合同即属于此类合同。由于合同的无偿性，与一般有偿合同相比，无偿合同对合同主体的注意义务要求较低。比如，无偿保管合同中，保管人只在故意和重大过失的情况下，才对保管物的毁损灭失承担责任，否则即可免责。而在有偿合同中，保管人对因其过失造成保管物毁损灭失的，应负全部赔偿责任。无偿合同对纯获益的合同主体资格要求也较为宽松。比如，对于纯获利益的无偿合同，限制民事行为能力人即使未取得法定代理人同意，也可以订立。[①]与有偿合同相比，无偿合同在合同成立的要件、债权人的保护等方面也有区别。比如，赠与合同多为实践性合同等。

所谓情谊行为，又称好意施惠，是指为增进与他人间情谊而作出的不受法律拘束的利他行为。与利他性合同和无因管理不同，纯粹的情谊行为是一种特殊的社会行为，具有更多的社交属性和道德属性，当事人可以自主决定是否进行，无法律的强制要求，不具有法律约束力。情谊行为肇端于德国的民事判例，无偿性及不受拘束性是情谊行为的典型特征，梅迪库斯称这样的行为是"没有疑问的情谊行为"。

[①] 王利明：《合同法研究》（第一卷）（第三版），中国人民大学出版社2015年版，第24页。

比如，请他人做客，约定了时间地点，此种约定无法律上的约束力，即便事后爽约，也不会产生损害赔偿的请求权。正如托马斯·阿奎那所说的那样："任何私人都无权强迫别人过正当的生活，他只能提出劝告，但如果这一劝告不被接受，他也没有权力强迫。"

区分情谊行为和具有法律约束力的债的标准，分为主观说与客观说。主观说认为，两者取决于行为人是否具有受法律约束的意思。"一个含有情谊或施惠因素的行为，只有给付者在作出给付行为时有意使该行为获得法律上之拘束，引起法律上之效果，且接受人在接受此行为时也有此意，则应以法律行为的角度来评价此行为。"客观说认为，行为人在作出情谊行为时通常不会考虑其行为要受到或将会受到法律约束，从而无法从主观上对此进行区分。该种观点主张，应当从客观上的无偿性、经济性及风险性予以区分。比如，在无偿性方面，需要综合行为的整体和背景，类似宾馆免费叫醒客人的服务，看似无偿但整体判断则属有偿的行为。再比如，在风险性方面，有一个德国著名的"摸彩共同体案"。该案中，甲、乙、丙、丁、戊五人约定组成一个摸彩共同体，甲每周收齐购买彩票的费用并购买特定的彩票。有一次甲忘记购买那组特定彩票而错失大奖，导致五人损失10550马克。乙、丙、丁、戊起诉要求甲赔偿。德国联邦最高法院认为，由于甲无偿履行该事务，对于一个理性人来说，在没有事先明确责任分配且该行为存有过高的经济风险的情况下，可以推定该行为不具有受法律约束之意思，应为情谊行为。

好意同乘的性质，相应也产生不同观点。认为好意同乘系利他性合同法律关系的主要理由在于，《合同法》第302条适用于免票乘客或承运人许可搭乘的无票旅客。该条包含了无偿性的利他合同。好意同乘与承运人的无偿搭乘无本质区别，应当适用该规则。根据该条规定，承运人应当对运输过程中旅客的伤亡承担赔偿责任。《民法典》第823条延续了该规定。

认为好意同乘系无因管理的理由在于，无因管理人与驾驶人一样，都是无约定或法律义务而对他人事务施加管理的行为。两者都是一种对他人的帮助,应当适用相似的规则。

我们认为,好意同乘与合同法律关系的重要区别在于,双方之间并无受法律约束的意思表示。而承运人免费搭乘乘客,依然应当按照约定履行相应的安全送达义务。好意同乘与无因管理也显著不同,后者单方意思表示即可完成,并可请求支付费用。而前者需要双方共同的意思表示,无报酬请求权。

从社会实践来看,好意同乘,是为他人无偿提供搭乘帮助的行为,行为多发生于个人与个人之间,生活中大量存在。好意同乘无营利目的,不追求报酬,旨在互帮互助,应当积极倡导。在法律效力上,允诺提供无偿搭乘的人出于善意,并无受法律拘束的意思。其初始同意,而后无论基于何种考虑或原因发生变更,不应承担法律责任。相对于利他合同及无因管理,好意同乘作为情谊行为,更有助于形成互帮互助的良好风气,增进社会成员的相互信任。否则,若任何提供无偿搭乘的行为人,事先必须考虑行为后果,不利于鼓励人与人彼此间的互助。

二、关于好意同乘的归责原则

好意同乘作为情谊行为,并非法律行为,通常情况下,民法不会介入,亦不发生合同上的请求权。但若发生侵权行为,造成搭乘者人身或财产损害,提供搭乘的机动车使用人,是否应当承担侵权责任,适用何种归责原则,何种情况可以减轻责任,《侵权责任法》未作规定,理论观点存在争议,各地司法实践也缺乏一致性。

第一种观点认为,提供免费搭乘的机动车使用人承担着车辆费用和车辆交通事故的责任风险,搭乘人仅享受服务不承担任何风险。且搭乘人对搭乘车辆面临的风险有充分认识,其选择搭乘为自甘风险。因此机动车使用人不应对搭乘人的损害承担责任。

第二种观点认为,驾驶人对于好意同乘者的注意义务并不因为有偿与无偿而加以区分。有偿与无偿,只在确认双方当事人是否构成合同关系时有意义,对于造成他人人身损害或财产损失的侵权行为,无论是否有偿,侵权者都应当承担责任。在法律没有其他规定的情况下,该侵权责任应适用《侵权责任法》的过错责任。对于过错责任,又分为一般过失说与重大过失说。重大过失说认为,好意同乘的供乘者对交通事故的发生原则上仅在具有重大过失时始应负责,具有一般过失时免责,就像设宴招待宾客不小心弄脏了宾客的衣服,不能要求主人承担侵权责任。一般过失说认为,"在好意施惠关系,尤其是搭便车的情形,好意施惠之人原则上仍应就其'过失'不法侵害他人权利,负损害赔偿责任,唯过失应就个案合理认定之。对他人生命身体健康的注意义务,不能因其为好意施惠而为减轻,将其限于故意或重大过失"。

第三种观点认为,好意同乘者无偿搭乘的行为并不意味着其甘愿冒一切风险。合同法对免费乘客的损害赔偿有具体的规则,类似情况应类似处理。否则,都是无偿乘车,好意同乘不能获得赔偿,不符合公平原则。因此,驾驶人应当对好意同乘者承担责任,并且应适用无过错责任。

第四种观点认为,包括好意同乘在内的情谊行为在施惠人在作出施惠行为时,是一种纯粹的利他行为,没有要受法律拘束的意思,不应适用与《合同法》第302条同样的严格责任。包括好意同乘在内的情谊行为可以作为引发注意义务或者说安全保障义务的先行行为,此时会在当事人之间产生"稀薄的法律关系"。施惠者违反此种注意义务时,由于其过错,构成情谊侵权责任。

上述观点的争议延续到审判实践中。有的直接根据交通事故认定书认定的责任确定赔偿责任,有的根据提供搭乘人和搭乘人的过错大小适用过错责任和过失相抵原则,有的引入风险自负原则减轻提供搭乘人的责任。在《道路交通损害赔偿司法解释》征求意见中,曾经规定了好意同乘的条文。该条文与试乘规定在一起,共同构成无偿乘车的侵权责任。征求意见稿规定,免费搭乘他人非以营利为目的的机动车,发生交通事故造成搭乘人损害,当事人请求有过错的载客方承担相应赔偿责任的,人民法院应予支持,但可以适当减轻其责任。搭乘人有过错的,应当减轻载客方的责任。由于争议较大,且搭顺风车情况较为复杂,故好意同乘未能作出明确规定。

随着实践的发展以及社会生活发生的变化,公共交通更为便捷,快车等服务得到认可和规范,曾经大量存在的黑车现象大为改观,好意同乘的辨识度更为明显,一些曾经影响好意同乘规范的社会治理因素已经不同。机动车的大量增加,自驾造成的交通拥堵日益严重,不少城市出台各种政策鼓励同乘。有的专家学者甚至提出进入主城区应当有搭乘,否则应缴纳拥堵费。这种情况下,好意同乘的现象更为普遍。"一种法律秩序在何时、什么条件下将已发生的损失转由他人承担,这取决于很多因素,特别是取决于在该社会中占主导地位的思维方式和传统习惯。"重新研究和制定好意同乘规则的时机已经成熟。

首先,关于好意同乘适用过错责任的理由。就我国立法体系而言,过错原则是侵权行为适用的一般原则。除非法律有明确的规定,才能适用无过错原则,不能随意扩大无过错原则的适用范围。从《道路交通安全法》的立法本意来看,第76条将交通事故中的机动车一方评价为物理上的强者,机动车一方对于非机动车一方、行人所承担的责任要比机动车之间的责任更为严格。而机动车一方内的驾驶人和乘车人之间,并非不对等关系,理应适用一般侵权规则,即适用过错责任原则。

从比较法的角度,在美国,大多数的州立法将无偿搭载他人而发生交通事故的归责原则认为是驾驶者的过失责任。汽车客人法是1927年新墨西哥州通过的州立法,该部立法区分乘客和客人,为好意同乘的归责原则设定了统一标准。车主只有实施了超过一般过失的严重不当行为,达到严重、极度轻率或故意的程度造成客人人身损害时才对客人承担责任。不过,1985年,美国得克萨斯州最高法院在判决中认为,没有适当理由区别乘客和客人。过错责任并不会对人们助人为乐的行为造成阻碍。而且,由于强制汽车险的存在,也不会让汽车使用人有过重负担。荷兰、比利时、日本等不少国家对好意同乘也采取了无过错责任,但其原因也在于,强制保险涵盖了车上人员的损害。而我国的交强险并不包含车上人员。若过分强调保护搭乘人的利益，由提供搭乘的驾驶人对搭乘者承担无过错责任，对提供帮助的驾驶人科以重责，势必严重影响行为人的决策，抑制好意同乘行为发生，有违社会的善良风俗和公平原则。而且，在好意同乘交通事故中，驾驶人与搭乘者处于同一空间，搭乘人受到损害的同时，驾驶人一般情况下也可能遭受严重损害。没有交强险的保障，对提供利他性帮助行为的驾驶人无异于雪上加霜，甚至是不能承受之重，这样的结果有悖公平。因此，对好意同乘适用过错责任，一方面有助于减少乃至避免"好心办坏事"现象的发生，另一方面也能将情谊行为引导到一个健康运行的轨道上来，推动人与人之间的相互关爱。

其次，关于好意同乘减轻责任的理由。大多数理论主张，好意同乘自身构成减责事由。德国学者认为，此种情况下，当事人有可推断的默示减轻的意思。从我国《合同法》中的无偿性合同的规则来看，比如第189条、第374条、第406条，其中，保管合同规定，如果发生损害，无偿保管人的赔偿责任因为其行为的无偿性可以得以免责。上述规定是针对有法律拘束力的合同法律关系，根据举重以明轻的原则，属于社会层面的不在法律调整范围内的好意同乘造成责任承担问题的，当然也可以减轻供乘者的赔偿责任。

最后，在我国提倡建立和谐社会环境下，好意同乘是人与人之间互帮互助建立和谐人际关系的表现，如果发生在好意同乘中的侵权责任必须全面赔偿，则不符合我国社会伦理价值观，也不利于鼓励他人助人为乐。然而，若行为人具有侵权的故意或重大过失，则不能仅以好意同乘作为减责事由。比如，驾驶人可能存在违反一般安全注意义务的过错行为，还可能存在违反《道路交通安全法》的严重行为。像不具备驾驶资格或有不得驾驶车辆情况的违法驾驶人免费搭乘他人，就是严重过错。此种情况下，不能减轻责任。

第六章 医疗损害责任

> **第一千二百一十八条** 患者在诊疗活动中受到损害，医疗机构或者其医务人员有过错的，由医疗机构承担赔偿责任。

【条文主旨】

本条是关于诊疗过错责任的规定。

【条文理解】

一、关于诊疗损害责任的归责原则

关于医疗侵权的归责原则，各个国家和地区大都按照过错责任原则处理。德国处理医疗侵权案件的法律依据是《德国民法典》第823条的规定，适用一般的过错责任原则，即原则上由患者承担举证责任，患者需要证明医师没有遵守相应的标准、医师的诊疗行为存在过错、医师的过错诊疗行为与损害后果之间具有因果关系。只有当医师存在重大诊疗过失时才实行举证责任转换。一些国家将医疗侵权归入专家责任范畴，如英美法国家的不当执业概念包含医生、律师、会计师的失职行为，《奥地利民法典》对专家责任作了规定，适用范围包括医疗侵权。无论是适用侵权法的一般条款，还是适用专家责任，过错原则都是解决医疗侵权的基本原则。我国台湾地区"医疗法"第82条规定："医疗机构及其医事人员因执行业务致病人损害，以故意或过失为限，负损害赔偿责任。"依该条的立法目的以及文义解释，显然已经改变其原来"消费者保护法"第7条规定的原则，使医疗侵权责任转变为过错责任。①

我国《侵权责任法》参考国外通例，充分考虑诊疗行为本身特点，本着既要保护患者合法权益，也要保护医院和医务人员合法权益，有利于医学科学进步以及医药卫生事业发展的考虑，在第54条明确规定了医疗损害责任适用过错责任的一般规则。该条规定："患者在诊疗活动中受到损害，医疗机构及其医务人员有过错的，由医疗机构承担赔偿责任。"《民法典》第1218条除将"医疗机构及其医务人员"修改为"医疗机构或者其医务人员外"，基本保留了这一规定内容，对诊疗过错责任的归责原则、构成要件作了规定。

在理论和实务上普遍认为本条规定不仅是医疗损害责任的一般条款，更是从根本上改变以前长期存在的医疗损害赔偿双轨制的重要规定。②诊疗过错责任属于医疗损害责任的典型形态。据此，诊疗过错责任是指患者在医疗机构就医时，由于医疗机构或者其医务人员的过错，在诊疗护理活动中受到损害的，医疗机构应当承担的损害赔偿责任。在《侵权责任法》施行后，医疗损害责任适用过错责任的归责原则，改变了审判实践中较长时间内采取的过错推定原则；有关损害赔偿责任的承担，也不再区分是否构成医疗事故而统一适用《侵权责任法》有关责任构成、损害赔偿等规定。换言之，《侵权责任法》和《医疗事故处理条例》之间属于上位法和下位法的关系，按照上位法

---

① 王胜明主编：《〈中华人民共和国侵权责任法〉条文理解与立法背景》，人民法院出版社2010年版，第212页。

② 在《侵权责任法》改革医疗损害责任之前，我国医疗损害责任的损害赔偿实行双轨制，即医疗事故责任适用《医疗事故处理条例》规定的赔偿标准，医疗过错责任适用《民法通则》第119条规定的赔偿标准。两者相差悬殊：依照2005年北京市人均可支配收入为17653元的标准计算，造成死亡的，按照条例规定的标准计算死亡赔偿金为105918元，按照《民法通则》规定的标准计算死亡赔偿金为353060元，相差247142元。对于同样的损害给付的赔偿金差别却如此悬殊，显然是不正确的。《侵权责任法》统一规定适用第16条规定的人身损害赔偿标准，从根本上解决了赔偿标准双轨制的混乱问题，实现了受害患者的人格平等，有利于保护受害患者的合法权益。对此，《侵权责任法》作出了重大贡献。转引自杨立新：《〈侵权责任法〉改革医疗损害责任制度的成功与不足》，载《中国人民大学学报》2010年第4期。

优于下位法的基本原理,《医疗事故处理条例》与《侵权责任法》相冲突的规定不能再适用,这其中最根本的就是医疗损害赔偿责任的承担问题,《医疗事故处理条例》不能再适用,而应统一适用《侵权责任法》第16条的规定。①据此,《民法典》沿用《侵权责任法》在上述问题上的规定当然也要予以统一适用。

应该说,过错责任原则可以很好地平衡受害患者、医疗机构和全体患者三者之间的利益关系。过错责任原则作为调整受害患者、医疗机构和全体患者之间利益关系的最好平衡器,其作用表现在:一是没有医疗过失,医疗机构就没有责任;二是医疗机构仅就自己的医疗过失所造成的损害承担赔偿责任,对于他人的过失,医疗机构不承担责任;三是基于医疗过失与其他侵权责任中的故意或过失相比的非严重程度,应当适当限制精神损害抚慰金的赔偿数额,不能赔偿过高。②但是,过错责任原则是医疗损害责任的基本归责原则并不是说医疗损

---

① 《侵权责任法》第16条规定:"侵害他人造成人身损害的,应当赔偿医疗费、护理费、交通费等为治疗和康复支出的合理费用,以及因误工减少的收入。造成残疾的,还应当赔偿残疾生活辅助具费和残疾赔偿金。造成死亡的,还应当赔偿丧葬费和死亡赔偿金。"《医疗事故处理条例》第50条规定:"医疗事故赔偿,按照下列项目和标准计算:(一)医疗费:按照医疗事故对患者造成的人身损害进行治疗所发生的医疗费用计算,凭据支付,但不包括原发病医疗费用。结案后确实需要继续治疗的,按照基本医疗费用支付。(二)误工费:患者有固定收入的,按照本人因误工减少的固定收入计算,对收入高于医疗事故发生地上一年度职工年平均工资3倍以上的,按照3倍计算;无固定收入的,按照医疗事故发生地上一年度职工年平均工资计算。(三)住院伙食补助费:按照医疗事故发生地国家机关一般工作人员的出差伙食补助标准计算。(四)陪护费:患者住院期间需要专人陪护的,按照医疗事故发生地上一年度职工年平均工资计算。(五)残疾生活补助费:根据伤残等级,按照医疗事故发生地居民年平均生活费计算,自定残之月起最长赔偿30年;但是,60周岁以上的,不超过15年;70周岁以上的,不超过5年。(六)残疾用具费:因残疾需要配置补偿功能器具的,凭医疗机构证明,按照普及型器具的费用计算。(七)丧葬费:按照医疗事故发生地规定的丧葬费补助标准计算。(八)被扶养人生活费:以死者生前或者残疾者丧失劳动能力前实际扶养且没有劳动能力的人为限,按照其户籍所在地或者居所地居民最低生活保障标准计算。对不满16周岁的,扶养到16周岁。对年满16周岁但无劳动能力的,扶养20年;但是,60周岁以上的,不超过15年;70周岁以上的,不超过5年。(九)交通费:按照患者实际必需的交通费用计算,凭据支付。(十)住宿费:按照医疗事故发生地国家机关一般工作人员的出差住宿补助标准计算,凭据支付。(十一)精神损害抚慰金:按照医疗事故发生地居民年平均生活费计算。造成患者死亡的,赔偿年限最长不超过6年;造成患者残疾的,赔偿年限最长不超过3年。"

② 王利明主编:《侵权责任法裁判要旨与审判实务》,人民法院出版社2010年版,第371页。

害责任一概采取过错责任进行归则,因为医疗损害责任不仅包括医疗伦理损害责任、医疗技术损害责任和医疗管理损害责任(这三者可以纳入诊疗过错责任的范畴),还包括医疗产品损害责任。医疗产品损害责任作为产品责任的一个类型的归责原则适用无过错责任原则是确定的,本编第四章有明确规定。《民法典》规定的医疗损害责任是一个宽泛的侵权责任类型,不仅指医疗事故责任或者医疗过错责任的医疗技术损害责任,还包括医疗产品损害责任,因而不可能适用统一的过错责任原则,起码还包括无过错责任原则。[①]

二、医疗损害责任的责任形态

一般认为,医疗损害责任属于替代责任。替代责任,是指责任人为他人的行为和他人之行为以外的自己管领下的物件所致损害负有的侵权赔偿责任。替代责任与一般责任相对应,其典型特点就在于行为人与责任人的不同。构成替代责任赔偿法律关系的要件是:(1)替代责任人与致害人或致害物之间须有特定关系。这种特定关系,在责任人与致害人之间,表现为隶属、雇用、监护、代理等身份关系。在医疗损害案件中,直接加害人往往是医务人员。(2)替代责任人应处于特定的地位。这种特定的地位,表现为替代责任人在其与致害人或致害物的特定关系中所处的带有支配性质的地位,主要是看:双方有无确定特定关系的事实或合同;致害人是否受有责任人的报酬或抚育;致害人的活动是否受责任人的指示、监督或监护等约束;致害人是否向责任人提供劳务或公务。在医疗损害案件中,医务人员处于"雇员"的地位,医疗机构对其负有指示和监督之责。(3)致害人应处于特定状态。在特殊侵权责任的赔偿法律关系中,责任人与致害人和致害物之间具有特定关系,责任人处于特定的地位,而且致害人和致害

[①] 杨立新:《〈侵权责任法〉规定的医疗损害责任归责原则》,载《河北法学》2012年第12期。

物必须处于特定的状态。①在医疗损害责任纠纷案件中,其行为主体是医疗机构及医务人员。如因医务人员的过错造成患者损害的,不是按照一般侵权行为"为自己行为负责"的规则,由医务人员对受害人承担民事责任,而是由医务人员所在的医疗机构承担赔偿责任。

在此需要注意的是,替代责任是与自己责任相对应的责任形态概念,其历史渊源是《法国民法典》第1384条的规定,即为他人的行为负责和为自己管领下的物件造成的损害负责的侵权责任形态,并不与过错责任原则相对应。替代责任包含归责原则问题,即在替代责任的侵权责任形态的各种侵权责任类型中都存在归责原则的适用问题,但它本身不是归责原则。归责原则是确定侵权责任的价值判断标准,是使用这种价值判断标准确定责任归属的准则。替代责任则是在何种情况下,行为人实施的行为造成他人损害,应当由责任人代替行为人承担赔偿责任等。②

按照替代责任的基本规则,应当由替代责任人对行为人的行为后果负责,即在起诉时该替代责任人为适格被告。在医疗损害责任纠纷中,则应当以该医疗机构为被告提起诉讼,比如在叶某某等与三明市某医院、游某某医疗损害责任纠纷案③中,游某某是三明市某医院的医务人员,叶某某等将三明市某医院、游某某作为共同被告提起诉讼,法院在查明案件事实后认为,游某某作为三明市某医院的医务人员,其实施的诊疗行为属于职务行为,不应由其个人向原告承担赔偿责任,故原告要求游某某承担赔偿责任无法律依据,依法驳回了原告对游某某的诉讼请求。但在此应当注意的是,这里的医疗损害责任属于替代责任形态,在法律适用上形成与用人单位责任规定的法条竞合,对此,本条关于医疗损害责任的替代责任规定应当属于《民法典》第1191条规定在医疗损害责任领域的具体化规定,即上述两条

---

① 王利明主编:《侵权责任法新制度理解与适用》,人民法院出版社2010年版,第330页。
② 杨立新:《〈侵权责任法〉规定的医疗损害责任归责原则》,载《河北法学》2012年第12期。
③ 参见福建省三明市梅列区人民法院(2015)梅民初字第1892号民事判决书。

规定应属于特别规定与一般规定的关系。因此，在法律适用上，应当坚持优先适用特别规定的基本规则，直接适用本条的规定。在白某某与王某某、石家庄市某某中西医结合门诊部等医疗损害责任纠纷案中，审理法院认为，被告何某某系被告石家庄市某某中西医结合门诊部的执业医师，故依照法律规定，用人单位的工作人员因执行工作任务造成他人损害的，由用人单位承担侵权责任。因何某某工作原因造成原告损失，应由该门诊部承担相应的责任。[①]应该说，这一论述内容本身并无不当，但如上所述，本条本身就是关于替代责任在医疗损害领域的特别规定，应当直接适用本条规定进行阐述，而不宜再引用用人者责任的规定来论证。

有意见认为，个体诊所在诊疗活动中承担的责任也是替代责任，因为个体诊所也是登记在册的医疗机构，在出现医疗损害纠纷时，受害者仍然是向个体诊所提出诉讼请求，由其承担责任，即使个体诊所的医务人员只有一个也是如此。[②]这一意见较有道理，但进一步讲，该个体诊所一般都属于个体经营的性质，最终责任的承担，个人经营的，以个人财产承担；家庭经营的，以家庭财产承担。这一法律适用规则在上述白某某与王某某、石家庄市某某中西医结合门诊部等医疗损害责任纠纷案中也有所体现。

三、医疗损害责任纠纷的基本构成要素

医疗损害责任纠纷的基本构成要素并非医疗损害责任的构成要件，前者重在满足医疗损害责任纠纷基本属性的要素，不具备这一要素，即不属于医疗损害责任纠纷，而可能构成其他的纠纷类型，导致法律适用上不能适用医疗损害责任的规定；后者则是依据相应的归责原则而需要的责任构成要件，是在满足医疗损害责任纠纷基本属性的前提下，具体判断医疗机构能否承担责任的基本要件，包括患者损害、违法诊疗行为、损害与诊疗行为具有因果关系和诊疗过错四个要

[①] 参见河北省石家庄市中级人民法院（2014）石民一终字第 00127 号民事判决书。
[②] 杨立新：《医疗损害责任一般条款的理解与适用》，载《法商研究》2012 年第 5 期。

件。通常而言，构成医疗损害责任纠纷的基本构成要素包括：其一，权利主体为受到损害的患者而非医疗机构，患者死亡的，其近亲属为主张相应权利的主体；其二，责任主体为医疗机构，换言之，医疗机构在一般的医疗损害责任纠纷中的诉讼地位只能是被告而非原告；其三，患者系在诊疗活动中受到的损害，非在诊疗活动中受到的损害则并非医疗损害责任纠纷的范畴。

（一）关于患者的界定

对于患者的定义，《高级汉语词典》将此界定为"等候接受内外科医师的治疗与照料的病人"。作为一个法律术语，现行法律法规并未对"患者"进行定义。在过去的医疗关系中，所谓医疗，单指治病，接受医疗服务和参与医疗关系的另一方当事人理所当然是身患疾病而前往医疗机构接受医疗救治的病人。随着医学技术的发展，很多人并非因治疗疾病而前往医疗机构就医，最为典型的是为预防疾病或美容及保健，如为预防"甲流"而接种疫苗。在现代医学科学技术迅速发展的时代，医学的范围急速扩展，医疗的内涵也不只是局限于治病救人。接受医疗服务的主体不仅包括病员，还包括为预防疾病或求学求职而去体检的人员、妇女及孕妇进行的妇科检查以及为保健、美容等前往医疗机构就诊的人员等。[1]世界卫生组织在《欧洲病人权利准则》中给出的患者定义：凡接受保健机构服务者，不论有无疾病都是病人。按照这个定义，无论是否患有疾病，凡是接受医疗机构提供的医疗服务的人，都是病人。既包括确有疾病的病人或者以为患有疾病而就医的人，也包括接受其他医疗服务的自然人，诸如进行医学美容、变性手术、人工授精、优生优育、为预防疾病或求职求学而进行体检的人员，以及接受疗养的人员等。[2]在现代社会，医疗机构面向广大公众提供服务，服务的内容主要包括四个方面：一是针对疾病的诊断、治疗行为；二是疾病预防行为，包括疫苗

---

[1] 王利明主编：《侵权责任法条文释义》，人民法院出版社2010年版，第329页。
[2] 赵元松：《医疗美容损害赔偿案件是否适用消费者权益保护法？》，载《法制与经济》2015年第19期。

接种、健康宣教、体检等;三是以计划生育为目的的各种医疗措施;四是医疗美容。① 由此可见,患者范围的界定实际上与医疗服务的范围密切相关,在医疗服务范围越来越广的情况下,"患者"的范围自然也要采取更加广义的界定模式,在医疗损害责任纠纷中,凡是接受医疗机构提供医疗服务的人都应属于患者的范畴。

(二)关于医疗机构和医务人员的界定

1.医疗机构的界定。所谓医疗机构,是指依照《医疗机构管理条例》《医疗机构管理条例实施细则》的规定,经登记取得《医疗机构执业许可证》的各类机构。依据《医疗机构管理条例》第2条的规定,医疗机构包括从事疾病诊断、治疗活动的医院、卫生院、疗养院、门诊部、诊所、卫生所(室)以及急救站等。依据《医疗机构管理条例实施细则》第3条、第4条的规定,医疗机构包括:(1)综合医院、中医医院、中西医结合医院、民族医医院、专科医院、康复医院;(2)妇幼保健院、妇幼保健计划生育服务中心;(3)社区卫生服务中心、社区卫生服务站;(4)中心卫生院、乡(镇)卫生院、街道卫生院;(5)疗养院;(6)综合门诊部、专科门诊部、中医门诊部、中西医结合门诊部、民族医门诊部;(7)诊所、中医诊所、民族医诊所、卫生所、医务室、卫生保健所、卫生站;(8)村卫生室(所);(9)急救中心、急救站;(10)临床检验中心;(11)专科疾病防治院、专科疾病防治所、专科疾病防治站;(12)护理院、护理站;(13)医学检验实验室、病理诊断中心、医学影像诊断中心、血液透析中心、安宁疗护中心;(14)其他诊疗机构。此外,卫生防疫、国境卫生检疫、医学科研和教学等机构在本机构业务范围之外开展诊疗活动以及美容服务机构开展医疗美容业务的,必须依据上述条例及细则,申请设置相应类别的医疗机构。

如上所述,医疗机构是医疗损害责任纠纷中的责任主体,在相应的医务人员诊疗过错行为造成患者损害时,应当由该医疗机构承担

---

① 王利明主编:《侵权责任法裁判要旨与审判实务》,人民法院出版社2010年版,第367页。

侵权责任。实践中对于绝大多数医疗机构作为独立的责任主体并无争议。但对于卫生院、护理站、门诊部、乡村卫生室、个人诊所能否为独立责任主体则存有很大争议。对此，应当依据《民事诉讼法》等相关司法解释以及有关医疗方面的行政法规、规章，比如依据《医疗机构管理条例》《医疗机构管理条例实施细则》的规定来判断上述主体能否成为独立的责任主体。依据《医疗机构管理条例》第15条、第16条的规定，医疗机构执业，必须进行登记，领取《医疗机构执业许可证》。而申请医疗机构执业登记则明确要求能够独立承担民事责任。由此可见，通常意义上讲的医疗机构须具备独立承担民事责任的能力，能够成为独立的责任主体，具备成为适格独立被告的条件。这在实务中也属于常见情形，比如《卫生部关于同意设置上海美兆门诊部的批复》中明确：卫生部批准同意上海海鸥控股（集团）有限公司、美兆生活上海资本控股股份有限公司合资举办医疗机构的立项申请，该医疗机构类别是综合门诊部，经营性质是营利性医疗机构；成立后的医院应具备独立法人资格，正式运营后，在经济运行上独立核算，独立承担民事责任。审判实践中也是以上述主体为独立责任主体为常态，比如张某某与沈阳市浑南区某某中心卫生院医疗损害责任纠纷案、周某某与泰兴市某某卫生院医疗损害赔偿责任纠纷案、淮北市杜集区某某卫生院与王某某医疗损害赔偿纠纷案、南京江宁某某中医门诊部与被上诉人李某某医疗损害责任纠纷案、武某某与永嘉县某某整形外科门诊部医疗损害赔偿纠纷案等。[1] 再如，在李某某与威海某某医学门诊部有限公司医疗损害责任纠纷案中，该门诊部直接明确为有限责任公司。[2]

---

[1] 参见辽宁省沈阳市中级人民法院（2015）沈中民一终字第416号民事判决书、江苏省泰州市中级人民法院（2014）泰中民四终字第00795号民事判决书、江苏省泰州市中级人民法院（2015）淮民一终字第00020号民事判决书、江苏省南京市中级人民法院（2015）宁民终字第171号民事判决书、浙江省温州市中级人民法院（2009）浙温民终字第886号二审民事判决书。

[2] 参见山东省威海市中级人民法院民事裁定书（2014）威民一终字第397号二审民事裁定书。

2. 医务人员的界定。关于医务人员的界定,一种意见认为,所谓医务人员,是指依法取得相应资格的从事医疗活动的各类人员,具体包括:(1)医疗防疫人员(含中医、西医、卫生防疫、寄生虫及地方病防治、工业卫生、妇幼保健等等),按照技术职称的不同可以分为:主任医师、副主任医师、主治医师、医师(住院医师)、医士(助产士)、卫生防疫员(妇幼保健员)。(2)药剂人员(含中药、西药),包括主任药师、副主任药师、主管药师、药师、药剂士、药剂员。(3)护理人员,包括:主任护师、副主任护师、护师、护士、护理员。(4)其他技术人员(含检验、理疗、护理、口腔、同位素、放射、营养、生物制品生产等)。另一种意见认为,医务人员不仅包括医生、护士、药剂人员、检验化验人员等,还应包括医院中提供相关服务的其他人员及管理者。卫生部在1988年5月10日发布的《关于〈医疗事故处理办法〉若干问题的说明》中明确规定:"……因诊疗护理工作是群体性活动,构成医疗事故的行为人,还应包括从事医疗管理、后勤服务人员。"我们认为,上述意见都有一定道理,置于医疗损害责任纠纷中判断医务人员的范围,离不开医疗损害责任纠纷本身区别于其他侵权责任纠纷案件的本质特征,即针对患者在诊疗活动中受到的损害承担责任来进行判断,比如某医院的驾驶员驾驶救护车将已经就在该医院就诊完毕走出医院的患者撞伤,这与普通交通事故无异,当然不属于医疗损害责任纠纷案件,即使这时交通事故发生地在医院内,也不属于医疗损害责任纠纷案件,因为这与诊疗行为无关,在这种情况下虽然都发生医院对该工作人员的替代责任,但此并非医疗损害责任意义上的替代责任,而是适用用人者责任以及交通事故责任的一般性规定。再如,肖某到某医院治疗,经会诊须对心脏进行手术。在手术期间,该医院的照明电路突然发生故障停电,正巧当天值班电工脱岗,找寻不到。医院本有两个用电线路,但电工不在,配电室钥匙无法开启,致使无法拉另一线路的电闸。一个小时后,电工回来,但患者已经死在手术台上。这一案例中直接存在过错的行为主体是医院的电工,并由此过错行为导致了处于诊疗活动中的患者死亡的后果，实务上应当认定本案属于医疗损害责任纠纷的范畴。

（三）关于诊疗活动

1. 诊疗行为的界定。诊疗行为是医疗损害侵权责任产生的前提，本条表述为诊疗活动。关于诊疗活动的概念，学界并无统一概念，比如有的意见认为，诊疗行为是指临床医务人员为了诊断、治疗疾病，或者对患者的健康状况进行评价，使病人尽快康复和延长其寿命而进行的临床实践活动。① 此为较为狭义的界定。另有意见认为，诊疗行为是指医疗机构及其医务人员通过各种检查，使用药物、器械及手术等方法，对疾病作出判断和消除疾病，缓解病情，减轻痛苦，改善功能，延长生命，帮助患者恢复健康的临床医学实践行为。简言之，诊疗行为就是医疗机构或者其医务人员在诊疗活动中的临床实践行为。② 此为中义范围的界定。我国台湾地区学者朱柏松教授的观点为："医疗行为若从广义的概念加以认识，系指包括疾病、伤害之诊断、治疗，治疗后情况之判定，以及疗养指导等具有综合性的行为为内涵的法律事实。就目前医院或诊所的惯行，上述医疗行为的具体内涵，包括属于诊断方面之问诊、听诊以及检查，属于治疗方面之注射、给药、敷涂（外伤药物）、手术、复健，属于治疗情况判定之追踪、检证。"③ 我国学者还有意见认为，医疗行为时若欠缺医师的医学判断及其技术，则对人体会有危害的行为。④ 王利明教授认为，诊疗行为是指医疗机构及其医务人员借助其医学知识、专业技术、仪器设备及药物等手段，为患者提供的紧急救治、检查、诊断、治疗、护理、保健、医疗美容以及为此服务的后勤和管理等维护患者生命健康所必需的活动的总和。⑤ 此为广义范围的界定。随着现代医学的发展，许多

---

① 杨志寅等：《论规范化诊疗行为模式的建立》，载《中国行为医学科学》2004年第6期。
② 杨立新：《医疗损害责任构成要件的具体判断》，载《法律适用》2012年第4期。
③ 最高人民法院侵权责任法研究小组编著：《〈中华人民共和国侵权责任法〉条文理解与适用》，人民法院出版社2010年版，第386页。
④ 龚赛红：《医疗损害赔偿立法研究》，法律出版社2001年版，第7页。
⑤ 王利明主编：《中国民法典学者建议稿及立法理由：侵权行为编》，法律出版社2005年版，第265页。

医疗相关行为已超出以诊疗目的为基础的狭义医疗行为定义的范畴。将定义扩大，把非诊疗目的性的医疗行为纳入其中，符合医学的目的性。而依医学的目的性要求即比较周全地保护民众的利益，也应当将非诊疗目的性的医疗行为纳入其中，以利规范。这也符合国际发展趋势。比如在日本，通说认为，"医行为是指若欠缺医师的医学判断及其技术，则对人体会有危害的行为"。① 在我国台湾地区，医疗行为是指"凡以治疗、矫正或预防人体疾病、伤害残缺或保健为直接目的所为之诊察、诊断及治疗或基于诊察、诊断结果，以治疗为目的所为之处方或用药等行为之一部或全部之总称"。而根据我国《医疗机构管理条例实施细则》第88条的规定，诊疗活动是指通过各种检查，使用药物、器械及手术等方法，对疾病作出判断和消除疾病、缓解病情、减轻痛苦、改善功能、延长生命、帮助患者恢复健康的活动。从目前的审判实践看，这一定义模式较为妥当，诊疗活动的范围可以作较为宽泛的界定，诊疗活动应当包括诊断、治疗、护理等环节，但不宜将一般性的医疗机构后勤及管理方面的行为认定为诊疗活动，这也没有法律依据，这与诊疗活动本身的专业性也没有任何关系。

一般而言，诊疗活动的基本特征是：第一，诊疗行为是以治疗、矫正或预防人体疾病、伤害残缺或保健为直接目的的行为，直接表现为使患者尽快恢复健康，延长寿命；第二，诊疗行为是借助于医学的方法和手段的行为，包括检查、药品、器械、手术等方法进行预防、判断和治疗；第三，诊疗行为是医疗机构组织，由医务人员实施的行为。②

准确界定诊疗行为对于科学确定医疗损害责任纠纷具有关键作用，医疗机构因过错诊疗行为导致患者损害的，无疑要承担医疗损害责任。在《医疗损害责任纠纷司法解释》起草过程中，也有地方高院建议规定"当事人因医疗机构非诊疗行为造成其损害向人民法院提起诉讼的，不适用本解释"。这一建议有一定道理，但按照《民法典》

---

① 龚赛红：《医疗损害赔偿立法研究》，法律出版社2001年版，第6页。
② 参见杨立新：《医疗损害责任构成要件的具体判断》，载《法律适用》2012年第4期。

第1218条的表述，"患者在诊疗活动中受到损害"，从文义上讲，要比"患者因诊疗活动受到损害"的范围要更加宽广，即患者受到的损害即使非因诊疗活动本身所导致，但损害发生在诊疗活动中，也属于医疗损害责任纠纷的范畴。尤其是涉及医疗机构在管理、后勤等方面存在过错行为，且这一过错行为能够作用于医疗机构的诊疗活动，并最终反映为医疗机构的延误治疗或者错误治疗，从而导致患者损害情形，这时仍应属于医疗损害责任纠纷。也正因如此，前述案例中的患者，正在进行心脏手术时因医疗机构工作人员脱岗导致停电未及时供电而无法进行手术而死亡的案件属于医疗损害责任纠纷。概言之，医疗服务的后勤和管理等维护患者生命健康所必须的活动虽然不属于诊疗活动本身，但对于维护患者生命健康所必须的后勤和管理行为导致患者损害的案件，在符合本条规定的其他条件情况下，应当界定为属于医疗损害责任纠纷。

2. 关于"诊疗活动中"的界定。患者在医疗机构受到的损害肯定也不能与医疗损害责任完全画等号，从法律适用范围的基本构成要件上看，其关键区别点在于其损害发生是在"在诊疗活动中受到"。有意见认为，在司法实践中，一般可以运用排除法来明确哪些情形不属于诊疗行为，具体有四种情形可以认定为非医疗行为：一是医院设施有瑕疵导致患者摔伤或在医院自残、自杀。二是医院管理有瑕疵导致损害，如抱错婴儿。三是医生故意伤害患者。四是非法行医致人伤害。[①]

上述用排除法的方法界定诊疗行为具有积极意义，但所列举的行为类型似值得商榷。比如单纯地在医院自残、自杀行为显然不是医疗损害责任，因为这与诊疗活动毫无关系，似不必列举。而医院设施有瑕疵导致患者摔伤的情形，则需要根据不同案件情况作具体分析。比如这时如果存在医务人员违反护理规范的情形时，也应属于医疗损害责任纠纷；在接受医学影像诊疗过程中由于医疗器械本身的缺陷或者

---

① 参见最高人民法院侵权责任法研究小组编著：《〈中华人民共和国侵权责任法〉条文理解与适用》，人民法院出版社2010年版，第386页。

安装、维护不及时等导致患者摔伤或者砸伤等情形，也应属于在诊疗活动中受到的损害，应属于医疗损害责任纠纷。至于单纯发生在医院内的物件致人损害，比如高空坠物等，并不存在医疗机构违反诊疗规范或者与诊疗活动密切相关的情形，而是与一般的物件致人损害无异，不宜界定为医疗损害责任纠纷。换言之，在医院受到的与诊疗活动无关的损害，比如患者近亲属在取药时不慎在楼梯滑倒等情形，或者虽为医院工作人员甚至医务人员实施但与诊疗活动无关的行为造成他人（包括患者）损害的，也不宜界定为医疗损害责任纠纷，在法律适用上也不应适用医疗损害责任的规定。至于医院其他工作人员实施的伤害他人行为，则要看是否属于执行用人单位工作任务导致他人损害的情形，属于这一情形，则应当认定为用人单位责任纠纷；若不属于这一情形，则应定为一般的侵权责任纠纷，适用过错责任的一般规定。

另外，对于医院护理有瑕疵导致损害的情形，比如抱错婴儿的情况，这通常存在医疗机构或者其医务人员的护理过失情形，应当属于医疗损害责任纠纷案件。比如"通化抱错孩子案"：赵某强、宫某夫的儿子上大学验血型的时候发现是 AB 型，而夫妇二人都是 B 型。经多方查找，系 20 年前医院抱错孩子，把当时邻床孙某东、李某野夫妇的孩子抱错，最后法院判决医疗机构赔偿 50 多万元。但对于医院管理方面的瑕疵导致损害案件是否属于医疗损害责任纠纷的问题，则要看此是否符合医疗损害责任纠纷的基本要素。一方面应当看主体是否适格，即受害人是否属于患者或者患者近亲属，侵权人是否是医疗机构的问题，这里就隐含着双方之间存在医疗关系或者医疗服务合同关系的要求。若不存在这一医疗关系，当然不能构成医疗损害责任纠纷。另一方面要看患者一方损害是否系"诊疗活动中"遭受的损害。对此要作适当从宽解释，要包括诊断、治疗、护理活动各个环节，这样既符合广大人民群众运用一般社会经验或者常理判断，老百姓会将此类纠纷认为是医疗损害责任纠纷，不至于给老百姓如何主张权利带来困惑，更进一步来说，这也符合运用医疗损害的法律适用规则更好地平衡兼顾医患关系的立法目的。但是不符合上述要求的医疗机构因管理瑕疵（比如与诊疗活动无关的管理事务）导致他人（比如非患者）损害的情形，则不宜界定为医疗损害责任纠纷。

【审判实践中应注意的问题】

关于本条的适用，要注意有关举证责任分配的问题。在患者与医疗机构之间如何分配举证责任，是医疗损害责任纠纷案件中争议较大、受到广泛关注的重要问题。《医疗损害责任纠纷司法解释》第4条[①]对诊疗过错责任纠纷的举证责任作了系统规定。我们认为，在新的司法解释出台前，该条规定内容与《民法典》相关条文并不冲突，可以在实践中继续适用。该条内容主要包括以下三个方面：

一、明确了诊疗过错责任纠纷类型下的举证责任一般规则

2001年《民事诉讼证据规定》关于医疗损害责任纠纷中因果关系和过错要件适用举证责任倒置的做法虽然缓和了患者举证责任，[②]也在一定时期内起到其应有作用，但这也被证明存在不利于医学发展进步，不利于从根本上维护患者看病就医的权利。《医疗损害责任纠纷司法解释》第4条根据《侵权责任法》第54条这一立法上较此前实务做法的重大变化并结合域外做法及各地实践经验，经过慎重研究，最终明确了司法解释须遵守立法本意的基本思路，即按照过错责任原则的一般要求，根据《民事诉讼法》第64条及《民事诉讼法司法解释》第91条的规定确定举证责任分配规则，明确规定了患者主张医

---

① 《医疗损害责任纠纷司法解释》第4条规定："患者依据侵权责任法第五十四条规定主张医疗机构承担赔偿责任的，应当提交到该医疗机构就诊、受到损害的证据。患者无法提交医疗机构及其医务人员有过错、诊疗活动与损害之间具有因果关系的证据，依法提出医疗损害鉴定申请的，人民法院应予准许。医疗机构主张不承担责任的，应当就侵权责任法第六十条第一款规定情形等抗辩事由承担举证证明责任。"

② 2001年《民事诉讼证据规定》第4条第1款第8项规定：因医疗行为引起的侵权诉讼，由医疗机构就医疗行为与损害结果之间不存在因果关系及不存在医疗过错承担举证责任。

疗机构承担诊疗过错赔偿责任的，应当提交到该医疗机构就诊、受到损害的证据。至于因果关系、诊疗过错的构成要件事实，则可以通过申请鉴定来解决。

二、关于举证责任的缓和

《医疗损害责任纠纷司法解释》第4条以构建和维护和谐医患关系为出发点，在大量实证调研和借鉴域外经验做法的基础上，为避免因举证责任分配不当而导致双方实体权利义务显著失衡而激化医患矛盾的问题，充分考虑患者存在医学专业性不足等客观障碍，对患者进行了适当的举证责任缓和。首先，在实践中对于出现的把手术刀、棉纱等遗落在患者身体中，或者诊断为左肾有病却将右肾切除等显而易见的过错，亦无须再由患者进一步提供证明医方有过错的证据，即视为患者一方已经完成了举证证明责任，此即事实自证规则。本章规定诊疗损害责任为过错责任的同时，规定在违反诊疗法规规范，隐匿或者拒绝提供病历资料，遗失、伪造篡改或者销毁病历资料三种情形下推定诊疗行为有过错。这从某种意义上讲，这也是对患者举证证明责任的缓和。其次，对于医疗损害过错及因果关系的举证，本质上还是一个专业判断问题，核心在于谁来申请鉴定的问题，《医疗损害责任纠纷司法解释》第4条即明确了对于患者无法提供证据证明医疗一方有过错和因果关系的，可以通过申请鉴定的方式予以证明，这无疑也是从诉讼程序上对患者一方采取的缓和其举证责任的方法。在此需要注意的是，这一患者申请鉴定的规定不宜理解为排他性规定，即将申请鉴定的权利或者义务都限定在患者一方。最后，免责、减责的情形作为抗辩事由，独立于请求权基础事实。在患者主张诊疗损害侵权赔偿时，医疗机构关于免责、减责事由的主张系抗辩性事实主张，产生独立的举证责任。

三、有关医师外出会诊责任的问题

在《民法典》侵权责任编编纂之初，曾有关于医师外出会诊责任的规定,但《民法典》最终对此未作规定。医师外出会诊(以下简称会诊)是当前医疗实践中普遍存在的一种现象,按照《医师外出会诊管理暂行规定》第2条规定,是指医师经所在医疗机构批准,为其他医疗机构特定的患者开展执业范围内的诊疗活动。医师外出会诊对于促进医学交流与发展,提高医疗水平,保证医疗质量和医疗安全,方便群众就医,实现医疗资源优化配置、提高医疗服务水平、维护人民群众身心健康、满足人民群众不断增长的医疗需求具有重要意义。但在会诊过程中,由于涉及发出邀请的医疗机构(以下简称邀请医疗机构)、接受邀请的医疗机构(以下简称会诊医疗机构)、会诊医师和患者四方当事人,一旦造成患者损害,如何确定法律责任,缺乏相应的法律规定,亟须明确有关法律适用规则。针对这一问题,《医疗损害责任纠纷司法解释》第20条规定:"医疗机构邀请本单位以外的医务人员对患者进行诊疗,因受邀医务人员的过错造成患者损害的,由邀请医疗机构承担赔偿责任。"即确立了由邀请医疗机构承担责任的规则。我们认为,这一规则符合会诊制度的基本目的:一是方便居民就医,满足居民的医疗需求;二是促进医学交流与发展,提高医疗服务水平,优化医疗资源配置。这其中,除了有益于患者外,对于邀请医疗机构也大有裨益:第一,会诊可以加强邀请医疗机构与外院的交流,提高邀请医疗机构的医疗技术和服务水平,有助于邀请医疗机构的长远发展。第二,通过会诊,患者往往不再需要转院治疗,客观上增加了邀请医疗机构的经济收入,同时也有利于邀请医疗机构医疗技术和服务水平的提高。实践中,邀请医疗机构一般是县乡级及其以下的基层医疗机构,或是地处落后边远地区或是医疗技术服务水平较低的医疗机构,如果会诊医疗机构承担过重责任,可能会对会诊医疗机构产生阻吓作用而拒绝会诊邀请,不利于患者利益的实现和边远落后地区的医疗发展。[1]因此,从制度设计的目的看,由邀请医疗机构承担责任而不由会诊医疗机构承担责任,对于促进医学交流与发展,提

---

[1] 柳芃:《医师外出会诊致人损害的侵权责任研究》,载《医学与哲学(A)》2015年第8期。

高社会整体医疗水平，方便群众就医具有积极意义。

至于患者个人邀请医务人员诊疗的情形，这涉及是否经过其所在医疗机构委派或者同意的问题。依据《医师外出会诊管理暂行规定》的规定，医师未经所在医疗机构批准，不得擅自外出会诊，否则将构成违法行医。如果属于这一情形，医疗机构并不存在过错，应按照过错责任的一般规则确定该医务人员的侵权责任。

> **第一千二百一十九条** 医务人员在诊疗活动中应当向患者说明病情和医疗措施。需要实施手术、特殊检查、特殊治疗的，医务人员应当及时向患者具体说明医疗风险、替代医疗方案等情况，并取得其明确同意；不能或者不宜向患者说明的，应当向患者的近亲属说明，并取得其明确同意。
>
> 医务人员未尽到前款义务，造成患者损害的，医疗机构应当承担赔偿责任。

【条文主旨】

本条是关于医疗机构说明义务及相应法律后果的规定。

【条文理解】

一、关于医务人员说明义务概述

医务人员的说明义务源自20世纪初叶，美国1914年就有相关判例，某患者因脊椎方面的疾病到医院接受手术治疗，术前医院向患者告知该手术可能导致死亡，但未告知可能导致残疾。术后患者残疾，以医院告知不足为由要求损害赔偿，法院判决支持患者的请求。其后各国法律对此都作出相应的规定，也出现了大量的相关判例。[1] 随着医学的不断发展进步，现代医患关系模式已经从将患者视为孩童、以

---

[1] 王胜明主编：《〈中华人民共和国侵权责任法〉条文解释与立法背景》，人民法院出版社2010年版，第216页。

医学判断之优位而自居的"父权主义"模式[1]发展成为一种以医患之间的契约关系为基础的利益信赖型医患模式,医生的说明义务正是基于这一医患关系模式应运而生。在这一模式下,医生与患者之间地位的平等,在尊重医生专业判断的基础上,患者的自主决定权也越来越受到重视。赋予医生的说明义务是保护患者自主决定权的前提,是意思自治原则的具体体现,也是医疗风险在医患双方之间进行有机分配,平衡双方的利益的需要。一方面,医生的告知义务要求医生不得任意凭借自己的专业判断将医疗行为的不良后果转嫁到患者身上,而是给予患者对医疗风险说"不"的权利和机会。另一方面,医生的告知义务也为医方提供了减轻或免除责任的机会,若医生将医疗方案及医疗风险等信息告知了患者,而患者依然选择进行治疗时,患者就要自行承担相应的不利后果,医方即可以其告知义务的履行而主张减轻或免除对患者的侵权责任。[2]

  从现行法律法规规定上讲,有关医事法律法规也对医务人员的说明义务作了规定。比如,根据《执业医师法》第26条规定,医师应当如实向患者或者其家属介绍病情,但应注意避免对患者产生不利后果。医师进行实验性临床医疗,应当经医院批准并征得患者本人或其家属同意。根据《医疗事故处理条例》第11条规定,在医疗活动中,医疗机构及其医务人员应当将患者的病情、医疗措施、医疗风险等如实告知患者,及时解答其咨询;但是,应当避免对患者产生不利后果。根据《医疗机构管理条例》第33条规定,医疗机构施行手术、特殊检查或者特殊治疗时,必须征得患者同意,并应当取得其家属或者关系人同意并签字;无法取得患者意见时,应当取得家属或者关系人同意并签字。根据《医疗机构管理条例实施细则》第62条规定,医疗机构应当尊重患者对自己的病情、诊断、治疗的知情权利。在实

---

[1] 赵西巨:《论违反告知义务之医疗侵权形态的特殊性》,载《山东大学法律评论》2009年第3期。

[2] 武慧琴:《论违反医疗告知义务的侵权责任》,载《南华大学学报(社会科学版)》2014年第4期。

施手术、特殊检查、特殊治疗时,应当向患者作必要的解释。因实施保护性医疗措施不宜向患者说明情况的,应当将有关情况通知患者家属。此外,《病历书写基本规范》第10条对说明义务的要求作了进一步细化:"对需取得患者书面同意方可进行的医疗活动,应当由患者本人签署知情同意书。患者不具备完全民事行为能力时,应当由其法定代理人签字;患者因病无法签字时,应当由其授权的人员签字;为抢救患者,在法定代理人或被授权人无法及时签字的情况下,可由医疗机构负责人或者授权的负责人签字。因实施保护性医疗措施不宜向患者说明情况的,应当将有关情况告知患者近亲属,由患者近亲属签署知情同意书,并及时记录。患者无近亲属的或者患者近亲属无法签署同意书的,由患者的法定代理人或者关系人签署同意书。"《侵权责任法》第55条第1款规定:"医务人员在诊疗活动中应当向患者说明病情和医疗措施。需要实施手术、特殊检查、特殊治疗的,医务人员应当及时向患者说明医疗风险、替代医疗方案等情况,并取得其书面同意;不宜向患者说明的,应当向患者近亲属说明,并取得其书面同意。"该条第2款规定:"医务人员未尽到前款义务,造成患者损害的,医疗机构应当承担赔偿责任。"《民法典》第1219条基本沿用了这一规定,但在有关要求上作了突出强调:一是有关说明义务的履行,必须是"具体说明",这是新增的要求,即相关说明内容要针对病情,事项要具体,不宜采取笼统的含糊的说明,这对说明义务的规范化具有积极作用。二是取得患者一方同意不再硬性要求是书面形式,但应当取得其"明确"同意,也就是此"同意"的意思表示应该是清楚明确的,有关证据的证明也要达到此要求。三是将"不宜向患者说明的"修改为"不能或者不宜向患者说明的"。通说认为,本条是关于患者说明义务的规定。上述的医事法律法规的内容与本条规定一起构成了完备的医务人员说明义务规范体系。

二、医务人员说明义务的内容

依据上述规定的内容,医务人员的说明义务主要包括:

其一,纯粹的说明义务。在这种情况下,医务人员需要说明的信息主要为病情和医疗措施。具体说来,病情包括疾病的性质、严重程度、发展变化趋势等信息,还包括诊断信息,即疾病名称、诊断依据等;医疗措施包括可供选择的医疗措施、各种医疗措施的利与弊、根据患者的具体情况拟采用的医疗措施、该医疗措施的治疗效果和预计大致所需的费用、可能出现的并发症和风险以及不采取医疗措施的危险性等。

其二,取得患者或者其近亲属明确同意的义务。在这种情况下,医务人员除了履行向患者说明病情和医疗措施的义务以外,还应当及时向患者说明医疗风险、替代医疗方案等情况。所谓医疗风险,是指医疗措施可能出现的并发症、后遗症、不良反应等风险;代替医疗方案信息包括可选择的几种手术方案及其利弊等信息。这种特殊说明义务适用的条件是患者需要实施手术、特殊检查、特殊治疗。[①] 对于特殊检查、特殊治疗,依据《医疗机构管理条例实施细则》第88条的规定,包括:(1)有一定危险性,可能产生不良后果的检查和治疗;(2)由于患者体质特殊或者病情危笃,可能对患者产生不良后果和危险的检查和治疗;(3)临床试验性检查和治疗;(4)收费可能对患者造成较大经济负担的检查和治疗。依据本条的规定,不宜向患者说明的情形,例如将会造成患者悲观、恐惧、心理负担沉重,不利于治疗的,应当向患者近亲属说明,并取得其明确同意。

在此需要注意的是,上述医事法规所规定的医务人员取得明确同意的对象与本条规定不尽一致。我们认为,如果上述规定与本条规定在文本含义上相冲突的,则不能再予以适用;但如果仅是规定不一致,或者有关医事法规规定的内容更加具体细化,不能认定为是冲突规定,则可以按照特别法优于一般法的规则,适用特别法的规定。比如,《民法典》已经采用了近亲属的概念,《执业医师法》《医疗机构管理条例》等关于"家属"的提法,不宜再予适用,而应统一适用

[①] 最高人民法院侵权责任法研究小组编著:《〈中华人民共和国侵权责任法〉条文理解与适用》,人民法院出版社2010年版,第396页。

《民法典》的规定。但是在情况非紧急即不属于第1224条规定情形时，仍找不到患者近亲属的，这时不能认为《病历书写基本规范》第10条规定的"患者无近亲属的或者患者近亲属无法签署同意书的，由患者的法定代理人或者关系人签署同意书"与本条规定相冲突，而恰恰是第1224条没有规定的情形，故可以继续适用。

当然，并不是在一切情况下医疗机构都需要履行说明义务。有观点认为，不需要加以说明的情况有：一是依据法律给予医生强制治疗的权限；二是危险性极其轻微，发生的可能性几乎没有；三是患者非常清楚自己的症状；四是患者自愿放弃接受医生的说明；[①] 五是由于事态紧急无法取得患者的承诺；六是如果加以说明可能给患者招致不良影响。[②] 最后一种情形需要进一步检讨。当患者得了绝症的时候，医疗机构有必要在适当时间以适当方式告知患者的近亲属，并取得患者近亲属的同意。只有这样才能够体现对患者的尊严与自由的尊重。履行告知义务，医生有自由裁量权，但应当限制，除非对患者履行告知义务对患者的健康有损害，否则都应当对患者善尽告知义务。一方面，告知说明的内容要明确具体；另一方面，如果不宜向患者履行告知义务的，医务人员应当向患者的近亲属说明，需要患者作出选择的，应当取得患者近亲属明确同意。

患者是否具有完全的意思表示能力，是告知义务履行中的重大问题。如果患者具有完全民事行为能力，那么医疗机构就必须向其本人履行告知义务，患者本人就是同意医治的主体。如果患者为限制民事行为能力或者无民事行为能力人，医疗机构必须向其监护人履行告知义务，患者的监护人就是同意医治的主体。在未得到患者或者其监护人同意的情况下，医疗机构具有侵袭性的医疗行为就不具备合法基

---

① 关于放弃知悉权的规定仅见于《荷兰民法典》第7：449条，倘若病人明示不愿接受信息，则就不应当提供信息，除非不提供信息对病人或其他人的不利后果超过了病人放弃信息的利益。[德] 冯·巴尔：《欧洲比较侵权行为法》（下卷），焦美华译，法律出版社2001年版，第389页。转引自杨立新：《侵权法论》（第五版），人民法院出版社2013年版，第578页。

② 参见段匡、何湘渝：《医生的告知义务和患者的承诺》，载梁慧星主编：《民商法论丛》（第12卷），法律出版社1999年版，第162页。

础。如果医疗机构怠于获得患者本人或者其监护人的同意，那么医疗机构很有可能使患者错过医治的最佳时机。[①]

三、违反说明义务医疗损害责任的构成要件和具体类型

（一）违反说明义务医疗损害责任的构成要件

1.违法行为。医务人员违反说明义务承担侵权责任的违法行为，表现为违反法定义务。医疗机构和医务人员的告知或保密等义务是一种法定义务。行为人违反这些法定义务，其行为就具有了违法性。是否尽到告知义务的标准，应当采取合理医生和具体患者说，医师若能预见患者有意思决定表示重视该情报，且该情报为这位医师知道或应当知道时，医师对这类情报负有说明义务。[②]我们认为，判断医疗机构是否尽到告知义务的标准分为如下三个层次：（1）当患者没有提出医疗期待时，医疗机构应该履行当前医疗水平告知义务。医疗机构应该首先向患者说明当前临床医疗实践中有效性和安全性[③]都得到认可的治疗方案。同时，医疗机构应该告知患者自己医院的类别（专科医院/综合医院）、所准备采用的医疗方案和实施能力以及本院是否达到当前专科医院的一般医疗水平等。（2）在医疗过程中，医生应告知所患病名，告知可以选择的治疗方案，告知治疗方法和结果，告知药品的使用方法，治疗费用的情况，继续治疗和转医转诊方案，并应告知愈后、康复的注意事项。（3）当患者提出其他医疗期待时，医疗机构应该履行对有效性和安全性尚处于被验证的医疗方案的告知义务。结合医院所处的环境等因素，某些医院还应该履行国际上有效性和安全性得到认可或正在被验证的疗法的告知义务。

2.损害事实。医务人员违反说明义务侵权责任构成要件的损害事实主要表现为侵害了患者的知情权、自我决定权、隐私权等。具体表

[①] 杨立新：《侵权法论》（第五版），人民法院出版社2013年版，第577~578页。
[②] 参见龚赛红：《医疗损害赔偿立法研究》，法律出版社2001年版，第172页。
[③] 有关医疗水准的讨论，参见［日］新美育文：《医师的过失》，夏芸译，载张新宝主编：《侵权法评论》（第2辑），人民法院出版社2003年版，第164~174页。

现为人身损害、精神损害和财产损害。

3.因果关系。医务人员违反说明义务侵权责任的因果关系要件，仍然是医疗违法行为与损害事实之间的引起与被引起的关系。这种因果关系主要表现为未善尽说明义务的行为与知情权、自我决定权、隐私权以及相关利益受到损害之间的引起与被引起的关系，前者为因，后者为果。这种因果关系的证明，就患者一方而言，实行举证责任缓和，具体可适用《医疗损害责任纠纷司法解释》第4条、第5条的规定。

4.存在医疗过错。医务人员违反说明义务侵权责任构成的过错要件，如果存在未善尽说明义务，即可认定医疗机构具有过错。

（二）违反说明义务医疗损害责任的具体类型

通常而言，医务人员违反说明义务的情形包括两种：一是违反说明义务造成自我决定权损害但未造成人身实质性损害的责任；二是违反说明义务造成患者人身实质性损害责任。现分述如下：

1.违反说明义务造成自我决定权损害但未造成人身实质性损害时的责任。这是指医疗机构未对病患充分说明其病情，未对病患提供及时有用的医疗建议的医疗损害责任，造成了受害患者的自我决定权的损害。这种损害包括在本条第2款的"损害"之中。这种医疗损害责任违反的是医疗良知和医疗伦理，没有善尽对患者所负的说明义务、建议义务等积极提供医疗资讯义务的过失，侵害患者知情权的侵权行为。日本司法实务中对此类违反告知义务的情形，由医疗机构承担责任持肯定态度。在"日本×教派教徒输血医生未尽告知义务案"中，"×教派"的忠实教徒A罹患肝脏肿瘤，就诊于东京大学医科学研究所附属医院，患者A在就诊时明确表示因输血违背自己的宗教信念而拒绝接受伴有输血的医疗行为，但是在接受肝脏肿瘤摘除手术的时候，医生对她实行了伴有输血的医疗行为，手术成功。该患者后来得知自己在医疗过程中被输血的消息后，精神极度痛苦。于是，该患者对医院及医生提起损害赔偿之诉。后来，该患者在诉讼中死亡，由其继承人继承诉讼。日本东京地方法院1997年3月12日一审认为，为救他人的生命而进行的输血行为，乃属于社会上的正当行为，以无违法性为由驳回原告的诉讼请求。二审法院认为，因医师违反说明义务，以至于患者的自我决定权受到侵害，因此被告的行为构成侵权行为，判令被告赔偿原告55万日元。三审法院即最高裁判所第三小法庭认为，患者认为输血会违反自己宗教信念而明确拒绝伴有输血的医疗行为的意思时，该意思决定权应为人格权之内容，医院对此意思决定权应予以尊重。在本案的上述事实下，手术时除输血以外别无其他救命方法。但在入院时，医生应对患者说明在医疗过程中必要情况下，还是要输血。是否要接受该医院的手术，应该属于患者的自我决定权。本案被告怠于履行上述告知义务，因此可以认为其已经侵害了患者的意思决定权，即被告已经侵害了患者的人格权。因此，被告应该就受害人所受的精神痛苦负担慰抚金损害赔偿责任。[①]手术中患者失血过多，必须输血，因此，本案的医师并非给患者输血具有过失，而是未向患者履行告知义务。

在我国理论和实务中，对于医疗机构或者其医务人员违反说明义务并未造成患者实质性人身损害的情况下，是否确定医疗机构应当承担赔偿责任的问题，具有较大争议。这涉及医患利益平衡保护乃至维护医学进步、保护全体患者利益的问题，在理论上也涉及对精神损害赔偿的认识问题，需要进一步研究探讨。

2.违反说明义务造成患者人身实质性损害时的责任。医疗机构未尽说明义务，擅自进行医疗行为，侵害了病患的自我决定权，同时积极采取某种医疗措施或者消极停止继续治疗，造成患者的人身实质性损害。这种医疗损害责任类型违反的也是医疗良知和医疗伦理，未经患者同意，采取积极行为或者消极行为，造成了患者的人身损害，应当承担人身损害赔偿责任。这类纠纷中医疗机构应当承担责任在国外的判例中有明确体现。比如在一个案件中，医疗机构未经患者同意擅

[①] 本案为日本最高裁判所2000年2月29日第三小法庭判决。本案的素材系由日本东海大学法学部刘得宽教授提供。转引自杨立新：《侵权法论》（第五版），人民法院出版社2013年版，第574~575页。

自切除患者乳房，法院判决医疗机构承担了相应赔偿责任。在该案中，原告的右乳房发现恶性肿瘤，在得到其同意的情况下实施了乳房切除手术。但在切除了右乳房后又对其左乳房作了病理切片检查，发现左乳房属于乳腺症，医师在没有得到本人同意的情况下，将其左乳房也切除了。判决认为，全部切除女性乳房内部组织对于患者来说从生理机能到外观上都是具有非常重大后果的手术，为此，被告在进行切除原告左乳房手术时，必须重新取得患者的同意。在获得患者同意前，医师有必要就症状、手术的必要性作出说明，像本案件这样手术有无必要存在不同见解的场合，患者是否接受手术的意思更有必要尊重。因此认为，医师应当把上述情况向患者做出充分说明并取得同意后才能进行手术。医师在没有取得患者同意的情况下切除左乳房手术的行为属于违法行为，判决其支付损害赔偿金。[1]这种侵权行为是典型的未经同意而采取积极的医疗行为，所侵害的是患者的自我决定权。[2]在我国审判实务中，对此也有鲜明体现，比如在一个案件中，未婚女青年小红前往北京某体检中心进行健康体检，进行妇科检查时处女膜破裂。北京市某法院以体检中心违反了医疗机构的特定告知义务，存在主观过错为由，终审判令体检中心赔偿小红精神损害抚慰金10000元、交通费300元以及医疗费50元。这一案件系侵害了患者的自主决定权，但也是在客观上存在造成患者人身损害的后果。

【审判实践中应注意的问题】

一、关于医务人员违反说明义务案件的举证责任问题

我们认为，医疗机构是否尽到说明义务的举证责任，原则上应当

---

[1] 判例时报第660号，日本判例时报社，第62页。转引自段匡、何湘渝：《医师的告知义务和患者的承诺》，载梁慧星主编：《民商法论丛》(第12卷)，法律出版社1999年版，第159~160页。

[2] 杨立新：《侵权法论》(第五版)，人民法院出版社2013年版，第575~576页。

由患者承担，因为这实质上是医疗机构及其医务人员是否有过错的问题，由患者来举证，符合医疗损害责任采过错责任原则的基本法理。而且这也涉及专门性问题，通常需要通过鉴定来解决，明确由患者举证，本质上仅是涉及由谁来申请启动鉴定程序的问题。要求医疗机构承担过重的举证责任，也可能会引发医疗机构的保守治疗、过度检查等问题，不仅给医疗机构带来过重的负担，也不利于医学的进步，最终影响的是全体患者的利益。《医疗损害责任纠纷司法解释》第5条对于医务人员违反说明义务案件的举证责任问题作了明确规定。该条内容在"谁主张、谁举证"的基础上，对患者实行一定程度的举证责任缓和。其中，第1款按照过错责任的基本法理，对患者的举证责任作出了规定。这一做法符合上述《民事诉讼法司法解释》第91条所确立的举证证明责任分配的一般规则，即主张权利受到妨害的当事人，应当对权利受到妨害的基本事实承担举证证明责任。该条第2款则在实施手术、特殊检查、特殊治疗的情形下对患者一方实行了举证责任缓和，进一步规定了医疗机构提供了患者或者患者近亲属的书面同意①证据的，人民法院可以认定医疗机构尽到说明义务，以避免给医疗机构过重的负担，同时又规定了一个除外条款，即在患者提供了相反证据的情况下，仍应认定医疗机构未尽到说明义务，以有效保护患者合法权益。由于医疗机构说明义务的范围问题非常复杂，可能因具体疾病的不同而不同，这涉及专业判断问题，患者可以通过申请鉴定的方式来举证。

二、关于医务人员违反说明义务的精神损害赔偿规则

对于医务人员违反说明义务的医疗机构精神损害赔偿问题，审判实践中有不同意见。一种意见认为，医务人员违反说明义务时，医疗机构应当承担相应的精神损害赔偿责任；另一种意见认为，医务人员未尽到说明义务，仅损害患者知情同意权而未损害患者人身、财产权

---

① 《民法典》侵权责任编将"书面同意"改为"明确同意"，关于说明义务的要求自然要以《民法典》侵权责任编的规定为准。

益的,医疗机构不承担赔偿责任。《医疗损害责任纠纷司法解释》在深入调研、充分论证的基础上,最终采纳了第二种意见,在第17条规定:"医务人员违反侵权责任法第五十五条第一款规定义务,但未造成患者人身伤害,患者请求医疗机构承担损害赔偿责任的,不予支持。"这一规定旨在平衡救济患者损害和有效推动医疗卫生事业发展,避免精神损害赔偿适用范围太广,给医疗机构造成不必要的负担,应当对"严重精神损害"从严把握,将此限定在造成患者人身损害的范围之内。这样也可以避免一些因医疗纠纷提起不必要的精神损害赔偿诉讼,从而加重医疗机构负担,不利于医患关系的和谐。但是,对于实施手术、特殊检查、特殊治疗的情形,本身即对患者利益影响较大,本章对这一情形都要求医疗机构征得患者明确同意。因此,在实施手术、特殊检查、特殊治疗的情形下,如果医务人员未尽到说明义务侵害了患者知情同意权,应当认定为给患者造成严重精神损害的情形。

具体而言,对于医疗机构违反告知义务情形下的精神损害赔偿的适用,不仅要符合本条对于"严重精神损害"的限定条件,还要满足上述的侵权责任构成的四要件,即主观过错、损害后果、违法行为和因果关系。在法律适用上,既要适用《民法典》侵权责任编中的第1219条的规定,也要适用第1218条的规定。

> **第一千二百二十条** 因抢救生命垂危的患者等紧急情况,不能取得患者或者其近亲属意见的,经医疗机构负责人或者授权的负责人批准,可以立即实施相应的医疗措施。

【条文主旨】

本条是关于紧急救治的规定。

【条文理解】

一、关于医疗机构紧急救治的具体情形

对生命垂危等紧急情况下的患者实施紧急救治是医疗机构及其医务人员履行救死扶伤职责的基本要求,也是医疗机构公益性特征的鲜明体现。《执业医师法》第24条规定:"对急危患者,医师应当采取紧急措施进行诊治;不得拒绝急救处置。"《医疗机构管理条例》第31条规定:"医疗机构对危重病人应当立即抢救。对限于设备或者技术条件不能诊治的病人,应当及时转诊。"对于紧急救治的具体操作程序,有关部门规章也作了规定,比如《医院工作制度》第40条附第6条规定:"……紧急手术来不及征求家属或机关同意时,可由主治医师签字,经科主任或院长、业务副院长批准执行。"《临床输血技术规范》第6条规定:"……无家属签字的无自主意识患者的紧急输血,应报医院职能部门或主管领导同意、备案,并记入病历。"《病历书写基本规范》第10条第1款规定:"为抢救患者,在法定代理人或被授权人无法及时签字的情况下,可由医疗机构负责人或者被授权的负责人签字。"《侵权责任法》在总结以往医事法律法规规定和医疗法律实

务的基础上，在第56条规定了医疗机构的紧急救治的规则，并在第60条对医疗机构免责事由再次作了规定。《侵权责任法》第56条规定："因抢救生命垂危的患者等紧急情况，不能取得患者或者其近亲属意见的，经医疗机构负责人或者授权的负责人批准，可以立即实施相应的医疗措施。"本条规定保留了这一规定，对于医疗机构实施紧急救助措施作了规定。

关于紧急情况的界定。依据《侵权责任法》第56条的规定，医疗机构履行紧急救治义务必须符合特定条件，并遵循一定的程序。医疗机构实施紧急救治行为的前提条件是抢救生命垂危的患者等紧急情况。所谓危急情况，系指患者的疾病或病情存在迫在眉睫的重大风险，来不及告知患者相关信息并征求其意见，如不立即采取相应抢救措施将危及其生命或对其身体健康造成重大不利后果。如某患者因交通事故腿大动脉破裂大出血应立即手术止血；某患者因坠楼头部严重受伤急需开颅清除瘀血，否则会丧失生命或造成瘫痪、植物人等严重后果的情况等。[①] 概言之，现行的医疗法规规章对于"紧急情况"的界定为：患者因疾病发作、突然外伤受害及异物侵入体内，身体处于危险状态或非常痛苦的状态，在临床上表现为急性外伤、脑挫伤、意识消失、大出血、心绞痛、急性严重中毒、呼吸困难、各种原因所致的休克等。一般来讲，上述情况中的紧急性可以概括为两类：一是时间上的紧急性，它是指医师的诊疗时间非常短暂，在技术上不可能作出十分全面的考虑及安排；二是事项上的紧急性，它是指采取何种治疗措施直接关系到患者的生死存亡需要医师作出紧急性的决断。需要说明的是，判断是否构成紧急情况，除了依据法律、法规和规章的规定外，还需要考虑以下两个方面因素：一是患者的生命健康受到伤病急剧恶化的威胁，这种威胁应当限定为对患者生命的威胁，而不能是对患者一般健康状况的威胁；二是患者生命受到的威胁是正在发生和实际存在的，患者伤病的急剧恶化对其生命安全的威胁不能是假想

---

① 胡雪梅：《论我国危急救治制度之合理构建》，载《社会科学》2013年第1期。

的，而应当是正在发生和实际存在的，不立即采取紧急救治措施必然导致患者死亡的后果。如果医师主观想象或虚幻地认为存在需要采取紧急救治的危险，而实际上这种危险并不存在，由于假想危险认识错误所采取的救治措施导致了不必要损害后果的，医疗机构还是应当承担责任。①

另外，本条仅规定了患者"生命垂危"的紧急救治问题，却没有规定患者存在重大身体健康风险需要紧急救治的问题，如某患者因操作机器而致三根手指的前端被切断，工友将其送到医院时已经因疼痛和失血而昏迷，此时其伤口已严重感染，如不立即切除该三根手指的剩余部分整个手掌甚至整个手臂都将不保，而等待患者苏醒对此行使医疗同意权完全来不及，在此情况下，为患者重大身体健康利益，也应有适用危急救治的相关法律规则的必要。②应该说，从本条规定的文义看，紧急情况不限于抢救生命垂危的患者的情况，还应当包括虽然患者的生命没有严重危险，但患者不能行使自我决定权，如果不采取紧急救治行为，患者的健康利益将严重受损的情况。具体实施紧急救治行为的是医疗机构的医务人员，但由于紧急救治是对患者自主决定权的一种限制和补充，关涉患者重大的生命健康利益，因而实施紧急救治行为应当严谨、慎重，为充分保障患者的利益，实施紧急救治行为应当经过一定的程序，即经过医疗机构负责人或者授权的负责人批准，医疗人员才能实施紧急救治行为。③

二、关于紧急救治与患者知情同意权的协调问题

《民法典》第1219条规定了医疗机构的说明义务和患者的知情同意权。从根本上讲，生命健康权属于患者本人，医疗机构在诊疗活动中应当尊重患者的自主决定权，这是患者的知情同意权一般原则的体

---

① 王胜明主编：《〈中华人民共和国侵权责任〉条文解释与立法背景》，人民法院出版社2010年版，第239页。
② 胡雪梅：《论我国危急救治制度之合理构建》，载《社会科学》2013年第1期。
③ 最高人民法院侵权责任法研究小组编著：《〈中华人民共和国侵权责任法〉条文理解与适用》，人民法院出版社2010年版，第404页。

现。患者在生命垂危的情况下往往产生认知障碍，不能正确恰当地行使知情同意权，人的生命价值此时优先于其知情同意权，从患者利益出发医疗机构得以实施紧急救治行为。但是，如果患者能够正确恰当地行使知情同意权，能对自身的生命健康权做出正确恰当的处置，医疗机构就不能对抗患者的知情同意权，自行决定实施紧急救治行为。如果能够取得患者或者其近亲属的意见，医疗机构应当尊重其自主决定权。如果患者不能正确恰当地行使自主决定权，在一定条件下，其近亲属可以代理其行使知情同意权。[①] 也就是说，医疗机构及其医务人员在依法履行了告知义务后，如果患者近亲属不同意抢救，是不能强制实施抢救行为的，由此造成的不良结果，医疗机构不构成侵权。其法律依据是《民法典》第1124条的规定，即患者或者其近亲属不配合医疗机构进行符合诊疗规范的诊疗，造成患者损害的，医疗机构不承担赔偿责任。在肖某军案中，李某云因难产生命垂危，身无分文，北京市某医院决定让其免费入院治疗，而胎儿的父亲肖某军拒绝在剖腹产手术单上签字。至7时20分，医院院长、110民警以及正在医院看病住院的病人及家属苦苦相劝，肖某军置之不理，拒不签字，在手术单上写："坚持用药治疗，坚持不做剖腹手术，后果自负。"医院紧急调来神经科医生，确认其精神无异常。最终医生在轮番药物抢救下，李某云死亡，胎儿死于腹中。在本案中，由于医院在决定实施手术时，已经将患者的病情、医疗措施必要性、不手术可能面临的后果（甚至可能导致母子双亡）告知了患者家属，患者家属也在手术同意书上签字表明不同意手术。所以，医疗机构已经尽到了告知义务，患方的知情权、同意权也得到了实现。[②] 由此可见，医疗机构实施紧急救治行为，还必须是不能取得患者或者其近亲属意见的情况下，这时因患者一方不能行使知情同意权，从保护患者的利益出发，医疗机

[①] 参见最高人民法院侵权责任法研究小组编著：《〈中华人民共和国侵权责任法〉条文理解与适用》，人民法院出版社2010年版，第404页。

[②] 中国应用法学研究所编：《侵权责任法疑难问题案例解读》，法律出版社2011年版，第207页。

构就要实施相应的紧急救治行为。医疗机构实施紧急救治行为是对患者自主决定权的一种限制和补充。在符合本条规定情形下，医疗机构应当对患者实施紧急救治。

三、关于"不能取得患者或者其近亲属意见"的界定

《侵权责任法》第56条规定了紧急情况下医疗机构实施紧急医疗措施的内容，但该条中"不能取得患者或者其近亲属意见"的表述易被理解为包括了患者或者其近亲属明确表示不同意的情况，对于如何处理认识上不一致，分歧较大，需要进一步明确。一种意见认为，考虑到患者或者其近亲属明确不同意治疗的情况在实践中确有发生，在患者、医疗机构和患者的近亲属三者关系之间，患者本人的决定权必须得到应有的尊重，但不能过高地设定患者近亲属的主体地位和决定权，如果不能取得患者的意见，只能取得其近亲属意见，医疗机构如何采取紧急救治措施应当有一定的判断余地，在患者近亲属的意见重大且明显地损害患者利益时，医疗机构应当拒绝接受患者近亲属的意见。[1] 另有意见认为，"不能取得患者或者其近亲属意见"，主要是指患者不能表达意思，既无近亲属陪伴，又联系不到近亲属的情况，但不包括患者或者其近亲属明确表示拒绝采取医疗措施的情况。[2] 至于"不能取得患者或者其近亲属意见"的规定，时任全国人大常委会法制工作委员会副主任王胜明在全国人大法律委员会上作了说明，认为这是指患者不能表示意思且难以取得患者近亲属的意见。例如，在汶川大地震中，许多从废墟中挖出的重伤员已经生命垂危、神志不清，不能表达自己的意思，且难以联系、找到其近亲属以征求意见。在这种情况下，应当经医疗机构负责人（医院负责人）或者授权的负责人（医疗队负责人）批准，对处于生命垂危状态的患者实施救治措施。[3]

---

[1] 参见最高人民法院侵权责任法研究小组编著：《〈中华人民共和国侵权责任法〉条文理解与适用》，人民法院出版社2010年版，第404~405页。

[2] 中国应用法学研究所编：《侵权责任法疑难问题案例解读》，法律出版社2011年版，第207页。

[3] 梁慧星：《论〈侵权责任法〉中的医疗损害责任》，载《法商研究》2010年第6期。

上述意见都有一定道理，对于患者不能表达意志的紧急情况下如何施救涉及患者一方自主决定权和医院救治义务的协调问题。由于《侵权责任法》第 56 条并未规定紧急救治的具体情形，尤其是没有规定责任承担规则，《医疗损害责任纠纷司法解释》在当时《侵权责任法》第 56 条规定的基础上，结合《侵权责任法》第 54 条、第 55 条、第 60 条的规定，对于紧急救治具体情形作了细化。《医疗损害责任纠纷司法解释》其第 18 条第 1 款规定："因抢救生命垂危的患者等紧急情况且不能取得患者意见，下列情形可以认定为侵权责任法第五十六条规定的不能取得患者近亲属意见：（一）近亲属不明的；（二）不能及时联系到近亲属的；（三）近亲属拒绝发表意见的；（四）近亲属达不成一致意见的；（五）法律、法规规定的其他情形。"

1.《医疗损害责任纠纷司法解释》第 18 条第 1 款规定仅是对"不能取得患者近亲属意见"的情形作出的解释，并不能包括所有需要紧急救治的情形，且不涉及对生命垂危的患者等紧急情况的判断问题。对此仍应依据有关医疗法律法规、诊疗规范等进行处理，这往往需要专业判断，通过启动鉴定程序来解决。

2. 关于近亲属不明与不能及时联系到近亲属的情形。这两种情况相对容易判断，多为近亲属不在现场，在当时紧急情况下也无法查明近亲属或者联系不到近亲属的情况。对此需要注意的是：一是必须与患者本身病情的紧急情况相结合，如果病情紧急到来不及联系或者查明近亲属的情形，这时不能苛求医疗机构去联系近亲属，同时医疗机构也不能以联系近亲属为由耽误对患者紧急病情的救助。二是对于近亲属不明或者联系不到近亲属的判断除了要与上述紧急情况相结合进行判断外，不能对医疗机构有过于严苛的要求，比如不能要求医疗机构详细查明患者所有的近亲属甚至要与所有的近亲属联系，而只能按照当时患者处在紧急情况下的特定场景，按照一般的日常经验法则判断医疗机构运用力所能及的方式查找不到近亲属或者联系不到近亲属的情形。三是对于联系不到近亲属的情形，虽然在患者身处紧急情况下不能要求医疗机构联系到每一个近亲属，但也或多或少给医院一定的义务,即要联系近亲属。当然,在当时情形下根本来不及联系近亲属的情形应该排除在外,因为这时抢救患者生命等人身重大利益无疑应是排在第一位的。

3. 关于近亲属拒绝发表意见的情形。这里的"拒绝"发表意见暗含着对医疗机构要向患者近亲属说明并征询其意见的义务性要求,有对患者近亲属知情同意权予以尊重的考虑。

4. 近亲属意见不一致的情形。对此仍应与患者本身病情的紧急情况相结合,原则上应以在场的近亲属达不成一致意见为限,不能硬性要求医疗机构通知到没到场的其他近亲属。当然,在患者病情允许的情况下,医疗机构应当进一步说明和督促患者近亲属形成一致意见,以免出现不必要的纠纷。

5. 关于兜底条款。考虑到社会生活的复杂性,这一法律、法规规定的其他情形有保留的必要。这不仅能保持司法解释本身适用的开放性,更能针对患者病情紧急程度,将来不及征求患者近亲属意见的情形包含在其中。当然,对于来不及征求患者近亲属意见的情形如何认定,也是一个专业判断问题,对此既要尊重诊治过程中医务人员的专业判断,又要在事后纠纷处理中尊重有关的专业意见。

最后还需要说明的是,《医疗损害责任纠纷司法解释》与《民法典》有关内容并不冲突,可以继续适用。此外,《医疗损害责任纠纷司法解释》的适用前提仅限定在"因抢救生命垂危的患者等紧急情况,不能取得患者意见的"情况,对于患者与近亲属意见不一致的情况,由于涉及医学伦理和专业判断问题,为避免争议,并未作出规定,但从医疗机构的角度讲,也应当依据该条规定,尽量本着救死扶伤的精神结合专业判断处理。

四、关于医疗机构怠于紧急救治的责任承担

本条并未规定有关怠于紧急救治的侵权责任承担规则,其中争议较大的是对于紧急救治属性如何认识的问题。

紧急救治是权利还是义务,学界和实务界对此有很大分歧。对危

急情况下医院之所以可以在未得到患者同意的情况下进行紧急救治，两大法系国家和地区的主流观点是认为此时存在"推定同意"，也即认为：在危急情况下，如患者能够及时作出意思表示，他是会同意医生所采取的"适当的"或"符合其最大利益的"的救治行为的。故此，只要符合紧急救治的条件，事后患者本人或其家属以未得患者同意为由要求医院方承担责任是得不到法律支持的。[1] 我们认为，在现有法律并未明确规定的情况下，对此应当结合其他法律法规和医疗行为自身特点规律来进行认定。一方面，上述《执业医师法》以及《医疗机构管理条例》的规定从文义上明确了紧急救治对于医疗机构而言是一种义务。医疗机构实施紧急医疗措施的性质，从患者的角度讲，应属于权利的范畴，即公民在生命垂危等紧急情况下，有得到紧急抢救、治疗的权利；而从医疗机构的角度讲，应当理解为紧急救治义务。[2] 从及时救治生命垂危等紧急情况下的患者，维护患者生命健康权益的角度出发，对本条规定的"经医疗机构负责人或者授权的负责人批准，可以立即实施相应的医疗措施"的情形，不应进行限缩解释。至于有关部门规章的规定则属于医疗机构在履行这一紧急救治义务时对医疗机构履行相应手续的管理性规定。另一方面，紧急救治问题与诊疗行为本身的特点密切相连。简言之，诊疗行为本身的特点有：一是侵入性，尤其是用药或者手术，对身体或者其他人身权益都会有一定损害；二是专业性，诊疗行为需要医学专门技术，同样对紧急情况的判断与救护也需要专业判断；三是公益性，诊疗行为本身具有救死扶伤的宗旨，而且这还涉及医疗行业整体发展的问题，与全体患者利益密切相关，涉及全体患者利益与个体患者利益的平衡问题；四是风险性，医学作为一项科学，其自身发展本来就伴随着对许多未知的探索，伴随着风险。因此，对于医疗机构而言，紧急救治应该具有义务的属性，对于生命垂危等紧急情况下的患者予以必要的救护措施这应

---

[1] 胡雪梅：《论我国危急救治制度之合理构建》，载《社会科学》2013年第1期。
[2] 参见最高人民法院侵权责任法研究小组编著：《〈中华人民共和国侵权责任法〉条文理解与适用》，人民法院出版社2010年版，第402页。

该是医疗机构应尽的义务。但该义务的履行首先不是一种结果意义上的义务，而只能是在当时紧急情况下应当采取的必要诊疗措施，这需要一种专业的判断，而这一专业判断也应得到事后必要的尊重。换言之，在审判实践中也要运用专业的、全局性的思维来综合判断个案中是否予以紧急救治的妥当性问题，避免在整体上加重医方责任，损害医疗卫生事业的发展。尤其是有些紧急情况特别是对一些罕见病等如何治疗，其本身不仅是医学前沿问题，而且这也是个重大的伦理学命题。比如将患有脑干出血的患者，在没有近亲属同意的情况下，将其治疗成为植物人，是否就较为妥当，也值得思考。

但是，仅是"抢救生命垂危的患者等紧急情况"，医疗机构是否能够完全免除责任，尚不能一概而论。在紧急情况下，由于时间和治疗措施的紧迫性，取得患者或其近亲属的同意往往不现实，如患者重度昏迷而其近亲属又不在现场，但救治急危患者又是医疗机构及其医务人员的职责之一，无正当理由拖延救治时间导致不良后果的，还要承担相应的法律责任。①虽然依据《医疗事故处理条例》第33条第1项规定，在紧急情况下为抢救垂危患者生命而采取紧急医学措施造成不良后果的，不属于医疗事故，医疗机构不承担责任。但这主要侧重于有关行政责任承担问题，对于就患者进行救济的侵权责任构成而言，则仍应看该医疗机构是否尽到合理诊疗义务。

正是基于上述考虑，我们认为，在价值导向上要鼓励和维护医疗机构在患者处于紧急情况下积极施救，对于医疗机构的积极施救行为造成不良后果应当持适当从宽的态度，对于医务人员经医疗机构负责人或者授权的负责人批准立即实施相应的医疗措施，患者因此请求医疗机构承担赔偿责任的，人民法院不予支持。同时对于医疗机构怠于立即实施相应的医疗措施，导致患者生命权、健康权等人身权益及财产权益受到损害的，也明确规定医疗机构应当承担相应的侵权责任。这样不仅有利于指导实务操作，有利于规范医疗机构行为，更有利于

---

① 王胜明主编：《〈中华人民共和国侵权责任法〉条文解释与立法背景》，人民法院出版社2010年版，第239~240页。

保障生命垂危等紧急情况下患者得到及时救治，维护其生命、健康权益。对于这一问题，《医疗损害责任纠纷司法解释》第18条第2款规定："医疗机构及其医务人员怠于实施相应的医疗措施造成损害，患者请求医疗机构承担赔偿责任的，应予支持。"这一规定与本条以及《民法典》的其他条文并不冲突，可以继续适用。

【审判实践中应注意的问题】

对于本条的规定，要注意有关医疗机构怠于紧急救治的责任构成问题。

一般而言，这也属于医疗损害责任的一种类型，在责任构成上，要有损害事实、违法行为、因果关系和主观过错四个要件。但在审判实践中对此时诊疗过错的认定，有必要对紧急情况下的救治义务与非紧急情况下的救治义务有所区别，宜采取更严的标准或者更高的门槛认定医疗机构的过错。例如患者生命垂危必须采取紧急医学措施，都有可能造成不良后果。在这种情况下，由于紧急抢救措施是在危急情况下采取的，为了挽救患者生命，对紧急措施可能出现的不良后果不再考虑，两相衡量，抢救生命是第一位的，只要医务人员已经尽到合理注意义务的，即使造成不良后果，对患者的身体有一定的损害，也不认为构成医疗损害责任，因此，医疗机构不承担赔偿责任。[1] 而且这里的合理诊疗义务的认定需要依据有关诊疗规范判断，对于紧急情况下的诊疗义务标准也会融入诊疗规范的具体内容当中。

---

[1] 杨立新：《侵权法论》（第五版），人民法院出版社2013年版，第601页。

> **第一千二百二十一条** 医务人员在诊疗活动中未尽到与当时的医疗水平相应的诊疗义务,造成患者损害的,医疗机构应当承担赔偿责任。

【条文主旨】

本条是关于诊疗义务判断标准的规定。

【条文理解】

一、诊疗过错认定标准概述

诊疗过错,是指医疗机构在医疗活动中,医务人员未能按照当时的医疗水平通常应当提供的医疗服务,或者按照医疗良知、医疗伦理,以及医政管理规范和管理职责,应当给予的诚信、合理的医疗服务,没有尽到高度注意义务的主观心理状态,以及医疗机构存在的对医务人员疏于选任、管理、教育的主观心理状态。确定医疗过错,应以医疗机构及其医务人员是否尽到相应的注意义务为标准。

通常而言,医务人员违反注意义务的判断标准,就是指医务人员在诊疗活动中应当达到的医疗水准。医务人员在实施特定医疗行为时,不得低于其行为时临床上应有的医疗水准;否则,医务人员就违反了其应负的注意义务,而存在医疗上的过失,如果造成就诊人死亡或者严重损害就诊人身体健康的,就有可能构成医疗事故,引起对患者的侵权责任。可见,医疗水准直接关系到医师注意义务的认定。[①]

[①] 最高人民法院侵权责任法研究小组编著:《〈中华人民共和国侵权责任法〉条文理解与适用》,人民法院出版社 2010 年版,第 409 页。

医师的注意义务一般表现为法律和规章所规定的具体医疗行为的操作规范及医界管理，此即为医师的具体注意义务。因此，在法律和规章等对医师的注意义务有明确规定的情况下，认定医疗过失比较容易。如果法律和规章等没有明文规定操作规程（注意义务）的医疗行为造成了患者的伤亡，如何认定过失呢？这就涉及一个医师注意义务的基准问题。医师注意义务的基准主要是医疗基准，同时需考虑医疗行为的专门性、地域性和紧急性要素。医师注意义务的基准也就是判断医疗过失的抽象标准。与此相对，法律和规章等所规定的医师在实施具体诊疗行为时应遵守的操作规程，即具体注意义务则是判断医疗过失的具体标准。在司法实践中判断医疗行为是否有过失时，通常要将上述两种标准相结合方能得出适当的结论。① 通常而言，确定医疗机构注意义务的违反，应以当时的医疗水平而非医学水平为标准。医疗水平系临床诊疗过程中依据有关诊疗规范或者医学常规所确立的疾病诊断、治疗水准；医学水平则侧重于医学研究领域的水平，其更加前沿，对于医务人员要求更高，甚至有些并非所有医务人员都已掌握的内容。目前各国通行做法是采用医疗水平而非医学水平，这更符合临床治疗的实际水平，既可以准确划定医疗机构责任，又不至于给医疗机构和医务人员过重负担而影响医学的进步和医疗卫生事业的发展。正因如此，《侵权责任法》第57条规定："医务人员在诊疗活动中未尽到与当时的医疗水平相应的诊疗义务，造成患者损害的，医疗机构应当承担赔偿责任。"本条对这一规定予以了保留。

二、认定"当时的医疗水平"需要考虑的因素

本条规定认定诊疗过错，要以"当时的医疗水平"作为判断标准。审判实践中，认定"当时的医疗水平"是否考虑医疗机构及其医务人员资质及地区差异等因素，有两种不同意见：一种意见认为，应当考虑上述因素，这样比较符合客观实际情况；另一种意见认为应采

---

① 王利明等主编：《侵权责任法裁判要旨与审判实务》，人民法院出版社2010年版，第376~377页。

用同一标准，不应考虑上述标准，以统一法律适用，体现对当事人人身、财产权利的平等保护。《医疗损害责任纠纷司法解释》最终采纳了第一种意见，即判断"当时的医疗水平"，应当依据法律、行政法规、规章以及其他有关诊疗规范的规定，但要综合考虑、诊疗当时当地的医疗水平、医疗机构与医务人员资质、患者病情的紧急程度、患者个体差异等因素。此在《医疗损害责任纠纷司法解释》第16条有明确规定。有关诊疗过错的认定，首先要依据"当时的医疗水平"判断，这是本条的明确规定，但有关"当时的医疗水平"的判断抑或"诊疗过错"的认定问题，有必要参考其他因素，主要理由如下：

（一）充分考虑我国实际情况的需要

医学的不断进步会带动医疗水准的不断提升，因时间不同，医疗水准也具有差异。另外，各地的医疗水准并非都随着医学的进步而同步提升，有的地区发展快些，有的地区发展慢些。因此，我们应当注意医疗水准这种时间和地域上的差异。① 由于我国经济社会发展并不平衡，发达地区与不发达地区的医疗水平存在较大差异，不同医疗机构及医务人员的资质存在差别。经济相对落后地区特别是偏远地区的医疗设备相对较差，对于疾病诊疗的辅助手段也相对短缺，有关医疗技术的普及程度也相对较低，这对于疑难杂症类疾病的诊断和治疗的准确性无疑增加了难度。因此，在某些情况下，要适当考虑医疗机构及其医务人员资质、地区差异等客观因素，能够更加公平合理地确定医务人员违反诊疗义务的判断标准，也比较符合我国的实际情况。

（二）符合《民法典》侵权责任编的立法本意

此前《侵权责任法（草案）》曾规定，"判断医务人员注意义务时，应当适当考虑地区、医疗机构资质、医务人员资质等因素"。后来考虑到诊疗行为的实际情况比较复杂，删去了这一规定。地区、资质等因素能否在适用本条时考虑，应当结合具体情况具体分析。法律、行政法规、规章以及诊疗规范规定了具体要求的诊疗行为，医疗

---

① 最高人民法院侵权责任法研究小组编著：《〈中华人民共和国侵权责任法〉条文理解与适用》，人民法院出版社2010年版，第409页。

机构和医务人员一般都应当遵守，不应当因地区、资质的不同而有所差别。除此以外，有的诊疗行为属于基本性操作，也不一定要考虑这些因素。反之，对于有的诊疗行为，在有的情况下，"与当时的医疗水平相应的诊疗义务"也可以理解为包括地区、资质等因素。[①]

（三）符合比较法上的通行做法

比如，美国法院司法判例中形成的医疗标准具有一定的变迁性：最初为本地原则，即以当地医生的行为作为标准，这主要是因为过去城乡在医疗水平上的差距很大。其后，法院又发展出了一种相似地区原则，这种方法的缺陷在于没有一种明确的指标来比较两个地区的情况是否相似。目前绝大多数的法院采用的是全国标准，这是因为经过多年的发展各地医生之间的水平差异已经不是很明显，病人在任何地方都可以享受到规范的医疗服务。[②]在日本，也是将医师的注意义务区分为一般的抽象性注意义务和每一项具体诊疗行为的注意义务，对于具体诊疗行为的注意义务的违反，是按照最善意的注意义务为标准进行个案判断。我国台湾地区"医疗纠纷鉴定作业要点"规定，医事鉴定小组委员及初审医师，对于鉴定案件，应就委托鉴定机关提供之相关卷证数据，基于医学知识与医疗常规，并衡酌当地医疗资源与医疗水平，提供公正、客观之意见，不得为虚伪之陈述或鉴定。

（四）符合当前学界共识

对于诊疗过错的判断要结合当地医疗水平、医务人员资质等因素判断，也是学界的主流意见。比如，王利明教授认为，在认定医疗过失时，应综合过失认定标准与医疗行为的特殊性，结合有关法律、法规及诊疗规范中所确定医方注意义务及一般医疗水准为判断基准，同时结合到案件具体情况，考虑医疗机构资质和医务人员资质等因素。[③]

[①] 王胜明主编：《〈中华人民共和国侵权责任法〉条文解释与立法背景》，人民法院出版社2010年版，第221页。

[②] 最高人民法院编选组：《道路交通损害赔偿司法解释适用手册》，人民法院出版社2012年版，第153页。

[③] 王利明主编：《侵权责任法新制度理解与适用》，人民法院出版社2010年版，第323页。

杨立新教授起草的《侵权责任法（建议稿）》第 127 条规定："依照侵权责任法第五十七条规定确定医务人员的诊疗行为具有医疗过失，判断当时的医疗水平，可以适当考虑地区、医疗机构资质、医务人员资质等因素。"这也是采取了这一规则。

（五）符合当前我国审判实务做法

在审判实践中已有不少判决采用了适当考虑医疗机构当地医疗水平、患者个人体质等因素裁判案件。比如在"宗某与某镇卫生院医疗损害赔偿纠纷案"中，法院经审理认为，判断未确诊右侧耻骨上支骨折的行为是否属医疗过失，应与医疗机构的级别及其他条件相联系。被告属乡镇医院，受医疗条件、资质等限制，无法据患者骨盆 DR 摄片发现右侧耻骨上支异常。且被告已嘱原告转诊上级医院，原告于当天转市某医院就诊，并未延误。因此，被告已尽到与当时医疗水平相应的诊疗义务。[1] 在"王某等与郑州某医院医疗损害责任纠纷案"中，郑州某医院对原告方的母亲施行了腰椎后路切开复位椎管减压植骨融合内固定术。术后患者被诊断出双侧股神经损伤，系手术中造成的。后患者无法恢复而自杀。法院经审理后认为，作为医务人员，有义务具备同一或相似地区在相同条件下从业医务人员所应具有的学识和技术，有义务保持同一或相似地区在相同条件下从业医务人员在相同病例中注意使用相应技术，有义务在实施技术或应用学识时保持合理的理性并作出最佳判断。被告作为三级综合医院，应具备同一地区的医疗水准，但在手术中未尽谨慎注意义务致患者损伤。同时对原告实施的手术也并非最先进的，而是最传统的。尽管最传统的手术方式并未被废止，但在降低手术风险、治愈病患方面最先进的手术方式更有效果。因此被告未尽到与当时医疗水平相应的诊疗义务。[2] 上述案件说明了医疗水平的确定与当事医疗方的客观情况有关。第一个案件的被告是乡镇卫生院，法院对医疗水平的判断以乡镇医院这一级别为基准，由于这类医院限于设备、条件等因素都无法诊治出该案的病情，

---

[1] 参见江苏省溧阳市人民法院（2012）溧民初字第 3077 号民事判决书。
[2] 参见河南省郑州市管城回族区人民法院（2011）管民初字第 1357 号民事判决书。

因此认定已经超出当时医疗水平而判定被告不具有过失。第二个案件的被告是三级综合医院，法院判断时的参照对象也就锁定在该地区三级综合类医院这一级别，认为这类医院具备实施病患手术的相应设备和医务人员，可以完成上述手术，然而该案的医务人员却造成患者双侧股神经损伤的损害后果。因此，法院认定未达到当时医疗水平而判断被告具有过失。从上述判决可以看出，法院在适用医疗水平时对当事医方的情况进行了考量。根据当事医方所具有的级别、资质、所属地区等客观因素，把同一地区、同等级别的医院、同类资质的医务人员作为参照对象，将其视为医疗水平的代表。当事医方的诊疗结果达到或者优于该参照对象所达到的结果，方能符合当时的医疗水平。如果当事医方在诊疗活动中产生了损害，而作为参照的同类医务人员却能够避免类似损害的发生，那么即存在过失。[1]

三、本条规定的具体司法适用

我们认为，有关诊疗过错的认定问题要依据本条规定和《医疗损害责任纠纷司法解释》第16条规定来确定。具体而言，应当遵循以下规则：

（一）客观标准是作为诊疗过错认定的基本遵循

具体来说，医疗卫生管理法律、行政法规、部门规章、诊疗护理规范，特别是医疗卫生管理的部门规章、诊疗护理规范，是判断医疗过失的基本依据。在上述法规或者诊疗规范对于医疗机构及其医务人员进行有关诊疗活动应当遵循的具体规则明确规定的情况下，违反这一规定即违反普遍的医疗水平时，就应当认定医疗机构有过错。而且有些医疗法规或者诊疗规范实际上将有关医疗机构或者医务人员资质、患者个人体质、疾病紧急程度等融入有关疾病诊断、治疗或护理的具体规则当中了，这时就更应该直接适用这一规则认定诊疗过错。

在这里有必要提一下医疗常规的问题。通常而言，医疗常规是医

---

[1] 窦海阳：《法院对医务人员过失判断依据之辨析——以〈侵权责任法〉施行以来相关判决为主要考察对象》，载《现代法学》2015年第2期。

务人员在临床实践中形成的通用惯例,为医务人员的广泛参考。它通常表现为对病症一般诊断和治疗方法的描述。从我国司法实践的现有情况来看,大多倾向于只要诊疗行为符合医疗常规,即判定不存在过失。不过,在少数的判决中,还是有些法院注意到了医疗常规的局限性,并未因医务人员的行为与医疗常规相符而判定其不存在过失。这里还涉及一个复杂的命题,即医学常规的遵循与医务人员自由裁量权的尊重之间的平衡问题。[①]一般认为,诊疗行为是一项复杂的专业性活动,对于一些疾病的诊断与治疗,通常需要医务人员根据自己的专业知识、职业经验对病症及其诊疗方法进行自由裁量。考虑到疾病本身的复杂性和诊疗行为本身的专业性,医务人员的自由裁量权也是推动医学进步和医疗卫生事业发展所必须。从法律价值导向上看,医务人员为进行疾病诊断特别是一些疑难杂症甚至罕见病的治疗过程中,积极进行的探索性治疗应当予以必要尊重和鼓励,而不宜动辄以违反医疗常规认定其有过错,否则一味固守常规,可能医学本身的发展就会受阻。也就是说,在受当前医患关系等因素影响下或多或少存在相对保守的治疗观念背景下,医务人员自由裁量权本身在政策导向上有必要支持和鼓励,甚至根据具体病情判断不能适用有关医学常规上的通常方法时,有必要肯定医务人员进行的探索性治疗。当然,对于医务人员裁量权的行使不应是不受约束的,对于医学常规的突破,要有较为充分合理的理由。至于诊疗行为自由裁判权的限度如何界定,首先是一个专业判断问题,在出现医疗纠纷后,也要通过申请鉴定来解

[①] 比如在"丁某等与某医院医疗损害责任纠纷案"中,丁某入被告医院治疗,在诊疗中左大脑严重脑梗,最终死亡。被告辩称,其诊疗行为符合诊疗常规,不存在医疗过错。法院认为,被告在对丁某行主动脉瓣置换术后,按常规进行了华法林抗凝治疗,用血量都符合要求,并严格进行了抗凝监测。尽管按常规对死者的诊疗无明显过错,但存在对死者特殊体质及个体差异并未尽到谨慎注意及预防义务的过错,调整抗凝用药过于保守以致脑梗塞。因此,被告存在过错。在该案中,法院强调了对死者特殊体质及个体差异的谨慎注意及预防义务,这是理性医务人员所能达到的程度,而当事医方却没有达到,尽管其诊疗行为符合医疗常规,但仍判定其具有过失。这实际上是以理性医务人员标准否定了以医疗常规对过失的判定。参见济南市历下区人民法院(2013)历民初字第619号民事判决书。转引自窦海阳:《法院对医务人员过失判断依据之辨析——以〈侵权责任法〉施行以来相关判决为主要考察对象》,载《现代法学》2015年第2期。

决这一问题。

(二)参考性因素的适用

根据《医疗损害责任纠纷司法解释》第16条的规定,认定医疗机构诊疗过错应当参考以下因素:

1.医疗的地域因素和医疗机构资质条件。通常情况下经济落后地区的医疗机构在资金、技术、人才、药品等方面都不同程度地落后于经济发达地区,经济发达地区与经济落后地区的整体医疗水平上存在差异。经济落后地区受到当地种种不利因素的影响,医疗技术水平不可能达到发达地区的水平,偏远的乡镇卫生院或者村卫生所等的医疗水平也无法与综合性大医院相比。而且,乡镇卫生院或者县医院更会处于救治病患的第一线,充实壮大基层诊疗力量,落实分级诊疗、优化医疗资源分配,也是当前深化医疗卫生体制改革的一件大事。《全国医疗卫生服务体系规划纲要(2015-2020年)》也明确指出:"充分考虑经济社会发展水平和医疗卫生资源现状,统筹不同区域、类型、层级的医疗卫生资源的数量和布局,分类制订配置标准。促进基层医疗卫生机构发展,着力提升服务能力和质量。"对于诊疗过错的认定,若一概采取普遍的医疗水平标准认定诊疗过错,无疑会加重经济落后地区和基层医疗机构以及医务人员的负担,不利于甚至阻遏当地医疗卫生事业的发展。因此,判断医疗过失应结合该地区具体情况认定,结合医疗机构资质的标准进行判断。当然,这里的该地区标准应是本地区同类或者类似医疗机构进行该诊疗行为的医疗水准,实际上也是一个相对特定化的普遍性规则。无论医师执业的环境还是医疗经验,都有地区性的差异,因此,判定医生是否尽到注意义务,应以同地区或者类似地区的医疗专业水平为依据。这就是国家标准加适当差别的原则。[①] 即在认定医疗机构有无违反注意义务时,应当考虑医疗机构的客观条件的平均水平,根据其实施医疗行为时所处的特定地域的医疗水准来认定。

[①] 王利明等主编:《侵权责任法裁判要旨与审判实务》,人民法院出版社2010年版,第376~377页。

2.关于医务人员的资质。医务人员就医师来说，可以分为全科医师与专科医师。所谓全科医师，是指不分诊疗科别为患者实施医疗行为的医师；所谓专科医师，是指以特定诊疗科为范围，仅在该科范围内为患者实施医疗行为的医师。就我国医疗体制现状而言，虽然对医师实行统一的临床执业证资格制度，但比较正规的医疗机构都内设内科、外科、儿科等不同科室，这其实就是专科医师制度。而在医疗卫生条件比较落后的地区，更多的是全科医师。那么，在认定医师的注意义务时，专科医师和全科医师一般应当以不同的医疗水准为基准。另外，医疗机构的资质也有很大差异，也在一定程度上影响到对医务人员注意义务的医疗水准。①

3.患者病情的紧急程度、患者个体差异。如上所述，有关患者个体差异以及病情紧急程度等作为诊疗过错认定中的参考性因素，在审判实践中也已渐渐被采用。其实在立法上患者病情的紧急程度问题在《民法典》第1224条也有所体现，在本条规定的抢救生命垂危等紧急情况的下的医疗机构的免责事由中明确了"尽到合理诊疗义务"的提法，而对于一般的医疗损害责任中的诊疗义务没有这一表述，通常理解为在患者情况紧急时，该诊疗义务只要合理，医疗机构就要免责，这也是鼓励医疗机构积极履行救死扶伤职责所必须的。同样，患者个体差异，其为呱呱婴儿还是高龄老人，在有关疾病诊疗护理方面，医疗机构应尽更高的注意义务，对于一些罕见病或者过敏体质者也要有不同的注意义务，这在医疗损害责任的过错认定上，也要有所考虑。

此外，人民法院在认定医疗机构过错时，除了参考上述因素之外，还可以根据案件具体情况参考其他因素予以综合判定。

---

① 最高人民法院侵权责任法研究小组编著：《〈中华人民共和国侵权责任法〉条文理解与适用》，人民法院出版社2010年版，第410页。

【审判实践中应注意的问题】

对于本条的适用，要注意以下问题：

第一，要正确认识上述地区差异以及医疗机构资质等因素在认定诊疗过错中的作用。我们认为，考虑这些因素的前提是要依据有关诊疗规范，也就是有关法规以及诊疗规范的规定是认定诊疗过错的基础，上述这些因素仅应属于适当考虑或者综合参考的范畴，以切实避免司法自由裁量权过大，影响裁判尺度的统一。而且对于有关医事法规、诊疗规范中已经融入这些因素作为判断医疗水准的具体标准时，直接适用这些法规、规范即可。

第二，本条规定所确立的规则对于医疗损害鉴定中的过错鉴定具有指引和参考适用作用。由于诊疗行为的专业性、复杂性等原因，对于诊疗过错进行认定，往往也需要通过申请鉴定来解决。鉴定程序中对于诊疗过错的认定和法院裁判案件时对诊疗过错的最终认定具有共通性，鉴定人对诊疗过错进行鉴定时，也可以将本条规定作为指引，即在依据有关医事法规、诊疗规范对诊疗过错进行认定时，也要综合考虑当地的医疗水平、医疗机构与医务人员资质、患者病情的紧急程度、患者个体差异等因素。

> **第一千二百二十二条** 患者在诊疗活动中受到损害，有下列情形之一的，推定医疗机构有过错：
> （一）违反法律、行政法规、规章以及其他有关诊疗规范的规定；
> （二）隐匿或者拒绝提供与纠纷有关的病历资料；
> （三）遗失、伪造、篡改或者违法销毁病历资料。

【条文主旨】

本条是关于推定医疗机构过错的规定。

【条文理解】

一、关于推定医疗机构过错问题的概述

关于医疗机构推定过错的问题，《侵权责任法》第58条规定："患者有损害，因下列情形之一的，推定医疗机构有过错：（一）违反法律、行政法规、规章以及其他有关诊疗规范的规定；（二）隐匿或者拒绝提供与纠纷有关的病历资料；（三）伪造、篡改或者销毁病历资料。"本条规定基本保留了这一规定，但有三处重要修改：一是将原来的"患者有损害"修改为"患者在诊疗活动中受到损害"，进一步明晰了患者受到损害必须是诊疗活动导致的，表述更加严谨；二是将"销毁"修改为"违法销毁"，这不仅更符合实际情况，更便于实际操作；三是新增"遗失"病历资料作为推定医疗机构过错的情形。

现代法律中有两种"推定"：第一种是许可被推定人以反证予以推翻的推定，第二种是不允许被推定人以反证予以推翻的推定。本条

规定的"推定医疗机构有过错"属于哪种情况，存有争议。在以往的审判实务中曾出现过人民法院在查明医疗机构或者医务人员显然违反有关诊疗规范，或者有隐匿有关病历资料甚至伪造、篡改、销毁有关病历资料的事实之后，却仍然认定医疗机构不存在过错或者采纳不构成医疗事故的鉴定意见，作出医疗机构不承担责任的判决的情况。对此，全国人大法律委员会和全国人大常委会法制工作委员会认为，按照当时《侵权责任法》的立法思想，违反有关诊疗规范，或者隐匿有关病历资料甚至伪造、篡改、销毁有关病历资料，这类行为本身即是过错。对这种情形，人民法院应当直接根据"违反有关诊疗规范，或者有隐匿有关病历资料甚至伪造、篡改、销毁有关病历资料"的事实，认定被告医疗机构有过错，既不应要求原告证明被告有过错，也不得许可被告举证证明自己无过错。全国人大法律委员会在审议《侵权责任法（草案）》时，主持审议的时任主任委员胡康生即已指出，《侵权责任法》第58条所谓"推定医疗机构有过错"不同于《侵权责任法》第6条第2款所谓"推定过错"，而是"直接认定"，是"不可推翻的过错推定"。[①]

二、关于"违反法律、行政法规、规章以及其他有关诊疗规范的规定"的情形

法律、行政法规、规章以及诊疗规范是医疗机构和医务人员的工作依据。医疗机构和医务人员在自己的有关业务活动中应当掌握，并遵循规定，以确保其行为的合法性。这是利用违法推定过失的法理直接证明医疗机构及医务人员具有过错。[②] 这一规定可以有效地保护患者的利益。《侵权责任法》作出这一规定的原因在于，越来越多的法律法规针对医务人员的行为提出了法定注意义务的要求，相当多的诊

[①] 参见梁慧星：《论〈侵权责任法〉中的医疗损害责任》，载《法商研究》2010年第6期。

[②] 王利明主编：《中国民法典学者建议稿及立法理由（侵权行为编）》，法律出版社2005年版，第266页。

疗规范也对医务人员的行为准则提出了要求,由此逐渐产生了过失推定规则,即医务人员的医疗行为只要违反了上述法定注意义务及行为准则,就被认为是有过失的,此时违法就被推定为过失。[1] 本条保留这一规定也是基于这一考虑。从实践看,违反了法律、行政法规、规章以及有关诊疗规范的规定,是判断医疗机构和医务人员存在过错的最直接标准。目前,我国已经颁布的医疗卫生管理方面的法律、行政法规主要有:《执业医师法》《传染病防治法》《传染病防治法实施办法》《母婴保健法》《母婴保健法实施办法》《献血法》《职业病防治法》《药品管理法》《血液制品管理条例》《医疗机构管理条例》等。诊疗规范,如《临床输血技术规范》《社区卫生服务中心中医药服务管理基本规范》《城市社区卫生服务中心基本标准》《医用氧舱临床使用安全技术要求》等等。[2]

三、关于"隐匿或者拒绝提供与纠纷有关的病历资料"和"遗失、伪造、篡改或者违法销毁病历资料"的情形

医疗机构隐匿或者拒绝提供与纠纷有关的病历资料和伪造、篡改或者销毁病历资料。这两项情形,一方面反映了医疗机构的恶意,另一方面使患者难以取得与医疗纠纷有关的证据资料,这时再让患者举证已不合理,[3] 故可以直接规定医疗机构有过错。对于这两项内容的理解与适用,需要结合《医疗损害责任纠纷司法解释》和《八民会纪要》的有关规定。

《医疗损害责任纠纷司法解释》第6条第2款规定:"患者依法向人民法院申请医疗机构提交保管的与纠纷有关的病历资料等,医疗机构未在人民法院指定的期限内提交的,人民法院可以依照侵权责任法

---

[1] 陈现杰主编:《中华人民共和国侵权责任法条文精义与案例解析》,中国法制出版社2010年版,第203页。

[2] 参见最高人民法院侵权责任法研究小组编著:《〈中华人民共和国侵权责任法〉条文理解与使用》,人民法院出版社2010年版,第411页。

[3] 王胜明主编:《中华人民共和国侵权责任法释义》,法律出版社2010年版,第290页。

第五十八条第二项规定推定医疗机构有过错，但是因不可抗力等客观原因无法提交的除外。"这里的隐匿或者拒绝提供病历资料的对象在诉讼中应当最终表现为作为一方当事人的医疗机构拒绝向人民法院提供有关病历资料或者隐匿该病历资料，如该款所称，即在人民法院指定的期间内未向人民法院提交。至于其他客观情况的界定，则按照本条表述，即使不能与不可抗力相比，但必须是医疗机构没有过错的客观事由，否则就应当构成推定医疗机构有过错的事由。

《八民会纪要》中明确："对当事人所举证据材料，应根据法律、法规及司法解释的相关规定进行综合审查。因当事人采取伪造、篡改、涂改等方式改变病历资料内容，或者遗失、销毁、抢夺病历，致使医疗行为与损害后果之间的因果关系或医疗机构及其医务人员的过错无法认定的，改变或者遗失、销毁、抢夺病历资料一方当事人应承担相应的不利后果；制作方对病历资料内容存在的明显矛盾或错误不能作出合理解释的，应承担相应的不利后果；病历仅存在错别字、未按病历规范格式书写等形式瑕疵的，不影响对病历资料真实性的认定。"这一规则实际是对本条规定情形的细化，可以在审判实践中继续参照适用，比如这里确立的"病历仅存在错别字、未按病历规范格式书写等形式瑕疵的，不影响对病历资料真实性的认定"，表明病历资料仅有形式瑕疵的，不能认定为对病历资料的"篡改"。

审判实践中经常会遇到涂改病历、甚至抢夺病历导致病历毁损的情况，这无疑会影响案件事实的认定。对此应当按照民事诉讼举证证明责任分配的一般规则明确相应的法律适用规则。

其一，关于涂改病历的问题。依据本条的规定，医疗机构在涂改、销毁、隐匿或者拒不提供病历以及其他医疗资料时，则推定为医疗技术过失。涂改病历的情形在审判实践中的存在具有一定的普遍性。在一个案件中，患者崔某娥在怀孕38周后感到腹部阵痛，到某区第二医院就诊生产。产科医生检查后认为："胎位为正常头位、胎心正常；宫口未开，胎膜未破。"经崔某娥同意，决定实施剖腹产手术。上手术台时医院停电，麻醉师打开窗帘，借助自然光线做了硬膜外麻醉。9点来电后,医生才用B超做术前胎心检查,胎心已由入院时的140次/分减弱为34次/分。医生补了麻药后开始手术。孩子生出后不久死亡,医生又为崔某娥切除子宫。崔某娥向法院起诉,要求赔偿。医院答辩称孩子是在患者肚子里已经死亡,医院没有过错,不承担赔偿责任。经《文检技术检验报告》确认,该病历袋被打开过,病历中有后来被改过的痕迹。法院据此判决医院因私拆封存病历袋并涂改病历,致使无法进行医疗事故鉴定而承担赔偿责任,一次性赔偿崔某娥人身伤害损失和经济损失共计20.6万元。隐匿、涂改病历资料,甚至销毁或拒不提供病历资料,可以直接推定医疗机构以及医务人员存在治疗过失,应当承担医疗损害责任。①

其二,关于抢夺病历资料的问题。按照《八民会纪要》的规定,因当事人抢夺病历,致使医疗行为与损害后果之间的因果关系或医疗机构及其医务人员的过错无法认定的,抢夺病历资料一方当事人应承担相应的不利后果。这里抢夺病历的主体既包括患者还包括医疗机构,当然也包括患者近亲属以及接受患者或者其近亲属指示的人所进行的抢夺病历行为。这一规则的限定条件也必须是导致因果关系或者诊疗过错等案件事实无法认定的,才由抢夺一方承担相应的证据法意义上的不利后果。

【审判实践中应注意的问题】

关于本条的适用,要注意的是存在本条规定情形下的举证责任问题。依据《民事诉讼法司法解释》第91条第2项的规定,主张法律关系变更、消灭或者权利受到妨害的当事人,应当对该法律关系变更、消灭或者权利受到妨害的基本事实承担举证证明责任。在法律没有特别规定的情况下,对于权利受到妨害的情形采取"谁主张、谁举证"的一般规则。患者主张医疗损害责任,应当依照上述规定对于相

---

① 杨立新:《侵权法论》(第五版),人民法院出版社2013年版,第581页。

应的侵权责任构成要件事实承担举证责任。患者除了证明到医疗机构就诊及损害事实外，还应当举证证明诊疗行为具有过错和因果关系要件。一般而言，医疗损害责任案件具有特殊性，由于其高度专业化、显著的实验性、探索性特点，对诊疗行为是否有过错、过错与患者损害之间是否有因果关系，一般难以通过普通的生活经验知识去判断，需要借助专业的医疗损害鉴定来解决。患者对于过错或因果关系的举证，可以通过申请医疗损害鉴定来解决。

但是，患者能够举证证明医疗机构存在本条规定情形的，不再就医疗机构及其医务人员有过错承担举证责任。这一规则的意义在于缓和患者一方举证责任的规则，其意义在于患者能够证明医疗机构一方有本条规定情形时，直接认定医疗机构有过错，此时其对医疗过错的举证责任即告完成。

同时，为了弥补患者举证能力的不足，考虑到医疗损害责任纠纷本身所涉诊疗行为、诊疗过错的专业性、复杂性的问题，结合本条第1项规定的诊疗行为是否违反"法律、行政法规、规章以及其他有关诊疗规范"的情形，往往不是一目了然的事情，需要通过启动鉴定程序来解决。比如关于是否存在伪造或者篡改病历的问题，有时也需要专门性判断，这时当事人也可以依法向人民法院提出相应的鉴定申请。

> **第一千二百二十三条** 因药品、消毒产品、医疗器械的缺陷，或者输入不合格的血液造成患者损害的，患者可以向药品上市许可持有人、生产者、血液提供机构请求赔偿，也可以向医疗机构请求赔偿。患者向医疗机构请求赔偿的，医疗机构赔偿后，有权向负有责任的药品上市许可持有人、生产者、血液提供机构追偿。

【条文主旨】

本条是关于医疗产品责任的规定。

【条文理解】

本条是关于医疗产品的生产者、药品上市许可持有人、输入不合格血液的提供机构以及医疗机构对患者损害承担责任的规定。对此，《侵权责任法》第59条规定："因药品、消毒药剂、医疗器械的缺陷，或者输入不合格的血液造成患者损害的，患者可以向生产者或者血液提供机构请求赔偿，也可以向医疗机构请求赔偿。患者向医疗机构请求赔偿的，医疗机构赔偿后，有权向负有责任的生产者或者血液提供机构追偿。"本条基本保留这一规定，但作出了一个重大修改，即增加了"药品上市许可持有人"作为医疗产品责任主体的规定。另，将"消毒药剂"修改为"消毒产品"，以与现行有关规定衔接。下面就本条内容予以具体阐释。

一、医疗产品责任承担的基本规则——不真正连带责任

药品、消毒产品、医疗器械属于产品，应当适用产品责任的规

定。依据《民法典》第1203条的规定，因产品存在缺陷造成人身、他人财产损害的，受害人可以向产品的生产者要求赔偿，也可以向产品的销售者要求赔偿。属于产品的生产者的责任，产品的销售者赔偿的，产品的销售者有权向产品的生产者追偿。属于产品的销售者的责任，产品的生产者赔偿的，产品的生产者有权向产品的销售者追偿。对于医疗产品损害责任的责任形态，本条规定为"患者可以向生产者或者血液提供机构请求赔偿，也可以向医疗机构请求赔偿"，这与上述规定在本质上是一样的。对医疗产品责任的形态，一种意见认为医疗产品责任是连带责任；另一种意见认为，是不真正连带责任，但主流意见认为，这同产品责任的责任形态一样，医疗产品损害责任也是不真正连带责任。

侵权责任法上的不真正连带责任，是指多数行为人违反法定义务，对一个受害人实施加害行为，或者不同的行为人基于不同的行为而致使受害人的权利受到损害，各个行为人引起的同一内容的侵权责任，各负全部赔偿责任，并因行为人之一的履行而使全体责任人的责任归于消灭的侵权责任形态。

不真正连带责任与连带责任的基本区别在于，连带责任不论在形式上还是在实质上，所有的责任人都实行连带责任，在形式上，每一个责任人都对全部责任负责，实行形式上的连带；在实质上，每一个责任人都对连带责任的最终责任负责，都对连带责任承担最终责任，即负有自己的赔偿份额的最终责任，在实质上连带。而不真正连带责任不同，它只在形式上实行连带，在实质上不实行连带，在形式上，被侵权人可以向不真正连带责任人的任何一方主张承担赔偿责任，任何一方都有责任承担全部赔偿责任，在形式上实行连带；但是在实质上，则必须有一个最终责任人，由最终责任人对全部侵权责任负责，不应当对全部赔偿责任负责的中间责任人即使是承担了全部赔偿责任，他也有权向最终责任人主张追偿全部责任，将中间责任转移给最终责任人,而自己最终是没有责任的。① 因此,本条规定的上述责任形态,其最终责任的规则是缺陷产品的生产者、药品上市许可持有人自己承担最终责任,因此属于不真正连带责任,而不是连带责任。我们赞同这一意见。医疗产品损害责任是特殊的产品责任,在法律适用上除了适用本条的规定外,还应适用《民法典》侵权责任编第四章关于产品责任的一般规定。如上所述,在医疗产品责任中,作为受害人的患者有权选择不同的责任主体为被告来主张权利,也可以选择他们为共同被告,人民法院也可以基于查明案件事实、方便解决纠纷等考虑,追加他们为共同被告,但无论何种情况下,都由某个责任主体来承担最终的责任。

二、关于"药品上市许可持有人"的界定

药品上市许可持有人制度(marketing authorization holder),通常是指拥有药品技术的药品研发机构、科研人员、药品生产企业等主体,通过提出药品上市许可申请并获得药品上市许可批件,并对药品质量在其整个生命周期内承担主要责任的制度。在该制度下,上市许可持有人和生产许可持有人可以是同一主体,也可以是两个相互独立的主体。上市许可持有人可以自行生产,也可以为其他生产企业进行生产。如果采取委托生产的形式,上市许可持有人要对要求的安全性、有效性以及质量可控性承担责任。

2015年发布的《全国人民代表大会常务委员会关于授权国务院在部分地方开展药品上市许可持有人制度试点和有关问题的决定》中明确:"授权国务院在北京、天津、河北、上海、江苏、浙江、福建、山东、广东、四川十个省、直辖市开展药品上市许可持有人制度试点,允许药品研发机构和科研人员取得药品批准文号,对药品

---

① 参见杨立新:《〈侵权责任法〉改革医疗损害责任制度的成功与不足》,载《中国人民大学学报》2010年第4期。

质量承担相应责任。"①国务院在此基础上对于药品上市许可持有人制度试点工作做了细化，2016年发布的《国务院办公厅关于印发药品上市许可持有人制度试点方案的通知》中明确："试点行政区域内的药品研发机构或者科研人员可以作为药品注册申请人（以下简称申请人），提交药物临床试验申请、药品上市申请，申请人取得药品上市许可及药品批准文号的，可以成为药品上市许可持有人（以下简称持有人）。法律法规规定的药物临床试验和药品生产上市相关法律责任，由申请人和持有人相应承担。持有人不具备相应生产资质的，须委托试点行政区域内具备资质的药品生产企业（以下称受托生产企业）生产批准上市的药品。持有人具备相应生产资质的，可以自行生产，也可以委托受托生产企业生产。"药品研发机构或者科研人员成为申请人和持有人的条件必须是"属于在试点行政区域内依法设立且能够独立承担责任的药品研发机构，或者在试点行政区域内工作且具有中华人民共和国国籍的科研人员"。有关义务责任承担的要求，《国务院办公厅关于印发药品上市许可持有人制度试点方案的通知》明确："履行《中华人民共和国药品管理法》（以下简称《药品管理法》）以及其他法律法规规定的有关药品注册申请人、药品生产企业在药物研发注册、生产、流通、监测与评价等方面的相应义务，并且承担相应的法律责任。"关于责任承担，"批准上市药品造成人身损害的，受害人可以向持有人请求赔偿，也可以向受托生产企业、销售者等请求赔偿。属于受托生产企业、销售者责任，持有人赔偿的，持有人有权向受托生产企业、销售者追偿；属于持有人责任，受托生产企业、销售者赔偿的，受托生产企业、销售者有权向持有人追偿。具体按照《中华人民共和国侵权责任法》等的规定执行"。但是，按照该通知内容，试点时间截止到2018年11月4日。②故在此日之后，该通知已失效。

---

① 该决定自2015年11月5日起施行，授权的试点期限为三年。第十三届全国人民代表大会常务委员会第六次会议决定，将该试点工作的三年期限延长一年。
② 《国务院办公厅关于印发药品上市许可持有人制度试点方案的通知》第9条规定，本方案自印发之日起，实施至2018年11月4日。

2019年修订的《药品管理法》在吸收上述试点通知的基础上专门对药品上市许可持有人作出了规定。该法第30条规定："药品上市许可持有人是指取得药品注册证书的企业或者药品研制机构等。药品上市许可持有人应当按照本法规定，对药品的非临床研究、临床试验、生产经营、上市后研究、不良反应监测及报告与处理等承担责任。其他从事药品研制、生产、经营、储存、运输、使用等活动的单位和个人依法承担相应责任。药品上市许可持有人的法定代表人、主要负责人对药品质量全面负责。"该法第三章针对药品上市许可持有人制度作出了细化规定。在《民法典》对于药品上市许可持有人相关制度有明确规定的情况下，就应适用《民法典》的规定，即本条规定。但《药品管理法》对药品上市许可持有人制度的细化规定与《民法典》内容不冲突的，可以继续适用。

三、产品责任主体对外承担责任形态的主要考虑

医疗产品责任采用不真正连带责任，在当事人选择其中一个责任主体主张权利的情形，人民法院认定其责任大小及承担方式并无争议。但对于当事人将医疗机构和生产者同时起诉或被追加的情形，如何确定他们责任的大小及承担方式，则有不同看法。一种意见认为，应当确定由他们共同承担责任，再行确定他们之间的追偿权；审判实践中有的判决表述为共同承担责任，有的案例也直接表述为承担连带责任。另一种意见认为，这时应当判定缺陷的直接生产者承担侵权责任，不必让医疗机构先承担责任，再进行追偿。[1] 理论上一般认为，不真正连带责任中的相互重合的侵权责任中通常承担一个侵权责任即可保护受害人的权利，即只要数个重合的侵权责任履行了一个，受害人的损害就得到了救济，其受到损害的权利就得到了恢复。因此，不真正连带责任的受害人原则上只能选择相互重合的请求权中的一个行使，该请求权行使之后，其他的请求权即行消灭。[2] 这一意见就是严

---

[1] 杨立新：《论医疗产品损害责任》，载《政法论丛》2009年第2期。
[2] 杨立新：《侵权法论》（第五版），人民法院出版社2013年版，第989页。

格按照不真正连带责任的基本法理,规定了直接判决由最终承担责任的主体承担责任的规则。这样做的好处在于实现了纠纷的彻底解决。

上述两种意见都有道理。经慎重考虑,我们认为,在外部责任承担上不宜采取上述第二种意见,即判决由最终承担责任的主体承担责任的做法。主要理由是:其一,若最终承担责任的主体没有清偿能力,则被害人可能得不到应有救济,这与本条规定的立法目的(充分救济受害人)不符;其二,若最终判决缺陷产品生产者承担责任,意味着对患者向销售者主张权利的途径也被剥夺,不利于患者利益维护;其三,按照这一思路,在人民法院依照职权追加医疗产品生产者的情形,在原告坚持不变更原来对医疗机构诉讼请求的情况下,则面临着要对原告诉讼请求裁定驳回的问题,这可能与本条规定不符。

其实,在产品责任的外部责任形态上,其更具有连带责任的特征。侵权法确立不真正连带责任的立法目的在于方便受害人诉讼、减轻其举证责任,将赔偿不能的风险分配给责任人的方式来保护受害人。[①] 因此,不真正连带责任与连带责任在对外效力上不应有所不同,都是为充分保护受害人而设立。在医疗产品责任案件中,如果患者在同时起诉数个责任主体时,直接确定由承担最终责任的主体通常为生产者承担责任,则需要驳回患者对其他责任主体比如医疗机构的诉讼请求,这等于限制患者的选择权。而且,在生产者无清偿能力的情况下,会直接导致患者丧失向医疗机构主张权利的机会,这既不符合本条规定的文义,也不符合充分救济患者损害的立法精神。虽然立法上并未明确医疗机构与医疗产品生产者、药品上市许可持有人以及销售者等在外部关系上承担连带责任,这并不妨碍审判实践中,对于患者一方向医疗机构、医疗产品生产者、销售者主张共同承担赔偿责任或者承担连带责任的问题作有益探索。比如,《产品质量法》第58条规定:"社会团体、社会中介机构对产品质量作出承诺、保证,而该产品又不符合其承诺、保证的质量要求,给消费者造成损失的,与产品的生产者、

---

① 姜强:《〈侵权责任法〉中的连带责任、不真正连带责任及其诉讼程序》,载《法律适用》2010年第7期。

销售者承担连带责任。"该条规定从文义上看没有对生产者与销售者采取"或者"的选择性表述,应当理解为该消费者既可以要求社会团体、社会中介机构与产品生产者或者销售者之间承担连带责任,也可以同时要求社会团体、社会中介机构与产品生产者以及销售者一起承担连带责任,至于如何确定责任主体,取决于消费者的选择。那么按照连带责任的基本法理,三个以上的责任主体之间承担连带责任,其中的两个主体之间当然也是承担连带责任。《最高人民法院关于审理食品药品纠纷案件适用法律若干问题的规定》第9条也规定:"消费者通过网络交易平台购买食品、药品遭受损害,网络交易平台提供者不能提供食品、药品的生产者或者销售者的真实名称、地址与有效联系方式,消费者请求网络交易平台提供者承担责任的,人民法院应予支持。网络交易平台提供者承担赔偿责任后,向生产者或者销售者行使追偿权的,人民法院应予支持。网络交易平台提供者知道或者应当知道食品、药品的生产者、销售者利用其平台侵害消费者合法权益,未采取必要措施,给消费者造成损害,消费者要求其与生产者、销售者承担连带责任的,人民法院应予支持。"这里的网络交易平台与生产者、销售者之间对外承担的也是连带责任,而生产者与销售者之间也并非择一关系。

【审判实践中应注意的问题】

一、关于医疗产品销售者的责任

如上所述,由于医疗产品责任是产品责任的一种,有关医疗产品销售者的责任承担问题,要适用产品责任的一般规定。《医疗损害责任纠纷司法解释》第21条依据有关产品责任的规定,明确规定了销售者责任,比如该条第1款规定:"因医疗产品的缺陷或者输入不合格血液受到损害,患者请求医疗机构、缺陷医疗产品的生产者、销售者或者血液提供机构赔偿的,应予支持。"当然,基于医疗的公益性考虑,民法典并没有认定医疗机构是医疗产品的销售者,而是或多或少基于当前以药补医等情况的考虑,医疗机构实际上处于销售者的地位,①在责任承担上确定了医疗机构承担与医疗产品销售者相类似的法律责任。在实践中需要注意的问题是,如果患者从医疗机构诊断后并未在该医疗机构购买相应的医疗产品,比如药品,而是到相关医疗产品经营者处按照医疗机构的处方购买了该医疗产品,后因该医疗产品缺陷导致患者损害的情形,这时由于医疗机构并不具备类似于该医疗产品销售者之地位,其并未从该医疗产品的销售中获益,也无法控制该医疗产品之风险当然也就无法转嫁该风险,因此按照严格责任的基本法理,该医疗机构不应当是该缺陷医疗产品导致损害的责任承担主体,即不能适用本条规定,而应适用本编关于产品责任的一般性规定确定该医疗产品生产者和销售者的责任。如果医疗机构对患者损害存在诊疗过错,且其诊疗行为与患者损害有因果关系的,这时应当对医疗机构适用《民法典》侵权责任编关于医疗过错侵权的一般性规定,按照多因一果侵权行为的规则(比如原因力规则)确定医疗机构的责任,但无论如何,这种情况下的医疗机构不是医疗产品责任的主体。

二、关于医疗产品责任承担后追偿权问题

在产品责任中,追偿权问题通常被认为是产品生产者与销售者之间内部责任关系的一体两面的内容,医疗产品责任中的追偿权关系也是如此,只是增加了医疗机构这一责任主体或者追偿权主体。由于本条仅规定了医疗机构对医疗产品生产者、药品上市许可持有人的追偿权,并没有规定对医疗产品销售者的追偿权,也没有规定医疗产品生产者、药品上市许可持有人、销售者以及血液提供机构对有过错医疗机构的追偿权,由此引发的法律适用问题在实践中具有一定的普遍性。对于这一问题,《医疗损害责任纠纷司法解释》第21条第2款、第3款已经明确了医疗机构承担责任后向医疗产品生产者、销售者的追偿权以及医疗产品生产者、销售者及血液提供机构向有过错医疗机

---

① 最高人民法院侵权责任法研究小组编著:《〈中华人民共和国侵权责任法〉条文理解与适用》,人民法院出版社2010年版,第419页。

构追偿的内容。至于医疗产品生产者、销售者之间追偿权问题,则直接适用《民法典》第1203条规定即可。

结合医疗产品缺陷形成的原因,尤其是销售者的过错及其对产品缺陷形成的原因力即为划定销售者与生产者之间有关责任范围的基本依据。至于医疗机构与医疗产品的销售者、生产者之间的追偿权法律关系,也是因为多了一个责任主体而使得追偿权关系比仅有医疗产品生产者、销售者更为复杂,但其适用前提是一致的:其一,法院判决了某一个或两个以上责任主体对于患者一方承担了赔偿责任,对此,共同承担责任或者单独承担责任在所不问,共同承担责任仅是影响其追偿数额的大小;其二,具有明确的最终责任人,即被追偿的主体;其三,追偿权人已经向患者一方履行赔偿责任。

关于主张追偿权时的举证责任问题,应当按照《民事诉讼法司法解释》第91条的规定确定,通常要适用"谁主张、谁举证"的一般规则。比如缺陷是由于销售者过错造成的,这是销售者承担责任的基本构成要件,医疗产品的生产者或者医疗机构在承担责任后就要对销售者的过错以及因果关系的成立承担举证责任。同样,对于医疗机构是最终责任主体时,主张追偿权的主体也要对该医疗机构的过错造成产品缺陷的事实承担举证证明责任。但是,对于医疗产品生产者的责任,其承担的是无过错责任,在追偿权案件中,主张追偿权的主体也无须对医疗产品生产者的过错承担举证证明责任,多数案件可能依据患者主张产品责任的案件中查明的事实就可以完成相应举证证明责任,而直接向医疗产品的生产者主张追偿权。

三、关于输入不合格血液的责任承担问题

血液及血液制品是一种特殊的医疗资源,与人民群众的健康密切相关。输血感染是血液及血液制品危害人们的最主要的形式。[1]近年来,因输血而导致患者受到损害的事例时有发生,因此而引发的医疗

---

[1] 最高人民法院侵权责任法研究小组编著:《〈中华人民共和国侵权责任法〉条文理解与适用》,人民法院出版社2010年版,第416页。

纠纷也越来越受到社会关注。从司法实践看，近年来各地因输血感染疾病而引发的侵权损害赔偿案件不断出现。现行法律法规对该类纠纷缺乏明确具体的规定，法院在审理中适用不同的归责原则，导致不同的判决结果。主要有以下三种情况：（1）适用无过错责任原则。这类情况实践中不多。例如某案例中，原告在医院手术中输血400毫升，术后不久被确诊为丙型肝炎。法院查明原告输入的血液已经过检验不存在质量问题，但判决医院赔偿原告各项损失6000余元。（2）适用过错责任原则。这类情况实践中较为常见。例如某案例中，原告在被告医院手术治疗过程中两次输血共1400毫升。原告出院后1个月被确诊为丙型肝炎，起诉至法院。医疗事故鉴定委员会鉴定认为，原告所患肝炎系输血所致，但属于无过错输血，不属于医疗事故。法院依据该鉴定意见，判决驳回原告的诉讼请求。再如某案例中，原告因摔伤到医院治疗，输血4次，后发现感染艾滋病病毒。法院查明，原告所用血液的三名供血员无献血档案，无法确定这三名供血者的健康情况，血站存在过错。因血站被撤销，由当地卫生局以血站的财产赔偿原告各项损失11万余元。（3）适用公平责任原则。此前，《民法通则》第132条规定："当事人对造成损害都没有过错的，可以根据实际情况，由当事人分担民事责任。"一般认为该条规定不是该侵权损害赔偿中的一个独立归责原则，而只是对损害结果的分担原则。对于输血感染疾病的纠纷，法院认为医疗机构及血液中心均无过错，但适用过错责任原则又对受害人明显不公平时，往往适用公平责任原则，由各方当事人分担损害结果，判决医疗机构和血站给予患者一定的补偿，以适当保护患者的利益，或者达到社会的稳定目的。例如某案例中，原告住院治疗，输血4次，出院后发现感染丙肝。法院查明，医院及血站均无过错，法院判决原告、医院、血站各承担原告医疗费的三分之一。在另一案情相似的案例中，法院判决原告、医院、血站按3∶3∶4的比例分担原告的损失。[1]

---

[1] 王胜明主编：《〈中华人民共和国侵权责任法〉条文解释与立法背景》，人民法院出版社2010年版，第231页。

对于血站和医疗机构在输入不合格血液导致患者损失的责任。依据本条的规定，输入不合格的血液与提供有缺陷的药品、消毒药剂、医疗器械产生同样的法律后果。医疗机构和血液提供机构对输血者因输入不合格的血液感染引起的损害承担严格责任，这样就最大限度地保护了输血者这一相对弱者的身体健康权。[1]在《侵权责任法》起草过程中，有关血站是否应当承担赔偿责任的争议，主要存在于采供血过程中无过错的情况，例如造成不合格血液产生的原因是供血者处于病毒感染的"窗口期"，限于目前的医学检测水平无法发现。在这种情况下，对于血站依法是否应当承担无过错责任，有不同意见。目前没有法律明确规定血站对民事损害应当承担无过错责任。依照《产品质量法》第41条的规定，缺陷产品的生产者应当承担无过错责任。因此，对血站责任问题的不同意见就主要反映在对于血液是否属于"产品"的争议上，大体有三种意见：（1）认为血液不是产品，不应适用《产品质量法》。（2）认为血液是产品，无过错输血感染疾病案件应适用《产品质量法》，由血液提供者向受害人承担无过错责任。（3）认为应当将血液视为"产品"，使血液提供者承担与血液制品生产者相同的责任。相对于输血用血液，普遍认为血液经过提取分离而形成的血液制品，如冻干血浆、白蛋白、丙种球蛋白和凝血因子等属于产品。血液与血液制品的来源相同，都是献血者体内自然流动的血液（或血浆），只是输血用血液由血液提供者以较为简单的工艺流程加工而成，而血液制品由企业以较为复杂的工艺流程加工制作。如果对"窗口期"等原因造成的输血感染事件按照不同的规则处理，对血站适用过错责任原则，对血液制品生产企业则适用无过错责任原则，不符合法律公平公正的理念。因此在无过错输血感染疾病案件中，对于血液是否为产品不宜机械考虑，即使血液不是产品，亦应将其视为产品，适用《产品质量法》由血液提供机构承担无过错责任。最终立法机关采纳了上述第三种意见。输血感染案件中的受害人与血液提供机

---

[1] 最高人民法院侵权责任法研究小组编著：《〈中华人民共和国侵权责任法〉条文理解与适用》，人民法院出版社2010年版，第416页。

构相比是处于被动接受地位的弱者。至于医疗机构因过错致使患者受到输血损害的责任承担，立法机关也认为这时医疗机构的责任不应当比一般销售者的责任更低。①

对于输入不合格血液时医疗机构与血液提供机构之间的责任问题，本条明确输入不合格血液的问题应当适用关于医疗产品责任规定。具体理由如下：

第一，输血感染案件中的受害人与血液提供机构相比，是处于被动接受地位的弱者。对于无过错输血感染这一不可预料的风险，血液提供机构更有控制风险、承担风险和分散风险的能力。合理保护受害患者的利益，有利于体现公平正义的法律精神，有利于减少医患纠纷，构建和谐社会。

第二，医疗机构与其他销售者相比，更具专业性，对于患者所输入血液，医疗机构负有最终的把关责任，这种责任关系着患者的生死存亡，作为专业机构和专业人员，医院和医生有能力与责任对血液和血液制品进行鉴别，而患者比一般消费者而言，在专业性方面更处于劣势。因此，医疗机构的责任不应当比一般销售者的责任更低。②

第三，立法机关在制定《侵权责任法》第59条规定时也是遵循了这一思路，③对输入不合格血液的侵权责任适用与缺陷医疗产品侵权责任相同的规则。

同样，对于追偿权问题，依据本条的规定，输入不合格血液的医疗机构或者血液提供机构承担责任后也可以向最终责任人主张追偿权，即也适用与医疗产品责任相同的规则。

---

① 参见王胜明主编：《〈中华人民共和国侵权责任法〉条文解释与立法背景》，人民法院出版社2010年版，第230~232页。
② 王胜明主编：《〈中华人民共和国侵权责任法〉条文解释与立法背景》，人民法院出版社2010年版，第232页。
③ 参见王胜明主编：《〈中华人民共和国侵权责任法〉条文解释与立法背景》，人民法院出版社2010年版，第231~233页。

> **第一千二百二十四条** 患者在诊疗活动中受到损害,有下列情形之一的,医疗机构不承担赔偿责任:
> （一）患者或者其近亲属不配合医疗机构进行符合诊疗规范的诊疗;
> （二）医务人员在抢救生命垂危的患者等紧急情况下已经尽到合理诊疗义务;
> （三）限于当时的医疗水平难以诊疗。
> 前款第一项情形中,医疗机构或者其医务人员也有过错的,应当承担相应的赔偿责任。

【条文主旨】

本条是关于医疗机构免责事由的规定。

【条文理解】

一、医疗机构免责事由概述

免责或者减责事由属于诉讼法上的抗辩事由范畴。《民法典》总则编民事责任一章和本编一般规定中均专门规定了一般情况下免责和减责情形的内容,侵权责任编各分章中有关侵权责任不同类型中也有免责事由的规定。对此在适用上应该理解为前者是关于免责事由的一般性规定,后者则属于特殊规定,在侵权责任各分章有特殊规定的情况下,则应当适用该特殊规定,在没有特殊规定或者该特殊规定并没有排除上述侵权责任一般规定以及总则编关于免责事由一般性规定的情况下,则就要适用该一般性规定。具体到医疗损害责任的情形,侵权责任法的一般免责和减责情形的内容，如损害是因受害人故意造成的，行为人不承担责任；再如因不可抗力造成他人损害的，不承担责任，以上规定对于医疗损害责任也是适用的。① 在医疗损害责任中，如果因不可抗力造成不良后果，应当依据《民法典》第180条规定免除责任或者减轻责任。例如，医务人员在手术过程中发生地震，造成患者死亡或者不良后果，当然可以免除责任。确定适用不可抗力免责或者减轻责任的规则，应当是医疗机构在正常的医疗活动中造成患者的损害，其直接原因是不可抗力，不是医疗过失所致，因而应当免责。如果不可抗力与医疗过失作为造成损害的共同原因的，则应当根据过错程度和原因力的分析，确定医疗机构减轻责任。② 同时本编在医疗损害责任一章中，对于医疗损害责任免责事由的细化规定，当然可以直接适用于医疗损害责任纠纷。《侵权责任法》第60条规定："患者有损害，因下列情形之一的，医疗机构不承担赔偿责任：（一）患者或者其近亲属不配合医疗机构进行符合诊疗规范的诊疗；（二）医务人员在抢救生命垂危的患者等紧急情况下已经尽到合理诊疗义务；（三）限于当时的医疗水平难以诊疗。前款第一项情形中，医疗机构及其医务人员也有过错的，应当承担相应的赔偿责任。"本条规定基本保留了这一规定，但有两处文字修改：一是将原来的"患者有损害"修改为"患者在诊疗活动中受到损害"；二是将第2款中的"医疗机构及其医务人员"修改为"医疗机构或者其医务人员"。

二、关于本条规定的医疗机构免责事由的具体适用

对于本条第1款第1项情形，一般而言包括两种类型：一类是患者主观上故意不配合的情形。虽然实践中这一情形相对较少，但在近年来"医闹"问题不断出现的情况下，故意不配合的情形也有多发现象。过失的情况则较为常见，比如不遵医嘱错误用药、错误饮食甚至

---

① 王胜明主编：《中华人民共和国侵权责任法释义》，法律出版社2010年版，第299页。

② 杨立新：《侵权法论》（第五版），人民法院出版社2013年版，第602页。

饮酒等情形导致病症加重甚至出现并发症等的情形，医疗机构不承担赔偿责任。另有意见认为，患者囿于其医疗知识水平的局限而对医疗机构采取的诊疗措施难以建立正确的理解，从而导致其不遵医嘱、错误用药等与诊疗措施不相配合的现象，也属于患者一方不配合诊疗的行为情形。但我们认为，通常情况下这一情形似难以认定患者存在"不配合"诊疗的主观过错。这时通常需要根据个案具体情况判断医务人员是否向患者一方履行了相应的说明义务或者存在其他过错情形。因为对于医务人员是否存在过错也不限于其已经尽到相应的说明义务。若医务人员已经尽到相应义务，患者的损害是因患者或者其近亲属不配合的行为所致，则医疗机构对此不应当承担赔偿责任。而对于医务人员是否尽到了这一说明告知义务或者其他诊疗义务的问题，往往涉及专业判断问题，需要通过鉴定程序来解决。

同样在本条第1款第2项、第3项情形下，对于在抢救生命垂危的患者等紧急情况下，如何判断何为"合理诊疗义务"。立法机关认为，考虑到在紧急情况下，患者生命危在旦夕，抢救时间紧迫，医务人员对患者的病情及病状无法作详细的检查、观察、诊断，难以要求医生具有与平常时一样的思考时间、判断能力和预见能力。对于这种情况，法律对医生在注意程度上的要求相对低于一般医疗时的情形。但是，由于医疗行为直接关系患者的生命健康权，在紧急情况下实施的紧急救治措施，医务人员仍应尽到合理诊疗的注意义务。具体而言，根据现行的诊疗规范，紧急情况下合理的诊疗义务包括如下四个方面：一是对患者伤病的准确诊断。对患者伤病的准确诊断是正确实施治疗措施的前提。如情况紧急，应当采取控制患者伤病恶化的紧急措施后，再作进一步诊断和治疗。二是治疗措施的合理、适当，包括治疗措施和治疗用药的适当、合理。三是谨慎履行说明告知义务。紧急情况下，如果事前告知不可行，那么采取紧急救治措施后仍应履行该项义务。四是将紧急救治措施对患者造成的损害控制在合理限度之内。结合上述情况，如果医务人员已经尽到在紧急救治情况下医务人员通常应尽到的诊疗义务，即合理诊疗义务的，医疗机构不承担赔偿责任；否则，即便是为抢救生命垂危的患者，但医务人员未尽到紧急救治情况下医务人员应尽到的合理诊疗义务，医疗机构仍难以免除其赔偿责任。[①] 上述意见很有道理。从审判实务的角度讲，如何认定紧急情况下医务人员已经尽到合理诊疗义务，这涉及专业判断问题，需要通过申请鉴定来解决。同样，法律对医务人员采取的诊疗行为是否存在过错的判断，也只能基于当时的医学科学本身的发展，判断是否尽到与当时的医疗水平相应的诊疗义务。尽到该项义务的，就视为医疗机构及其医务人员没有过错，对于患者的损害不承担赔偿责任。但对于诊疗行为是否尽到当时医疗水平要求下的义务仍然属于专业判断问题，需要通过申请鉴定来解决。

此外，关于紧急救治情形下医疗机构责任承担的规则，《医疗损害责任纠纷司法解释》第18条第2款确立了"紧急救治，医院免责"的一般规则，但同时医疗机构如果"怠于"紧急救治也要依法承担相应的侵权责任。"怠于"本身即蕴含医疗机构存在"过错"的问题。对于"怠于"的判断标准，在价值导向上要遵循鼓励和倡导医疗机构实施紧急救助的义务，对于是否属于"怠于"紧急救助的情形，在认定标准上不宜太宽松，而应遵循有关诊疗规范的专业判断标准、尊重医学伦理并根据具体病情的主客观情况综合认定。比如医疗机构没有依照有关法律法规及相关工作规范的规定及时履行报告、批准手续，医疗机构没有及时实施诊疗行为措施皆应包括在"怠于立即实施相应的医疗措施"的情形之中。而且认定医疗机构是否怠于实施相应的救治措施，首先也是一个专业判断问题，应该依据有关医事法律法规以及诊疗规范并结合具体案件情况进行判断，这一方面涉及对医患利益的平衡保护问题，也涉及医学伦理问题，应当审慎把握。比如对于不能表达自己意见的危重病人，且存在上述不能取得近亲属意见情形的，进行必要救治，这当是《执业医师法》作明确规定的，但救治到什么程度，其中的诊疗风险多大，这首先要尊重医疗机构的专业判

[①] 王胜明主编：《〈中华人民共和国侵权责任法〉条文解释与立法背景》，人民法院出版社2010年版，第240页。

断,也要审慎考虑医学伦理关系问题,对此确实还有必要在实践中进一步探索。

三、过失相抵规则的适用

关于过失相抵规则的适用,本条第2款从反向规定了医疗机构或者其医务人员在第1款第1项情形下,医疗机构或者其医务人员也有过错的,仍然应当承担相应的赔偿责任。这实际上是过失相抵规则在医疗损害责任领域的具体化。在此要注意的是,依据本款规定,在立法上仅明示第1项适用医务人员仍有过错而应当承担相应责任的情况下,依照反对解释,应该排除第1款第2~3项情形下对这一规则的适用。

依据本条第2款的规定,患者或者其近亲属不配合医疗机构进行符合诊疗规范的诊疗情形下医疗机构完全免责的前提,必须是医疗机构及其医务人员没有过错。如果患者或者其近亲属有不配合诊疗的行为,但医疗机构或者医务人员也有过错的,医疗机构仍应对患者的损害承担相应的赔偿责任。① 这里的医疗机构承担赔偿责任的法律依据是《民法典》第1218条的规定,即有关诊疗过错责任的规则。从法律适用的逻辑上讲,医疗机构承担相应赔偿责任要以符合本条规定的诊疗过错责任的构成要件为前提,即不仅要存在过错要件,还要符合违法行为、损害后果及因果关系的构成要件。

【审判实践中应注意的问题】

关于本条的适用,要注意有关本条第1款规定免责事由的举证责任承担问题。《医疗损害责任纠纷司法解释》第4条第3款规定:"医疗机构主张不承担责任的,应当就侵权责任法第六十条第一款规定情形等抗辩事由承担举证证明责任。"这一规定内容主要涉及制定条文

---

① 王胜明主编:《〈中华人民共和国侵权责任法〉条文解释与立法背景》,人民法院出版社2010年版,第238页。

依据调整问题。而由于本条与《侵权责任法》中的这一规定在内容上是一致的，有关规则可以继续适用。据此，就免责事由的举证责任，应当由医疗机构一方承担。同样，若涉及专业判断问题，则医疗机构也可以通过申请鉴定来解决。

> **第一千二百二十五条** 医疗机构及其医务人员应当按照规定填写并妥善保管住院志、医嘱单、检验报告、手术及麻醉记录、病理资料、护理记录等病历资料。
>
> 患者要求查阅、复制前款规定的病历资料的，医疗机构应当及时提供。

【条文主旨】

本条是关于医疗机构保管病历资料义务和患者查阅、复制病历资料权利的规定。

【条文理解】

本条规定保留了《侵权责任法》第61条的内容。对于本条的理解与适用，需要把握以下几点：

一、病历资料的界定

本条列举了住院志、医嘱单、检验报告、手术及麻醉记录、病理资料、护理记录等病历资料。《医疗纠纷预防和处理条例》第15条规定："医疗机构及其医务人员应当按照国务院卫生主管部门的规定，填写并妥善保管病历资料。因紧急抢救未能及时填写病历的，医务人员应当在抢救结束后6小时内据实补记，并加以注明。任何单位和个人不得篡改、伪造、隐匿、毁灭或者抢夺病历资料。"第16条第1款规定："患者有权查阅、复制其门诊病历、住院志、体温单、医嘱单、化验单（检验报告）、医学影像检查资料、特殊检查同意书、手术同意书、手术及麻醉记录、病理资料、护理记录、医疗费用以及国务院卫生主管部门规定的其他属于病历的全部资料。"依据《医疗机构病历管理规定》的规定,病历是指医务人员在医疗活动过程中形成的文字、符号、图表、影像、切片等资料的总和,包括门(急)诊病历和住院病历。同时,该规定还对"病历资料"作了进一步明确,规定医疗机构可以为申请人复印或者复制的病历资料包括:门(急)诊病历和住院病历中的住院志(入院记录)、体温单、医嘱单、化验单(检验报告)、医学影像检查资料、特殊检查(治疗)同意书、手术同意书、手术及麻醉记录单、病理报告、护理记录、出院记录。概言之,"病历资料"是一个集合概念,是一系列医学文书资料的总和。从分类上讲,病历包括门(急)诊病历和住院病历;从内容上讲,病历包括体温单、医嘱单、化验单(检验报告)、医学影像检查资料、手术及麻醉记录单、病理报告、护理记录等一系列医学文书资料。[①] 理论和实务上一般都认为病历资料包括客观性病历资料和主观性病历资料。客观性病历资料,是指记录患者症状、生命体征、病史的病历资料,即《医疗事故处理条例》第10条所明确的"门诊病历、住院志、体温单、医嘱单、化验单(检验报告)、医学影像检查资料、特殊检查同意书、手术同意书、手术及麻醉记录单、病理资料、护理记录"等。但《病历书写基本规范》第16条规定:"住院病历内容包括住院病案首页、入院记录、病程记录、手术同意书、麻醉同意书、输血治疗知情同意书、特殊检查(特殊治疗)同意书、病危(重)通知书、医嘱单、辅助检查报告单、体温单、医学影像检查资料、病理资料等。"这再次把病程记录明确列为住院病历的范围。主观性病历,是指医疗机构的医务人员对病情观察、对病史的了解和掌握进行的综合分析所做的记录,指的是死亡病历讨论记录、疑难病历讨论记录、上级医师查房记录、会诊意见、病程记录等。

二、关于病历资料的范围

鉴于医疗行业的这一特点,由医务人员填写、制作的病历、住院

[①] 王胜明主编:《〈中华人民共和国侵权责任法〉条文解释与立法背景》,人民法院出版社2010年版,第243页。

志、检验报告、手术及麻醉记录、病理资料、护理资料等病历资料，在发生医患纠纷时，就成了医疗侵权诉讼中极为关键的证据。这类资料作为证据，往往直接导致医疗诉讼的成败。同时，考虑到这类资料的制作、保管均由医疗机构一方完成，从证据角度讲，医疗机构对于证据的掌握和控制是强势一方，因此，必须在合理的限度内赋予患者查阅和复制这类资料的权利，以平衡双方在举证责任能力上的悬殊。[①]

正因如此，当时《侵权责任法》第61条对于医疗机构保管病历的义务和患者一方查阅复制病历的权利作了规定，同时在该法第58条分两项对有关伪造、篡改或者销毁病历，隐匿或者拒绝提供与纠纷有关的病历资料等推定为医疗机构有关过错。这两种情形，一方面反映了医疗机构的恶意，另一方面使患者难以取得与医疗纠纷有关的证据资料，这时再让患者举证已不合理。因此，推定医疗机构有过错。[②]目前审判实践中对于《民法典》第1222条规定的病历资料范围与本条规定的患者查阅、复制的病历资料范围是否一致，抑或在发生医疗损害责任纠纷后，医疗机构应当提交病历的范围是否全部包括主观性病历、客观性病历存有争议。一种意见认为，对此按照本条规定的范围为准进行确定；第二种意见认为，有必要结合既有的行政法规、规章的规定，对病历的范围作进一步细化，以更好地指导审判实践。

此前，《医疗损害责任纠纷司法解释》第6条参照《医疗机构病历管理规定（2013年版）》等规定，细化了病历资料的范围，新增了门诊病历、体温单、医学影像检查资料、特殊检查（治疗）同意书、手术同意书、医疗费用、出院记录，并以国务院卫生行政部门规定的其他病历资料作为兜底。考虑到一般情况下，门（急）诊病历由患者负责保管，只有在医疗机构建有门（急）诊病历档案的才由医疗机构负责保管；而住院病历一般均由医疗机构负责保管，本条第1款将此

[①] 王胜明主编：《〈中华人民共和国侵权责任法〉条文解释与立法背景》，人民法院出版社2010年版，第247页。

[②] 王胜明主编：《〈中华人民共和国侵权责任法〉条文解释与立法背景》，人民法院出版社2010年版，第227页。

病历资料限定为"医疗机构保管"的范围。

对此争议最大的就是主观性病历资料是否属于《民法典》第1222条规定的病历资料的范围。我们认为，从证据属性上讲，无论客观性病历还是主观性病历，它们都应属于书证的范畴。但对于疾病诊治、讨论、会诊记录等属于主观性病历资料，相当于法院的合议庭笔录、审委会笔录，是属于不可复制查阅的范围，但在发生纠纷时需要封存，以便在解决纠纷时作为客观的证据使用。如果在上述司法解释规定中明确列明该主观性病历，在行为导向上可能会引发患者更多地主张查阅复制该病历，这势必会给医务人员进行疾病的诊断，尤其是疑难病例的诊断甚至探索性医疗带来不当干预，增加不必要负担，甚至会引发保守治疗、过度检查甚至阻碍医学的进步。而且考虑到这些病历资料类似于法官的合议庭笔录，具有一定的私密性。我们认为，主观性病历应属于人民法院审理医疗损害责任纠纷案件的证据范畴，但为避免实践中不必要的争议，依法保障医生的合法权益便于其积极开展诊疗行为，该条规定并未明确列明主观性病历。在此还要强调的是，司法解释虽然没有写明，但是由于主观性病历对于认定过错、确定责任大小等具有重要作用，它们应当属于《民事诉讼法司法解释》第112条等规定的书证。

三、关于患者查阅、复制病历资料的权利

本条第2款对患者查阅、复制病历资料的权利作了规定。患者查阅、复制病历资料的权利是患者知情权的必然体现。查阅、复制病历资料是患者行使对自身健康状况知情权的一种常见方式。首先，该项权利集中体现了患者对身体的自主决定权，即患者不仅有权了解自身的健康状况，而且有权决定如何事实处分自己的健康信息。从法律政策角度看，患者对病历资料所享有的权利表明：必须尊重患者的人格；患者并不会因为患病而减损或丧失其人格尊严。随着家长式医患关系逐渐式弱、患者自治观念的不断增加，可以相信，患者对病历资料所享有的权利将受到越来越多的重视和保护。其次，确保患者对自

身病历资料的权利,有助于医疗服务质量的提升和医患关系的改善。一方面,赋予患者查阅、复制病历资料的权利,能够帮助患者更好地了解医疗服务的运作细节,促进医疗机构不断地提高服务的质量,加强医疗服务的安全性。可以说,患者通过查阅自己的病历资料,能督促医务人员履行法律所要求的注意义务,从而减少医疗事故的发生。另一方面,赋予患者查阅、复制病历资料的权利,能够增进患者与医务人员之间的交流、沟通和理解,并有助于建立彼此信赖、良好互动的医患关系。[①]

关于查阅、复印病历资料的规则,《医疗纠纷预防和处理条例》第16条第1款规定了患者可以查阅、复制"国务院卫生主管部门规定的其他属于病历的全部资料",该条第2~3款进一步规定了查阅复制的具体规则以及医疗机构的协助义务,该两款规定:"患者要求复制病历资料的,医疗机构应当提供复制服务,并在复制的病历资料上加盖证明印记。复制病历资料时,应当有患者或者其近亲属在场。医疗机构应患者的要求为其复制病历资料,可以收取工本费,收费标准应当公开。患者死亡的,其近亲属可以依照本条例的规定,查阅、复制病历资料。"在此要注意的是,《医疗纠纷预防和处理条例》并未明确写明主观性病历属于患者可以复制的范畴。这一问题还有必要由相关行政主管部门予以明确。

【审判实践中应注意的问题】

一、要做好与《民事诉讼法司法解释》有关规定的衔接适用

《民事诉讼法司法解释》对于书证提出命令及相应的法律后果作出了规定。依据其第112条的规定,书证在对方当事人控制之下的,承担举证证明责任的当事人可以在举证期限届满前书面申请人民法院

[①] 最高人民法院侵权责任法研究小组编著:《〈中华人民共和国侵权责任法〉条文理解与适用》,人民法院出版社2010年版,第234页。

责令对方当事人提交。关于提交书证命令的法律后果。依据本解释第112条第2款的规定的，人民法院经审查发现当事人的申请符合上述条件的，则应当责令对方当事人提交该书证。对方当事人对此可以予以反驳，如果其有正当理由，比如证明该证据在他人控制之下等情况，则人民法院也能责令其提交证据。人民法院依法责令对方当事人提交该书证，对方当事人如果有正当理由，可以不提交该书证。但如果其无正当理由拒不提交的，人民法院可以认定申请人所主张的书证内容为真实，由此来反向督促被申请一方当事人提交在其控制之下的书证，从而使人民法院能够更加准确地认定案件事实，妥善化解矛盾纠纷。同时，依据《民事诉讼法司法解释》第113条的规定："持有书证的当事人以妨碍对方当事人使用为目的，毁灭有关书证或者实施其他致使书证不能使用行为的，人民法院可以依照民事诉讼法第一百一十一条的规定，对其处以罚款、拘留。"对于该条的适用持有书证的一方当事人在主观方面必须是存在故意，且要限定在以妨碍对方当事人使用为目的的毁损行为，若无此目的或者无此毁损或其他致使书证不能使用的行为，均不能适用本条的处罚措施。无论是医疗机构保管的主观性病历还是客观性病历，都属于人民法院认定案件事实的证据范畴，只要符合《民事诉讼法司法解释》的上述规定，都应当产生这些规定所明确的法律后果。

二、关于患者提供病历义务的问题

实践中患者也掌握一些病历材料，而这些病历材料对于案件事实的认定也会起到重要作用。有的观点认为，患者对其保管病历有提交义务。这一观点较有道理，按照过错责任的要求，患者依然要承担相应的举证责任，对此的法律适用可以按照患者举证责任的一般规则和《民事诉讼法司法解释》有关文书提交命令等规则来解决。具体而言，对于患者提交病历的法律适用问题，需要注意以下几点：

1. 明确患者掌握病历的范围。依据《医疗机构病历管理规定（2013年版）》第10条的规定，门（急）诊病历原则上由患者负责保管。第11条又规定:"门(急)诊病历由患者保管的,医疗机构应当将检查检验结果及时交由患者保管。"因此,对于患者保管的门(急)诊病历资料,在发生医疗纠纷后尤其是诉至法院后,患者应当及时提交这些病历资料,这也是患者实现自己权利主张的重要证据材料。

2.患者有提交其掌握的病历资料的义务,否则应当按照举证责任分配的规则,承担相应的不利后果。门(急)诊病历不仅属于证明医疗关系存在的基本证据材料,而且对于确定诊疗过错大小乃至责任大小具有重要作用。《八民会纪要》中明确:"患者一方请求医疗机构承担侵权责任,应证明与医疗机构之间存在医疗关系及受损害的事实。对于是否存在医疗关系,应综合挂号单、交费单、病历、出院证明以及其他能够证明存在医疗行为的证据加以认定。"

3.文书提供命令规则的适用。如上所述,对于患者拒不提交其掌握的证据材料的情形,人民法院可以依据《民事诉讼法司法解释》第112条、第113条的规定责令患者提交,否则就应当作出对其不利的认定,或者采取其他处罚措施。

> **第一千二百二十六条** 医疗机构及其医务人员应当对患者的隐私和个人信息保密。泄露患者的隐私和个人信息,或者未经患者同意公开其病历资料的,应当承担侵权责任。

【条文主旨】

本条是关于保护患者隐私权和个人信息的规定。

【条文理解】

隐私权,是指自然人享有的对其个人的、与公共利益无关的个人信息、私人活动和私有领域进行支配的一种人格权。关于隐私权的具体内容,通常而言,隐私权包括四项基本权能:(1)隐私隐瞒权。又称保密权,它首先包括公民对身体隐秘部位的保密权,这是公民一项最根本的隐私权,因为早期人类的隐私意识即萌发于裸露身体隐秘部位的羞耻心,今天的隐私权最早也是从"阴私"的范围逐渐扩大演变而来的。此外,隐瞒权还包括对个人身高、体重、病历、生活经历、财产状况、身体缺陷、健康状况、婚恋、家庭、性生活、社会关系、信仰、心理特征等情报信息的保密权,未经许可,任何人不得刺探、公开和传播。(2)隐私利用权。即公民对个人隐私进行积极利用,以满足自己精神、物质方面的需要。(3)隐私维护权。公民对自己的隐私享有维护其不受侵犯的权利,在受到非法侵害时可以依法寻求司法保护。(4)隐私支配权。公民对于个人隐私有权按照自己的意愿进行支配,可以公开部分隐私,准许他人对个人活动和个人领域进行察知,准许他人利用自己的隐私。如患者在诊疗过程中,允许医生检查身体隐秘部位、了解个人经历、生活习惯等。[①]

《民法总则》明确了对个人信息的保护，其第111条规定："自然人的个人信息受法律保护。任何组织和个人需要获取他人个人信息的，应当依法取得并确保信息安全，不得非法收集、使用、加工、传输他人个人信息，不得非法买卖、提供或者公开他人个人信息。"《民法典》总则编对此规定几乎无变化。人格权编则专章规定了个人信息的保护。自然人的个人信息涉及的是自然人的身份、地位等信息，具有人身属性，属于人格权益的范畴。隐私权也是人身性人格权的一种。两者之间具有一定的联系和交叉。

患者的患病信息往往属于敏感信息，对此进行泄露等，会给患者造成极大伤害。《侵权责任法》第62条专门规定了患者隐私权的保护，该条规定："医疗机构及其医务人员应当对患者的隐私保密。泄露患者隐私或者未经患者同意公开其病历资料，造成患者损害的，应当承担侵权责任。"本条在此基础上保留了患者隐私权保护的内容，同时增加了患者个人信息保护的内容，明确规定："医疗机构及其医务人员应当对患者的隐私和个人信息保密。泄露患者的隐私和个人信息，或者未经患者同意公开其病历资料的，应当承担侵权责任。"在其他法律中，如《执业医师法》第22条规定，医师在执业活动中应当关心、爱护、尊重患者，保护患者的隐私。第37条规定了侵犯患者隐私的法律责任。《护士管理办法》第24条规定："护士在执业中得悉就医者的隐私，不得泄露。"

侵害患者隐私权和个人信息的民事责任承担方式主要有：停止侵害、赔礼道歉和赔偿损失。停止侵害的适用较为常见。赔礼道歉也是侵犯隐私权和个人信息的民事责任的一种有效方式。赔礼道歉可以采用公开方式进行，也可以采用非公开方式进行。法律上并没有规定赔

[①] 王胜明主编：《中华人民共和国侵权责任法释义》，法律出版社2010年版，第313页。

礼道歉的具体方式，主要取决于受害人的选择。[①]就侵犯患者隐私权的赔礼道歉来说，不公开赔礼道歉的效果更好，避免对患者造成二次伤害。至于赔偿损害，由于侵犯患者隐私权的结果主要是给受害人造成精神损害，因此，赔偿损失可以按照《精神损害赔偿司法解释》的有关规定进行赔偿。侵害个人信息的，也主要是精神损害赔偿的问题。至于赔偿的具体问题，可以适用侵害个人信息的一般规则。

【审判实践中应注意的问题】

关于本条的适用，要注意的是本条旨在强调对患者隐私权和个人信息的保护，其导向价值正面积极。在具体法律适用上，本条第一句确立了医疗机构及其医务人员对患者隐私和个人信息的保密义务。义务的违反意味着责任的承担，此规定也就为有关民事责任的承担提供了法律规定基础。本条第二句规定的"泄露患者的隐私和个人信息，或者未经患者同意公开其病历资料的，应当承担侵权责任"，实际上是一个完备的法律责任规范，其侵权行为样态是"泄露患者的隐私和个人信息"或者"未经患者同意公开其病历资料"，从违法行为反映主观过错的角度讲，意味着医疗机构及其医务人员往往具有"泄露"或者"未经患者同意而公开"的故意，但实际情况中也可能是"过失"导致这一情形的发生。因此，涉及医疗机构及其医务人员侵害患者隐私权和个人信息的情形的，必须适用本条规定。但从侵权责任构成上讲，本条规定的侵权行为类型属于过错侵权的范畴，应当遵循过错责任的主观过错、违法行为、损害后果、因果关系的构成要件。从实质上讲，这一侵权行为与其他领域的侵害个人信息和隐私权的情形并无区别。尤其是，这里并不直接涉及医疗机构实施诊疗活动的问题，不涉及医学本身专业性的问题，因此在法律适用上就应该适用过错责任的一般规则，有关举证责任的分配，也应适用"谁主张、谁举

---

① 陈现杰主编：《中华人民共和国侵权责任法条文精义与案例解析》，中国法制出版社2010年版，第215页。

证"的一般规则。换言之,本条规定的情形似应直接适用《民法典》第1165条第1款关于过错责任的规定,而不宜适用本章第1218条关于诊疗过错责任的一般规定。

> **第一千二百二十七条** 医疗机构及其医务人员不得违反诊疗规范实施不必要的检查。

【条文主旨】

本条是关于不得实施不必要检查的规定。

【条文理解】

本条所针对的不必要检查行为，也就是目前社会上比较关注的"过度检查"问题。"过度检查"首次在规范性文件中出现，是卫生部和国家中医药管理局2006年联合制定的《卫生部、国家中医药管理局关于建立健全防控医药购销领域商业贿赂长效机制的工作方案》。该方案提出，要实行院长问责制，"若发现医院存在乱收费、私设'小金库'、严重的过度检查、过度医疗行为等严重违纪违法问题，将首先追究医院院长责任"。2009年《中共中央国务院关于深化医药卫生体制改革的意见》和国务院《医药卫生体制改革近期重点实施方案（2009-2011年）》中，并未直接对"过度检查"作出规范，而是从正面角度提倡使用"基本药物""适宜技术"和"适宜检查"。在《侵权责任法》起草过程中，曾经使用了"过度检查"的表述。但是，有意见认为，"过度检查"并非法律用语，并且何为"过度检查"，含义不明确，难以判断，建议删除。但也有意见认为，"过度检查"的现象当前确实存在，不仅给患者造成不必要的经济负担，有的过度检查甚至对患者身体造成不良影响。因此，为了维护患者的合法权益，对该问题作出禁止性规范是必要的。还有意见认为，不仅应当对"过度检查"作出禁止性规范，还应当规定其法律后果，如医疗机构应当退回不必要诊疗的费用，造成患者损害的，还应当承担赔偿责任。也有不同意见认为，在何为"过度检查"不明确的情况下，退费问题难以操作，同时，建议以"不必要的检查"代替"过度检查"的表述，并进一步明确"不必要的检查"的判断标准。①在对各方意见进行综合考量的基础上，《侵权责任法》第63条规定："医疗机构及其医务人员不得违反诊疗规范实施不必要的检查。"本条对这一内容予以了保留。

与不必要的检查联系比较紧密的是防御性医疗行为（Defensive Medicine），是指医生在诊疗疾病的过程中为避免医疗风险和诉讼风险而采取的防范性医疗措施。它作为一种诊疗过程，并非医学疾病本身的需要，而是为了构造一个完整的防御体系，以应付可能的医疗诉讼。②防御性医疗行为以避免医疗风险或诉讼风险发生为目的，防御性医疗主要有两种表现形式：一是积极性防御医疗，主要表现为医生"热情"地为患者做各种各样名目繁多的检查，多套治疗方案，积极邀请会诊，哪怕是一般医生均能处理的轻微病症，也要邀请专家会诊；二是消极性防御医疗，主要表现为医生对有较大风险的危重病人，拒绝为他们治疗。虽然积极的防御医疗对治疗病人疾病有一定的积极作用，但如果医方"热情"过度，明显违反了依据医疗法律、法规、规章、诊疗护理规范、常规等应负法定义务和约定义务，检查治疗过度，造成患者人身伤害及财产损失的，仍要承担相应的民事赔偿责任。③

因患者病情的不确定性、医生经验及知识水平的差异、治疗方案的多元化等原因，对患者的检查何为过度、何为适度，难有确定划一的标准，患者更无从判断。④对此，判断是否属于不必要的检查的标准就要看此检查行为是否符合诊疗规范。这也是本条规定的要旨所

---

① 王胜明主编：《中华人民共和国侵权责任法释义》，法律出版社2010年版，第318页。
② 刘琮等：《防御性医疗行为研究进展及启示》，载《医学与哲学》2006年第8期。
③ 李传良：《法视野下的过度医疗行为分析》，载《法律与医学杂志》2006年第2期。
④ 最高人民法院侵权责任法研究小组编著：《〈中华人民共和国侵权责任法〉条文理解与适用》，人民法院出版社2010年版，第445页。

在。这里的诊疗规范也要包括护理规范,即卫生行政部门以及全国性行业协(学)会制定的各种标准、规程、规范、制度的总称,如临床输血技术规范、医院感染管理规范、医院感染诊断标准、医院消毒卫生标准、医院消毒供应室验收标准、医疗机构诊断和治疗仪器应用规范等。

【审判实践中应注意的问题】

对于本条的适用,要注意以下两个问题:

第一,本条仅写明了"医疗机构及其医务人员不得违反诊疗规范实施不必要的检查",但未规定相应的责任条款。我们对此的理解是,一方面,本条明确提出了行为规范,对医疗机构予以约束,但由于医疗行为本身的公益性、专业性、复杂性等考虑,对于不必要的检查直接列明的责任规定可能会影响医疗机构的行为,诱发防御性治疗等行为,会对医学发展造成不利影响。从这个立意考虑,审判实务中对于不必要的检查的认定,也要采取适度从严的态度,避免对本条规定滥用。另一方面,本条规定情形下对患者造成损害的,应当依法承担侵权责任。这里就需要满足相应的责任构成要件:(1)不必要的检查行为的主体必须是医疗服务机构或是具有行医执照的个体诊所。其主体不包括非法行医者,也不包括药店服务人员,但医疗保健机构及服务人员应包括在内。(2)医疗机构或医务人员提供了超过患者本身所需的医疗服务。此种医疗服务行为超出了疾病治疗的实际需要,对疾病的治愈、康复没有积极效果,是不必要的、多余的、不合理的。(3)须造成医疗损害。医疗损害是指对患者造成的人身伤亡、财产损失、精神痛苦以及对隐私权和名誉权等的侵害。[1] 概言之,不必要的检查侵权责任的构成要从严把握,要依法适用过错责任的一般规则。另,不必要的检查承担的责任中应包括退还不必要的检查医疗费用的

---

[1] 最高人民法院侵权责任法研究小组编著:《〈中华人民共和国侵权责任法〉条文理解与适用》,人民法院出版社2010年版,第442~443页。

内容。

第二，关于"不必要的检查"的认定问题。我们认为，对医疗机构实施的诊疗行为"是否属于不必要的检查"通常也属于专门性判断问题，可以通过申请鉴定来解决。一般而言，医疗机构对患者的检查是疾病诊断以及采取治疗措施的必要手段，其本身就是一个专业判断问题，可以作为一个鉴定事项来对待。但考虑到医学本身的公益性、探索性以及疾病本身的复杂性等问题，在诊疗过程中是否属于不必要检查的情形在医学临床实践中不好把握，《医疗损害责任纠纷司法解释》最终没有规定这一内容。涉及此类问题，可以依据有关法律规定处理，有关鉴定问题，可以适用《医疗损害责任纠纷司法解释》第11条规定的兜底条款"其他专门性问题"来解决。

> **第一千二百二十八条** 医疗机构及其医务人员的合法权益受法律保护。
>
> 干扰医疗秩序,妨碍医务人员工作、生活,侵害医务人员合法权益的,应当依法承担法律责任。

【条文主旨】

本条是关于保障医疗机构和医务人员合法权益的规定。

【条文理解】

医疗卫生事业与广大人民群众的生活息息相关,医患关系是构建社会主义和谐社会的重要内容。党中央高度重视医疗卫生事业,十八届五中全会明确提出推进健康中国建设的总体要求,习近平总书记在全国卫生与健康大会上深刻阐述了建设健康中国的重大意义,党的十九大报告进一步强调实施健康中国战略,指出"人民健康是民族昌盛和国家富强的重要标志。要完善国民健康政策,为人民群众提供全方位全周期健康服务"。最高人民法院认真贯彻落实党中央精神和习近平总书记重要指示,要求各级人民法院充分发挥司法职能,为我国卫生与健康事业改革发展、保障人民健康、构建和谐医患关系、加快推进健康中国建设提供有力司法服务和保障。特别是最近的新冠肺炎疫情防控工作中,广大医务人员日夜奋战在防疫第一线,为保障人民群众生产安全和身体健康作出了巨大贡献,付出了巨大牺牲,是"新时代最可爱的人"。在疫情防控期间,最高人民法院下发通知要求依法加大对医务人员司法保护力度,妥善处理有关医疗纠纷。充分发挥多元化解机制作用,妥善解决矛盾纠纷,绝不能影响医疗机构及医务人员全力投入疫情防控工作，全力支持救死扶伤，切实维护良好医疗秩序。

《侵权责任法》第64条规定："医疗机构及其医务人员的合法权益受法律保护。干扰医疗秩序，妨害医务人员工作、生活的，应当依法承担法律责任。"本条基本保留了这一规定，主要修改如下：一是将本条规定分为两款，第1款规定依法保护医疗机构和医务人员合法权益，第2款规定法律责任；二是在第2款中增加了"侵害医务人员合法权益"这一内容，彰显对医务人员保护的强化。此外，本条将"妨害"改为"妨碍"，在文字表达上更加严谨。

实践中，一些医患纠纷发生后，患者和家属不愿按法律程序解决问题，而是采取动员亲属形成群体一味"闹医""闹访"的办法，甚至存在威胁医疗机构和侮辱、殴打医护人员等过激行为。社会上还存在一种"职业医闹"，哪里出了患者死亡、伤残的事情，他们就去找家属谈，揽生意，然后纠集一些人找医院闹，闹来赔偿后与家属分成。现实中"医闹"事件屡有发生，已经严重干扰了正常的医疗秩序，对医务人员的工作和生活造成很大影响。我们认为，法律不仅仅对遭受医疗过错行为损害的患者要予以保护，同样，对于医疗机构及其医务人员的合法权益，法律也要保护，医疗秩序也需要维护，这涉及社会公共利益。《民法典》这一民事基本法有必要继续保留并完善《侵权责任法》的这一规定，倡导和强化对医疗机构及其医务人员的合法权益的保护。对侵害医疗机构和医务人员合法权益的行为，法律要给予制裁。

侵害医疗机构和医务人员合法权益的行为类型多样，但最为突出的是干扰医疗秩序的行为。这种行为不但集中地侵害了医疗机构和医务人员的利益，也妨碍了正常的社会医疗秩序，使广大患者难以正常求诊问药，接受治疗。对医疗机构而言，干扰医疗秩序的行为主要是侵害了医疗机构自主开展诊疗活动的权益和自主管理的权益，其中也可能存在对医疗机构财产权益的直接侵害。而对于医务人员而言，干扰医疗秩序的行为则可能侵害其各项权益，如以暴力方式侵犯医务人员的生命权、健康权，以侮辱的方式侵害医务人员的人格权益。当然，从法律的精神和本条的逻辑关系来看，一切侵害医疗机构和医务人员合法权益的行为都应当受到法律制裁，而不仅限于干扰医疗秩序这种侵害方式。但显然，由于当前个别患者或其亲属干扰医疗秩序的行为危害严重，本条的重点在于制裁干扰医疗秩序的行为。其次就是要规制其他妨害医务人员工作、生活的行为。医务人员是国家卫生事业的主要承担者，不保护医务人员的合法权益就不能充分调动他们的建设积极性。[1] 在干扰医疗秩序之外，还存在单独侵害医务人员合法权益的行为。如患者或其亲属在互联网上捏造事实攻击某医生，造成某医生社会评价急剧降低。按照《民法典》关于名誉权的规定，这应属诽谤行为，侵害了医疗机构或医务人员的名誉权，行为人应承担侵犯名誉权的侵权责任。至于其他损害医疗机构和医务人员合法权益的行为，也应当依法承担相应责任。

【审判实践中应注意的问题】

关于本条的适用需要注意的是，对于干扰医疗秩序，侵害医务人员合法权益所承担法律责任的范围，不仅包括民事责任，还包括行政责任和刑事责任。比如，《执业医师法》第21条规定了医师在执业活动中享有的7项权利，其中第5项为"在执业活动中，人格尊严、人身安全不受侵犯"。同时，该法第40条规定："阻碍医师依法执业，侮辱、诽谤、威胁、殴打医师或者侵犯医师人身自由、干扰医师正常工作、生活的，依照治安管理处罚法的规定处罚；构成犯罪的，依法追究刑事责任。"《治安管理处罚法》第23条第1款第1项规定，扰乱机关、团体、企业、事业单位秩序，致使工作、生产、营业、医疗、教学、科研不能正常进行，尚未造成严重损失的，处警告或者200元以下罚款；情节较重的，处5日以上10日以下拘留，可以并处500元以下罚款。

---

[1] 陈现杰主编：《中华人民共和国侵权责任法条文精义与案例解析》，中国法制出版社2010年版，第221页。

第七章　环境污染和生态破坏责任

> **第一千二百二十九条**　因污染环境、破坏生态造成他人损害的，侵权人应当承担侵权责任。

【条文主旨】

本条是关于环境侵权原因行为以及环境私益侵权责任的规定。

【条文理解】

本条与《侵权责任法》第65条相比较，有两处重大的修改。一是在原因行为处增加了"破坏生态"这一侵权形态，二是将"造成损害"更改为"造成他人损害"。这两处重大修改，首要意义是完善了环境侵权行为的类型，并通过将本条限缩为仅仅针对造成他人人身、财产之私益损害的环境侵权责任，明确了本条为环境私益侵权责任的实体法依据。与此相应，《民法典》于第1234条、第1235条增加规定了针对造成生态环境损害之公共利益的环境侵权责任条款，为环境民事公益诉讼提供了实体法依据。此外，本条将"污染者"改为"侵权人"，这是本章的共同变化。可以说，《民法典》侵权责任编就环境侵权责任的规定，完善了环境私益侵权责任和环境公益侵权责任的类型结构和责任体系，为有效衔接《民法典》和生态环境保护的相关法律制度奠定了基础。

一、环境侵权责任的类型区分

此次《民法典》编纂,以本条修改为基础,辅之以其他条文的修改和增补,从立法上实现了环境侵权责任基本类型的梳理界定。

(一)环境与环境侵权责任

按照《环境保护法》第2条规定,环境"是指影响人类生存和发展的各种天然的和经过人工改造的自然因素的总体,包括大气、水、海洋、土地、矿藏、森林、草原、湿地、野生生物、自然遗迹、人文遗迹、自然保护区、风景名胜区、城市和乡村等"。

环境侵权,是指行为人实施的致使环境发生化学、物理、生物等特征上的不良变化,从而影响人类健康和生产生活,影响生物生存和发展的行为。行为人因其环境侵权行为造成他人人身、财产损害,或者造成生态环境公共利益的损害,依法应当承担的民事责任,即为环境侵权责任。

由于《环境保护法》第2条所界定的环境非常广泛,故环境侵权责任也是一个与《环境保护法》相对应的,在广义上使用的法律概念。《民法典》第七编"侵权责任"的第七章"环境污染和生态破坏责任",即是关于环境侵权责任的基本规定。

(二)污染环境与破坏生态

《民法典》通过在侵权责任编增补"破坏生态"这一侵权形态,使得环境侵权的原因行为得以系统化为"污染环境"和"破坏生态"两种情形。

将环境问题区分为环境污染和生态破坏,无论是在环境科学上,还是各国的研究和实践中,目前都取得了广泛的认同。[①] 但长期以来,基于对环境污染损害及其防治迫切性的认知,我国环境立法一直将环境侵权的原因行为限定为污染环境。2009年,《侵权责任法》亦因袭这一做法,在第八章"环境污染责任"中用4个条文对污染环境

---

① 余耀军、张宝、张敏纯:《环境污染责任:争点与案例》,北京大学出版社2014年版,第11页。

侵权责任作了规定。直至2014年修订《环境保护法》，这一状况方得以改变。修订后的《环境保护法》第64条规定，"因污染环境和破坏生态造成损害的，应当依照《中华人民共和国侵权责任法》的有关规定承担侵权责任"，采用引致的立法技术将破坏生态行为纳入了侵权责任法的调整范围。2015年1月《环境民事公益诉讼司法解释》以及2015年6月《环境侵权纠纷司法解释》，均将污染环境和破坏生态并列作为承担环境侵权责任的原因行为。本条对《侵权责任法》第65条的修改，从民事基本法层面扩大了环境侵权原因行为的范围，弥补了侵权责任法只规定污染环境侵权责任而没有规定破坏生态侵权责任的缺陷。《民法典》侵权责任编的这一修改，既是对我国生态环境治理需要的立法回应，也是对环境资源法学理论研究与司法实践经验的总结吸收。

对于何为污染环境和破坏生态，抑或何为环境污染和生态破坏，立法并没有给出明确的定义。可以说这是两个既有重合又存在明显区别的概念。

1.污染环境。根据经济合作与发展组织（OECD）环境委员会在1974年最早提出的定义，环境污染指被人们利用的物质或者能量直接或者间接进入环境，导致对自然的有害影响，以致危及人类健康、危害生命资源和生态系统，以及损害或者妨碍舒适和环境的其他合法用途的现象。[①]而人类实施的那些导致"被人们利用的物质或者能量直接或者间接进入环境"的行为，包括向大气、水、土壤和海洋等环境介质排放废气、废水、废渣、粉尘、垃圾、放射性物质、噪声、震动、恶臭等有毒有害物质、其他物质及能量的行为，就是污染环境行为。

2.破坏生态。与污染环境的结果概念是环境污染一样，破坏生态亦往往被从结果角度谓之生态破坏。一般而言，生态破坏是指由于人类不合理地开发利用资源损坏了自然生态环境，从而使人类、动物、

---

① 汪劲：《环境法学》（第二版），北京大学出版社2018年版，第149页。

植物、微生物等的生存条件发生恶化的现象，如水土流失、土壤沙漠化、动植物资源和渔业资源枯竭、气候变化异常、生物多样性减少等。这些不合理地开发利用资源损坏自然生态环境的行为，即为破坏生态行为。比如，乱捕滥猎、过度采挖珍稀动植物；乱砍滥伐、过度放牧；毁林造田、过度垦荒；围湖造田、填海造地；建设大坝导致流域生态系统破坏；开采矿产造成土地塌陷、水土流失；不合理地引进物种；破坏遗传（基因）等。①

污染环境和破坏生态两种行为存在着明显的区别。从人与环境的关系层面看，污染环境的核心特征为"过度排放"，通常是由于人类活动直接或者间接向环境排入了超过环境自净能力的物质和能量，导致环境危害人类生存和发展；而破坏生态的核心特征为"过度索取"，主要表现为人类过量地向自然索取物质和能量或者不合理地使用自然资源，使得生态平衡受到破坏而危及人类生存和发展。因此，《民法典》侵权责任编增加规定破坏生态行为并将之与污染环境行为并列，对于落实绿色原则、促进资源合理开发利用、保护修复生态环境具有重要意义。

与此同时，从行为方式上看，污染环境是人类没有合理利用资源进而使有用的资源变为废物排入环境，而破坏生态则是人类开发、使用资源超出了环境生态平衡的限度。两者都是对自然环境的利用行为，其构成具有"人——自然——人"的互动性。② 从行为结果上看，环境污染和生态破坏都是人类不合理开发利用自然资源的结果，两者相互重合，且时常互为因果。严重的环境污染可以导致生态破坏，生态破坏又会降低环境自净能力进而加剧污染的程度。由此，污染环境和破坏生态在侵权法上就有了显著的共同之处，两者在侵权行为结果上均导致生态环境质量发生不利变化，同样具有致人损害上的间接

---

① 参见最高人民法院环境资源审判庭编著：《最高人民法院关于环境民事公益诉讼司法解释理解与适用》，人民法院出版社 2015 年版，第 30~33 页。

② 余耀军、张宝、张敏纯：《环境污染责任：争点与案例》，北京大学出版社 2014 年版，第 151 页。

性、连续性、广泛性、复杂性、潜伏性等特征，进而在法律上归属一体并形成了一个整体性的概念——环境侵权。

（三）污染环境侵权责任和破坏生态侵权责任

环境污染、生态破坏是性质相同的两种环境损害，当然应当以相同的规则予以规制，以保证法律体系的完整性。《民法典》第七编第七章规定了这两种侵权行为，进而使污染环境侵权责任和破坏生态侵权责任成为环境损害民事责任体系的两大基本形态。

在区分污染环境侵权责任和破坏生态侵权责任两种基本类型的基础上，还可以根据不同的标准作进一步的类型划分，以明晰污染破坏机理，明确法律规则异同，依法妥当处理各类环境侵权责任纠纷。

1.关于污染环境侵权责任的具体类型。就污染环境侵权责任而言，可依据不同的标准作出不同的区分。

基于环境介质的属性不同，可以把污染环境侵权责任分为大气污染侵权责任、土壤污染侵权责任、水污染侵权责任、海洋污染侵权责任等。

按照环境污染的原因类型，可以将污染环境侵权责任分为物质污染侵权责任和能量污染侵权责任。其中，物质污染侵权责任包括放射性废物、含传染病病原体废物、有毒物质等有毒有害物质污染侵权责任，以及未纳入国家或地方环境标准的污染物等其他物质污染侵权责任。能量污染侵权责任则包括噪声、振动、光、热、电磁辐射、电离辐射等类型的环境污染侵权责任。[①]

2.关于破坏生态侵权责任的具体类型。就破坏生态侵权责任来说，亦可以根据生态保护的不同对象，进一步分为破坏生物多样性侵权责任、破坏景观多样性侵权责任、破坏区域生态侵权责任等。

（1）破坏生物多样性侵权责任，是指破坏生物（动物、植物、微

---

① 有学者认为，为准确反映物质污染与能量污染的内在特性，可依据排放行为是否造成环境本身的污染将两者命名为实质型污染和拟制型污染，从而实现由"科学语言"向"法律语言"的转化。参见张宝：《环境侵权的解释论》，中国政法大学出版社2015年版，第87~90页。

生物）以及它们所拥有的基因和生存环境等产生的侵权责任，可以细分为破坏遗传（基因）多样性、破坏物种多样性和破坏生态系统多样性等三类侵权责任。破坏遗传（基因）多样性侵权责任，是指破坏生物遗传资源和相关传统知识的获取、开发、利用及其惠益分享、转基因生物和产品安全所产生的侵权责任；破坏物种多样性侵权责任，是指破坏外来物种入侵防控与动植物、微生物物种及其栖息地保护所产生的侵权责任；破坏生态系统多样性侵权责任，是指破坏森林、草原、湿地、荒漠、冻原、海洋、河流湖泊、农田、城市和乡村等生态系统所产生的侵权责任。

（2）破坏景观多样性侵权责任，是指破坏一定时空范围内的景观类型和景物品类数量的丰富性和美观度所产生的侵权责任，包括破坏自然遗迹、破坏人文遗迹等类型的侵权责任。破坏自然遗迹侵权责任，是指破坏具有重要科学文化价值的地质构造、著名溶洞、化石分布区、冰川、火山、温泉等自然遗迹所产生的侵权责任；破坏人文遗迹侵权责任，是指破坏古迹、建筑群、遗址等人文遗迹所产生的侵权责任。

（3）破坏区域生态侵权责任，则包括破坏国家公园、自然保护区、自然公园等各类自然保护地所产生的侵权责任，以及破坏湖泊、河道、海洋等岸线区域所产生的侵权责任。

此外，对于破坏生态侵权责任，还可基于原因行为作出类型区分。比如，地下水开采、砍伐林木、猎杀野生动物、开采矿产、垦荒造田、外来物种引进、基因改造等，都可能导致生物要素的不利改变或者生态系统功能退化，可能给他人人身、财产造成损害，进而产生相应的侵权责任。此种情况下，可以考虑将破坏生态侵权责任细分为：地下水开采破坏生态侵权责任、砍伐林木破坏生态侵权责任、猎杀野生动物破坏生态侵权责任、开采矿产破坏生态侵权责任、垦荒造田破坏生态侵权责任、外来物种引进破坏生态侵权责任、基因改造破坏生态侵权责任等。

相对而言，无论是学术界还是实务中，对于破坏生态侵权责任的了解都远远不如污染环境侵权责任。就破坏生态侵权责任的类型化而言，亦是亟须理论研究和实践探索的一个重要课题。

（四）环境私益侵权责任与环境公益侵权责任

《侵权责任法》第65条规定的"造成损害"，是仅指自然人、法人或者非法人组织的人身、财产损害，还是包括生态环境自身的损害，存在争议。此次《民法典》编纂，在侵权责任编第七章作了区分性规定。在本条将原来的"造成损害"更改为"造成他人损害"，限缩为仅仅针对造成他人人身、财产损害之私益的环境侵权责任，明确本条为环境私益侵权责任的实体法依据。在第1234条、第1235条增加规定针对造成生态环境损害之公共利益的侵权责任条款，规定生态环境损害赔偿请求权，明确了生态环境修复责任以及生态环境损害赔偿的范围，填补了生态环境损害无具体法律责任承担方式的漏洞，让司法实践判决生态环境修复不再借道"恢复原状"，解决了环境民事公益诉讼缺乏实体法依据的问题。

私益与公益是一组相对应的概念。在民法上，私益是指自然人、法人和非法人组织等民事主体享有的人身、财产权益。公益是指不归属于具体民事主体享有的利益，广义上的公益概念包括国家利益和社会公共利益，狭义上则仅指社会公共利益。生态环境公共利益即属于社会公共利益的范畴。

基于私益与公益的区分，环境侵权可以类型化为环境私益侵权责任和环境公益侵权责任。污染环境、破坏生态，如果损害了自然人、法人或者非法人组织等民事主体享有的人身、财产权益，包括饮用清洁水、呼吸清新空气、拥有稳静生活、享受日照、远眺风景等环境权益，即构成环境私益侵权责任。如果违反国家规定污染环境、破坏生态，损害了生态环境自身，使其正常的服务功能减损或者丧失，则构成环境公益侵权责任。

相较而言，环境私益侵权责任和环境公益侵权责任存在着明显的区别。具体包括以下几点：（1）立法目的不同。环境私益侵权责任的目的是维护自然人、法人或者非法人组织的个体利益；环境公益侵权责任则是为了维护社会公共利益，防止生态环境遭受破坏或者使受到破坏的生态环境能够尽快得到修复。（2）被侵权人不同。环境私益侵权责任的被侵权人是人身、财产受到损害的自然人、法人或者非法人组织等民事主体；环境公益侵权责任的被侵权人是所有享受生态环境服务功能的不特定的人，故必须由国家规定的机关或者法律规定的组织作为代表请求侵权人承担相应的责任。（3）责任构成不同。就环境私益侵权责任而言，只要行为人有污染环境或破坏生态的行为、受害人有损害、行为人的行为与损害之间有因果关系，不论污染环境、破坏生态者是否违反国家规定，都应对其造成的损害承担侵权责任；就环境公益侵权责任来说，只有违反国家规定污染环境、破坏生态，行为人才就其造成的生态环境损害承担侵权责任。（4）救济重点不同。环境私益侵权责任的重点是被侵权人损害的填补，环境公益侵权责任的重点是修复被损害的生态环境。（5）诉讼规则不同。实现环境私益侵权责任的诉讼，即环境私益诉讼，主要采当事人主义，遵循当事人处分原则和辩论原则，法官的职权原则上限于居中裁判；实现环境公益侵权责任的诉讼，即环境公益诉讼，则具有较强的职权主义色彩，且当事人的处分权亦受一定的限制，比如法官可以不受当事人自认的限制，可以主动依职权调查收集证据，在裁判方式上也可以采取综合性的解决方案。可见，《民法典》侵权责任编第七章区分规定环境私益侵权责任和环境公益侵权责任，意义重大。

实践中，同一个污染环境、破坏生态行为，既会给生态环境造成损害，也会给他人人身、财产造成损害。因此，环境私益损害和环境公益损害常常会同时存在。与此相应，环境侵权责任的两种形态，即环境私益侵权责任和环境公益侵权责任，亦存在着密切的关联和重合，进而使得环境私益诉讼和环境公益诉讼在分立的基础上保持着高度的融合。

二、环境私益侵权责任的归责原则和构成要件

（一）环境侵权责任的归责原则

环境问题关系到人类生存，关系到国家发展，关系到每一个人民群众的切身利益。由于经济快速发展带来的资源消耗大、环境污染较为严重、生态系统恶化，已成为严重影响我国生态环境安全和经济社会可持续发展的问题。为此，《侵权责任法》借鉴国际通例，规定了严格的环境污染责任承担规则，其第65条规定："因污染环境造成损害的，污染者应当承担侵权责任。"《环境侵权纠纷司法解释》对此作了进一步的强调和细化，其第1条第1款明确规定："因污染环境造成损害，不论污染者有无过错，污染者应当承担侵权责任。污染者以排污符合国家或者地方污染物排放标准为由主张不承担责任的，人民法院不予支持。"明确了环境侵权的归责原则为无过错责任。

归责原则是行为人承担责任的依据和基础。[1]无过错责任即意味着不以行为人的过错为要件，只要其活动或者所管理的人或者物损害了他人的民事权益，除非有法定的免责事由，行为人都要承担侵权责任。[2]无过错责任属于一种严格的责任，只有在法律明确规定情形下才能予以适用。因此，《民法典》第1166条强调指出，"行为人造成他人民事权益损害，不论行为人有无过错，法律规定应当承担侵权责任的，依照其规定"。本条即沿袭了《侵权责任法》第65条的规定，明确污染环境、破坏生态造成损害之环境侵权行为，适用无过错责任的归责原则。

环境侵权责任作为一种特殊的侵权责任，依无过错责任原则，在被侵权人有损害、行为人有污染环境或者破坏生态行为且其行为与损害之间有因果关系的情况下，不论污染环境、破坏生态行为人主观上有无过错，都应对其污染、破坏造成的损害承担侵权责任。

---

[1] 王利明：《侵权行为法研究》（上卷），中国人民大学出版社2004年版，第194页。
[2] 最高人民法院研究室、最高人民法院环境资源审判庭编著：《最高人民法院环境侵权责任纠纷司法解释理解与适用》，人民法院出版社2016年版，第20页。

（二）环境私益侵权责任的构成要件

依据本条的规定，环境私益侵权责任适用无过错责任原则，构成要件包括：环境污染、生态破坏致他人损害的事实，污染环境、破坏生态的违法行为，违法行为与损害事实之间的因果关系。

1.环境污染、生态破坏致他人损害的事实。损害是侵权责任必备的构成要件，无损害即无赔偿。任何人只有在因他人的行为受到实际损害之时才能获得法律上的救济，而行为人也只有在因自己的行为及自己所控制的物件致他人损害时，才有可能承担损害赔偿责任。①《民法典》侵权责任编进一步完善了侵权责任规则，更加明确"损害"作为侵权责任的构成要件，强调无论适用何种归责原则，构成侵权责任都必须具备损害这一要件。② 环境侵权责任亦是如此。

环境污染、生态破坏致他人损害的事实，是指污染环境、破坏生态的行为致使自然人、法人或者非法人组织的人身、财产等合法权益受到损害的事实。

环境污染、生态破坏所导致的损害，以人身损害最为常见。污染水源、空气等，都可能造成自然人的人身及其财产损害，甚至可能会导致大范围的人身伤害、死亡后果。基于环境损害所具有的潜在性和隐蔽性，被侵权人往往在开始受害时显露不出明显的损害。但随着时间的推移，损害逐渐显露，比如，受到影响的自然人开始出现早衰、人体功能减退等损害后果。对于这种潜在的危害，也应作为人身损害的事实。③

环境污染、生态破坏所导致的财产损害，主要是自然人、法人、非法人组织等民事主体的财产本身的毁损。比如，排放污水导致他人鱼塘养殖鱼虾死亡，煤矿采煤导致地面塌陷致使他人房屋开裂毁损等，这些环境污染、生态破坏使相关财产丧失了价值和使用价值，其组成的损害既包括直接损失，也包括间接损失。这些与其他类型侵权

---

① 王利明：《侵权行为法研究》（上卷），中国人民大学出版社2004年版，第349页。
② 张鸣起：《民法典分编的编纂》，载《中国法学》2020年第3期。
③ 杨立新：《侵权法论》（第五版），人民法院出版社2013年版，第734页。

行为造成的财产损害有相同之处。

除以上传统民法的保护对象外，污染环境、破坏生态对人们开发利用环境的不利影响，还包括损害他人与生活密切相关的采光、通风、日照权益，以及与生态环境公共利益相互交织的清洁饮水、清新空气、稳静生活、远眺风景等方面的环境权益。这些维系生态环境的民事权益，已经随着经济、科技、社会的整体进步越来越多地受到法律的关注，亦被纳入了侵权责任法，特别是环境侵权责任的救济范围。

需要注意的是，本条只是明确规定了环境侵权导致实际损害后果的情况下，行为人所要承担的损害赔偿民事责任。实践中，无论环境污染，还是生态破坏，都存在着造成损害的现实风险和已造成损害后果两种情形。特别是生态环境一旦被污染或破坏，对人类的损害往往不可避免且治理成本高昂，有些甚至不可修复。从环境保护优先、预防为主原则出发，在损害发生前及时采取预防性救济措施，避免损害发生或者防止损害的扩大，亦是法律应有之义。因此，在发生环境污染、生态破坏危险时，受危及的当事人可以依据《民法典》第1167条的规定寻求救济，请求污染环境、破坏生态的行为人承担停止侵害、排除妨碍、消除危险等侵权责任。

2.污染环境、破坏生态的侵权行为。污染环境、破坏生态行为的概念、种类已如前述。唯需讨论的是对该行为违法性的认识。现已达成的基本共识是，基于无过错责任的基础，没有违反法律规定的标准，或者没有违反行政主管部门批准的排污或者施工许可造成环境污染、生态破坏，进而导致他人人身、财产损害，均应当承担侵权责任。但此种情形下，构成环境侵权的行为是否系违法行为，或者说行为的违法性是否为环境侵权责任的构成要件，学界存在着不同的认识。

有学者认为，随着过错责任的客观化，以及违法推定过失的发展，已经很难区分客观的行为违法和主观的心理状态，尤其是在许多领域都采用技术性标准来确定人们的行为规则，违反了这些规则不仅表明行为具有违法性,而且表明行为人具有过错,故过错本身可以吸收违法的概念。^① 基于此种认识,违法行为不再是侵权责任构成要件,过错责任的构成要件为损害事实、因果关系和过错三个方面;无过错责任的构成要件仅仅为损害事实和因果关系这两个要素。另有学者坚持主张违法行为的构成要件,具体到环境侵权责任亦是如此。该观点强调,环境污染损害赔偿事件虽属特殊侵权行为之一种,但仍属侵权责任,对于侵权责任所应具备之违法性要件,仍应具备,始得成立环境污染损害赔偿责任。^② 违法性是侵权责任构成的一般要件,环境污染行为具备违法性要件也是必然的,况且环境污染行为必定是违反环境保护法律的行为,作此要求,并不会对保护被侵权人的权益不利。因此,应当坚持环境污染行为须具备违法性要件。^③

从司法实践看,行为违法性要件并非可有可无,也不能完全被过错所吸收。特别是对无过错责任而言,强调行为的违法性,将侵权行为作为一个要件加以认定,对于准确把握法律规则,妥当衡平各方利益,具有重要价值。尤其是《民法典》将破坏生态纳入环境侵权责任体系,使得实践中更多的面对资源开发利用与生态环境保护的利益衡平,更需要充分遵从法律的规范,考虑行为的违法性与否。

当然,对于环境侵权责任构成的违法性要件,也存在一个认识角度问题。如学者所言,"关于违法之观念,因为主观的或客观的观察而有不同。前者着眼于行为人之行为,以法规违反之行为违法。后者着眼于行为效力,以发生权利或者法益侵害结果之行为违法"。^④ 从侵权责任法的角度考察,无论环境污染还是生态破坏,都是一种违法行为。这种违法行为可能直接违反环境保护法律法规,也可能不违反环境保护法律法规,但是该行为指向他人受到法律保护的生命健康权以及财产权。因此,即使加害人的排污行为没有违反环境保护法律规

---

① 王利明:《侵权行为法研究》(上卷),中国人民大学出版社2004年版,第347页。
② 陈聪富:《环境污染责任之违法性判断》,载《中国法学》2006年第5期。
③ 杨立新:《侵权法论》(第五版),人民法院出版社2013年版,第733~734页。
④ 史尚宽:《债法总论》,我国台湾地区荣泰印书馆股份有限公司1978年版,第101页。

定,但是其排污行为污染环境造成他人损害的,也就是违反了保护他人生命健康权和财产权的法律规定。①换言之,从客观违法角度看,即使侵权行为没有违反国家强制性规定或者禁止性规定,但只要造成损害后果就具有违法性并应承担责任。

从这个意义上讲,所有的侵权行为其实都具有客观意义上的民事违法性。在环境私益侵权责任中,排污是否达标不影响污染行为违法性的认定,污染行为本身就包含了行为的违法性,或者说,污染造成损害就是违法。②申言之,只要被证明系污染环境、破坏生态行为,就具有违法性进而构成违法行为要件。这也是我们解读环境侵权行为违法性的一般规则。

与此同时,我们也要注意到,我国环境保护法律体系比较庞杂,各环境保护单行法规定的侵权民事责任要件并不统一。比如,《环境噪声污染防治法》第2条规定:"本法所称环境噪声,是指在工业生产、建筑施工、交通运输和社会生活中所产生的干扰周围生活环境的声音。本法所称环境噪声污染,是指所产生的环境噪声超过国家规定的环境噪声排放标准,并干扰他人正常生活、工作和学习的现象。"对于该规定的内涵理解,存在不同认识。有学者认为,依据该法,在国家规定的噪声排放标准限度之内的噪声排放,根本不构成法律意义上的环境污染,更谈不上构成环境污染侵权。若从违法视为过错或违法推定过错的角度而言,环境噪声污染本质上适用过错规则,是一种过错责任。③但也有学者认为,根据以上规定,噪声只有超过一定的标准之后才会被认定为"污染"。因此,相应的噪声排放标准不是认定过错的依据,也不是不同类型的环境污染适用了不同的归责原则,而是不同的排放行为是否构成"污染"本身存在着不同的标准。当"存在污染行为"已经得到认定的情况下,各种环境侵权适用的应

---

① 张新宝:《侵权责任法原理》,中国人民大学出版社2005年版,第375~376页。
② 最高人民法院侵权责任法研究小组编著:《〈中华人民共和国侵权责任法〉理解与适用》,人民法院出版社2010年版,第456页。
③ 张宝:《环境侵权的解释论》,中国政法大学出版社2015年版,第110页、第140页。

该都是无过错原则。① 以上两种解读，各有其道理。但依后一种解读方法，将法律规定的噪声排放标准作为认定环境噪声污染的依据，明确超标排放噪声干扰他人正常生活、工作和学习即构成侵权行为，在坚持行为违法性要件的基础上解释适用《环境噪声污染防治法》的规定，且不需要打破环境侵权责任的无过错原则，从解释论上看，更加顺理成章。

3. 污染环境、破坏生态行为与损害后果之间的因果关系。因果关系是行为与损害之间引起和被引起的内在必然联系。环境侵权责任作为侵权责任类型的一种，当然也要有因果关系这一构成要件，即环境污染、生态破坏行为与污染、破坏之损害事实之间要有因果关系。

完整的因果关系体系至少应包括两个层面，实体法上的因果关系本身以及程序法上因果关系的判断规则。实体法上的因果关系作为侵权责任的构成要件，决定着责任成立所要达到的程度；而程序法上的判断规则则是诉讼过程中决定某一行为是否需要承担责任的标准，具体表现为举证责任。因果关系的认定，必须同时进行实体和程序的考察。②

由于环境侵权行为的影响具有累积性、滞后性，致害物质、致害途径复杂多样，对人身、财产的损害证明科学技术性强，污染因子与危害后果间的关系难以理清，若强调直接证明，往往会陷入不可知论，对保护受害人极为不利。基于这种实体法上因果关系的特殊性，理论和实务中大多主张以因果关系的推定原则代替因果关系的直接、严格认定。即在环境侵权责任中，只要证明行为人已经排放了可能危及人身健康或者造成财产损害的物质，或者实施了相关破坏生态的行为，而当事人的人身或者财产或者环境本身受到损害，即可推定这种危害是由该污染环境、破坏生态行为所致。依据本条和第1230条以及《环境侵权纠纷司法解释》第6条、第7条的规定，被侵权人应当

---

① 张新宝、汪榆淼：《污染环境与破坏生态侵权责任的再法典化思考》，载《比较法研究》2016年第5期。

② 张宝：《环境侵权的解释论》，中国政法大学出版社2015年版，第158页。

对环境侵权行为、损害后果以及行为与损害后果之间具备关联性承担举证责任，污染环境、破坏生态行为人则应对法律规定的不承担责任或者减轻责任的情形及其行为与损害之间不存在因果关系承担举证责任。

需要注意的是，被侵权人对侵权行为与损害后果之间的因果关系仅承担初步的举证责任，侵权人就侵权行为与损害后果之间不存在因果关系承担的则是高度盖然性的证明责任。被侵权人提供证据证明侵权人排放的污染物或者其次生污染物，或者实施的生态破坏行为与损害之间具有关联性，即推定因果关系成立。有关污染环境、破坏生态行为与损害之间不存在因果关系的事项，则由污染环境、破坏生态行为人负责举证；如其举证不能，则认定因果关系成立。

三、本条适用的例外情形

（一）相邻污染侵害

《民法典》第294条规定："不动产权利人不得违反国家规定弃置固体废物，排放大气污染物、水污染物、土壤污染物、噪声、光辐射、电磁波辐射等有害物质。"该条调整的是相邻关系中的环境污染行为。立法沿革上，第294条规定与《物权法》第90条的内容基本一致，但在有害物质的列举上有变化。从司法实践的情况看，居民之间生活污染适用过错责任，主要由《物权法》规定的相邻关系解决，而企业生产污染等污染环境的适用无过错责任，主要由《侵权责任法》《环境保护法》等相关法律调整。[①]此经验值得实践中继续探索总结。鉴此，法律适用上应对《民法典》第294条作目的性限缩性解释，即将其适用范围限缩在相邻关系中因个人、家庭生活排放污染发生的纠纷。此类相邻污染侵害行为不适用环境侵权责任的规定。相邻不动产权利人因个人或者家庭生活之外的原因实施的环境污染行为，主要是指因自然人、法人或非法人组织在生产经营过程中排放固体废

[①] 最高人民法院研究室、最高人民法院环境资源审判庭编著：《最高人民法院环境侵权责任纠纷司法解释理解与适用》，人民法院出版社2016年版，第233页。

物、大气污染物、水污染物、噪声、光、电磁波辐射等有害物质给他人造成损害的，仍应适用本条规定。

（二）劳动者职业污染损害

对于劳动者在职业活动中因污染遭受损害的救济，应当适用《职业病防治法》《工伤保险条例》等法律法规，不适用环境侵权责任的规定。《环境侵权纠纷司法解释》第18条亦明确，"劳动者在职业活动中因受污染损害发生的纠纷，不适用本解释"。

【审判实践中应注意的问题】

一、本条的体系定位以及环境侵权责任诸条文间的关系

本次《民法典》编纂，把《侵权责任法》关于环境侵权责任的4条规定扩张为7条，将生态环境公共利益纳入了保护范畴，从而给环境侵权责任体系带来了革命性的调整。

就《民法典》第七编第七章的7个条文而言，第1234条、第1235条属于对环境公益侵权责任的规定；第1229~1233条这五条的规定，首先适用于环境私益侵权责任。从法条间的逻辑体系上看，第1234条、第1235条属于特别规定，前五条则属于一般规定。从法律适用上看，环境公益侵权责任首先适用以上两条特别规定，该两条没有特别规定的则适用前五条的一般规定。具体而言，在第1229~1233条这五条规定中，除本条为配合第1234条、第1235条而特别明确损害对象为"他人损害"的内容外，其余的条文规定均可作为环境侵权责任的一般规定适用于环境公益侵权责任。比如，本条增加规定的"破坏生态"之环境侵权原因行为、关于责任构成要件的相关规定，第1230条关于行为人应当就不存在因果关系、法律规定的减免责情形承担举证责任的规定，第1231条关于数个环境侵权人之间责任承担份额的确定规则，第1232条关于环境侵权惩罚性赔偿的规定，第1233条关于第三人过错环境侵权情形下的责任承担等规定，均可在第

1234 条、第 1235 条规定基础上,共同适用于环境公益侵权责任。

当然,从更广的范围看,《民法典》侵权责任编第七章即属于对环境侵权责任的特别规定。就侵权责任的法律适用而言,该章没有规定的,适用侵权责任编第一章"一般规定"、第二章"损害赔偿"、第三章"责任主体的特殊规定"等相关规定。

二、环境侵权责任与高度危险责任发生竞合时的法律适用问题

《民法典》第八章"高度危险责任"中第 1240 条规定:"从事高空、高压、地下挖掘活动或者使用高速轨道运输工具造成他人损害的,经营者应当承担侵权责任;但是,能够证明损害是因受害人故意或者不可抗力造成的,不承担责任。被侵权人对损害的发生有重大过失的,可以减轻经营者的责任。"地下开采矿产资源即属于该条规定的地下挖掘活动。采矿造成地表塌陷等生态环境损害以及人身、财产损害的,也属于污染环境、破坏生态的环境侵权行为,同样可以适用《民法典》第七章"环境污染和生态破坏责任"中有关环境侵权责任的规定。此种情况下,实施地下挖掘开采矿产资源导致损害的侵权行为,存在着高度危险责任与环境污染和生态破坏责任之请求权竞合的情形,当事人可以选择使用。

此外,《民法典》第 1241 条关于遗失、抛弃高度危险物致人损害侵权责任、第 1242 条关于非法占有高度危险物致人损害侵权责任、第 1243 条关于高度危险场所安全保护责任等,均与环境污染和生态破坏责任的相关规定存在竞合的情形,当事人亦可以选择行使其请求权。

与此相应,因高度危险作业导致环境污染、生态破坏的,国家规定的机关和法律规定的组织依法可以提起环境民事公益诉讼,以救济由此造成的生态环境损害。

> **第一千二百三十条** 因污染环境、破坏生态发生纠纷，行为人应当就法律规定的不承担责任或者减轻责任的情形及其行为与损害之间不存在因果关系承担举证责任。

【条文主旨】

本条是关于污染环境、破坏生态行为人举证责任的规定。

【条文理解】

本条与《侵权责任法》第66条相比较，除了增加了"破坏生态"这一适用情形，以及将环境侵权主体的称谓从"污染者"改为"行为人"外，其余内容并无变化。根据本条规定，行为人需承担的举证责任包含了以下两方面内容：一是侵权责任构成要件中因果关系不存在的举证责任；二是侵权责任构成要件具备后，就法律规定之不承担责任或者减轻责任情形的举证责任。

一、因果关系的举证责任

（一）对环境侵权行为与损害后果之间不存在因果关系实行举证责任倒置

根据《民法典》第1229条"因污染环境、破坏生态造成他人损害的，侵权人应当承担侵权责任"之规定，环境污染、生态破坏侵权责任实行的是无过错责任，其构成要件为环境侵权行为、损害后果以及环境侵权行为与损害后果之间的因果关系。根据《民事诉讼法》第64条之规定，当事人对自己提出的主张，有责任提供证据，即"谁主张、谁举证"。若照此规定，环境侵权行为的受害人即应当对侵权行为、损害后果以及侵权行为与损害后果之间的因果关系承担举证责任。但本条规定实行举证责任倒置，将环境侵权行为与损害后果间因果关系的举证责任倒置给了行为人。这一立法背后的主要考量为环境侵权行为的特殊性。环境侵权造成损害后果，并非线性和单一的"排放行为——损害后果"过程，而是动态的、需要整体考虑的复杂系统，且通常呈现出多源头排放、多介质污染、多途径暴露、多受体损害的复杂面貌。① 正因为环境侵权十分复杂的因果关系链条以及侵权行为人与受害人间存在的证据偏在现象，为了减轻环境侵权受害人的举证负担，举证责任倒置制度应运而生。

（二）被侵权人仍应就环境侵权行为与损害后果之间存在关联性承担举证责任

《侵权责任法》第66条是否完全排除了被侵权人对于因果关系的举证责任，学界一直存在争议。对此，《环境侵权纠纷司法解释》第6条规定："被侵权人根据侵权责任法第六十五条规定请求赔偿的，应当提供证明以下事实的证据材料：……（三）污染者排放的污染物或者其次生污染物与损害之间具有关联性。"据此，被侵权人需对环境侵权行为与损害后果之间具有关联性承担举证责任。换言之，被侵权人需对环境侵权行为与损害后果之间的因果关系承担初步的证明责任。上述规定主要基于以下四个方面的考虑：（1）根据通说，举证责任分为结果意义上的举证责任和行为意义上的举证责任。《侵权责任法》第66条系针对结果意义上的举证责任，适用于经人民法院审理后相关事实仍真伪不明的情形，故不妨碍从行为意义的举证责任层面赋予被侵权人以初步的证明责任。（2）司法实践中已形成共识，大多数环境侵权责任纠纷案件都要求被侵权人提供污染行为与损害后果之间存在关联性的初步证据，因为直接适用举证责任倒置往往会导致推定出的因果关系在客观性和可靠性方面无法经受实践的检验，且容易导致滥诉，随意扩大被告的范围。（3）两大法系的立法例大都规定原

---

① 叶常明：《多介质环境概论》，载《环境科学进展》1995年第2期。转引自张宝：《环境侵权的解释论》，中国政法大学出版社2015年版，第161页。

告对因果关系负有举证责任，但同时采取因果关系推定的立法技术减轻原告的举证责任。（4）《环境侵权纠纷司法解释》在征求意见时，立法机关也表示赞同，认为符合《侵权责任法》和《民事诉讼法》的立法精神。尽管《侵权责任法》第66条已经被《民法典》第1230条规定所替代，但条文实质内容相同，《环境侵权纠纷司法解释》第6条的规定仍可继续适用。

关于因果关系"关联性"的证明责任，或者说初步证明责任的判断标准，相关法律和司法解释均未予明确。对此，域外司法实践大都采取因果关系推定的立法技术，并发展出了盖然性、疫学因果关系和间接反证等理论。

1. 盖然性理论，是指被侵权人对因果关系承担的是盖然性的证明标准，而非本证所需的高度盖然性的证明标准，也即如因果关系存在的盖然性大于不存在的盖然性，就可以推定因果关系存在。

2. 疫学因果关系理论，是指对于损害发生的原因，通过原本为明确传染病等流行原因所使用的医学上的方法，能够证明流行病学意义上的因果关系，就可以推定行为与损害之间存在因果关系。要认定流行病学的因果关系，需要满足以下四个要件：（1）该因子在疾病发生之前已经存在并发生作用；（2）该因子作用的程度越显著则该疾病的罹患率越高；（3）该因素被去除时该疾病的患病率会降低，而且不具有该因子的集体患病率极低；（4）以该因素作为该疾病的原因，其作用机制基本上可以得到生物学上的合理说明。[①]

3. 间接反证理论，是把证明因果关系上所需要的因素予以具体化，并在其中减少或减轻了需要由受害人进行举证的对象。与此同时，对试图得到免责的加害人附加了更为广泛的间接反证责任，从而放宽受害方的举证责任。具体而言，该理论是将认定因果关系中所需要的主要事实进行有形化处理，分解为三个部分：（1）发生侵害的原因物质及其装置（病因）；（2）原因物质到达受害人或受害地的经过

[①] 全国人大常委会法制工作委员会民法室编：《侵权责任法立法背景与观点全集》，法律出版社2010年版，第892页。

路径（污染路径）；（3）加害工厂生成原因物并予以排放的事实（排放行为）。原告只要举出关于这三个要素中的随意两个要素的直接证据或者基于间接证据能够对其予以证明（a+b 或 b+c 或 a+c），那么就推定仅存的另一事实存在。如果被告不能以间接反证证明后者不存在，形成一种因果关系存在与否不够明确的状态的话，就可以认定侵权行为和损害后果之间存在因果关系。[①]

我们认为，可以参考上述理论，对环境侵权因果关系的证明标准予以类型化区分。目前至少可分成两大类，对于大规模人群的健康受损，可以采取"疫学因果关系理论"；对于其他的人身和财产损害，可以借鉴"间接反证理论"。具体来说，法官在审查时可以参照原环境保护部《环境损害鉴定评估推荐方法（第Ⅱ版）》关于因果关系判定的相关规定，综合以下因素予以酌定：（1）存在明确的污染者排放原因物质的行为。（2）空气、地表水、地下水、土壤等环境介质中存在污染源排放的污染物，且与污染源排放的污染物或次生污染物具有一致性。（3）污染物传输路径的合理性。当地气候气象、地形地貌、水文条件等自然环境条件存在污染物从污染源迁移至污染区域的可能性，且其传输路径与污染源排放途径相一致。（4）人身、财产或生态环境暴露的可能性。环境污染物可能经呼吸道、食物、饮水或皮肤接触等途径进入人体，且空气、生活饮用水、食物中污染物的浓度超过国家或地方相关质量标准限值；财产所处的环境介质中检测出污染物，且含量明显超出国家、行业或地方标准限值；环境介质中污染物的浓度超过相应环境质量标准或环境标准限值。（5）环境侵权行为导致损害的理由可由医学、病理学、生物学等理论作出合理解释。（6）环境侵权行为与损害之间的关联在不同时间、地点和研究对象中得到重复性验证。参考间接反证理论，被侵权人如能证明上述因素中的几点，就可以推定因果关系成立，举证责任移转给行为人。

[①] 首尔高等法院高级法官金武信：《韩国环境侵害和环境诉讼——以环境民事法为中心》，2014 年中韩司法研讨会发表资料。

(三)行为人应就侵权行为与损害后果之间不存在因果关系承担高度盖然性的证明责任

作为原告的被侵权人如就侵权行为与损害后果之间存在关联性尽到了初步的证明责任,举证责任就移转至行为人一方,行为人需证明其侵权行为与损害后果之间不存在因果关系。需要注意的是,行为人不能如其他普通民事案件的被告一样,仅对其抗辩主张承担反证的证明标准,即盖然性的证明标准,而是应承担本证的证明标准,即高度盖然性的证明标准,因为本条规定已经将结果意义上的举证责任分配给行为人一方。对于侵权行为与损害后果之间不存在因果关系的情形,《环境侵权纠纷司法解释》第7条作了如下列举:(1)排放的污染物没有造成该损害可能的;(2)排放的可造成该损害的污染物未到达该损害发生地的;(3)该损害于排放污染物之前已发生的;(4)其他可以认定污染行为与损害之间不存在因果关系的情形。

二、减、免责事由

环境侵权责任构成要件具备后,如果被告不能举证证明存在法律规定的不承担责任或者减轻责任的情形,应承担相应的民事责任。法律规定的不承担责任或者减轻责任的情形,除了《民法典》侵权责任编第七章的规定外,还涉及侵权责任编"一般规定"、总则编"民事责任"以及《环境保护法》和各环境保护单行法规定的情形,包括受害人故意、第三人过错、自甘风险、自助行为、不可抗力、正当防卫、紧急避险以及自愿实施紧急救助行为等减、免责事由。从环境污染的成因、特征以及所适用的无过错责任原则看,无论各国环境立法,还是我国各环境保护单行法,都主要是把不可抗力、受害人过错和第三人过错列为减、免责事由。正当防卫、紧急避险、自助行为以及自愿实施紧急救助行为等减、免责规定,在环境侵权责任中适用的余地很小。

【审判实践中应注意的问题】

《民法典》内部、《民法典》与《环境保护法》及各环境保护单行法就环境侵权责任的减、免责事由规定不尽一致，存在法律适用顺位应如何确定的问题。总的来说，应遵循新法优于旧法、特别法优于一般法的适用原则。

一、《民法典》侵权责任编与其他部分规定的适用顺位

侵权责任编第七章，相对于该编第一章"一般规定"以及总则编第八章"民事责任"的规定，属于特别法和一般法的关系，应予优先适用。关于第三人过错，依据侵权责任编第一章"一般规定"第1175条规定，第三人过错可以作为侵权人的免责事由，而根据该编第七章"环境污染和生态破坏责任"第1233条规定，因第三人过错造成损害的，侵权人不能免责，只能在承担责任后向第三人追偿。在此情况下，应优先适用第1233条规定。侵权责任编第七章"环境污染和生态破坏责任"对于其他减免责事由并未作规定，应适用侵权责任编第一章"一般规定"和总则编第八章"民事责任"的相关规定。

二、《民法典》与《环境保护法》及各环境保护单行法规定的适用顺位

《环境保护法》第64条关于环境侵权责任的规定采取了类似国际私法中"转致"的立法技术，不再具体规定归责原则、免责事由等，而是直接适用《侵权责任法》的规定。[①]《民法典》施行后，《侵权责任法》将被《民法典》侵权责任编取代，《环境保护法》第64条转致的对象应变更为《民法典》侵权责任编。因此，应着重解决的是各环境保护单行法关于减、免责事由的规定与《民法典》相关规定的适用顺位问题。由于《水污染防治法》等各环境保护单行法相对于《环境

---

① 信春鹰主编：《中华人民共和国环境保护法释义》，法律出版社2014年版，第224页。

保护法》属于特别法，同时，《民法典》侵权责任编中第1178条亦规定，"本法和其他法律对不承担责任或者减轻责任的情形另有规定的，依照其规定"。是故，各环境保护单行法关于减、免责事由的规定，相对于《民法典》侵权责任编以及总则编的相关规定，属于特别法和一般法的关系，应优先予以适用。①

---

① 全国人大法工委亦对此观点明确予以认可。参见信春鹰主编：《中华人民共和国环境保护法释义》，法律出版社2014年版，第226页。

> **第一千二百三十一条** 两个以上侵权人污染环境、破坏生态的,承担责任的大小,根据污染物的种类、浓度、排放量,破坏生态的方式、范围、程度,以及行为对损害后果所起的作用等因素确定。

【条文主旨】

本条是关于数人环境侵权如何确定责任份额的规定。

【条文理解】

数人环境侵权,是指数人在同一相对集中的时间、同一相对集中的地域内共同或分别排放污染物、破坏生态,造成生态环境损害的行为。本条即明确了数人环境侵权中,各侵权人承担责任份额的确定依据。

一、立法沿革

数人环境污染责任见诸《侵权责任法》第67条,《环境侵权纠纷司法解释》就其承担作了更为细化的规定。[1] 本条在《侵权责任法》

---

[1] 《环境侵权纠纷司法解释》第2条规定:"两个以上污染者共同实施污染行为造成损害,被侵权人根据侵权责任法第八条规定请求污染者承担连带责任的,人民法院应予支持。"第3条规定:"两个以上污染者分别实施污染行为造成同一损害,每一个污染者的污染行为都足以造成全部损害,被侵权人根据侵权责任法第十一条规定请求污染者承担连带责任的,人民法院应予支持。两个以上污染者分别实施污染行为造成同一损害,每一个污染者的污染行为都不足以造成全部损害,被侵权人根据侵权责任法第十二条规定请求污染者承担责任的,人民法院应予支持。两个以上污染者分别实施污染行为造成同一损害,部分污染者的污染行为足以造成全部损害,部分污染者的污染行为只造成部分损害,被侵权人根据侵权责任法第十一条规定请求足以造成全部损害的污染者与其他污染者就共同造成的损害部分承担连带责任,并对全部损害承担责任的,人民法院应予支持。"第4条规定:"两个以上污染者污染环境,对污染者承担责任的大小,人民法院应当根据污染物的种类、排放量、危害性以及有无排污许可证、是否超过污染物排放标准、是否超过重点污染物排放总量控制指标等因素确定。"

第 67 条、《环境侵权纠纷司法解释》第 4 条的基础上丰富了内涵，明确了确定责任大小的条件。

与《侵权责任法》第 67 条相比较，本条有两处重大的修改。一是原因行为处增加了"破坏生态"这一侵权形态，这是本章整体的变化；二是增加了认定责任份额的原因力判断因素，从仅列举"污染物的种类、排放量"两个因素增加为"污染物的种类、浓度、排放量，破坏生态的方式、范围、程度，以及行为对损害后果所起的作用"等因素。此外，有个别文字的修改，如将"污染者"改为"侵权人"。

在《民法典（草案）》（第一稿）中，就此条内容规定为"污染物的种类、排放量，以及行为对损害后果所起的作用"，仅列举了环境污染行为的原因力考量因素，对于生态破坏情形则未予涉及。在正式发布的《民法典》中，增加了"破坏生态的方式、范围、程度"等因素。

二、数人环境侵权责任与份额承担规则

从文字表述来看，本条规定的内容显示数人环境侵权承担按份责任。但需要明确的是，本条仅系各侵权人之间责任份额的确定规则，并非规定数人环境侵权一概适用按份责任。具体而言，在数人因环境侵权对受害人承担连带责任后，各侵权人之间的内部责任份额要按照本条规定加以确定；在数人因环境侵权对受害人承担按份责任时，直接适用本条规定确定各自的责任份额。

结合《环境侵权纠纷司法解释》第 2~4 条的规定，可以就数人环境侵权的责任及其份额承担规则作如下梳理：

（一）共同环境侵权行为的责任承担

两个以上侵权人共同实施污染环境、破坏生态行为造成损害的，因存在共同意思联络，为共同加害行为，应当适用《民法典》第 1168 条关于"二人以上共同实施侵权行为，造成他人损害的，应当承担连带责任"的规定。各共同侵权人对被害人承担连带责任后，按照本条规定确定各侵权人之间的责任份额。

实践中有观点认为，共同侵权行为属于过错责任的范畴，行为人承担责任的基础在于其是否具有主观过错，适用无过错责任归责原则的环境侵权不可能成立共同侵权。我们认为，无过错责任原则虽不以行为人的故意、过失为要件，但这不意味着行为人没有过错，行为人不仅可以因故意、过失致人损害，同样也可以事先通谋策划。因此，在适用无过错责任的环境侵权中，只要数个环境污染、生态破坏者之间存在共同故意或者共同过失，则构成共同侵权，应当承担连带责任。这种情形下，判断行为人承担连带责任的基础在于他们主观上的意思联络。对于此种类型的环境共同侵权行为的认定，遵循共同侵权的一般规则即可。

（二）无意思联络数人环境侵权的责任承担

1.两个以上侵权人分别实施污染环境、破坏生态行为造成同一损害的，因不存在共同意思联络，仅在损害后果上具备同一性，构成无意思联络数人环境侵权。除以下2、3两种情形外，应当适用《民法典》第1172条关于"二人以上分别实施侵权行为造成同一损害，能够确定责任大小的，各自承担相应的责任；难以确定责任大小的，平均承担责任"的规定，由各侵权人承担按份责任，直接适用本条规定确定各自的责任份额。

《民法典》第1172条所规定的"能够确定责任大小的"，既包括《环境侵权纠纷司法解释》第3条第2款所规定的"每一个污染者的污染行为都不足以造成全部损害"，又包括第3款所规定的"部分污染者的污染行为足以造成全部损害，部分污染者的污染行为只造成部分损害"。后者情形下，虽然足以造成全部损害的部分侵权人对全部损害承担责任，但其实这仍然是与其过错相当的"损害担责"原则的体现。换言之，在后者情形下，被侵权人可以对只造成部分损害的行为人主张部分损害，同时对足以造成全部损害的行为人主张全部损害；也可以仅对足以造成全部损害的行为人主张全部损害。

在造成部分损害的行为人不具备执行能力或未被起诉时，足以造成全部损害的行为人需要对全部损害承担责任，随后可行使追偿权；

在造成部分损害的行为人具备执行能力时，对于共同造成损害部分，造成部分损害的行为人与足以造成全部损害的行为人内部根据各自责任大小确定相应的责任，难以确定责任大小的，平均承担赔偿责任。对全部损害中扣除共同损害后余下的部分，由足以造成全部损害的行为人承担责任。

2. 两个以上侵权人分别实施污染环境、破坏生态行为造成同一损害的，虽不具备共同意思联络，但每一个侵权人的侵权行为都足以造成全部损害的，应当适用《民法典》第1171条关于"二人以上分别实施侵权行为造成同一损害，每个人的侵权行为都足以造成全部损害的，行为人承担连带责任"的规定。

所谓"足以"并不是指每个环境侵权行为都实际上造成了全部损害，而是指即便没有其他侵权人的共同作用，独立的单个污染环境、破坏生态行为也有可能造成全部损害。是故，各行为人对被害人承担连带责任后，按照本条规定确定各自的责任份额。

3. 两个以上侵权人分别实施污染环境、破坏生态行为危及他人人身、财产安全，其中一人或者数人的行为造成他人损害的，应当适用《民法典》第1170条关于"二人以上实施危及他人人身、财产安全的行为，其中一人或者数人的行为造成他人损害，能够确定具体侵权人的，由侵权人承担责任；不能确定具体侵权人的，行为人承担连带责任"的规定。

在此种情形下，各个污染环境、破坏生态的行为人构成共同危险行为。能够确定具体侵权人且具体侵权人为两人以上的，分别按照以上1、2两种情形，由各侵权人承担相应的按份责任或连带责任。确定未造成他人损害的行为人不承担侵权责任。不能确定造成他人损害之具体侵权人的，由各个污染环境、破坏生态的行为人承担连带责任。各行为人在对被害人承担连带责任基础上，能够确定责任大小的，按照本条规定确定各自应当承担的责任份额；难以确定责任大小的，平均承担责任。

三、环境侵权人责任份额考量因素

基于本条规定，数人环境侵权责任的份额承担，需要根据行为的原因力，亦即各行为人参与致害程度的大小加以确定。所谓原因力，是指在构成损害结果的多个原因中，每一个原因对于损害结果发生或者扩大所起的作用。[1] 行为人参与致害程度大、所起的作用较大的，应当承担较大的赔偿数额；行为人参与致害程度小、所起的作用较小的，可以分担较小的赔偿数额。

承担污染环境责任份额的大小，主要根据污染物的种类、浓度、排放量，以及行为对损害后果所起的作用等因素综合确定。污染物的种类，是指导致环境污染损害结果发生的污染物的具体类型。[2] 不同的污染物对环境污染损害结果发生的作用程度、作用方式是不同的，这也意味着排放的污染物不同，承担责任份额的大小会有所差别。污染物的浓度，是指单位体积环境介质中污染物质的含量。[3] 污染物的排放量，是指污染物的排放总量乘以排放浓度。突发事故的排污量可以参照监测数据，累积型的排污量可以根据排污单位申报量、日常监测数据、环保部门监测数据、物量核算等方式确定。排放同一种污染物但各自排放的污染物浓度、排放量存在区别，各行为人承担责任的份额亦应不同。此外，行为对损害后果所起的作用，亦即污染者的行为在导致环境污染损害的结果中所占的原因力比例，也是综合判定行为人承担环境侵权责任份额比例的重要因素。

承担破坏生态责任份额的大小，主要根据破坏生态的方式、范

---

[1] 最高人民法院研究室、最高人民法院环境资源审判庭编著：《最高人民法院环境侵权责任纠纷司法解释理解与适用》，人民法院出版社 2016 年版，第 53 页。

[2] 污染物依其来源、性质、组成及其污染的主要对象可有多种分类。如按性质可分为化学、物理和生物污染物；按环境介质可分为大气、水、土壤和海洋污染物；按形态可分为废气、废水、固体废弃物、噪声、电磁辐射等。

[3] 比如，《环境保护税法实施条例》第 10 条第 1 款规定："环境保护税法第十三条所称应税大气污染物或者水污染物的浓度值，是指纳税人安装使用的污染物自动监测设备当月自动监测的应税大气污染物浓度值的小时平均值再平均所得数值或者应税水污染物浓度值的日平均值再平均所得数值，或者监测机构当月监测的应税大气污染物、水污染物浓度值的平均值。"

围、程度，以及行为对损害后果所起的作用等因素综合确定。破坏生态的方式，比如是通过纵火的方式破坏森林，还是砍伐承包地内的林木，不同的方式会影响承担责任份额的大小。破坏生态的范围，比如是破坏了一亩林地还是十亩林地，范围越大责任份额越大。破坏生态的程度，比如是可以修复的损害，还是永久性损害。不同的损害对生态环境破坏的程度不同，所对应的责任份额亦不同；可以修复的损害，基于修复方式和修复成本、修复期间生态环境服务功能损失的不同，各行为人承担责任的份额大小也不同。同样，行为对损害后果所起的作用，即破坏者的行为在导致生态破坏损害的结果中所占的原因力比例，也是重要的衡量因素。

本条规定的"因素"，是指所有影响环境污染、生态破坏程度或者侵害原因力的各种因子，并不仅限于本条所明确列举的污染物的种类、浓度和排放量，破坏生态的方式、范围、程度以及行为对损害后果所起的作用。就污染环境而言，还应包括《环境侵权纠纷司法解释》第4条列举的诸如污染物的危害性以及污染者有无排污许可证、排污是否超过污染物排放标准、排污是否超过重点污染物排放总量控制指标。①此外，污染环境导致生态破坏的程度等亦是需要考量的因素。就破坏生态来说，行为人有无开发利用自然资源的许可，是否以科学合理的方式开发利用资源，是否及时采取措施修复因开发利用资源而被损毁的生态环境，是否因破坏生态加剧了环境污染的程度等，均属在确定责任份额时要综合考量的因素。

---

① 排污许可证是颁发给排污单位的载明其可以排放的污染物种类、浓度、数量等信息的法律凭证，可以成为污染物排放总量控制的工具。为保护企业持证达标排放的积极性，体现"肯定持证达标排放企业，制裁未持证不达标排放企业"的指导思想，以维护法律的公平和促进经济的科学发展，持证达标排污的污染者可以主张减轻责任。换言之，按照环境侵权无过错责任原则的规定，单个排污者排污时，有无排污许可证以及是否超标排污不是判断其承担民事赔偿责任的标准和依据。但是，数人排污时，有无排污许可证以及是否超标排污应作为确定污染者之间责任大小的依据之一。参见最高人民法院研究室、最高人民法院环境资源审判庭编著：《最高人民法院环境侵权责任纠纷司法解释理解与适用》，人民法院出版社2016年版，第63页。

【审判实践中应注意的问题】

环境侵权案件中，举证难是制约原告提起诉讼乃至赢得诉讼的重要因素。究其原因，主要在于原被告双方存在严重的信息不对称以及由此带来的证据偏在现象。诸如污染物种类名称、排放方式、排放浓度和排放总量、超标排放情况，防治污染设施的建设和运行情况，破坏生态的行为方式、破坏范围、损毁程度等对案件审理至关重要的环境信息，均掌握在作为被告的侵权行为人手中。如果没有被告的配合，原告常常无从获知，而被告往往不愿意将不利于自己的信息提供给原告或法院。这种不当妨碍举证的行为，不仅损害了环境侵权受害人的举证权利，还给人民法院查明相关事实，解决当事人纷争带来了不利影响。因此，依法运用证明妨害规则，保证本条所涉各因素事实的举证证明至关重要。

修订后的《环境保护法》规定公民享有获取环境信息、参与环境保护和监督环境保护三项具体的环境权利，同时明确了重点排污单位应承担的环境信息公开义务，这为环境侵权行为的受害人行使知情权提供了实体法依据。就重点排污单位应当强制公开的环境信息具体内容，《企业事业单位环境信息公开办法》第9条作出了更为具体的规定："……（二）排污信息，包括主要污染物及特征污染物的名称、排放方式、排放口数量和分布情况、排放浓度和总量、超标情况，以及执行的污染物排放标准、核定的排放总量；……"

为落实原告获取环境信息这一重要权利，实现双方在环境侵权诉讼中举证能力的对等化，根据2001年《民事诉讼证据规定》第75条[①]关于被告拒不提供对其不利证据应承担不利后果的规定，《环境民事公益诉讼司法解释》第13条确立了证明妨害规则，明确规定"原告请求被告提供其排放的主要污染物名称、排放方式、排放浓度和总

---

① 2001年《民事诉讼证据规定》第75条规定："有证据证明一方当事人持有证据无正当理由拒不提供，如果对方当事人主张该证据的内容不利于证据持有人，可以推定该主张成立。"

量、超标排放情况以及防治污染设施的建设和运行情况等环境信息，法律、法规、规章规定被告应当持有或者有证据证明被告持有而拒不提供，如果原告主张相关事实不利于被告的，人民法院可以推定该主张成立"，就环境民事公益诉讼中被告拒不提供重要环境信息的法律后果予以了明确。

在 2001 年规定基础上，2019 年修正的《民事诉讼证据规定》第 95 条重申了证明妨害规则，明确"一方当事人控制证据无正当理由拒不提交，对待证事实负有举证责任的当事人主张该证据的内容不利于控制人的，人民法院可以认定该主张成立"。证明妨害规则系对一般证明责任的补充，是在特殊情形下基于公平原则对负有证明责任的当事人之举证责任的减轻，从而避免机械适用证明责任规则作出裁判带来的不公平。[①] 人民法院应当针对环境侵权案件中存在的原被告双方信息不对称和证据偏在现象，强化证明妨害规则的具体适用。在作为原告的受害人请求作为被告的环境污染、破坏生态行为人提供其有关排放污染物名称、排放方式、排放浓度和总量、超标排放情况，破坏生态的行为方式、破坏范围、损毁程度，以及防治环境污染、生态破坏设备设施的建设和运行情况等生态环境信息，法律、法规、规章规定被告应当持有或者有证据证明被告持有而拒不提供，如果原告主张相关事实不利于被告的，人民法院可以推定该主张成立。

---

① 最高人民法院民事审判第一庭编著：《最高人民法院新民事诉讼证据规定理解与适用》，人民法院出版社 2020 年版，第 829 页。

> **第一千二百三十二条** 侵权人违反法律规定故意污染环境、破坏生态造成严重后果的，被侵权人有权请求相应的惩罚性赔偿。

【条文主旨】

本条是关于环境侵权惩罚性赔偿的规定。

【条文理解】

惩罚性赔偿，是指行为人恶意实施某种行为，或者对该行为有重大过失时，以对行为人实施惩罚和追求一般抑制效果为目的，法院在判令行为人支付通常赔偿金的同时，还可以判令行为人支付受害人高于实际损失的赔偿金。[1]换言之，被侵权人拿到手中的惩罚性赔偿数额应当是由"补偿性赔偿部分"加"相应的惩罚性赔偿部分"组成的。除了与通常意义上的损害赔偿同样具有损害填补功能外，惩罚性赔偿还具有惩罚和遏制不法行为的多重功能，对预防同类型损害的发生也具有十分重要的意义。[2]

一、环境侵权惩罚性赔偿的立法进程

关于惩罚性赔偿，根据《民法总则》第179条第2款规定，"法律规定惩罚性赔偿的，依照其规定"。现行法律中明确规定了惩罚性

---

[1] 最高人民法院侵权责任法研究小组编著：《〈中华人民共和国侵权责任法〉条文理解与适用》，人民法院出版社2010年版，第337页。

[2] 王利明：《惩罚性赔偿研究》，载《中国社会科学》2000年第4期。

赔偿的，主要在消费者权益保护①、食品安全②、产品责任③、知识产权④等领域。

由于生态环境损害的累积性、潜伏性、缓发性、公害性等特点，

---

① 1993年《消费者权益保护法》首次规定惩罚性赔偿制度。该法第49条规定："经营者提供商品或者服务有欺诈行为的，应当按照消费者的要求增加赔偿其受到的损失，增加赔偿的金额为消费者购买商品的价款或者接受服务的费用的一倍。"1999年《合同法》第113条第2款专门规定惩罚性赔偿，即"经营者对消费者提供商品或者服务有欺诈行为的，依照《中华人民共和国消费者权益保护法》的规定承担损害赔偿责任"。体现了立法者对《消费者权益保护法》规定之惩罚性赔偿责任制度的坚定立场。

此外，2003年《商品房买卖合同司法解释》第8条和第9条又规定了新的惩罚性赔偿金的适用范围，即"具有下列情形之一，导致商品房买卖合同目的不能实现的，无法取得房屋的买受人可以请求解除合同、返还已付购房款及利息、赔偿损失，并可以请求出卖人承担不超过已付购房款一倍的赔偿责任：（一）商品房买卖合同订立后，出卖人未告知买受人又将该房屋抵押给第三人；（二）商品房买卖合同订立后，出卖人又将该房屋出卖给第三人。""出卖人订立商品房买卖合同时，具有下列情形之一，导致合同无效或者被撤销、解除的，买受人可以请求返还已付购房款及利息、赔偿损失，并可以请求出卖人承担不超过已付购房款一倍的赔偿责任：（一）故意隐瞒没有取得商品房预售许可证明的事实或者提供虚假商品房预售许可证明；（二）故意隐瞒所售房屋已经抵押的事实；（三）故意隐瞒所售房屋已经出卖给第三人或者为拆迁补偿安置房屋的事实。"2013年修正的《消费者权益保护法》第55条修改重述了惩罚性赔偿制度："经营者提供商品或者服务有欺诈行为的，应当按照消费者的要求增加赔偿其受到的损失，增加赔偿的金额为消费者购买商品的价款或者接受服务的费用的三倍；增加赔偿的金额不足五百元的，为五百元。法律另有规定的，依照其规定。经营者明知商品或者服务存在缺陷，仍然向消费者提供，造成消费者或者其他受害人死亡或者健康严重损害的，受害人有权要求经营者依照本法第四十九条、第五十一条等法律规定赔偿损失，并有权要求所受损失二倍以下的惩罚性赔偿。"

② 2015年修订的《食品安全法》第148条第2款规定："生产不符合食品安全标准的食品或者经营明知是不符合食品安全标准的食品，消费者除要求赔偿损失外，还可以向生产者或者经营者要求支付价款十倍或者损失三倍的赔偿金……"

③ 《侵权责任法》第47条规定："明知产品存在缺陷仍然生产、销售，造成他人死亡或者健康严重损害的，被侵权人有权请求相应的惩罚性赔偿。"2017年《医疗损害责任纠纷司法解释》第23条规定："医疗产品的生产者、销售者明知医疗产品存在缺陷仍然生产、销售，造成患者死亡或者健康严重损害，被侵权人请求生产者、销售者赔偿损失及二倍以下惩罚性赔偿的，人民法院应予支持。"

④ 2013年修正的《商标法》第63条第1款规定："……对恶意侵犯商标专用权，情节严重的，可以在按照上述方法确定数额的一倍以上三倍以下确定赔偿数额。"2019年修正的《商标法》第63条修改为"一倍以上五倍以下"。

2015年修订的《种子法》第73条第3款规定："……侵犯植物新品种权，情节严重的，可以在按照上述方法确定数额的一倍以上三倍以下确定赔偿数额。"

2017年修订的《反不正当竞争法》第18条第1款规定："经营者违反本法第六条规定实施混淆行为的，由监督检查部门责令停止违法行为，没收违法商品。违法经营五万元以上的，可以并处违法经营额五倍以下的罚款……"2019年修订的《反不正当竞争法》第17条对经营者恶意实施侵犯商业秘密的行为也增加规定了惩罚性赔偿："情节严重的，可以在按照上述方法确定数额的一倍以上五倍以下确定赔偿数额。"

现实中存在对环境侵权适用惩罚性赔偿的客观需求。最高人民法院在提炼总结司法实践问题时，亦不断呼吁发声，探索建立生态环境惩罚性赔偿制度。2014年6月23日，《最高人民法院关于全面加强环境资源审判工作为推进生态文明建设提供有力司法保障的意见》（法发〔2014〕11号）第5条"基本原则"提出，"要坚持损害担责。落实全面赔偿规定，探索建立环境修复、惩罚性赔偿等制度，依法严肃追究违法者的法律责任"。2015年9月16日，《最高人民法院关于充分发挥审判职能作用切实维护公共安全的若干意见》（法发〔2015〕12号）第11条提出，"落实全面赔偿规定，探索建立环境修复、惩罚性赔偿等制度，依法严肃追究违法者的法律责任"。2016年5月26日，《最高人民法院关于充分发挥审判职能作用为推进生态文明建设与绿色发展提供司法服务和保障的意见》（法发〔2016〕12号）第23条提出，"探索适用惩罚性赔偿责任"。2018年10月23日，《最高人民法院印发〈关于为实施乡村振兴战略提供司法服务和保障的意见〉的通知》（法发〔2018〕19号）第19条提出，"探索惩罚性赔偿制度在环境污染和生态破坏纠纷案件中的适用，积极营造不敢污染、不愿污染的法治环境"。

党的十八届三中全会提出"对造成生态环境损害的责任者严格实行赔偿制度"。党的十九大报告明确要求"加大生态系统保护力度"。2019年10月31日，中国共产党第十九届中央委员会第四次全体会议通过《中共中央关于坚持和完善中国特色社会主义制度 推进国家治理体系和治理能力现代化若干重大问题的决定》，明确提出要"加大对严重违法行为处罚力度，实行惩罚性赔偿制度"。

社会治理需求与司法实践呼声最终在《民法典》中得到了回应。《民法典》除在总则编中的第179条规定惩罚性赔偿的原则性条款，在第1185条、第1207条分别规定知识产权侵权、产品责任的惩罚性赔偿以外，专门在第1232条增加规定了环境侵权惩罚性赔偿责任，这是我国环境侵权民事责任体系的一项重大改革。

二、环境侵权惩罚性赔偿的适用条件

根据本条规定,在环境侵权责任要件构成的情况下,如果侵权人系违反法律规定故意污染环境、破坏生态且造成严重后果,被侵权人在主张补偿性损害赔偿责任的同时,有权请求相应的惩罚性赔偿。环境侵权惩罚性赔偿责任的承担条件如下:

(一)主观要件

侵权人主观上存在故意。根据本条规定,侵权人主观上存在故意是环境侵权惩罚性赔偿责任的适用条件。一般而言,在环境侵权中,被告可以证明法定免责事由的存在,但是诉讼双方都无须证明侵权人是否具有主观过错,此乃无过错责任归责使然。然而,本条规定的惩罚性赔偿是例外,被告必须具有主观故意才承担惩罚性赔偿责任。如果作为原告的被侵权人请求侵权人承担惩罚性赔偿责任,就需要在环境侵权责任要件构成基础上,对于作为被告的侵权人主观上存在故意承担举证责任。

我国的过错形态理论将过错分为故意、重大过失、具体轻过失、抽象轻过失。通常情况下,适用过错责任的侵权责任构成要件并不区分侵权人过错的具体形态,只要其具备过错即足;而适用无过错责任的侵权责任构成要件则不考虑过错的存在。但是,惩罚性赔偿具有惩罚性质,主要是针对恶意的、在道德上具有可非难性的行为而实施的特殊法律救济措施,属于损害补偿原则的例外,必须以侵权人的过错形态为故意时方可适用。此乃法律在坏境侵权责任构成要件之外,就惩罚性赔偿责任承担条件的特别规定。因此,污染环境、破坏生态行为人主观上是否为故意,不影响环境侵权责任的构成,但是会对其是否要承担惩罚性赔偿责任产生影响。

故意分为直接故意和间接故意,惩罚性赔偿中的故意多是间接故意,即明知违反了法律规定而继续行为,是放任的故意形式。环境侵权的惩罚性赔偿亦是如此。至于重大过失,由于其仍属于过失的范畴,且行为人是出于重大过失还是故意,对归责和确定责任范围会产生影响。故在本条已明确将主观要件限定于故意的情况下,重大过失自然被排除在外。

（二）行为要件

侵权人违反法律规定污染环境、破坏生态。本条明确规定行为人实施的污染环境、破坏生态行为需"违反法律规定"。换言之,行为人实施的污染环境、破坏生态行为没有违反法律规定的,不能适用惩罚性赔偿。实践中,违反法律规定污染环境、破坏生态的大多是故意行为。《环境保护法》第63条规定的四种行为,都是典型的侵权人违反法律规定故意污染环境、破坏生态的行为。行为人实施了其中之一,即同时具备了承担惩罚性赔偿责任的主观要件和行为要件。该四种行为包括：（1）建设项目未依法进行环境影响评价,被责令停止建设,拒不执行的；（2）违反法律规定,未取得排污许可证排放污染物,被责令停止排污,拒不执行的；（3）通过暗管、渗井、渗坑、灌注或者篡改、伪造监测数据,或者不正常运行防治污染设施等逃避监管的方式违法排放污染物的；（4）生产、使用国家明令禁止生产、使用的农药,被责令改正,拒不改正的。

（三）结果要件

造成严重后果。这也是为了防止惩罚性赔偿制度被滥用而对其适用条件作出的限制。《民法典》第1185条知识产权侵权中规定"情节严重的"要件,第1207条产品责任中规定"造成他人死亡或者健康严重损害的"条件,亦为同理。对于"严重后果"的程度,本条并未作出明确规定。我们认为,第一,从本条关于"污染环境、破坏生态造成严重后果"的表述来看,人身损害、财产损害、生态环境损害均包括其中。由于污染环境、破坏生态所造成的直接后果是生态环境损害,人身、财产损害实为间接后果,所以本条的"造成严重后果"首先指的是造成了严重的生态环境损害。在环境私益侵权中,则是指造成了严重的人身损害或者严重的人身和财产损害。虽然财产损害并未被明确排除在外,但一般不宜支持以单纯的财产损害为基础的惩罚性赔偿请求。第二,造成严重后果,必须是已经实际发生的,而不能仅是一种风险。对于具有损害社会公共利益重大风险的污染环境、破坏生态的行为，原告可以请求排除妨碍、消除危险，但无权请求行为人支付惩罚性赔偿。

三、环境侵权惩罚性赔偿数额的确定

《民法典》起草过程中，就环境污染和生态破坏责任增加规定惩罚性赔偿制度的意见较为一致，但对于惩罚性赔偿的赔偿幅度却存在较大争议。有观点认为，惩罚性赔偿责任涉及民事主体的基本财产权利，为防法官恣意，应在立法层面明确规定环境侵权惩罚性赔偿的数额，比如不高于实际损失的三倍。[①]另有观点则认为，鉴于现有立法对于各类惩罚性赔偿的计算方式、额度均不相同，没有形成统一标准，目前不宜作出规定，具体标准可留待将来司法实践继续探索。最终，本条与《民法典》其他惩罚性赔偿制度的规定一样，明确被侵权人承担的是相应的惩罚性赔偿，立法对于赔偿的具体标准未作规定。

惩罚性赔偿的功能在于剥夺侵权人非法获得的利益而实现社会的一般预防，这也就决定了该类赔偿数额不宜用一个固定的标准或数额来限定，而应由法院根据具体案情作出裁量。本条规定的"相应"，说明惩罚不是无限的。人民法院判令侵权人赔偿超出赔偿数额的额度，应与侵权人的主观恶意、损害后果、对侵权人的威慑等大致相当，不能畸高。通常，法院在确定惩罚性赔偿数额时可以考虑以下因素：（1）侵权人的过错程度；（2）污染物的种类、浓度、排放量，破坏生态的方式、范围、程度；（3）侵权行为所造成的后果，如被侵权人遭受的实际损失等；（4）侵权人因侵权行为所获得的利益；（5）侵权人承担责任的经济能力；（6）侵权人已经受到的刑事或者行政处

[①] 例如，在中国社会科学院法学研究所起草的《民法典·侵权编草案》中，第91条规定原则性的惩罚性赔偿制度：故意侵害他人生命、身体、健康或具有感情意义财产的，法院得在赔偿损害之外判决加害人支付不超过赔偿金三倍的惩罚性赔偿金。参见中国民法典立法研究课题组：《中国民法典：侵权行为编草案建议稿》，载中国民商法律网，http：//www.civillaw.com.cn/qqf/weizhang.asp?id=10897。

罚；（7）受诉法院所在地平均生活水平；（8）案件的社会影响等。①根据具体案情，可以是被侵权人遭受的实际损失的倍数，也可以是侵权人所获违法利益的一定比例或者倍数。

【审判实践中应注意的问题】

本条规定的环境侵权惩罚性赔偿是适用于环境私益侵权，还是环境公益侵权，还是两者均适用，存在不同认识。

根据全国人大常委会法工委主任沈春耀在十三届全国人大常委会第五次会议初审民法典各分编草案所作的说明，为落实党的十八届三中全会提出的"对造成生态环境损害的责任者严格实行赔偿制度"要求，贯彻党的十九大提出的"要加大生态系统保护力度"的决策部署，结合2017年《生态环境损害赔偿制度改革方案》，草案修改完善了生态环境损害赔偿责任制度，其中规定侵权人故意违反国家规定损害生态环境的，被侵权人有权请求相应的惩罚性赔偿。②全国人民代表大会常务委员会副委员长王晨对《民法典》作起草说明中亦提及，《民法典》为贯彻落实习近平生态文明思想，增加规定生态环境损害的惩罚性赔偿制度，并明确规定了生态环境损害的修复和赔偿规则（草案第1232条、第1234条、第1235条）。③故从《民法典》立法宗旨看，生态环境领域的惩罚性赔偿，首先应当是针对生态环境损

---

① 美国惩罚性赔偿责任的量定因素上，只以被告不法行为的非难程度与其获利可能性、原告受害之性质与程度、被告财务之状况以及被告遭受其他处罚的可能性为考量标准，其中以被告不法行为的非难性作为最重要的量定标准。参见陈聪富：《美国法上之惩罚性赔偿金制度》，载我国台湾地区《台大法学论丛》第31卷第5期。我国台湾地区"消费者保护法"在适用中，法院判决中曾提出审酌的因素有：被告行为的道德恶性、"断臂非中彩"的法理、取得不法利益的大小、有无受刑事制裁、原告受损害的程度、被告事发后的处理态度等。参见何建志：《惩罚性赔偿金之法理与应用——论最适赔偿金额之判定》，载我国台湾地区《台大法学论丛》第31卷第3期。

② 参见《"损害生态环境要惩罚性赔偿"纳入民法典分编草案》，载全国人民代表大会官网2020年5月21日，http://www.npc.gov.cn/zgrdw/npc/cwhhy/13jcwh/2018-08/28/content_2059407.htm。

③ 参见全国人民代表大会常务委员会副委员长王晨2020年5月22日在第十三届全国人民代表大会第三次会议上所作的《关于〈中华人民共和国民法典（草案）〉的说明》。

害而为。此外，从体系解释的角度，位列侵权责任编第七章"环境污染和生态破坏责任"最后两条的第1234条和第1235条，可谓全章的特殊规定；位列前五条的第1229~1233条，则系全章的一般规定。凡第1234条和第1235条没有特殊规定的情形，自当适用包括环境侵权惩罚性赔偿在内的第1229~1233条的一般规定。

由上，我们认为，民法典并未将环境侵权惩罚性赔偿制度的适用范围仅仅局限于环境私益侵权，其更多的关注恰恰是针对生态环境公共利益的保护和救济，这需要运用法律解释的方法在实践中予以具体的探索。

> **第一千二百三十三条** 因第三人的过错污染环境、破坏生态的,被侵权人可以向侵权人请求赔偿,也可以向第三人请求赔偿。侵权人赔偿后,有权向第三人追偿。

【条文主旨】

本条是关于第三人过错环境侵权责任承担的规定。

【条文理解】

第三人过错环境侵权,是指在侵权人与被侵权人之外的第三人过错的作用下,侵权人污染环境、破坏生态造成被侵权人损害的后果。例如,某铁路局在铁路隧道施工中挖开了某矿山公司的选矿废水排水渠,导致选矿废水外排,污染了下游养殖渔场并造成鱼大量死亡。为保证此类因第三人过错引发侵权人污染环境、破坏生态而受到损害的被侵权人能够得到有效救济,本条就第三人过错环境侵权责任的承担作出了规定。

一、第三人过错环境侵权责任承担的立法沿革

相较《侵权责任法》第68条,本条有如下变化:第一,将"污染环境"完善为"污染环境、破坏生态",这也是本章的共同变化。第二,删除了"造成损害",但并非免除了损害后果构成要件,仅为行文简洁考虑。第三,将"污染者"改为"侵权人",这也是本章的共同变化,即除环境污染者外,还增加了生态破坏者,统称为"侵权人"。总体来看,没有实质变化。

在《侵权责任法》之后,《环境侵权纠纷司法解释》第5条第3

款进一步规定,"污染者以第三人的过错污染环境造成损害为由主张不承担责任或者减轻责任的,人民法院不予支持"。再次明确了第三人过错并非环境侵权的减免责事由。究其根源,还在于环境侵权责任适用无过错责任,即无论侵权人是否有过错,都应当对其污染环境、破坏生态行为造成他人的损害承担赔偿责任。因此,即使是因第三人过错造成了环境侵权,侵权人也应基于被侵权人的请求,依据无过错责任原则先行承担损害赔偿责任,然后再向有过错的第三人进行追偿。这一点与《民法典》第1175条的规定不同。后者规定"损害是因第三人造成的,第三人应当承担侵权责任",将第三人过错作为一般侵权责任中被告的减免责事由。但因环境侵权的特殊性,除其他环境资源单行法另有不同规定外,第三人过错不能作为侵权人的减责、免责事由。

二、第三人过错环境侵权责任承担的适用规则

1.本条规定中的"第三人",是指侵权人与被侵权人以外的第三人,既不是环境污染者(控制、排放污染源的人)、生态破坏者,也不在权益受到损害的受害人之列。该第三人与侵权人、被侵权人之间也不存在诸如雇佣等法律上的隶属关系。实施污染环境、破坏生态行为的单位从业人员,属于单位环境侵权行为的施行者,其行为的侵权责任后果由单位承担。此外,本条规定中的"第三人"也非民事诉讼法上有独立请求权的第三人或者无独立请求权的第三人。一旦被侵权人依据本条起诉要求有过错的第三人承担环境侵权责任,则此第三人属于被告或者共同被告的地位,而非程序法上的第三人。

2.构成"第三人的过错"需满足以下条件:第一,第三人的过错与侵权人或被侵权人之间没有意思联络。如果第三人与侵权人有意思联络,则构成共同侵权,不属于本条规范之列。如果第三人与被侵权人有意思联络,则可能构成过错相抵,需要根据具体案情加以确定。第二,"过错"包括故意或者过失,即第三人在主观上应当具有故意或者过失的心理状态。第三,"第三人的过错",是指第三人过错系全部原因力,还是既包括全部原因力也包括部分原因力,存在不同观

点。有观点认为,此处第三人过错仅指全部原因力这一种,如除第三人过错外还存在侵权人过错或者被侵权人过错,则应适用数人共同或分别侵权、过失相抵规则。①《环境侵权纠纷司法解释》第 5 条采取的立场则为,此处第三人过错既包括第三人过错是造成损害的唯一原因,也包括混合过错的情形。我们认为,《环境侵权纠纷司法解释》的观点更符合司法实践。第三人的过错行为对于损害结果是全部还是部分原因力,虽不影响其责任构成,但在责任承担范围上应当是有影响的。按照过错责任的要求,第三人只在自己过错范围内承担责任,这既是其在外部对受害人承担责任的范围,也是其承担终局责任的依据。

3. 关于侵权人、被侵权人对污染环境、破坏生态造成损害也有过错的,即第三人的过错并非损害发生的惟一原因,第三人应当如何承担责任的问题。依据《环境侵权纠纷司法解释》第 5 条第 2 款规定:"被侵权人请求第三人承担赔偿责任的,人民法院应当根据第三人的过错程度确定其相应赔偿责任。"在此情况下应根据第三人和侵权人的过错程度,确定第三人的相应赔偿责任。在被侵权人也有过错的情况下,根据具体案情适用过失相抵规则。当然,在第三人无法查明或已经失踪时,侵权人相当于最终承担的是全部责任,这是由侵权人的行为或者其管理下的污染物的存在潜在地对他人产生侵害的危险性以及加害人的相对优势地位所决定的。

4. 侵权人和第三人基于不同的行为造成一个损害,两个行为都是损害发生的原因,而损害事实又是一个损害结果,并不是两个损害结果,这是第三人过错环境侵权的基本特点。符合这个特点的,才可以适用本条的规则。如果第三人的行为单独导致了某一损害后果,那么就该损害的赔偿问题,第三人应该承担的是一个独立的侵权责任。

5. 本条中的"第三人的过错",作为追究第三人环境侵权责任的诉由,应按照"谁主张、谁举证"的一般原则,由原告即被侵权人举证。在《海洋环境保护法》等特别法中第三人过错作为污染者的减责

---

① 参见杨立新:《第三人过错造成环境污染损害的责任承担——环境侵权司法解释第 5 条规定存在的不足及改进》,载《法治研究》2015 年第 6 期。

或免责事由时，则按照《民法典》第1230条的规定，由行为人就法律规定的不承担责任或者减轻责任的情形承担举证责任。

6.本条是环境侵权中第三人过错责任承担的一般规定，不能适用于《海洋环境保护法》①《2001年国际燃油污染损害民事责任公约》②等已作出特别规定的领域。在《海洋环境保护法》和公约调整范围内，对于污染者可以免责的第三人故意致损，被侵权人只能向该第三人请求赔偿，而不能选择向污染者请求赔偿。但是，《水污染防治法》第96条第4款关于"水污染损害是由第三人造成的，排污方承担赔偿责任后，有权向第三人追偿"之规定与本条并不矛盾，本条在该法调整范围内可以适用。③

---

① 《海洋环境保护法》第89条第1款规定："造成海洋环境污染损害的责任者，应当排除危害，并赔偿损失；完全由于第三者的故意或者过失，造成海洋环境污染损害的，由第三者排除危害，并承担赔偿责任。"第91条规定："完全属于下列情形之一，经过及时采取合理措施，仍然不能避免对海洋环境造成污染损害的，造成污染损害的有关责任者免于承担责任：（一）战争；（二）不可抗拒的自然灾害；（三）负责灯塔或者其他助航设备的主管部门，在执行职责时的疏忽，或者其他过失行为。"由此可知，完全由于第三人的过错造成海洋环境污染损害的，或者负责灯塔或其他助航设备的主管部门的过错，可以作为海洋环境污染者的免责事由。

② 《2001年国际燃油污染损害民事责任公约》第3条第3款规定：如船舶所有人作出如下证明，则该船舶所有人不应承担污染损害责任：（1）损害系由战争、敌对、内战、暴乱行为或异常、不可避免和不可抗拒性质的自然现象所引起；或（2）损害完全系由第三者故意造成损害的行为或不作为所引起的；或（3）损害完全系由负责维护灯标或其他助航设施的任何政府或其他当局在履行该职责时的疏忽或其他错误行为所引起。

③ 另有观点认为，对于《海洋环境保护法》《水污染防治法》关于第三人污染环境责任的规定，因与《侵权责任法》第68条（《民法典》对应条文为第1233条）规定相冲突而优先适用《侵权责任法》规定。按照2015年《环境保护法》第64条关于"因污染环境和破坏生态造成损害的，应当依照《中华人民共和国侵权责任法》的有关规定承担侵权责任"的规定，理解为统一适用《侵权责任法》的规定，是有法律依据的。参见杨立新：《第三人过错造成环境污染损害的责任承担——环境侵权司法解释第5条规定存在的不足及改进》，载《法治研究》2015年第6期。

但是，从全国人大常委会法制工作委员会对《环境保护法》第64条的解读来看，"本条虽然规定直接适用侵权责任法的相关规定，但侵权责任法第5条规定，'其他法律对侵权责任另有特别规定的，依照其规定'。现行的环保单行法律关于环境侵权责任的规定与侵权责任法还是有些不同。例如按照侵权责任法第26条规定，被侵权人对损害的发生也有过错的，可以减轻侵权人的责任。而水污染防治法第85条第3款规定，水污染损害是由受害人重大过失造成的，可以减轻排污方的赔偿责任。因此，关于环境污染侵权责任在适用侵权责任法的时候，如果遇到上述水污染防治法与侵权责任法规定不一致时，还是要适用水污染防治法的规定"。似乎得不出前述结论。参见信春鹰主编：《中华人民共和国环境保护法释义》，法律出版社2014年版，第226页。

三、第三人过错环境侵权责任承担的形式

依据《环境侵权纠纷司法解释》第 5 条第 1 款规定："被侵权人根据侵权责任法第六十八条规定分别或者同时起诉污染者、第三人的，人民法院应予受理。"据此，实践中可能存在以下情形：

1. 被侵权人单独起诉侵权人请求赔偿。依据《环境侵权纠纷司法解释》第 5 条第 3 款规定，"污染者以第三人的过错污染环境造成损害为由主张不承担责任或者减轻责任的，人民法院不予支持"。依据本条规定，"侵权人赔偿后，有权向第三人追偿"。侵权人承担的是中间责任，其可以向最终责任人即第三人追偿，最终责任人即第三人应当向侵权人承担最终责任。这样的规定，可以实现各种利益之间的平衡，进而维护法的公平及正义。被侵权人单独起诉侵权人的，因生态环境污染侵权适用无过错责任原则，故被侵权人的举证责任较轻。

2. 被侵权人单独起诉第三人请求赔偿。依据《环境侵权纠纷司法解释》第 5 条第 2 款规定："被侵权人请求第三人承担赔偿责任的，人民法院应当根据第三人的过错程度确定其相应赔偿责任。"被侵权人起诉第三人的，因第三人是独立于污染者之外的人，法律并没有特别规定对该第三人适用无过错责任原则，其承担责任与否须根据过错责任原则来认定，故被侵权人必须举证证明侵权责任的四个构成要件。在侵权人承担环境侵权责任后向第三人行使追偿权时，也应当贯彻过错责任原则，第三人最终仅是承担与其过错程度相适应的赔偿责任。

3. 被侵权人同时起诉侵权人、第三人请求共同赔偿。依据《环境侵权纠纷司法解释》第 5 条第 2 款规定："被侵权人请求第三人承担赔偿责任的，人民法院应当根据第三人的过错程度确定其相应赔偿责任。"被侵权人同时起诉侵权人、第三人的，人民法院应直接判决由侵权人与第三人对被侵权人承担责任，可以认定由侵权人和第三人均对被侵权人承担停止侵害、消除危险、赔偿损失等责任，该责任因其

中一人履行而对侵权人和第三人均归于消灭，同时判决认定最终责任人，侵权人对第三人有追偿权。因侵权人与第三人对被侵权人分别单独承担责任，故对侵权人实行无过错责任，对第三人实行过错责任原则。被侵权人不需证明侵权人存在过错，而需证明第三人存在过错。

值得注意的是，在被侵权人同时起诉侵权人和第三人的情况下，且第三人过错是损害发生的全部原因力时，人民法院不能径行判决由承担终局责任的第三人承担责任，而不再判决侵权人承担责任。这样做既不符合被侵权人同时诉讼的基本预期，也不符合本条突出对被侵权人予以充分救济的基本要求，不能将该第三人清偿不能的风险完全由受害人承担。

4.被侵权人单独起诉侵权人或者第三人请求赔偿，随后又申请追加另一主体为共同被告。我们认为，这一情形符合《环境侵权纠纷司法解释》第5条第1款的基本精神，人民法院对于当事人的申请应当允许。

5.被侵权人单独起诉侵权人或者第三人，在被侵权人没有主张追加另一主体的情况下，已经被起诉的被告申请追加另一主体参加诉讼。对此问题如何处理，实践中存在争议。有观点认为，为了查明案件事实的需要、保障第三人的程序权利以及彻底解决纠纷的需要，人民法院应当准许追加。另有观点认为，从本条的基本文义、尊重被侵权人的选择权的角度考虑，不宜将不真正连带之债界定为必须共同进行的必要共同诉讼，即人民法院不宜准许申请。相较而言，后一种观点值得肯定。此外，若被侵权人明确单独起诉侵权人或者第三人的，人民法院亦不宜依职权追加另一主体作为共同被告，但可以视情况通知其作为无独立请求权第三人参加诉讼。

6.能否准许被侵权人在起诉侵权人或者第三人并经法院判决承担赔偿责任之后，由于被告不能履行判决义务承担全部赔偿责任时，又向法院起诉要求另一方承担赔偿责任的做法，在理论上有争议。一种观点认为，不真正连带责任的两个请求权，被侵权人有选择权，一经选择，就只能行使该请求权，即使赔偿不足，也不得行使另外一个请求权，否则将变成补充责任。另一种观点则认为，如果被侵权人行使一个请求权赔偿不足，可以行使另一个请求权予以补充，理由是，既然两个请求权供被侵权人选择，以保障被侵权人的权利，就应该准许其在一个请求权行使后救济不足的情形下，继续行使另一个请求权予以补充。①否则，就会因被侵权人诉讼策略或诉讼能力的不同造成客观上获得赔偿的差异，使得单独起诉侵权人或者第三人的被侵权人得不到充分的救济。长此以往，则理性行为人均会选择同时起诉侵权人与第三人。对此，应当结合《环境侵权纠纷司法解释》第5条关于被侵权人可以分别或者同时起诉污染者、第三人的规定展开讨论。从有利于充分查明事实、明确各自责任承担、实现纠纷彻底解决考虑，应当倡导被侵权人同时起诉两者；从有利于保障被侵权人权益出发，在出现以上问题的情况下，应当允许被侵权人行使对另一个责任主体的请求权。

【审判实践中应注意的问题】

第三人过错环境侵权与无意思联络数人环境侵权都是复数主体的环境侵权类型，容易混淆。实践中要注意两者间的区别。

本条适用范围应仅限于污染环境、破坏生态导致他人损害系因第三人过错造成的情形。即本条规定的第三人并非污染源的控制与排放者，而是对污染源实施破坏行为从而导致环境污染或者生态破坏的行为人。第三人的过错行为不能是环境污染、生态破坏行为，否则该第三人的身份就发生了根本变化。该第三人的过错行为必须是与侵权人污染环境、破坏生态的行为结合在一起导致了损害后果。第三人直接实施环境污染、生态破坏行为而造成损害的，第三人就应当属于侵权人的范畴，其与本条中的侵权人之间承担责任的规则应适用包括《民

---

① 参见杨立新：《第三人过错造成环境污染损害的责任承担——环境侵权司法解释第5条规定存在的不足及改进》，载《法治研究》2015年第6期。

法典》第1231条关于数人共同或者分别侵权的相关规定。如果第三人的过错行为与侵权人污染环境、破坏生态的行为可以分开，单独导致了某一损害后果，那么就该损害的赔偿问题，第三人承担的是一个独立的侵权责任。

> **第一千二百三十四条** 违反国家规定造成生态环境损害,生态环境能够修复的,国家规定的机关或者法律规定的组织有权请求侵权人在合理期限内承担修复责任。侵权人在期限内未修复的,国家规定的机关或者法律规定的组织可以自行或者委托他人进行修复,所需费用由侵权人负担。

【条文主旨】

本条是关于生态环境损害修复责任的规定。

【条文理解】

本条与第1235条作为《民法典》侵权责任编的新增条款,共同确立了环境公益侵权责任的基本规则,明确把生态环境公共利益纳入我国侵权责任法的保护对象,规定了环境公益侵权责任的特殊要件、修复和赔偿责任的承担以及环境公益损害之民事救济的请求权主体,为环境民事公益诉讼奠定了实体法基础,具有里程碑意义。本条专门规定了环境污染、生态破坏行为人的生态环境修复责任及其承担方式,第1235条则具体规定了生态环境损害赔偿的具体范围。修复责任条款在前,体现了修复优先的环境治理理念和注重修复的立法目的。需要明确的是,环境公益侵权责任的条款系环境侵权责任的特别规定,环境公益损害的救济优先适用该两条特别规定;该两条特别规定所没有明确的事项,适用《民法典》第1229~1233条关于环境侵权责任的一般规定以及《民法典》侵权责任编第一至三章的相关规定。

一、环境公益侵权责任的构成要件

由环境侵权责任的本质所决定，环境公益侵权责任的构成要件仍然包括损害后果、侵权行为、侵权行为与损害后果间的因果关系等三个方面；由其保护和救济的对象是生态环境公共利益使然，环境公益侵权责任无论在损害后果的认定，还是侵权行为的构成等方面均存在着自身独有的特点。

（一）生态环境损害

根据本条和第1235条的规定，"造成生态环境损害"是环境公益侵权责任的特殊结果要件。目前，法律尚没有明确界定生态环境损害的概念。2017年12月，中共中央办公厅、国务院办公厅发布的《生态环境损害赔偿制度改革方案》明确，生态环境损害是指因污染环境、破坏生态造成大气、地表水、地下水、土壤、森林等环境要素和植物、动物、微生物等生物要素的不利改变，以及上述要素构成的生态系统功能退化。原环境保护部环境规划院《环境损害鉴定评估推荐方法（第Ⅱ版）》第4.1条规定，环境损害指因污染环境或破坏生态行为导致人体健康、财产价值或生态环境及其生态系统服务的可观察的或可测量的不利改变。第4.5条规定，生态环境损害指由于污染环境或破坏生态行为直接或间接地导致生态环境的物理、化学或生物特性的可观察的或可测量的不利改变，以及提供生态系统服务能力的破坏或损伤。

1.从范围上看，生态环境损害发生于某一环境要素的污染或破坏而带来的生态环境的不利改变或者提供生态系统服务能力的破坏或损害。这里的环境即指《环境保护法》第2条"影响人类生存和发展的各种天然的和经过人工改造的自然因素的总体，包括大气、水、海洋、土地、矿藏、森林、草原、湿地、野生生物、自然遗迹、人文遗迹、自然保护区、风景名胜区、城市和乡村等"。需要明确的是，生态环境损害不包括因环境污染、生态破坏造成的人身损害以及自然人、法人、非法人组织的财产损失。[①] 这与环境科学术语也是对应的，"环境损害"为上位概念，"生态环境损害"为下位概念，"环境损害"包括人身损害、财产损害、生态环境损害。

2. 从损害实质看，生态环境的损害，不仅仅是对某一单一环境要素的损害，更在于造成了由各环境要素构成的整个生态环境系统功能退化。一般而言，环境要素并非独立存在，而是协调运行、相互统一共同构成生态环境系统，所以对单个环境要素的损害有可能最终发展为整个生态系统功能的退化。

3. 从损害程度看，遭受损害的生态环境，与污染环境或破坏生态行为未发生时的生态环境状态确定的生态系统服务"基线"之间，存在着量的差异。受污染环境、破坏生态行为影响之区域内的环境介质（地表水、地下水、空气、土壤等）中，污染物浓度超过基线水平或者超过国家及地方环境质量标准，且造成的影响在一年内难以恢复，受污染环境、破坏生态行为影响的区域内出现了关键物种死亡率增加、关键物种种群数量减少、生物物种组成发生变化或身体变形等严重情形，均属于生态环境损害。[②]

（二）生态环境侵权行为

根据本条和第1235条规定，结合环境侵权责任其他条款，损害生态环境的侵权行为，应当界定为违反国家规定污染环境、破坏生态的行为。比如，超过国家规定标准排放污染物，未获得许可砍伐林木，未取得采矿权挖掘矿产资源等。可见，作为环境公益侵权责任的构成要件，生态环境侵权行为的成立标准，或者说违法性标准与环境私益侵权行为不同。环境私益侵权行为采客观意义上的违法性标准，只要损害他人权益即构成违法；而环境公益侵权责任的行为要件采主观意义上的违法性标准，只有违反国家规定污染环境、破坏生态

[①] 有学者认为，生态环境损害包括因环境污染或者生态破坏造成的人身、财产损失，也包括生态环境本身的损害。我们认为，因污染环境、破坏生态造成人身、财产损失的，受害人可以基于《民法典》第1229条追究侵权人的侵权责任。本条与第1235条则是针对生态环境公共利益保护所作的规定，故其中的生态环境损害应仅指于生态环境本身的损害。

[②] 参见《环境损害鉴定评估推荐方法（第Ⅱ版）》6.4"生态环境损害"部分。

方可构成。《民法典》侵权责任编以这种特别规定生态环境侵权行为之违法性认定标准的方式，就同一污染环境、破坏生态行为所导致之私益损害和公益损害的救济，作了区分性规定。在环境私益侵权责任中，遵循行为违法性的一般规则，只要行为被证明系污染环境、破坏生态，就具有违法性进而构成环境侵权之行为要件；在环境公益侵权责任中，要依照行为违法性的特殊标准，不仅要证明存在环境侵权行为，而且须证明系违反国家规定污染环境、破坏生态，才能认定具有违法性进而构成环境侵权之行为要件。换言之，凡是依照国家规定或者符合国家规定实施的行为导致生态环境损害的，不纳入环境公益侵权的法律事实，不通过环境民事公益诉讼对生态环境进行民事救济。

之所以如此规定，系《民法典》立法在生态环境保护与经济社会发展之间进行权衡的结果，亦是法律以不同方式强化对环境私益与环境公益保护的具体体现。

在环境侵权领域，基于行为人往往是通过获取或使用开放性或许可性的公共环境资源将其经济发展成本转由社会承担，而被侵权人多为弱势一方且往往存在严重的证据偏在现象，故法律通过实体法上无过错归责原则以及程序法上举证责任转移的制度设计，以实现更有力保障被侵权人合法权益、消除经济发展的消极外部性的目的。因此，《侵权责任法》第65条、《民法典》第1229条先后规定，只要环境侵权造成他人损害的，不管是否违反国家规定，侵权人均应承担侵权损害赔偿责任。"至于国家或者地方规定的污染物排放标准，只是环保部门决定排污单位是否需要缴纳超标排污费和进行环境管理的依据，而不是确定排污单位是否承担赔偿责任的界限。"①

随着人类社会的发展，人口数量的增加尤其是人口的急剧增长，必然导致对自然资源需求的相应增加，同时也更多地向生态环境排放污染物。在保护单个个体利益基础上，关注带有人类共同利益特征的生态环境，成为现代民法的发展方向。《民法典》顺应时势和民意，

---

① 见1991年10月10日国家环境保护局针对湖北省环保局请示作出的《国家环境保护局关于确定环境污染损害赔偿责任问题的复函》[（1991）环法函字第104号]。

在规定绿色原则，修改物权、合同等有关条款的同时，于本条和第1235条明确规定环境公益损害救济的请求权规范，是一个重大革新。鉴于生态环境保护是公共利益，经济社会发展也是公共利益，为平衡两种公共利益，本条及第1235条通过"违反国家规定"的行为要件限制了侵权人承担生态环境损害修复和赔偿责任的范围。这是因为国家在制定相应污染物排放标准、自然资源开发利用限度等规定时，已经考虑了当时阶段的环境资源承载能力。如果行为人并未违反国家相关规定，但其行为却导致生态环境损害，那也只能说明国家排放标准设置不够合理或者环境容量的计算不够准确或者意味着国家允许其对生态环境产生一定程度的损害，而不能归责于行为人正常生产经营行为，亦不能让其承担环境公益侵权责任。故在一般意义上说，"违反国家规定"造成生态环境损害，则代表经济社会发展的负外部性过大，需要通过环境公益侵权救济予以消除。而凡是依照国家规定或者符合国家规定实施的行为造成生态环境损害的，不通过承担环境侵权责任的方式进行救济，行为人依照国家规定缴纳的开发利用自然资源税费、排污费等，已经或者可以起到应有的生态环境修复或者赔偿的效果。

对于"国家规定"的解读，有两种不同的观点。一种观点认为应当作狭义解释。考虑到受科技水平和认知能力所限，人们对于很多物质是否属于污染物，是否会造成生态环境损害还没有全面的认识。而法律规范的是对人最低的标准和要求，法律明确规定需要承担责任，该行为一定造成了他人生命健康、财产和生态环境的重大损害，必须由具有强制力的法律予以纠正。因此，"国家规定"应当特指国家法律、行政法规、国务院规章以及国家标准，地方性法规和规范性文件等均不应纳入其列。另一种观点认为应当从广义上解释。对于没有国家层面规范性文件，而有地方性法规和规章予以规范的，或者国家标准较宽，而地方规定更为严格的，都应当视为"国家规定"。

我们认为，要从本条立法宗旨和目的出发，妥善解读"国家规定"。实践中，由于法律没有就环境公益侵权的责任构成制定特别规则，根据《环境侵权纠纷司法解释》第18条规定，人民法院审理环境民事公益诉讼案件时，就责任构成要件的认定要适用《侵权责任法》以及《环境侵权纠纷司法解释》的规定。[①]这就意味着，无论行为人是否违反国家规定污染环境、破坏生态，均须就其造成的生态环境损害承担责任。《民法典》于本条和第1235条的规定，弥补了立法的缺陷和不足，由客观意义上的违法性要件转向主观意义上的违法性要件，将行为人承担环境公益侵权责任的行为要件限定在违反国家规定的范畴，呈现出立法者限缩环境公益侵权责任适用范围的目的，从而更加有利于协调经济发展利益和生态环境保护的关系，妥当衡平各类正当利益。而与此同时，我们也要注意到，同样基于限缩适用范围的目的，《民法典》侵权责任编第七章中的第1232条和本条使用的限定性词语是不同的。为限缩惩罚性赔偿的适用，第1232条使用了"违反法律规定"一词，而本条使用的则是更广泛意义上的"违反国家规定"。由此，本条"国家规定"的范围解读，应当在宽于法律规定的基础上，根据我国生态环境保护的现实需要和制度现状予以妥当把握。

第一，"国家规定"首先包括体系化的法律规定。全国人民代表大会制定的宪法和基本法律，全国人民代表大会常务委员会制定的应由全国人大制定的法律以外的其他法律，是狭义上的法律。在全国人大闭会期间，全国人大常委会以"决定"或"补充规定"的形式对全国人大制定的基本法律进行的部分补充和修改，效力同于法律。国务院根据《宪法》和法律制定的行政法规，最高人民法院、最高人民检察院制定发布的司法解释，地方性法规、自治条例和单行条例，国务院部门规章和地方政府规章，也属于广义上的法律范畴。

第二，"国家规定"包含国家政策性规定。该类规定从制定层级

---

① 参见最高人民法院研究室、最高人民法院环境资源审判庭编著：《最高人民法院环境侵权责任纠纷司法解释理解与适用》，人民法院出版社2016年版，第224~225页。

上看应为国家层面，在适用范围上为全国通用。[①]比如，中共中央办公厅、国务院办公厅公布的《生态环境损害赔偿制度改革方案》是生态环境损害赔偿领域的"国家规定"。

第三，"国家规定"还应当包含环境资源领域的国家标准。比如，《水污染防治法》第92条规定："饮用水供水单位供水水质不符合国家规定标准的，由所在地市、县级人民政府供水主管部门责令改正，处二万元以上二十万元以下的罚款；情节严重的，报经有批准权的人民政府批准，可以责令停业整顿；对直接负责的主管人员和其他直接责任人员依法给予处分。"该条中的国家规定标准主要是指《生活饮用水卫生标准》(GB5749-2006)。饮用水供水单位供水水质不符合国家规定标准，将会对公众健康造成危害，应当承担相应的法律责任。[②]此外，在某些没有国家标准的领域，如果有地方性标准或者有行业标准时，可以参考这些标准，运用目的解释和体系解释的方法，妥当认定行为人的行为是否违反国家规定。

（三）行为与损害之间具有因果关系

侵权人承担环境侵权责任的必要条件就是侵权行为与损害之间具有因果关系。法律上的因果关系是损害结果和造成损害的原因行为之间的关联性，目的是确定损害赔偿的基础。"损害赔偿之债，以有损害之发生及有责原因之事实，并二者之间有相当因果关系为成立要件，惟所谓因果关系，系以行为人之行为所造成的客观存在事实为观察的基础，并就此客观存在事实，依吾人知识经验判断，通常均有发生同样损害结果之可能者，该行为人之行为与损害之间有因果关

[①] 参见《最高人民法院关于准确理解和适用刑法中"国家规定"的有关问题的通知》（法发〔2011〕155号）。该通知明确规定："根据刑法第九十六条的规定，刑法中的'国家规定'是指，全国人民代表大会及其常务委员会制定的法律和决定，国务院制定的行政法规、规定的行政措施、发布的决定和命令。其中，'国务院规定的行政措施'应当由国务院决定，通常以行政法规或者国务院制发文件的形式加以规定。以国务院办公厅名义制发的文件，符合以下条件，亦应视为刑法中的'国家规定'：（1）有明确的法律依据或者同相关行政法规不相抵触；（2）经国务院常务会议讨论通过或者经国务院批准；（3）在国务院公报上公开发布。"

[②] 安建、黄建初主编：《中华人民共和国水污染防治法释义》，法律出版社2008年版，第248页。

系。"① 只有存在因果关系，请求权人才可以依据本法规定要求侵权人承担环境侵权责任。环境侵权具有长期性、复杂性的特点，有的污染物具有即时性、扩散性特点，有的环境要素本身具有自净能力，有的损害后果并不是及时出现，而是在污染累积到一定阶段才产生。对于环境公益侵权来说，侵害行为与生态环境损害后果之间因果关系的判断，需要因果关系的推定理论支撑以及鉴定评估等科学手段的辅助予以确定。

二、环境公益侵权责任请求权的行使主体

本条规定整合了环境公益侵权责任请求权的行使主体。请求权的概念由德国法学家温德沙伊德提出，指特定人得请求特定他人为一定行为或不为一定行为的权利，其目的是使罗马法和普通法中的诉权从程序的角度可行，并在私法的实体法上加以规定。请求权基础就是指可以支持一方当事人向他方当事人有所主张的法律规范。② 本条及第1235条明确了环境公益侵权的请求权主体、请求权内容，解决了环境公益侵权的请求权基础规范缺位的根本问题。

世界各国法律规定的公益侵权请求权主体主要有以下几种类型：（1）国家公权力机关。英国为法务长官、检察总长、公共卫生监察员等，依法行使公益请求权，阻止公共性不正当行为，如环境公害。《法国民事诉讼法典》赋予检察机关环境公益请求权主体地位，可以依法追究侵权人的环境侵权责任。《巴西公共民事诉讼法》《巴西联邦宪法》赋予了检察机关公益保护请求权主体地位，将检察机关保护公共利益的职权提到了宪法层面。此外，西班牙国家律师、国家诉讼总署法务，葡萄牙检察官，瑞士联邦法务等，③ 均依据法律规定可以作为公益侵权的请求权主体。（2）社会组织。德国法律赋予环境保护团体

---

① 王泽鉴：《民法学说与判例研究》，中国政法大学出版社1998年版，第197页。
② 吴纲要、廖高飞：《侵权责任请求权基础与归责原则浅析》，载《人民法院报》2011年6月15日，第7版。
③ 参见潘申明：《比较法视野下的民事公益诉讼——简论我国民事公益诉讼制度的建构》，华东政法大学2009年博士学位论文。

公益侵权请求权主体地位,可以追究侵权人损害赔偿责任。(3)公民个人。比如美国包括《美国清洁水法》在内的环境法就赋予了公民对违法排放污染者或者未履行义务的政府机关行使公益侵权请求权的主体地位,可以要求被告按照国家规定的排放标准排污,赔偿污染造成的损失或者履行法定义务。

根据现有法律和司法解释规定,我国环境公益侵权的请求权主体有四大类:一是《民事诉讼法》第55条第1款所列之法律规定的机关,比如《海洋环境保护法》第89条第2款规定之"依照本法规定行使海洋环境监督管理权的部门",①《森林法》第68条规定的"县级以上人民政府自然资源主管部门、林业主管部门",②《固体废物污染环境防治法》第122条第1款规定的"设区的市级以上地方人民政府或者其指定的部门、机构";③二是《民事诉讼法》第55条第1款所列之法律规定的有关组织,比如《环境保护法》第58条规定的,依法在设区的市级以上人民政府民政部门登记,专门从事环境保护公益活动连续五年以上且无违法记录的社会组织;三是《民事诉讼法》第55条第2款所规定的人民检察院;四是根据中共中央办公厅、国务院办公厅《生态环境损害赔偿制度改革方案》的规定,国务院授权的省级、市地级人民政府及其指定的部门、机构,受国务院委托代行全民所有自然资源资产所有权的部门,系生态环境损害赔偿权利人。可见,上述四类主体的请求权系基于不同的基础。法律规定的机关、有关组织和人民检察院的环境公益请求权主体地位是由《民事诉讼法》《环境保护法》《海洋环境保护法》所明确;至于省级、市地级人民政

---

① 《海洋环境保护法》第89条第2款规定:"对破坏海洋生态、海洋水产资源、海洋保护区,给国家造成重大损失的,由依照本法规定行使海洋环境监督管理权的部门代表国家对责任者提出损害赔偿要求。"

② 《森林法》第68条规定:"破坏森林资源造成生态环境损害的,县级以上人民政府自然资源主管部门、林业主管部门可以依法向人民法院提起诉讼,对侵权人提出损害赔偿要求。"

③ 《固体废物污染环境防治法》第122条第1款规定:"固体废物污染环境、破坏生态给国家造成重大损失的,由设区的市级以上地方人民政府或者其指定的部门、机构组织与造成环境污染和生态破坏的单位和其他生产经营者进行磋商,要求其承担损害赔偿责任;磋商未达成一致的,可以向人民法院提起诉讼。"

府及其指定的部门、机构,受国务院委托代行全民所有自然资源资产所有权的部门,其环境公益请求权主体地位系基于《生态环境损害赔偿制度改革方案》所获得的国家授权。《民法典》作为民事实体法律规范,概括规定了上述各类主体的环境公益侵权请求权,将环境公益侵权请求权主体明确为"国家规定的机关"和"法律规定的组织"两大类型。

"国家规定的机关"主要包括以下两类,第一,现有程序法、单行法所规定的环境公益侵权请求权主体。既包括《民事诉讼法》第55条第1款所述之"法律规定的机关",也包括《民事诉讼法》第55条第2款规定的"人民检察院"。第二,基于《生态环境损害赔偿制度改革方案》这样的国家政策性文件规定,可以探索行使环境公益侵权请求权的各类主体。

"法律规定的组织"是指符合《民事诉讼法》第55条第1款以及《环境保护法》第58条规定的社会组织。《环境民事公益诉讼司法解释》对于"法律规定的组织"的条件予以了进一步细化。①

三、生态环境修复责任承担方式

(一)生态环境修复责任的内涵及其立法沿革

本条规定了生态环境修复责任及其承担方式。生态环境修复是实现生态环境损害民事救济的核心责任,目的在于使受损的生态环境得以及时修复,在适用上具有优先于损害赔偿的顺位。

修复生态环境,就是要使被损害的生态环境恢复到损害未发生时

---

① 《环境民事公益诉讼司法解释》第2条规定:"依照法律、法规的规定,在设区的市级以上人民政府民政部门登记的社会团体、民办非企业单位以及基金会等,可以认定为环境保护法第五十八条规定的社会组织。"第3条规定:"设区的市,自治州、盟、地区,不设区的地级市,直辖市的区以上人民政府民政部门,可以认定为环境保护法第五十八条规定的'设区的市级以上人民政府民政部门'。"第4条规定:"社会组织章程确定的宗旨和主要业务范围是维护社会公共利益,且从事环境保护公益活动的,可以认定为环境保护法第五十八条规定的'专门从事环境保护公益活动'。社会组织提起的诉讼所涉及的社会公共利益,应与其宗旨和业务范围具有关联性。"第5条规定:"社会组织在提起诉讼前五年内未因从事业务活动违反法律、法规的规定受过行政、刑事处罚的,可以认定为环境保护法第五十八条规定的'无违法记录'。"

的状态和功能。该状态主要是指包括大气、水、海洋、土地、矿藏、森林、草原、湿地、野生生物、自然遗迹、人文遗迹、自然保护区、风景名胜区、城市和乡村等环境要素的物理、化学和生物学意义上的形态。该功能则是指上述要素在生态循环中为人类提供服务功能的能力、质量和价值。①

根据受损生态环境是否可以被完全修复，一般分为生态环境完全可以修复、生态环境部分可以修复以及生态环境完全无法修复三种情形。尽管生态环境修复最理想的效果是实现受损生态环境的恢复原状，但生态环境损害一旦发生就具有不可逆转性，不良环境影响不仅难以完全消除，而且具体治理也受生态环境修复目标的制定和经济技术条件的限制。故此，修复责任只能是尽可能修复到生态环境原有的状态或者对原有生态系统服务功能和生态价值的重现。

既有法律中并没有关于生态环境修复的责任承担方式。只是在《民法通则》《民法总则》《侵权责任法》中先后规定有恢复原状的民事责任形式。为适应环境民事公益诉讼中对被破坏生态环境的修复需要，《环境侵权纠纷司法解释》第14条第1款规定，"被侵权人请求恢复原状的，人民法院可以依法裁判污染者承担环境修复责任，并同时确定被告不履行环境修复义务时应当承担的环境修复费用"。《环境民事公益诉讼司法解释》第20条第1款规定："原告请求恢复原状的，人民法院可以依法判决被告将生态环境修复到损害发生之前的状态和功能。无法完全修复的，可以准许采用替代性修复方式。"均采取对恢复原状责任进行扩大解释的方法，将生态环境修复到损害发生之前的状态和功能作为恢复原状责任的具体内涵。

《生态环境损害赔偿规定》第11条规定："被告违反法律法规污染环境、破坏生态的，人民法院应当根据原告的诉讼请求以及具体案情，合理判决被告承担修复生态环境、赔偿损失、停止侵害、排除妨碍、消除危险、赔礼道歉等民事责任。"相较而言，明确将修复生态

---

① 最高人民法院环境资源审判庭编著：《最高人民法院关于环境民事公益诉讼司法解释理解与适用》，人民法院出版社2015年版，第296页。

环境列为一种民事责任，是《生态环境损害赔偿规定》的一大创新。但囿于司法解释没有创设法律责任的权限，生态环境损害赔偿案件中的修复生态环境责任仍然是为实现生态环境损害赔偿诉讼目的而对恢复原状责任的具体化解释适用。①

《民法典》于本条明确规定了生态环境修复责任，这既是对我国生态环境保护修复需求的立法回应，也是就近年来人民法院司法实践中探索的经验做法所进行的一次总结吸收。

（二）生态环境修复责任的承担

根据本条的规定，生态环境能够修复的，国家规定的机关或者法律规定的组织有权请求侵权人在合理期限内承担修复责任；侵权人在期限内未修复的，国家规定的机关或者法律规定的组织可以自行或者委托他人进行修复，所需费用由侵权人承担。

由上，生态环境修复责任，以侵权人直接承担为原则，其可以直接履行修复责任，也可以自行委托第三方修复机构开展修复。如果侵权人在合理期限内不履行、怠于履行生态环境修复义务，或者侵权人履行部分修复义务但无法达到生态环境修复验收要求，或者因履行困难放弃履行，均属于本条规定的在合理期限内未修复的情形。此时，国家规定的机关或者法律规定的组织可以自行或者委托他人进行修复。

实践中，依据不同的分类标准，可以将生态环境修复责任的承担方式作出不同的区分，以厘清不同承担方式的适用条件和具体要求，妥当实现被损生态环境的修复。

1.直接修复和替代修复。依据修复对象的不同，生态环境修复责任的承担方式可分为直接修复和替代修复。直接修复是针对受到污染或者破坏的环境介质、生物、生态系统等进行评估并予以原区域、原体的修复。直接修复是责任承担的首要方式。在无法直接修复的情况下，比如囿于直接修复的技术难度过大或所需修复费用过高，或者被

---

① 王旭光、魏文超、刘小飞、刘慧慧：《〈关于审理生态环境损害赔偿案件的若干规定（试行）〉的理解与适用》，载《人民司法》2019年第34期。

损坏的生态环境确实无法复原等因素，可以采取替代性修复的方式。替代性修复方式包括同地区异地点、同功能异种类、同质量异数量、同价值异等级等可以使生态环境恢复到受损害之前的功能、质量和价值的情形。①

2. 自行修复和委托修复。依据修复生态环境责任的实施主体不同，修复生态环境责任的承担方式可分为自行修复和委托修复。自行修复包括由侵权人自行实施修复，或者由国家规定的机关或者法律规定的组织自行组织实施修复。但囿于生态修复的专业性、复杂性，抑或存在无法直接实施生态修复活动的情况下，委托他人修复亦可实现救济受损生态环境的目的。委托修复主要包括两种情况，一种是由侵权人自行委托，修复费用由其支付。另一种情况是侵权人未在合理期限内履行修复生态环境责任时，国家规定的机关或者法律规定的组织可以委托第三方实施修复，所需费用由侵权人负担。

（三）合理期限的理解

对于侵权人承担修复责任的合理期限，要根据个案情况具体掌握。对于环境要素本身具备自净能力，修复方式一般不采取直接修复，而采取替代性修复方式的大气污染、水污染等案件，合理期限可以设置相对较短。比如，支付生态环境修复费用统筹用于本地生态环境修复等，可以参考一般金钱给付的时间予以确定。对于清除污染较为复杂、困难的土壤污染、固体废物污染等案件，合理期限要根据生态环境损害评估鉴定的意见、结合专家意见等确定。

【审判实践中应注意的问题】

一、生态环境修复需要依照生态环境要素的特性

生态环境修复是一个技术复杂、过程漫长的综合系统治理工程。

---

① 最高人民法院环境资源审判庭编著：《最高人民法院关于环境民事公益诉讼司法解释理解与适用》，人民法院出版社 2015 年版，第 296~297 页。

对如何量化生态环境损害、受损生态环境能否修复、具体采取何种措施才能恢复应有的生态系统服务功能、如何管护才能达到生态修复的目的等，一定程度上受制于不同的环境要素种类、生态环境恢复的目标、恢复生态学的基本原理和生态环境鉴定评估技术政策等。因此，在司法实践中须基于环境要素的特性确定生态环境修复责任的适用。

（一）关于修复目标的确定

《欧盟关于预防和补救环境损害的环境责任指令》针对不同的环境要素确定了不同的修复目标。其中对水、受保护物种或自然栖息地的损害一般通过采用"基础性""补充性""赔偿性"的补救措施，从而使水、受保护物种或自然栖息地的损害环境恢复至基线状态。[①] 而对土地的损害则是采取相关措施清除、控制、遏制或减少相关污染物，从而使被污染的土地不再对人类健康构成任何重大不利影响的风险。[②] 我国将修复或恢复目标的确定分为将受损的生态环境恢复至基线状态、或修复至可接受风险水平、或先修复至可接受风险水平再恢复至基线状态、或在修复至可接受风险水平的同时恢复至基线状态。[③] 因此，通常情况下生态环境损害修复目标主要包括以下两类：

1.可接受风险水平。主要指降低环境污染程度，依据危害性和脆弱性分析、成本效益分析、技术手段的可行性分析等确定的人体健康或生态系统的可容忍的风险水平。[④] 这种修复目标多适用于生态环境损害发生后，为防止污染物扩散迁移、降低环境中污染物浓度，将环境污染导致的人体健康风险或生态风险降至可接受风险水平而开展的必要的、合理的环境修复行动或措施。[⑤] 比如对污染地块风险管控与

---

① 参见《欧盟关于预防和补救环境损害的环境责任指令》附件2："1.对水、受保护物种或自然栖息地的损害的补救。"
② 参见《欧盟关于预防和补救环境损害的环境责任指令》附件2："2.土地损害的补救。"
③ 参见《环境损害鉴定评估推荐办法（第Ⅱ版）》第8.3.2条。
④ 参见《环境损害鉴定评估推荐办法（第Ⅱ版）》第4.14条。
⑤ 参见《环境损害鉴定评估推荐办法（第Ⅱ版）》第4.10条。

土壤修复,①对于部分工业污染场地,可根据再利用目的将受损生态环境修复至可接受风险水平。

2. 基线状态。即恢复至污染环境或破坏生态行为未发生时,受影响区域内人体健康、财产和生态环境及其生态系统服务的状态。②这种修复目标多适用于生态环境损害发生后,为将生态环境的物理、化学或生物特性及其提供的生态系统服务恢复至基线状态,同时补偿期间损害而采取的各项必要的、合理的生态修复措施。③从严格意义上来说,生态环境受到污染和破坏后,恢复到与损害之前一模一样的状态几无可能,生态系统服务功能也只是尽可能地接近基线水平而已。此外,如果受到损害前的生态环境并不处于良好状态,要求赔偿义务人恢复损害之前的状态也并非受害者利益所需。因此,对生态环境修复目标中的"基线水平"不能机械理解,否则可能会造成过度修复或者修复不足。④一般而言,基线确定方法通常有:(1)利用污染环境或破坏生态行为发生前评估区域近三年的历史数据;(2)利用未受污染环境或破坏生态行为影响的相似现场数据,要求"对照区域"与评估区域的生态环境特征、生态系统服务等具有可比性;(3)利用模型确定基线;(4)参考环境基准或国家和地方发布的环境质量标准。⑤在面对具体个案时,可以综合比较背景值、对照值合理确定。

(二)关于人工恢复和自然恢复

《生态环境损害鉴定评估技术指南总纲》按照不同的恢复目标和阶段将生态环境恢复分为基本恢复、补偿性恢复和补充性恢复。基本恢复方案可以选择人工恢复措施,也可以选择自然恢复措施。人工恢复适用于目前技术水平下能够有效恢复受损环境及其生态系统服务且

---

① 参见《污染地块风险管控与土壤修复效果评估技术导则(试行)》(HJ 25.5-2018)第3.3、4.1、4.3.3条。
② 参见《环境损害鉴定评估推荐办法(第Ⅱ版)》第4.9条。
③ 参见《环境损害鉴定评估推荐办法(第Ⅱ版)》第4.11条。
④ 吴一冉:《生态环境损害赔偿诉讼中修复生态环境责任及其承担》,载《法律适用》2019年第21期。
⑤ 参见《生态环境损害鉴定评估技术指南总纲》第5.2.1条。

符合成本效益原则的情形。自然恢复措施则主要适用于目前技术水平下所有的恢复方案都无法避免产生较大的二次污染或对环境造成严重的干扰，或者恢复行动耗资巨大、不符合成本效益原则，或者无法恢复受损的环境及其生态系统服务。①

具体个案中是采取自然恢复还是人工恢复，对量化期间损害有较大的影响。生态环境的恢复过程参见图1。②

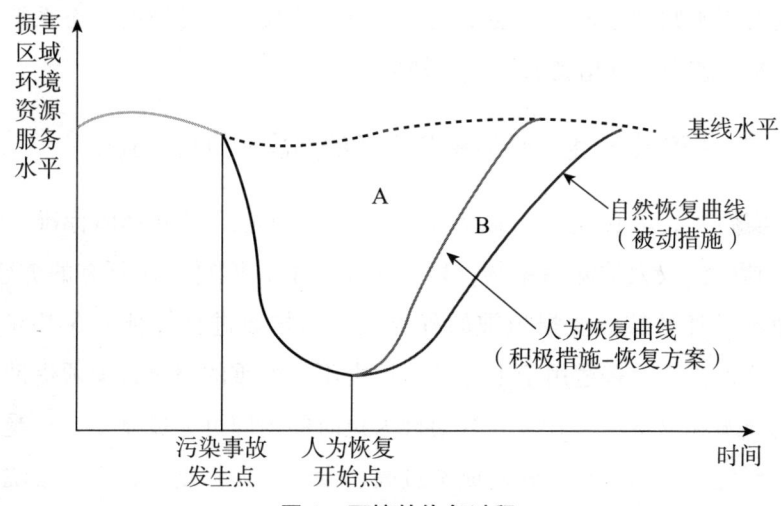

图1 环境的恢复过程

如图1所示，如采取人工恢复措施，受损的资源与服务可以较快地恢复到基线状态，相应的期间损害量（A区域）较小；若采取自然恢复措施，受损的资源与服务恢复到基线状态需要较长时间，相应的期间损害量（A+B区域）较大。可以说，环境资源量和服务量的期间损害与所选择的基本恢复方案密切相关，即所选择的基本恢复方案很大程度上决定了环境资源量和服务量的期间损害量。③环境污染、生态破坏事件发生后，原生态环境的生态系统服务水平迅速降低。由于不少环境介质具有自净能力，如湿地被倾倒汞后，水体、土壤的汞逐渐被稀释，若干年后，该处湿地亦可能自然恢复至最初的生态系统服

---

① 参见《环境损害鉴定评估推荐办法（第Ⅱ版）》8.3.2.1.1。
② 转引自《环境损害鉴定评估推荐方法（第Ⅱ版）》图B-1。
③ 参见《环境损害鉴定评估推荐办法（第Ⅱ版）》附录B.1。

务水平。在恢复成本较大时，此时可选择自然恢复措施。在恢复成本较小或该处生态环境具有更重要意义时，可选择人工恢复措施，使得该处生态环境提前恢复到基线水平或可接受风险水平。如果环境污染或生态破坏导致的生态环境损害持续时间不超过一年，则仅开展基本恢复；否则，需要同时开展基本恢复与补偿性恢复。[1]如前述受污染湿地恢复到原基线水平需要50年，这50年就是恢复期间，其对应的期间的损害则须采取补偿性恢复，如提高受损生态环境的生态系统服务水平，或在别处增殖放流、补种树木。

二、探索适合生态环境修复责任的判决和执行方式

实践中，人民法院可以参考专业部门确定的修复具体标准、方案，判令侵权人清除污染物，恢复土地原貌，恢复水体原有的养殖，在植被破坏地按照受损植被的种类及十倍株数进行补种复绿及养护等。这种方式大多适用于生态环境损害不太严重的情况，无须借助复杂的技术和设备，以直接的劳动行为短时间内即可完成修复。在受损生态环境无法修复或者修复成本过高、没有必要修复的，人民法院可以综合案件污染生态环境或者破坏资源的要素类型、污染严重程度、生态破坏程度等因素，要求当事人通过增殖放流、补种复绿、劳务代偿等方式承担替代性修复责任，从而实现生态环境功能的总体提升。北京市第四中级人民法院2019年5月调解结案的北京市朝阳区自然之友环境研究所诉现代汽车（中国）投资有限公司大气污染环境民事公益诉讼案中，首次创新引入了公益信托机制，让现代汽车出资设立公益信托基金并将资金用于建设充电桩等设施，以清洁能源利用的方式保护环境，这是替代性修复责任方式的有效探索。[2]

对于侵权人的生态环境修复责任以及其不履行修复责任时应当承担的修复费用，要遵循一并判决的原则。生态环境的修复往往专业性强，修复工程的实施也会耗费相当长的时间。如果人民法院仅仅判决

---

[1] 参见《环境损害鉴定评估推荐办法（第Ⅱ版）》第8.3.2条。
[2] 详见北京市第四中级人民法院（2016）京04民初73号民事调解书。

被告修复生态环境，被告在执行过程中怠于履行或者不能履行判决确定的义务，使生态环境迟迟不能得到修复，将进一步损害社会公共利益，且人民法院不能因此就同一诉再次作出裁判，故《环境民事公益诉讼司法解释》第20条第2款规定，"人民法院可以在判决被告修复生态环境的同时，确定被告不履行修复义务时应承担的生态环境修复费用"。基于及时修复生态环境避免损害扩大的考虑，此规则应当在《民法典》施行过程中予以一体遵循。

做好生效裁判与执行的衔接，亦是人民法院落实环境公益侵权责任的一项职权性工作。《环境民事公益诉讼司法解释》第32条规定："发生法律效力的环境民事公益诉讼案件的裁判，需要采取强制执行措施的，应当移送执行。"《最高人民法院、最高人民检察院关于检察公益诉讼案件适用法律若干问题的解释》第12条规定："人民检察院提起公益诉讼案件判决、裁定发生法律效力，被告不履行的，人民法院应当移送执行。"据此，人民法院审判人员应当在审结案件后，若被告不履行的，将生效的判决书、裁定书、调解书依职权移送执行员执行，无须请求权人申请。

第一千二百三十五条 违反国家规定造成生态环境损害的,国家规定的机关或者法律规定的组织有权请求侵权人赔偿下列损失和费用:

(一)生态环境受到损害至修复完成期间服务功能丧失导致的损失;

(二)生态环境功能永久性损害造成的损失;

(三)生态环境损害调查、鉴定评估等费用;

(四)清除污染、修复生态环境费用;

(五)防止损害的发生和扩大所支出的合理费用。

【条文主旨】

本条是关于生态环境损害赔偿责任的规定。

【条文理解】

《民法典》出台前,最高人民法院通过司法解释针对环境侵权诉讼、环境民事公益诉讼、生态环境损害赔偿诉讼等不同领域,就生态环境损害的相关赔偿内容作了规定。

2015年1月施行的《环境民事公益诉讼司法解释》规定了生态环境修复费用、生态环境受到损害至恢复原状期间服务功能损失、检验鉴定费用、合理的律师费以及为诉讼支出的其他合理费用。其第20条规定:"原告请求恢复原状的,人民法院可以依法判决被告将生态环境修复到损害发生之前的状态和功能。无法完全修复的,可以准许采用替代性修复方式。人民法院可以在判决被告修复生态环境的同时,确定被告不履行修复义务时应承担的生态环境修复费用;也可以直接判决被告承担生态环境修复费用。生态环境修复费用包括制定、实施修复方案的费用和监测、监管等费用。"第21条规定:"原告请求被告赔偿生态环境受到损害至恢复原状期间服务功能损失的,人民法院可以依法予以支持。"第22条规定:"原告请求被告承担检验、鉴定费用,合理的律师费以及为诉讼支出的其他合理费用的,人民法院可以依法予以支持。"

2015年6月施行的《环境侵权纠纷司法解释》规定了环境侵权诉讼的受害人可以就人身、财产损失,生态环境修复费用以及应急处置费用请求赔偿。其第14条规定:"被侵权人请求恢复原状的,人民法院可以依法裁判污染者承担环境修复责任,并同时确定被告不履行环境修复义务时应当承担的环境修复费用。污染者在生效裁判确定的期限内未履行环境修复义务的,人民法院可以委托其他人进行环境修复,所需费用由污染者承担。"第15条规定:"被侵权人起诉请求污染者赔偿因污染造成的财产损失、人身损害以及为防止污染扩大、消除污染而采取必要措施所支出的合理费用的,人民法院应予支持。"

2019年6月施行的《生态环境损害赔偿规定》则在中共中央办公厅、国务院办公厅《生态环境损害赔偿制度改革方案》规定的基础上,明确原告可以针对应急处置费用、生态环境修复费用、生态环境受到损害至修复完成期间服务功能损失、生态环境功能永久性损害造成的损失、为生态环境损害赔偿磋商和诉讼支出的调查、检验、鉴定、评估等费用,合理的律师费以及其他为诉讼支出的合理费用请求赔偿。其第12条规定:"受损生态环境能够修复的,人民法院应当依法判决被告承担修复责任,并同时确定被告不履行修复义务时应承担的生态环境修复费用。生态环境修复费用包括制定、实施修复方案的费用,修复期间的监测、监管费用,以及修复完成后的验收费用、修复效果后评估费用等。原告请求被告赔偿生态环境受到损害至修复完成期间服务功能损失的,人民法院根据具体案情予以判决。"第13条规定:"受损生态环境无法修复或者无法完全修复,原告请求被告赔偿生态环境功能永久性损害造成的损失的,人民法院根据具体案情予以判决。"第14条规定:"原告请求被告承担下列费用的,人民法院根据具体案情予以判决:(一)实施应急方案以及为防止生态环境损害的发生和扩大采取合理预防、处置措施发生的应急处置费用;(二)为生态环境损害赔偿磋商和诉讼支出的调查、检验、鉴定、评估等费用;(三)合理的律师费以及其他为诉讼支出的合理费用。"

从以上规定可以看出,随着我国生态文明建设的坚定推进和生态环境法律体系的不断健全,司法实践就生态环境损害及其法律赔偿的内容和范围亦日益拓展,至《生态环境损害赔偿规定》已经达到相对完善的程度。相较而言,《民法典》于本条规定的五个方面的生态环境损害赔偿内容,与《生态环境损害赔偿制度改革方案》《生态环境损害赔偿规定》基本相同,回应了生态环境损害赔偿的现实需要,也充分吸收了近些年来司法实践探索积累的经验做法。

一、生态环境受到损害至修复完成期间服务功能丧失导致的损失

生态环境受到损害至修复完成期间服务功能丧失导致的损失,被称为期间损失。从环境法的角度而言,生态环境服务功能包括供给服务(如提供食物和水)、调节服务(如调节气候、控制洪水)、文化服务(如精神、娱乐和文化收益)以及支持服务(如维持地球生命生存环境的养分循环),不仅包括服务于人的功能,还包括服务于其他生态环境要素的功能。《环境损害鉴定评估推荐方法(第Ⅱ版)》将期间损害定义为,生态环境损害发生至生态环境恢复到基线状态期间,生态环境因其物理、化学或生物特性改变而导致向公众或其他生态系统提供服务的丧失或减少,即受损生态环境从损害发生到其恢复至基线状态期间提供生态系统服务的损失量。①《生态环境损害鉴定评估技术指南总纲》将期间损害(interim damage)定义为生态环境损害发生至生态环境恢复到基线的期间,生态系统向公众或其他生态系统提供服

---

① 参见原环境保护部环境规划院《环境损害鉴定评估推荐方法(第Ⅱ版)》第4.12条。

务的丧失或减少。① 服务功能丧失导致的损失，即在生态环境损害开始发生到恢复到原有状态期间内上述功能全部丧失或部分丧失造成的损失，均属于本条规定的赔偿范围。值得注意的是，本项向社会征求意见时的条文为"生态环境修复期间服务功能丧失导致的损失"，提交第十三次全国人民代表大会讨论时为"生态环境受到损害至恢复原状期间服务功能丧失导致的损失"，对比最终颁布稿可见立法者的修改意图。一是突出了修复期间的范围，从生态环境受到损害到修复完成属于修复期间；二是从修复的角度明晰期间损失的范围，修复工作未完成前均可计算期间损失；三是体现了生态环境的恢复不以恢复原状为衡量，而是通过修复达到原有的生态功能水平。通过修复完成这一具有量化指标的表述，进一步明确生态环境无法恢复原状。

二、生态环境功能永久性损害造成的损失

《环境损害鉴定评估推荐方法（第Ⅱ版）》从技术规范的角度对永久性损害（permanent damage）作出了定义，是指"受损生态环境及其功能难以恢复，其向公众或其他生态系统提供服务能力的完全丧失"。② 永久性损害并非绝对不可恢复，而是"难以恢复"。因为损害的可恢复性既需要考虑恢复工程措施的技术可行性，也需要考虑恢复工程措施的经济合理性，即需要进行成本—效益分析。有些环境污染和生态破坏造成的损害后果不可逆转，是因为目前的科学技术认知局限和技术手段缺失，使恢复难以实现。有些环境污染和生态破坏造成的损害后果虽然有修复的可能，但是恢复工程的成本远远高于受损生态环境的生态服务功能价值，那么可能在短时间内我们并不会选择修复。③ 对于这部分的损害，在环境诉讼中，一般通过司法鉴定、评估或者参考专家意见等方式确定具体的损害数额。

---

① 参见原环境保护部《生态环境损害鉴定评估技术指南总纲》第3.5条。
② 参见《环境损害鉴定评估推荐方法（第Ⅱ版）》第4.13条。
③ 参见王小钢：《生态环境修复和替代性修复的概念辨正——基于生态环境恢复的目标》，载《南京工业大学学报（社会科学版）》2019年第1期。

三、生态环境损害调查、鉴定评估等费用

环境污染、破坏生态事件发生后，环境保护、农业、林业和草原、渔业、海洋等主管部门往往会组织进行生态环境损害调查，通过各种检验、检测和评估等技术方式最终形成事件调查报告。社会组织、人民检察院为了了解生态环境损害情况，也会开展诉前调查、收集证据的工作。此外，为了确定生态环境损害，还需要鉴定评估等手段予以帮助。这些工作不是当事人可以独自完成的，往往需要依靠第三方专业机构，也可能会使用相关专业仪器、设备进行，这均会产生相应的费用。需要注意的是，对于行政机关来说，本项规定的调查是在生态环境损害发生后，行政机关专门开展的调查工作，与行政机关一般行政执法行为要有所区分。人民检察院、社会组织开展的调查工作应当具有一定的形式，比如二人以上持相应的身份证明开展调查工作，制作调查报告，以及所产生费用应当有相应的票据等。

环境污染和生态破坏案件，常常涉及污染物认定、损失评估等专门性问题，需要由司法鉴定机构出具鉴定意见。鉴定是指具有相应能力和资质的专业人员或机构受个人、具有相应权力或管理职能的部门或机构的委托，根据确凿的数据或证据、相应的经验和分析论证对某一事物提出客观、公正和具有权威性的技术仲裁意见，这种意见可作为委托方处理相关矛盾或纠纷的证据或依据。环境损害鉴定评估是指鉴定评估机构按照规定的程序和方法，综合运用科学技术和专业知识，评估污染环境或破坏生态行为所致环境损害的范围和程度，判定污染环境或破坏生态行为与环境损害间的因果关系，确定生态环境恢复至基线状态并补偿期间损失的恢复措施，量化环境损害数额的过程。需要注意的是，一般来说，当事人可以在诉讼过程中申请人民法院对生态环境损害的相关问题进行鉴定评估。但很多生态环境损害具有突发性、即时性，如果不迅速固定证据，损害后果可能转瞬即逝。因此，当事人在诉前进行生态环境损害鉴定评估并取得鉴定报告、评估报告的，在诉讼过程中可以作为证据提交，在经过质证并符合证据

标准的情况下，可以得到人民法院的采信。当事人为了鉴定评估所花费用亦可以要求侵权人承担。

四、清除污染、修复生态环境费用

本项仅指生态修复阶段的费用，具体包含两个部分，一是清除污染费用，二是修复生态环境费用。

环境污染、生态破坏事件发生后，根据初步环境损害现场调查与监测的结果，初步确定污染因子、污染类型与污染对象，并根据污染物的扩散途径确定损害的范围，开展应急处置阶段的环境损害评估。在对损害进行量化后，判断是否启动中长期的损害评估以及修复工作。本项规定的清除污染、修复生态环境费用，是指在应急处置行动结束后，环境介质中的污染物的浓度水平超过了基线水平并在1年内难以恢复至基线水平，或者环境介质中的污染物的浓度水平或应急处置行动产生二次污染对公众健康或生态环境构成的潜在威胁没有完全消除[1]，继而开展的生态环境损害修复所发生的费用。因此，本项规定的上述两类费用与第五项规定的应急处置费用不同，要予以区分。

1.为规范和指导突发环境事件应急处置阶段环境损害评估工作，2014年12月环境保护部组织编制了《突发环境事件应急处置阶段环境损害评估推荐方法》（环办〔2014〕118号），旨在对突发环境事件所致的人身损害、财产损害以及生态环境损害的范围和程度进行初步评估，对应急处置阶段可量化的应急处置费用、人身损害、财产损害、生态环境损害等各类直接经济损失进行计算，对生态功能丧失程度进行划分。根据该推荐办法，应急处置费用是指突发环境事件应急处置期间，为减轻或消除对公众健康、公私财产和生态环境造成的危害，各级政府与相关单位针对可能或已经发生的突发环境事件而采取的行动和措施所发生的费用。[2] 换言之，应急处置费用系为防止损害发生或者扩大而支出的费用，本项的清除污染费用是指为了及时有效

---

[1] 参见《突发环境事件应急处置阶段环境损害评估推荐方法》第10.3条。
[2] 参见《突发环境事件应急处置阶段环境损害评估推荐方法》第3.3条。

地清除、清理环境污染行为造成的后果而采取必要、合理措施所产生的费用。

2.在受损生态环境能够修复的情况下，被告应承担生态环境修复责任。生态环境损害发生后，侵权人的首要责任是修复受损生态环境，而不仅仅是赔偿损失。《民法典》第1234条已经明确，能够修复的应当尽可能修复生态环境，在不能修复或者不能完全修复的情况下，应当支付修复生态环境所需费用。因此，生态环境修复费用是在侵权人不履行修复义务的基础上应当承担的修复生态环境所需的费用。根据《环境民事公益诉讼司法解释》《生态环境损害赔偿规定》等规定，生态环境修复费用还包括制定、实施修复方案的费用，修复期间的监测、监管费用，以及修复完成后的验收费用、修复效果后评估费用等。

五、防止损害的发生和扩大所支出的合理费用

防止损害的发生和扩大所支出的合理费用，属于应急处置费用中的防范性措施费用，是指为了防止、遏制环境损害发生、扩大，所采取的或者将要采取的必要、合理措施产生的费用。突发环境事件发生后，各有关地方、部门和单位根据工作需要，组织采取现场污染处置、转移安置人员等响应措施。涉事企业事业单位或其他生产经营者要立即采取关闭、停产、封堵、围挡、喷淋、转移等措施，切断和控制污染源，防止污染蔓延扩散，同时应做好有毒有害物质和消防废水、废液等的收集、清理和安全处置工作。当涉事企业事业单位或其他生产经营者不明时，由当地生态环境主管部门组织对污染来源开展调查，查明涉事单位，确定污染物种类和污染范围，切断污染源。事发地人民政府应组织制订综合治污方案，采用监测和模拟等手段追踪污染气体扩散途径和范围；采取拦截、导流、疏浚等形式防止水体污染扩大；采取隔离、吸附、打捞、氧化还原、中和、沉淀、消毒、去污洗消、临时收贮、微生物消解、调水稀释、转移异地处置、临时改造污染处置工艺或临时建设污染处置工程等方法处置污染物。必要

时，要求其他排污单位停产、限产、限排，减轻环境污染负荷。上述措施所花费的费用，除可以纳入第4项的清除污染费用外，属于本项规定的"防止损害的发生和扩大所支出的合理费用"。

需要指出的是，突发环境事件发生后，如果需要对生态环境进行修复或恢复，且修复或恢复方案在开展应急处置阶段的环境损害评估规定期限内可以完成，则根据生态环境的修复或恢复方案实施费用计算生态环境损害，根据修复或恢复费用计算得到的生态环境损害计入直接经济损失。[①] 如此，也属于可以在本项主张的损失和费用。

除本条规定的以上五个方面的损失和费用，国家规定的机关或者法律规定的组织为行使环境公益侵权责任请求权所支出之合理的律师费以及其他合理费用，当然可以要求违反国家规定造成生态环境损害的侵权人予以承担。

【审判实践中应注意的问题】

基于请求权人的主张，污染环境、破坏生态的侵权人应当承担生态环境损害修复和赔偿责任。此间，生态环境修复费用和损害赔偿金的支付与管理使用，是司法实践中需要关注和规范的问题。

一、生态环境修复费用的管理使用

环境公益侵权首要责任方式是修复生态环境。生态环境修复费用以实际用于生态环境的修复为原则。依据《民法典》第1234条的规定，侵权人未在合理期限内修复生态环境的，可以由国家规定的机关或者法律规定的组织自行修复或者第三方修复机构进行修复，所需修复费用由侵权人承担并支付至实际履行修复义务的主体。审判实践中，各地法院探索多样化资金管理和使用方式，通过设立公益诉讼基金，或者由本地财政部门设立公益诉讼专项资金账户、土壤污染省级

[①] 参见《突发环境事件应急处置阶段环境损害评估推荐方法》第9.4.2条。

修复基金等方式，将相关修复费用执行入上述账户或者基金，在人民法院、生态环境监督管理部门、检察机关、社会组织和公众共同监督、参与下，确保款项实际用于生态环境修复。

二、生态环境损害赔偿费用的管理使用

本条规定的各类损失属于赔偿范畴。依照本条规定，污染环境、破坏生态的侵权人所承担的损害赔偿责任可以分为两类，一是生态环境服务功能损失，包括第1~2项，分别为生态环境受到损害至修复完成期间服务功能丧失导致的损失和生态环境功能永久性损害造成的损失；二是相关国家规定的机关和法律规定的组织因处置环境污染和生态破坏、修复被损害的生态环境所造成的实际损失，包括本条规定的第3~5项费用，分别为生态环境损害调查、鉴定评估等费用，清除污染、修复生态环境费用，以及防止损害的发生和扩大所支出的合理费用。生态环境服务功能的损害赔偿金，系针对生态环境损害的赔偿费用，并非特定自然人、法人或者非法人组织的人身、财产损失。故相关损害赔偿费用应当作为公共利益的损失，依法依规支付到国库或者公益诉讼基金、专项资金账户、土壤污染省级修复基金等，统筹用于生态环境保护工作。而本条规定的第二类费用，系相关处置污染破坏、修复生态环境的主体——国家规定的机关和法律规定的组织所付出的费用，此类赔偿费用应当支付至该特定主体以弥补其已经发生的财产损失。

三、生态环境损害赔偿资金的管理使用

生态环境损害赔偿资金系基于《生态环境损害赔偿制度改革方案》所使用的专有概念。根据2020年3月财政部、自然资源部、生态环境部等联合发布的《生态环境损害赔偿资金管理办法（试行）》（财资环〔2020〕6号）第2条规定，"本办法所称生态环境损害赔偿资金，是指生态环境损害事件发生后，在生态环境损害无法修复或者无法完全修复以及赔偿义务人不履行义务或者不完全履行义务的情况

下，由造成损害的赔偿义务人主动缴纳或者按照磋商达成的赔偿协议、法院生效判决缴纳的资金"。

按照《生态环境损害赔偿资金管理办法（试行）》第6条第2款的规定，"生态环境损害赔偿资金作为政府非税收入，实行国库集中收缴，全额上缴赔偿权利人指定部门、机构的本级国库，纳入一般公共预算管理"。据此，在生态环境损害赔偿案件中，除由赔偿义务人修复或者由其委托具备修复能力的社会第三方机构进行修复的以外，在生态环境损害无法修复或者无法完全修复以及侵权人不履行义务或者不完全履行义务的情况下，依据法院生效判决执收的修复费用和损害赔偿费用应当上缴国库。由省级、市地级政府及其指定的部门、机构负责生态环境损害赔偿资金使用和管理，统筹用于当地生态环境修复。人民法院应当做好生效判决的执行工作，将生态环境损害赔偿费用款项执行到位。

此外，《生态环境损害赔偿资金管理办法（试行）》第15条还作了一个参照适用规定，"环境民事公益诉讼中，经人民法院生效法律文书确定的生态环境无法修复或者无法完全修复的损害赔偿资金，以及赔偿义务人未履行义务或者未完全履行义务时应当支付的生态环境修复费用，可参照本办法规定管理；需要修复生态环境的，人民法院应当及时移送省级、市地级人民政府及其指定的相关部门、机构组织实施"。该条规定为环境民事公益诉讼生效裁判确定的修复、赔偿费用的管理使用增加了一个渠道。各地人民法院要结合生态环境保护修复需要和环境民事公益诉讼案件的具体情况，继续通过探索设立公益信托基金，支持财政部门设立公益诉讼专项资金账户、土壤污染省级修复基金，或者参照《生态环境损害赔偿资金管理办法（试行）》实行一般公共预算管理等方式，将环境民事公益诉讼修复、赔偿资金管好用好。

需要注意的是，基于生态环境修复的专业性、复杂性、系统性、统筹性需要，《生态环境损害赔偿规定》第21条规定，"需要修复生态环境的，依法由省级、市地级人民政府及其指定的相关部门、机构组织实施"。参照《生态环境损害赔偿资金管理办法（试行）》管理环境民事公益诉讼修复、赔偿资金时，"需要修复生态环境的，人民法院应当及时移送省级、市地级人民政府及其指定的相关部门、机构组织实施"。

第八章 高度危险责任

> **第一千二百三十六条** 从事高度危险作业造成他人损害的，应当承担侵权责任。

【条文主旨】

本条是关于高度危险责任一般条款的规定。

【条文理解】

一、高度危险责任概述

（一）高度危险责任的产生和发展

高度危险责任，又称为危险责任，[①]学界认为此是来自德国法的概念。王泽鉴先生认为："危险责任，系以特定危险的实现为归责理由。申言之，即持有或经营某特定具有危险的物品、设施或活动之人，于该物品、设施或者活动所具有危险的实现，致侵害他人权益时，应就所生损害负赔偿，赔偿义务人对该事故的发生是否具有故意或过失，在所不问。"[②]

---

① 危险责任为无过错责任的观念，在学者中有很深的影响，如我国台湾地区学者王泽鉴先生认为，危险责任即为无过错责任，作为两个可互相替代概念使用。参见王泽鉴：《侵权行为法》（第一册），中国政法大学出版社2001年版，第17页。但危险责任并非全部为无过错责任，其中也有过错推定责任。以"无过错责任"与"危险责任"两词相互使用并不科学。

② 王泽鉴：《侵权行为法》（第一册），中国政法大学出版社2001年版，第17页。

高度危险责任是伴随着现代工业革命的进程，随着人类科学技术发展进步而不断发展的。科技进步带给人类巨大方便和福祉的同时，也给人们的生存和发展带来无时不在的危险。[①]19世纪以来，随着工业革命带来的社会化大生产的迅速发展和科学技术的不断进步，铁路、机械、炸药等广泛应用于生产、生活中，但因此造成他人人身、财产损害的事件时有发生。一方面，人们为了提高社会生产力以发展经济和提高物质生活水平，追求高效、快捷，必然借助这些具有高度危险性的作业；另一方面，由于高度危险作业本身具有对人身和财产的巨大潜在危险性，即使作业者尽到最大的注意和谨慎，也不能完全避免侵害的发生。这给当时的立法带来了挑战：其一，是让使用易燃、易爆、剧毒、放射的高度危险物或者使用铁路等作业继续存在和发展，以促进科技进步、提高经济效益和物质生活水平，同时在一定程度上容忍这些高度危险作业不时给人身和财产造成侵害，还是禁止或者限制这些高度危险作业的发展，维持传统宁静生活免遭高度危险作业可能带来的侵害？其二，如何处理这类高度危险作业给人们的人身和财产造成的损害，是继续沿用过去的过错责任原则，还是提出新的责任归责原则以迎接新的挑战？如果固守传统的过错责任，从事危险活动者往往会以没有过失为借口，使受害人难以获得财产上的赔偿。

在这种情况下，当时的普鲁士在1838年通过了《普鲁士铁路企业法》。该法规定，铁路公司所运输的人及物，或者因转运之事故对他人人身和财物造成损害，应当承担赔偿责任。容易致人损害的企业的企业主即使没有任何过失，也不得以无过失为由请求免除赔偿。后来，该规定扩大适用于包括铁路公司在内的一切容易致人损害（从事高度危险作业）的企业。通常认为这是首次确立高度危险作业无过错

[①] 最高人民法院侵权责任法研究小组编著：《〈中华人民共和国侵权责任法〉条文理解与适用》，人民法院出版社2010年版，第473页。

赔偿责任原则的法律规定。①此后，德国的许多法律，如《德国铁路及电车对物品损害赔偿法》（1940年）、《德国原子能法》（1959年）、《德国航空法》（1966年）等，分别规定了火车、电车、核能、航空器等致人损害的危险责任。英美法关于无过错责任的实践也是从危险责任开始的，1868年的Rylands V. Fletcher一案确立了"持有或者使用危险物质者，对逸出危险物质致人损害的，无论有无过失都应当承担损害赔偿责任"的无过失责任原则。自此以来，以危险责任为基础的严格责任得以成为过错责任之外的独立责任形态，几乎主导了侵权责任法近一个世纪以来的发展。法国则通过法院对其民法典第1384条第1款"任何人不仅对因自己的行为造成的损害负赔偿责任，而且对应由其负责之人的行为或由其照管之物造成的损害负赔偿责任"的扩大解释而形成了危险责任的一般规则。法国最高法院在1896年因拖船爆炸致雇员伤害的工业事故案件及1925年因卡车撞伤行人的交通事故案件中，分别确立了工业事故和交通事故的高度危险作业致害责任。②《意大利民法典》更是对危险责任进行了一般化的规定，第2050条规定，在进行危险活动时给他人造成的任何损害，根据危险的性质或运用手段的特征，在未证明已采取全部适当措施以避免损害的情况下，行为人要承担赔偿责任。其他成文法国家如奥地利、瑞士、日本等，较早通过立法规定了危险责任。近年来，《俄罗斯民法典》《荷兰民法典》都对危险责任作了规定，且危险责任的范围有日益扩大的趋势。

（二）高度危险责任在我国的确立和发展

我国自《民法通则》施行以来，也明确规定了高度危险作业致害责任。《民法通则》第123条规定："从事高空、高压、易燃、易爆、剧毒、放射性、高速运输工具等对周围环境有高度危险的作业造

---

① 王胜明主编：《中华人民共和国侵权责任法释义》，法律出版社2010年版，第347页。

② 中国人民大学法律系民法教研室编：《外国民法论文选》（一），中国人民大学出版社1984年版，第305~307页。

成他人损害的,应当承担民事责任;如果能够证明损害是由受害人故意造成的,不承担民事责任。"据此,一是通过列举"高空、高压、易燃、易爆、剧毒、放射性、高速运输工具"这七种常见的高度危险作业形式,同时也在其后加上"等对周围环境有高度危险的作业"来界定高度危险作业的范围。二是规定了高度危险作业实行无过错责任原则,并规定损害是由受害人故意造成的,高度危险作业人可以不承担责任。这一规定作为高度危险责任的一般规定,为其后制定有关涉及高度危险责任的单行法和司法实践发挥了积极的指导作用。另外,在《民用航空法》《铁路法》《民用爆炸物品管理条例》《化学危险物品安全管理条例》《放射性同位素与射线装置放射防护条例》等许多法律、法规中还具体规定了高度危险作业致害责任。《侵权责任法》在总结以往立法和实践经验的基础上,在第69条确立了高度危险责任规则的一般条款,并专章规定高度危险责任。该条规定:"从事高度危险作业造成他人损害的,应当承担侵权责任。"《民法典》承袭了这一做法,并在本条原文保留了高度危险责任一般条款的规定,对目前已有法律规范的高度危险行为侵权责任的共性问题作出规定,为司法实践处理尚未有法律明确规范的高度危险行为提供一个指导性原则。

(三)高度危险责任的法律特征

概言之,高度危险责任具有以下特征:

1.行为的高度危险性。高度危险责任所要求的危险的"高度性"是指某一种危险转变为现实损害的可能性很大,主要表现为高度危险物如易燃、易爆物品,剧毒、放射性物品,高速运输工具等造成他人损害的概率很大;或者虽然可能性不大,但一旦造成损害,其后果将会非常严重,如民用核设施一旦发生事故、民用航空器一旦失事,往往体现为受害人人数众多,且侵害对象多是生命健康权。

2.受害人特别保护的必要性。与行为的高度危险性相伴随的是受害人特别保护的必要性。高度危险责任是与现代高科技的发展密切相关的。科技的高度发达,各种构造极其紧密而复杂的机械及其成品,相继广泛运用于人类各种社会生活领域,而对此种机械及其成品的操作或使用,如关于核能的利用、航空器的操作等等,都是人力所不能完全控制的,这是高度危险责任得以产生的背景。与高科技密切相关的是,受害人虽然遭受了严重的损害,却很难举证加害人具有过失,若遵循传统的"无过错便无责任"的过错责任法理,则受害人很难得到应有的救济。受害人不仅难以证明危险作业人具有过失,甚至连因果关系都很难举证,因为高度危险行为的高科技性、多环节性等特点,使得因果关系的认定变得异常困难。诸此种种,都要求跳出传统的过错责任的窠臼,而设立新的责任方式,加重行为人的责任,以实现对受害人的救济,高度危险责任由是而生。

3.责任的无过错性。过错责任以行为人或责任人具有过错为必要,"无过错便无责任"。但高度危险责任却不同,其构成并不需要考虑加害人的过错,只要发生一定的损害后果,行为人就要承担相应的责任,此即无过错责任。

4.责任的受限性与分散性。高度危险责任的高度危险性、行为的无过错性以及损害后果的严重性决定了既需要对受害人给予救济,又需要限制、分散加害人的责任,于是两个与高度危险责任相伴生的制度产生了:一是责任限额制度。它一方面表现为责任范围的限制,即其赔偿范围一般限于财产损害,而不及于精神损害赔偿;另一方面表现为责任数额的限制,即便是财产损害,也不实行全部赔偿原则,而是实行部分赔偿原则。二是责任保险制度。从实践情况来看,责任保险与高度危险责任是互相促进、相互伴生的。[1]"责任保险与侵权行为法的发展,具有相互推展的作用。侵权责任的加重,促进了责任保险的发达,而责任保险的建立也使侵权行为法采取较严格的责任原则。"[2]

二、高度危险责任的归责原则和构成要件

高度危险责任采用何种归责原则,我国理论上曾有不同的看法,

---

[1] 参见陈现杰主编:《中华人民共和国侵权责任法条文精义与案例解析》,中国法制出版社 2010 年版,第 240 页。

[2] 王泽鉴:《侵权行为法》(第一册),中国政法大学出版社 2002 年版,第 8~9 页。

有观点主张,应当适用特殊过错推定或严格的过错推定;另有观点主张,高度危险责任应视情况而定适用的归责原则,有的责任适用过错责任(如汽车交通事故),而有的则适用无过错责任,对高度危险责任应作具体分析,不能笼统地认为,凡是高度危险责任均为无过错责任;也有意见认为,高度危险责任是一种无过错责任,但其归责原则并不是无过错责任原则,而是危险责任原则。[1]从本条规定看,从事高度危险作业造成他人损害的,就应当承担责任。行为人不能通过证明自己对造成损害没有过错而不承担侵权责任,只有在证明存在法律规定的不承担责任或者减轻责任的情形时,才能形成正当抗辩事由。因此,高度危险责任在归责原则上采用的是无过错责任原则。

归责原则直接影响着构成要件的具体内容。高度危险责任作为一种侵权责任,其构成自然需要相应的构成要件,即加害行为、损害后果及二者之间的因果关系。高度危险责任作为无过错责任,不以过错作为构成责任的必要。值得探讨的是其是否以违法性为要件的问题。德国法区分"不法"与"不幸",认为二者分别对应过错责任和高度危险责任。高度危险责任的发生既然是不幸事件,自然不要求违法性要件。"特殊的归责原因使得所有高度危险责任的构成要件具有一个独特的基本结构:侵害法益/损害表现为特殊的危险成为现实的后果。由于这一构成要件的基本结构,高度危险责任形成了与过错责任不同的构成要件,即取消了违法性和过错的因素。"[2]我国也有类似的观点,认为高度危险责任对应的是合法行为,本身不具有过错,因而也就谈不上行为违法性问题。对此,我们认为违法性仍应是高度危险责任的构成要件。一者,从法律适用的角度看,在对高度危险责任作具体列举式规定的情况下,某一高度危险行为只有在构成法律明确规定的高度危险责任,即具有违法性时,始得承担高度危险责任。二者,离开

---

[1] 最高人民法院侵权责任法研究小组编著:《〈中华人民共和国侵权责任法〉条文理解与适用》,人民法院出版社2010年版,第475页。

[2] [德]马克西米利安·福克斯:《侵权行为法》,齐晓琨译,法律出版社2006年版,第257页。

了违法性要件,免责事由(违法阻却事由)在逻辑上将无所归依。①综上,高度危险责任构成要件包括加害行为、损害后果及二者之间的因果关系三个要件。

(一)须有高度危险作业

高度危险作业,即是对"周围环境"具有较高危险性的活动。对于高度危险作业的范围和判断标准,各国家和地区法律规定不一。有采取概括方式规定的,如《意大利民法典》只规定"危险活动",而没有对其范围作具体规定;有采取特别法方式规定的,如德国、日本等通过特别法分别规定不同的高度危险作业致害责任。再如我国台湾地区"民法"则既有列举式的危险责任的规定,也有危险责任的一般条款的规定。《侵权责任法》以及《民法典》关于高度危险责任一章的规定借鉴了我国台湾地区"民法"的做法,既规定了高度危险责任的一般条款,也对当前典型的具体高度危险责任类型分别作了规定,先后对民用核设施、民用航空器,易燃、易爆、剧毒、放射性等高度危险物,高空、高压、地下挖掘等规定了具体条文,既有危险物的责任,也有危险活动责任。这些危险活动本身的存在是社会发展所必须的,但此危险活动超出法律允许的界限则就具有了行为的违法性。当然,在具体法律适用时,如果本章其他条文有明确规定的,应当适用其他条文的具体规定。在这方面,美国通过判例来解决各个类型的高度危险作业的认定问题,并根据审判经验,在《美国侵权法重述(第二次)》第520条的规定中提出了判断高度危险的标准要求,"决定某一行为是否为高度危险,宜考虑下列因素:(1)该行为是否对他人人身、土地或动产具有高度的危险;(2)因该行为产生损害的概率是否很大;(3)通过合理的注意,是否能避免这一危险;(4)该行为是否为一常用的作业;(5)该行为在其实施地点是否不合适;(6)该行为对公众的价值"。②这一判断标准,值得实务中予以参考。

---

① 陈现杰主编:《中华人民共和国侵权责任法条文精义与案例解析》,中国法制出版社2010年版,第241页。

② 张新宝:《中国侵权行为法》(第二版),中国社会科学出版社1998年版,第328页。

（二）发生了损害事实

损害后果是构成高度危险责任的结果条件，如果没有损害产生，则不会构成高度危险责任。对有无损害发生，受害人负举证责任。这里的损害后果与其他侵权行为类型造成的损害后果并无区别，故不作太多赘述。但本条规定还涉及"他人损害"中的"他人"范围的界定问题。"他人"是指一切因高度危险作业而受害的人，还是限定于某一特定的范围，是必须予以明确的问题。从审判实践来看，高度危险作业的受害人主要包括三类：一是与高度危险作业本身无关的第三人，如飞机坠落时，在农田耕作的因之受伤的村民。二是与高度危险作业有特定法律关系的人，如在飞机事故中死亡的飞机上的乘客、铁路事故中死伤的乘客等。三是高度危险作业的作业人，作业人一般为直接操作者，如直接进行爆破作业的工人、飞机的驾驶员、火车司机等。我们认为，高度危险责任中的"他人"应当指前两种人员，不包括高度危险作业的直接作业者。虽然对于高度危险作业中，乘客等是否包括在高度危险责任的他人范围法律规定不明确，实践中也多有争议，但从高度危险责任的立法本意来讲，凡是受高度危险责任作业损害的，都应当列入"他人"范围，"他人"主要是与"作业人"相对应的。[①] 我国关于高度危险责任的法律如《铁路法》《电力法》《民用航空法》等，对于乘客的财产和人身损害，也都采用了无过错责任原则，抗辩事由也多限于"受害人故意""不可抗力"，符合高度危险责任的一般构成要件。对于"作业人"，不能作为高度危险作业致害的相对方，不能构成此类侵权案件的受害人。他们因此而受到的损害，可以适用用人单位责任、工伤责任等予以救济。

（三）高度危险作业与损害后果之间具有因果关系

受害人的损害须是高度危险作业所造成的，才能成立高度危险作业致害责任。也就是说，高度危险作业行为与损害后果之间须有因果关系。在通常情况下，这种因果关系须由受害人证明。但是，由于高

[①] 最高人民法院侵权责任法研究小组编著：《〈中华人民共和国侵权责任法〉条文理解与适用》，人民法院出版社 2010 年版，第 478 页。

度危险作业的危险性及专业性等问题，受害人往往只能证明高度危险作业与损害后果存在表面上的因果关系，甚至仅能证明高度危险作业是损害后果发生的可能原因，而不能确切地证明二者之间的因果关系。如放射性物质造成损害的，受害人就基本上无法证明损害发生的具体原因。因此，为切实保护受害人的利益，对于因果关系可以采用推定的方法，即由高度危险作业人证明作业活动与损害后果没有因果关系。如果作业人不能证明，则推定有因果关系，高度危险作业的侵权责任即告成立。

三、高度危险责任的免责事由

概言之，关于高度危险责任的免责事由，主要限于不可抗力以及受害人故意两种情形。现分述如下：

（一）关于不可抗力

在高度危险责任中，不可抗力原则上是可以作为完全的免除责任事由的，但例外情况下，不可抗力的抗辩或免责效果仍然要受到限制，比如在某些案件类型中，不能以不可抗力作为抗辩事由。如第1238条关于民用航空器致害责任的规定中，仅规定受害人故意可以免责，并未规定不可抗力可以免责。此外，不可抗力的范围受到限制。虽然允许被告以不可抗力作为抗辩事由主张减责或免责，但对不可抗力的范围严加限制，比如第1237条规定的民用核设施致害责任仅将不可抗力限于战争等情形，则战争以外的其他不可抗力不能作为免责事由。

（二）关于受害人故意

所谓受害人故意，指的是受害人明知自己的行为会发生损害自己的后果，却希望或放任此种结果的发生。受害人对损害的发生具有故意，足以表明受害人的行为是损害发生的唯一原因，因而与加害人的行为无关，从而免除行为人的责任。在高度危险责任中，受害人故意是具有普适性的免责事由。

关于受害人重大过失能否作为免除或减轻加害人责任的事由的问

题,这涉及过失相抵的适用问题。"过失相抵制度虽然与双方当事人的主观状态有联系,但主要是从因果关系角度来考虑后果分担的。因此,它属于'外来原因'的抗辩。所谓'相抵',是指受害人'与有过失'或说其有过失的行为构成损害发生或扩大之原因,以该原因的原因力抵销其所受损害可能请求赔偿的一部分或全部。所以,过失相抵不仅适用于过失责任领域,也被现代侵权行为法扩展运用到无过失责任领域。"① 受害人过失只不过是一种技术意义上的过失,因此尽管加害人的重大过失往往等同于故意,但在受害人过失场合,重大过失与故意则不能简单地画等号。在高度危险责任的规定中,对于重大过失的情形与故意作了明确区别,比如前述第1238条规定仅将受害人故意作为免责事由。第1239条规定:"占有或者使用易燃、易爆、剧毒、高放射性、强腐蚀性、高致病性等高度危险物造成他人损害的,占有人或者使用人应当承担侵权责任;但是,能够证明损害是因受害人故意或者不可抗力造成的,不承担责任。被侵权人对损害的发生有重大过失的,可以减轻占有人或者使用人的责任。"即在此情形下,被侵权人的重大过失仅是减责事由。

关于受害人的一般过失的情形,原则上不能作为免责事由,但本章或者有关法律另有规定的除外。在此需要注意的是,根据《侵权责任法》第73条的规定:"从事高空、高压、地下挖掘活动或者使用高速轨道运输工具造成他人损害的,经营者应当承担侵权责任,但能够证明损害是因受害人故意或者不可抗力造成的,不承担责任。被侵权人对损害的发生有过失的,可以减轻经营者的责任。"但是与此对应的《民法典》第1240条则将其中的"被侵权人对损害的发生有过失的,可以减轻经营者的责任"修改为"被侵权人对损害的发生有重大过失的,可以减轻经营者的责任"。据此,受害人的一般过失在该条中已无适用的空间。

---

① 张新宝:《中国侵权行为法》(第二版),中国社会科学出版社1998年版,第612页。

【审判实践中应注意的问题】

关于本条的适用，需要注意的问题是，本条规定与其他有关规定的衔接适用问题。

第一，本条是关于高度危险责任的一般条款，而具体立法是关于高度危险责任的特别规定，根据特别法优于一般法的规则，应该优先适用特别法。但如前所述，一般条款往往是在具体立法之后出现的，此时一般条款是新法，而具体立法是旧法，于是"新法优先于旧法"与"特别法优先于一般法"的规则之间就产生了矛盾。我们认为，根据"特别法优先于一般法"的规则，高度危险责任的特别立法原则上应优先于一般条款适用，但在一般条款制定之前的特别立法，应根据一般条款的精神进行整理，决定何者仍然有效，何者因违背高度危险责任的基本精神而无效。如《铁路法》第18条规定，因托运人、收货人或者旅客的过错造成的货物、包裹、行李损失的，铁路运输企业不承担赔偿责任。该条规定就违反了受害人的一般过失不得成为减轻责任事由的高度危险责任的一般原理，应根据高度危险责任的法理进行整理，不得再行适用。[①]但在有的情形下，特别法的规定与本条规定并不冲突，可以继续适用。比如《电力法》第60条第1~2款规定："因电力运行事故给用户或者第三人造成损害的，电力企业应当依法承担赔偿责任。电力运行事故由下列原因之一造成的，电力企业不承担赔偿责任：（一）不可抗力；（二）用户自身的过错。"早在2000年，《最高人民法院关于从事高空高压对周围环境有高度危险作业造成他人损害的应适用民法通则还是电力法的复函》（〔2000〕法民字第5号）就指出，"民法通则规定，如能证明损害是由受害人故意造成的，电力部门不承担民事责任；电力法规定，由于不可抗力或用户自身的过错造成损害的，电力部门不承担赔偿责任。这两部法律对归责原则的规定是有所区别的。但电力法是民法通则颁布实施后对民事责

---

① 陈现杰主编：《中华人民共和国侵权责任法条文精义与案例解析》，中国法制出版社2010年版，第245页。

任规范所作的特别规定，根据特别法优于普通法，后法优于前法的原则，你院所请示的案件应适用电力法"。这一复函虽然针对的是《民法通则》和《电力法》之间的适用效力问题，但对于后续的《侵权责任法》以及《民法典》中的有关规定与《民法通则》的相关规定精神是一致的，有关电力作业致损的情形在高度危险责任一章中仍然没有具体规定，故仍应适用《电力法》的规定。

第二，本条规定作为一般条款，能够单独适用。其之所以能够单独适用，原因在于：一方面，一般条款在功能上以能够单独适用作为前提，如果本条无法单独适用，则一般条款的功能无法得到发挥。另一方面，本条本身也包含了特定的责任构成要件和责任后果，从而形成了完全性法条，因此可以单独适用。但是，对于本条的单独适用要作严格限制。必须在无其他特别规定的前提下才能够予以适用，否则将会架空立法者通过特别规定所要实现的特殊立法意图。在有具体的责任类型作为请求权基础时，要谨防"向一般条款逃逸"现象的发生，不得过度适用该一般条款。

> **第一千二百三十七条** 民用核设施或者运入运出核设施的核材料发生核事故造成他人损害的,民用核设施的营运单位应当承担侵权责任;但是,能够证明损害是因战争、武装冲突、暴乱等情形或者受害人故意造成的,不承担责任。

【条文主旨】

本条是关于民用核设施或者核材料发生核事故造成他人损害时责任承担规则的规定。

【条文理解】

一、核技术发展和核事故的危害

核科学技术的发展和核能的和平利用是20世纪人类最伟大的成就之一。[1] 早在20世纪30年代,随着核物理科学的发展,核能的利用被提上重要日程。第二次世界大战后期以来,美国和苏联在研发核武器后,也开始进行核能的和平利用。1954年,苏联利用石墨水冷生产堆的经验,在奥布宁斯克建成了世界上第一座核电站。1957年,美国第一座核电站——希平港压水堆核电站投入运行。我国的核工业是在中华人民共和国成立后创建和发展起来的。1950年成立了中国科学院近代物理研究所,开始从事核科学技术研究工作。1958年,中国第一座实验性重水型反应堆和回旋加速器建成并投入运行。自20世纪50年代核工业形成以来,世界核电经过半个多世纪的发展,迄今为

---

[1] 王胜明主编:《中华人民共和国侵权责任法释义》,法律出版社2010年版,第354页。

止核电保持了良好的运行安全纪录。总的来说，核能是一种安全、经济、清洁的能源。但是，任何事物总有其两面性，1979年美国三里岛事故、1986年苏联切尔诺贝利核事故、1999年日本东海村核燃料加工厂临界事故也在警示我们，尽管核电站发生严重事故的频度极低，但一旦发生，后果会极为严重，因此必须采取严格措施保证核设施安全稳定运行。

我国一直十分重视核安全管理，不仅制定了《放射性污染防治法》《民用核设施安全监督管理条例》《核电厂核事故应急管理条例》等一系列法律、法规，而且加入了《核安全公约》，全面履行公约所要求的核安全义务。但关于核设施发生核事故的民事责任，在法律层面规定得较为原则，如《放射性污染防治法》第59条规定："因放射性污染造成他人损害的，应当依法承担民事责任。"而《民法通则》第123条也对从事高空、高压、易燃、易爆、剧毒、放射性和高速运输工具等高度危险作业责任作了一般性规定。2007年，国务院针对核事故损害赔偿责任，向国家原子能机构作出《国务院关于核事故损害赔偿责任问题的批复》（国函〔2007〕64号），该批复根据国际通行做法，对核损害赔偿责任的主体、归责原则、赔偿限额等问题作了规定。在《侵权责任法》起草过程中，有关部门和单位建议，应当根据国务院这一批复内容，对民用核设施发生核事故损害的损害赔偿责任作出规定。民用核设施的运行是一种高度危险行为，其不承担责任的情形应当更加严格限制，因此，有必要对民用核设施的致害责任作出单独规定。在《民法通则》和2007年国务院批复的基础上，《侵权责任法》第70条明确规定了核事故责任的承担规则，其第70条规定："民用核设施发生核事故造成他人损害的，民用核设施的经营者应当承担侵权责任，但能够证明损害是因战争等情形或者受害人故意造成的，不承担责任。"相较这一规定，本条的修改主要有：一是增加了"运入运出核设施的核材料发生核事故造成他人损害"的情形；二是责任主体上将原来的"民用核设施的经营者"修改为"民用核设施的营运单位"；三是细化了免责情形，将原来的"因战争等情形"修改为"因战争、武装冲突、暴乱等情形"。另还作了有关文字修改，比如将原来的"但"修改为"但是"，对部分标点符号也进行了修改。

二、"核设施""核事故"等概念的厘清

所谓核设施，依据《放射性污染防治法》第62条第2项规定，"核设施，是指核动力厂（核电厂、核热电厂、核供汽供热厂等）和其他反应堆（研究堆、实验堆、临界装置等）；核燃料生产、加工、贮存和后处理设施；放射性废物的处理和处置设施等"。所谓民用核设施，是指非军用的核能设施，是国家有关部门批准，为和平目的而建立的核设施。[①] 所谓"核事故"，又称"核事件"，依据《民用核设施安全监督管理条例》第24条第5项的规定，是指"核设施内的核燃料、放射性产物、废料或运入运出核设施的核材料所发生的放射性、毒害性、爆炸性或其他危害性事故，或一系列事故"。根据国际原子能机构相关文件，核事故是指人类在和平开发利用核能的活动中所发生并给人体健康、财产和环境等造成损害的灾祸或者非同寻常的重大事情。[②]《美国1988年普莱斯—安德森修正法》（亦即《美国1954年原子能法》修正案）规定，"核事件"是指由源材料、特殊核材料或核产品的放射性、有毒性、爆炸性或其他危险性性能而引起或导致的、在美国境内发生的任何事件包括非常核事件，此类事件在美国境内外引起人体伤害、生病、疾病、死亡、财产灭失或损害或者财产的

[①] 杨立新：《侵权法论》，人民法院出版社2005年版，第491页。
[②] 国际原子能机构（IAEA）和经济合作与发展组织核能机构（OECD/NEA）于1989年共同召集的一个国际专家组设计了国际核事件分级表（International Nuclear Event Scale, INES）。国际核事件分级表是用统一的术语向公众快速通报核设施所发生事件的安全重要性的一种工具，能够为核工业界、媒体和公众之间形成共同的理解提供便利。分级表将事件分类为七级：较高的级别（4～7级）被定为"事故"，依次包括：Accident without Significant off－site Risk, Accident with off－site Risk, Serious Accident and Major Accident；较低的级别（1～3级）被定为"事件（Incidents）"，依次包括：Anomaly, Incident and Serious Incident。不具有安全意义的事件被归类为分级表以下的零级（Below Scale/No Safety Significance），定为"偏离（Deviations）"。与安全无关的事件被定为"分级表以外"。参见《注册核安全工程师岗位培训丛书》编委会编著：《核安全相关法律法规》，中国环境科学出版社2004年版，第206~210页。转引自最高人民法院侵权责任法研究小组编著：《〈中华人民共和国侵权责任法〉条文理解与适用》，人民法院出版社2010年版，第484页。

用途丧失。依据我国《核安全法》第93条规定,"核事故,是指核设施内的核燃料、放射性产物、放射性废物或者运入运出核设施的核材料所发生的放射性、毒害性、爆炸性或者其他危害性事故,或者一系列事故"。

三、本条规定的法律适用

依据本条规定,核事故责任这类高度危险作业造成损害应适用无过错责任原则。民事立法确立无过错责任原则的目的在于促使从事高度危险业务和行为的人、经营者高度谨慎、积极采取安全防护措施,尽力保障周围人员、环境的安全;一旦造成损害,能迅速及时地查清事实,使受害人的人身损害和财产损失尽快得到救济。[①] 由此,核事故责任的构成要件为:一是民用核设施或者运入运出核设施的核材料发生核事故;二是发生了损害后果;三是核事故与损害后果之间具有因果关系。

关于免责事由,依据本条规定,民用核设施的营运单位能够证明损害是因战争、武装冲突、暴乱等情形或者受害人故意造成的,不承担责任。在此要注意的问题是:(1)本条规定限缩了不可抗力的适用范围。并非所有的不可抗力都可以作为核事故责任的免责事由,而是仅限于"战争、武装冲突、暴乱等情形",这与国际上通行做法也是一致的。(2)与其他法律规定的衔接适用问题。《核安全法》第90条规定:"因核事故造成他人人身伤亡、财产损失或者环境损害的,核设施营运单位应当按照国家核损害责任制度承担赔偿责任,但能够证明损害是因战争、武装冲突、暴乱等情形造成的除外。为核设施营运单位提供设备、工程以及服务等的单位不承担核损害赔偿责任。核设施营运单位与其有约定的,在承担赔偿责任后,可以按照约定追偿。核设施营运单位应当通过投保责任保险、参加互助机制等方式,作出适当的财务保证安排,确保能够及时、有效履行核损害赔偿责任。"

[①] 最高人民法院侵权责任法研究小组编著:《〈中华人民共和国侵权责任法〉条文理解与适用》,人民法院出版社2010年版,第486页。

我们认为，这一规定与本条规定属于有关核事故赔偿责任的特别法与一般法的关系。这一规定与本条规定相比较，细化了一些规定，比如有关约定追偿的问题，本条并没有规定，应当适用上述规定。但在免责事由方面，本条规定增加了"受害人故意"这一情形。对此，由于《核安全法》是2018年施行的，本条规定在后，且又增加了适用情形，这时应当遵循"后法"优于"前法"的规则，适用本条规定，即"受害人故意"属于核事故责任的法定免责事由。此外，这里的"受害人故意"必须仅限于此文义，不可作扩大解释，不能把受害人的"重大过失"包括在内。(3)关于举证责任。在适用无过错责任情形下，被告方应负有更重的举证责任，依据本条规定，被告方要对"损害是因战争、武装冲突、暴乱等情形或者受害人故意造成的"承担举证责任；受害人仅需对发生了核事故，其受到了损害承担举证责任，至于因果关系，应当遵循推定的做法，由被告方对于没有因果关系承担举证责任。而且被告方只有证明损害是由战争、武装冲突、暴乱等情形或者受害人故意造成的，才可以否定该因果关系的存在，从而免责。

【审判实践中应注意的问题】

一、调整对象

本条调整的对象是民用核设施或者运入运出核设施的核材料发生核事故造成的损害。其中，核设施包括民用核设施和军用核设施，本条规定的是民用核设施。

二、责任主体

本条规定的承担责任的主体是民用核设施的经营者，也就是所谓民用核设施的营运者。按照2007年《国务院关于核事故损害赔偿责任问题的批复》(国函〔2007〕64号)的规定，民用核设施的营运者应当对核事故造成的人身伤亡、财产损失或者环境受到的损害承担赔偿责任。营运者以外的其他人不承担赔偿责任。我国境内依法取得法人资格，营运核电站、民用研究堆、民用工程实验反应堆的单位或者从事民用核燃料生产、运输和乏燃料贮存、运输、后处理且拥有核设施的单位，为该核电站或者核设施的营运者。因民用核设施的设计人、建筑人的过错，导致该民用核设施发生核事故造成他人人身、财产损害的，按照上述批复的规定，也应当由该民用核设施的经营者向受害人承担责任，然后由经营者依照合同的约定，向设计人或者施工人等责任人追偿。核事故损害涉及2个以上营运者，且不能明确区分各营运者所应承担的责任的，相关营运者应当承担连带责任。

三、责任方式

本条规定的"侵权责任"的范围显然要宽于损害赔偿责任。由于核事故对周围环境带来很大的危害，往往会带来次生危害。在发生核事故后，民用核设施的运营者不仅要进行损害赔偿，更要在事发时积极采取停止侵害、消除危险等措施。在此需要注意的是，在损害赔偿责任上，由于核事故造成的危害面比较广，为了兼顾核工业的正常发展和保护受害人的权益，国际通行做法是通过立法规定民用核设施的赔偿限额，我国也不例外。如上述批复中规定："核电站的营运者和乏燃料贮存、运输、后处理的营运者，对一次核事故所造成的核事故损害的最高赔偿额为3亿元人民币；其他营运者对一次核事故所造成的核事故损害的最高赔偿额为1亿元人民币。核事故损害的应赔总额超过规定的最高赔偿额的，国家提供最高限额为8亿元人民币的财政补偿。对非常核事故造成的核事故损害赔偿，需要国家增加财政补偿金额的由国务院评估后决定。"

> **第一千二百三十八条** 民用航空器造成他人损害的，民用航空器的经营者应当承担侵权责任；但是，能够证明损害是因受害人故意造成的，不承担责任。

【条文主旨】

本条是关于民用航空器致害责任的规定。

【条文理解】

一、民航业的发展与空难事故的发生

随着人们收入水平的提高、生活节奏的加快和消费结构的升级，航空运输以其快速、便捷、舒适、安全、机动等特点，日益成为长距离客运最重要的方式之一。随着技术的发展和管理的不断完善，航空运输的安全性远远高于铁路、水路运输，更高于公路运输。但是，随着航空运输的迅速发展，客货航班将不断增加，造成人员伤亡的空难也时有发生。[①] 由于航空运输具有特殊性，飞机一旦发生事故常常会造成较大规模的人员伤亡和巨大的财产损失，有关民用航空器造成他人损害的侵权责任是法律层面的重要问题。

---

① 如2009年仅6月就发生了两起震惊世界的空难：6月1日，一架载有228人的法国航空公司空客A330客机从巴西里约热内卢起飞后，在大西洋上空坠毁，228人全部遇难。6月30日，一架也门航空公司的班机在东非科摩罗群岛近海区域坠海，机上153人，除一位14岁法国籍女孩奇迹生还外，其余人全部遇难。参见王胜明主编：《中华人民共和国侵权责任法释义》，法律出版社2010年版，第358页。2014年马来西亚航空公司MH370航班失事中，可能因燃油耗尽而坠入海底。2015年1月29日，马来西亚民航局宣布马航MH370航班失事，并推定机上所有239名乘客和机组人员已遇难。我国近年来发生的包头空难也造成了惨痛的后果。

我国最早处理民用航空器致害责任的法律依据是1986年《民法通则》第123条，其中规定使用高速运输工具造成他人损害的，应当承担民事责任，如果能够证明损害是由受害人故意造成的，不承担民事责任。根据该规定，民用航空器作为一种高速运输工具，如果造成他人损害的，除能够证明损害是受害人故意造成的外，民用航空器的经营者应当承担无过错责任。1995年我国颁布了《民用航空法》，该法根据《民法通则》及相关国际公约，结合我国的实际情况和国际通行做法，对民用航空器造成乘客人身、财产损害和对地面第三人损害的民事责任作了具体规定。考虑到民用航空器高速、高空带来的高风险，《侵权责任法》第71条在此基础上，对民用航空器致害责任作出了原则性规定。该条规定："民用航空器造成他人损害的，民用航空器的经营者应当承担侵权责任，但能够证明损害是因受害人故意造成的，不承担责任。"本条沿用了《侵权责任法》第71条的规定，仅是作了个别文字修改，比如将"但"修改为"但是"等。此外，也对其中的个别标点进行了修改。

二、关于本条规定的适用范围

关于本条规定的适用范围，要注意以下问题：

（一）本条调整范围限定在民用航空器

所谓航空器，依据1967年国际民航组织的定义，是指能从空气的反作用而不是从空气对地（水）面的反作用在大气中获得支撑的任何机器。[①] 航空器主要包括固定翼飞机、滑翔机、直升机等飞机。1944年国际民用航空公约首次引用国家航空器和民用航空器的概念。公约并未对国家航空器进行明确定义，而是采用排除法规定了国家航空器的范围，即包括用于执行军事、海关和警察飞行任务的航空器。我国《民用航空法》也采用了这个标准，其第5条规定："本法所称

---

① See Annex 1, 2, 3, 6/I/II/III, 7, 8, 11, 13, 16/I of the Chicago Convention. 转引自最高人民法院侵权责任法研究小组编著：《〈中华人民共和国侵权责任法〉条文理解与适用》，人民法院出版社2010年版，第490页。

民用航空器,是指除用于执行军事、海关、警察飞行任务外的航空器。"本条所称的航空器,是指经国家有关部门批准而投入营运的民用航空器,如各类民用的飞机、飞船、卫星、热气球等。[①]民用航空器的主要特征在于其是高速运载工具,而非高空作业意义上的高度危险物。因此,飞艇、热气球等飞行物除非具备高速运载工具的特征,否则不能认为构成"民用航空器"而适用本条规定。

(二)本条确定的责任主体是民用航空器的经营者

这里的经营者主要包括从事旅客、货物运输的承运人和从事通用航空的民用航空器使用人。从事旅客、货物运输的承运人主要是公共航空运输企业。公共运输企业运送旅客的,应当出具客票,客票是航空旅客运输合同订立和运输合同条件的初步证据。公共运输企业运送货物的,应当与托运人订立合同,接受托运人出具的航空货运单,航空货运单是航空货物运输合同订立和运输条件以及承运人接受货物的初步证据。公共运输企业应当按照约定将旅客、货物及时送到目的地。从事通用航空的民用航空器的使用人,在组织实施作业飞行时,应当采取有效措施,保证飞行安全,保护环境和生态平衡,防止对环境、居民、作物或者牲畜等造成损害。[②]对此,《民用航空法》第158条规定:"本法第一百五十七条规定的赔偿责任,由民用航空器的经营人承担。前款所称经营人,是指损害发生时使用民用航空器的人。民用航空器的使用权已经直接或者间接地授予他人,本人保留对该民用航空器的航行控制权的,本人仍被视为经营人。经营人的受雇人、代理人在受雇、代理过程中使用民用航空器,无论是否在其受雇、代理范围内行事,均视为经营人使用民用航空器。民用航空器登记的所有人应当被视为经营人,并承担经营人的责任;除非在判定其责任的诉讼中,所有人证明经营人是他人,并在法律程序许可的范围内采取

[①] 王利明主编:《中国民法典学者建议稿及立法理由:侵权行为编》,法律出版社2005年版,第191页。

[②] 王胜明主编:《中华人民共和国侵权责任法释义》,法律出版社2010年版,第360页。

适当措施使该人成为诉讼当事人之一。"这属于对民用航空器致害责任中责任主体的细化规定,在实务中应当遵循。

此外,本条的适用范围应当限定在民用航空器在使用中造成他人损害。这里的"使用中"应理解为"飞行中"。对此,依据《民用航空法》第157条第2款的规定,"前款所称飞行中,是指自民用航空器为实际起飞而使用动力时起至着陆冲程终了时止;就轻于空气的民用航空器而言,飞行中是指自其离开地面时起至其重新着地时止"。如果该航空器未在使用中,即不存在本章规定的"高度危险"的情形,不能适用高度危险的规定,此时若存在造成他人损害情形,应当适用物件致人损害的规则。

三、民用航空器致害的责任承担规则

发生本条规定的民用航空器造成他人损害的情形时,民用航空器的经营者应当承担无过错责任,这与国际公约和世界上的通行做法是一致的。具体而言,民用航空器造成他人损害的,民用航空器的经营者应当承担侵权责任。关于不承担责任的情形,根据本条规定,即使是因为自然原因引起的不可抗力事件,造成他人损害的,民用航空器的经营者也要承担责任。[①]能够证明损害是因受害人故意造成的,民用航空器经营者不承担责任。适用本条规定的构成要件包括民用航空器在使用中,发生损害后果,此损害后果的发生与民用航空器的使用有因果关系。此因果关系也采取推定的形式,要由民用航空器的经营者承担证明无因果关系的举证责任,而且其只能举证相应的免责事由才可以否定该因果关系的存在。

适用本条的规定,存在一个难点和争点问题,就是有关免责事由的范围问题。本条仅规定了"受害人故意"这一种情形。据此,经营者主张该免责事由的,应举证证明受害人的故意,其故意的行为与损害后果之间的关系。第三人的过错不能成为经营者的免责条件。如

---

① 王胜明主编:《中华人民共和国侵权责任法释义》,法律出版社2010年版,第361页。

果受害人某甲的故意导致损害结果的发生，某甲和第三人某乙均受到损害，经营者得证明某甲的故意及其行为与损害结果之间存在因果关系，而免除对某甲的赔偿责任，但不得因此而免除对某乙的赔偿责任，尽管经营者有权在对第三人承担赔偿责任之后向故意造成损害的受害人追偿。[①] 但有关免责事由，《民用航空法》还作了其他规定。《民用航空法》第160条规定："损害是武装冲突或者骚乱的直接后果，依照本章规定应当承担责任的人不承担责任。依照本章规定应当承担责任的人对民用航空器的使用权业经国家机关依法剥夺的，不承担责任。"第161条又对过失相抵规则作了规定："依照本章规定应当承担责任的人证明损害是完全由于受害人或者其受雇人、代理人的过错造成的，免除其赔偿责任；应当承担责任的人证明损害是部分由于受害人或者其受雇人、代理人的过错造成的，相应减轻其赔偿责任。但是，损害是由于受害人的受雇人、代理人的过错造成时，受害人证明其受雇人、代理人的行为超出其所授权的范围的，不免除或者不减轻应当承担责任的人的赔偿责任。一人对另一人的死亡或者伤害提起诉讼，请求赔偿时，损害是该另一人或者其受雇人、代理人的过错造成的，适用前款规定。"我们认为，本条与《民用航空法》有关第三人责任的规定属于一般法与特别法的关系，根据特别法优于一般法的法律适用规则，应优先适用特别法的规定。但本条规定较之于《民用航空法》又属于新法，在新的一般法与旧的特别法出现不一致时，如何适用法律应作具体分析。《民用航空法》的规定与本条相冲突的应当予以废止，但其规定与本条规定不冲突，属于细化或者新增规定情形的，则应继续适用。从立法者角度考虑，本条没有如《民用航空法》一样，把所有不承担责任的情形都一一写明，是因为侵权责任编作为处理侵权纠纷的基本法，对民用航空器致害责任的基本原则作出规定，对民用航空法中关于不承担责任情形的具体规定，仍然

[①] 最高人民法院侵权责任法研究小组编著：《〈中华人民共和国侵权责任法〉条文理解与适用》，人民法院出版社2010年版，第492页。

适用。① 除此之外,《民用航空法》第十二章关于对地面第三人损害的赔偿责任中的一系列规定,都可以继续适用。比如第157条第1款规定:"因飞行中的民用航空器或者从飞行中的民用航空器上落下的人或者物,造成地面(包括水面,下同)上的人身伤亡或者财产损害的,受害人有权获得赔偿;但是,所受损害并非造成损害的事故的直接后果,或者所受损害仅是民用航空器依照国家有关的空中交通规则在空中通过造成的,受害人无权要求赔偿。"第159条规定:"未经对民用航空器有航行控制权的人同意而使用民用航空器,对地面第三人造成损害的,有航行控制权的人除证明本人已经适当注意防止此种使用外,应当与该非法使用人承担连带责任。"第162条规定:"两个以上的民用航空器在飞行中相撞或者相扰,造成本法第一百五十七条规定的应当赔偿的损害,或者两个以上的民用航空器共同造成此种损害的,各有关民用航空器均应当被认为已经造成此种损害,各有关民用航空器的经营人均应当承担责任。"

最后,由于民用航空器致害的后果往往非常严重,各国多采取责任保险的形式来分散风险,填补损失,我国也是如此。《民用航空法》对有关保险内容作了规定,其第166条规定:"民用航空器的经营人应当投保地面第三人责任险或者取得相应的责任担保。"第167条又规定:"保险人和担保人除享有与经营人相同的抗辩权,以及对伪造证件进行抗辩的权利外,对依照本章规定提出的赔偿请求只能进行下列抗辩:(一)损害发生在保险或者担保终止有效后;然而保险或者担保在飞行中期满的,该项保险或者担保在飞行计划中所载下一次降落前继续有效,但是不得超过二十四小时;(二)损害发生在保险或者担保所指定的地区范围外,除非飞行超出该范围是由于不可抗力、援助他人所必需,或者驾驶、航行或者领航上的差错造成的。前款关于保险或者担保继续有效的规定,只在对受害人有利时适用。"

《民用航空法》第168条至第170条对有关保险问题也作了具体

---

① 参见王胜明主编:《中华人民共和国侵权责任法释义》,法律出版社2010年版,第361页。

规定，这些规定，在实践中都要予以适用。

【审判实践中应注意的问题】

一、关于"他人"的范围

本条中的"他人"不宜包括机上人员，比如旅客等。这在实务中很容易混淆。有观点认为，民用航空器造成他人损害的，包括两种情形：一种情形是，民用航空器在从事旅客、货物运输过程中，对所载运的旅客、货物造成的损害。按照《民用航空法》的规定，在从事公共运输航空中，因发生在民用航空器上或者在旅客上、下民用航空器过程中的事件，造成的旅客人身伤亡和其随身携带物品毁灭、遗失或者损坏的，承运人应当依法承担侵权责任。对托运的行李、货物而言，因发生在航空运输期间的事件，造成货物毁灭、遗失或者损坏的，承运人应当依法承担侵权责任。这里的"航空运输期间"，是指在机场内、民用航空器上或者机场外降落的任何地点，托运行李、货物处于承运人掌管之下的全部期间。另一种情形是，民用航空器对地面第三人的人身、财产造成的损害。具体说来，就是飞行中的民用航空器或者从飞行中的民用航空器上落下的人或者物，造成地面（包括水面）上的人身伤亡和财产损害。①《民用航空法》对此已经作了明确区分。比如有关旅客损失问题，这主要是违约责任的问题，而且《民用航空法》在第九章第三节有专门的"承运人责任"的规定，可以直接适用。而有关对此外的其他人的责任承担问题，《民用航空法》第十二章专章规定了"对地面第三人损害的赔偿责任"，此类责任承担的问题，涉及与本条规定的衔接适用，应遵循上述特别法优先适用的规则。特别是《民用航空法》第172条规定："本章规定不适用于下列损害：（一）对飞行中的民用航空器或者对该航空器上的人或者物

---

① 王胜明主编：《中华人民共和国侵权责任法释义》，法律出版社2010年版，第360页。

造成的损害;(二)为受害人同经营人或者同发生损害时对民用航空器有使用权的人订立的合同所约束,或者为适用两方之间的劳动合同的法律有关职工赔偿的规定所约束的损害;(三)核损害。"这在实务中,要严格遵循。同样,有关承运人责任限额问题,这属于承运人与旅客之间的关系范畴,属于承运人责任的范畴。[①]从法理上讲也是为了公平救济受害人损失,与高度危险责任适用责任限额的原理有相似性,但从法律关系上讲,这并非高度危险作业的责任形式,与《民法典》第1244条关于责任限额的规定并非特别法与一般法的关系。

二、关于诉讼时效的适用问题

《民用航空法》第171条规定:"地面第三人损害赔偿的诉讼时效期间为二年,自损害发生之日起计算;但是,在任何情况下,时效期间不得超过自损害发生之日起三年。"但《民法总则》第188条规定:"向人民法院请求保护民事权利的诉讼时效期间为三年。法律另有规定的,依照其规定。诉讼时效期间自权利人知道或者应当知道权利受到损害以及义务人之日起计算。法律另有规定的,依照其规定。但是自权利受到损害之日起超过二十年的,人民法院不予保护;有特殊情况的,人民法院可以根据权利人的申请决定延长。"有观点认为,鉴于《民法总则》统一将一般诉讼时效从两年改为三年,以解决过去诉讼时效期间过短的问题,因此有关民用航空器致害责任的诉讼时效应当适用《民法总则》的规定。我们认为,这一观点有一定道理,但是考虑到《民法总则》是2017年10月1日施行,而上述《民用航空

[①] 《国务院关于〈国内航空运输承运人赔偿责任限额规定〉的批复》(国函〔2006〕8号)明确了对每名旅客的赔偿责任限额为人民币40万元,这主要考虑公民收入水平和航空公司承受能力。国务院1989年2月20日发布《国内航空运输旅客身体损害赔偿暂行规定》确定的2万元人民币赔偿限额,是以1986年我国城镇居民人均收入为828元人民币、农村劳动力收入为777.8元人民币为依据,按照遇难者平均30年收入计算的;《国内航空运输旅客身体损害赔偿暂行规定》在1993年11月29日修订时,考虑了1992年我国城镇居民年平均收入增长到2031.53元人民币,因而将旅客伤亡的最高赔偿限额提高到7万元人民币。2004年我国城镇居民年人均可支配收入为9421.6元人民币,2005年预计为10450元人民币。新规定以此为依据,按照遇难旅客30年的收入计算,再加上遇难旅客丧葬费、家属往返食宿费等,所以将航空运输承运人对每名旅客的赔偿责任限额规定为40万元人民币。

法》是根据 2018 年 12 月 29 日第十三届全国人民代表大会常务委员会第七次会议《关于修改〈中华人民共和国劳动法〉等七部法律的决定》第五次修正通过，即使《民用航空法》第 171 条关于诉讼时效的规定较此前并未修正，但在此次修正中该条规定予以了保留，也就意味着在适用时间上，该条规定仍然在《民法总则》之后，有观点认为这时《民用航空法》的规定相较《民法总则》的规定，既是特别法的规定，又属于后法的规定，在法律适用上，应当适用《民用航空法》的规定，即有关民用航空器致地面第三人损害责任的诉讼时效应当适用《民用航空法》第 171 条的规定。我们认为，这一分析在逻辑上是合理的，但《民法典》总则编又沿用《民法总则》的上述规定，其规定又构成了后法的规定，在法律适用上，应当遵循后法优于前法的规则，还是要统一适用《民法典》第 188 条关于三年诉讼时效期间的规定。

> **第一千二百三十九条** 占有或者使用易燃、易爆、剧毒、高放射性、强腐蚀性、高致病性等高度危险物造成他人损害的，占有人或者使用人应当承担侵权责任；但是，能够证明损害是因受害人故意或者不可抗力造成的，不承担责任。被侵权人对损害的发生有重大过失的，可以减轻占有人或者使用人的责任。

【条文主旨】

本条是关于占有或者使用高度危险物致害侵权责任的规定。

【条文理解】

一、高度危险物致害责任概述

本条规定来源于《民法通则》第 123 条。《民法通则》第 123 条把高空、高压、高速运输工具与易燃、易爆、剧毒、放射性等高度危险物都作为典型的高度危险作业形式，规定了高度危险责任的一般原则。但实际上，不同的高度危险作业其危险程度是不同的，在具体不承担责任和减轻责任的情形上是有区别的。特别是近年来，因烟花爆竹爆炸、矿山瓦斯爆炸、危险化学品泄漏等高度危险物品致人伤亡的重大事故时有发生，危害严重。立法机关认为对高度危险品致人损害责任应作单独规定。《侵权责任法》在《民法通则》规定的基础上，结合审判实践经验，规定因易燃、易爆、剧毒、放射性等高度危险物造成他人损害应当承担无过错责任。根据其危险性特点，明确限定了其不承担责任和减轻责任的情形。《侵权责任法》第 72 条规定："占有或者使用易燃、易爆、剧毒、放射性等高度危险物造成他人损害的，占有人或者使用人应当承担侵权责任，但能够证明损害是因受害人故意或者不可抗力造成的，不承担责任。被侵权人对损害的发生有重大过失的，可以减轻占有人或者使用人的责任。"本条基本沿用了这一规定，二者相较，本条的修改主要有：一是将"放射性"修改为"高放射性"；二是新增"强腐蚀性""高致病性"的形态；另作了个别文字和标点符号修改。

对易燃、易爆、剧毒、放射性物品的认定，一般根据国家颁布的三个标准：GB 6944-2012《危险货物分类和品名编号》、GB 12268-90《危险货物品名表》和 GB 13690-92《常用危险化学品分类及标志》。如《危险货物分类和品名编号》规定，危险货物是指具有爆炸、易燃、毒害、感染、腐蚀、放射性等危险特性，在运输、储存、生产、经营、使用和处置中，容易造成人身伤亡、财产损毁或环境污染而需要特别防护的物质和物品。[①] 易爆物质，是指固体或者液体物质或者这些物质的混合物，自身能够通过化学反应产生气体，其温度、压力和速度高到能对周围造成破坏，包括不放出气体的烟火物质。易燃物质包括易燃液体和易燃固体。剧毒性物质，是指经吞食、吸入或者皮肤接触后可能造成死亡或者严重受伤或者健康损害的物质。放射性物品，是指含有放射性核素，并且其活性度和比活性度均高于国家规定的豁免值的物品。需要指出的是，本条规定的放射性物品很广泛，包括可以应用于医疗、工业、农业、地质调查、科研教学领域的放射源和射线装置。在此需要注意的是，本条将原来的"放射性"修改为"高放射性"，其目的在于对"放射性"物品作一限制，即并非所有的放射性物品都适用高度危险责任。此外，核燃料如果在核设施中造成他人损害的，应当适用本章关于民用核设施致害责任的规定。

此外，本条新增了"强腐蚀性"的高度危险物。依据国家安全生产监督管理局等部门发布的《关于加强强腐蚀性危险化学品购用管理的通知》的规定精神，强腐蚀性危险化学品主要包括：（1）强酸

[①] 王胜明主编：《中华人民共和国侵权责任法释义》，法律出版社2010年版，第362页。

类：硫酸、硝酸、盐酸、氢氟酸等。（2）强碱类：氢氧化钠（烧碱）、氢氧化钾等。（3）强氧化剂类：过氧化氢（双氧水）、过氧乙酸等。（4）液氯。（5）甲醇。当然在审判实践中如何具体适用，还要根据案件实际情况予以判断。此外，本条调整的高度危险物，不仅涉及易燃、易爆、剧毒、放射性物品这几类，其他因其自然属性极易危及人身、财产的物品，也适用本条的规定。除此之外，本条还新增了"高致病性"的高度危险物。以上对高度危险物形态列举范围的增加，更加明确了本条的适用范围，适应了实践发展的需求。

二、高度危险物致害责任的归责原则和构成要件

如上所述，高度危险责任适用无过错责任原则，本条规定情形也不例外。高度危险物品导致他人损害的，应当由控制或者应当控制该危险的人承担侵权责任，这也契合无过错责任原则的基本法理。特别是在工业生产中，制造、加工、使用易燃、易爆、剧毒、高放射性等高度危险物，对周围环境的人身安全和财产安全造成了危险，具有高度危险性。占有人或使用人必须尽到高度注意义务，采取安全保障措施，防止损害发生。如《放射性污染防治法》明确规定，放射性同位素应当单独存放，不得与易燃、易爆、腐蚀性物品等一起存放，其贮存场所应当采取有效的防火、防盗、防射线泄漏的安全防护措施。《化学危险品安全管理条例》也明确要求，生产、储存、使用危险化学品的，应当根据危险化学品的种类、特性，在车间、库房等作业场所设置相应的监测、通风、防晒、调温、防火、灭火、防爆、泄压、防毒、消毒、中和、防潮、防雷、防静电、防腐、防泄漏、防护围堤或者隔离操作等安全设施、设备，并按照国家标准、行业标准和国家有关规定进行维护、保养，保证符合安全运行要求。即使是这样，仍难以避免造成他人损害，因此，对高度危险物造成的他人损害，应当适用无过错责任。[①] 即使占有人、使用人在主观上没有过错的，也应

[①] 杨立新：《侵权法论》，人民法院出版社2013年版，第194页。

当承担侵权责任。

依据本条规定，高度危险物致害责任的构成要件包括占有和使用高度危险物，发生损害后果，损害后果的发生与高度危险物的影响或者危害有因果关系，即该损害后果是由高度危险物造成的。从举证责任的角度讲，被侵权人要对损害后果和侵权人占有、使用高度危险物承担举证责任。有关因果关系的问题，应当适用推定的规则，即由侵权人证明不存在因果关系，而且必须完成对法定的免责事由的举证，才可以阻却因果关系的成立。此外，从诉讼的角度讲，侵权人证明其非高度危险物的占有人或者使用人，也可以免责。至于侵权责任方式，也不应限于赔偿损失，还可以包括停止侵害，采取其他补救措施等，比如在事故发生后，占有人或者使用人应当迅速采取有效补救措施，防止事故扩大，减少人员伤亡和财产损失。

在此需要注意的是，本条规定的"占有"和"使用"包括生产、储存、运输高度危险品以及将高度危险品作为原料或者工具进行生产等行为。对于易燃、易爆、剧毒等高度危险物的占有，并未进行使用，也有可能因为物的本身危险性而造成他人的人身损害或者财产损失。对于未进行使用，仅由自己占有的易燃、易爆、剧毒等高度危险物因其固有的危险性质造成他人损害的，赔偿责任主体为高度危险物的所有人。[1]

三、高度危险物致害责任的免责事由和减责事由

依据本条规定，高度危险物的占有人或者使用人能够证明损害是因受害人故意或者不可抗力造成的，占有人或者使用人不承担责任。高度危险物虽然本身具有危险属性，但危险程度要低于民用核设施和民用航空器，因此，在免责事由上增加了不可抗力免责的一般规则，而且同比相当类型的侵权责任形态，根据《环境保护法》《水污染防治法》等法律规定，因不可抗力造成高度危险物污染损害的，也不承

---

[1] 参见最高人民法院侵权责任法研究小组编著：《〈中华人民共和国侵权责任法〉条文理解与适用》，人民法院出版社2010年版，第497页。

担侵权责任。依据本条规定，关于受害人故意和不可抗力免责的举证责任应由高度危险物的占有人或者使用人承担，其只有证明损害是因为受害人故意或者不可抗力引起的，才能依法不承担责任。

此外，本条还规定了减轻责任的情形，即被侵权人对损害的发生有重大过失的，可以减轻占有人或者使用人的责任。这一规定也体现了高度危险物致害责任与民用核设施发生核事故致害责任的不同，民用核设施如果发生核事故损害，波及的范围广，损害后果非常严重，因此责任更为严格，不论受害人有无过失，过失程度如何，民用核设施的经营者都不能减轻责任。相比之下，高度危险物发生损害的危险程度一般逊于民用核设施，因此，在高度危险物占有人或者使用人已经尽到注意义务的前提下，在受害人有重大过失的情况下，可以减轻占有人或者使用人的赔偿责任，也是合理的。[①]但考虑到高度危险物的危险性毕竟很高，一旦造成损害，对他人人身、财产安全影响也很大，后果也很严重。因此，本条将减轻责任的情形，严格限定在受害人的"重大过失"，受害人有一般过失的，不能减轻占有人或者使用人的赔偿责任。同时，也要明确的是，这里的"重大过失"也仅是减轻责任的事由，而非免责事由。

【审判实践中应注意的问题】

一、关于"占有"的界定问题

这里的"占有"是人对物的实际掌握或控制。我国台湾地区学者王泽鉴认为，占有指对物有事实上管领力，系一种事实，而非权利。[②]占有区分为合法占有与非法占有两种情形，本条规定应当属于合法占有高度危险物的情形。对于非法占有高度危险物的情形，《民法典》

[①] 王胜明主编：《中华人民共和国侵权责任法释义》，法律出版社2010年版，第365页。

[②] 王泽鉴：《侵权行为法》（第一册），中国政法大学出版社2001年版，第167页。

第1242条作了专门规定。

二、第三人原因造成损害是否属于免责事由

关于第三人原因造成损害的，高度危险物的占有人、使用人能否免责的问题。从本条规定的免责事由看，并不包括第三人原因造成损害的情形，据此应当认定第三人原因不属于本条规定的免责事由。但应当注意的是，如果第三人原因是造成损害的唯一原因时，即第三人原因构成了对损害发生百分之百的原因力，这时第三人原因就阻却了高度危险物致害责任因果关系的成立，高度危险致害责任在这一情形下就不能成立。当然在绝大多数情况下，该第三人原因都是与高度危险物结合造成的损害后果，这时不应将第三人原因作为高度危险物占有人或者使用人对被侵权人减责的事由，但可以作为他们内部追偿的一个标准。此外，如果因第三人原因导致高度危险物泄漏等，最终造成损害，这时也应由高度危险物的占有人或者使用人承担侵权责任，此后高度危险物的占有人或者使用人可以向该第三人行使追偿权。

第一千二百四十条 从事高空、高压、地下挖掘活动或者使用高速轨道运输工具造成他人损害的,经营者应当承担侵权责任;但是,能够证明损害是因受害人故意或者不可抗力造成的,不承担责任。被侵权人对损害的发生有重大过失的,可以减轻经营者的责任。

【条文主旨】

本条是关于高度危险作业致人损害责任的规定。

【条文理解】

关于高度危险作业的侵权责任,《民法通则》第123条对高度危险作业致害责任的一般原则作出了规定,并列举了高空、高压、易燃、易爆、剧毒、放射性和高速运输工具这几种高度危险作业。《侵权责任法》在此基础上区分不同危险程度的情形作了细化规定。其中《侵权责任法》第73条规定:"从事高空、高压、地下挖掘活动或者使用高速轨道运输工具造成他人损害的,经营者应当承担侵权责任,但能够证明损害是因受害人故意或者不可抗力造成的,不承担责任。被侵权人对损害的发生有过失的,可以减轻经营者的责任。"本条基本沿用了这一内容,另对有关减责事由作了重大修改,将原来的"被侵权人对损害的发生有过失的,可以减轻经营者的责任"修改为"被侵权人对损害的发生有重大过失的,可以减轻经营者的责任",提高了侵权人减责的门槛。另外作了个别文字和标点符号的修改。

一、关于本条中基本概念的界定

所谓从事高空、高压作业致人损害赔偿，"高空""高压"究竟要多高，是一个经验判断的问题，无法界定一个绝对的标准。《侵权责任法》将高度危险责任细分了类型，分为从事高度危险作业侵权责任与高度危险物侵权责任。对于侵权作业，法律并未给出明确的判断标准。高出地面多少米属于高空，高出大气压几倍属于高压？在这里并没有明确标准，原因是高度危险本身就是一个不确定的概念，随着经济社会的发展和科技的进步，原先被认为易燃、易爆的物品可能被轻易地储运，危险性已经不复存在。原则上，对高度危险作业进行判断应当掌握以下几点：第一，应当根据当时的社会条件、科技水平等因素进行综合考量。第二，"高空""高压"或者从事"地下挖掘"活动，根本特性是从事这些活动具有高度危险性。[①]

（一）关于高空作业

所谓高空作业，是从相对高度概念出发的。这里需要说明的是，高空作业与高处作业的区别。根据GB/T3608《高处作业分级》的规定，凡在有可能坠落的高处进行施工作业，当坠落高度距离基准面在2米或2米以上时，该项作业即被称为高处作业。此处的高空作业损害不仅是指对作业人，也包括对高空作业人之外的人，如对地面的行人造成的损害。高空作业指的是在建筑、设备、作业场所、工具、设施等高部位作业。首先，对作业人来讲，可能造成坠落、伤亡，这种造成作业的工人人身伤亡的，属于工伤事故，一般按照工伤事故的规定请求赔偿；其次，高空作业对地面或其他地方造成损害。例如，高空作业中，建筑物顶部安装广告牌作业时工具、材料、人员脱落或坠落等，造成地面行人或其他建筑物、财产的损害。在此应当注意的是，民用航空运输不属于高空作业，在民用航空器飞行中因坠落物体造成地面人员损害的，应当适用《民用航空法》和《民法典》第1238

---

① 最高人民法院侵权责任法研究小组编著：《〈中华人民共和国侵权责任法〉条文理解与适用》，人民法院出版社2010年版，第501页。

条关于民用航空器致人损害责任。如果是高空缆车造成他人损害的，则应属于高空作业，适用本条规定。①

(二)关于高压作业

高压，是指高于通常标准的压力。工业上通常利用高压方式制造、运输、储藏特殊能量或者物质，工业上的高压极具危险性，对周围环境和人身安全具有重大危险。"高压作业"造成他人损害，应指高压输电线路和高压设施致人损害。王利明教授主持的《中国民法典学者建议稿及立法理由：侵权行为编》中将高压致害规定为"以高压制造、储藏、运送电力、液体、煤气、蒸汽等气体，因高压作用造成他人损害的，其所有人、占有人或管理人应当承担民事责任"。②可见，"高压"应当包括高压力（计量单位为"帕"）和高压电。其中高压设施致人损害是从事利用高压力设施的作业时造成的损害和高压电作业造成的损害。

《最高人民法院关于审理触电人身损害赔偿案件若干问题的解释》③第1条规定，"高压"包括1千伏（KV）及其以上电压等级的高压电；1千伏（KV）以下电压等级为非高压电。即1千伏定为对周围环境具有高度危险电压的起点。日常家用电器额定电压为220伏，三相380伏适用于小型动力用电。对人体而言，无论是380伏还是220伏，都不是安全电压，都可以致人死亡。但是人体接触220伏或380伏的电，都有自救的可能。1千伏及其以上的电压等级的电，对人体会有严重的伤害，没有自救的可能。该解释虽然已经被废止，但上述关于高压的界定，仍具有参考意义。我国以前电力设计规程明确1千伏就是高压电，现在仍沿用1千伏为高压电的起点。1千伏以下的常见电压等级为220伏或380伏，其他电压等级如500伏或600伏也

---

① 参见王胜明主编：《中华人民共和国侵权责任法释义》，法律出版社2010年版，第367页。

② 王利明主编：《中国民法典学者建议稿及立法理由：侵权行为编》，法律出版社2005年版，第193页。

③ 该解释已被《最高人民法院关于废止1997年7月1日至2011年12月31日期间发布的部分司法解释和司法解释性质文件（第十批）的决定》废止。

可能存在，但一般人接触不到，通常在发电厂或有特殊需要的场所。《供电营业规则》第6条规定，供电企业供电的额定电压：（1）低压供电：单相为220伏，三相为380伏；（2）高压供电：为10、35（63）、110、220千伏。在某些情况下，电力设备实际运行的电压稍微偏离额定电压，不是说该设备的额定电压等级有改变。例如，某一设备的额定电压为1千伏，在特定时间通过的电流即使是980伏或者是1030伏都属正常，并没有改变该设备的1千伏额定电压的性质，当事人不能认为980伏以上的电压为非高电压。[①]对高压输电线路及高压设施致损案件适用无过错责任原则的根据，在于高压电致人损害的特殊性。当人体与高压输电线路或者高压设施的距离低于安全距离时，高压输电线路或高压设施发生放电现象，一旦巨大能量的高压电流击中或者贯穿人体，即使幸免于死亡，也将造成严重残疾，其后果非常严重。而低压电致人伤害，是电流流经心脏造成心脏停止跳动致人死亡，如果电流未流经心脏，一般不会导致死亡，更不会造成残疾。因此，低压电致人损害属于一般侵权责任，应当适用过错责任原则，而高压输电线路和高压设施致人损害，属于高度危险责任，应当适用无过错责任原则。[②]

（三）地下挖掘活动

地下挖掘活动就是在地表下一定深度进行挖掘的行为，主要包括地下挖煤、采矿，以及地下建筑、地下管道铺设等具有高度危险性的地下挖掘、开采活动。近年来，因地下采矿、地下施工造成的损害日益增多。特别是城市隧道（主要是地铁工程及各类市政地下工程）施工往往处于建筑物、道路和地下管线等设施的密集区，城市隧道建设中出现了一些塌陷事件，造成他人伤害。如近年来，北京、上海、深圳、杭州等地都出现过在建地铁隧道塌陷，造成多人伤亡事件。因此，将地下挖掘活动列入高度危险作业侵权责任当中，更好地满足了

[①] 最高人民法院研究室编：《民事诉讼司法解释理解与适用》，法律出版社2009年版，第126页。

[②] 最高人民法院侵权责任法研究小组编著：《〈中华人民共和国侵权责任法〉条文理解与适用》，人民法院出版社2010年版，第502页。

实践的需求。

（四）高速轨道运输工具

高速的界定，通常以火车速度为标准。我国通常以最高时速作为对交通工具的定性标准，只要最高时速达到高速标准，就可以称之为"高速轨道运输工具"。铁路运输是高速轨道运输，是具有危险性的运输活动。高速轨道运输工具致人损害的情形包括：铁路行车事故，列车在运行中发生的人身损害事故或者财产损害事故，也包括从列车上坠落、投掷物品、列车排放能量，造成他人人身损害或者财产损害的事故。①本条将适用范围限于高速轨道运输工具，主要指的是铁路，包括通常所谓的铁路、城铁、轻轨。在我国，铁路有快车、慢车之分，但此种区分主要着眼于停靠车站的多寡，就慢车本身的行车速度而言，仍具有高速性特征，因此此处的慢车仍属于"高速轨道运输工具"。②

二、高度危险作业侵权责任的归责原则和构成要件

依据本条规定，高度危险作业致人损害的侵权责任适用无过错责任原则，即不以侵权人是否有过错作为本条规定承担责任的要件。无过错责任原则是高度危险作业致害责任法律适用的基本性质，这种根本特性有利于消除或减少社会危险因素，提高高度危险作业人的责任心，保障社会安全，保护受害人的合法权益，有利于及时、妥善地救济损害。适用这一责任，主要不是根据作业人的过错，而是根据损害的客观存在和作业人的活动及所从事的业务的危险性质与所造成的损害结果的因果关系，从而加重作业人的责任，使无辜受害人得到赔偿。③

---

① 最高人民法院侵权责任法研究小组编著：《〈中华人民共和国侵权责任法〉条文理解与适用》，人民法院出版社 2010 年版，第 503 页。
② 参见陈现杰主编：《中华人民共和国侵权责任法条文精义与案例解析》，中国法制出版社 2010 年版，第 257 页。
③ 最高人民法院侵权责任法研究小组编著：《〈中华人民共和国侵权责任法〉条文理解与适用》，人民法院出版社 2010 年版，第 500~501 页。

据此,关于高度危险作业侵权责任的构成要件包括:(1)加害人实施了高度危险作业的行为。本条规定了两种行为:一是从事高空、高压或地下挖掘活动;二是使用高速轨道运输工具。从事以上两类活动给他人造成人身或财产方面的损害的,经营者应当承担侵权责任。(2)发生了损害后果。损害后果的要件属于本条规定情形与其他侵权行为的共性要件,在此不再赘述。高度危险作业只是对他人人身、财产构成严重危险,损害事实尚未发生,则不能根据本条要求行为人承担赔偿责任。(3)高度危险作业和损害后果之间有因果关系。高度危险作业致人损害赔偿要求行为人从事的高度危险作业必须与被侵权人的损害后果之间存在因果关系。受害人的损害是因为行为人从事的高空、高压、地下挖掘活动,或是因为高速轨道运输工具造成的。本条规定从事高度危险作业致人损害赔偿的责任主体为从事高度危险作业的经营者。

关于举证责任,被侵权人应当对受到损害的事实以及高度危险作业的事实承担举证责任,至于因果关系,则应采取推定的方式,由侵权人就高度危险作业与损害后果的发生没有因果关系承担举证责任。至于诉讼中侵权人举证证明其并非高度危险作业的经营者的,即不是该侵权责任的适格主体,当然也就无需承担相应的侵权责任。

三、关于免责事由和减责事由

依据本条规定,高度危险作业侵权责任中的免责事由包括受害人故意和不可抗力两种情形。

受害人的故意包括直接故意和间接故意两种情形:直接故意,即受害人明知其行为会导致损害后果,而追求或希望损害结果的发生;间接故意,指受害人明知其行为可能导致损害后果,而放任这种后果的发生。在实践中,受害人的故意有:(1)自杀或自伤,行为人利用高度危险作业实施自杀或自伤行为,这是直接故意,经营者不承担赔偿责任。(2)从事与高度危险作业有关的犯罪活动。如盗窃或破坏高度危险作业的设施。受害人的故意作为免除侵权人责任的法定条件,应由侵权人一方证明受害人的故意，证明其故意的行为与损害结果之间的因果关系。在此要注意的是，第三人的过错并非本条规定的免责条件，作业人因高空作业导致他人损害后应对无辜的受害者直接承担赔偿责任。在他向受害人承担赔偿责任后，有权向因过错造成此损害的第三人追偿。

关于不可抗力。"不可抗力"通常包括：（1）自然灾害，即因自然原因引起的不可抗力，如地震、台风、海啸等，一般性自然灾害不应当认为是不可抗力。（2）社会事件，即因社会原因引起的不可抗力，如战争、武装冲突、社会暴乱等。不可抗力作为高度危险作业致人损害责任的免责条件，已在《侵权责任法》中作了明确规定，本条对此继续沿用。就举证责任而言，侵权人应当就该损害是由不可抗力造成（包含因果关系要件）承担举证责任。

此外，本条还对高度危险作业的减责事由作了规定。即被侵权人对损害的发生有重大过失的，可以减轻侵权人的责任。这一规定体现了高度危险作业侵权责任与高度危险物致害责任的一致性，也体现了它们与民用核设施发生核事故致害责任的不同，民用核设施导致损害的后果通常更为严重，其责任承担更为严格，不论受害人有无过失，过失程度如何，民用核设施的经营者都不能减轻责任。本条将减轻责任的情形，严格限定为受害人的"重大过失"，受害人有一般过失的，不能减轻经营者的赔偿责任。同时，这里的"重大过失"也仅是本条规定情形的减轻责任的事由，并非免责事由。

【审判实践中应注意的问题】

一、关于本条规定的侵权责任主体问题

本条将承担法律责任的主体明确为经营者，是指从事高压、高空、地下挖掘活动或者对高速轨道运输工具享有运行支配和运行利益的人。经营者是向消费者提供其生产、销售的商品或者提供服务的自

然人、法人或者其他经济组织，它是以营利为目的从事生产经营活动并与消费者相对应的另一方当事人。之所以规定经营者承担赔偿责任，是因为在我国绝大多数从事高度危险作业的公司为国有企业，如铁路、航空、核电等，即所有者为国家，经营者为国有公司。对于这种情形，对高度危险作业致人损害承担民事责任的责任人应当是作业的经营者（国有公司）而不是任何国家机关，包括其主管机关。这既符合高度危险作业适用无过错责任的理论基础，也反映了我国公有制为主体地位的条件下国有企业作为法人独立承担民事责任的现状。[1]比如，从事高压活动造成他人损害的，经营者应当承担侵权责任。如果是使用高压容器造成损害的，经营者就是高压容器的使用者。如果是高压电造成损害的，作为责任主体的经营者则依具体情况而定。因为电必须有一定的载体才能存在，高电压对周围环境的危害是以电的载体衡量的。高电压的载体应当包括高电压变压器、高电压电力线路、高电压电力设备等。从过程上看，发电、输电、配电、用电等环节必须以一个网络联系起来，并且同时进行。而发电、输电、配电和用电一般情况下分属不同主体。如果是在发电企业内的高压设备造成损害的，作为责任主体的"经营者"就是发电企业。如果是高压输电线路造成损害的，责任主体就是输电企业，在我国主要是电网公司。如果是在工厂内高压电力生产设备造成损害的，责任主体就是该工厂的经营者。[2]具体到高速轨道运输工具而言，经营者就是从事高速轨道运输的运输企业。如在铁路运输中，责任主体就是铁路运输企业，如一些地方的铁路局。地铁运输就是地铁公司，如北京市地铁运营有限公司。

二、本条与《铁路法》第58条的衔接适用

关于本条规定的高速轨道运输工作致害责任的内容与《铁路法》

---

[1] 最高人民法院侵权责任法研究小组编著：《〈中华人民共和国侵权责任法〉条文理解与适用》，人民法院出版社2010年版，第504页。

[2] 王胜明主编：《中华人民共和国侵权责任法释义》，法律出版社2010年版，第369页。

第58条规定的衔接适用问题。在免责事由上,《铁路法》第58条规定:"因铁路行车事故及其他铁路运营事故造成人身伤亡的,铁路运输企业应当承担赔偿责任;如果人身伤亡是因不可抗力或者由于受害人自身的原因造成的,铁路运输企业不承担赔偿责任。违章通过平交道口或者人行过道,或者在铁路线路上行走、坐卧造成的人身伤亡,属于受害人自身的原因造成的人员伤亡。"而本条规定的免责事由仅限于不可抗力和受害人故意两种情形,比《铁路法》的上述规定要窄一些。从法理上说,《铁路法》第58条的规定与本条之间属于特别法与一般法的关系,根据特别法优于一般法的规则,应该优先适用特别法。但《铁路法》系2015年修正(该条规定实际上保留了2009年修正时的相关内容),而《民法典》又属于新法的范畴,因此,又有新法优于旧法规则的适用。于是"新法优先于旧法"与"特别法优先于一般法"的规则之间就产生了矛盾。此时,应考察此前的相关规定与高度危险责任的一般原理或明确规定是否一致,在本条明确规定只有受害人故意或不可抗力方可免除责任的情况下,在相同规范适用范围内,《铁路法》的这一规定似不宜再予适用。① 在此应当注意的是,这一规则应当严格限定在本条规定的"使用高速轨道运输工具"造成他人损害的情形,若是其他有关铁路事故的情形,则应当适用《铁路法》第58条的规定,因为该条规定的"因铁路行车事故及其他铁路运营事故"以及"违章通过平交道口或者人行过道"发生的事故,在外延上也与本条规定的"使用高速轨道运输工具"不尽一致,实际上更加宽泛。

---

① 陈现杰主编:《中华人民共和国侵权责任法条文精义与案例解析》,中国法制出版社2010年版,第258页。

> **第一千二百四十一条** 遗失、抛弃高度危险物造成他人损害的，由所有人承担侵权责任。所有人将高度危险物交由他人管理的，由管理人承担侵权责任；所有人有过错的，与管理人承担连带责任。

【条文主旨】

本条是关于遗失、抛弃高度危险物造成他人损害的侵权责任的规定。

【条文理解】

高度危险物即是《民法典》第1239条规定的易燃、易爆、剧毒、高放射性、强腐蚀性的危险物品。这些物品因为本身即具有对人身、财产极易造成损害的高度危险性，因此，国家对高度危险物品的生产和储存实行统一规划、合理布局和严格控制，并对高度危险物生产、储存和处理制定了严格的规范。高度危险物的所有人或者管理人应当严格按照有关安全生产规范，对其占有、使用的高度危险物进行储存或者处理。生产、储存、使用高度危险物的，应当根据高度危险物的种类、特性，在车间、库房等作业场所设置相应的监测、通风、防晒、调温、防火、灭火、防爆、泄压、防毒、消毒、中和、防潮、防雷、防静电、防腐、防泄漏、防护围堤或者隔离操作等安全设施、设备，并按照国家标准、行业标准和国家有关规定进行维护、保养，保证符合安全运行要求。在现实中，有的储存、使用高度危险物的单位的安全措施不到位，随意处置高度危险物，对周围的人民群众的生命健康和财产产生巨大威胁，并造成人员伤亡事故。因此，应当对遗失、抛弃高度危险物造成损害的侵权责任作出明确规定，并加重责任人的责任。①《侵权责任法》第 74 条规定："遗失、抛弃高度危险物造成他人损害的，由所有人承担侵权责任。所有人将高度危险物交由他人管理的，由管理人承担侵权责任；所有人有过错的，与管理人承担连带责任。"本条沿用了《侵权责任法》的这一规定。关于本条的理解，要注意以下几点：

一、责任主体

高度危险物侵权责任主体主要集中在所有人以及管理人。对于物的损害责任，由所有人以及管理人承担赔偿责任。危险物被遗失的，所有人对遗失物虽然丧失了占有，但是对该物并没有丧失所有权，仍然是自己的财产。这种遗失的危险造成受害人的损害，应当由物的实际权利人承担责任。危险物被抛弃，所有人就丧失了该危险物的所有权，如果被抛弃之后，该危险物由于其自身的危险性而致害他人，仍然产生侵权责任，虽然抛弃危险物的人已经丧失对该物的所有权，但是造成损害的原因还是抛弃者自身的行为，对自己抛弃的危险物所造成的损害，只要这个危险没有被别人所占有或者别人没有对此产生所有权，还要由抛弃物的所有人承担责任。②

二、关于遗失和抛弃行为的界定

遗失高度危险物，是指高度危险物的所有权人（管理人）非基于自己的意愿对高度危险物丧失占有，高度危险物处于无人占有且非为无主动产的情形下的一种状态。抛弃高度危险物，是指所有人基于明确放弃对该危险物所有权的意思表示，丧失对高度危险物的占有。依据物权法原理，构成抛弃须满足两个条件：一是放弃对物的占有，二

---

① 王胜明主编：《中华人民共和国侵权责任法释义》，法律出版社 2010 年版，第 375 页。
② 杨立新：《中华人民共和国侵权责任法草案建议稿及说明》，法律出版社 2007 年版，第 239 页。

是所有人作出放弃所有权的意思表示。原则上，在遗失物与抛弃物难以区分的情况下，应推定为遗失物。

抛弃与遗失行为在物权法上的区别在于：（1）物品遗失非基于所有人的意思，而抛弃必须要有抛弃的意思。（2）从后果上看，在遗失物的情形下，所有人并未丧失物的所有权，但在抛弃物场合，原物主的物权已经消灭。所以遗失物拾得人不能基于拾得行为而获得所有权，但拾得抛弃物的行为却可根据先占规则获得所有权。（3）抛弃行为是单方行为，是权利处分行为，所以只有完全民事行为能力人可以独立行使抛弃行为，使物成为抛弃物，对于无民事行为能力人和限制民事行为能力人，他们只有在其监护人同意或其行为能力与抛弃行为相适应的情况下所为的抛弃行为才具有法律效力。但遗失是事实行为，所以即使是无民事行为能力人也可以直接使物成为遗失物，使自己成为遗失人。直接占有人将物抛弃，对作为间接占有人的所有人来说构成遗失。

三、侵权责任构成

依据本条规定，遗失或者抛弃高度危险物的侵权责任，作为高度危险责任的具体情形，其归责基础仍在于高度危险物本身的危险特性，因此这里的侵权责任也是要适用无过错责任原则。据此，构成遗失或者抛弃高度危险物侵权责任的构成要件为：（1）所有人或管理人遗失或者抛弃了高度危险物。（2）被侵权人受到损害。（3）该损害后果与高度危险物的危险性具有因果关系，即由于所有人或者管理人遗失、抛弃高度危险物，被侵权人因为高度危险物自身的危险性质遭受损害。从因果关系判断上，首先要强调的是，被侵权人的损害是由该高度危险物造成的，这一举证责任应采取倒置的方法。至于所有人或者管理人抛弃或者遗失高度危险物，就被侵权人而言，其只需证明侵权人是该高度危险物的所有人或者管理人即可，该所有人或者管理人应当对其妥善保管高度危险物或者未遗失、抛弃高度危险物承担举证责任。就损害后果而言，当然要由被侵权人举证。

四、责任承担

依据本条规定,有关责任承担规则如下:

1. 遗失、抛弃高度危险物造成他人损害的,以该高度危险物的所有人承担侵权责任为原则。按照有关高度危险物的生产、储存和处置的安全规范,所有人应当采取必要的安全措施保管或者处置其所有的高度危险物。其抛弃或者遗失高度危险物的,该高度危险物造成他人损害的,应当承担侵权责任。本条规定的"侵权责任"不仅包括对受害人的损害赔偿责任,也包括停止侵害、及时采取补救措施等,比如发生事故后,应立即将抛弃的高度危险物妥善回收,防止损害扩大。

2. 所有人将高度危险物交由他人管理的,应由管理人承担侵权责任。现实中,所有人可以根据生产、经营需要,将其所有的高度危险物交由他人管理。如所有人可能不具备大量储存高度危险物的条件,将生产所需的高度危险物交由符合条件的储存单位保管。有的所有人因生产、经营需要将高度危险物通过运输交由他人占有、使用。管理人在这里就是指根据所有人的委托,对高度危险物占有并进行管理的单位,如专业的危险化学品仓储公司、危险化学品运输公司等。高度危险物的管理人应当具有相应的资质,并应当按照国家有关安全规范,妥善管理他人所交付的高度危险物。如果因为管理不善,遗失、抛弃高度危险物的,管理人应当承担侵权责任。[①] 在此需要注意的是,存在这一情形的,要由管理人承担责任,而非所有权人承担责任。

3. 所有人有过错的,与管理人承担连带责任。所有人将高度危险物交由他人管理的,应当选择有相应资质的管理单位。如果所有人未选择符合资质的管理人,或者未如实说明有关情况,应当认定所有人存在过错。依据本条规定,在所有人有过错的情形下,管理人抛弃、遗失高度危险物造成他人损害的,所有人与管理人承担连带责任。被侵权人可以要求所有人承担侵权责任,或者要求管理人承担侵

---

① 王胜明主编:《中华人民共和国侵权责任法释义》,法律出版社2010年版,第375页。

权责任，也可以要求所有人和管理人共同承担侵权责任。在诉讼主体上，此二者可以成为共同被告，尤其是被侵权人往往选择将他们作为共同被告起诉，这时人民法院就应当审查该所有人有无过错，是否需要承担责任。在此要注意的是：（1）人民法院可以根据当事人的申请，甚至必要时根据案件实际情况依法追加被告。（2）该所有人过错的有无问题，不能适用过错责任的举证责任规则。在外部责任上，仍要坚持无过错责任的规则，即被侵权人一方无须就所有人的过错程度承担举证责任，而应由所有人就其没有过错承担举证责任。但如果管理人主张所有人承担责任的，这在本质上应属于所有人与管理人之间的关系，与充分救济受害人的危险责任原则无涉，这种情况应当由管理人对所有人的过错承担举证责任。（3）在内部责任划分上，应当适用《民法典》第178条关于连带责任的一般规则，即所有人和管理人根据各自的责任大小确定相应的赔偿数额；难以确定的，平均承担赔偿责任。承担超出自己部分赔偿数额的连带责任人，有权向其他连带责任人追偿。

【审判实践中应注意的问题】

一、本条与环境污染侵权责任发生竞合的情形

本条规定情形会与环境污染侵权责任发生竞合。即某一遗失或者抛弃高度危险物的行为会造成环境污染，从而也符合环境污染责任的构成要件。这一情形应当构成请求权基础的竞合关系，应当允许当事人选择其中之一来主张权利。

二、本条规定情形的免责事由问题

本条并未与本章此前有关条文一样，明确规定了免责事由，由此会导致适用上的争议，比如是适用侵权责任编或者总则编的一般免责事由规则，还是作为一项绝对责任，认定为没有免责事由。对此，我

们认为，对此应当作体系解释。一方面，本条规定在高度危险责任这一适用无过错责任原则的章节下，对高度危险物造成的损害，所有人承担无过错责任，只有在法律规定了免责条件而且符合免责条件的情形下才能免除责任。另一方面，从本条规定情形看，与第1239条规定的情形类似，高度危险物的范围一致，有关归责原则也是相同的，但不同之处在于本条中抛弃或者遗失高度危险物的行为就应当尽到妥善的安全保管义务的所有权人或者管理人而言，其本身存在过错，更具有可归责性。因此，在免责事由上应该更严于第1239条的规定。再比较在免责事由上要严于第1239条规定的高度危险责任的情形，比如第1237条规定的民用核设施致害责任、第1238条规定的民用航空器致害责任均将受害人故意作为免责事由，而对不可抗力是否免责的问题作了不同情形的限缩，这可以对本条情形下免责事由的适用提供有益参考。

> **第一千二百四十二条** 非法占有高度危险物造成他人损害的，由非法占有人承担侵权责任。所有人、管理人不能证明对防止非法占有尽到高度注意义务的，与非法占有人承担连带责任。

【条文主旨】

本条是关于非法占有高度危险物侵权责任的规定。

【条文理解】

高度危险物品的所有人和管理人应当严格按照有关安全生产规范，对其占有、使用的高度危险物进行保管，将高度危险物储存在专用仓库、专用场地或者专用储存室内，并由专人管理。高度危险物出入库，必须进行核查登记并对库存高度危险物作定期检查。剧毒化学品以及储存数量构成重大危险源的其他高度危险物必须在专用仓库内单独存放，实行双人收发、双人保管制度，并采取必要的保安措施，防止高度危险物被盗、丢失。[①] 但在现实中，由于有些储存、使用高度危险物的所有人或者管理人的安全措施不到位或者其他原因，导致高度危险物遗失、被盗甚至被抢，对周围的人民群众的生命健康和财产产生巨大威胁，并造成人员伤亡。因此，有必要对被非法占有的高度危险物造成损害的侵权责任作出明确规定。《侵权责任法》第75条规定："非法占有高度危险物造成他人损害的，由非法占有人承担侵权责任。所有人、管理人不能证明对防止他人非法占有尽到高度注意义务的，与非法占有人承担连带责任。"本条基本沿用了这一规定，

---

① 王胜明主编：《中华人民共和国侵权责任法释义》，法律出版社2010年版，第376页。

只是将原来的"对防止他人非法占有尽到高度注意义务"修改为"对防止非法占有尽到高度注意义务",即删除了"他人"二字。关于本条的理解,要注意以下问题:

一、关于"非法占有"的界定

所谓非法占有,是指明知自己无权占有,而通过非法手段将他人的物品占为己有。从这一界定来看,非法占有就是指无权占有,即无权占有行为本身就意味着对本权的侵害,除非占有人证明其占有系有合法原因。在此需要注意的是,传统民法上并无非法占有的概念,而与其相近的是"恶意占有"。恶意占有指的是占有人明知自己为无权占有,仍以有权占有的意思对其进行占有。恶意占有包括如下几种情形:一是暴力占有。在暴力占有场合,占有脱离物系基于暴力行为如抢夺、抢劫等行为而取得。二是隐秘占有。即通过隐秘窃取方式而获得的占有。三是和平占有也存在恶意占有的可能。和平占有指的是占有脱离物系通过平和、公然的方式取得的,如通过遗失物拾得、埋藏物发现等方式获得的占有。以遗失物为例,拾得人并非所有人,如其以拾得人身份占有拾得物,此时就其作为他主占有人而言,并不存在相信自己是所有人而进行占有的问题,因此其所为的占有仍属善意占有。但如其以自己所有的意思占有遗失物,则其所为的自主占有显属恶意占有。在此情况下,仍有本条的适用。[①] 这时该以自主占有名义占有遗失物的拾得人应当对高度危险物造成他人损害承担侵权责任。

二、关于侵权责任构成

危险物被他人非法占有期间,危险物致人损害的,无论是人身损害还是财产损害,都由该非法占有人承担民事责任。非法占有人承担侵权责任的归责原则是无过错责任原则。据此,非法占有高度危险物侵权责任的构成要件包括:(1)侵权人非法占有高度危险物;(2)发

---

① 陈现杰主编:《中华人民共和国侵权责任法条文精义与案例解析》,中国法制出版社2010年版,第261页。

生了损害后果;(3)受害人的损害是由于非法占有人非法占有高度危险物所造成的。如果涉及所有人和管理人承担责任的,这时还需增加一个要件,即所有人、管理人不能证明对防止非法占有尽到高度注意义务。

在诉讼中对于本条的适用,仍应采取原告承担较轻举证责任、被告承担较重举证责任的做法。原告方仅需对其受到损害的情形以及被告方占有高度危险物的事实承担举证责任,因为无论被告方是非法占有还是合法占有,只要是高度危险物导致损害后果发生的,被告方就要依法承担侵权责任。当然,原告方证明被告为非法占有高度危险物,也有其积极意义,即可以适用本条的规定,可以主张后续有关的所有人和管理人承担连带责任的问题。被告方要对高度危险物与损害后果的发生无因果关系承担举证责任。涉及所有人和管理人承担责任的,所有人、管理人要就其对防止非法占有尽到高度注意义务承担举证责任。通常而言,是否尽到高度注意义务属于过错责任的判断范畴,从本条表述来看,所有人、管理人承担责任的归责原则应属于过错推定责任的范畴。按照本条规定的文义,即使涉及所有人、管理人与非法占有人内部责任的承担问题或者追偿权的问题时,该所有人、管理人仍应就其对防止非法占有尽到高度注意义务承担举证责任。

三、关于本条情形下的侵权责任承担

依据本条规定,非法占有高度危险物造成他人损害的,由非法占有人承担侵权责任。所有人、管理人不能证明对防止非法占有尽到高度注意义务的,要与非法占有人承担连带责任。所有人、管理人承担连带责任的法理依据在于,按照有关高度危险物安全规范,所有人或者管理人对其占有的高度危险物要尽到高度注意义务,采取严格的安全措施,妥善保管高度危险物,将高度危险物放置在特定的区域,并由专人看管,防止高度危险物被盗或者非法流失。如果所有人或者管理人未尽到高度注意义务,一旦导致高度危险物被非法占有,将对社会产生巨大危害,严重威胁周围人民群众的人身财产和公共安全。因

此，应当加重所有人、管理人的责任，使其对自己的过失行为负责。此外，考虑到非法占有人可能没有赔偿能力，如果仅让其承担侵权责任，受害人得不到合理的赔偿，对受害人保护不力，也不利于促使高度危险物的所有人或者管理人加强管理，采取有效的安全措施。所以，所有人、管理人不能证明对防止他人非法占有尽到高度注意义务的，与非法占有人承担连带责任。[①] 至于连带责任的具体规则，应当适用《民法典》第178条关于连带责任的规定。

在此需要注意的是，如果是所有人自己占有保管高度危险物的情形下发生了他人对高度危险物非法占有的，由所有人与非法占有人承担连带责任。如果所有人依法将高度危险物交由他人管理的，则由管理人与非法占有人承担连带责任。如果所有人和管理人都有过错的，这时所有人、管理人和非法占有人一起承担连带责任。在诉讼中，如果同时存在上述所有人、管理人与非法占有人的情形，他们通常是共同被告的关系，这时就会涉及当事人申请追加被告以及人民法院必要时依职权追加被告的适用。

【审判实践中应注意的问题】

一、关于高度注意义务的界定问题

有观点把注意义务分为三种，即普通人的注意、应与处理自己事务为同一注意、善良管理人的注意。显然，本条"高度注意义务"强调的是一种善良管理人的注意。本条并没有对"高度注意义务"的内涵加以规定。有观点认为，这一"高度注意义务"要比管理人的警示义务还要重。[②] 依据《侵权责任法》第76条规定，未经许可进入高度

---

① 王胜明主编：《中华人民共和国侵权责任法释义》，法律出版社2010年版，第377页。
② 最高人民法院侵权责任法研究小组编著：《〈中华人民共和国侵权责任法〉条文理解与适用》，人民法院出版社2010年版，第515页。

危险活动区域或者高度危险物存放区域受到损害，管理人已经采取安全措施并尽到警示义务的，可以减轻或者不承担责任。但《民法典》第1243条已经将上述的"警示义务"修改为"充分警示义务"。我们认为，这两条规定在注意义务的标准上已经趋于一致。实践中，把握高度注意义务可以参考以下几方面内容：（1）所有人、管理人要对高度危险物的风险性有充分的认识；（2）所有人、管理人要采取充分的、谨慎的措施保证高度危险物的安全，依法依规避免丧失对高度危险物占有；（3）如果发生丧失占有情形，所有人和管理人能够及时采取措施防止损害发生。

二、关于本条规定情形的免责事由问题

与第1241条规定情形一样，本条也未规定免责事由。我们认为，对此也应适用与第1241条相同的逻辑，非法占有人相较于合法占有人而言，更具有可归责性，其免责事由也要更加严格，这需要在今后的司法解释中予以细化。

> **第一千二百四十三条** 未经许可进入高度危险活动区域或者高度危险物存放区域受到损害，管理人能够证明已经采取足够安全措施并尽到充分警示义务的，可以减轻或者不承担责任。

【条文主旨】

本条是关于未经许可进入高度危险活动区域或者高度危险物存放区域致害责任承担的规定。

【条文理解】

要正确理解本条的规定，需要看到高度危险责任的类型非常复杂，一般来说，对于高度危险作业活动，即高度危险作业人积极、主动地对周围环境实施具有高度危险的活动，作业人应当承担无过错责任。适用无过错责任原则一个非常重要的特点就是其免责或者减责事由仅限于法律规定，即只有在法律明文规定不承担责任或者减轻责任的情况下，作业人才可以提出抗辩。否则，即使存在《民法典》侵权责任编第二章规定的对于其他侵权责任一般适用的不承担责任或者减轻责任的情形（如受害人过错等），高度危险作业人仍然无法减轻或者免除责任。但是，高度危险责任中除了这一类对周围环境实施积极、主动危险活动的高度危险作业外，还包括另一类，它并非积极、主动实施对周围环境造成高度危险的活动，而是因其管理控制的场所、区域具有高度危险性，如果未经许可擅自进入该区域，则易导致损害的发生，即高度危险活动区域或者高度危险物存放区域责任。如果将对高度危险场所、区域的控制和管理也视为高度危险活动，这一类高度危险活动是静态的，不像高度危险作业活动一样对周围环境实施了积极、主动的危险。虽然二者都属于高度危险责任，但在免责和减责事由上，二者应有所区别。[①]正因如此，《侵权责任法》第76条规定："未经许可进入高度危险活动区域或者高度危险物存放区域受到损害，管理人已经采取安全措施并尽到警示义务的，可以减轻或者不承担责任。"相较这一规定，本条对这一侵权行为情形作了保留，但有关内容作了重大修改：一是将原来的"管理人已经采取安全措施并尽到警示义务的，可以减轻或者不承担责任"修改为"管理人能够证明已经采取足够安全措施并尽到充分警示义务的，可以减轻或者不承担责任"，即明确了本条规定适用举证责任倒置的规则，实际上是过错推定责任，较以前表述采取了更为严格的责任。二是将"已经采取安全措施并尽到警示义务"修改为"已经采取足够安全措施并尽到充分警示义务"，提高了对管理人的注意义务标准。

本条规定从责任承担角度讲，是管理人符合相应构成要件时承担责任的规定，类似于过错推定责任的表述。但从另一角度讲，本条实际上也是关于高度危险责任抗辩事由的规定。《民法典》侵权责任编中的第1236条规定了高度危险责任的一般条款，并未规定免责事由。第八章在具体高度危险责任类型中分别规定了相应的抗辩事由，现行单行法中对高度危险责任的抗辩事由也有规定，但是涉及其他种类的高度危险责任时，就欠缺必要抗辩事由的规定，这不利于正确处理非典型的高度危险责任案件。从这个角度讲，本条规定实际上是对第1236条规定的补充。

从本条规定来看，管理人承担侵权责任的构成要件有：

第一，受害人未经许可进入高度危险活动区域或者高度危险物存放区域受到损害。受害人进入该高度危险活动区域或者高度危险物存放区域未得到许可，属于擅自进入的情形，这时受害人对于损害后果的发生具有过错。当然，高度危险活动区域或者高度危险物存放区域应当属于依法依规设定的区域。

[①] 王胜明主编：《中华人民共和国侵权责任法释义》，法律出版社2010年版，第379页。

第二，管理人未采取足够安全措施或者并未尽到充分警示义务。判断管理人是否尽到了安全保护和警示义务的问题，首先要依据相应的法律法规的规定，其次在实务上还要依危险活动或者危险物的危险性程度的高低来确定其安全保护或者警示义务的高低，同时还要根据受害人的情况来判断该种安全保护或者警示是否足以起到相应作用，而不宜按照一般注意义务为判断标准。比如管理人采取的警示措施，对受害人不能起到警告作用，如在爆破现场，只是通过高音喇叭提示人们不得进入现场，对于聋哑人来说就不能认为已经起到充分警示义务。[①] 本条关于减轻或者免除管理人责任的规定是基于过失相抵的原理而设定的。受害人未经许可进入高度危险区域，同时管理人又已经采取了足够安全措施并尽到了充分警示义务，则表明受害人明知是危险区域或者因受害人自身重大过失而进入，受害人对因此而受到的损害有重大过错。这一重大过错包括故意和重大过失。比如受害人明知是高度危险区域而进入，对于相应的损害结果是积极追求或者放任的态度，则为受害人故意的情形，这时管理人应当免责。如果是受害人因为重大过失没有注意到警示误入高度危险区域的，一般只是减轻管理人的责任。

第三，高度危险物或者高度危险作业与损害后果之间有因果关系。进入高度危险活动区域或者高度危险物存放区域，是受害人遭受损害的基本条件，如果受害人不进入危险区域，则会避免损害的发生。同时，此损害后果必须是高度危险物或者高度危险作业造成的，这也是管理人承担侵权责任的基本要件。

从另一个角度讲，对于受害人未经许可进入高度危险活动区域或者高度危险物存放区域而受到损害的情形，如果管理人尽到了采取足够安全措施并且充分警示的义务，这时该管理人就应当减轻或者免除责任。概言之，这一免责事由的构成：一是必须在高度危险活动区或者高度危险物的存放区；二是高度危险活动人或者高度危险物占有

---

① 最高人民法院侵权责任法研究小组编著：《〈中华人民共和国侵权责任法〉条文理解与适用》，人民法院出版社 2010 年版，第 517 页。

人、所有人、管理人已经相当注意,设置了明显标志和安全措施,尽到了充分的警示、保护义务;三是受害人未经许可进入该区域,造成损害。具备这三种条件,应当免责。[①]当然,依据本条规定,尽到了采取足够安全措施并且充分警示义务的举证责任在管理人一方。

【审判实践中应注意的问题】

关于本条的适用,要注意的问题如下:

第一,受害人仅限定在未经许可进入高度危险活动区域或者高度危险物存放区域的人。获得许可的人员包括工作人员及其他人员,工作人员所受的伤害属于工伤事故或用人者责任问题,不适用第八章规定,更无本条适用的可能。至于获得许可进入高度危险区域的其他人员,如因高度危险物或高度危险行为遭受损害的,适用第八章其他有关高度危险责任的规定,同样不能适用本条。

第二,本条作为高度危险责任一般条款的补充,即关于减责、免责事由的规定,也属于有关减责、免责事由的一般规定。在法律适用上要遵循特别法优先适用、本条规定补充适用的规则,比如第1239条对占有、使用高度危险物侵权责任的免责事由有明确规定,涉及此类损害时,就要直接适用该条规定。

[①] 杨立新:《侵权法论》,人民法院出版社2013年版,第758页。

> **第一千二百四十四条** 承担高度危险责任，法律规定赔偿限额的，依照其规定，但是行为人有故意或者重大过失的除外。

【条文主旨】

本条是关于高度危险责任赔偿限额的规定。

【条文理解】

在侵权法理论上，限额赔偿属于限制赔偿的一种方式。限制赔偿既可能表现为责任范围的限制，也可能表现为责任数额的限制（赔偿限额）。关于赔偿范围问题，比较法上，在法国，高度危险责任（无生物责任）是可以适用精神损害赔偿的。德国侵权法则原则上否认精神损害赔偿可以适用于危险责任，仅在例外情况下才有适用。这一做法招致了较多批评，在2002年颁布通过的《德国修改损失赔偿条文第二法》第253条第2款中规定，精神损害赔偿可以普遍地适用于危险责任。[①]也就是说，有关限制赔偿的适用在高度危险责任中主要体现在数额限制而非范围限制上，我国对此也是采取这一态度。概言之，高度危险责任，属于无过错责任，其重要特点之一就是不论行为人对损害的发生是否具有过错，高度危险责任人都必须对损害承担责任，除非法律另有规定。因此，法律对于高度危险责任人的要求非常严格。但是，从行业的发展和权利义务平衡的角度看，法律必须考虑在这种严格责任的前提下，有相应责任限额的规定，这

---

① ［德］马克西米利安·福克斯：《侵权行为法》，齐晓琨译，法律出版社2006年版，第261页。

也是许多国家在高度危险责任立法上的一致态度。① 我国现行法律对于高度危险责任赔偿限额问题也有比较明确的规定。《侵权责任法》第77条规定:"承担高度危险责任,法律规定赔偿限额的,依照其规定。"相较这一规定,本条沿用了有关赔偿限额的一般规则,但是增加了一个但书条款,即"但是行为人有故意或者重大过失的除外",这也属于重大修改,即在行为人有故意或者重大过失的情形下,不再适用法律特别规定的限额责任规则。对于本条的理解要注意以下问题:

一、现行法律规定的责任限额

现行法律关于责任限额的规定主要集中在航空运输、核设施等领域。

(一)关于民用航空器致人损害的赔偿限额

《民用航空法》第128条规定:"国内航空运输承运人的赔偿责任限额由国务院民用航空主管部门制定,报国务院批准后公布执行。旅客或者托运人在交运托运行李或者货物时,特别声明在目的地点交付时的利益,并在必要时支付附加费的,除承运人证明旅客或者托运人声明的金额高于托运行李或者货物在目的地点交付时的实际利益外,承运人应当在声明金额范围内承担责任;本法第一百二十九条的其他规定,除赔偿责任限额外,适用于国内航空运输。"第129条对此又作了具体规定:"国际航空运输承运人的赔偿责任限额按照下列规定执行:(一)对每名旅客的赔偿责任限额为16600计算单位;但是,旅客可以同承运人书面约定高于本项规定的赔偿责任限额。(二)对托运行李或者货物的赔偿责任限额,每公斤为17计算单位。旅客或者托运人在交运托运行李或者货物时,特别声明在目的地点交付时的利益,并在必要时支付附加费的,除承运人证明旅客或者托运人声明的金额高于托运行李或者货物在目的地点交付时的实际利益外,承运

---

① 王胜明主编:《中华人民共和国侵权责任法释义》,法律出版社2010年版,第380页。

人应当在声明金额范围内承担责任。托运行李或者货物的一部分或者托运行李、货物中的任何物件毁灭、遗失、损坏或者延误的，用以确定承运人赔偿责任限额的重量，仅为该一包件或者数包件的总重量；但是，因托运行李或者货物的一部分或者托运行李、货物中的任何物件的毁灭、遗失、损坏或者延误，影响同一份行李票或者同一份航空货运单所列其他包件的价值的，确定承运人的赔偿责任限额时，此种包件的总重量也应当考虑在内。(三)对每名旅客随身携带的物品的赔偿责任限额为332计算单位。"第132条又进一步规定："经证明，航空运输中的损失是由于承运人或者其受雇人、代理人的故意或者明知可能造成损失而轻率地作为或者不作为造成的，承运人无权援用本法第一百二十八条、第一百二十九条有关赔偿责任限制的规定；证明承运人的受雇人、代理人有此种作为或者不作为的，还应当证明该受雇人、代理人是在受雇、代理范围内行事。"

(二)关于民用核设施发生核事故致人损害的赔偿限额

《国务院关于核事故损害赔偿责任问题的批复》(国函〔2007〕64号)第7项规定，核电站的营运者和乏燃料贮存、运输、后处理的营运者，对一次核事故所造成的核事故损害的最高赔偿额为3亿元人民币；其他营运者对一次核事故所造成的核事故损害的最高赔偿额为1亿元人民币。核事故损害的应赔总额超过规定的最高赔偿额的，国家提供最高限额为8亿元人民币的财政补偿。对非常核事故造成的核事故损害赔偿，需要国家增加财政补偿金额的由国务院评估后决定。该批复第8项规定，营运者应当做出适当的财务保证安排，以确保发生核事故损害时能够及时、有效的履行核事故损害赔偿责任。在核电站运行之前或者乏燃料贮存、运输、后处理之前，营运者必须购买足以履行其责任限额的保险。

此外，国务院《铁路交通事故应急救援和调查处理条例》原第33条曾对火车等高速运输工具致人损害的赔偿限额作出规定，但此规定已被废止。①

二、关于本条但书条款的适用

高度危险责任一般条款在适用过程中，也可能会与过错责任发生竞合。在比较法上，关于过错责任和严格责任的竞合关系的处理，除了波兰采用严格责任优先于其他归责原则之外，大多数国家都允许受害人同时请求侵权人承担过错责任或者严格责任。虽然在美国法上要求受害人在行为人故意或者过失的情况下，必须采用特殊的归责原则。但是，这并不影响比较法上呈现的允许自由竞合的趋势。根据德国法，危险责任规定一般会具有最高赔偿数额限制，但是原则上这些规定仍然保持了《德国民法典》一般规定的有效性，也就是说，受害人可以依据《德国民法典》中的过错责任条款而请求超过最高赔偿数额限制的其他损失。我们认为，采取在高度危险限额赔偿与过错责任非限额赔偿竞合的做法，不仅与当前国际做法相符，也有利于对受害人的充分救济。

本条但书条款明确规定"行为人有故意或者重大过失"的除外，即在此情形下可以不适用限额赔偿责任。对当事人而言，就会产生过错责任与高度危险责任的选择适用问题。从二者的对比看，在适用高度危险责任时，并不需要证明责任主体的过错。对受害人而言，在危险责任中，责任构成较为容易，而在过错责任中则需要就行为人有过错进行举证。但在赔偿的范围上，在高度危险责任中，法律设立了最高赔偿限额。而在过错责任中，采完全赔偿原则，受害人所遭受的全部损害都要给予赔偿。这时，应由受害人根据具体情况作出对自己有利的判断，选择其中之一作为请求权基础来救济其损害，如果选择了适用过错责任的规则，就不存在上述赔偿限额的限制。这一做法的

---

① 该条规定："事故造成铁路旅客人身伤亡和自带行李损失的，铁路运输企业对每名铁路旅客人身伤亡的赔偿责任限额为人民币15万元，对每名铁路旅客自带行李损失的赔偿责任限额为人民币2000元。铁路运输企业与铁路旅客可以书面约定高于前款规定的赔偿责任限额。"这一规定已被《国务院关于修改和废止部分行政法规的决定》（中华人民共和国国务院令第628号）废止。

法理依据在于，在侵权法中，加害人的过错对确定赔偿责任范围是有重大影响的，① 它表明的是法律对加害人行为的谴责程度。在无过错责任场合，无过错责任原则仅仅表明对某种危险性特别严重的侵权领域，要给予受害人更为妥善的保护，即使加害人没有过错也要承担侵权责任，也要对受害人承担赔偿责任，使受害人的损害得到赔偿。但是，即使在这样的场合，根据加害人主观上有无过错，法律对其的谴责程度也是不同的。那就是，无过错的加害人在无过错责任的场合应当承担侵权责任，而有过错的加害人在这样的场合应当承担更重的赔偿责任，这种赔偿责任轻重的区别，体现的是法律对主观心理状态不同的加害人的不同谴责和制裁的程度要求。也只有这样，才能够体现侵权法的公平和正义。②

【审判实践中应注意的问题】

关于本条的适用，要注意有关但书条款确立的过错责任的具体适用问题。一是这一但书条款的规定不能理解为完全排除本条前段关于限额赔偿的规定，而是赋予了受害人以选择权，允许其基于自身利益判断作出合理选择。二是要理解和遵循"特别法优先于一般法的规则"和"后法优于先法"的规则。此但书条款的适用范围目前主要针对的是现有法律规定的有关限额责任的情形，在今后有关法律对高度危险责任类型的限额赔偿作出规定后，此但书条款同样适用，这可以理解为此但书条款属于高度危险责任限额赔偿的例外规定，在后的法律即使仅写明限额赔偿而无例外规定，也要优先适用本条但书条款的规定。其实，这一但书规定构成了一般规则之外的特别规则，应当具有优先适用的效力。三是本条规定的适用过错责任的情形，在法律上限定为"行为人有故意和重大过失"，这一表述似又与前面的允许当事人选择适用过错责任不尽一致。从文义

---

① 张新宝：《侵权责任构成要件研究》，法律出版社 2007 年版，第 438 页。
② 杨立新：《侵权法论》，人民法院出版社 2013 年版，第 766 页。

上讲，在"行为人有故意和重大过失"时即可突破有关限额赔偿的规定。我们认为，在行为人具有一般过失的情形下，前述有关过错责任与高度危险责任竞合的选择适用问题，也可以在审判实践中作有益探索。

第九章　饲养动物损害责任

> **第一千二百四十五条**　饲养的动物造成他人损害的，动物饲养人或者管理人应当承担侵权责任；但是，能够证明损害是因被侵权人故意或者重大过失造成的，可以不承担或者减轻责任。

【条文主旨】

本条是关于饲养动物损害责任的一般规定。

【条文理解】

本条延续了《侵权责任法》第78条的规定，仅在文字表述上略作调整，无实质变化。

一、概念的厘清

（一）"饲养的动物"的认定

本条所称的饲养，是指特定人基于本意通过提供食物的方式对动物进行培育和实际控制的行为。通常意义上家养宠物、牲畜、家禽，动物园中的动物，实验用的动物等都属于饲养的动物。饲养的实质是特定人在事实上承担起对自己饲养动物这一潜在危险源的作为义务。饲养动物的危险控制属于饲养人的责任领域，而野外环境生长、繁殖的动物则不存在责任领域的危险分配。饲养通常具有一定持续性并有固定饲养场所或设施，但对实际发生的时长和场所或设施条件在所不问,即便短暂饲养或者无固定场所饲养,仍然属于饲养的动物。例如,居民家中豢养的宠物狗、猫等长期在固定场所,固然属于饲养的动物,但对于临时收留的流浪狗、流浪猫,即便饲养时间短暂,缺乏固定场所或设施,依然应认定为饲养的动物。相反,当饲养的动物由于暂时遗弃、逃逸(饲养状态的松动)逐渐长期离开饲养人的控制,最终远离人类生产、生活变成野狗、野猫(饲养状态的脱离),则不宜认定为本法所称的饲养的动物。不过,这种无人饲养的流浪动物,如果重新被人饲养,则又属于饲养的动物(饲养状态的建立)。另外,有学者认为,本身不具有对他人人身或财产造成危险的可能的动物,如家养的金鱼,不是本法所称的"饲养的动物"。[①] 该观点实际上是以动物是否具有危险性作为认定标准的,但动物是否具有危险性与是否属于饲养的动物是两个层面的问题,不宜混淆。应该说,动物是否属于饲养人的责任领域才是问题的关键。

(二)"动物饲养人或者管理人"的认定

动物饲养人或者管理人指实际承担饲养动物危险控制责任的人,可能为动物的本权人、占有人、保管人等。饲养人是对饲养动物具有支配地位的人,包括直接占有人和间接占有人。管理人则往往是对动物直接控制的人,常见情形是受本权人委托管理动物的人或基于某种原因暂时控制动物的人等。"饲养人"与"管理人"并不是非此即彼的关系,两者间存在阶层关系和补充关系。(1)阶层关系:饲养人不仅是对动物直接控制的人,也包括基于本权而间接控制动物的人,而管理人则主要指的是直接控制动物的人。两者存在阶层关系,前者可以降低评价为后者,但后者未必能升格评价为前者。最为常见的情形是动物的所有权人或其他本权人即便没有直接管理饲养动物,但是能够基于本权间接占有动物,我们可以称之为饲养人,但不能称之为管理人。如果饲养人与管理人为同一人即动物本权人时,认定为饲养人更为合适。(2)补充关系:侵权人能够认定为饲养人时,应优先认定

---

① 张新宝:《饲养动物致人损害的赔偿责任》,载《法学研究》1994年第2期。

为饲养人；当侵权人难以认定为饲养人时，可以补充认定为管理人，即在动物侵权责任承担主体范围上，管理人是饲养人的补充形式。首先，当动物的本权人自己饲养和管理动物成为直接占有人时，仅认定为饲养人即可，无须评价为管理人；其次，当动物的本权人委托他人饲养或管理成为间接占有人时，动物的本权人应认定为饲养人，被委托人应认定为管理人，两人视过错程度承担侵权责任；最后，当动物的本权人并非基于本意而丧失对动物的占有时（如动物被盗），第三人直接饲养或管理动物的，动物的本权人虽然在物权法和行政法上仍可认定为动物的主人，但在侵权责任法上继续认定为"饲养人"则显得过于观念化，而将第三人认定为"饲养人"又显然忽视了第三人与本权人的区别，此时应将第三人认定为管理人较为妥当。动物饲养人或者管理人的范围之所以如此广泛，是因为他们在事实上或社会观念上有义务和能力控制饲养动物的危险，换言之，动物饲养人或者管理人的实质是控制动物危险源的作为义务承担者。

二、饲养动物致害的侵权构成要件

近年来，随着人民群众生活水平逐步提高，饲养动物的人群和被饲养动物的种类不断增多，饲养动物致人损害的情形日趋多样化，出人意料的动物致害案件频频引起社会关注，各地人民法院应给予足够重视。饲养动物侵权需满足以下三要件：

（一）存在动物加害行为

这一要件是指客观上发生了饲养动物损害他人的行为。例如，家养的烈性犬咬伤人，奔跑的马群踩踏人，猪将人拱伤，牛卧车轨发生交通事故，豢养的飞鹰啄人等。一般认为，这里所谓"饲养动物加害行为"属于事件而非民事行为，并不要求饲养人有意为之。假如动物致害是饲养人有意为之，则应认定为饲养人以作为形式的一般侵权，而非饲养动物特殊侵权。[1] 但是，需要注意的是，上述观点不意味着

---

[1] 陈现杰主编：《中华人民共和国侵权责任法条文精义与案例解析》，中国法制出版社2010年版，第267页。

饲养动物侵权是动物本身的侵权，而饲养人只是替代动物承担赔偿责任。对饲养动物侵权需要从实质解释的立场进行理解，应将其理解为饲养人的不作为侵权。换言之，被饲养的动物因为存在危险性而成为危险源，饲养人对这个危险源负有监督型的作为义务，应当预见和避免动物致人损害；饲养人客观上能履行但未履行积极监督的作为义务，导致动物致人损害的，便应当按照饲养动物侵权损害承担民事责任。这种民事责任属于典型的不作为侵权责任。与之比较，如果饲养人故意以作为形式积极利用动物侵害他人，则属于饲养人作为形式侵权，显然不同于饲养动物侵权。

此外，需要注意的是，（1）饲养人对所饲养动物的监督型作为义务不限于基于物理上的现实管理或控制产生的作为义务，基于社会观念和救济权利同样可以产生作为义务。例如，饲养人饲养的动物被遗弃或逃逸的（饲养状态的松动），虽然饲养人已经不能在物理上进行现实控制或管理，但是根据社会观念，也是为了救济被侵权人的权利，一般认为饲养人仍然有机会和条件恢复饲养状态，因此动物仍然由饲养人管理和控制，饲养人继续承担着监督型作为义务。但是，如果饲养动物长期远离饲养人，脱离了饲养状态，则饲养人不再承担监督型作为义务。又如，因第三人过错致使动物造成他人损害的，虽然该损害并非饲养人直接导致，但从社会观念和救济权利角度，仍然认为饲养人承担着对饲养动物这一危险源的监督型作为义务。（2）饲养人对所饲养动物的监督型作为义务不限于法律直接规定的义务，还包括基于社会公德产生的义务。社会生活复杂多变，法律不可能穷尽饲养人承担监督型作为义务的所有类型，因此，即便没有法律规定，但事关被侵权人合法权益的保护，同时能够在社会公德上找到合法性基础或根据，同样可以确认作为义务。例如，宠物犬的排泄物需要由饲养人及时清理，不能妨碍公共卫生。如果因宠物犬排泄物妨碍对公共设施或私人财产的使用，饲养人应当承担侵权责任。又如，饲养人从家乡带回能打鸣的公鸡饲养，对城市居住环境有一定的影响，饲养人应当排除妨害。

(二)产生损害结果

损害结果指的是被侵权人因侵害事实而遭受了实际损害。通常包括财产损害、人身损害和精神损害三种类型。司法实践中，认定财产损害的难点在于财产价值的认定。对此，可先由各方当事人自行协商，协商不成的，由人民法院指定专门机构进行评估，或由法院参照市场同期同类物品的价值酌定。人身损害、精神损害的认定应依据人身损害赔偿、精神损害赔偿的相关法律及司法解释予以认定。

(三)动物加害行为与损害结果之间有因果关系

动物致害事实与损害结果之间需具有因果关系。实践中，动物致害事实与损害结果之间的因果关系具有多样性。合乎自然科学法则的因果关系较易判断，但存在介入因素的因果关系较难判断。例如，甲为乙饲养的犬所伤，送丙医院救治。在治疗过程中，丙医院出现医疗事故导致伤口感染，后救治无效死亡。该案中，乙犬致害与甲的死亡结果之间并无直接因果关系，但没有乙犬伤害，便无后来的送医治疗，亦无丙医院的医疗事故。应该说，既不能完全否定乙犬伤害与甲死亡之间的因果关系，又不能把甲的死亡结果完全归咎于乙犬伤害，应认为乙犬伤害与丙医院的医疗事故共同导致了甲的死亡结果。乙犬伤害对伤害结果发挥了实际作用，并单独导致伤害结果，但对死亡结果仅发挥了条件作用，其本身不足以致死。甲的死亡结果是在乙犬伤害产生因果影响的基础之上，最终由医疗事故直接产生。显然，这种情况下，乙犬伤害是甲死亡结果发生不可缺少的前提条件，但在因果发展过程中介入了丙医院的医疗事故，因而产生了因果作用。对于这类因果关系的民事归责问题，有人主张按照共同侵权责任处理，有人主张按照饲养动物侵权在损害结果发生中发挥作用力的实际权重进行责任比例分配。对此，我们认为，一般应根据饲养动物侵权在损害结果的形成过程中所占的原因力比例，结合个案情况认定民事责任。

三、饲养动物致害的归责原则

归责是指侵权事实发生后依据何种标准判断应由何人承担法律责

任。归责原则是确定何人承担何种侵权赔偿责任所依据的准则。归责原则不同于赔偿原则。归责原则是为解决"何人来赔"的问题，赔偿原则则是解决"如何来赔"的问题。当前，侵权责任的归责原则一般分为过错责任原则、过错推定责任原则与无过错责任原则三种类型。过错责任原则是根据侵权人主观过错来判断其对被侵权人的损害是否承担法律责任的归责原则。过错责任原则在归责原则中具有基础地位，其适用范围最广，其他归责原则实际上是该原则的延伸与补充。过错推定责任原则，是指在已知事实尚不能证明行为人有过错的情况下推定其有过错，从而令其承担损害赔偿责任的归责原则。该原则实际上是证据法中的推定与过错责任原则的结合，并非单纯的实体法现象。在此意义上，过错推定原则可视为过错责任的延伸类型。无过错责任原则，是指不论行为人是否有主观过错，只要其行为与受害人的损害结果之间有因果关系，则令其承担损害赔偿责任的归责原则。无过错责任实际上是机械适用过错责任出现实质不合理情形或者社会效果与法律效果疏离时的一种补充。应该说，过错推定原则和无过错责任原则有着严格的适用条件，只有在特殊侵权案件中才能依据法律明确规定加以适用。

关于饲养动物侵权采用何种归责原则，主要有三方面考虑：其一，饲养的动物具有一定危险性，属于法律上的危险源，只有动物的饲养人或管理人才有控制或管理这一危险源的能力，因而其具有审慎管理被饲养的动物的作为义务，即唯有动物饲养人才能承担避免动物侵权的预见义务和结果回避义务。一旦被饲养的动物致人损害，在无证据证明受害人有过错的情况下，可以推定动物饲养人或管理人未尽其审慎管理义务，或者，直接取消过错要件令饲养人承担赔偿责任。其二，根据谁受益谁担责的权利义务一致原则，应由动物的管理人或饲养人承担侵权责任。饲养动物具有明显的利益属性，饲养行为本身可能产生精神上的宽慰与愉悦，也有可能由此获取经济利益。因此，为了权利与义务的平衡，获益的动物饲养人或管理人，在动物致害的情况下，理应承担相应的赔偿责任。其三，适用过错推定责任原则或无过错责任原则，可以更好地保护受害人的权益。一般情况下，动物的饲养人或管理人更了解动物的习性，更容易控制动物的危险性，而被侵权人处于被动的受害者地位和弱势的取证地位。通过适用过错推定原则或者无过错责任归责原则，可以使受害人免于举证证明饲养动物的饲养人或管理人有过错，改变其在诉讼等维权活动中的被动地位。

依据本条规定，饲养动物侵权一般适用无过错责任原则，这也是学术界的通说。我们认为，无过错责任与过错推定责任的适用过程和结论虽然有一定的近似性，但是内在机理明显不同。一般来说，站在抽象的形式判断立场，如果侵权人对危险源和侵权过程具有高度的排他性支配，被侵权人完全处于被动接受的地位，适用无过错责任较为合理；相反，如果侵权人对危险源和侵权过程虽然可能具有高度的排他性支配，但一般来说相对被动的被侵权人仍然有机会影响危险的产生及现实化过程，那么采用过错推定责任更为合理。两者虽然存在内在差异，但实际统一于权利义务一致性这一原理。考虑到饲养动物侵权的情形，饲养人对饲养动物具有高度的排他性支配，同时，在侵权事实发生过程中，被侵权人通常处于被动承受的地位，因此，饲养动物侵权适用无过错责任更为妥当。在完成形式判断之后，从实质的个案角度，为了救济特殊情形下负担过重的无过错责任承担者，如果被侵权人对损害存在故意或重大过失的场合，那么才例外地排除无过错的动物饲养人承担赔偿责任。过错推定责任与此不同，它在抽象的形式判断上从一开始就给被侵权人分配了一定的风险预见与避免责任。例如，动物园饲养动物原本供公众观赏、接触或互动之用，被侵权人完全有机会和能力突破饲养人设置的安全保护措施，难以形成高度排他的支配状态，因此，动物园饲养的动物侵权不宜采用无过错责任，而应采用过错推定责任，即只要能够证明自己尽到了管理责任，便足以排除赔偿责任，无须证明被侵权人对损害存在故意或重大过失。

应该说，无过错责任在饲养动物侵权的一般场合均具有适用的合理性，但在饲养人对所饲养的动物不具有高度的排他性支配的场合，特别是饲养动物的目的在于使动物与被侵权人互动或者供被侵权人观赏接触，那么显然已经区别于饲养动物侵权的一般情形，因而不宜再适用无过错责任，而应适用过错推定责任。

总体说来，饲养动物致害的归责原则究竟采取无过错责任还是过错推定责任，需要考虑饲养动物本身的危险程度、饲养人控制或管理所饲养动物的机会和能力、被侵权人介入或干扰饲养人管理动物的机会和能力、饲养动物的目的或用途等因素，综合判断饲养人是否对所饲养的动物形成了高度排他的支配及其支配程度。排他性越强，饲养人的风险管理责任越重，责任领域越宽泛，因而需要承担无过错责任；反之，则有可能适用过错推定责任。简言之，饲养人与被侵权人需要根据案件类型进行饲养动物相关风险的责任分配。就第九章而言，关于归责原则体系，我们倾向于在饲养动物侵权方面是以无过错责任为原则，以过错推定责任原则为补充，除第1248条可以归为过错推定责任原则外，包括本条在内的其他条文适用无过错责任原则，在具体适用时应结合个案情况具体把握。

四、饲养的动物致害的免除或减轻责任事由

根据本条规定，在能够证明被侵权人的损害是其故意或者重大过失造成的，动物饲养人或管理人可以不承担或者减轻责任。实践中，极少存在被侵权人故意自损的情况。目前发生的故意自损案件主要有如下类型：（1）被侵权人为了使动物饲养人或管理人承担损害赔偿责任，故意置自身于动物侵害高度危险之中的"碰瓷式"行为；（2）故意盗窃被饲养的危险性动物引起动物侵害的；（3）被侵权人单纯利用他人饲养的动物进行自损等情况。与故意自损不同，被侵权人过失引起饲养动物侵害的案件较为多见。被侵权人过失包括重大过失和一般过失，唯有重大过失才构成本条规定的减轻责任事由。需要注意的是，只有被侵权人故意造成损害的，才可以免除动物饲养人或管理人的民事责任；被侵权人有重大过失的，只能减轻动物饲养人或管理人的责任，而不能免除责任。另，被侵权人的故意或重大过失包含其损害扩大的部分。一般而言，被侵权人承担着防止损失扩大的不真正义务。例如，某甲为乙饲养的动物所伤，甲明知该伤具有进一步感染加重的可能而拒绝治疗，导致伤口感染伤情加重。此种情形下，甲对于其伤情加重的后果有重大过失，对于扩大的后果，动物的饲养人或管理人可以依法减轻或免除赔偿责任。

【审判实践中应注意的问题】

一、关于动物致害侵权案件的举证责任分配

被侵权人无须举证证明动物饲养人或管理人的主观过错，只需就侵权行为的客观构成要件举证即可，即证明动物致害事实、损害结果以及动物致害事实与损害结果之间有因果关系。如果在这个过程中，被侵权人存在故意或重大过失，饲养人或管理人主张免除或减轻责任的，则需举证证明被侵权人存在故意或重大过失，否则承担举证不能的后果。

二、正确区分被侵权人的故意和重大过失

只有被侵权人故意造成损害结果才可免除动物饲养人或管理人的民事责任，被侵权人有重大过失只能减轻动物饲养人或管理人的民事责任，所以，正确区分被侵权人的过错程度是司法实践中的难点与重点。一般认为，被侵权人的过错程度应站在侵害发生当时，以一般人的经验法则作为根据，将"理性第三人"或"一般理性人"作为判断基准，针对一般人认识到的客观事实和被侵权人可能特别认知的客观事实作为判断材料，对被饲养动物危险性及被侵权人行为招致动物伤害的可能性进行具体判断。一是需要考虑动物本身的危险性。以被侵权人向动物投喂食物为例，如果被侵权人向原本危险性较小的鸡鸭等家禽投喂食物而被啄伤的，应认为被侵权人仅存在一般过失；假如不顾警示标识近距离向有一定危险性的猴、狗等动物投喂食物招致伤害

的,被侵权人可能存在重大过失;假如不顾警示标识进入禁入领域向有高度危险性的狮虎等猛兽投喂食物招致伤亡的,则可以认定被侵权人存在故意。二是需要考虑被侵权人行为本身招致危险的可能性。对动物的一般性挑逗行为,通常不会招致动物攻击,故通常不宜认定被侵权人故意造成损害。三是需要考虑动物饲养人或管理人监督管理义务履行情况。假如动物饲养人或管理人已全方位、多角度地对动物存在的危险进行了充分的告知警示,也设置了预防动物致害的完备防护设施,而被侵权人仍不顾警示,突破各种防护设施,靠近危险性动物导致损害发生的,可以认定被侵权人故意造成自身损害,动物饲养人或管理人可免除责任。

> **第一千二百四十六条** 违反管理规定，未对动物采取安全措施造成他人损害的，动物饲养人或者管理人应当承担侵权责任；但是，能够证明损害是因被侵权人故意造成的，可以减轻责任。

【条文主旨】

本条是关于动物饲养人或管理人违反规定未对动物采取安全措施致人损害的特别规定。

【条文理解】

与《侵权责任法》第79条相比，本条增加了但书关于减轻责任的内容，明确能够证明损害是因被侵权人故意造成的，可以减轻责任。本条与第1245条具有特别法与一般法的关系，是对违反管理规定未履行危险源监督义务饲养人侵权责任的特别规定。

一、"违反管理规定"的认定

为规范饲养动物的行为，保护合法权益，美化生活环境，法律法规对饲养动物作了相当丰富和完备的规定。这里的所谓"管理规定"泛指以民法和行政法名义在国家层面和地方层面颁布的关于饲养动物的各类法律法规的总称。与饲养动物有关的法律法规数量较大、内容繁复，据不完全统计，部门规章达到240余部，地方性法规达1000余部。在国家层面，如全国人大常委会制定颁布的《渔业法》（2013年修正）对渔业养殖作了相关规定；《侵权责任法》第十章规定了饲养动物损害责任；《治安管理处罚法》第43条、第75条对饲养动物作了处罚规定；农业部制定颁布《动物防疫条件审查办法》。除此以外,各地人大或政府针对饲养动物出台了地方性法规或规范性文件。例如,北京市人大常委会制定颁布《北京市养犬管理规定》、西安市人大常委会制定颁布《西安市限制养犬条例》、山东省人民政府制定颁布《山东省畜禽养殖管理办法》。应该说,上述法律法规及规范性文件均属于本法所称的"管理规定"。

二、饲养动物管理规定涉及的主要内容

除了禽畜养殖、畜牧养殖和渔业养殖外,饲养动物中最为常见的,也是最易产生法律纠纷的是犬类饲养。中国裁判文书网数据分析显示,饲养动物侵权纠纷案件绝大多数为犬类致害纠纷。考虑到这一点,主要围绕犬类饲养归纳相关"管理规定"的主要内容。

（一）饲养动物的主体资格

以北京市为例,《北京市养犬管理规定》第11条规定:"个人养犬,应当具备下列条件:（一）有合法身份证明;（二）有完全民事行为能力;（三）有固定住所且独户居住;（四）住所在禁止养犬区域以外。"其他地区的管理规定亦有与此类似的内容。设置此类规定并非规定饲养人的民事责任能力,旨在要求行政机关审核饲养人对饲养动物进行有效管理或控制的条件和能力。

（二）饲养动物的日常管理义务

饲养人满足主体的资格条件后,需办理登记手续取得行政许可,并定期年检和缴纳管理费;犬类死亡或失踪的,还需办理注销;犬类转让的需办理过户等。应该说,办证、缴费、年检、注销、过户等主要是行政法上义务,与饲养人饲养动物过程中是否履行对所饲养动物的监督型作为义务或安全保障义务无关。

（三）饲养动物的危险预防义务

该义务主要包括动物的饲养人或管理人需要定期给动物进行防疫处理,防止饲养动物给人类传染疾病;饲养人或管理人不得将所饲养动物带入公共场所,不得携带乘坐公共交通工具,不得在居民区等饲养烈性、大型动物,不得随意虐待、遗弃被饲养动物,携带动物出户

时须采取必要的约束措施等。

一般而言，上述"管理规定"的内容，只有饲养动物的危险预防义务与饲养动物侵权有关。换言之，不是任何"管理规定"的内容都具有民法上的意义，行政法上的义务不能不加区分地直接转化为民法上的对饲养动物的监督型作为义务，不能简单地将违反行政法上的"管理规定"的行为直接认定为本条规定的行为。

三、"未对动物采取安全措施"的认定

"未对动物采取安全措施造成他人损害"，是指饲养人未按照饲养动物的管理规定及时有效采取安全措施履行对动物的监督型作为义务。这一要件与"违反管理规定"具有表里关系，即只有未对动物采取安全措施在实质上对被侵权人制造了法禁止风险的行为，才是"违反管理规定"的行为；相应的，"违反管理规定"应作实质解释，只有那些在实质上违反了对饲养动物监督型作为义务，对被侵权人制造了法禁止风险的行为，才属于"违反管理规定"的行为，当然也必然满足"未对动物采取安全措施"的要求。例如，未对动物进行必要的安全约束、在居民区饲养烈性犬只、将动物带入公共场所等，均属于"未对动物采取安全措施"。又如，饲养人未对动物进行人类疾病防疫，有可能传播侵害人类的传染病，属于"未对动物采取安全措施"，但饲养人仅仅未对动物进行动物传染病的防疫，不可能传播侵害人类的传染病，则不属于"未对动物采取安全措施"。可见，"未对动物采取安全措施"应紧紧围绕对他人合法权益制造法禁止的风险进行理解和认定。

四、本条的责任减免事由

与《侵权责任法》第79条规定相比，本条增加规定了减轻责任事由。根据本条规定，动物饲养人或者管理人能够证明损害是因被侵权人故意造成的，可以减轻民事责任，但不能免除民事责任。应该说，这一规定是适用过错相抵原则进行合理责任分配的产物。显然，本条属于动物饲养人或管理人有意违反了预防危险义务的情形，饲养

人或管理人过错在先并且故意为之，过错程度较高。按照过错相抵的原则，即便被侵权人对损害具有故意，也不能完全抵销饲养人的过错。在此意义上，本条未规定免责事由，仅规定了减轻责任事由。

成为问题的是，既然本条仅规定了被侵权人对损害具有故意的情形，未规定被侵权人具有过失，那么，一旦出现被侵权人对损害具有重大过失的情形，能否适用第1245条之规定对饲养人或管理人减轻民事责任呢？从文理解释来看，既然本条未规定免除责任事由，仅规定减轻责任事由，没有对被侵权人重大过失设置禁止性规定，似乎仍然有减轻责任的可能。但是，根据当然解释，既然被侵权人对损害具有故意的情形降低评价为减轻责任事由，那么，被侵权人对损害具有重大过失的情形也应降低评价，不宜再适用第1245条减轻饲养人或管理人的民事责任。

【审判实践中应注意的问题】

本条是关于饲养人或管理人违反管理规定未采取安全措施致他人损害的特别规定。第1245条规定是饲养动物致害侵权的一般归责原则。两条之间具有一般法与特殊法的法条竞合关系，应适用特别法优先的法理，即本条应优先适用。

此外，在适用本条时应注意举证责任的分配问题。适用本条被侵权人的举证责任与适用第1245条的举证责任有所不同，被侵权人除了需要举证证明损害事实、损害结果及损害事实与损害结果之间的因果关系之外，还需证明动物饲养人或管理人违反了相关管理规定及未对动物采取必要的安全措施。如前所述，"违反管理规定"与"未对动物采取安全措施造成他人损害"具有表里关系，证明前者与后者实际上是有机统一的。根据证据法原理，证明不存在某种事实，应采用推定的方式，换言之，只要被侵权人有证据证明饲养人或管理人违反了管理规定并制造了法禁止的风险，便足以认定饲养人或管理人未对动物采取必要的安全措施。

第一千二百四十七条 禁止饲养的烈性犬等危险动物造成他人损害的，动物饲养人或者管理人应当承担侵权责任。

【条文主旨】

本条是关于对禁止饲养的危险动物致人损害侵权责任的规定。

【条文理解】

一、本条规定的背景及主要考虑

近年来，各地烈性犬、大型犬伤人事件时有发生，给居民带来了非常严重的危险，危害性相当大。很多国家都对大型犬或烈性犬的饲养有相关的禁止性法律规定。《英国动物法案》(Animals Act 1971)规定，(1)由某种危险物种之下的动物所导致的任何损害，由饲养人承担责任，本法案另有规定的除外。(2)同时具备下列条件的，由某种非危险物种之下的动物所导致的损害，饲养人对损害承担责任，本法案另有规定的除外：①除非受到控制，否则该种动物很有可能会导致此损害；或者此损害如果由该动物引起，将有可能很严重；②某种物种之下的其他动物并不具备导致此损害或产生此严重后果的特性，或者仅在特定时期或在特定环境中才会导致此损害或产生此严重后果；③致害动物的独特性为饲养人所知晓，或为负责照料致害动物的饲养人的雇佣者所知晓，或者在饲养人系户主、照料人为家庭成员之一且未满16周岁的情况下，为照料人所知晓。《美国侵权法重述（第二次）》第509节规定了异常危险驯养动物造成损害的责任，包括：

（1）知道或者有理由知道其驯养动物具有不同于同类动物的危险倾向的驯养动物占有人应对该动物给他人造成的损害承担责任，即使他已行使最大关注、防止该动物造成损害。（2）导致责任的损害仅限于该占有人知道或有理由知道该动物具有的异常危险倾向所造成的损害。第518节规定了对非异常危险驯养动物造成损害的责任，除动物对他人土地的侵入外，一位不知道或没有理由知道其驯养动物具有异常危险倾向的所有人或管理人在并且仅在下列情况下对该动物造成的损害承担责任：①他故意使该动物造成该损害；②他因过失未能防止该损害的发生。从上述规定可见，部分国家虽然规定了危险动物致害应当由所有人或饲养人承担责任，但同时明确危险动物的含义以及所有人或饲养人知悉动物的危险性，即使所有人或饲养人已经关注并防止动物造成损害的情况下，仍应当承担侵权责任。对危险动物致害的责任承担作出了一定的限制。

为了更好地规范饲养危险动物的行为，进一步明确饲养人的责任，《侵权责任法》规定了饲养动物致人损害责任。禁止饲养的危险动物自身极具危险性，该危险并非动物饲养人或管理人可以控制，且饲养人（管理人）违反禁止性规定饲养烈性犬等动物，本身具有可非难性，故应当适用更加严格的严格责任。[①]《民法典》侵权责任编吸收《侵权责任法》的规定，在本条规定了禁止饲养的危险动物致人损害的责任，即"禁止饲养的烈性犬等危险动物造成他人损害的，动物饲养人或者管理人应当承担侵权责任"。

二、危险动物的判断标准

（一）危险动物的内涵

禁止饲养的动物通常都有明确的类型，之所以对禁止饲养的危险

[①] 部分学者指出，禁止饲养的危险动物并非工作或生活上必需，不属于严格意义上的家畜或者观赏宠物的范畴，故要求加害人承担排除受害人故意或过失为免责事由的严格责任，并非过分苛刻。参见周友军：《我国动物致害责任的解释论》，载《政治与法律》2010年第5期；王利明：《侵权责任法研究》（下），中国人民大学出版社2011年版，第641页。

动物要特别规定,是因为此种动物具有特别的危险性,本条列举烈性犬作为危险动物的代表。这样的考虑是烈性犬作为日常生活较为常见的危险动物,被人们作为宠物饲养。且现实生活中发生的大量狗咬人事件均为烈性犬造成,明示该种动物属于危险动物有利于人民群众知悉饲养该类动物要有更高的注意义务和社会责任。但禁止饲养的危险动物的范围非常广泛,并不限于烈性犬。实际上,除了犬类之外,还包括凶猛的野生动物,比如老虎、狮子等。

(二)禁止饲养的判断标准

"禁止饲养的烈性犬等危险动物",不仅限于犬类动物,还包括各种"具有高度社会危险性"的动物。关于这点,理论界与实践界几无争议,但在如何界定"高度危险性"上,却存在法定主义和观念主义两种观点。前者认为危险动物须是那些为国家法律、法规、规章或者规范性法律文件所明确禁止或者限制饲养的动物;后者认为,根据社会大众的一般观念,依动物本性造成的任何损害都可能是严重损害的那些动物均为危险动物,而无论国家是否有相关规定明确禁止或者限制饲养。①《民法典》未对禁止饲养的规范效力级别作出要求。我们认为,从立法本意出发,只有国家法律、法规、规章或者规范性法律文件所明确禁止或者限制饲养的动物才属于禁止饲养的范畴。

需要指出的是,如果虽然属于禁止饲养的动物,但经过特别的许可以后而饲养,就不属于禁止饲养。有特定需要的法人或其他组织,可以经过批准后饲养危险的动物。例如,《呼和浩特市养犬管理规定》第9条第1款规定,机关、团体、部队、企业事业单位饲养军犬、警犬、护卫犬、科研医疗实验用犬、表演道具犬,须经市公安行政管理部门批准。经过批准以后饲养危险动物,就不属于禁止饲养的危险动物。②实验室经过批准饲养特种危险动物,或者某医药公司经批准许可而饲养毒蛇,以采集毒液制作药材,也不属于禁止饲养的危险动物

---

① 沈志先主编:《侵权案件审判精要》,法律出版社2013年版,第478页。
② 王利明主编:《侵权责任法裁判要旨与审判实务》,人民法院出版社2010年版,第462页。

的范围。①

三、危险动物致害的构成要件

禁止饲养的危险动物致害责任是特殊类型的动物致害责任，适用无过错责任归责原则。但禁止饲养的危险动物具有特殊危险性，法律要求饲养人或管理人承担更重的责任，有利于避免损害的发生。禁止饲养的危险动物致害需要同时具备"违反了禁止饲养烈性犬等危险动物的规定""造成他人损害"以及二者具有因果关系三个要件，动物饲养人或者管理人才应当承担侵权责任。具体到本条来说，被侵权人要履行无过错责任的一般证明责任，还要证明动物饲养人或者管理人饲养的动物为"禁止饲养的烈性犬等危险动物"。

满足了上述构成要件之后，饲养人或管理人要承担侵权责任。如果受害人有故意或者重大过失，是否可以减轻或者免除动物饲养人或者管理人的责任？有的观点认为，如果饲养人或者管理人违反禁止饲养烈性犬等危险动物的规定，造成他人损害的，原则上动物饲养人或者管理人不得以被侵权人有过失而主张不承担或者减轻侵权责任。有的观点认为，这种情况需要适用侵权责任一般性条款理解抗辩事由，即《民法典》第1173条和第1174条"被侵权人过错"和"受害人故意"的规定。

我们认为，这两种受害人过错的适用范围在特殊侵权行为领域，尤其是无过错责任领域的适用，是以法律明文规定为限的。本条在免责事由上作了特殊规定，未将被侵权人故意、重大过失作为减免责事由。即使受害人具有故意或者重大过失，也不得减轻责任，更不得免除责任。②禁止饲养的危险动物不仅具有高度的危险性，而且不是饲养人或管理人职业上、生计上必须的，要求其饲养人或管理人承担更

---

① 王利明主编：《侵权责任法研究》（第二版）（下卷），中国人民大学出版社2016年版，第621页。
② 杨立新：《〈中华人民共和国侵权责任法〉条文释解与司法适用》，人民法院出版社2010年版，第506页。

重的责任，并非十分苛刻。

因此，在判断是否承担侵权责任时，被侵权人在尽到了饲养动物致害无过错责任一般性的证明责任的基础上，再证明动物饲养人或者管理人饲养的是"禁止饲养的烈性犬等危险动物"，造成被侵权人损害的，动物饲养人或者管理人，不得依据《民法典》第1245条后段规定的"损害是因被侵权人故意或者重大过失造成的"，或者依据第1173条和第1174条的一般性规定，请求法院免除或者减轻侵权责任。从这两条规定来看，在特殊侵权领域，未明确规定抗辩事由的，不应援引予以适用。

【审判实践中应注意的问题】

关于"大型犬"是否属于本条规定的危险动物的问题。实践中，有的观点认为本条规范的类型为烈性犬等危险动物，有些大型犬性格温顺，不属于危险动物。有的观点认为，无论动物性格如何，应从其是否会对他人存在危险来判断。纵观各地规定也不尽相同。例如，《上海市养犬管理条例》第12条第3款规定，禁止个人饲养烈性犬只。市公安局会同市农委核定本市禁止个人饲养的烈性犬只范围。禁止个人饲养烈性犬只目录有藏獒、獒犬、罗威那犬、意大利扭玻利顿、法国波尔多獒犬、斗牛獒犬、西班牙獒犬、高加索犬、比利牛斯獒犬、巴西菲勒、阿根廷杜高獒犬、丹麦布罗荷马獒等獒犬以及具有獒犬血统的杂交犬只等。《吉林市人民政府关于禁止在城市建成区内饲养大型犬和烈性犬的通告》规定：本通告所称大型犬是指体高超过40厘米，体重超过10公斤的犬类；烈性犬是指藏獒、斗牛獒犬、法国狼犬、德国牧羊犬、牛头梗、杜宾犬、圣班纳犬、高加索犬、中华田园犬（土狗）等具有较强攻击性的犬类。《天津市养犬管理条例》第7条规定，禁止个人饲养烈性犬、大型犬。如果是基于合同或决议等禁止饲养，则不适用该条，如小区的业主规约禁止饲养。禁止饲养的危险动物主要包括如下两类：一是家畜、家禽中的凶猛动物，如烈性犬；二是野生动物，如老虎、狮子等。①从各地规定看，一般将大型犬和烈性犬规定在一起，在未按照公安机关要求登记而饲养的，均属于禁止行为。无论是大型犬还是烈性犬，在饲养、管理不当时，均有可能发生致人损害事件。在审判实践中，更多地应当从规定出发而非主观感受出发判断是否属于危险动物，如符合国家法律、法规、规章或者规范性法律文件规定的明确禁止或者限制饲养的大型犬或者烈性犬，应当作为危险动物对待。

---

① 杨立新：《〈中华人民共和国侵权责任法〉条文释解与司法适用》，人民法院出版社2010年版，第521页。

> **第一千二百四十八条** 动物园的动物造成他人损害的,动物园应当承担侵权责任;但是,能够证明尽到管理职责的,不承担侵权责任。

【条文主旨】

本条是关于动物园动物致人损害侵权责任的规定。

【条文理解】

一、立法背景

近年来,由于游客不遵守游客准则或者动物园未尽到监管注意义务,动物园动物侵权事故频发。例如,2013年,一位游客在郑州新密动物园给棕熊喂食,不幸被棕熊抓咬至死。2016年,在北京八达岭野生动物园发生了引发全社会关注的1死1伤老虎伤人事件。2017年年初,宁波动物园老虎将一男子咬至死亡。鉴于这些骇人的事实,动物园动物致人损害的规定极为重要,也有效地解决了事故发生后的一系列问题。本条与《侵权责任法》第81条规定对比,除将"不承担责任"改为"不承担侵权责任外",基本一致,没有实质变化。

二、条文理解

动物园的动物致害责任,是指动物园的动物造成他人损害,动物园应当承担的侵权责任。动物园的动物致害责任的特点是特殊类型的主体承担的侵权责任,即责任主体是动物园。依据原建设部颁布的《城市动物园管理规定》第2条的规定,动物园包括"综合性动物园

（水族馆）、专类性动物园、野生动物园、城市公园的动物展区、珍稀濒危动物饲养繁殖研究场所"。动物园作为饲养管理动物的专业机构，依法负有注意和管理义务，其安全设施应充分考虑到未成年人的特殊安全需要，最大限度杜绝危害后果发生。游客亦应文明游园，监护人要尽到监护责任，否则亦要依法承担相应的责任。与其他的饲养动物致害责任不同，动物园的责任是过错推定责任。因此，动物园的动物致害责任的构成要件与其他动物致害责任存在较大差异，具体包括：其一，动物园不能证明其已经尽到管理职责；其二，损害的发生；其三，动物园不能证明其已经尽到管理职责与损害之间存在因果关系。

三、动物园是否尽到管理职责的判断

如何判断动物园的管理职责，目前在实践之中存在争议。一方面，管理职责的内涵没有法律或者司法解释的明确规定，是否尽到管理职责需要法官在个案中根据不同情况判断；另一方面，动物园对于自己尽到管理职责需要承担举证责任，是否可以充分举证也存在不确定性。在判断受害人和动物园责任或者分担责任时，尺度如何把握还有一定争议。关于是否应该加重动物园承担责任方面，有的观点认为作为公共场所的动物园应当承担较为严格的责任，因为动物园无论是在建设规模，还是在人力物力的投入上，都应当比对一般的动物饲养人要求要高[1]；有观点认为法律不能对动物园的要求过低，从保护人身安全的角度考虑，应当加重动物园的责任[2]。关于动物园与被侵权人之间责任分担方面，有的观点认为，如果动物园能够证明兽舍设施、设备没有瑕疵，有明显的警示牌，管理人员对游客挑逗、投打动物或者擅自翻越栏杆靠近动物等行为进行了劝阻，可以说该尽的管理职责已

---

[1] 参见王利明：《侵权责任法研究》（下卷），中国人民大学出版社2011年版，第646页。

[2] 参见杨立新：《修订侵权责任编应对动物园动物损害责任归责原则进行调整》，载《河南财经政法大学学报》2018年第2期。

经做得很好了,那么动物园就可以不承担侵权责任。① 有观点认为有的被侵权人损害是因为自己不遵守动物园的规定,无视警示牌,不听工作人员劝阻,擅自挑逗动物,如果动物园已经尽到了管理职责,应当减轻或者不承担责任②;还有人提出可以通过保险机制来解决问题③。

我们认为,动物园饲养动物与普通饲养动物的最大区别在于,动物园以特定方式将动物的活动范围限制在隔离区内并设置了一定的隔离措施以确保参观者的安全。动物园应当考虑动物的特点和动物的利用目的等因素,采取一般社会观念所要求的措施,以防止动物致害行为的发生。具体而言,动物园管理职责要坚持个案认定的原则,具体考虑如下因素综合认定,包括动物的种类、特性、先前表现、活动场所、受害人的特点和其他情况。例如,在谢某某诉上海动物园饲养动物致人损害纠纷案的裁判中,④ 即体现了在个案中对动物园是否尽到管

---

① 王胜明主编:《中华人民共和国侵权责任法解读》,中国法制出版社2010年版,第403页。

② 参见王胜明主编:《中华人民共和国侵权责任法解读》,中国法制出版社2010年版,第403页。

③ 参见全国人大常委会法制工作委员会民法室编:《侵权责任法立法背景与观点全集》,法律出版社2010年版,第972~973页。

④ 法院认为:1.是否尽到了告知提醒义务。动物园在门口张贴了《上海市公园游园守则》,并在灵长馆笼舍等处悬挂了"禁止跨越栏杆""禁止敲打""禁止嬉弄"等图文并茂的警示牌。谢某某认为上述警示牌事发时没有,位置不合理,但未提供相反证据予以佐证。且游览动物是从远至近,挂于2米处的位置,适合游客从远处明显观察到,动物园配置了儿童较易识别的图文警示,已尽到了告知义务。2.管理人员是否有巡视制度,已尽到对游客擅自翻越、穿越栏杆靠近动物等行为的劝阻义务。动物园提供的值班表、饲养员值班表等皆反映了事发当日,员工正常上班、巡视。对动物园的看管义务应当在具体情况下以一个谨慎、小心的动物保有人的标准来确定,不能要求其尽到所有的注意义务。谢某某受伤事发于瞬间,显不能苛求被告员工在事发时在场,认定动物园人员在巡视方面尽到了其职责。3.动物园灵长馆设施、设备有无安全问题。对于动物园来说,需要安装特殊的防患设备将游客与动物隔离,避免动物因为游客的挑动而加害他人。动物园更应履行必要的防护义务,避免行人在过失的情况下擅入动物侵害范围之内,从而造成他人损害。动物园给灵长类动物安装了网状的铁质笼舍,并在外加装了防护栏,保持了1.50米的安全间距,确实起到了一定的防护作用。但金属防护栏之间间距在15厘米左右仅仅能避免成年人钻入,并不能防止幼童的钻入,谢某某穿过防护栏,用手喂食猴子导致右手中指受伤。动物园是对公众开放的公共场所,每年要接待成千上万的学龄前儿童,根据其专业能力应能预见此危险发生的可能性,而未采取必要补救措施,动物园有过错,未尽到其管理职责。参见《最高人民法院公报》2013年第8期。

理职责的综合考量。该案审理法院认为，动物园的管理职责应根据具体动物的种类和性质来判定，鉴于动物园所承担的独特社会功能，其不应该只是承担善良管理人的注意义务，而应该承担更高的符合其专业管理动物的注意义务。因此，判断动物园是否尽到管理职责要从其安全保障义务的履行是否到位分析。这里我们将动物园分为圈养动物的动物园以及散养动物的动物园两大类。

（一）圈养动物的动物园管理职责的判断

动物园饲养的野生动物或高或低地具有一定的危险性。一般的动物园，游客在护栏或者动物隔离区之外参观游览。这类动物园饲养动物损害案件大多是动物将肢体伸出隔离措施或者参观者将肢体伸入隔离措施导致损害。动物园的管理职责在于避免这种动物和参观者肢体的接触。动物园一般采用设置隔离措施的方式保障游客安全。通过将动物圈入一定的围栏实现与参观者的物理隔离，隔离措施主要是以动物为中心。动物园的管理职责一般包含提醒告知义务、巡视救助义务和设施安全义务：一是动物园是否在合理位置设置了提醒告知牌；二是是否在猛兽等危险动物观赏园处安排巡逻，或者采用广播等方式告知游客不要挑逗、触摸采取隔离措施的动物；三是是否设置了与动物危险性相当的隔离措施。不但要防止动物脱离围栏或者透过围栏致害，还要预防参观者越过，尤其是未成年人穿越围栏，进入隔离区之内。此外，隔离措施失去功能，如隔离措施年久失修导致动物逃逸，或者动物园主动去除隔离措施，安排游客与动物拍照等，如发生动物致人损害的事件，应认定动物园未尽管理职责，应当承担侵权责任。

（二）散养动物的动物园管理责任的判断

某些野生动物园采取开放式运营方式，将部分野生动物散养在一定区域内，允许游客自驾游或者乘坐游览车进行游览，近距离与野生动物接触。这种未采取隔离措施的动物饲养场所，是近年来动物园动物致害的高发区。动物园是否尽到了管理职责更多考虑的是，是否有明示提醒预防参观者违规进入隔离区，以及参观者违规进入隔离区的主观过错程度。这种情形下，又要特别区分是动物园提供的车辆还是自驾的车辆。如果是动物园提供的车辆，那么防止进入隔离区义务主要可以通过车辆管理的方式来实现。①如果是自驾车，那么动物园主要通过参观前和参观过程中的提醒来实现。参观前要通过文字、语言乃至通过协议来确认参观者已经确知了违规参观的风险，并要重点落实未成年人陪同参观者的责任。参观过程中要不断地通过醒目的文字和图形标识以及必要的语音广播来提示风险，②并通过适当的方式与自驾进入的车辆保持在线沟通。对于规模巨大的野生动物园区，区域的设置还应该有明显的标志提醒游客注意是否已经驶出危险区域。③

四、受害人的过错是否导致动物园责任的减轻或者免除

对此本条并没有予以明确。从受害人利益和动物园利益平衡的角度考虑，应当认为，受害人具有故意或过失（包括轻过失）都可以减轻或免除动物园的责任。因为动物园的动物致害责任毕竟属于过错责任，而《民法典》第1173条和第1174条关于过失相抵规则的规定是可以适用于所有过错责任案件的。不过，考虑到受害人与动物园利益的平衡，法院在减轻责任时应当持谨慎的态度。

在《民法典（草案）》征求意见过程中，对是否修改本条规定，曾有两种观点：一种意见认为动物园动物致害责任是特殊规定，仅适用《侵权责任法》第81条规定，动物园承担过错推定责任。目前规定不甚完备，建议修改为动物园的动物造成他人损害的，能够证明损害时因被侵权人故意或者重大过失造成的，动物园不承担责任。另一种意见认为侵权责任法已经可以解决动物园动物致害的问题，结合《侵权责任法》第78条和第81条，可以解读动物园动物致害的原则，

---

① 王竹：《侵权责任法疑难问题专题研究》（第二版），中国人民大学出版社2018年版，第360页。
② 王竹：《侵权责任法疑难问题专题研究》（第二版），中国人民大学出版社2018年版，第361页。
③ 朱浩然：《八达岭野生动物园老虎伤人事件的法律分析——从野生动物园安全保障义务角度》，载《上海政法学院学报（法治论丛）》2016年第5期。

即动物园承担严格责任，能够证明尽到管理职责的，不承担侵权责任，无须另行规定或者修改。从最终条文看出，立法机关采纳了第二种观点，即对现有条文不作调整，通过与第1245条、第1246条相结合适用的方式，解决动物园动物致害的责任承担问题。

【审判实践中应注意的问题】

关于野生动物致害问题。在《民法典（草案）》征求意见过程中，曾有意见提出，建议在民法典中规定野生动物致害由国家补偿的相关规定，旨在将野生动物保护法与民法典相衔接，进一步解决实践中存在的野生动物致害的问题。虽然《民法典》最终并未规定该条内容，但审判实践中必然会出现该类问题，如何妥善处理，要引起广大法官的重视。

随着我国对野生动物保护的重视和生态环境的改善，野生动物种群和数量都得到较快恢复，群众保护意识也显著增强，但近年来，野生动物损害农作物和伤害人民群众生命健康的事件时有发生，尤其是在经济不发达地区，野生动物分布较广的地区矛盾较为突出。从国外规定来看，按照《智利民法典》第608条的规定，动物被作了一定区分：天然自由并独立于人类而生存的动物为野生或未驯化的动物，如野兽和鱼；通常依赖人类生存的动物为家养动物，如鸡、绵羊；其天性为野生但已习惯于被养殖之生活，并已识别人类之特定控制方式的动物，为驯化动物，如犬类动物。驯化动物如保持受人类保护或照料的习惯，适用关于家养动物的规定，失去这一习惯时，重新归于野生动物。我国《野生动物保护法》第19条第1款规定，因保护本法规定保护的野生动物，造成人员伤亡、农作物或者其他财产损失的，由当地人民政府给予补偿。具体办法由省、自治区、直辖市人民政府制定。有关地方人民政府可以推动保险机构开展野生动物致害赔偿保险业务。实践中很多地方对此有规定，如《陕西省重点保护陆生野生动物造成人身财产损害补偿办法》规定，在本省区域内野生动物造成损害的，可以取得政府补偿。有观点认为，实践中受损害的单位和个人可以得到政府的救济，也应该有民法的保护方式，如果一旦造成了人身或者财产的损害，应当可以通过民事法律来救济自身的权益，对此问题可以在实践中进一步探讨。

> **第一千二百四十九条** 遗弃、逃逸的动物在遗弃、逃逸期间造成他人损害的，由动物原饲养人或者管理人承担侵权责任。

【条文主旨】

本条是关于遗弃、逃逸动物致人损害承担侵权责任的规定。

【条文理解】

一、制定背景

在人类发展的历史上，动物发挥了巨大的作用，有些动物还成为人类忠实的朋友。但是有些动物的饲养人对所饲养的动物不负责任，随意遗弃动物，使其成为流浪动物；有些动物不慎走失，在得不到人照管的情况下成为流浪动物；这些流浪动物随身携带了大量病菌，很容易引发各种疾病，给公众带来了环境卫生安全隐患。同时，部分动物因为城市拆迁、走失、逃逸等原因在公共场所随意游荡，也可能对人进行攻击，给人们的人身、财产安全带来威胁，各种流浪动物伤人的事件不时见诸报端。因此，有必要对遗弃、逃逸动物致害的侵权责任承担作出规定。本条规定吸收了《侵权责任法》第82条的规定，将"原动物饲养人或者管理人"修改为"动物原饲养人或者管理人"。

二、责任主体

关于是否由动物原饲养人或者管理人承担遗弃、逃逸动物致人损害侵权责任的问题。有的观点认为，被抛弃的动物致人损害的，由其原所有人承担民事责任。被抛弃的动物已经被他人占有的，由其占有人承担民事责任。遗失逃逸的动物致人损害的,由动物的所有人承担侵权责任。① 其他国家也有相关规定。比如,《法国民法典》第1385条规定,动物的所有人或使用人在使用期间,对动物所造成的损害,不问该动物是否在其管束下,或在走失或逃脱时所造成的损害,均应负赔偿的责任。《意大利民法典》第2052条规定,动物的所有人或在利用动物期间对其进行管理之人,无论动物是在其保管下,或是遗失或逃走,都要对动物所致损害承担责任,除非证明损害是意外事件所致。《智利民法典》第2326条第1款规定,动物即使在逃逸或迷失后造成损害,其所有权人亦负责任,但逃逸迷失或损害不能归咎于所有人或其负责看管或喂养动物的雇员的过失时,不在此限。

遗弃的动物,是指动物原主人主动放弃所有权的动物。逃逸的动物,是指在原主人意志外丧失占有的动物。从前述规定可见,多数观点认为对于遗弃、逃逸动物致害,由其所有人承担侵权责任。本条将丧失对动物的占有划分为遗弃、逃逸两种类型,无论是饲养人或者管理人主动放弃对动物的占有,还是被动丧失对动物的占有,只要客观上造成动物离开饲养人或者管理人管控范围,造成他人损害的,都应当由原饲养人或者管理人承担侵权责任。主要理由是:对于遗弃的动物,尽管原主人放弃了对该动物事实上的管领和权利,但鉴于动物自身的危险属性,且基于动物原主人对社会公共安全的注意义务以及法价值上倾向被侵权人的考量,其仍应就动物之不当管束所造成的损失进行补偿。对于逃逸动物,非基于原主人意志而脱离原主人控制,其所有权仍属原主人,在其对他人造成侵权时理应由原主人承担损害赔偿责任。

三、构成要件及免责事由

遗弃、逃逸动物致害的责任构成要件为:其一,动物的加害行

---

① 王利明主编:《中国民法典学者建议稿及立法理由·侵权行为编》,法律出版社2005年版,第239页;杨立新、朱呈义:《动物法律人格之否定——兼论动物之法律"物格"》,载《法学研究》2004年第5期。

为；其二，损害后果；其三，动物的加害行为与损害后果之间存在因果关系。上述三个要件是遗弃逃逸动物致害责任的共同要件。[①]

关于遗弃、逃逸动物责任是否具有抗辩事由的问题，有不同的观点。有的观点认为，遗弃、逃逸动物致害属于无过错责任，不可免除责任，但受害人故意引起损害的，可适用过失相抵原则；[②]有的观点认为，在受害人具有过错或者第三人行为导致损害以及不可抗力的情形下，可以减轻或者免除原饲养人或者管理人的责任。[③]还有的观点建议区分动物的类型，如果被遗弃或逃逸的动物是禁止饲养的危险动物，此时要适用《民法典》第1247条的规定，免责事由要严格限制，受害人过错不能导致责任的减轻或免除；如果被遗弃或逃逸的动物是动物园的动物，则适用《民法典》第1173条和第1174条，受害人的故意或过失（包括轻过失）都可以导致责任的减轻或免除；如果被遗弃或逃逸的是其他动物，则适用《民法典》第1245条，即受害人的故意或重大过失都可以导致责任的减轻或免除。[④]我们认为，本条适用无过错责任原则，减免责事由则应视逃逸、遗弃的动物具体情形分别根据第九章其他条文予以确定。例如，遗弃、逃逸的动物属于危险动物或者动物园动物，则适用《民法典》第1247条、第1248条的规定确定减免责事由。如果第三人的行为导致损害的，动物原饲养人或者管理人承担责任后，可以向第三人追偿，但其不能免除责任，仍应当承担放弃对动物占有或者过失造成动物逃逸的导致动物致害的责任。

[①] 何志、侯国跃：《侵权责任纠纷裁判依据新释新解》，人民法院出版社2014年版，第413页。

[②] 参见杨立新：《侵权损害赔偿》（第六版），法律出版社2016年版，第458页、第461页。

[③] 何志、侯国跃：《侵权责任纠纷裁判依据新释新解》，人民法院出版社2014年版，第415页。

[④] 参见周友军：《我国动物致害责任的解释论》，载《政治与法律》2010年第5期。

【审判实践中应注意的问题】

一、饲养动物遗弃、逃逸被人占有后致人损害的责任承担

《民法典》对此无具体规定。家畜、家禽以及狗、猫等宠物无论是被原饲养人或者管理人主动遗弃还是被动逃逸，都难以回归野生状态。因为人类饲养这些动物已久，它们已完全驯化，有的已失去了野生的本性，有的丧失了野外生存能力。对于这类动物如果已经被他人占有、饲养，则所有权变化后，饲养人或者管理人转移为新占有人，对于该类动物致人损害，从《民法典》第1245条饲养动物致人损害一般条款规定出发，应当由新饲养人或者管理人，也就是占有人承担责任。如存在动物逃逸后又受到他人支配、强制、挑唆等造成损害而非动物自身主动造成损害的，则应当结合《民法典》第1245条、第1246条、第1250条的规定综合判断。

实践中存在流浪猫狗虽没有固定所有者或者管理者，但有爱心人士作为喂养者定期或者不定期喂养，如该类动物致害，则流浪猫狗的喂养者是否应当承担责任的问题，也有不同认识。为了增强对爱心人士照顾流浪动物行为的规范和管理，我们认为，不应对流浪动物的喂养者过于苛责，不应认定其属于喂养期间的所有者或者管理者，对流浪动物致害承担责任。

二、遗弃、逃逸动物无法找到原所有人或者管理人的责任承担

对于此问题，实践中也有不同认识。经过对裁判文书网相关案件的搜索，主流观点为应当由负责安全保卫义务的主体承担责任。比如，（2018）鲁05民终748号上诉人山东绿地泉物业服务有限公司河口分公司（以下简称绿地泉公司）与被上诉人王某某健康权纠纷案。二审法院认为，对于无主动物致害，找不到原饲养人、管理人的，小区物业公司对所服务的小区实施管理时，应该尽到合理限度范围内的

安全保障义务，应当承担责任。绿地泉公司作为小区的物业管理单位，负有维持小区居民正常生活秩序的管理义务，其疏于防范，导致流浪狗在小区内出没并咬伤王某某，且其并未举证证明该狗的饲养人或管理人是谁，一审法院酌情判决绿地泉公司对王某某承担50%的补充赔偿责任并无不当。①（2018）豫10民终3768号上诉人祝某与被上诉人许昌鲜之达农产品物流有限公司（以下简称鲜之达公司）违反安全保障义务责任纠纷案，法院认为，找不到饲养人和管理人的情况下，由安保义务人承担全部责任。本案中，原告祝某在被告鲜之达公司经营的市场内被狗咬伤，且作为该公共场所管理人的被告鲜之达公司不能指明该狗的饲养人或管理人，此事实一是暴露出被告鲜之达公司在对市场管理过程中存在漏洞或失误，二是说明其在经营场所内客观上的确并未切实尽到合理的安全保障义务（如在该市场显著位置张贴禁止饲养动物进入的警示标志或安全标语，一旦发现有饲养动物或遗弃、逃逸的动物进入该市场能够快速及时采取相应的妥善处理措施等），故其应当对原告所遭受的损害承担相应的赔偿责任。②可以看出，无主动物无法找到原所有人、饲养人或者管理人的，也无照管、喂养者的，如果在特定区域范围内被侵害，则应当由负责安保义务的单位和个人承担责任。

三、饲养动物恢复野生状态后致人损害的责任承担

《民法典》对此无具体规定。恢复野生状态的饲养动物主要指驯养的野兽、猛禽及某些危险性较大的爬行类动物。这类动物恢复野生状态，可能是脱逃，也可能是当事人主动放弃。这类动物脱逃或当事

---

① 同样类型裁判，如（2019）皖01民终5209号上诉人薛某与被上诉人安徽华盛新天地物业服务有限公司生命权、健康权、身体权纠纷案。安徽华盛新天地物业服务有限公司系大运城小区的物业管理单位，根据有关视频资料反映，在事发前已出现黑狗咬人的情况下，安徽华盛新天地物业服务有限公司未及时采取应对措施，且事后亦未能提供小区内视频监控资料供伤者查找黑狗下落以便进一步查寻相应的饲养人或管理人，反映其在小区管理和安保工作上的不足与疏漏，对损害的发生存在过错。

② （2017）川08民终1230号与本案类似，由物业公司承担了赔偿责任。

人放弃，当事人有义务公告或设置警戒标志；不可在人群活动较多的地方放弃这类动物；应将动物放弃于有其群体生存的区域。由于初回野生状态的动物可能难以迅速适应新生活而接近人类，侵害他人的财产或人身，于此情况，动物的原饲养人或管理人应承担赔偿责任。如果恢复野生状态的动物适应了新的生活，与其群体一样生存栖息，动物的原饲养人或管理人则不再对其所造成的侵害负赔偿责任，审判实践可以对此进一步探索，为将来修订《野生动物保护法》提供更多的实践经验。

> **第一千二百五十条** 因第三人的过错致使动物造成他人损害的，被侵权人可以向动物饲养人或者管理人请求赔偿，也可以向第三人请求赔偿。动物饲养人或者管理人赔偿后，有权向第三人追偿。

【条文主旨】

本条是关于第三人过错致使动物造成他人损害的侵权责任承担问题的规定。

【条文理解】

一、制定背景

《侵权责任法》规定，饲养动物造成他人损害，动物饲养人或者管理人应当承担侵权责任。但实践中经常发生的动物致害事件，很多是由于第三人的原因致使动物伤人。比如，甲在路边停车看见有只狗就故意按喇叭，狗受惊后狂奔咬伤了玩耍的儿童。此种情形下由谁承担责任，有必要予以规范。我国台湾地区"民法"第190条规定，动物系由第三人或他动物之挑动，致加损害于他人者，其占有人对于该第三人或该他动物之占有人，有求偿权。《瑞士债务法》第56条规定，动物系由第三人或第三人之动物所挑动者，对该第三人有求偿权。关于猎兽所生损害之责任，以各邦法定之。可见各国和地区对于第三人导致动物致害的责任承担，均有类似规定。《民法典》第1175条规定："损害是因第三人造成的，第三人应当承担侵权责任。"《民法典》的规定延续《侵权责任法》的规定，明确因第三人的过错致使动物造成他人损害的，被侵权人可以向动物饲养人或者管理人请求赔偿，也可以向第三人请求赔偿。动物饲养人或者管理人赔偿后，有权向第三人追偿。

二、条文理解

（一）第三人的范围

本条规定的第三人，是指受害人和动物的饲养人或管理人以外的其他主体。如第三人挑逗宠物犬致其伤人、第三人将铁笼中的藏獒放出伤人等。虽然从表面看是动物致人损害，但本质是第三人过错造成。关于非法占有者是否属于第三人的问题，在遗弃、逃逸动物被人占有后致害的情况下更常见，在前条已作探讨，此处不作赘述。

（二）归责原则

第三人致害的本质是承担因其过错导致被侵权人损害的责任，适用过错责任原则。同时，在此情形下动物饲养人和管理人承担的是无过错责任，无论其是否有过错，因其具有饲养人或者管理人的身份，而需要对其饲养或者管理的动物致害承担责任。理解本条的归责原则从两方面出发，一是第三人的行为。第三人挑逗、投打、投喂动物或毁坏安全设施、警戒标志，致使受害人受到人身或财产损害的，实质上是人的行为造成损害，由行为人对其行为承担责任，其归责原则是过错责任原则，第三人应当承担赔偿责任。第三人的过错亦包括故意和过失两种形式，无论是哪一种形式，都不影响其承担责任。对于由于第三人的过错造成损害的事实，应由动物的饲养人或管理人负举证责任。二是受害人主张权利的方式。受害人因第三人的过错而受到侵害，其有权向动物饲养者或者管理者、第三人主张侵权责任。

三、责任承担——受害人的选择权

有的观点认为，第三人的过错不属于动物饲养人或管理人的免责事由，因为在不知第三人为何人时，动物的饲养人或管理人仍应承担赔偿责任。①有的观点认为,因第三人的过错导致饲养的动物造成他人损害的,由该第三人承担赔偿责任。依习惯散养的动物,因争斗造成动物伤害或死亡,双方保有者均无过错的,由双方分担损害。但当地另有习惯的依其习惯。②有的观点认为,由于第三人的原因造成动物损害的,第三人应当承担民事责任。③

本条规定被侵权人可以向动物饲养人或者管理人请求赔偿,也可以向第三人请求赔偿。动物饲养人或者管理人赔偿后,有权向第三人追偿,动物饲养人或者管理人与第三人之间是一种不真正连带责任。④主要考虑是,在第三人没有赔偿能力、第三人逃逸及无法确定第三人的情形下,如果动物饲养人或者管理人能够举证证明动物致人损害是由于第三人的过错造成的,必然导致被侵权人的损害无法得到救济,此种情况的出现对于被侵权人显失公平,因此将动物饲养人或管理人纳入侵权赔偿责任人范畴符合公平原则。受害人作为赔偿权利人可以根据自己的意愿选择要求第三人抑或动物的饲养人或者管理人赔偿。判断第三人过错情况下侵权责任承担,要看第三人过错是否是损害发生的唯一原因,如果损害纯粹是第三人导致,理论上第三人应当承担全部责任。动物的饲养人或者管理人赔偿后可以要求第三人承担全部赔偿责任。如果第三人的过错只是导致损害的部分原因,对于饲养人或者管理人来说,承担责任后向第三人追偿时,不能针对全部责任进行追偿,应适用《民法典》第1172条⑤的规定,按照原因力大小各自承担相应的责任。对于受害人起诉饲养人抑或管理人的问题,法律规定及审判实践均较为明确:只有饲养人的,当然由饲养人承担赔偿责

---

① 参见杨立新:《〈中华人民共和国侵权责任法〉条文释解与司法适用》,人民法院出版社2010年版,第525页。
② 杨立新、朱呈义:《动物法律人格之否定——兼论动物之法律"物格"》,载《法学研究》2004年第5期。
③ 王利明主编:《中国民法典学者建议稿及立法理由·侵权行为编》,法律出版社2005年版,第237页。
④ 参见杨立新:《〈中华人民共和国侵权责任法〉条文释解与司法适用》,人民法院出版社2010年版,第525页。
⑤ 《民法典》第1172条规定:二人以上分别实施侵权行为造成同一损害,能够确定责任大小的,各自承担相应的责任;难以确定责任大小的,平均承担责任。

任；既有饲养人又有管理人的，受害人可以选择起诉饲养人，也可以选择起诉管理人；如果承担责任的人不是最终责任人，其可向最终责任人行使追偿权。

【审判实践中应注意的问题】

关于第三人过错是造成损害的部分原因时，对第三人与侵权人之间如何进行责任分担的问题，审判实践中应注意以下几点：

第一，受害人的过错是法定免责条件，但受害人的过错在不同的案件中并不完全相同。只有在受害人的过错是引起损害的全部或主要原因时，第三人才能免责。如果受害人的过错只是引起损害的部分原因或次要原因，则不能免除第三人的赔偿责任，而应适用过失相抵规则。

第二，如果存在多个第三人侵权，则适用《民法典》关于数人侵权的规定，认定不同侵权人之间的责任划分。二人以上实施危及他人人身、财产安全的行为，其中一人或者数人的行为造成他人损害，能够确定具体侵权人的，由侵权人承担责任；不能确定具体侵权人的，行为人承担连带责任。二人以上分别实施侵权行为造成同一损害，每个人的侵权行为都足以造成全部损害的，行为人承担连带责任。二人以上分别实施侵权行为造成同一损害，能够确定责任大小的，各自承担相应的责任；难以确定责任大小的，平均承担责任。

> **第一千二百五十一条** 饲养动物应当遵守法律法规，尊重社会公德，不得妨碍他人生活。

【条文主旨】

本条是关于饲养动物应当遵守的行为规范的规定。

【条文理解】

在现代社会，饲养动物的人越来越多，饲养动物的种类也愈加广泛，从猫、狗、鸟、兔等发展到仓鼠、龟、蛇、蜥蜴、昆虫等，甚至有些人饲养大型危险动物干扰他人生活，为了进一步规范、引导人民群众依法饲养动物，本条规定了饲养动物应当遵守的行为准则，即应当遵守法律法规，尊重社会公德，不得妨碍他人生活，旨在倡导文明饲养动物，推动社会形成人与动物和谐相处的良好氛围。本条规定延续《侵权责任法》的规定，增加了"法规"二字，并将"妨害"改为"妨碍"。

一、遵守法律法规

遵纪守法是每个公民的责任和义务，越来越多的人将饲养动物作为生活的重要组成部分，动物也成为部分家庭重要的家庭成员。依据本条规定，饲养动物要在法律法规规定的范围内，采取合法方式进行。具体来说，主要包括：

（一）饲养动物种类符合法律法规要求

如《北京市养犬管理规定》第17条规定："养犬人应当遵守下列规定：（一）不得携犬进入市场、商店、商业街区、饭店、公园、公共绿地、学校、医院、展览馆、影剧院、体育场馆、社区公共健身场所、游乐场、候车室等公共场所；（二）不得携犬乘坐除小型出租汽车以外的公共交通工具；携犬乘坐小型出租汽车时，应当征得驾驶员同意，并为犬戴嘴套，或者将犬装入犬袋、犬笼，或者怀抱；（三）携犬乘坐电梯的，应当避开乘坐电梯的高峰时间，并为犬戴嘴套，或者将犬装入犬袋、犬笼；居民委员会、村民委员会、业主委员会可以根据实际情况确定禁止携犬乘坐电梯的具体时间；（四）携犬出户时，应当对犬束犬链，由成年人牵领，携犬人应当携带养犬登记证，并应当避让老年人、残疾人、孕妇和儿童；（五）对烈性犬、大型犬实行拴养或者圈养，不得出户遛犬；因登记、年检、免疫、诊疗等出户的，应当将犬装入犬笼或者为犬戴嘴套、束犬链，由成年人牵领；（六）携犬出户时，对犬在户外排泄的粪便，携犬人应当立即清除；（七）养犬不得干扰他人正常生活；犬吠影响他人休息时，养犬人应当采取有效措施予以制止；（八）定期为犬注射预防狂犬病疫苗；（九）不得虐待、遗弃所养犬；（十）严格履行养犬义务保证书规定的其他义务。"《海南省城乡容貌和环境卫生管理条例》第38条规定："禁止在国家行政建制设立的市的市区内饲养鸡、鸭、鹅、兔、羊、猪、牛等家畜家禽。因教学、科研以及其他特殊需要饲养的，按照有关规定执行。违反规定的，责令其限期处理或者予以没收，并处五十元以上三百元以下的罚款。"

（二）饲养动物取得合法有效证明

《动物防疫法》第14条规定："县级以上地方人民政府兽医主管部门组织实施动物疫病强制免疫计划。乡级人民政府、城市街道办事处应当组织本管辖区域内饲养动物的单位和个人做好强制免疫工作。饲养动物的单位和个人应当依法履行动物疫病强制免疫义务，按照兽医主管部门的要求做好强制免疫工作。经强制免疫的动物，应当按照国务院兽医主管部门的规定建立免疫档案，加施畜禽标识，实施可追溯管理。"

(三)饲养动物方式不违背法律法规规定

《民法典》第286条规定:"业主应当遵守法律、法规以及管理规约,相关行为应当符合节约资源、保护生态环境的要求。对于物业服务企业或者其他管理人执行政府依法实施的应急处置措施和其他管理措施,业主应当依法予以配合。业主大会或者业主委员会,对任意弃置垃圾、排放污染物或者噪声、违反规定饲养动物、违章搭建、侵占通道、拒付物业费等损害他人合法权益的行为,有权依照法律、法规以及管理规约,请求行为人停止侵害、排除妨碍、消除危险、恢复原状、赔偿损失。业主或者其他行为人拒不履行相关义务的,有关当事人可以向有关行政主管部门报告或者投诉,有关行政主管部门应当依法处理。"《治安管理处罚法》第75条规定:"饲养动物,干扰他人正常生活的,处警告;警告后不改正的,或者放任动物恐吓他人的,处二百元以上五百元以下罚款。驱使动物伤害他人的,依照本法第四十三条第一款的规定处罚。"《上海市社会生活噪声污染防治办法》第11条第2款和第3款规定:"宠物饲养人或者管理人应当采取有效措施,避免宠物发出的噪声干扰他人正常生活。受噪声影响的居民可以向业主委员会、物业服务企业反映,业主委员会、物业服务企业应当依照住宅小区业主管理规约进行调处。"

二、遵守社会公德

社会公德简称"公德",是指在人类长期社会实践中逐渐形成的、要求每个社会公民在履行社会义务或涉及社会公众利益的活动中应当遵循的道德准则,是生活与社会中人为了群体利益而约定俗成的行为准则,对于维系社会公共生活和调整人与人之间的关系具有重要作用。社会公德在本质上是一个国家、一个民族或者一个群体,在历史长河、社会实践活动中积淀下来的道德准则、文化观念和思想传统。社会公德的内容非常丰富,涉及社会生活的方方面面,在不同的场所,具体内容不大相同。具体到饲养动物而言,也有一些应当尊重的社会公德,例如,饲养动物应当遵守公共秩序、爱护公共财物;应当保护环境，对动物在户外排泄的粪便应当立即清除；不得妨害他人的正常生活等。[1]

三、不妨碍他人生活

按照规定饲养动物，是人的自由，但饲养动物而妨碍他人生活，为法律所禁止。[2] 饲养动物的行为往往涉及对于他人权利领域的干涉，因此动物饲养人必须规范自己的行为，遵守法律，尊重道德，把不妨碍他人权利作为自己饲养动物的底线。法律所倡导的是在保障个人饲养动物权利的基础上，也充分关注他人享有安全生活环境的权利。人与动物应当和谐相处，一方面对饲养动物的人进行法律的指引和道德的约束，要求其在不妨碍他人正常生活的基础上饲养；另一方面对他人也有一定的约束与劝导，即在不妨碍正常生活的前提下，应当充分尊重动物饲养人的权利，不应对其作出干涉。

【审判实践中应注意的问题】

应当注意的是，本条规定的"饲养动物应当遵守法律法规"的法定义务，不仅是对动物饲养人的约束，也包含动物管理人。也就是说，即使不对动物进行长期饲养，而是临时对动物进行了管理行为，也应当遵守本条规定的义务。

---

[1] 吴高盛：《〈中华人民共和国侵权责任法〉释义及实用指南》，中国民主法制出版社2014年版，第254页。

[2] 杨立新：《侵权损害赔偿》（第六版），法律出版社2016年版，第455页。

第十章 建筑物和物件损害责任

> **第一千二百五十二条** 建筑物、构筑物或者其他设施倒塌、塌陷造成他人损害的，由建设单位与施工单位承担连带责任，但是建设单位与施工单位能够证明不存在质量缺陷的除外。建设单位、施工单位赔偿后，有其他责任人的，有权向其他责任人追偿。
>
> 因所有人、管理人、使用人或者第三人的原因，建筑物、构筑物或者其他设施倒塌、塌陷造成他人损害的，由所有人、管理人、使用人或者第三人承担侵权责任。

【条文主旨】

本条是关于建筑物、构筑物等倒塌、塌陷损害责任的规定。

【条文理解】

一、建筑物、构筑物等倒塌、塌陷损害责任概述和立法背景

建筑物、构筑物等倒塌、塌陷损害责任，是指建筑物、构筑物或者其他设施发生倒塌、塌陷，致使他人人身、财产权益遭受损害，建设单位、施工单位及其他责任人所应承担的侵权责任。建筑物，是指人工建造的、固定在土地上，其空间用于居住、生产或者存放物品的设施。建筑物的功能在于服务人类居住、工作生产、物品储存等目

的，如住宅、写字楼、仓库、车间等。构筑物或者其他设施，是指人工建造的、固定在土地上，除建筑物以外的某些设施。构筑物通常不具备提供人类居住、工作生产或者物品储存的功能，如道路、桥梁、隧道、城墙、堤坝等。其他设施这一不确定概念为法官解释适用留下了空间。建筑物、构筑物或者其他设施在比较法上统称为工作物或者土地工作物。①

建筑物、构筑物等倒塌损害责任在《民法通则》中已有规定，该法第126条明确："建筑物或者其他设施以及建筑物上的搁置物、悬挂物发生倒塌、脱落、坠落造成他人损害的，它的所有人或者管理人应当承担民事责任，但能够证明自己没有过错的除外。"根据《人身损害赔偿司法解释》第16条规定：道路、桥梁、隧道等人工建造的构筑物因维护、管理瑕疵致人损害的，适用《民法通则》第126条的规定，由所有人或者管理人承担赔偿责任，但能够证明自己没有过错的除外；因设计、施工缺陷造成损害的，由所有人、管理人与设计、施工者承担连带责任。随着近年来工业化、城市化的加速发展，"豆腐渣"工程以及由此引发的多起造成严重后果的房屋、桥梁倒塌事件引起了社会各界的广泛关注。《侵权责任法》制定时，在吸收前述法律和司法解释规定的基础上，考虑到当时各地屡次出现的建筑物倒塌事件及其对民生的重大影响，把《民法通则》第126条一分为二，将建筑物等脱落、坠落的损害责任规定在第85条，同时增加了第86条专门规定建筑物等倒塌的损害责任。

《民法典》编纂过程中，许多学者建议恢复《民法通则》的规定模式，将建筑物等倒塌、脱落、坠落三种情形的损害责任合并规定在一条中。最终《民法典》沿用了《侵权责任法》的规定模式，但针对理论及实务界提出的适用争议和问题，对本条作出了五点修改。一是增加了致害情形，除倒塌外，增加了塌陷情形。二是明确了归责原则，在"由建设单位与施工单位承担连带责任"之后增加了"但是建

---

① 韩世远：《物件损害责任的体系位置》，载《法商研究》2010年第6期。

设单位与施工单位能够证明不存在质量缺陷的除外"的表述,明确建筑物、构筑物等倒塌、塌陷损害责任的归责原则为过错推定,结束了长期存在的本条究竟是严格责任还是过错推定责任之争。三是明确了"其他责任人"的界定,将《侵权责任法》第86条第2款中的"其他责任人"修改为"所有人、管理人、使用人或者第三人",解决了因《侵权责任法》第86条第1款及第2款中均规定了"其他责任人"而导致的责任主体交叉和不明确的问题。四是明确了第1款与第2款之间的适用关系,因第1款中增加了"质量缺陷"的表述,明确了建筑物等因建设施工质量缺陷而发生倒塌、塌陷的损害责任适用本条第1款规定,建筑物等因其他原因而发生倒塌、塌陷的损害责任适用第2款规定。五是调整了条文顺序,对调了《侵权责任法》第85条和第86条的顺序,将建筑物等倒塌、塌陷的损害责任规定在本条即《民法典》第1252条,作为建筑物和物件损害责任一章中的第1条,将建筑物等脱落、坠落的损害责任调后至第1253条规定,紧接着在第1254条规定建筑物抛掷物、坠落物损害责任,从而增强了建筑物损害责任三个条文之间的逻辑性,便于法律的理解和适用。

二、建筑物、构筑物等倒塌、塌陷损害责任的归责原则

《民法通则》第126条将建筑物或者其他设施倒塌损害责任的归责原则确定为过错推定。《人身损害赔偿司法解释》第16条第1款第1项规定构筑物损害责任时,亦类推适用《民法通则》第126条实行过错推定。但《侵权责任法》第86条对建筑物、构筑物等倒塌损害责任进行专门规定时,并没有"过错"或者"不能证明"等表述,而是直接规定"建筑物、构筑物或者其他设施倒塌造成他人损害的,由建设单位与施工单位承担连带责任"。从而引发了理论和实务界关于该条是否改为采用了严格责任的法律适用争议。

《侵权责任法》将《民法通则》第126条拆分为二,那么,第85条规定的建筑物等脱落、坠落损害责任与第86条规定的建筑物等倒塌损害责任在归责原则以及责任人注意程度上是否有所不同?从文义

表述来看,建设单位、施工单位对建筑物倒塌承担的是严格责任,并未给予其反证证明自己没有过错从而主张免责的空间。但从全国人大法工委的条文释义来看,建设单位、施工单位只有在违反建筑技术与经验规范的情况下才会承担责任,此与高度危险责任是有区别的。有学者认为,建筑物等脱落、坠落与倒塌在危险程度和责任人的注意程度上是一致的,不能因为倒塌引起社会关注而加重其责任。[1]应当将建筑物等脱落、坠落与倒塌的损害责任统一规定为过错推定责任,目前《侵权责任法》的做法不仅在理论上难以具有较强的说服力,也引起了一些实践中的混乱。[2]从体系解释来看,物件损害责任的一般归责原则即为过错推定,建筑物等倒塌损害责任既然规定在《侵权责任法》物件损害责任一章中,结合《侵权责任法》第86条第2款中关于其他责任人的规定,该条仍然采用的是过错推定原则。[3]

《民法典》编纂中,在吸收各方建议及总结司法实践经验的基础上,于本条规定建筑物、构筑物或者其他设施倒塌、塌陷造成他人损害的,由建设单位与施工单位承担连带责任,但是建设单位与施工单位能够证明不存在质量缺陷的除外。这就明确了建筑物等倒塌、塌陷责任的归责原则为过错推定原则,建设单位、施工单位可以通过举证建筑物等不存在质量缺陷来证明自己没有过错。如果建设单位、施工单位不能完成这一举证责任,则认定其有过错;如果其能够成功证明,则认定其没有过错,从而不承担侵权责任。

三、建设单位与施工单位的连带责任及其对其他责任人的追偿权

建筑物、构筑物或者其他设施倒塌、塌陷责任的责任主体确定,经历了一个不断发展和明确的过程。《民法通则》第126条规定的责

---

[1] 王洪亮:《交往安全义务基础上的物件致损责任——〈侵权责任法〉第11章"物件损害责任"的理解与适用》,载《政治与法律》2010年第5期。
[2] 张新宝:《民法分则侵权责任编立法研究》,载《中国法学》2017年第3期。
[3] 王利明:《侵权责任法研究》(下卷),中国人民大学出版社2011年版,第697~698页。

任主体是所有人或者管理人。《人身损害赔偿司法解释》第16条进行了扩张解释,区分两种不同情况,规定构筑物因维护、管理瑕疵致人损害的,由所有人或者管理人承担赔偿责任;因设计、施工缺陷造成损害的,由所有人、管理人与设计、施工者承担连带责任。《侵权责任法》第86条确立了建设单位与施工单位的连带责任,同时规定有其他责任人的,建设单位、施工单位享有追偿权。但该条第2款规定,倒塌致损是因其他责任人原因导致的,由其他责任人承担侵权责任。司法实践中的争议点在于,第86条第1款与第2款中的"其他责任人"指的是否为同一人,在有其他责任人的情况下应适用第1款由建设单位、施工单位承担垫付责任,还是适用第2款由其他责任人直接承担侵权责任?全国人大法工委对此解释称,建筑物等设施因质量不合格而倒塌造成他人损害的,一般适用《侵权责任法》第86条第1款规定;如果建筑物等设施倒塌是因超过合理使用期限、业主擅自改变承重结构等特殊情形造成的,被侵权人可以根据《侵权责任法》第86条第2款规定直接请求造成建筑物等设施倒塌的其他责任人承担侵权责任。其中,第1款中的"其他责任人"包括勘察单位、设计单位、监理单位以及除此以外的责任人。例如,根据《建筑法》第79条规定,负责颁发建筑工程施工许可证的部门及其工作人员对不符合施工条件的建筑工程颁发施工许可证,或者负责工程质量监督检查或者竣工验收的部门及其工作人员对不合格的建筑工程出具质量合格文件或者按合格工程验收的,由该部门对造成的损失承担相应的赔偿责任。第2款中的"其他责任人"则指建筑物年久失修、业主擅自改变承重结构等情形下的责任人。[①]《民法典》编纂中,在本条第1款增加了"但是建设单位与施工单位能够证明不存在质量缺陷的除外"的表述,同时将第2款中的"其他责任人"修改为"所有人、管理人、使用人或者第三人",从而使其表述更为贴合立法本意,避免在理解和适用中发生歧义。建设单位与施工单位就倒塌、塌陷所造成

---

① 王胜明主编:《中华人民共和国侵权责任法释义》,法律出版社2013年版,第469~471页。

的损害承担连带赔偿责任后,有权依法向其他责任人追偿。

四、所有人、管理人、使用人或者第三人的直接责任

建筑物、构筑物或者其他设施非因质量缺陷发生倒塌、塌陷致损的责任主体,主要是所有人、管理人、使用人,也包括除此以外对倒塌、塌陷负有责任的第三人,如装修人等。与本条第1款适用的是工作物因施工阶段的质量缺陷而发生倒塌、塌陷的情形不同,第2款适用的是工作物在交付使用后因管理、维护缺陷而发生倒塌、塌陷的情形。有学者认为,第2款规定可以删除,因为第三人单独原因引起建筑物致害的,应依据《民法典》第1175条规定适用第三人独立责任。例如,某人在修建地下设施时,擅自在他人的房屋下进行挖掘或非法爆破导致他人房屋倒塌,此时应当由相关行为人承担责任。这些其他人的责任不属于对物的责任,而是行为责任,物件损害责任通常是在行为人责任之后的,如果有行为因素致害,则应由行为人承担侵权责任。[①] 但是《民法典》本条中还是保留了第2款规定,同时明确除第1款规定以外的其他责任人指的是所有人、管理人、使用人或者第三人。这样规定更为清晰,便于理解和适用。

【审判实践中应注意的问题】

一、建设单位与施工单位的责任认定

建筑物、构筑物或者其他设施因质量缺陷发生倒塌、塌陷致人损害的第一责任人为建设单位与施工单位。建设单位是建设工程的业主和发包人,如房地产开发商、修建办公楼的机关、修建厂房的企业等。建设单位对建设工程的质量负责,应当依法组织竣工验收,经验收合格后方可交付使用。施工单位包括建设工程的承包人、分包人、

---

① 张新宝、吴婷芳:《物件致人损害责任的再法典化思考》,载《现代法学》2017年第3期。

转包人和实际施工人,但不包括个人。个人借用有资质的建筑施工企业名义施工并因施工质量问题引发倒塌、塌陷事故的,应当首先由借用资质的企业承担责任,其后再由其向直接责任人追偿。存在违法转包、分包、挂靠等情形的,各个施工单位均对受害人承担连带责任,合法与非法仅影响发包人和承包人之间的内部关系。①建设单位与施工单位之间为连带责任,受害人既可以请求建设单位承担侵权责任,也可以请求施工单位承担侵权责任,还可以请求两者共担责任。如工程质量缺陷是由建设单位、施工单位自身的过错和原因造成,则其承担的是直接和终局责任。如质量缺陷是由其他责任人过错造成,则建设单位、施工单位承担的是垫付责任,其实际赔偿后有权向其他责任人进行追偿。

二、原因力规则的适用

确定建筑物、构筑物等倒塌、塌陷损害责任,应注意适用原因力规则。因为,建筑物等倒塌、塌陷的原因往往是多方面的,如倒塌、塌陷系由两个以上的原因造成,则须考量各个不同原因对于损害的发生或者扩大所产生的作用力,从而确定责任的归属。②一个典型的例子是,根据《最高人民法院关于处理涉及汶川地震相关案件适用法律问题的意见(二)》第8条规定,因地震灾害引起房屋垮塌、建筑物或者其他设施发生倒塌,造成他人损害的,所有人或者管理人不承担民事责任。该条仅适用于地震系建筑物等倒塌的唯一原因的情形。如果地震只是建筑物等倒塌的原因之一,甚至不是主要原因,而是由于工程质量本身存在缺陷所致,则建设单位与施工单位不能以不可抗力来主张免责。此时应根据具体案件中,各方的过错程度以及原因力,合理确定责任分担。

---

① 张新宝、吴婷芳:《物件致人损害责任的再法典化思考》,载《现代法学》2017年第3期。

② 杨立新:《侵权责任法》,法律出版社2010年版,第577页。

> **第一千二百五十三条** 建筑物、构筑物或者其他设施及其搁置物、悬挂物发生脱落、坠落造成他人损害，所有人、管理人或者使用人不能证明自己没有过错的，应当承担侵权责任。所有人、管理人或者使用人赔偿后，有其他责任人的，有权向其他责任人追偿。

【条文主旨】

本条是关于物件脱落、坠落损害责任的规定。

【条文理解】

一、物件脱落、坠落损害责任概述和立法背景

物件脱落、坠落损害责任，是指建筑物、构筑物或者其他设施及其搁置物、悬挂物发生脱落、坠落，致使他人人身、财产权益遭受损害，所有人、管理人或者使用人所应承担的侵权责任。其特点在于：一是致害物为建筑物、构筑物或者其他设施等工作物及其搁置物、悬挂物。二是致害形态为前述建筑物和物件发生了脱落、坠落。三是归责原则为过错推定原则，在所有人、管理人或者使用人不能证明自己没有过错的情况下，推定其对建筑物、构筑物或者其他设施及其搁置物、悬挂物存在设置或管理瑕疵。四是责任主体具有多样性，包括所有人、管理人、使用人，且其对造成损害的其他责任人享有追偿权。

物件脱落、坠落损害责任作为建筑物和物件损害责任中的一项重要制度，在《民法通则》《侵权责任法》及《人身损害赔偿司法解释》等司法解释中均有规定。《侵权责任法》把《民法通则》第126条规

定的建筑物或者其他设施以及建筑物上的搁置物、悬挂物倒塌、脱落、坠落损害责任一分为二,将建筑物等脱落、坠落的致损责任规定在该法第 85 条,将建筑物等倒塌的致损责任规定在第 86 条。《民法典》编纂中,沿用了《侵权责任法》的立法模式,对于本条条文内容未作修改。但是,《民法典》调整了条文顺序,对调了建筑物等脱落、坠落损害责任与建筑物等倒塌损害责任的顺序,这样是为了理顺建筑物损害责任三个条文之间的逻辑关系,避免理解和适用中产生歧义。

二、归责原则及构成要件

物件脱落、坠落损害责任采过错推定原则,被侵权人只需证明自己遭受的损害系因建筑物、构筑物或者其他设施或者其搁置物、悬挂物发生脱落、坠落所造成的即已完成初步举证责任,由所有人、管理人或者使用人对自己没有过错承担举证责任,否则便应承担侵权责任。其责任构成要件有三:

(一)建筑物、构筑物或者其他设施及其搁置物、悬挂物发生脱落、坠落

1.致害物为建筑物、构筑物或者其他设施及其搁置物、悬挂物。建筑物、构筑物或者其他设施,是指出于一定目的、按照一定技术规范,由人工建造的,附着于土地之上的设施,统称为工作物。[①] 尚未建成的建筑物、构筑物以及建筑物、构筑物的组成部分或者附属设施发生脱落、坠落致人损害的,均适用本条规定。搁置物、悬挂物,是指搁置、悬挂在建筑物、构筑物或者其他设施上,非建筑物、构筑物或者其他设施本身组成部分的物品,如搁置在阳台上的花盆、鸟笼,悬挂于房屋外墙的广告牌、空调机,脚手架上悬挂的建筑工具等。[②]

2.加害形态为脱落、坠落。建筑物、构筑物或者其他设施及其搁置物、悬挂物造成他人损害的方式有倒塌、脱落、坠落三种,第一种

[①] 王利明:《侵权责任法研究》(下卷),中国人民大学出版社 2011 年版,第 679 页。
[②] 王胜明主编:《中华人民共和国侵权责任法释义》(第 2 版),法律出版社 2013 年版,第 460 页。

倒塌的情形已单独规定在《民法典》第1252条中，本条规范的是脱落、坠落两种情形。脱落，是指建筑物、构筑物或者其他设施的组成部分从主体脱离。坠落，是指搁置物、悬挂物从建筑物、构筑物或者其他设施上落下。①脱离、坠落强调物体自发动作，此区别于《民法典》第1254条中的抛掷，后者存在人力介入。建筑物、构筑物或者其他设施的加害形态主要是脱落，如房屋外墙上的表皮、瓷砖脱落。搁置物、悬挂物的加害形态则主要是坠落，如屋顶瓦片坠落、房屋天花板吊灯坠落、阳台上放置的花盆坠落等。

（二）因建筑物、构筑物或者其他设施及其搁置物、悬挂物造成了他人损害

1.发生了人身伤害和财产损害的结果。脱落、坠落的建筑物和物件造成了他人人身损害、因伤致残、死亡，或者使其遭受财产上的直接损失、间接损失。

2.损害的发生与脱落、坠落的设施和物件之间具有因果关系。脱落、坠落的工作物及其搁置物、悬挂物直接或间接作用于受害人的人身、财产，从而导致了损害的发生。

3.损害是建筑物和物件的所有人、管理人或者使用人以外的其他人所遭受的损害。如因建筑物和物件脱落、坠落造成了所有人、管理人或者使用人自己的损害，则不能通过本条获得救济。此种情形下，如脱落、坠落系由于所有人、管理人或者使用人自身过错造成，应自行承担损失；如系因他人责任所致，则可依据《民法典》第1165条规定主张权利。

（三）所有人、管理人或者使用人不能证明自己没有过错

过错系侵权责任的基本构成要件，过错推定作为一种法定的特殊归责原则采取了举证责任倒置的证明方式，基于建筑物、构筑物或者其他设施及其搁置物、悬挂物造成了他人损害这一法定基础事实，推定所有人、管理人或者使用人具有过错。如果所有人、管理人或者使

---

① 王利明：《侵权责任法研究》（下卷），中国人民大学出版社2011年版，第680页。

用人不能够举证证明自己没有过错，则应当承担侵权责任。被侵权人通常并不了解建筑物等设施及其搁置物、悬挂物的管理、维护情况，难以获得足够的证据。而所有人、管理人或者使用人对其所有、管理、使用的工作物及其搁置物、悬挂物负有管理和维护义务，这些设施或者物体发生脱落、坠落往往与所有人、管理人或者使用人的设置、管理、维护瑕疵具有直接关系。在物件脱落、坠落损害责任中采用过错推定，是长期立法、司法实践经验的总结，符合国际立法通例及我国社会生活实际，对于减轻受害人举证责任、确立行为标准、淳化道德风尚、预防损害发生具有重要意义。①

三、责任主体和责任承担

（一）所有人、管理人或者使用人

所有人，是指建筑物、构筑物或者其他设施的所有权人，此处不仅指经不动产登记的物权人，还包括未经登记的农村宅基地自建房和尚未办理登记手续的城市新建房屋等。管理人，是指基于法律规定或者合同约定而管理建筑物等设施及其搁置物、悬挂物的人。司法实践中，大量的案例都集中在对管理人的界定上，对管理人的理解也较为宽泛，主要有国有资产管理人、物业服务企业等建筑物管理人，也包括其他对建筑物等进行管领控制的人，如遗产管理人等。当然，有些认定在学界存在争议，有进一步探讨的空间。② 管理人的管理、维护义务可以源于法定或约定，违反约定义务通常不发生侵权责任，但在违反的义务既是约定的也是法定的或为社会生活一般规则所要求的，便会发生责任竞合。③ 使用人，是指直接对建筑物、构筑物或者其他设施进行占有和使用的人，主要包括承租人、借用人等。使用人是《侵权责任法》增加的责任主体，其归责的基础在于占有人对物的

---

① 王利明：《我国民法典重大疑难问题之研究》，法律出版社 2006 年版，第 593~597 页。
② 韩强：《物件保有人责任研究——以〈侵权责任法〉第 85 条为解释对象》，载《中外法学》2013 年第 2 期。
③ 张新宝：《侵权责任构成要件研究》，法律出版社 2007 年版，第 460 页。

实际控制。所有人、管理人、使用人作为建筑物、构筑物或者其他设施的实际控制人，对设施和物件负有法定或者约定上的管理、维护义务，最为清楚其上存在的隐患、瑕疵，可以以最低的成本避免损害的发生。如因其管理瑕疵致人损害，则受害人可以要求所有人、管理人或者使用人依法承担侵权责任。所有人、管理人、使用人三者之间的责任形态是连带责任、按份责任，还是不真正连带责任，立法并不明确，理论和实务界均存在争议，对此可根据个案具体情况进行认定。

（二）其他责任人

其他责任人，是指除所有人、管理人或者使用人之外，对损害发生负有责任的人。建筑物、构筑物或者其他设施及其搁置物、悬挂物脱落、坠落致人损害时，所有人、管理人或者使用人是第一责任人，如果其不能证明自己没有过错，便须承担侵权责任。实践中，有些损害的发生除了与所有人、管理人或者使用人的过错有关外，还与其他人有关，如聘请的承揽人安装空调或者防盗网不牢固，坠落砸伤路人。此时，所有人、管理人或者使用人向受害人赔偿后，享有法定追偿权，有权向对损害发生负有责任的其他人进行追偿。

【审判实践中应注意的问题】

一、所有人、管理人或者使用人没有过错的认定标准

所有人、管理人或者使用人证明自己没有过错，要达到何种证明程度才能够免责，对此存在不同观点。一种观点认为，所有人、管理人或者使用人应当证明自己已尽社会生活中必要的注意义务。另一种观点认为，所有人、管理人或者使用人应当举证证明其不存在管理、维护不当。司法实践中，所有人、管理人或者使用人不能简单以证明自己尽过注意义务或维修义务而要求免责，因为建筑物和物件脱落、坠落的事实本身即已表明，缺陷是客观存在的，且未采取足够的安全防护措施。对于所有人、管理人或者使用人没有过错的认定，应当采

取善良管理人或者合理人的客观判断标准，前者是大陆法上的概念，后者是英美法上的概念。[1] 所有人、管理人或者使用人只有在证明其本身已尽管理、维护义务，或者损害是因第三人原因、受害人原因或者不可抗力造成的情况下，才能够免责。[2] 即便损害是因第三人过错、受害人过错或者不可抗力等原因造成，如果所有人、管理人或者使用人自身也存在过错，仍应当承担相应的责任，责任的大小根据其过错确定。

二、所有人、管理人、使用人与其他责任人之间的责任承担

司法实践中的一个争议在于本条第一句和第二句的衔接问题，即所有人、管理人或者使用人能够证明工作物及其搁置物、悬挂物发生脱落、坠落系由其他责任人的原因造成的，而不是由于自己的过错，此时是由其他责任人直接承担侵权责任，还是必须由所有人、管理人或者使用人先行承担责任后再向其他责任人追偿？全国人大法工委在对《侵权责任法》的释义中认为，其他人不直接对被侵权人承担侵权责任，但所有人、管理人或者使用人向被侵权人赔偿后，有权向该其他责任人追偿。[3] 可见，立法为了保护受害人的利益，没有将其他责任人作为直接责任人，而是规定由所有人、管理人或者使用人先行承担责任。此时，所有人、管理人或者使用人并不是最终责任人，其担责后可依法向其他责任人追偿。行使追偿权时，应注意双方各自的过错程度，如所有人、管理人或者使用人没有过错，则可以向其他责任人全部追偿；如所有人、管理人或者使用人亦有一定过错的，则应当与其他责任人分担责任。

---

[1] 张新宝：《侵权责任构成要件研究》，法律出版社2007年版，第466页。
[2] 王利明：《侵权责任法研究》（下卷），中国人民大学出版社2011年版，第684~687页。
[3] 王胜明主编：《中华人民共和国侵权责任法释义》（第2版），法律出版社2013年版，第463~464页。

第一千二百五十四条 禁止从建筑物中抛掷物品。从建筑物中抛掷物品或者从建筑物上坠落的物品造成他人损害的，由侵权人依法承担侵权责任；经调查难以确定具体侵权人的，除能够证明自己不是侵权人的外，由可能加害的建筑物使用人给予补偿。可能加害的建筑物使用人补偿后，有权向侵权人追偿。

物业服务企业等建筑物管理人应当采取必要的安全保障措施防止前款规定情形的发生；未采取必要的安全保障措施的，应当依法承担未履行安全保障义务的侵权责任。

发生本条第一款规定的情形的，公安等机关应当依法及时调查，查清责任人。

【条文主旨】

本条是关于高空抛物侵权责任的规定。

【条文理解】

一、关于立法完善高空抛物侵权责任的背景

关于高空抛物的法律适用问题，在侵权责任法之前就引起了热议，实践中的案例也促使立法上对高空抛物的侵权责任作出规定。由于缺乏明确的法律规定，法院在审理这类案件时没有统一、明确的依据，同案不同判的情形时有发生。《侵权责任法》施行前比较典型的

有"重庆烟灰缸案""济南菜板案"和"深圳玻璃案"。①

在《侵权责任法》起草过程中，对于建筑物不明抛掷物、坠落物致人损害的责任承担，就曾引起广泛讨论，存在多种意见。一种意见认为，不宜规定由建筑物使用人承担侵权责任。理由是：（1）侵权责任的承担需要以可归责性为前提，缺乏可归责性的，受害人就应当风险自负。建筑物抛掷物、坠落物致人损害，难以确定具体侵权人的，缺乏可归责性，让所有可能加害的建筑物使用人承担责任，对他们不公平。（2）建筑物抛掷物、坠落物致人损害，难以确定具体侵权人时的责任归属，既不能用建筑物所有人、管理人责任来分析，也无法用共同侵权来解释，更难以用英美法系"市场份额"理论来推理。由可能加害的建筑物使用人承担侵权责任，缺乏理论基础，世界其他国家和地区也没有这样的立法例。（3）让所有可能加害的建筑物使用人承担侵权责任，牵涉的范围太大，容易引发更多的矛盾。（4）侵权责任法不能解决所有的问题，不可能保证所有被侵权人的损失都能够得到充分的填补。对于建筑物不明抛掷物、坠落物致人损害这类涉及公众

---

① "重庆烟灰缸案"的案情是，2000年5月10日深夜，重庆市的郝某在街上被一只高楼上掉下的烟灰缸砸在了头上，基本丧失了生活自理能力。公安机关侦查后，未能查到具体的加害人。郝某将位于出事地点的65号和67号楼的开发商及该两幢楼一层以上的24户居民起诉，要求他们共同赔偿自己的医药费、精神损失费等各种费用共计17万余元。一审法院驳回郝某对开发商的诉讼请求，根据过错推定原则，判决24户居民中的22户共同分担16万余元的赔偿责任，每户赔偿8000余元。二审法院维持原判。

"济南菜板案"的案情是，2001年6月20日中午，李某某等的母亲孟某某在济南市××街××号楼×单元一楼入口处，突然被从该楼上落下的菜板砸中头部，后经抢救无效死亡。由于不知道该菜板是楼上谁家扔的，李某某等对该单元住户共15户提起诉讼，要求他们承担损害赔偿责任。一审法院经审理认为，原告在起诉中无法确定致其母亲死亡的加害人，缺乏具体明确的被告。根据案件裁判当时适用的1991年《民事诉讼法》第108条第2项的规定，原告起诉时，必须要有明确的被告。本案中，原告的起诉不符合该规定，因此裁定驳回起诉。原告不服该裁定，向济南市中级人民法院提起上诉。二审法院以同样的理由裁定驳回上诉，维持原裁定。在再审程序中，再审法院仍然维持了原裁定。

"深圳玻璃案"的案情是，2006年5月31日傍晚，深圳市的一名小学生在经过一幢居民楼时，被该楼上掉下的一块玻璃砸中头部，当场死亡。公安机关侦查后，无法查明具体的加害人。该小学生的父母起诉该居民楼二层以上73家居民和管理该居民楼的物业公司，要求他们共同赔偿20万元。一审法院认为原告没有证据证明该楼的73家居民对损害的发生有过错，因此这些居民不承担侵权责任。但物业公司存在管理上的疏漏，遂判决物业公司承担30%的赔偿责任。

安全的问题，可以考虑通过社会保险、国家救助基金制度等解决。另一种意见认为，应当由可能加害的建筑物使用人承担赔偿责任。理由是：（1）一般情况下，真正的侵权人就在建筑物使用人的范围内，如果仅因为不能够确定具体的侵权人而让被侵权人自己承担损害后果，对被侵权人不公平，同时也是对侵权行为的纵容。（2）这种情况与共同危险行为类似，在难以确定具体侵权人时，可以借鉴共同危险行为的责任承担方式，由可能加害的建筑物使用人承担侵权责任。（3）让可能加害的建筑物使用人承担侵权责任，有利于发现真正的侵权人。由于建筑物使用人以外的人难以深入了解建筑物的使用情况，因此由被侵权人寻找真正的侵权人是极其困难的。同一建筑物的使用人多是长期生活在一起的邻居，相对比较熟悉，可以更方便地知道真正的侵权人，但是，碍于邻里关系，他们不愿提供证据证明他人的违法行为，这就使得更加难以查找到真正的侵权人，有时即使是公安机关也很难查出具体的侵权人。让可能加害的建筑物使用人对被侵权人承担赔偿责任，可以促使他们积极举证，有利于确定真正的侵权人。还有意见认为，应当由可能加害的建筑物使用人对被侵权人给予补偿。建筑物抛掷物、坠落物造成他人损害，难以确定具体侵权人的，如果让被侵权人自己承担不利后果，对被侵权人不公平。如果让可能加害的建筑物使用人承担赔偿责任，建筑物使用人也难以接受。但是，让可能加害的建筑物使用人对被侵权人给予补偿，既保护了被侵权人的合法权益，同时也使建筑物使用人在心理上更容易接受，有利于缓和矛盾，解决纠纷。①

经过反复研究，《侵权责任法》第87条最终规定："从建筑物中抛掷物品或者从建筑物上坠落的物品造成他人损害，难以确定具体侵权人的，除能够证明自己不是侵权人的外，由可能加害的建筑物使用人给予补偿。"应该说这一规定出来之后，尤其是与《侵权责任法》

---

① 王胜明主编：《中华人民共和国侵权责任法释义》，法律出版社2010年版，第427页。

第85条①衔接适用,对于统一法律适用尺度,填平受害人损害,预防高空抛物行为发挥了积极作用。但是理论上有关高空抛物行为法律责任承担的争议一直存在,实践中也时常发生高空抛物伤人事件,②引起社会广泛关注,《侵权责任法》第87条规定存在的打击面过广、有违归责原则基本法理、对受害人救济不及时、不利于及时查找侵权人、不利于有效打击和预防高空抛物行为等问题也日渐暴露,有必要在立法上进一步完善高空抛物的侵权责任规则。在2019年,最高人民法院为贯彻落实党中央部署,切实维护人民群众"头顶上的安全",促进社会公平正义,起草并发布了《高空抛物意见》明确了"明确区分抛物和坠物的不同法律适用规则""强化物业服务企业的责任"等内容,为预防和惩治高空抛物行为发挥了积极作用,也为立法上进一步完善高空抛物侵权责任提供了有益参考。《高空抛物意见》发布后,引起了社会强烈反响。在此大背景下,《民法典》编纂过程中对于高空抛物侵权责任规则作了深入研究,最终作出了本条规定。

相较《侵权责任法》第87条规定,本条的重大变化主要有:一是开名宗义新增规定"禁止从建筑物中抛掷物品",旗帜鲜明表明态度。此针对高空抛物造成人身伤亡等问题,明确提出高空抛物为法律所禁止,价值导向明确。从法律适用上讲,这也为认定高空抛物行为的违法性提供了明确的法律依据。二是明确了从建筑物中抛掷物品或者从建筑物上坠落的物品造成他人损害的情形,由侵权人依法承担侵权责任为一般规则,由可能加害的建筑物使用人给予补偿为例外的规则,而非《侵权责任法》第87条规定的由可能加害的建筑物使用人给予补偿作为一般规则的做法。三是新增了物业服务企业等建筑物管理人的责任,本条第2款规定的"物业服务企业等建筑物管理人应当

---

① 该条规定:"建筑物、构筑物或者其他设施及其搁置物、悬挂物发生脱落、坠落造成他人损害,所有人、管理人或者使用人不能证明自己没有过错的,应当承担侵权责任。所有人、管理人或者使用人赔偿后,有其他责任人的,有权向其他责任人追偿。"

② 2019年6月16日上午,深圳福田区某小区内一男童被高坠玻璃砸伤后抢救无效死亡;2019年7月2日,贵阳某高楼下,一个灭火器从楼上砸下,砸中一女子头部,致其死亡;等等。

采取必要的安全保障措施防止前款规定情形的发生；未采取必要的安全保障措施的，应当依法承担未履行安全保障义务的侵权责任"，这对于加强物业管理服务，预防高空抛物行为具有重大意义，也有利于快速有效地救济受害人损害。四是新增了有关部门查找职责的规定，本条第3款规定，"发生本条第一款规定的情形的，公安等机关应当依法及时调查，查清责任人"，这对于解决实践中高空抛物侵权人查找难问题具有积极作用。

二、关于高空抛物侵权人直接责任与可能加害人补偿责任的适用

高空抛物侵权人直接责任与可能加害人补偿责任的承担涉及本条第1款的适用问题，也涉及第3款规定的内容。对此，要注意以下问题：

（一）高空抛物侵权人直接责任的承担

依据本条第1款规定，从建筑物中抛掷物品或者从建筑物上坠落的物品造成他人损害的，应当由侵权人承担责任。这一规则符合侵权责任可归责性的基本法理。一方面，高空抛物的行为人在主观方面通常有抛物的故意，在危害后果上既可能是希望相应的损害后果发生，也可能是放任这一损害后果的发生，这一情形主观上是具有明显的可归责性。另一方面，高空坠物方面，通常都存在建筑物上坠落物品的所有人、管理人或者使用人未尽到相应的管理、维护义务，才导致相应坠物致人损害的行为发生，主观上也具有可归责性。

在归责原则和构成要件上，本条规定并无体现过错的内容，但从本章的体系上讲，物件致人损害的责任属于过错推定责任。特别是第1253条关于建筑物、构筑物或者其他设施及其搁置物、悬挂物坠落致人损害的情形，就采取了过错推定责任。本条规定的从建筑上坠落的物品造成他人损害的，应当适用与第1253条相同的规则，而高空抛物行为，行为主观恶性更重，社会危险性更大，举轻以明重，此种情形更要适用过错推定责任，而不能适用过错责任加重受害人的负担。在

证据规则上，加害人应当对其尽到相应管理、维护义务或者没有抛掷物品承担举证责任。

但是，实践中对于此类行为存在一个非常严重的问题就是行为人查找难。如果行为人查找不到，上述规定内容的适用就会大打折扣。为此，在发生高空抛物、坠物行为的，本条第3款专门规定了"公安等机关应当依法及时调查，查清责任人"。发生高空抛物、坠物事件后，查人、找人是关键，本条的这一规定在导向上有利于推动公安机关等，根据自身职责权限及时调查，确定高空抛物、坠物行为的行为人，即直接侵权人。此外，《高空抛物意见》也结合人民法院职责对这一问题作了规定，第10条明确提出人民法院要积极主动向物业服务企业、周边群众、技术专家等询问查证，加强与公安部门、基层组织等沟通协调，充分运用日常生活经验法则，最大限度查找确定直接侵权人并依法判决其承担侵权责任。

（二）可能加害人补偿责任的适用

本条第1款后段规定"经调查难以确定具体侵权人的，除能够证明自己不是侵权人的外，由可能加害的建筑物使用人给予补偿"。这一条文采用的是过错推定责任，即被告不能证明自己没有过错或者被告不能证明自己不是侵权人，均要承担民事责任。这一规定确实存在有让当事人来证明自己没有做过某种行为，而招致无辜第三人对相应判决不够信服，导致法律效果和社会效果不好的可能。而且这也存在程序操作较为复杂，不便于实务操作的问题。但是从现代社会分散风险的角度考虑，随着我国城镇化进程的加快，高层建筑越来越多，建筑物抛掷物、坠落物造成他人损害的情形时有发生，有时甚至造成他人重伤、死亡。虽然，从理论上讲，受害人的损害可以通过保险和基金得到填补，但是，我国的保险制度和社会救助制度还不够完善，实践中被侵权人往往无法通过这些渠道获得救济；同时，由于缺乏相应的法律规定，被侵权人有时也无法通过诉讼获得救济，这不利于保障被侵权人的权利，有损社会公平正义。在侵权责任法立法过程中，多数意见认为应当对这种情形作出规定，由可能加害的建筑物使用人对被侵权人进行补偿，这有利于合理分散损失，及时救济受害人，实现社会公平正义，促进社会和谐稳定。确立举证责任倒置制度，不是对被告的不公平，而是为了平衡当事人之间的利益，合理地保护被侵权人，最终实现实质意义上的公平。因此，建筑物抛掷物、坠落物造成他人损害，难以确定具体加害人时，让可能加害的建筑物使用人举证证明自己不是真正的加害人，符合民法公平正义的精神。[①]在此需要注意的是，抛掷物致人损害责任不是共同侵权责任，其基础只是让没有实施致害行为而仅仅具有嫌疑的人承担责任。虽然无法确定具体的行为人，但是从该建筑物中抛掷物的可能性角度看，在该建筑物的使用人中具有同等的概率。按照该概率，确定所有可能抛掷该物的人承担责任。因此，抛掷物致害责任的基础不是推定过错，而是将实施行为的可能性推定为确定性。[②]关于此种情形的适用，要注意以下几点：

1.关于可能加害的建筑物使用人的范围问题。在现代社会的高层楼宇中，从建筑物中抛掷物品或者从建筑物上坠落的物品造成他人损害，难以确定具体侵权人的，要从众多的使用人中确定可能的侵权人。本条规定的建筑物使用人，是指在侵权行为发生时建筑物的实际使用人。建筑物使用人在建筑物内进行活动，控制、管理着建筑物和建筑物内的物品，建筑物抛掷物、坠落物致人损害，无法确定具体侵权人时，在他们中间确定可能的侵权人，符合社会生活实践经验。使用人包括使用建筑物的所有权人、承租人、借用人以及其他使用建筑物的人。[③]"可能加害"的建筑物区分所有单元范围内的侵权人的确定问题可以依据科技手段和日常生活经验法则来进行，比如在一楼的住户显然不能属于高空抛物可能加害人的范围。此外，如果通过鉴定该损害发生的实际情况，可以确定坠落物来源高度超过一定楼层，则

[①] 王胜明主编：《中华人民共和国侵权责任法释义》，法律出版社2010年版，第430页。

[②] 陈现杰主编：《中华人民共和国侵权责任法条文精义与案例解析》，中国法制出版社2010年版，第292页。

[③] 王胜明主编：《中华人民共和国侵权责任法释义》，法律出版社2010年版，第428页。

该楼层以下建筑物区分使用人也可以免除责任。如果不能确定为坠落物，则应该是由可能抛掷物品的窗户所在建筑物区分的使用人承担责任，这主要是因为抛掷物品来源的范围比坠落物的大。如果有证据证明抛掷物来自一定楼层或者一定方向，即可以确定一定范围内的"可能加害的建筑物使用人"，则应该尽量缩小责任人的范围。①对于这一内容的适用，有必要做好相应的利益平衡保护，既要依法保护受害人的合法权益，又要注重维护建筑物使用人特别是建筑物居民的合法权益，尽量查明直接侵权人，尽量限缩"可能加害的建筑物使用人"的范围，实现救济损害与保障安居乐业的有机统一，促进社会和谐稳定。《高空抛物意见》第9条明确要求人民法院对高空抛物、坠物案件，要坚持有案必立、有诉必理，为受害人线上线下立案提供方便，以充分保障当事人的诉权。对侵权人不明又不能依法追加其他责任人的，引导当事人通过多元化纠纷解决机制化解矛盾、补偿损失。同时，为最大限度查找确定直接侵权人并判决其承担责任，人民法院在受理从建筑物中抛掷物品、坠落物品造成他人损害的纠纷案件时，要向当事人释明尽量提供具体明确的侵权人，尽量限缩"可能加害的建筑物使用人"范围，引导和鼓励受害人一方积极查找直接侵权人。

2. 本条明确规定了举证责任倒置的做法。根据本条规定，无法确定具体的侵权人的，由被侵权人证明自己是被建筑物上的抛掷物、坠落物伤害的，由建筑物使用人证明自己不是侵权人。建筑物使用人不能证明自己不是侵权人的，要对被侵权人受到的损害进行补偿。当然，如果有证据能够确定具体的侵权人，则其他可能加害的建筑物使用人无须再举证证明自己不是侵权人。②在此要注意的是，一方面，这一举证责任倒置的做法，一定程度上加重了建筑物使用人的负担，但这是立法上分散风险、公平救济受害人的制度设计所要求的；另一

---

① 王竹：《侵权责任法疑难问题专题研究》（第二版），中国人民大学出版社2018年版，第338页。

② 王胜明主编：《中华人民共和国侵权责任法释义》，法律出版社2010年版，第429页。

方面，这一补偿责任更多的是基于道义、公平的理念进行的，不能理解为是赔偿责任，也不能理解为是可以被归责的过错责任。

三、物业服务企业等建筑物管理人的责任承担

在当今社会，高层建筑林立，楼宇遍及各地。物业服务企业在维护写字楼、住宅区、酒店式公寓等各类楼盘的正常秩序，在履职范围内保护广大人民群众人身财产安全方面具有不可替代的作用。同样，物业服务企业在预防和规制高空抛物、坠物行为方面也能够发挥重要作用，也属于其加强管理、做好修缮等职责范围内的重要事项。正因如此，《高空抛物意见》第12条在总结当前审判经验的基础上，依法明确了物业服务企业在未尽到法定或者约定义务的情况下，依法承担相应的侵权责任。《民法典》编纂过程中，特别是在最后阶段，着重研究了高空抛物侵权责任问题，更是明确了物业服务企业等建筑物管理人的责任承担规定，明确了其承担相应的未履行安全保障义务的侵权责任。物业服务企业等建筑物管理人依照这一规定应当对建筑物及相关设施、物业管理和服务中要采取必要的安全保障措施，其目的在于引导和规范物业服务企业等建筑物管理人更加注意采取相应的安全保障和防范、监控措施，从而更有利于发现直接侵权人，也更有利于预防高空抛物事件的发生，从责任后果上讲，也更有利于对受害人的救济。

依据本条规定，物业服务企业等建筑物管理人承担侵权责任的前提是其未采取必要的安全保障措施，即未履行相应的安全保障义务。我们认为，对此的判断依据应在于，不履行或者不完全履行物业服务合同约定或者法律法规规定、相关行业规范确定的维修、养护、管理和维护义务。而此义务违反的行为与造成建筑物及其搁置物、悬挂物发生脱落、坠落并最终致使他人损害具有因果关系。从责任形态上讲，物业服务企业等建筑物管理人承担的是违反安全保障义务的法律后果。对此，《民法典》第1198条第1款规定："宾馆、商场、银行、车站、机场、体育场馆、娱乐场所等经营场所、公共场所的经营者、

管理者或者群众性活动的组织者，未尽到安全保障义务，造成他人损害的，应当承担侵权责任。"第2款规定："因第三人的行为造成他人损害的，由第三人承担侵权责任；经营者、管理者或者组织者未尽到安全保障义务的，承担相应的补充责任。经营者、管理者或者组织者承担补充责任后，可以向第三人追偿。"该条第1款是关于违反安全保障义务的直接侵权责任的规定，第2款则是存在第三人直接侵权时，安全保障义务人承担补充责任的规定。

结合该条规定，就物业服务企业等建筑物管理人承担的侵权责任而言，也包括两种形态：其一就是作为直接侵权人依照其过错大小承担的按份责任，归责原则上应当适用《民法典》第1253条规定的规则。其二则是存在高空抛物、坠物行为的直接侵权人的情形，而物业服务企业等建筑物管理人也违反了相应的安全保障义务，这时物业服务企业应当承担相应的补充责任，物业服务企业在承担责任后可以向直接侵权人行使追偿权。这里的直接侵权人就是本条第1款规定的"侵权人"。

当然，在有其他侵权人的情形下，依据第1253条规定，物业服务企业等建筑物管理人在承担赔偿责任后，可以向其他责任人追偿。在此需要注意的是，这里的"向其他责任人"追偿必须严格限定在第1253条规定的情形，即必须是"建筑物、构筑物或者其他设施及其搁置物、悬挂物发生脱落、坠落造成他人损害"。依据该条规定的文义以及与本条规定的对比，上述"建筑物、构筑物或者其他设施及其搁置物、悬挂物发生脱落、坠落"并不包括"从建筑物中抛掷物品"这一情形，即第1253条规定的适用除了针对建筑物、构筑物或者其他设施之外，仅限于相应的脱落物或者坠落物，并不包括抛掷物。此外，在姜某诉凤某物业服务有限公司、刘某琼等物件损害责任纠纷案中，因坠落致害物的冰柱系自然原因所致，法院依法排除了对此坠落物没有管理维护义务的相关业主的责任，同时根据坠落物形成的天气原因、物业费的交费数额、其履行管理责任的客观情况及其未设明显警示标志的过错程度,判定物业公司承担部分赔偿责任。①

从证据法角度,依据《民事诉讼法司法解释》第112条规定:"书证在对方当事人控制之下的,承担举证证明责任的当事人可以在举证期限届满前书面申请人民法院责令对方当事人提交。申请理由成立的,人民法院应当责令对方当事人提交,因提交书证所产生的费用,由申请人负担。对方当事人无正当理由拒不提交的,人民法院可以认定申请人所主张的书证内容为真实。"物业服务企业等建筑物管理人隐匿、销毁、篡改或者拒不向人民法院提供相应证据,导致案件事实难以认定的,应当承担相应的不利后果。在此需要注意的是,物业服务企业承担相应的不利后果,必须是其作为案件当事人,存在隐匿、销毁、篡改或者拒不向人民法院提供相应证据的情形,至于是否存在这一情形,应当贯彻"谁主张、谁举证"的一般规则。同时,还必须因为存在上述情形,导致案件事实不能认定的条件。虽然存在上述情形,但是案件事实能够认定,则物业服务企业也不必承担相应的不利后果。比如在缑某祥与廊坊市博某工程项目管理有限公司健康权纠纷案中,事发当日的视频资料是证实案件事实的直接证据。庭审中,原告申请调取事发当日被告的监控视频,但被告以事发当日的视频资料被覆盖为由不予提供。法院依据民事诉讼证据规则,结合原告提供的其他证据,依法认定原告主张的侵权事实成立。②

四、建筑物不明抛掷物、坠落物致人损害与共同危险行为的区别

建筑物不明抛掷物、坠落物致人损害与共同危险行为有以下几点区别:(1)通常情况下,建筑物不明抛掷物、坠落物致人损害,是某一个人抛掷物品或者其管理的物品坠落;共同危险行为是多个人同时实施危害他人安全的行为。(2)建筑物不明抛掷物、坠落物造成他

---

① 参见山东省威海市经济技术开发区人民法院(2015)威经技区民初字第34号民事判决书。
② 参见河北省廊坊市广阳区人民法院(2017)冀1003民初970号民事判决书。

人损害，难以确定具体侵权人的，由可能加害的建筑物使用人给予补偿，尽管这些建筑物使用人实际上并没有抛掷物品或者其物品并没有坠落；共同危险行为中，不能确定具体侵权人的，因为共同危险行为人都实施了危及他人安全的行为，因此由共同危险行为人承担责任。（3）建筑物不明抛掷物、坠落物造成他人损害，难以确定具体侵权人的，由可能加害的建筑物使用人对受害人给予补偿；共同危险行为中，不能确定具体侵权人的，行为人承担连带责任。

【审判实践中应注意的问题】

一、准确适用本条和《民法典》第1253条的规定，合理界定不同侵权行为的民事责任

我们认为，关于建筑物、构筑物或者其他设施及其搁置物、悬挂物发生脱落、坠落造成他人损害的责任承担，在《民法典》第1253条对于坠落物致人损害的责任承担有明确规定的情况下，从实体法上应直接适用这一规定，从而尽量限缩本条有关"可能加害的建筑物使用人承担补偿责任"的适用，缓解本条不当扩大责任承担主体的问题。这在规范实质上也与本条规定的"从建筑物中抛掷物品或者从建筑物上坠落的物品造成他人损害的，由侵权人依法承担侵权责任"是一致的。同时，依据《民法典》第1253条的规定，如果在此类案件中存在其他责任人的，比如该建筑物存在设计缺陷或者建筑质量不合格等情况，则允许该所有人、管理人或者使用人赔偿后依法行使追偿权。简言之，建筑物及其搁置物、悬挂物发生脱落、坠落造成他人损害的，所有人、管理人或者使用人不能证明自己没有过错的，人民法院应当适用《民法典》第1253条的规定，依法判决其承担侵权责任；有其他责任人的，所有人、管理人或者使用人赔偿后向其他责任人主张追偿权的，人民法院应予支持。从建筑物中抛掷物品造成他人损害的，应当尽量查明直接侵权人，并依法判决其承担侵权责任。

二、关于可能加害的建筑物使用人免责的举证问题

通常情况下,有可能成为加害人的当事人,如果能够证明如下事项,就可以免责:(1)发生损害时,自己并不在建筑物中。既然不在现场,就没有实施抛物行为的可能,故可以免责。(2)证明自己根本没有占有造成损害发生之物。(3)证明自己所处的位置客观上不具有造成抛掷物致人损害的可能性。[1]必要时可以作为专门性问题,通过鉴定程序来解决。

---

[1] 陈现杰主编:《中华人民共和国侵权责任法条文精义与案例解析》,中国法制出版社2010年版,第293页。

> **第一千二百五十五条** 堆放物倒塌、滚落或者滑落造成他人损害，堆放人不能证明自己没有过错的，应当承担侵权责任。

【条文主旨】

本条是关于堆放物损害责任的规定。

【条文理解】

一、堆放物损害责任概述和立法背景

堆放物损害责任，是指堆放物发生倒塌、滚落、滑落，致使他人人身、财产权益遭受损害，堆放人所应承担的侵权责任。其特点在于：一是致害物为堆放物，如果致损的是建筑物或其他物件，则应适用本章其他条款的规定。二是致害原因为堆放瑕疵或者管理瑕疵，堆放人未按相关操作规程进行堆放，或者未尽检查、看护义务，从而导致了损害结果的发生，这主要是一种不作为侵权责任。三是采用过错推定的归责原则，只要发生了堆放物致人损害的事实，即推定堆放人具有过错，需要由堆放人提供反证证明自己不存在过错才能够免责。四是责任主体具有特殊性，建筑物和物件损害责任的主体通常为物的所有人、管理人、使用人，而堆放物损害责任的主体为堆放人，这是基于堆放人对堆放物享有直接控制权并负有管护职责。

堆放物损害责任在《民法通则》中没有规定。从比较法角度考察，也鲜有国家立法针对堆放物致损的责任进行专门规定。但司法实践中，堆放物致人损害的案件时有发生，《民法通则意见》第155条首次将堆放物致损的责任类型化，规定："因堆放物品倒塌造成他人

损害的，如果当事人均无过错，应当根据公平原则酌情处理。"《人身损害赔偿司法解释》将堆放物损害责任的归责原则由公平责任改为过错推定责任，根据该解释第16条规定，堆放物品滚落、滑落或者堆放物倒塌致人损害的，适用《民法通则》第126条的规定，由所有人或者管理人承担赔偿责任，但能够证明自己没有过错的除外。《侵权责任法》在吸收司法实践经验的基础上，将堆放物损害责任作为物件损害责任的一种特定类型予以规定，该法第88条明确："堆放物倒塌造成他人损害，堆放人不能证明自己没有过错的，应当承担侵权责任。"

《侵权责任法》第88条仅规定了堆放物倒塌一种加害形态，与《人身损害赔偿司法解释》相比，少了堆放物滚落、滑落两种形态。全国人大法工委释义称，《侵权责任法》第88条所说的倒塌包括堆放物整体的倒塌和部分的脱落、坠落、滑落、滚落等，例如码头堆放的集装箱倒塌、建筑工地上堆放的建筑材料倒塌、伐木场堆放的圆木滚落等。① 故从立法本意看，堆放物损害责任的加害形态包括了滚落、滑落的情形，但由于法律条文本身仅规定了倒塌，司法实践中不得不作扩张解释，如《最高人民法院关于处理涉及汶川地震相关案件适用法律问题的意见（二）》第9条。鉴于堆放物滚落、滑落在司法解释中已有规定，且与立法本意相符，此次《民法典》编纂对该两种情形予以增补，从而形成本条规定。

二、堆放物损害责任的归责原则

堆放物具有一定的危险性，一旦发生倒塌、滚落、滑落，可能对社会公众的人身、财产安全造成威胁。堆放人对堆放物有管护义务，应当合理选择堆放地点、堆放高度，要堆放稳固并进行看管，防止被他人随意挪动、攀爬等。《民法通则意见》第155条首次确立堆放物损害责任时，采用的归责原则为公平责任，由双方分担损失。但公平

---

① 王胜明主编：《中华人民共和国侵权责任法释义》（第2版），法律出版社2013年版，第479页。

责任仅适用于双方均无过错的情形,而实践中堆放物发生倒塌、滑落、滚落,通常系由堆放瑕疵或者管理瑕疵所致。发生堆放物致人损害的事件,一般都表明堆放人具有过错,只不过这种过错受害人很难证明而已。仅根据公平原则,无法使受害人得到完全赔偿。[1]基于此,《人身损害赔偿司法解释》第16条通过类推适用《民法通则》第126条关于建筑物或者其他设施以及建筑物上的搁置物、悬挂物倒塌、脱落、坠落损害责任的规定,将堆放物损害责任的归责原则由公平责任改为过错推定责任,所有人或者管理人不能证明自己没有过错的,即应承担赔偿责任。《侵权责任法》第88条在总结司法实践经验基础上,正式将堆放物损害责任确立为过错推定责任。《民法典》编纂时,对此予以沿用。

三、堆放物损害责任的构成要件

(一)堆放物发生倒塌、滚落或者滑落

首先,致害物为堆放物。堆放物,是指将动产堆积在土地上或者其他地方而形成的物。堆放物只能是动产,非固定在土地或者其他物体之上,通常是临时堆积形成的。这些物品在没有堆放、垒高的情况下,一般不会对他人造成损害,但是如果堆放不当,则会产生一定的危险性。其次,加害形态为倒塌、滚落、滑落。倒塌,是指堆放物全部或者部分倾倒、坍塌。滚落,是指高处的堆放物滚下。滑落,是指高处的堆放物滑下。[2]滚落、滑落是《民法典》编纂时吸收司法解释规定增补的两种情形。

(二)因堆放物倒塌、滚落、滑落造成他人损害

首先,发生了致人损害的结果。堆放物致人损害侵害的民事权益为生命权、身体权、健康权和物权,肖像权、名誉权、荣誉权、隐私权等其他人格权并不会成为堆放物侵害的对象。损害包括人身损害、财产损害和精神损害,但精神损害赔偿只有在侵害自然人人身权益或

---

[1] 王利明:《侵权责任法研究》(下卷),中国人民大学出版社2011年版,第733页。
[2] 杨立新:《侵权责任法》,法律出版社2010年版,第590页。

者因故意、重大过失侵害自然人具有人身意义的特定物并造成严重精神损害时才能够获得支持。其次，损害是堆放人以外的其他人所遭受的。如果堆放物倒塌、滚落、滑落造成了堆放人自身的损害，应当由堆放人自行承担损失或者追究其他责任人的责任。堆放物的所有人、管理人可以成为本条中的"他人"。最后，损害结果与堆放物倒塌、滚落、滑落之间具有因果关系。人身、财产损害与堆放物倒塌、滚落、滑落事实之间存在引起和被引起的关系，这一关系可以是直接因果关系，也可以是间接因果关系。

（三）堆放人不能证明自己没有过错

堆放物损害责任采过错推定的归责原则，堆放人不能证明自己没有过错的，即应承担侵权责任。堆放物损害责任仍然是一种过错责任，堆放人存在疏忽或懈怠的过失心理状态，才导致了堆放物倒塌、滚落、滑落并致人损害的结果。堆放人要证明自己没有过错，应当证明其已尽善良管理人的合理注意义务，且不存在堆放瑕疵或者管理瑕疵。"因过失不法侵害他人之权利者，固应负损害赔偿责任，但过失之有无，应以是否怠于善良管理人之注意义务为断者，苟非怠于此种注意，即不得谓之有过失。"① 堆放物致人损害系因不可抗力、第三人过错、受害人故意等所致的情况下，堆放人不承担责任。《最高人民法院关于处理涉及汶川地震相关案件适用法律问题的意见（二）》第9条规定："因地震灾害致使堆放物品倒塌、滚落、滑落或者树木倾倒、折断或者果实坠落致人损害的，所有人或者管理人不承担赔偿责任。"需要注意的是，在这些情形下，堆放人仍然需要举证证明自己对堆放物的倒塌、滚落、滑落致害没有过错，如果不能证明，仍然要承担侵权责任。因为许多情况下，堆放物的倒塌、滚落、滑落虽然表面上系由自然原因或者第三人过错造成的，但实质上与堆放人的过错有关，例如孩童攀爬无人看管的堆放木头摔伤等。如果堆放人的堆放瑕疵或者管理瑕疵是损害发生的原因之一，则应当根据各方的过错程

---

① 我国民国时期最高法院19年上字第2746号案例。

度来确定责任和分担责任。

四、堆放物损害责任的责任主体

《民法典》编纂中沿用了《侵权责任法》的规定,明确堆放物损害责任的主体是堆放人。堆放人,是指将物品堆放在某处的人。实践中的一个争议点在于,堆放物致人损害时,物品的所有人或者管理人是否应当承担责任。《侵权责任法》颁布之前,《人身损害赔偿司法解释》第16条规定堆放物致人损害的责任主体为所有人或者管理人。堆放人与所有人、管理人通常是重合的,但在例外情况下可能发生分离。因违反管理义务是承担物件损害责任的最终依据,只有对物件有管理义务的人才是真正的责任主体,将堆放人理解为对倒塌的堆放物享有实际支配和控制权的所有人或者管理人,前后逻辑也更为顺畅。[①] 需要注意的是,所有人、管理人即便不是实际堆放人,也往往是指示堆放人或者其他对堆放物负有监督、管理责任的人,后者亦属于堆放人的范畴。故此,一方面,受害人可以依据本条规定要求堆放人承担侵权责任;另一方面,如果所有人、管理人对损害的发生具有过错,例如未尽合理的告知、检查、监督责任等,也可以依据《民法典》第1165条过错侵权责任一般条款的规定要求其承担侵权责任。

【审判实践中应注意的问题】

堆放物损害责任与物件脱落、坠落损害责任均规定在《民法典》侵权责任编第十章建筑物和物件损害责任中,在立法尚未确立堆放物损害责任时,司法解释是通过类推适用建筑物或者其他设施以及建筑物上的搁置物、悬挂物致害的规定来确定其适用规则的。司法实践中,应当注意这两种责任的区分。一是致害物不同。堆放物损害责任的致害物为堆积在一起的动产,且与土地或建筑物没有固定的结合关

[①] 杨彪:《〈侵权责任法〉中物件致害责任的体系解释与结构分析》,载《法学杂志》2010年第3期。

系，通常是临时堆放的。而物件脱落、坠落损害责任的致害物则多为不动产或其组成部分。二是加害形态不同。堆放物损害责任系由堆放物倒塌、滚落、滑落造成损害，而物件脱落、坠落损害责任的致害方式为脱落、坠落。三是责任主体不同。堆放物损害责任的责任主体为堆放人，而物件脱落、坠落损害责任的责任主体为所有人、管理人或者使用人。需要注意的是，建筑物、构筑物或者其他设施上的搁置物通常亦为动产，如果系堆放形成的，也可认定为堆放物，此时存在两种责任的竞合，受害人既可以请求堆放人承担责任，也可以请求物的所有人、管理人、使用人承担责任。

> **第一千二百五十六条** 在公共道路上堆放、倾倒、遗撒妨碍通行的物品造成他人损害的，由行为人承担侵权责任。公共道路管理人不能证明已经尽到清理、防护、警示等义务的，应当承担相应的责任。

【条文主旨】

本条是关于公共道路妨碍通行损害责任的规定。

【条文理解】

一、公共道路妨碍通行损害责任概述和立法背景

公共道路妨碍通行损害责任，是指在公共道路上堆放、倾倒、遗撒妨碍通行的物品，致使他人人身、财产权益遭受损害，行为人及公共道路管理人所应承担的侵权责任。

公共道路妨碍通行损害责任在《侵权责任法》作出规定之前，并无相关法律和司法解释规定。随着公共交通事业的迅猛发展，维护公共道路安全和通畅的司法保护需求不断增加。《公路法》和《道路交通安全法》既规定了损坏、污染公路和影响公路畅通的行为人的法律责任，也规定了道路交通主管部门的管理维护义务及处罚职权。司法实践中，争议集中在行为人无法确定或者行为人无赔偿能力的情况下，未尽管理职责的公共道路所有人和管理人应否承担责任。《最高人民法院公报》刊载的多个案例均持肯定态度。如王某某诉千阳县公

路管理段人身损害赔偿案（1989 年）[①]认为，道路两旁的物件致人损害的，应由对道路两旁物件具有管理及保护责任的单位或个人承担赔偿责任。当然，该案中的致害物为道路两旁被虫害蛀朽的护路树，严格来讲属于林木损害责任。又如江苏省江宁县东山镇副业公司诉江苏省南京机场高速公路管理处损害赔偿案（1999 年）[②]明确，高速公路管理处未及时清除散落物导致交通事故的，应承担赔偿责任。再如范某某等诉淮安电信分公司淮阴区电信局、淮安市淮阴区公路管理站人身损害赔偿纠纷案（2008 年）[③]认定，物的所有人或管理人因维护、管理瑕疵致人损害应承担赔偿责任，除非其能够证明自身无过错。在前述公共道路管理法律、法规及妨碍通行物致害典型案例的基础上，《侵权责任法》正式确立了公共道路妨碍通行损害责任，该法第 89 条规定："在公共道路上堆放、倾倒、遗撒妨碍通行的物品造成他人损害的，有关单位或者个人应当承担侵权责任。"

从比较法的角度来看，公共道路等公共设施因设置或管理瑕疵致人损害的责任多规定在国家赔偿法中。尽管有学者建议我国予以借鉴，但修正后的《国家赔偿法》依旧维持了行政赔偿与刑事赔偿的二元格局，没有规定民事赔偿，公共设施损害责任依旧要在《侵权责任法》的范围内寻求救济。[④]

《民法典》编纂中，对本条的修改体现在三处：一是对于公共道路妨碍通行损害责任的责任主体没有再采用"单位或者个人"的表述，因为《民法总则》中已明确民事主体为自然人、法人及其他非法人组织。二是明确了具体的责任主体，并区分侵权行为人与公共道路管理人，分别规定了不同的责任范围，行为人承担的是完全赔偿责

[①] 载《最高人民法院公报》1990 年第 2 期（总第 22 期），裁判法院：陕西省宝鸡市中级人民法院，裁判日期：1989 年 8 月 14 日。

[②] 载《最高人民法院公报》2000 年第 1 期（总第 63 期），裁判法院：江苏省南京市中级人民法院，裁判日期：1999 年 8 月 24 日。

[③] 载《最高人民法院公报》2011 年第 11 期（总第 181 期），裁判法院：江苏省淮安市中级人民法院（原江苏省淮阴市中级人民法院），裁判日期：2008 年 9 月 8 日。

[④] 韩世远：《物件损害责任的体系位置》，载《法商研究》2010 年第 6 期。

任，公共道路管理人承担的是相应的责任。三是明确了归责原则，行为人只要在公共道路上从事了堆放、倾倒、遗撒妨碍通行物品的行为造成他人损害即应承担侵权责任，公共道路管理人不能证明已经尽到清理、防护、警示等义务时方应当承担相应的责任。

二、公共道路妨碍通行损害责任的归责原则

关于公共道路妨碍通行损害责任的归责原则，《侵权责任法》第89条的规定并不明确。与《侵权责任法》物件损害责任一章中的其他条款相比，该条中没有关于"不能证明自己没有过错"的表述。理论和实务中，存在过错责任说、过错推定责任说、无过错责任说等不同观点。尤其是对于行为人和公共道路管理人这两个不同的责任主体，应适用统一的还是各自不同的归责原则及责任构成，存在较大争议。有观点认为，公共道路上不得堆放物品，堆放了就有过错，造成损害便应当承担责任，这一责任为一般过错责任。[1]也有观点认为，对于堆放、倾倒、遗撒行为人，《侵权责任法》第89条并未要求以过错或被推定的过错作为责任要件，故应理解为无过错责任，归责事由是行为人的危险性；对于公共道路管理人，受害人的请求权基础不再是第89条，而应当是《民法通则》第126条及《人身损害赔偿司法解释》第16条第1款第1项，归责事由是管理人的过错。[2]还有观点认为，公共道路妨碍通行损害责任的归责原则为过错推定，只要具有在公共道路上设置妨碍通行物的行为并造成损害，无须被侵权人证明，直接推定障碍物设置人或公共道路管理人有过失，未尽其应尽的注意义务；如果行为人或管理人能够证明自己没有过错，则不承担侵权责任。[3]《民法典》编纂中，在本条关于公共道路管理人的责任中增加了"不能证明已经尽到清理、防护、警示等义务"的表述，从而

---

[1] 王胜明：《〈侵权责任法〉实施疑难问题专家学者纵横谈》，载《法律适用》2011年第10期。

[2] 韩世远：《物件损害责任的体系位置》，载《法商研究》2010年第6期。

[3] 杨立新：《侵权责任法》，法律出版社2010年版，第593页。

明确公共道路管理人的责任为过错推定。但对于堆放、倾倒、遗撒妨碍通行物品的行为人的责任，立法仍没有明确，留待理论和实务界继续探索。司法实务中，一方面要注意对被侵权人的保护，原则上行为人只要在公共道路上实施了堆放、倾倒、遗撒的行为，即应认定为有过错，应当对所造成的损害承担侵权责任，而不应将过错的举证责任施加被侵权人；另一方面要注意区分个案具体情况，在高速公路、省道、村道等不同道路上，堆放人、倾倒人、遗撒人的注意义务和公共道路管理人的管理义务的标准是不同的，其责任的认定需要考虑具体案情。

三、公共道路妨碍通行损害责任的构成要件

（一）致害行为发生在公共道路上

公共道路妨碍通行损害责任针对的是在公共道路上发生的侵权责任。根据《道路交通安全法》第119条第1项界定，道路是指公路、城市道路和虽在单位管辖范围但允许社会机动车通行的地方，包括广场、公共停车场等用于公众通行的场所。概言之，公共道路既包括机动车道，也包括非机动车和人行道，其认定核心在于是否允许不特定社会公众通行。在单位、小区等管辖范围内且不允许社会公众通行的私人道路所发生的损害责任不适用本条规定。

（二）存在堆放、倾倒、遗撒妨碍通行物的致害行为

本条规定的堆放、倾倒、遗撒妨碍通行物，是指在公共道路上堆放、倾倒、遗撒物品，影响他人对该公共道路正常、合理的使用。公共道路妨碍通行损害责任作为物件损害责任的一种，其特点在于致害物为妨碍他人通行的物品。妨碍通行物既可以是固体，如在公共道路上非法设置路障、晾晒粮食、倾倒垃圾等；也可以是液体、气体，如运油车将石油泄漏到公路上、非法向道路排水、热力井向道路散发出大量蒸汽。[①]

[①] 王胜明主编：《中华人民共和国侵权责任法释义》（第2版），法律出版社2013年版，第480~481页。

(三)致害行为与损害结果之间具有因果关系

损害既包括人身伤害,也包括财产损害,且与堆放、倾倒、遗撒妨碍通行物的行为之间存在引起与被引起的关系。需要注意的是,公共道路妨碍通行损害责任实行过错推定,但并不是因果关系推定,因果关系的存在仍然是被侵权人需要举证证明的基础事实。

(四)公共道路管理人不能证明自己没有过错

公共道路管理人对其管护路段负有管理职责,其未尽清理、防护、警示等义务属于失职。由此造成损害的,法律推定公共道路管理人具有过错,这一推定可以由其举证证明已尽清理、防护、警示等义务予以推翻。公共道路的使用关系到社会公众的利益,在道路上堆放、倾倒、遗撒妨碍通行的物品,将会给行人和车辆的安全造成不合理的危险。公共道路妨碍通行损害责任虽为特殊侵权责任,但仍然是以过错为基础的,只不过这一过错无须受害人证明,而由法律进行推定。过错推定的立法政策反映了近代以来工业社会各种事故与意外事件大量发生的实际状况之需要,从而将利益的天平适当向受害人倾斜。① 至于过错是否为堆放、倾倒、遗撒行为人责任的构成要件问题,前已述及,根据所采的归责原则不同而有所不同。

四、公共道路妨碍通行损害责任的责任主体和责任承担

公共道路妨碍通行损害责任的责任主体具有多元性。对此,《侵权责任法》第89条仅采取了"有关单位或者个人"的模糊表述,没有明确其具体指向。全国人大法工委的释义称,《侵权责任法》第89条规定的有关单位或者个人,主要是指堆放、倾倒、遗撒妨碍通行物的单位或者个人,但是也不完全排除对公共道路负有管理、维护义务的单位或者个人的责任。② 司法实务中的主流观点认为,公共道路妨碍通行损害责任的责任主体有两个,包括堆放、倾倒、遗撒行为人和

---

① 张新宝:《侵权责任构成要件研究》,法律出版社2007年版,第487页。
② 王胜明主编:《中华人民共和国侵权责任法释义》(第2版),法律出版社2013年版,第481页。

公共道路管理部门。理论界有观点认为，公共道路的所有人亦为责任主体。①《民法典》在总结理论和司法实践经验的基础上，于本条明确规定公共道路妨碍通行损害责任的主体既包括堆放、倾倒、遗撒妨碍通行物品的行为人，也包括未尽清理、防护、警示等义务的公共道路管理人。

理论和实务界尽管对责任主体二元论已达成统一认识，但对于该两种责任主体各自的责任范围和责任类型仍存在较大争议。堆放人、倾倒人、遗撒人对自己的行为承担完全赔偿责任自无争议，但公共道路管理人应当承担与行为人相同的责任，还是仅需承担部分责任；两者之间是连带责任，还是补充责任？有观点认为，应当首先由堆放人、倾倒人、遗撒人对其行为承担侵权责任，只有在侵权人无法确定或无力赔偿情形下，才由公共道路管理人承担责任，且其责任不应为完全赔偿责任，而应参照适用《侵权责任法》第37条关于安全保障义务的规定，承担相应的补充责任。②《民法典》编纂中，部分吸收了前述观点，将公共道路管理人的责任明确为"相应的责任"，其责任范围应根据公共道路管理人的过错程度具体确定。需要注意的是，本条并未规定公共道路管理人的责任为补充责任，即公共道路管理人承担责任并不以堆放、倾倒、遗撒行为人不能确定或者无力赔偿为前提条件。受害人可以同时请求行为人及管理人承担责任，也可以选择要求其中的一方承担责任。

【审判实践中应注意的问题】

实践中，应当注意区分公共道路妨碍通行损害责任与堆放物损害责任、高度危险物损害责任。

---

① 韩世远：《物件损害责任的体系位置》，载《法商研究》2010年第6期。
② 王利明：《侵权责任法研究》（下卷），中国人民大学出版社2011年版，第748~749页。

一、致害物不同

公共道路妨碍通行损害责任的致害物为妨碍通行的物品，可以是有形的固体物，也可以是液体和气体。堆放物损害责任的致害物为堆放物，通常是固体或其他有形物。高度危险物损害责任的致害物特指易燃、易爆、剧毒、高放射性、强腐蚀性等高度危险物品。当然，妨碍通行物也有可能是上述高度危险物品。

二、致害方式不同

公共道路妨碍通行损害责任的致害行为系在公共道路上堆放、倾倒、遗撒妨碍通行的物品。堆放物损害责任则由堆放物倒塌、滚落或者滑落致害，并不要求必须发生在公共道路上。高度危险物损害责任对致害行为和致害地点均无特殊要求。

三、归责原则不同

堆放物损害责任与公共道路管理人的妨碍通行损害责任实行过错推定，前者基于堆放人的堆放、管理瑕疵，后者基于公共道路管理人的管理过失。高度危险物损害责任为严格责任，在责任构成不考虑过错。

四、责任主体和责任范围不同

公共道路妨碍通行损害责任的责任主体为行为人及公共道路管理人，前者承担完全赔偿责任，后者承担相应的责任。堆放物损害责任的责任主体为堆放人，其责任为完全赔偿责任。高度危险物损害责任的责任主体较为复杂，既可能是占有人或者使用人，也可能是所有人或者管理人，占有人与所有人、管理人还可能发生连带责任。特定情形下，公共道路妨碍通行损害责任与堆放物损害责任、高度危险物损害责任可能发生竞合，此时应根据特别规定优于一般规定以及有利于受害人的原则，决定具体责任的适用。

> **第一千二百五十七条** 因林木折断、倾倒或者果实坠落等造成他人损害，林木的所有人或者管理人不能证明自己没有过错的，应当承担侵权责任。

【条文主旨】

本条是关于林木损害责任的规定。

【条文理解】

一、林木损害责任概述和立法背景

绿色伴随着人们的生活，林木可以净化空气、保持水土、美化环境。但是，如果管护不当，林木也可能对社会公众安全造成威胁，如树枝折断砸坏路边车辆、果实掉落砸伤路树下经过的行人等。建筑物和物件损害责任中，专门对林木损害责任进行类型化，在本条进行了规定。

林木损害责任，是指林木折断、倾倒或者果实坠落等致使他人人身、财产权益遭受损害，林木的所有人或者管理人所应承担的侵权责任。其特点在于：一是致害物为林木，包括林木的枝条、果实等。二是多为不作为侵权，林木的所有人或者管理人并未实施积极的加害行为，而是因其未尽合理的管理、维护义务，导致发生了林木折断、倾倒或者果实坠落并致人损害的结果。三是责任主体具有多样性，林木的所有人、管理人包括国家、集体和个人，尤其是公共道路两旁的护路林，通常属国家所有，因此其致损的责任主体往往是具有管理职责的国家机关或者事业单位。①

《民法通则》中并未规定林木损害责任。司法实践中，王某某诉千阳县公路管理段人身损害赔偿案（1989年）②等多起因管护不当导致行人被虫害蛀朽的林木砸伤的案例，引起了社会各界对林木损害责任的重视。根据《人身损害赔偿司法解释》第16条第1款第3项规定，树木倾倒、折断或者果实坠落致人损害的，适用《民法通则》第126条的规定，由所有人或者管理人承担赔偿责任，但能够证明自己没有过错的除外。《侵权责任法》吸收了前述司法解释的规定，在第90条明确："因林木折断造成他人损害，林木的所有人或者管理人不能证明自己没有过错的，应当承担侵权责任。"该条只规定了林木折断一种情形，但从全国人大法工委的释义来看，林木折断造成他人损害不仅包括林木枝蔓等的掉落造成他人损害，还包括其他情形，例如实践中出现的椰树果实坠落砸伤路人、树木倒伏压坏路旁汽车等，③故立法的本意应包括林木折断、林木倾倒、果实坠落三种情形。《民法典》编纂中，对于是否增补林木致害的形态，存在不同观点。法工委2002年民法草案稿中仅规定了林木折断、果实坠落两种情形，王利明等学者建议稿亦持此观点。社科院的学者建议稿建议规定树木倾倒、折断两种情形。法学会的学者建议稿则建议规定林木倾倒、折断或者果实坠落三种情形，与《人身损害赔偿司法解释》的规定一致。最终，《民法典》在《侵权责任法》第90条规定的基础上，增加了司法解释中规定的林木倾倒、果实坠落两种加害形态，从而形成了本条规定。

二、林木损害责任的归责原则

《法国民法典》《德国民法典》均未规定林木损害责任，《日本民

---

① 王利明：《侵权责任法研究》（下卷），中国人民大学出版社2011年版，第752~753页。
② 载《最高人民法院公报》1990年第2期（总第22期），裁判法院：陕西省宝鸡市中级人民法院，裁判日期：1989年8月14日。
③ 王胜明主编：《中华人民共和国侵权责任法释义》（第2版），法律出版社2013年版，第482页。

法典》第717条第2款系通过准用工作物致人损害责任的方式进行规范。我国《民法通则》中亦未规定林木损害责任，在王某某诉千阳县公路管理段人身损害赔偿一案中系类推适用《民法通则》第126条关于建筑物或者其他设施以及建筑物上的搁置物、悬挂物倒塌、脱落、坠落损害责任的规定作出判决。该案中，王某某之夫马某某下班后骑自行车回家，行至千阳县电力局门前的公路时，突遇大风把公路旁的护路树吹断。马某某躲避不及，被断树砸中头部，经抢救无效死亡。经查，该段公路及路旁树木属千阳县公路管理段管辖，路旁树木因受黄斑星天牛危害，有虫株率达79%，每株树平均虫口密度达26个以上，部分树木枯死已3年之久。宝鸡公路管理总段已给千阳县公路管理段下达了采伐路旁虫害护路树的文件，由于千阳县公路管理段未采取任何积极措施，致使发生上述事故。该案的裁判认为，公路两旁的护路树属公路设施，公路管理单位对该段公路及路旁边护路树负有管理及保护的责任，护路树已被虫害蛀朽，直接威胁着公路上车辆行人的安全，应当采伐更新，该公路管理单位不履行自己的职责，导致危害结果发生，不能证明其没有过错的，应当承担民事责任。《人身损害赔偿司法解释》及《侵权责任法》《民法典》均吸收、延续了该案采用的过错推定归责原则，通过举证责任倒置的方式，明确因林木折断、倾倒或者果实坠落等造成他人损害时，应当由林木的所有人或者管理人反证证明自己没有过错，否则即应承担侵权责任。

三、林木损害责任的构成要件

（一）发生林木折断、倾倒或者果实坠落等事实

本条中的林木包括自然生长和人工种植的林木，且未限定林木生长的地域范围，公共道路两旁的护路林、院落周围生长的零星树木、林地中成片的林木等致人损害的，均在规范之列。林木致害的形态有林木折断、林木倾倒、果实坠落三种，同时本条通过"等"字的表述对具体加害形态进行了开放式列举。

（二）因林木折断、倾倒或者果实坠落等造成了他人损害

首先，发生了致使人身伤亡或者财产损害的结果。林木损害责任以损害后果的发生为前提。如果林木、果实摇摇欲坠，存在随时掉落的危险，不适用本条规定，人身、财产受到威胁的被侵权人可依据《民法典》第1167条规定请求消除危险。其次，损害是林木的所有人或者管理人以外的其他人所遭受的。如果林木造成的是其所有人或者管理人自身的损害，则不能通过本条获得救济，而应由林木所有人、管理人自担损失，或者依法追究其他侵权人的责任。最后，林木折断、倾倒或者果实坠落等与损害结果之间具有因果关系。人身伤亡或者财产损害系由林木折断、倾倒或者果实坠落等引起的，既可以是由林木、果实的物理力直接作用于他人的人身或财产造成，也可以是由该作用力引发的其他现象造成。

（三）林木的所有人或者管理人不能证明自己没有过错

林木的所有人或者管理人对其所有或者管理的林木负有管理、维护的义务，应当对林木采取合理的修剪及必要的防护措施，防止林木对社会公众的人身、财产安全造成威胁。例如，所有人或者管理人应当定时修剪枯枝、病枝，及时采摘成熟的果实，对于可能发生倾倒的树木采取加固措施并设置明显警示标志等。林木致人损害时，采取过错推定的归责原则，推定所有人或者管理人存在疏忽、懈怠的过失。此时应当由所有人或者管理人举证证明其已尽管理、维护义务，且不存在主观过错。

四、林木损害责任的责任主体和责任承担

（一）林木的所有人

林木的所有人是依法对林木享有占有、使用、收益、处分权利的人。《森林法》第20条规定："国有企业事业单位、机关、团体、部队营造的林木，由营造单位管护并按照国家规定支配林木收益。农村居民在房前屋后、自留地、自留山种植的林木，归个人所有。城镇居民在自有房屋的庭院内种植的林木，归个人所有。集体或者个人承包

国家所有和集体所有的宜林荒山荒地荒滩营造的林木，归承包的集体或者个人所有；合同另有约定的从其约定。其他组织或者个人营造的林木，依法由营造者所有并享有林木收益；合同另有约定的从其约定。"根据《民法典》第250条规定，森林资源属于国家所有，但法律规定属于集体所有的除外；第274条规定，建筑区划内的绿地，属于业主共有，但属于城镇公共绿地或者明示属于个人的除外。林木的所有人直接管理和控制林木时发生了林木致损的事故，所有人应当依法承担侵权责任。

（二）林木的管理人

林木的管理人，是指依法或者依约对林木享有管理、维护职责的人。《国家赔偿法》并未对国家所有的林木致人损害时的赔偿责任进行规定。国有林木致人损害时，国家作为所有人，并不直接对受害人承担侵权责任，而是由对国有林木享有管理、维护职责的国家机关、事业单位等管理人作为赔偿责任主体。小区内公共绿地的林木由全体业主共有，但业主不可能自行维护这些林木，通常将其委托给物业公司管理，物业公司应当善意履行管护职责，如发生林木致害事件，物业公司应当依法承担侵权责任。

【审判实践中应注意的问题】

一、林木损害责任的免责事由

林木的所有人或者管理人主张不承担侵权责任，应当举证证明其已尽管理、维护义务。首先，所有人或者管理人不能仅以其已尽定期管护义务而要求免责，因为林木折断、倾倒或者果实坠落的事实本身已经说明林木没有得到及时和良好的维护，对此所有人或者管理人是具有过错的，其对林木的管理、维护没有达到确保公众安全的程度。其次，所有人或者管理人也不能仅以存在受害人故意、第三人过错、不可抗力等法定事由而要求免责。根据《最高人民法院关于处理涉及汶川地震相关案件适用法律问题的意见（二）》第9条规定，因地震灾害致使树木倾倒、折断或者果实坠落致人损害的，所有人或者管理人不承担赔偿责任。此处的免责是指林木致害完全由地震灾害所致，所有人或者管理人不存在过错的情形。不可简单认为只要存在受害人故意、第三人过错、不可抗力等，所有人或者管理人便可以当然免责。因为在许多情况下，林木折断、倾倒或者果实坠落等虽然表面上系由自然原因或者第三人过错造成的，但实际上与所有人或者管理人的过错有关。例如，孩童摇晃树木后被腐败的枯枝砸伤、交通事故中被第三人撞歪的树木倾斜后倾倒砸伤了路人、台风刮到被虫蛀死的大树压坏路边车辆等情形下，所有人或者管理人未及时治理虫害和裁剪枯枝、未加固或移除倾斜的树木及设置警示标志，没有尽到管理、维护义务，仍然是有过错的，亦需承担部分责任。

二、第三人过错在林木损害责任中的适用

林木致人损害案件中，林木折断、倾倒或者果实坠落等应当是自然发生的，此时才适用本条规定，由林木的所有人或者管理人根据推定过错承担林木损害责任。如果林木折断、倾倒或者果实坠落等是由人为原因造成的，如故意折断林木砸伤路人或者在树上采摘果实袭击他人等，则应适用《民法典》第1165条过错侵权责任一般条款的规定，由侵权行为人承担赔偿责任。林木的所有人或者管理人也可以通过举证损害是由第三人原因造成的，来证明自己没有过错，从而主张《民法典》第1175条规定的第三人原因免责事由。在混合过错或者多因一果情况下，即第三人过错和林木的所有人或者管理人未尽管理、维护义务均系损害发生的原因，则会发生责任分担问题，此时林木的所有人或者管理人承担的是补充责任还是按份责任，存在争议。在吴某某、张某某、吴某1诉厦门市康健旅行社有限公司、福建省永春牛姆林旅游发展服务有限公司人身损害赔偿纠纷案（2005）[①]中，法院认

[①] 载《最高人民法院公报》2006年第6期（总第116期），裁判法院：福建省厦门市中级人民法院，裁判日期：2005年12月10日。

定有过错的第三人与未尽维护、管理义务的林木管理人构成无意思联络的数人侵权,应当根据过失大小或者原因力比例各自承担相应的赔偿责任,两者之间为按份责任。此案的做法值得借鉴。

第一千二百五十八条 在公共场所或者道路上挖掘、修缮安装地下设施等造成他人损害，施工人不能证明已经设置明显标志和采取安全措施的，应当承担侵权责任。

窨井等地下设施造成他人损害，管理人不能证明尽到管理职责的，应当承担侵权责任。

【条文主旨】

本条是关于地面施工、地下设施损害责任的规定。

【条文理解】

一、地面施工、地下设施损害责任的立法背景

将地面施工损害责任以及地下设施损害责任类型化，由专门的条款进行规定，是我国立法的一个特色。《民法通则》第125条确立了地面施工损害责任，该条规定："在公共场所、道旁或者通道上挖坑、修缮安装地下设施等，没有设置明显标志和采取安全措施造成他人损害的，施工人应当承担民事责任。"《侵权责任法》第91条在吸收前述规定的基础上，增设了第2款规定地下设施损害责任，该条明确："在公共场所或者道路上挖坑、修缮安装地下设施等，没有设置明显标志和采取安全措施造成他人损害的，施工人应当承担侵权责任。窨井等地下设施造成他人损害，管理人不能证明尽到管理职责的，应当承担侵权责任。"

《民法典》编纂中，许多学者建议将地面施工损害责任和地下设施损害责任分开在两个条文中进行规定，并对责任主体和条文表述

进行完善。法学会的学者建议稿建议，设置一条"一般规定"明确："在公共场所或者道路上挖坑、修缮安装地下设施等造成他人损害，不能证明设置了明显标志和采取安全措施的，施工人应当承担侵权责任"；再设置一条"土地工作物损害责任"规定："窨井等地下设施造成他人损害，所有人、管理人不能证明尽到管理职责的，应当承担侵权责任。"王利明等学者建议稿则建议分为"地下设施致人损害"和"公共设施致人损害"两个条文，前者规定："在公共场所、道旁或者通道上挖坑、修缮、安装地下设施等，没有设置明显标志和采取安全措施造成他人损害的，设置、修缮、安装地下设施的人应当承担民事责任"，后者规定："因公共设施的设置、管理上的缺陷造成他人损害的，管理人或者设置人应当承担赔偿责任。前款规定的公共设施，包括道路、桥梁、堤防、下水道、纪念馆、纪念碑、公共场所设置的设施以及其他公共设施。"最终，《民法典》本条沿用了《侵权责任法》的模式，同时将第1款修改为"在公共场所或者道路上挖掘、修缮安装地下设施等造成他人损害，施工人不能证明已经设置明显标志和采取安全措施的，应当承担侵权责任"，明确了地面施工损害责任实行过错推定，解决了理论和实务中关于其归责原则究竟是严格责任、过错责任抑或是过错推定责任的争议。

二、地面施工损害责任

（一）地面施工损害责任概述

地面施工损害责任，是指在公共场所或者道路上挖掘、修缮安装地下设施等未设置明显标志和采取安全措施，致使他人人身、财产权益遭受损害，施工人所应承担的侵权责任。与《民法典》侵权责任编第十章规定的其他建筑物和物件损害责任相比，地面施工损害责任严格来说并不是因物件致人损害，而是由施工行为致害的。

公共场所和公共道路往往人流密集、交通繁忙，在这些场所铺设管道、修缮下水道及进行其他施工作业时，如果没有设置明显的警示标志和采取有效的安全措施，很可能对社会公众的生命财产安全造成损害。在公共场所或者公共道路上施工，应当取得有关管理部门的批准，并按照安全文明施工规范操作，对此《道路交通安全法》第32条、第104条，《公路法》第32条，《城市道路管理条例》第24条、第35条、第36条等均有明确规定。

（二）地面施工损害责任的归责原则和构成要件

地面施工损害责任的归责原则为过错推定，其构成要件有三：

1.在公共场所或者道路上进行地面施工作业。在公共场所或者道路上施工，是指在公共场所或者道路上挖坑、修路、修缮安装地下设施等，如架设电线、铺设管道、维修公路、修缮下水道等。[①] 从全国人大法工委的释义来看，不限于安装、修缮地下工作物，只要是进行地面施工活动，均在本条规范之列。适用中，应注意地面施工与地下施工、地上施工致人损害的责任区分。地下挖掘活动致害所产生的责任为高度危险责任，适用《民法典》第1240条关于严格责任的规定。在建工程施工中发生施工工具掉落、防护架倒塌等致人损害的，则应适用《民法典》第1252条建筑物等倒塌损害责任的规定或者第1253条建筑物等及其搁置物、悬挂物脱落、坠落损害责任的规定。

2.因地面施工活动造成他人损害。地面施工活动所造成的损害，主要是人身伤亡，但也可能是财产损害。损害结果应当实际发生，如果仅仅形成了危险或妨碍，不适用本条规定。损害应当是对他人的损害，即施工人及其雇佣人员以外的自然人、法人、非法人组织。如果施工人的雇员在施工中遭受损害的，应当适用工伤事故等其他法律规定。[②] 地面施工活动与他人的人身伤亡、财产损害之间应当具有因果关系，这是受害人主张适用本条时需要举证证明的基础事实之一。

3.施工人不能证明已经设置明显标志和采取安全措施。在公共场所或者道路上进行地面施工作业时，设置明显标志和采取安全措施是施工人的法定义务，对此其负有证明责任。施工人设置的警示标志应

---

① 王胜明主编：《中华人民共和国侵权责任法释义》（第2版），法律出版社2013年版，第484页。

② 王利明等：《中国侵权责任法教程》，人民法院出版社2010年版，第427页。

当明显、醒目,足以引起他人对施工现场的注意,从而采取减速、绕行等安全应对措施。且施工人应当对警示标志进行合理的维护,确保其持续存在于施工期间。如果仅设置警示标志不足以保障他人安全的,施工人还应当采取其他有效的安全措施,如在施工现场设置保护围栏等。损害发生后,施工人只有举证证明其同时履行了设置明显标志和采取安全措施两项作为义务,才能够达到无过错免责的证明标准。因为,本条对设置明显标志及采取安全措施两项义务之间采用的是"和"字的表述,说明施工人要同时履行两种注意义务,二者缺一均推定过错成立。①

（三）地面施工损害责任的责任主体

地面施工损害责任的责任主体是施工人,指承包或者承揽工程项目并组织施工作业的自然人、法人、非法人组织。施工人对施工场地负有管理和维护义务,这一义务系基于其对工地现场的控制权,可以以最低的成本避免损害的发生。地面施工损害责任是一种不作为责任,因为施工人未履行设置明显标志和采取安全措施的作为义务,才导致了损害结果的发生,故施工人应当对受害人承担侵权责任。施工人包括地面施工项目的承包人、转包人、分包人和实际施工人,但不包括施工单位的工作人员或者个体施工人的雇员,受雇人员的责任由其雇主承担。在工程存在转包、分包的情形下,根据《建筑法》相关规定,如系合法转包、分包,致人损害的侵权责任应当由接受转包、分包的实际施工人承担,但转包人、分包人对转包、分包、指示或者选任有过失的,亦应当根据其过错承担相应的赔偿责任;如系违法转包、分包,则转包人、分包人应当与接受转包、分包的实际施工人承担连带责任。

三、地下设施损害责任

（一）地下设施损害责任概述

地下设施损害责任,是指窨井等地下设施致使他人人身、财产权

---

① 杨彪:《〈侵权责任法〉中物件致害责任的体系解释与结构分析》,载《法学杂志》2010年第3期。

益遭受损害，管理人所应承担的侵权责任。窨井，是指上下水道或者其他地下管线工程中，为便于检查或疏通而设置的井状构筑物。其他地下设施，包括地窖、水井、下水道以及其他地下坑道等。[①]窨井等地下设施通常设于道路等公共场所，一旦发生井盖丢失、破损等现象，将会对社会公众安全形成较大隐患。《侵权责任法》专门增设1款规定地下设施损害责任，有利于确保受害人得到有效救济，促使窨井等地下设施的管理人认真履行管护职责，保护人民群众的生命财产安全。

（二）地下设施损害责任的归责原则和构成要件

地下设施损害责任的归责原则与其他建筑物和物件损害责任一致，均为过错推定原则，由责任主体反证证明自己已尽管理职责，否则即应承担侵权责任。其构成要件有三：一是致害物为窨井等地下设施。该设施应当是人工铺设、安装于地面以下，与土地紧密结合的设施。如系立于地面以上的设施则不适用本条规定，而应适用建筑物、构筑物或者其他设施损害责任的规定。二是造成了他人的人身、财产损害。损害结果应当实际发生，且与窨井等地下设施具有因果关系。三是管理人不能证明已尽管理职责。窨井等地下设施涉及社会公众安全，管理人应当根据法律法规、规章制度等的要求以及行业内的专业技术标准，尽责、及时履行管理、维护义务，否则即应承担损害赔偿责任。

（三）地下设施损害责任的责任主体

地下设施损害责任的责任主体为管理人。管理人，是指对窨井等地下设施负有管理、维护职责的单位或者个人。城市地下设施复杂，输水、输气、输电、输油等设施分别属于不同单位管理。损害发生后，应当查明致损地下设施的具体管理人，并根据其过错大小确定其应当承担的侵权责任。

---

① 王胜明主编：《中华人民共和国侵权责任法释义》（第2版），法律出版社2013年版，第487页。

【审判实践中应注意的问题】

一、地面施工损害责任与地下设施损害责任的区分适用

本条第 1 款规定的地面施工损害责任与第 2 款规定的地下设施损害责任中均有"地下设施"的表述，适用中两种责任可能发生交叉。正在施工中的地下设施造成他人损害的，应当适用本条第 1 款还是第 2 款规定？这两种责任区分的关键在于过错及其发生的时间点的不同，地面施工损害责任是基于从事施工活动中未尽必要的安全注意义务，地下设施损害责任是基于设施使用过程中未尽管理维护义务，因此责任主体分别为施工人和管理人。如果地下设施致人损害发生于施工过程中，则应适用地面施工损害责任的规定，由施工人承担侵权责任。而如果损害发生在地下设施交付使用后，则应适用地下设施损害责任的规定，由管理人承担侵权责任。

二、关于免责事由的适用

第三人过错、受害人故意、不可抗力是《民法典》侵权责任编中的一般免责事由。但是，地面施工损害责任及地下设施损害责任为特殊侵权责任，施工人设置明显警示标志和采取安全措施后因第三人行为或自然原因造成标志和措施被破坏，或者窨井的井盖被第三人盗窃、擅自移动、恶意破坏等情况下，施工人和管理人不能仅以存在第三人过错、受害人故意、不可抗力的法定事由而要求免责，而需要举证证明其已尽到管理、维护职责。因为，施工人不仅负有明显标志和安全措施的设置义务，还有维持义务，管理人对其负责的地下设施亦有管护义务。在警示标志、安全措施、地下设施被破坏、移动等情形下，施工人、管理人应当及时进行修复、还原，一般不允许其简单以第三人行为或不可抗力作为抗辩理由。施工人、管理人在向受害人承担赔偿责任后，可以依法向有过错的第三人进行追偿。在侵权人与被侵权人均存在过错的情况下，可以依据《民法典》

第1173条关于过失相抵的规定，在双方之间分担责任。当然，如果施工人、管理人能够证明其已尽管理、维护的最大努力，损害完全是由于第三人过错、受害人故意、不可抗力等造成，则可以依法免除其责任。

附 则

第一千二百五十九条 民法所称的"以上"、"以下"、"以内"、"届满",包括本数;所称的"不满"、"超过"、"以外",不包括本数。

【条文主旨】

本条是关于法律术语含义的规定。

【条文理解】

一部法律对于有关法律术语含义需要作进一步明确的,通常需要放在附则中规定。本条关于"以上""以下"等的表述是否包括本数的界定在《民法通则》中也有规定,其第155条规定:"民法所称的'以上'、'以下'、'以内'、'届满',包括本数;所称的'不满'、'以外',不包括本数。"由于《民法通则》将期间的规则也放在附则中规定,因此学理和实务上都将这一术语解释认为是对与期间计算有关的术语的解释。这一说法有一定道理,因为上述术语大多数情况下都是适用于与期间有关的情况。但是由于社会实践的丰富多样性,在法律适用上,上述术语的适用也并不限于与期间有关的情况,因此在《民法总则》的起草过程中,在将期间单列一章规定的情况下,仍将这一术语解释规则放在附则中规定,此术语的适用范围就不再局限于与期间有关的情况,对于期间之外的情况,比如对于民事主体年龄的要求、标的物数量、面积等都要适用本条规定。此外,相较《民法通则》的规定,《民法总则》新增规定了"超过"这一情形也不包括本数的规定。《民法典》在附则部分对这一规定予以了沿用。

"以上""以下""以内""届满"等法律用语,为了避免在理解

《民法典》时出现的误解,统一认识,有必要对其范围作出明确的解释。

关于"以上""以下""以内"包括本数的规则,属于各个部门法律的通用规则,比如《刑法》第99条规定:"本法所称以上、以下、以内,包括本数。"《刑法》中出现"以上、以下、以内"的用语一般包括以下情形:一是用于刑期的规定。比如,《刑法》第38条第1款规定:"管制的期限,为三个月以上二年以下。"第42条规定:"拘役的期限,为一个月以上六个月以下。"第45条规定:"有期徒刑的期限,除本法第五十条、第六十九条规定外,为六个月以上十五年以下。"此外,还用于各种法定刑的刑期。比如,《刑法》第131条规定:"航空人员违反规章制度,致使发生重大飞行事故,造成严重后果的,处三年以下有期徒刑或者拘役;造成飞机坠毁或者人员死亡的,处三年以上七年以下有期徒刑。"这里的"三年以上",包括三年,"七年以下",也包括七年。因此,对造成飞行事故,飞机坠毁或者人员伤亡的,最低法定刑为三年,最高法定刑为七年。二是用于罚金的规定。比如,《刑法》第161条规定:"依法负有信息披露义务的公司、企业向股东和社会公众提供虚假的或者隐瞒重要事实的财务会计报告,或者对依法应当披露的其他重要信息不按照规定披露,严重损害股东或者其他人利益,或者有其他严重情节的,对其直接负责的主管人员和其他直接责任人员,处三年以下有期徒刑或者拘役,并处或者单处二万元以上二十万元以下罚金。"在这里,"二万元以上",包括二万元在内,"二十万元以下",包括二十万元在内。

由于《刑法》贯彻罪刑法定原则,上述有关刑期或者罚金的规定,都会有法律的明文规定,而民法贯彻意思自治原则,有关"以上""以下""以内"的术语除了有法律明确规定之外,还会存在大量的当事人约定的情形。应该说,约定情形更为普遍,比如当事人约定的债务履行期、交付标的物的数量等都会涉及。至于法定情形,比如《民法典》总则编中的第17条规定:"十八周岁以上的自然人为成年人。不满十八周岁的自然人为未成年人。"第18条第2款规定:"十六周岁以上的未成年人,以自己的劳动收入为主要生活来源的,视为完全民事行为能力人。"第19条规定:"八周岁以上的未成年人为限制民事行为能力人,实施民事法律行为由其法定代理人代理或者经其法定代理人同意、追认;但是,可以独立实施纯获利益的民事法律行为或者与其年龄、智力相适应的民事法律行为。"第75条第1款规定:"设立人为设立法人从事的民事活动,其法律后果由法人承受;法人未成立的,其法律后果由设立人承受,设立人为二人以上的,享有连带债权,承担连带债务。"除了本条之外,《民法典》总则编中并没有关于"以内""以下"的具体规定。在此需要注意的是,上述规定对于"以上"的要求都涉及对此民事主体或者连带债权债务基本属性的认定,只有符合这些规定的年龄、人数要求,才属于该规定的适用范围,当事人显然不能通过约定排除适用。

此外,本条根据民事审判实务中的情况,将"届满"这一情形也明确为包括本数的情形。

关于"不满""超过""以外",本条明确规定不包括本数。这也是遵循《民法通则》《民法总则》规定,并根据审判实务所明确规定的情形。比如,《民法典》总则编中的第17条规定:"十八周岁以上的自然人为成年人。不满十八周岁的自然人为未成年人。"第178条第2款规定:"连带责任人的责任份额根据各自责任大小确定;难以确定责任大小的,平均承担责任。实际承担责任超过自己责任份额的连带责任人,有权向其他连带责任人追偿。"这都是法律明确规定的适用本条的情形,应当遵循法定优先的规则。至于约定的情形,如同上述关于"以上"等包括本数的情形一样,在实践中更是大量存在。在此需要注意的是,对于"以外"等与数量无关的情形并不能适用本条规定,比如《民法典》总则编中的第36条第3款规定的"前款规定的个人和民政部门以外的组织未及时向人民法院申请撤销监护人资格的,民政部门应当向人民法院申请",这是对于有关主体之外是否有其他主体情形的规定,与数量无关,故不能适用本条规定。再比如《民法典》第181条、第182条关于正当防卫、紧急避险超过必要限度的规定，也属于此类。

【审判实践中应注意的问题】

一、关于当事人能否依照约定排除本条适用的问题

对此需要具体问题具体分析，但基本的适用规则应当是在除本条规定之外其他法律没有禁止性规定以及约定排除该规定并不会改变某一法律关系中的民事主体资格、权利义务或者责任属性的情况下，应当允许当事人通过约定改变上述规则的适用。比如上述对完全民事行为能力人的年龄要求，当然不能通过约定排除适用，但对于债务履行期等情形，当事人当然可以约定"6个月以内"。这里的"以内"，不包括本数。

二、关于本条的适用范围问题

本条规定适用于《民法典》的所有各编，包括总则编和分则各编。而且在我国实行民商合一立法体例情形下，对于商事法的内容，比如《公司法》等也都要适用，至于其他的民事特别法也都要适用。

> **第一千二百六十条** 本法自2021年1月1日起施行。《中华人民共和国婚姻法》、《中华人民共和国继承法》、《中华人民共和国民法通则》、《中华人民共和国收养法》、《中华人民共和国担保法》、《中华人民共和国合同法》、《中华人民共和国物权法》、《中华人民共和国侵权责任法》、《中华人民共和国民法总则》同时废止。

【条文主旨】

本条是关于《民法典》施行时间以及相关法律废止的规定。

【条文理解】

按照立法惯例，法律的施行时间都会在这部法律的最后一条予以规定，《民法典》也不例外。对此，本条前半部分规定："本法自2021年1月1日起施行。"

法律的施行时间问题，属于法律的时间效力的重要内容，此更上位的概念是法的适用效力。法的适用效力，又称法的效力范围，主要指对人、对物和地域、时间的适用范围。

其一，对人的效力，是指法适用于哪些人。根据我国法律规定，法律对人的效力包括两个方面：（1）对中国公民和中国组织的效力。凡是中国国籍的人，都是中国公民，中国公民在中国领域内一律适用中国法律。中国公民在国外的法律适用问题，原则上仍适用中国法律，但当中国法律与所在国的法律发生冲突时，要区别不同的情况和具体的国际条约、协定及国内法的规定，来确定是适用中国法律还是适用外国法律。（2）对外国人的效力。包括两种情况：一是对在中国领域内的外国人的适用问题；二是对在中国领域外的外国人的适用问题。外国人在中国领域内，除法律另有规定外，一般适用中国法律。关于外国人在中国领域外对中国国家或中国公民的犯罪，按中国刑法规定的最低刑为三年以上有期徒刑的，可以适用中国刑法，但是按照犯罪地的法律不受处罚的除外。

其二，法的空间效力。法律的空间效力，是指法在哪些地域、空间范围内发生效力。法的空间效力范围是根据法的制定主体、适用范围等不同来区分的。一般来讲有四种情况：（1）在全国有效的法律。是指在国家主权及主权所及的范围内生效的法律，包括领陆、领水及其底土和领空，还包括延伸意义上的领土，即驻外使馆和领域外的本国交通工具。（2）在地区有效的法律。一般是地区性法律的管辖空间。（3）有的法律，不但在国内有效，在特定条件下其效力还可越出国境。（4）国际条约和协定的空间效力范围。一般来讲，国际条约和协定的空间效力范围及于该条约的缔结国和参加国，但缔结国和参加国声明保留的条款除外。

其三，法的时间效力。法的时间效力，是指法律何时生效、何时终止生效及法律对其颁布实施前的事件和行为是否具有溯及力的问题。其中，法的生效时间，一般是根据法律的具体性质和实际需要来决定的。主要有以下几种形式：（1）自法律颁布之日起生效；（2）由该法来规定具体生效时间；（3）由专门法规定该法的具体生效时间；（4）规定法律颁布后到达一定期限开始生效。①

本条和《民法总则》中的规定一样，都是采取了上述第二种情形。比如，《民法总则》是由第十二届全国人民代表大会第五次会议于 2017 年 3 月 15 日通过，但要自 2017 年 10 月 1 日起施行。而《民法典》是由第十三届全国人民代表大会第三次会议于 2020 年 5 月 28

---

① 此外，关于法的终止时间问题。法律效力的终止，是指通过明令废止或默示废止的形式而终止某一法律的效力。我国法律终止效力的形式有：（1）新的法律公布后，原有的法律即丧失效力；（2）新法律取代原有法律，同时宣告旧法律作废；（3）法律本身规定的有效期届满；（4）由有关机关颁发专门文件宣布废止某个法律；（5）法律已完成其历史任务而自行失效。

日通过,自2021年1月1日起施行。一般而言,法律自颁布之日起生效,通常表述为"本法自公布之日起施行",比如《香港特别行政区维护国家安全法》第66条规定:"本法自公布之日起施行。"这种表述方式多适用于需要尽快出台且马上施行时机比较成熟的情况,为了使法律尽早发挥应有作用而采取的做法。至于《民法总则》明确规定在公布之后的一定日期为具体的生效时间,通常表述为"本法自某年某月某日起施行"。这种方式一般是基于预留一段准备期,使得需要适用法律的有关方面做好必要的学习、掌握和准备,以便于法律的顺利实施的考虑。《民法典》作为民商事领域的基本法律,其内容事关经济社会生活方方面面,对广大人民群众的切实利益以及民商事审判实务影响重大,尤其是《民法典》各编对于《民法通则》《物权法》《合同法》《侵权责任法》《担保法》等法律都作了一系列修改,新增完善了相关规则制度,体系庞大,内容丰富,需要社会各个行业领域学习消化吸收,这都需要一段时间。因此,为了更好地保障《民法典》的贯彻施行,本条明确规定了本法自2021年1月1日起施行,以留足本法施行前准备的充分时间。

关于相关法律的废止问题。编纂《民法典》不是制定全新的民事法律,也不是简单的法律汇编,而是对现行的民事法律规范进行编订纂修,对已经不适应现实情况的规定进行修改完善,对经济社会生活中出现的新情况、新问题作出有针对性的新规定。从新旧法律对照的角度上讲,《民法典》主要是针对《婚姻法》《继承法》《民法通则》《收养法》《担保法》《合同法》《物权法》《侵权责任法》《民法总则》的相关内容进行的修改编纂,从调整范围上讲,《民法典》的调整范围与上述九部法律的调整范围也是对应关系。换言之,《民法典》属于新法,这九部法律属于旧法,《民法典》施行后,上述九部法律自然应当废止。但是在此需要注意的是,《民法典》施行前,即自2020年5月28日《民法典》颁布后至2021年1月1日之前,《民法典》并未施行,上述九部法律也并没有被废止,审判实践中对于上述九部法律仍然要予以适用。

【审判实践中应注意的问题】

在此需要注意的是关于新旧法律的衔接适用问题。

关于法的溯及力,又称法的溯及既往的效力,是指新的法律颁布后,对其生效前的事件和行为是否适用的问题,如果适用,则具有溯及力;如果不适用,则不具有溯及力。一般情况下,我国法律坚持"法律不溯及既往"的原则,也有例外,特别是在刑法中,目前各国采用的通例是"从旧兼从轻"原则,我国现行刑法就是采用"从旧兼从轻"的原则。

对此,我国《立法法》第93条对于法律不溯及既往的原则作出了明确规定:"法律、行政法规、地方性法规、自治条例和单行条例、规章不溯及既往,但为了更好地保护公民、法人和其他组织的权利和利益而作的特别规定除外。"此规定的法理依据在于,法律作为社会的行为规范,它通过对违反者的惩戒来促使人们遵守执行,人们之所以对自己的违法行为承担不利后果,接受惩戒,就是因为事先已经知道或者应当知道哪些行为是法律允许的,哪些行为是法律不允许的,法律对人们的行为起指导和警示作用。不能要求人们遵守还没有制定出来的法律,法只对其生效后的人们的行为起规范作用。如果允许法具有溯及力,人们就无法知道自己的哪些行为将要受到惩罚,就没有安全感,也没有行为的自由。因此,作为一项法律原则,法是不具有溯及既往的效力的。国外大多数国家都承认这一原则。因此,无论是法律、行政法规、地方性法规、自治条例和单行条例还是规章,不论其效力等级是高还是低,都没有溯及既往的效力。这是一个原则,但是,任何原则都是相对的,都可能有例外。对于法不溯及既往这项原则来说,如果法律的规定是减轻行为人的责任或增加公民的权利,也可以具有溯及力。如刑法的从轻的规定就是如此。因此,上述规定,为了更好保护公民、法人和其他组织的权利和利益,法律规范可以有溯及力。这里的"公民、法人和其他组织",是指法律、法规、规章等规范性文件所直接指向的具体的公民、法人和其他组织,是法律、法规、规章等特定的调整对象，不是泛指，不是为了保护多数人的利益而使法律、法规、规章等具有溯及力。

按照这一法的溯及力基本规则，对于《民法典》施行前的有关法律关系以及民商事纠纷，都要遵循从旧兼从轻的规则，即适用原有的规定，比如《物权法》《合同法》《侵权责任法》等的规定，相关案件纠纷都要适用这些法律及有关司法解释的规定。但是对于这些已经生效法律都没有规定的情形，尤其是涉及《民法典》的新增规定，则有必要参照《民法总则》的规定予以处理。对此，《民法通则意见》第196条规定："1987年1月1日以后受理的案件，如果民事行为发生在1987年以前，适用民事行为发生时的法律、政策，当时的法律、政策没有具体规定的，可以比照民法通则处理。"这一规定具有一定的参考意义。但要考虑到该条规定比照适用《民法通则》规定的当时特定社会背景，即《民法通则》施行前有关民事法律还不够健全，而如今，社会主义法律体系已经形成，故对于《民法典》施行前法律没有规定的情况，即使参照《民法典》的规定，也应当是参照《民法典》规定精神，通过对此前相关法律规定的具体内容予以解释来适用。具体而言，要注意以下几点：

一是在《民法典》施行前，人民法院在具体执法办案过程中，《婚姻法》《合同法》《物权法》《侵权责任法》《民法总则》等九部法律继续适用，依据上述法律作出的司法解释也可以继续适用。比如，在这期间，《民法总则》第六章关于民事法律行为的规定，《物权法》第186条有关流质契约禁止的规定等都可以继续适用。如果原有法律和司法解释没有规定、规定内容不具体而《民法典》有明确规定或者《民法典》对原有规定作出重大修改的，要在准确理解《立法法》第93条规定精神的基础上，按照有利于保护双方当事人合法权益、有利于依法妥善解决纠纷、有利于维护法律秩序统一的原则，参照适用《民法典》有关规定的精神、内容，比如《民法典》侵权责任编中的第1176条关于自甘冒险的规定、第1177条关于自助行为的规定等，在相关案件中都可以参照《民法典》上述规定的立法精神予以适用。人格权独立成编是《民法典》的一大亮点,有关人格权纠纷的法律适用,要适用《民法典》人格权编各章的规定,比如第1033条关于隐私权侵权行为的规定,第1035条关于个人信息处理具体要求的规定等。

二是《民法典》施行后,上述《婚姻法》等九部法律同时废止。《公司法》《证券法》等商事、海事、知识产权等部门特别法律以及相关司法解释继续适用。司法解释条文与《民法典》规定相冲突的,人民法院在审理案件时应当适用《民法典》的规定,该司法解释条文不再适用;《民法典》吸收了司法解释的内容并作进一步完善的,应当直接适用《民法典》的规定,比如夫妻共债共签的规则,就要直接适用《民法典》第1064条的规定;与上述九部法律相关的司法解释条文与《民法典》内容不冲突或者属于明确细化法律适用规则的,可以继续适用。有关公司法的系列司法解释,作为商事主体法的内容,与《民法典》有关规定不存在冲突的,可以继续适用。

三是《民法典》颁布后发生的法律事实或者法律事实状态持续到《民法典》实施后的,适用《民法典》的规定。《民法典》实施以前发生的法律事实,应当坚持法不溯及既往的原则,适用行为发生时的有关法律、司法解释的规定。行为发生时的法律、司法解释没有规定,可以按照有利溯及的原则适用《民法典》新增规定进行处理。《民法典》施行前已经终审,施行后当事人申请再审或者按照审判监督程序决定再审的案件,适用当时的法律规定。

关于《民法典》颁布后,特别是《民法典》施行后有关新旧法衔接适用问题是审判实践中普遍要面临的问题,以上是我们在目前阶段的一个研究成果。有关新旧法衔接的具体规则,还需要相关司法解释或者规范性文件予以明确。

后 记

《民法典》由中华人民共和国第十三届全国人民代表大会第三次会议于2020年5月28日通过并公布，将于2021年1月1日起施行。《民法典》是新中国成立以来第一部以"法典"命名的法律，是新时代我国社会主义法治建设的重大成果，是我国法治建设发展道路上的重要里程碑。《民法典》在中国特色社会主义法律体系中具有重要地位，是一部固根本、稳预期、利长远的基础性法律，对推进全面依法治国、加快建设社会主义法治国家、加快建设社会主义市场经济、巩固社会主义基本经济制度，对坚持以人民为中心的发展思想、依法维护人民权益、推动我国人权事业发展，对推进国家治理体系和治理能力现代化，都具有重要意义。

2020年5月29日，习近平总书记在中央政治局就"切实实施民法典"举行第二十次集体学习并发表重要讲话。习近平总书记强调："民法典实施水平和效果，是衡量各级党政机关履行为人民服务宗旨的重要尺度。"学习好、贯彻好、实施好《民法典》是人民法院的重要职责和光荣使命。要贯彻好、实施好《民法典》，必须深入领会《民法典》的立法精神，准确理解《民法典》的体系规范，正确适用《民法典》的条文规定。为此，最高人民法院专门下发通知号召和要求各级法院高度重视《民法典》的学习培训工作，切实将学习培训作为提升人民法院审判水平、提高人民法院审判队伍素质和能力的重要措施。目前，各级法院正在系统有序地开展《民法典》的学习培训工作，迅速掀起了学习《民法典》的热潮。为帮助各级法院工作人员准确理解和适用《民法典》相关规定，同时向社会公众宣传普及《民法典》司法适用知识，最高人民法院民法典贯彻实施工作领导小组组织力量编写了本套丛书。

本套丛书有以下特点：一是全覆盖。本套丛书紧密结合《民法典》全部1260个条文，对其立法背景、条文理解和具体适用进行详细阐述，既有域外立法比较，又有国内法律规范的系统梳理；既有法理分析，又有实务指导。二是实用性。本套丛书立足于对《民法典》条文的司法适用予以阐释，紧密结合既有司法经验，就有关司法解释与《民法典》条文的衔接适用作了阐释，提出指导意见，运用典型案例为准确适用相关条文提供参照。三是新颖性。本套丛书对《民法典》新增制度和重大修改内容予以重点解读，力求给审判实务提供指导参考。

编写本套丛书是最高人民法院贯彻落实习近平总书记重要讲话精神，积极宣传、推进、保障《民法典》实施，确保《民法典》得到全面有效执行的重要举措。本套丛书共六卷，每卷都由最高人民法院相关民事审判业务部门、综合审判业务部门牵头负责撰写、统稿，由有关大法官、庭室负责人审核定稿。参与本卷撰写的为以下同志（按姓氏笔画排序）：丁广宇、王旭光、厉文华、朱婧、刘小飞、刘忠伟、刘慧慧、李予霞、李康、吴凯敏、张闻、陈龙业、程立武、潘杰、魏文超。

在本套丛书出版之际，要特别感谢全国人大宪法和法律委员会、全国人大常委会法制工作委员会等部门长期以来对人民法院工作的大力指导和支持。感谢在最高人民法院《民法典》编纂研究调研过程中提供支持帮助的人大代表、政协委员、专家学者。感谢地方各级法院和广大法官的积极支持和参与。

最高人民法院民法典贯彻实施工作领导小组办公室

2020年7月15日